새로운 다양한 자료
동양북스 홈페이지에서 만나보세요!

홈페이지 활용하여 외국어 실력 두 배 늘리기!

홈페이지 이렇게 활용해보세요!

1 도서 자료실에서 학습자료 및
MP3 무료 다운로드!

❶ 도서 자료실 클릭
❷ 검색어 입력
❸ MP3, 정답과 해설, 부가자료 등
첨부파일 다운로드

* 원하는 자료가 없는 경우 '요청하기' 클릭!

2 동영상 강의를 어디서나 쉽게!
외국어부터 바둑까지!

500만 독자가 선택한

가장 쉬운
독학 일본어 첫걸음
14,000원

가장 쉬운
독학 중국어 첫걸음
14,000원

가장 쉬운
독학 베트남어 첫걸음
15,000원

가장 쉬운
독학 스페인어 첫걸음
15,000원

가장 쉬운
독학 프랑스어 첫걸음
16,500원

가장 쉬운
독학 태국어 첫걸음
16,500원

가장 쉬운
프랑스어 첫걸음의 모든 것
17,000원

가장 쉬운
독일어 첫걸음의 모든 것
18,000원

가장 쉬운
스페인어 첫걸음의 모든 것
14,500원

첫걸음 베스트 1위!

가장 쉬운 러시아어
첫걸음의 모든 것
16,000원

가장 쉬운 이탈리아어
첫걸음의 모든 것
17,500원

가장 쉬운 포르투갈어
첫걸음의 모든 것
18,000원

버전업! 가장 쉬운
베트남어 첫걸음
16,000원

가장 쉬운 터키어
첫걸음의 모든 것
16,500원

버전업! 가장 쉬운
아랍어 첫걸음
18,500원

가장 쉬운 인도네시아어
첫걸음의 모든 것
18,500원

버전업! 가장 쉬운
태국어 첫걸음
16,800원

가장 쉬운 영어
첫걸음의 모든 것
16,500원

버전업! 굿모닝
독학 일본어 첫걸음
14,500원

가장 쉬운 중국어
첫걸음의 모든 것
14,500원

오늘부터는 팟캐스트로 공부하자!

팟캐스트 무료 음성 강의

▶ 1
iOS 사용자

Podcast 앱에서
'동양북스' 검색

▶ 2
안드로이드 사용자

플레이스토어에서 '팟빵' 등
팟캐스트 앱 다운로드,
다운받은 앱에서
'동양북스' 검색

▶ 3
PC에서

팟빵(www.podbbang.com)에서
'동양북스' 검색
애플 iTunes 프로그램에서
'동양북스' 검색

◉ **현재 서비스 중인 강의 목록** (팟캐스트 강의는 수시로 업데이트 됩니다.)

- 가장 쉬운 독학 일본어 첫걸음
- 페이의 적재적소 중국어
- 가장 쉬운 독학 중국어 첫걸음
- 중국어 한글로 시작해
- 가장 쉬운 독학 베트남어 첫걸음

매일 매일 업데이트 되는 동양북스 SNS! 동양북스의 새로운 소식과 다양한 정보를 만나보세요.

 blog.naver.com/dymg98 ⓘ instagram.com/dybooks ⓕ facebook.com/dybooks ⓣ twitter.com/dy_bo

일단 합격
하고 오겠습니다

정반합 新HSK

3급

전략서

동양북스

정반합 新HSK **3**급 전략서

초판 1쇄 | 2017년 2월 15일
초판 3쇄 | 2020년 3월 20일

지은이 | 郑如
해   설 | 진윤영
발행인 | 김태웅
편집장 | 강석기
책임 편집 | 조유경, 신효정
디자인 | 정혜미, 남은혜
마케팅 | 나재승
제   작 | 현대순

발행처 | ㈜동양북스
등   록 | 제 2014-000055호
주   소 | 서울시 마포구 동교로22길 14(04030)
구입 문의 | 전화 (02)337-1737   팩스 (02)334-6624
내용 문의 | 전화 (02)337-1762   dybooks2@gmail.com

ISBN   979-11-5768-234-8 14720
ISBN   979-11-5768-233-1 (세트)

郑如 主编 2015年
本作品是浙江教育出版社出版的《新汉语水平考试教程》。韩文版经由中国・浙江教育出版社授权
DongYang Books于全球独家出版发行，保留一切权利。未经书面许可，任何人不得复制、发行。

이 도서의 국립중앙도서관 출판예정도서목록(CIP)은 서지정보유통지원시스템 홈페이지(http://seoji.nl.go.kr)와
국가자료공동목록시스템(http://www.nl.go.kr/kolisnet)에서 이용하실 수 있습니다.
(CIP제어번호:CIP2017001674)

머리말

新HSK 시험은 국제한어능력 표준화 시험으로 제 1언어가 중국어가 아닌 수험생이 생활과 학습, 업무상에서 중국어를 사용하여 교제하는 능력을 중점적으로 평가합니다.

이에 수험생들이 시험을 보기 전, 짧은 시간 내에 新HSK 각 급수의 시험 구성과 문제 유형에 익숙해지고, 신속하게 응시 능력과 성적을 향상할 수 있도록 《新汉语水平考试大纲》에 의거하여 문제집을 만들게 되었습니다.

정말 **반**드시 **합**격한다
본 교재는 新HSK 1~6급까지 총 6권으로 구성된 시리즈이며, 新HSK 시험을 처음 접하는 학습자일지라도 누구나 쉽게 도전할 수 있도록 구성하였습니다. 또한 기초를 학습한 후 고득점으로 합격할 수 있게 많은 문제를 다루었습니다.

《정.반.합. 新HSK》 시리즈는

1. 시험의 중점 내용 및 문제 풀이 방법 강화

본 책의 집필진은 《新汉语水平考试大纲》, 《国际汉语能力标准》과 《国际汉语教学通用课程大纲》을 참고하여 新HSK의 예제와 기출 문제의 유형적 특징을 심도 있게 연구하였습니다. 이를 통해 수험생은 시험의 출제 의도 및 시험에서 중점적으로 다루는 내용을 파악할 수 있고 더불어 시험 문제 풀이 방법까지 제시하여 수험생으로 하여금 더욱 빠르고 정확하게 문제를 풀 수 있도록 하였습니다.

2. 문제 유형 분석 및 높은 적중률

본 책은 수년간의 기출 문제를 바탕으로 시험에 자주 나오는 문제 유형을 꼼꼼히 분석, 실제 시험과 유사한 문제를 집필하였습니다. 이에 수험생은 실제 시험에서도 당황하거나 어려움 없이 시험에 응시할 수 있으며, 이 책의 문제와 실제 시험이 유사하다는 것을 느낄 수 있을 것입니다.

3. 강의용 교재로, 독학용으로도 모두 적합

본 책은 영역별 예제 및 해설, 실전 연습 문제, 영역별 실전 테스트 외 3세트의 모의고사로 구성되어 있어 교사가 학생과 수업하기에도 학생이 독학으로 시험을 준비하기에도 모두 적합합니다.

新HSK 도전에 두려움을 겪거나 점수가 오르지 않아 어려움을 겪고 있는 모든 분들이 이 책을 통해 고득점으로 합격하기를 희망합니다!

저자 郑如

新HSK 소개

新HSK는 국제 중국어능력 표준화 시험으로, 중국어가 모국어가 아닌 수험생의 생활, 학습과 업무 중 중국어를 이용하여 교제를 진행하는 능력을 중점적으로 측정한다.

1. 구성 및 용도

新HSK는 필기 시험과 구술 시험으로 나누어지며, 각 시험은 서로 독립되어 있다. 또한 新HSK는 ① 대학의 신입생 모집 · 분반 · 수업 면제 · 학점 수여, ② 기업의 인재채용 및 양성 · 진급, ③ 중국어 학습자의 중국어 응용능력 이해 및 향상, ④ 중국어 교육 기관의 교육 성과 파악 등의 참고 기준으로 사용할 수 있다.

필기 시험	구술 시험
新HSK 6급 (구 고등 HSK에 해당)	HSKK 고급
新HSK 5급 (구 초중등 HSK에 해당)	
新HSK 4급 (구 초중등 HSK에 해당)	HSKK 중급
新HSK 3급 (구 기초 HSK에 해당)	
新HSK 2급 (신설)	HSKK 초급
新HSK 1급 (신설)	

※ 구술 시험은 녹음 형식으로 이루어진다.

2. 등급

新HSK 각 등급과 〈국제 중국어 능력 기준〉, 〈유럽 언어 공통 참고규격(CEF)〉의 대응 관계는 아래와 같다.

新HSK	어휘량	국제 중국어 능력 기준	유럽 언어 공통 참고 규격(CEF)
6급	5,000 이상	5급	C2
5급	2,500		C1
4급	1,200	4급	B2
3급	600	3급	B1
2급	300	2급	A2
1급	150	1급	A1

| 新HSK 1급 | 매우 간단한 중국어 단어와 문장을 이해하고 사용할 수 있으며, 구체적인 의사소통 요구를 만족시키고 진일보한 중국어 능력을 구비한다. |

| 新HSK 2급 | 익숙한 일상 화제에 대해 중국어로 간단하고 직접적인 교류를 할 수 있으며, 초급 중국어의 우수 수준이라 할 수 있다. |

| 新HSK 3급 | 중국어로 일상생활·학습·업무 등 방면에서 기본 의사소통이 가능하며, 중국에서 여행할 때 대부분의 의사소통이 가능하다. |

| 新HSK 4급 | 비교적 넓은 영역의 화제에 대해 중국어로 토론할 수 있으며, 원어민과 비교적 유창하게 대화할 수 있다. |

| 新HSK 5급 | 중국어로 신문과 잡지를 읽고 영화와 TV 프로그램을 감상할 수 있으며 중국어로 비교적 완전한 연설을 할 수 있다. |

| 新HSK 6급 | 중국어로 된 정보를 가볍게 듣고 이해할 수 있으며, 구어체 또는 서면어의 형식으로 자신의 견해를 유창하게 표현할 수 있다. |

3. 접수

① **인터넷 접수**: HSK 홈페이지(www.hsk.or.kr)에서 접수

② **우편 접수**: 구비서류(응시원 서(사진 1장 부착) + 반명함판 사진 1장 + 응시비 입금 영수증)를 동봉하여 HSK한국사무국으로 등기 발송

③ **방문 접수**: 서울공자아카데미에서 접수

        [접수 시간] 평 일 - 오전 9시 30분~12시, 오후 1시~5시 30분 / 토요일 - 오전 9시 30분~12시

        [준비물] 응시원서, 사진 3장(3×4cm 반명함판 컬러 사진, 최근 6개월 이내 촬영)

4. 시험 당일 준비물

수험표, 2B 연필, 지우개, 신분증

※유효한 신분증:

    18세 이상- 주민등록증, 운전면허증, 기간만료 전의 여권, 주민등록증 발급신청 확인서

    18세 미만- 기간만료 전의 여권, 청소년증, HSK 신분확인서

    주의! 학생증, 사원증, 국민건강보험증, 주민등록등본, 공무원증은 인정되지 않음

5. 성적 조회, 성적표 수령

시험일로부터 1개월 후 중국고시센터 홈페이지(www.hanban.org)에서 개별 성적 조회가 가능하며, 성적표는 시험일로부터 45일 이후 발송된다.

新HSK 3급 소개

1. 新HSK 3급 소개

- **어휘 수**: 600개
- **수준**: 중국어로 일상생활, 학습, 업무 등 방면의 기본 의사소통이 가능하며 중국에서 여행할 때 대부분의 의사소통이 가능하다.
- **대상**: 매주 2~3시간씩 3학기 정도의 중국어를 학습하고 600개의 상용어휘 및 관련 어법지식을 가지고 있는 학습자를 대상으로 한다.

2. 시험 구성

시험 과목	문제 형식	문항 수		시간
듣기	제1부분	10	40	약 35분
	제2부분	10		
	제3부분	10		
	제4부분	10		
듣기 답안지 작성 시간				5분
독해	제1부분	10	30	30분
	제2부분	10		
	제3부분	10		
쓰기	제1부분	5	10	15분
	제2부분	5		
합계		80		약 85분

※총 시험 시간은 90분이다.(개인정보 작성 시간 5분 포함)

3. 영역별 문제 유형

	제1부분 (10문제)	남녀 대화 듣고 알맞은 사진 고르기 대화를 듣고 시험지에 제공된 사진 중 대화 내용과 관련된 사진을 고른다. (녹음은 2번 들려준다.)
듣기	제2부분 (10문제)	제시된 문장의 옳고 그름 판단하기 한 사람이 단문을 읽어 준 후 두 번째 사람이 한 문장을 말한다. 두 번째 사람이 하는 말의 옳고 그름을 판단한다.(녹음은 2번 들려준다.)
	제3부분 (10문제)	두 문장의 대화 듣고 질문에 답하기 두 사람의 대화를 듣고 질문에 대한 답을 고른다. 시험지에 제시되는 3개의 보기 중 알맞은 답안을 고른다.(녹음은 2번 들려준다.)

	제4부분 (10문제)	4~5문장의 대화 듣고 질문에 답하기 4~5문장의 대화를 듣고 질문에 대한 답을 고른다. 시험지에 제시되는 3개의 보기 중 알맞은 답안을 고른다.(녹음은 2번 들려준다.)
독 해	제1부분 (10문제)	상응하는 문장 찾기 문제마다 한 문장씩 제공되고, 보기에는 관련 질문이나 대답 등이 제시된다. 문제와 알맞게 연결되는 문장을 고른다.
	제2부분 (10문제)	빈칸에 알맞은 단어 채우기 5문제는 한 문장, 5문제는 대화로 이루어져 있다. 보기 중에서 빈칸에 들어갈 단어를 고른다.
	제3부분 (10문제)	지문 독해하고 질문에 답하기 문제마다 짧은 문장과 1개의 문제가 나온다. 문제에 대한 대답을 3개의 보기 중에서 고른다.
쓰 기	제1부분 (5문제)	제시된 단어로 문장 만들기 문제마다 몇 개의 단어가 주어지며, 단어를 이용하여 문장을 만든다.
	제2부분 (5문제)	병음에 알맞은 한자 쓰기 빈칸이 있는 문장이 나오고, 빈칸에 들어갈 적당한 한자를 쓴다.(들어갈 한자의 병음 제시)

4. 성적

성적표는 듣기, 독해, 쓰기 세 영역의 점수 및 총점이 기재되며, 총점이 180점을 넘어야 합격이다.

	만점	점수
듣기	100	
독해	100	
쓰기	100	
총점	300	

※HSK성적은 시험일로부터 2년간 유효하다.

이 책의 구성 및 특징

新HSK 시험 형식에 맞춰 듣기, 독해, 쓰기 3개의 영역으로 나뉘어 있으며, '유형 익히기 → 유형 확인 문제 → 실전 연습 1,2 → 영역별 실전 테스트'의 순으로 학습할 수 있도록 구성하였습니다.

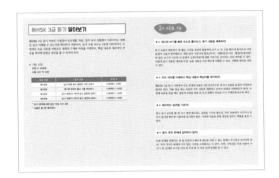

알아보기

영역별로 알아보기를 제시해 新HSK의 시험 시간, 문제 수 및 구성을 파악하고 나서, 고득점 Tip 으로 문제 푸는 방법을 익힐 수 있습니다.

미리보기

미리보기를 통해 앞으로 학습할 문제 유형에 대해 미리 확인할 수 있습니다.

특별 부록

실전 모의고사 1, 2, 3회

실전 모의고사 3회분 제공

단어/문장 쓰기 노트

1~3급 단어 600개+문장 쓰기 제공

해설서

다양한 Tip과 자세한 해설 제공

고득점을 향한 3단계

step 1

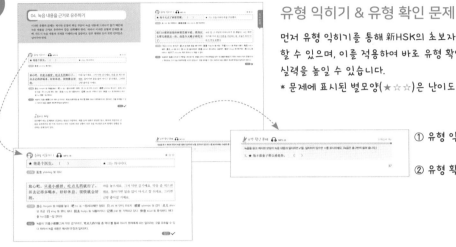

유형 익히기 & 유형 확인 문제

먼저 유형 익히기를 통해 新HSK의 초보자도 문제 유형을 파악할 수 있으며, 이를 적용하여 바로 유형 확인 문제를 풀어 보면 실력을 높일 수 있습니다.

* 문제에 표시된 별모양(★ ☆ ☆)은 난이도를 나타냅니다.

① 유형 익히기로 워밍업 하고
⇩
② 유형 확인 문제로 연습하자!

step 2

실전 연습 1, 2

유형 익히기 & 유형 확인 문제를 통해 연습한 내용을 각 부분이 끝나면 실전 연습 1, 2를 통해 복습할 수 있습니다.

step 3

영역별 실전 테스트

듣기, 독해, 쓰기 각 영역의 학습이 끝나면 영역별 실전 테스트를 통해 실력을 점검할 수 있습니다.

차례

新HSK

듣기

3

听力

新HSK 3급 듣기 알아보기

新HSK 3급 듣기 부분은 수험생이 일상생활, 학습, 업무 등의 상황에서 이루어지는 대화를 듣고 이해할 수 있는지를 확인하기 위함이며, 듣기 녹음 속도는 1분당 120자이다. 수험생은 녹음 내용을 바탕으로 대화의 주제와 목적을 이해하고, 핵심 내용과 세부적인 부분을 파악해 알맞은 판단을 할 수 있어야 한다.

● 기본 사항

문항 수: 40문항

시험 시간: 약 35분

문제 구성	문제 유형	문제 수
제1부분	남녀 대화 듣고 알맞은 사진 고르기	10문제(1–10번)
제2부분	제시된 문장의 옳고 그름 판단하기	10문제(11–20번)
제3부분	남녀 대화(각 1번씩) 듣고 질문에 답하기	10문제(21–30번)
제4부분	남녀 대화(각 2번씩) 듣고 질문에 답하기	10문제(31–40번)

* 듣기 영역에 대한 답안 작성 시간: 5분

* 녹음은 총 2번 들려준다.

▶▷ 제시된 보기를 빠른 속도로 훑어보고, 듣기 내용을 예측하자!

듣기 녹음이 방송되기 전 짧은 시간을 충분히 활용하여 보기 A, B, C를 빠르게 훑어보고 어떤 문제가 나올지 생각해보자. 예를 들어 시험지에 '医生(의사)', '司机(운전기사)', '服务员(종업원)'과 같은 보기가 나오면 이 문제가 '工作(직업)'에 관한 이야기일 것이라는 것을 예측할 수 있다. 이렇게 듣기 내용을 예측해 두면, 녹음 내용을 더욱 빠르게 이해할 수 있고, 정확한 판단을 내릴 수 있다.

▶▷ 주요 의미를 이해하고 핵심 내용과 핵심어를 파악하자!

新HSK 3급 듣기 시험에서 모든 문제의 녹음은 2번 들려주므로 혹시나 녹음을 놓칠까 걱정하지 않아도 된다. 처음 들을 때는 녹음의 주요 내용과 대화하는 남녀의 관점을 이해하도록 하며, 두 번째 녹음을 들을 때는 질문에 초점을 맞춰 잘 듣지 못했던 부분을 다시 자세하게 듣도록 하자.

▶▷ 메모하는 습관을 기르자!

평소 듣기 공부를 할 때 보기 옆에 메모하는 습관을 기르면 좋은데, 특히 녹음에서 시간이나 숫자가 들리면 빠르게 시험지에 표시해야 한다. 이러한 연습을 통해 정답을 맞추는 확률을 높일 수 있다.

▶▷ 듣지 못한 문제에 집착하지 말자!

다음 문제를 위해서는 잘 못 들었거나 빠르게 판단을 내릴 수 없는 문제는 포기하고 넘어가야 하며, 이미 지나간 문제에 너무 많은 시간을 소비해서는 안 된다. 또한, 수험생은 다음 녹음이 나오기 전, 문제의 보기를 미리 봐 두면 좀 더 여유 있게 문제를 풀 수 있다.

듣기 听力

제1부분

남녀 대화 듣고 알맞은 사진 고르기

01. 핵심 내용에 근거하여 사진 찾기

미리보기

듣기 제1부분은 사진 선택 문제로 약 6분간 진행된다. 시험지에는 모두 11장의 사진이 등장하며 문제는 1~5번, 6~10번으로 총 10문제이다. 1~5번까지는 6장의 사진이 나오는데, 그 중한 장은 예시 사진이며, 6~10번까지는 모두 5장의 사진이 주어진다. 수험생은 남녀 대화를 듣고, 대화의 내용과 관련 있는 사진을 선택하면 된다. 문제당 약 6초간의 답을 선택할 수 있는시간이 주어진다.

🔔 제1부분 – 남녀 대화 듣고 알맞은 사진 고르기

 문제 🎧 MP3-01

>> 해설서 6p

대화에 알맞은 사진을 고르세요.

녹음

男: 喂，请问张经理在吗?

女: 他正在开会，您半个小时以后再打，好吗?

01. 핵심 내용에 근거하여 사진 찾기

사진 선택 문제의 가장 큰 특징은 보기가 사진이라는 것이다. 녹음이 시작되기 전에 먼저 모든 사진을 한번 훑어보면, 사진의 내용을 바탕으로 녹음 속 대화를 예측할 수 있다. 각 대화는 모두 그 대화에 맞는 사진이 있으며, 각 사진은 한 번만 사용된다.

🎧 MP3-W01

✎ 新HSK 3급에서 활동과 관련이 있는 중점 단어를 살펴보면 다음과 같다.

☐ 搬 bān 동 옮기다	☐ 搬家 bānjiā 동 이사하다
☐ 看 kàn 동 보다	☐ 看电影 kàn diànyǐng 영화를 보다
☐ 坐 zuò 동 앉다, 타다	☐ 坐出租车 zuò chūzūchē 택시를 타다
☐ 喝 hē 동 마시다	☐ 喝茶 hē chá 차를 마시다
☐ 吃 chī 동 먹다	☐ 吃蛋糕 chī dàngāo 케이크를 먹다
☐ 比赛 bǐsài 동 시합하다	☐ 表演 biǎoyǎn 동 공연하다
☐ 唱歌 chànggē 동 노래하다	☐ 打电话 dǎ diànhuà 전화를 하다
☐ 打篮球 dǎ lánqiú 농구하다	☐ 打扫 dǎsǎo 동 청소하다
☐ 介绍 jièshào 동 소개하다	☐ 考试 kǎoshì 동 시험을 치다
☐ 上班 shàngbān 동 출근하다	☐ 上网 shàngwǎng 동 인터넷을 하다
☐ 生病 shēngbìng 동 병이 나다	☐ 发烧 fāshāo 동 열이 나다
☐ 刷牙 shuāyá 이를 닦다, 양치질하다	☐ 踢足球 tī zúqiú 축구를 하다
☐ 跳舞 tiàowǔ 동 춤을 추다	☐ 问路 wènlù 동 길을 묻다
☐ 去 qù 동 가다	☐ 去图书馆 qù túshūguǎn 도서관에 가다
☐ 买 mǎi 동 사다	☐ 买衣服 mǎi yīfu 옷을 사다

★ 사진을 사용해 대화의 내용을 나타내기 때문에, 듣기 1부분의 녹음 내용은 일반적으로 어떤 활동(예를 들어 농구하다)이나 어떤 사물(예를 들어 컴퓨터)과 관련이 있다.

1-2

A

B

2010年01月01日 14:28开　　01车 031号
二等座
长 沙　**D**107次　上海南
Changsha　　　　　　Shanghainan
￥ 274.00元
限乘当日当次车 中途下车失效
2369-3001-0111-12A0-0236-8　　和谐号

C

D

E

1.

2.

1

★☆☆

男: 大家都往这边看，<u>一，二，三，笑</u>。

女: 我没看照相机，<u>再拍一次</u>吧!

남: 모두 이쪽을 보세요. <u>하나, 둘, 셋, 웃으세요.</u>

여: 저는 카메라를 보지 않았어요. <u>다시 한 번 찍어요!</u>

단어 **大家** dàjiā 대 모두 | **都** dōu 부 모두 | **往** wǎng 개 ~를 향하여 | **这边** zhèbiān 대 이곳, 여기 | **看** kàn 동 보다 | **笑** xiào 동 웃다 | **照相机** zhàoxiàngjī 명 사진기 | **再** zài 부 또, 다시 | **拍** pāi 동 (사진을) 찍다 | **次** cì 양 번, 차례 | **吧** ba 조 ~합시다(제안·청유)

해설 '一，二，三，笑(하나, 둘, 셋, 웃으세요)', '再拍一次吧(다시 한 번 찍어요)' 등의 대화를 통해 사진을 찍고 있다는 것을 알 수 있다. 보기 C만이 사진을 찍는 것과 관련이 있으므로 정답은 C이다.

정답 C

2

★★☆

女: 你怎么了? 不舒服吗?	여: 당신 왜 그래요? 아파요?
男: 昨天晚上一直在看足球比赛, 只睡了一个多小时。	남: 어제 저녁에 계속 축구 경기를 보느라 1시간 남짓밖에 못 잤어요.

단어 舒服 shūfu 형 편안하다 | 昨天 zuótiān 명 어제 | 晚上 wǎnshang 명 저녁 | 一直 yìzhí 부 줄곧, 계속해서 | 足球 zúqiú 명 축구 | 比赛 bǐsài 명 경기, 시합 | 只 zhǐ 부 단지, 오로지 | 睡 shuì 동 자다 | 小时 xiǎoshí 명 시간

해설 남자가 '一直在看足球比赛(계속 축구 경기를 봤다)'라고 하였으므로 축구 경기를 보는 사진인 A가 정답이다.

정답 A

♪ 유형 확인 문제 🎧 MP3-03

>> 해설서 6p

녹음을 듣고 대화에 알맞은 사진을 고르세요. (녹음은 총 2번씩 들려 줍니다.)

1 – 5.

A

B

C

D

E

1. ☐

2. ☐

3. ☐

4. ☐

5. ☐

📖 제1부분 🎧 MP3-04

● 1 – 5.
녹음을 듣고 대화에 알맞은 사진을 고르세요.

A

B

C

D

E

F

1. ☐

2. ☐

3. ☐

4. ☐

5. ☐

*보기 F는 예시이므로 제외

🔘 6 – 10.

녹음을 듣고 대화에 알맞은 사진을 고르세요.

A

B

C

D

E

6.

7.

8.

9.

10.

〉〉 해설서 8p

📖 제1부분 🎧 MP3-05

◖● 1 – 5.

녹음을 듣고 대화에 알맞은 사진을 고르세요.

A

B

C

D

E

F

1. ☐

2. ☐

3. ☐

4. ☐

5. ☐

*보기 F는 예시이므로 제외

● 6 – 10.

녹음을 듣고 대화에 알맞은 사진을 고르세요.

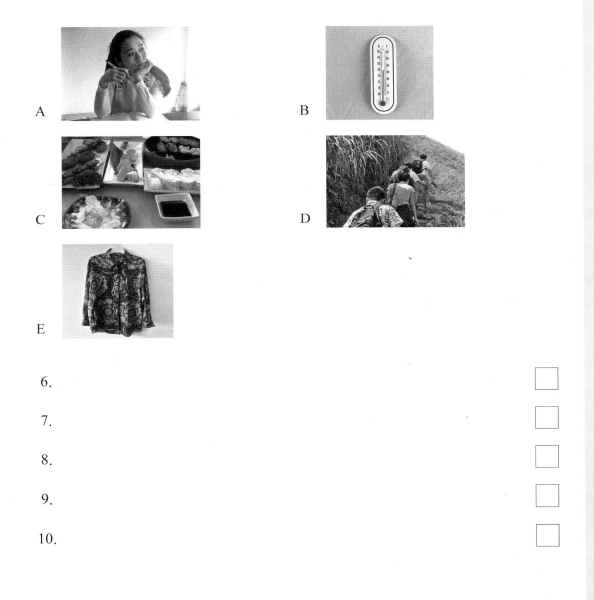

A

B

C

D

E

6. ☐

7. ☐

8. ☐

9. ☐

10. ☐

〉〉해설서 13p

听力

듣기

제2부분

제시된 문장의 옳고 그름 판단하기

 **미리보기**

듣기 제2부분은 제시된 문장의 옳고 그름을 판단하는 문제로 약 10분간 진행된다. 총 10문제로 모든 문제는 한 사람이 녹음 내용을 읽어주면 다른 사람이 ★ 표시 옆 제시된 문장을 이어서 읽어준다. 수험생은 녹음을 듣고 제시된 문장과 녹음 내용이 일치하는지 아닌지를 판단한 후 일치하는 경우 '✔' 표시를, 일치하지 않는 경우 '✗'를 표시하면 된다. 문제당 약 8초간의 답을 선택할 수 있는 시간이 주어진다.

🔔 제2부분 – 제시된 문장의 옳고 그름 판단하기

문제   🎧 MP3-06   》 해설서 17p

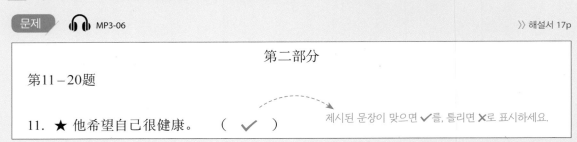

第二部分

第11-20题

11. ★ 他希望自己很健康。   (✔)   제시된 문장이 맞으면 ✔를, 틀리면 ✗로 표시하세요.

녹음

为了让自己更健康，他每天都花一个小时去锻炼身体。

01. 핵심 내용 파악하기

이러한 유형의 문제는 녹음 내용이 제시된 문장과 같거나 비슷한 형태로 출제되기 때문에 일단 핵심 내용만 잘 파악한다면, 나머지 부분을 다 이해하지 못하였다 하더라도 정답을 찾을 수 있다.

유형 익히기 1 🎧 MP3-07　　　　　　　　　　　★★☆

★ 朋友们送给我一条裙子。　（　　）	★ 친구들이 나에게 치마를 선물했다.

단어 朋友 péngyou 몡 친구 | 送 sòng 됭 선물하다, 주다 | 条 tiáo 양 벌(가늘고 긴 것을 세는 단위) | 裙子 qúnzi 몡 치마

昨天生日的时候，我收到了很多礼物，有爸爸送的书、妈妈送的裙子，还有朋友们送的鲜花。	어제 생일에 나는 매우 많은 선물을 받았다. 아빠가 선물한 책도 있고, 엄마가 선물한 치마도 있으며, 또 친구들이 선물한 꽃도 있다.

단어 昨天 zuótiān 몡 어제 | 生日 shēngrì 몡 생일 | 的时候 de shíhou ～할 때 | 收到 shōudào 됭 받다 | 礼物 lǐwù 몡 선물 | 书 shū 몡 책 | 还有 háiyǒu 젭 그리고, 또 | 鲜花 xiānhuā 몡 꽃

해설 녹음의 핵심 내용 '妈妈送的裙子(엄마가 선물한 치마)', '朋友们送的鲜花(친구들이 선물한 꽃)'를 통해 친구들이 화자에게 치마가 아닌 꽃을 선물했다는 것을 알 수 있다. 따라서 녹음의 핵심 내용은 제시된 문장과 일치하지 않는다.

정답 ✗

유형 익히기 2 🎧 MP3-08　　　　　　　　　　　★☆☆

★ 中国人很友好。　（　　）	★ 중국인은 매우 우호적이다.

단어 友好 yǒuhǎo 혱 우호적이다

我在中国读书的时候，大家总是热情地帮助我。我喜欢中国，这是一个友好的国家。	내가 중국에서 공부할 때 모두 항상 친절하게 나를 도와주었다. 나는 중국을 좋아하는데, 중국은 우호적인 나라이다.

단어 在 zài 개 ～에, ～에서 | 中国 Zhōngguó 고유 중국 | 读书 dúshū 됭 공부하다 | 的时候 de shíhou ～할 때 | 大家 dàjiā 대 모두 | 总是 zǒngshì 뷔 항상, 늘 | 热情 rèqíng 혱 친절하다, 열정적이다 | 帮助 bāngzhù 됭 돕다 | 喜欢 xǐhuan 됭 좋아하다 | 国家 guójiā 몡 국가

이 문제는 녹음의 핵심 내용이 제시된 문장에 똑같이 나와 있으므로 쉽게 풀 수 있다. 녹음의 '热情地帮助我(친절하게 나를 도왔다)', '友好的国家(우호적인 나라)'를 통해 중국인이 다른 사람에게 매우 친절하고 우호적이라는 것을 알 수 있다. 따라서 녹음 내용은 제시된 문장과 일치한다.

정답

유형 익히기 3 🎧 MP3-09 ★☆☆

| ★ 明天是雨天。 （   ） | ★ 내일은 비 오는 날이다. |

단어 明天 míngtiān 몡 내일 | 雨天 yǔtiān 몡 비 오는 날씨

| 天气预报说明天天晴，咱们去爬山吧！ | 일기예보에서 내일은 날씨가 맑다고 하는데, 우리 내일 등산을 가요! |

단어 天气预报 tiānqì yùbào 몡 일기예보 | 晴 qíng 혱 맑다 | 咱们 zánmen 떼 우리 | 爬山 páshān 등산하다 | 吧 ba 조 ~합시다(제안·청유)

해설 녹음의 '明天天晴(내일 날씨가 맑다)'을 미루어 내일 비가 오지 않는다는 것을 알 수 있는데, 제시된 문장은 '明天是雨天(내일은 비 오는 날이다)'이라고 했으므로 녹음 내용은 제시된 문장과 일치하지 않는다.

정답

유형 확인 문제 🎧 MP3-10　　　　　　　　　　　　　　　》》해설서 17p

녹음을 듣고 제시된 문장이 녹음 내용과 일치하면 ✓를, 일치하지 않으면 ✕를 표시하세요. (녹음은 총 2번씩 들려 줍니다.)

1. ★ 昨天他丢了很多钱。 （   ）

2. ★ 他会使用筷子。 （   ）

02. 세부 내용 파악하기

이러한 유형의 문제는 핵심 문장 앞의 부사, 조동사 또는 시제, 주체의 행위가 제시된 문장과 일치하는지를 잘 들어야 하며, 단어 하나에 의해 문장 전체의 뜻이 달라져 녹음 내용과 제시된 문장이 일치하지 않을 수 있으므로 세부적인 내용까지 파악해야만 한다.

유형 익히기 1 🎧 MP3-11 ★★☆

★ 东边水果市场的东西便宜极了。（　　） | ★ 동쪽 과일 시장의 물건이 매우 저렴하다.

단어 **东边** dōngbian 명 동쪽 | **水果** shuǐguǒ 명 과일 | **市场** shìchǎng 명 시장 | **便宜** piányi 형 싸다 | **极了** jí le (형용사 뒤에 보어로 쓰여) 매우 ~하다

学校附近有两个水果市场，东边的比较便宜，东西也新鲜，大家都爱去那儿买。 | 학교 근처에 두 개의 과일 시장이 있는데, 동쪽 시장이 비교적 저렴하고, 물건도 신선해서 모두 자주 그곳에 가서 사는 것을 좋아한다.

단어 **学校** xuéxiào 명 학교 | **附近** fùjìn 명 부근, 근처 | **两** liǎng 수 둘, 2 | **比较** bǐjiào 부 비교적 | **新鲜** xīnxiān 형 신선하다 | **爱** ài 동 ~하길 좋아하다 | **那儿** nàr 대 그곳, 거기 | **买** mǎi 동 사다

해설 제시된 문장에서 나온 '极了'는 '매우, 대단히'를 뜻하며, 정도의 심함을 나타낸다. 녹음의 '比较便宜(비교적 저렴하다)'는 동쪽 시장의 과일이 서쪽 시장과 비교하여 좀 저렴한 것을 설명할 뿐 '便宜极了(대단히 저렴하다)'라는 것은 아니다. 따라서 녹음 내용은 제시된 문장과 일치하지 않는다.

정답 ✗

유형 익히기 2 🎧 MP3-12 ★★★

★ 老王一定在家。（　　） | ★ 라오왕은 반드시 집에 있다.

단어 **一定** yídìng 부 꼭, 반드시 | **在** zài 동 ~에 있다 | **家** jiā 명 집

你看，楼上房间的灯还亮着，老王应该在家。走，我们上去看看。 | 당신 좀 봐요, 위층 방의 불이 아직 켜져 있어요. 라오왕은 집에 있을 거예요. 가요, 우리 올라가서 좀 봐요.

단어 **楼上** lóushàng 명 위층 | **房间** fángjiān 명 방 | **灯** dēng 명 등, 램프 | **还** hái 부 아직도, 여전히 | **亮** liàng 형 밝다 | **着** zhe 조 ~한 채로(동작이나 상태의 진행, 지속을 나타냄) | **应该** yīnggāi 조동 (분명) ~일 것이다 | **走** zǒu 동 걷다 | **上去** shàngqù 동 올라가다, 오르다

31

녹음에 나온 조동사 '应该(~일 것이다)'는 문장에서 화자가 어떤 상황에 대해 추측하는 것을 나타낸다. 화자가 '灯还亮着(불이 아직 켜져 있다)'라고 말한 것은 라오왕이 아마도 집에 있을 것이라고 추측한 것이지 사실인 것은 아니다. 따라서 녹음 내용은 제시된 문장과 일치하지 않는다.

정답 ✗

🤾 유형 익히기 3 🎧 MP3-13 ★★☆

★ 他请李师傅去修空调。　（　　）	★ 그는 이 기사에게 에어컨을 수리해 달라고 부탁한다.

단어 请 qǐng 图 요청하다, 부탁하다 | 师傅 shīfu 명 기사님, 스승 | 修 xiū 图 수리하다 | 空调 kōngtiáo 명 에어컨

李师傅，我家的空调好像坏了，房间一直都很热，麻烦您去我那儿看看吧。	이 기사님, 우리 집 에어컨이 고장 난 것 같아요. 방 안이 계속 더워요. 죄송하지만 저희 집에 가서 한번 봐 주세요.

단어 家 jiā 명 집 | 好像 hǎoxiàng 图 마치 ~과 같다 | 坏 huài 명 고장 나다 | 房间 fángjiān 명 방 | 一直 yìzhí 图 줄곧, 계속해서 | 热 rè 명 덥다 | 麻烦 máfan 图 귀찮게 하다, 번거롭게 하다

해설 녹음의 '看看(좀 보다)'은 제시된 문장의 '修(수리하다)'와 같은 의미를 나타낸다. 화자의 한번 봐 달라는 말 뜻은 이 기사에게 집에 가서 에어컨을 수리해 달라고 부탁하는 것이므로 녹음 내용은 제시된 문장과 일치한다.

정답 ✓

🏃 유형 확인 문제 🎧 MP3-14　　　　　　　　　　　　　》 해설서 18p

녹음을 듣고 제시된 문장이 녹음 내용과 일치하면 √를, 일치하지 않으면 ×를 표시하세요. (녹음은 총 2번씩 들려 줍니다.)

1. ★ 他每天都要把新学的汉字写两遍。　（　　）

03. 어법 지식 활용하기

이러한 유형의 문제를 풀 때 수험생은 자신이 알고 있는 어법 지식을 활용하여 녹음 내용과 제시된 문장을 이해하면 정확한 답을 고를 수 있다.

🎧 **유형 익히기 l** 🎧 MP3-15　　　　　　　　　　　　　　　　　★★☆

★ 小王和老板吵架了。 　（　　）	★ 샤오왕과 사장님은 말다툼했다.

단어 | 和 hé 개 ~와 | 老板 lǎobǎn 명 사장 | 吵架 chǎojià 동 말다툼하다, 다투다

你现在还是别找小王谈工作了，<u>他刚被老板骂了</u>，正生气呢。	당신 지금은 그래도 샤오왕에게 업무 이야기를 하지 말아요. <u>그는 방금 사장님에게 혼나서</u>, 화가 나 있어요.

단어 | 现在 xiànzài 명 현재, 지금 | 还是 háishi 부 그래도 | 别 bié 부 ~하지 마라 | 找 zhǎo 동 찾다 | 谈 tán 동 이야기하다 | 工作 gōngzuò 명 일 | 刚 gāng 부 방금, 막 | 被 bèi 개 ~에 의하여 (~을 당하다) | 骂 mà 동 욕하다, 질책하다 | 正 zhèng 부 마침 | 生气 shēngqì 동 화내다 | 呢 ne 조 진행의 어감을 강조

해설 被자문에 관한 문제이다. 'A 被 B + 술어(동사)'에서 B는 행위의 주체이고 A는 행위를 당하는 사람이다. 녹음의 '他刚被老板骂了(그가 방금 사장님에게 혼났다)'에서 사장님은 동작 '骂(혼내다)'의 행위자이고 샤오왕은 행위를 당하는 사람이므로 제시된 문장처럼 두 사람이 말다툼한 것은 아니다. 따라서 녹음 내용은 제시된 문장과 일치하지 않는다.

정답 ✕

➕ **플러스 해설**

被자문이란?
개사 '被'를 사용하여 '~에게 ~을 당하다'라는 피동을 나타내는 문장으로, 기본 형식은 '주어+부사어(被+행위의 주체)+술어+기타성분'이다. '被' 대신 개사 '叫, 让, 给'를 쓸 수 있으며, 被자문에 술어로 쓰일 수 없는 동사로 '是, 在, 有, 像, 属于' 등이 있다는 것도 알아두자.

★ 上海没有北京冷，上海人也没有北京人热情。（　　）	★ 상하이는 베이징만큼 춥지 않다. 상하이 사람도 베이징 사람만큼 친절하지 않다.

단어 上海 Shànghǎi 고유 상하이 | 北京 Běijīng 고유 베이징 | 冷 lěng 형 춥다 | 热情 rèqíng 형 친절하다, 열정적이다

如果要我从上海和北京中选一个，我选择北京。<u>虽然北京比上海冷，但是北京人更热情。</u>	만약 나에게 상하이와 베이징 중에서 하나를 고르라고 한다면, 나는 베이징을 선택할 것이다. <u>비록 베이징은 상하이보다 춥지만, 베이징 사람이 더 친절하다.</u>

단어 如果 rúguǒ 접 만약 | 要 yào 조동 ～하려고 하다, ～할 것이다 | 从 cóng 개 ～부터 | 和 hé 접 ～와 | 选择 xuǎnzé 동 선택하다 | 虽然……但是…… suīrán…… dànshì…… 비록 ～할지라도 그러나 ～하다 | 比 bǐ 개 ～보다 | 更 gèng 부 더욱

해설 제시된 문장의 'A 没有 B + (这么/那么) + 형용사'는 비교문의 한 형식으로 '上海没有北京冷(상하이는 베이징보다 춥지 않다)'은 베이징이 상하이보다 춥다는 것을 나타내는 것이므로 녹음 내용과 일치한다. 이어서 나오는 녹음의 '北京人更热情(베이징 사람이 더 친절하다)'은 제시된 문장의 '上海人也没有北京人热情(상하이 사람도 베이징 사람만큼 친절하지 않다)'와 같은 의미이다.

정답 ✔

🏃 유형 확인 문제 🎧 MP3-17 　　　　　　　　》 해설서 18p

녹음을 듣고 제시된 문장이 녹음 내용과 일치하면 ✓를, 일치하지 않으면 ×를 표시하세요. (녹음은 총 2번씩 들려 줍니다.)

1. ★ 天在下雨。　（　　）

🔆 新HSK 3급에 자주 나오는 특수 문형 🎧 MP3-W02

是자문	我是留学生。 나는 유학생이다. Wǒ shì liúxuéshēng.
有자문	商店里有很多人。 상점 안에 매우 많은 사람이 있다. Shāngdiàn li yǒu hěn duō rén.
是……的구문	**1. 시간 강조** 这是今天早上做的。 이것은 오늘 아침에 만든 것이다. Zhè shì jīntiān zǎoshang zuò de. **2. 장소 강조** 这件衬衫是在上海买的。 이 셔츠는 상하이에서 산 것이다. Zhè jiàn chènshān shì zài Shànghǎi mǎi de. **3. 방식 강조** 大家是坐飞机来的。 모두 비행기를 타고 온 것이다. Dàjiā shì zuò fēijī lái de.
비교문	**1. A 比 B + 형용사** 太阳比月亮大。 태양은 달보다 크다. Tàiyáng bǐ yuèliang dà. **2. A 跟/和 B (不)一样 + 형용사** 弟弟和哥哥一样高。 남동생은 형과 키가 같다. Dìdi hé gēge yíyàng gāo. **3. A (没)有 B (那么/这么) + 형용사** 火车没有飞机那么快。 기차는 비행기처럼 그렇게 빠르지 않다. Huǒchē méiyǒu fēijī nàme kuài.
把자문	我把书放在桌子上。 나는 책을 탁자 위에 놓았다. Wǒ bǎ shū fàngzài zhuōzi shang.
被자문	电脑被他弄坏了。 컴퓨터가 그에 의해 고장 났다. Diànnǎo bèi tā nònghuài le.
연동문	我每天跑步上学。 나는 매일 뛰어서 등교한다. Wǒ měitiān pǎobù shàngxué.
존현문	门口站着一个孩子。 문 입구에 한 아이가 서 있다. Ménkǒu zhànzhe yí ge háizi.
겸어문	朋友让我唱首歌。 친구는 나에게 노래를 부르게 했다. Péngyou ràng wǒ chàng shǒu gē.

04. 녹음 내용을 근거로 유추하기

이러한 유형의 문제는 제시된 문장의 핵심 부분이 녹음 내용에 드러나지 않기 때문에 녹음 내용을 근거로 유추하여 답을 선택해야 한다. 따라서 이러한 유형의 문제를 풀 때, 반드시 녹음 내용의 전체를 이해하는데 집중하고 일부 제대로 듣지 못한 단어들은 넘어가야 한다.

 유형 익히기 | 🎧 MP3-18 ★☆☆

| ★ 他是个医生。 ( ) | ★ 그는 의사이다. |

단어 医生 yīshēng 몡 의사

| 放心吧，只是小感冒，吃点儿药就行了。回去记得多喝水，好好休息，很快就会好的。 | 마음 놓으세요. 그저 약한 감기예요. 약을 좀 먹으면 돼요. 돌아가면 물을 많이 마시고 잘 쉬세요. 그러면 금방 좋아질 거예요. |

단어 放心 fàngxīn 통 마음을 놓다 | 吧 ba 조 ~합시다(제안·청유) | 只 zhǐ 閈 단지, 오로지 | 感冒 gǎnmào 몡 감기 | 点儿 diǎnr 양 조금 | 行 xíng 통 된다, 되다 | 回去 huíqù 통 되돌아가다 | 记得 jìde 통 기억하고 있다 | 休息 xiūxi 통 휴식하다, 쉬다 | 会 huì 조통 ~일 것이다

해설 녹음의 '只是小感冒(그저 약한 감기이다)', '吃点儿药(약을 좀 먹다)'를 통해 의사가 환자에게 하는 말이라는 것을 유추할 수 있다. 따라서 녹음 내용은 제시된 문장과 일치한다.

정답

☝플러스 해설

유추해야 하는 문제에서 언급하는 내용은 다양하다. 예를 들어 대화가 발생한 장소, 화자의 직업이나 신분을 유추하거나 한 가지 사건이나 여러 사건의 전후 상황이 다른 것을 비교함으로써 현재의 상황을 유추하는 문제 등이 있다.

유형 익히기 2 🎧 MP3-19　　　　　　　　　　　　　　　　　　　★★☆

| ★ 他今天点了麻婆豆腐。　（　　） | ★ 그는 오늘 마파두부를 주문했다. |

단어　点 diǎn 동 주문하다 ｜ 麻婆豆腐 mápódòufu 명 마파두부

| 校门口那家饭馆的麻婆豆腐不错，我每次去那儿都要点一份，但是今天嗓子疼吃不了。 | 교문 앞 그 식당의 마파두부가 참 괜찮다. 나는 매번 거기에 가서 꼭 1인분을 주문하는데, 오늘은 목이 아파서 먹지 못했다. |

단어　门口 ménkǒu 명 입구 ｜ 家 jiā 양 점포 등을 세는 단위 ｜ 饭馆 fànguǎn 명 식당 ｜ 不错 búcuò 형 괜찮다, 좋다 ｜ 每次 měi cì 매번 ｜ 那儿 nàr 대 거기 ｜ 份 fèn 양 (음식의) 분 ｜ 但是 dànshì 접 그러나, 그렇지만 ｜ 嗓子 sǎngzi 명 목(구멍) ｜ 疼 téng 형 아프다 ｜ 吃不了 chībuliǎo 먹지 못하다, 다 먹을 수 없다

해설　녹음에서 '但是(그러나)'가 전환을 나타내는데, '但是(그러나)' 뒤의 문장을 보면 '今天嗓子疼吃不了(목이 아파서 먹지 못했다)'라고 했으므로 그가 오늘 마파두부를 시키지 않았다는 것을 유추할 수 있다. 따라서 녹음 내용은 제시된 문장과 일치하지 않는다.

정답 ✘

유형 확인 문제 🎧 MP3-20　　　　　　　　　　　　　　　　　　　》 해설서 19p

녹음을 듣고 제시된 문장이 녹음 내용과 일치하면 ✓를, 일치하지 않으면 ✘를 표시하세요. (녹음은 총 2번씩 들려 줍니다.)

1. ★ 他不像妻子那么爱逛街。　　（　　　）

📖 제2부분 🎧 MP3-21

🔵 11 – 20.

녹음을 듣고 제시된 문장이 녹음 내용과 일치하면 ✔를, 일치하지 않으면 ✗를 표시하세요.

11. ★ 他现在在教室里。 ( )

12. ★ 电影七点钟开始。 ( )

13. ★ 小李现在的电话号码是3303330。 ( )

14. ★ 他更喜欢唱歌。 ( )

15. ★ 他现在在商场里买东西。 ( )

16. ★ 小李和小王的成绩一样。 ( )

17. ★ 他和同学一起去唱歌了，很晚才回来。 ( )

18. ★ 今天天气很冷。 ( )

19. ★ 店里只有牛奶了。 ( )

20. ★ 他家有条白色的大狗。 ( )

》 해설서 19p

실전 연습 2

📖 제2부분 🎧 MP3-22

🔵● 11 – 20.
녹음을 듣고 제시된 문장이 녹음 내용과 일치하면 ✔를, 일치하지 않으면 ✘를 표시하세요.

11. ★ 他不打算带孩子去旅游。　　　　　　（　　　）

12. ★ 妈妈买了三块蛋糕。　　　　　　　　（　　　）

13. ★ 他不能去动物园。　　　　　　　　　（　　　）

14. ★ 她以前很喜欢去图书馆。　　　　　　（　　　）

15. ★ 七点的时候，小王正在吃饭。　　　　（　　　）

16. ★ 她以前不爱笑。　　　　　　　　　　（　　　）

17. ★ 她不喜欢跳舞。　　　　　　　　　　（　　　）

18. ★ 北京的鱼比这里贵。　　　　　　　　（　　　）

19. ★ 他有很多坏习惯。　　　　　　　　　（　　　）

20. ★ 这部电影没有以前的好看。　　　　　（　　　）

》》 해설서 23p

듣기 听力

제3 · 4부분
남녀 대화 듣고 질문에 답하기

 **미리보기**

듣기 제3·4부분은 남녀 대화를 듣고 질문에 대한 답을 고르는 문제이다. 제3부분은 약 9분, 제4부분은 약 11분간 진행되며 각 10문제씩 모두 20문제이다. 제3부분은 먼저 남녀가 각각 한 번씩 말하고, 이어서 질문이 나온다. 제4부분은 남녀가 두 번씩 대화를 주고 받으며, 제3부분과 동일하게 대화에 근거하여 질문이 나온다. 시험지에는 A, B, C 3개의 보기가 나오며 각 문제마다 약 11초의 답을 선택할 시간이 주어진다.

🔔 제3부분 – 남녀 대화(각 1번씩) 듣고 질문에 답하기

 **문제** 🎧 MP3-23 　　　　　　　　　　　　　　　　　　 ≫ 해설서 27p

---

第三部分

第21－30题

21. Ⓐ 开门　　　　　　　　　B 拿东西　　　　　　　　C 去超市买东西

녹음

男: 小王，帮我开一下门，好吗? 谢谢！

女: 没问题，您去超市了? 买了这么多东西。

问: 男的想让小王做什么?

🔔 제4부분 – 남녀 대화(각 2번씩) 듣고 질문에 답하기

 🎧 MP3-24 　　　　　　　　　　　　　　　　　　　　　　　　　>> 해설서 27p

第四部分

第31－40题

31. A 洗澡　　　　　　　　B 吃饭　　　　　　　Ⓒ 看电视

녹음

女: 晚饭做好了，准备吃饭了。
男: 等一会儿，比赛还有三分钟就结束了。
女: 快点儿吧，一起吃，菜冷了就不好吃了。
男: 你先吃，我马上就看完了。

问: 男的在做什么？

듣기 제3·4부분 문제를 풀 때 녹음이 나오기 전에 주어진 보기를 먼저 보면, 대화 내용과 질문을 예측하는데 도움이 된다. 또한, 질문에는 대부분 '什么(무엇)', '几点(몇 시)', '谁(누구)', '哪儿(어디)', '多少(얼마)', '怎么样(어떠하다)'과 같은 의문대명사가 등장하며, 대화 내용은 주로 시간, 장소, 인물의 관계, 계획과 원인 등이다.

01. 시간, 날짜 관련 문제

이러한 유형의 문제는 주로 '几点(몇 시)', '什么时候(언제)', '多久(얼마나 오래)' 등의 표현이 나온다. 정답이 녹음에 직접 언급되는 문제도 있고, 일정한 계산을 한 후 답을 찾아야 하는 문제도 있다.

 유형 익히기 1 - 제3부분 MP3-25   ★☆☆

A 17:00	B 5:00	C 6:00	A 17:00	B 5:00	C 6:00

女：明天早上五点就出发了，真早啊！	여: 내일 아침 5시에 바로 출발해요, 정말 이르네요!
男：是啊，晚上要早点休息。	남: 그래요. 저녁에 좀 일찍 쉬어요.
问： 明天什么时候出发?	질문: 내일 언제 출발하는가?

단어　**明天** míngtiān 명 내일 | **早上** zǎoshang 명 아침 | **出发** chūfā 동 출발하다 | **真** zhēn 부 확실히, 참으로 | **早** zǎo 형 이르다, 일찍이다 | **晚上** wǎnshang 명 저녁 | **要** yào 조동 ~해야 한다 | **休息** xiūxi 동 휴식하다, 쉬다 | **什么时候** shénme shíhou 언제

해설　여자의 말에 명확하게 '明天早上五点就出发了(내일 아침 5시에 바로 출발한다)'라고 나와 있으므로 정답은 B이다.

정답 B

유형 익히기 2 - 제4부분 🎧 MP3-26 ★★☆

A 23号	B 20号	C 17号	A 23일	B 20일	C 17일

단어 号 hào 몡 일, 날

| 女：今天都20号了，还没有收到信。
男：什么时候寄的?
女：三天前就寄出来了。
男：这么久了，你还是去邮局问问吧。

问：信是什么时候寄的? | 여: 오늘이 벌써 20일인데, 아직 편지를 받지 못했어요.
남: 언제 부쳤는데요?
여: 3일 전에 부쳤어요.
남: 이렇게 오래되었으니, 당신이 우체국에 가서 좀 물어보는 게 좋겠어요.

질문: 편지는 언제 부쳤는가? |

단어 今天 jīntiān 몡 오늘 | 都……了 dōu…… le 벌써 ~하다 | 还没 hái méi 아직 ~하지 않았다 | 收到 shōudào 통 받다 | 信 xìn 몡 편지 | 什么时候 shénme shíhou 언제 | 寄 jì 통 (우편으로) 부치다 | 出来 chūlái 통 나오다 | 这么 zhème 대 이렇게나 | 久 jiǔ 형 오래되다 | 还是……吧 háishi…… ba 그냥 ~합시다 | 邮局 yóujú 몡 우체국 | 问 wèn 통 물어보다

해설 여자의 말에서 정답을 찾을 수 있는데, 오늘은 '20号(20일)'이고 편지는 '三天前就寄出来了(3일 전에 바로 부쳤다)'라고 하였으므로 17일에 부친 것을 알 수 있다. 따라서 정답은 C이다.

정답 C

 유형 확인 문제 🎧 MP3-27 》 해설서 28p

대화를 듣고 질문에 알맞은 보기를 선택하세요. (녹음은 총 2번씩 들려 줍니다.)

1. A 星期五 　　 B 星期六 　　 C 星期天

2. A 5:20 　　 B 5:50 　　 C 5:30

💡 시간·날짜와 관련 있는 표현 🎧 MP3-W03

시간	……点(整) ~시(정각) diǎn	六点(整) 6시(정각) liù diǎn
	……点……分 …… ~시 ~분 diǎn fēn	六点二十分 6시 20분 liù diǎn èrshí fēn
	……点……刻 ~시 ~각(15분, 45분) diǎn kè	八点一刻 8시 15분 bā diǎn yí kè
	……点……半 ~시 반(30분) diǎn bàn	九点半 9시 반 jiǔ diǎn bàn
	差……分……点 ~분 전 ~시 chà fēn diǎn	差十分五点 10분 전 5시 chà shífēn wǔ diǎn
	早了……分钟 zǎo le fēnzhōng 晚了……分钟 wǎn le fēnzhōng 迟了……分钟 chí le fēnzhōng	早了五分钟 5분 이르다 zǎo le wǔ fēnzhōng 晚了五分钟 5분 늦었다 wǎn le wǔ fēnzhōng 迟了五分钟 5분 지각했다 chí le wǔ fēnzhōng
날짜	……月……日 ~월 ~일 yuè rì	三月九日 3월 9일 sān yuè jiǔ rì
	……天前/后 ~일 전/~일 후 tiān qián/hòu	五天前 wǔ tiān qián 5일 전 五天后 wǔ tiān hòu 5일 후
	过了……天 ~일 지났다 guò le tiān	过了三天 3일 지났다 guò le sān tiān

今天 jīntiān 몡 오늘 | 明天 míngtiān 몡 내일 | 后天 hòutiān 몡 모레 | 大后天
dàhòutiān 몡 글피 | 昨天 zuótiān 몡 어제 | 前天 qiántiān 몡 그저께 | 大前天
dàqiántiān 몡 그끄저께 | 上(个)星期 shàng (ge) xīngqī 지난주 | 下(个)星期
xià (ge) xīngqī 다음 주

02. 숫자 관련 문제

이러한 유형의 문제는 녹음에 '多少(얼마, 몇)', '多少钱(얼마예요)' 등의 표현이 자주 나오며 질문에 주로 나이, 금액, 수량, 전화번호에 관한 내용이 언급된다. 숫자 관련 문제의 대화는 대부분 복잡하지 않으나 반드시 남녀 대화를 처음부터 끝까지 주의하여 들어야 하고, 질문에 숫자와 관련된 대상을 정확하게 들어야만 오답을 고르는 실수를 피할 수 있다.

유형 익히기 1 – 제3부분 🎧 MP3-28 ★★☆

| A 20元 | B 40元 | C 60元 | A 20위안 | B 40위안 | C 60위안 |

단어 元 yuán 양 위안(중국의 화폐 단위)

| 女：请问洗一件衣服多少钱？
男：短的二十，长的四十。

问：洗一件长的衣服多少钱？ | 여: 실례지만, 옷 한 벌 세탁하는 것은 얼마예요?
남: 짧은 것은 20위안, 긴 것은 40위안이에요.

질문: 긴 옷을 세탁하려면 얼마인가? |

단어 请问 qǐngwèn 통 말씀 좀 묻겠습니다 | 洗 xǐ 통 세탁하다 | 件 jiàn 양 벌(옷을 세는 단위) | 衣服 yīfu 명 옷 | 短 duǎn 형 짧다 | 长 cháng 형 길다

해설 앞에 언급된 숫자만 듣고 실수로 보기 A를 선택할 수 있다. 하지만 질문에서 물어보는 대상이 '长的(긴 것)'이므로 세탁하는 데 드는 비용은 40위안인 것을 알 수 있다. 따라서 정답은 B이다.

정답 B

47

A 99分	B 100分	C 93分	A 99점	B 100점	C 93점

단어 分 fēn 명 점수

女：你怎么了？一脸不高兴的样子。	여: 당신 왜 그래요? 기분이 안 좋은 모습이네요.
男：别提了。我汉语没考好，<u>只得了93分</u>。	남: 말도 말아요. 중국어 시험을 잘 못 봤어요. <u>겨우 93점</u>이에요.
女：93分还不满意吗？我才60多分。	여: 93점인데도 만족스럽지 않나요? 저는 겨우 60점이에요.
男：可<u>小李比我高了6分</u>，差一点就100分了。	남: 그렇지만 <u>샤오리는 저보다 6점이나 높아요</u>, 거의 100점이라고요.
问：小李考了多少分？	질문: 샤오리는 몇 점을 받았는가?

단어 脸 liǎn 명 얼굴 | 高兴 gāoxìng 형 기쁘다, 즐겁다 | 样子 yàngzi 명 모습 | 别 bié 부 ~하지 마라 | 提 tí 동 이야기를 꺼내다 | 汉语 Hànyǔ 고유 중국어 | 考 kǎo 동 시험을 치르다, 보다 | 只 zhǐ 부 단지, 오로지 | 得 dé 동 얻다 | 满意 mǎnyì 형 만족하다 | 才 cái 부 비로소, 그제서야 | 比 bǐ 개 ~보다 | 差一点 chàyìdiǎn 부 거의, 하마터면

해설 이 문제는 매우 많은 숫자가 나오므로 녹음을 들을 때 반드시 메모를 하면서 들어야 한다. 녹음에서 주의해서 들어야 하는 것은 '小李(샤오리)'의 점수이다. 남자는 '93分(93점)'을 받았고, 샤오리는 남자보다 '6分(6점)'이 높으므로 99점이라는 것을 알 수 있다. 따라서 정답은 A이다.

정답 A

🎿 유형 확인 문제 🎧 MP3-30 　　　　　　　　　　　　　　　 >> 해설서 29p

대화를 듣고 질문에 알맞은 보기를 선택하세요. (녹음은 총 2번씩 들려 줍니다.)

1. A 两岁　　　　　　B 三岁　　　　　　C 两岁半

2. A 1500元　　　　　B 1800元　　　　　C 2100元

💡 숫자와 관련 있는 표현 🎧 MP3-W04

연령	岁 suì 세	十岁 shí suì 10살	四岁半 sì suì bàn 4살 반
	大 dà 많다	我比他大一岁。Wǒ bǐ tā dà yí suì. 나는 그보다 1살 더 많다.	
	小 xiǎo 어리다	我比他小一岁。Wǒ bǐ tā xiǎo yí suì. 나는 그보다 1살 더 어리다.	
가격	元 yuán 위엔, 角 jiǎo 지아오, 分 fēn 펀(전), 块 kuài 콰이, 毛 máo 마오	十元七角六分 shí yuán qī jiǎo liù fēn 10위안 7지아오 6펀(6원 76전) 五块四毛 wǔ kuài sì máo 5위안 4마오	* 元 yuán = 块 kuài 角 jiǎo = 毛 máo
	便宜 piányi 싸다	便宜了六块钱 piányi le liù kuài qián 6위안 싸다	
	贵 guì 비싸다	贵了六块钱 guì le liù kuài qián 6위안 비싸다	
	半价 절반 가격 bànjià	这条裙子昨天150元，今天半价，只要75元。 Zhè tiáo qúnzi zuótiān yìbǎi wǔshí yuán, jīntiān bànjià, zhǐyào qīshíwǔ yuán. 이 치마는 어제 150위안이었는데. 오늘 절반 가격으로 겨우 75위안이다.	
번호	我的电话号码是13457928631。나의 전화번호는 13457928631이다. Wǒ de diànhuà hàomǎ shì yāo sān sì wǔ qī jiǔ èr bā liù sān yāo. 我住在302房间。나는 302호에 살고 있다. Wǒ zhùzài sān líng èr fángjiān. 你可以坐32路公共汽车去市中心。 Nǐ kěyǐ zuò sānshí'èr lù gōnggòng qìchē qù shìzhōngxīn. 당신은 32번 버스를 타고 시내로 갈 수 있습니다. 开往上海的K1556次火车就要出发了。 Kāiwǎng Shànghǎi de K yāo wǔ wǔ liù cì huǒchē jiù yào chūfā le. 상하이로 가는 K1556편 기차가 곧 출발합니다.		
중량	公斤 gōngjīn 킬로그램(kg) 斤 jīn 근	3公斤 sān gōngjīn 3kg 2斤 liǎng jīn 2근	
	轻 qīng 가볍다	我比以前轻了2公斤。나는 예전에 비해 2kg 가벼워졌다. Wǒ bǐ yǐqián qīng le liǎng gōngjīn.	
	重 zhòng 무겁다	我比以前重了2公斤。나는 예전에 비해 2kg 무거워졌다. Wǒ bǐ yǐqián zhòng le liǎng gōngjīn.	

길이	米 mǐ 미터(m) 千米 킬로미터(km) qiānmǐ	3.2米 sān diǎn èr mǐ 3.2m 2千米 liǎng qiānmǐ 2km
	远 멀다 yuǎn	这条路比那条路远了2千米。 Zhè tiáo lù bǐ nà tiáo lù yuǎn le liǎng qiānmǐ. 이 길은 저 길에 비해 2km 멀다.
	近 가깝다 jìn	这条路比那条路近了2千米。 Zhè tiáo lù bǐ nà tiáo lù jìn le liǎng qiānmǐ. 이 길은 저 길에 비해 2km 가깝다.
	长 길다 cháng	这张桌子比那张长了1.2米。 Zhè zhāng zhuōzi bǐ nà zhāng cháng le yì diǎn èr mǐ. 이 책상은 저 책상에 비해 1.2m 길다.
	短 짧다 duǎn	这张桌子比那张短了1.2米。 Zhè zhāng zhuōzi bǐ nà zhāng duǎn le yì diǎn èr mǐ. 이 책상은 저 책상에 비해 1.2m 짧다.
	高 (키가) 크다 gāo	我比他高1厘米。 나는 그보다 1cm 크다. Wǒ bǐ tā gāo yì límǐ.
	矮 (키가) 작다 ǎi	我比他矮1厘米。 나는 그보다 1cm 작다. Wǒ bǐ tā ǎi yì límǐ.
순서	第 (순서; 제) dì	第一 dì-yī 첫 번째, 第二 dì-èr 두 번째
	老 (서열) lǎo	老大 lǎodà 첫째(아이), 老二 lǎo'èr 둘째(아이)
배수	倍 배 bèi	两倍 liǎng bèi 두 배, 五倍 wǔ bèi 다섯 배
근사치	多 여(많음) duō	教室里有10多个人。 Jiàoshì li yǒu shí duō ge rén. 교실 안에 10여 명의 사람이 있다.
기타	差 부족하다 chà	还差两个人，就都到齐了。 Hái chà liǎng ge rén, jiù dōu dàoqí le. 아직 두 사람이 부족하다. (두 명이 더 오면) 모두 다 오는 것이다.

03. 장소 관련 문제

이러한 유형의 문제는 항상 '从哪儿来(어디서 왔는지)', '去哪儿(어디에 갔는지)', '可能在什么地方(어느 장소에 있을지)' 등의 방식으로 질문한다. 녹음에 직접 장소가 언급되는 경우에는 보기 A, B, C에 동일한 장소가 있는지를 체크하고, 만약 녹음에 장소가 직접 언급되지 않았다면 대화 내용에 근거하여 답을 찾아야 한다.

🎧 MP3-W05

✎ 新HSK 3급에서 장소와 관련 있는 단어는 다음과 같다.

☐ 办公室 bàngōngshì 명 사무실

☐ 超市 chāoshì 명 슈퍼마켓

☐ 房间 fángjiān 명 방

☐ 火车站 huǒchēzhàn 명 기차역

☐ 教室 jiàoshì 명 교실

☐ 图书馆 túshūguǎn 명 도서관

☐ 医院 yīyuàn 명 병원

☐ 宾馆 bīnguǎn 명 호텔

☐ 厨房 chúfáng 명 주방

☐ 饭馆 fànguǎn 명 식당

☐ 公园 gōngyuán 명 공원

☐ 机场 jīchǎng 명 공항

☐ 学校 xuéxiào 명 학교

☐ 银行 yínháng 명 은행

🧑 유형 익히기 1 - 제3부분 🎧 MP3-31   ★☆☆

| A 饭馆 | B 商店 | C 医院 | A 식당 | B 상점 | C 병원 |

단어 饭馆 fànguǎn 명 식당 | 商店 shāngdiàn 명 상점 | 医院 yīyuàn 명 병원

| 女: 哎哟，我肚子疼得厉害！
男: 没什么事儿，吃点药就好了。一天两次，一次三粒。

问: 他们可能在什么地方？ | 여: 아이고, 배가 너무 아파요!
남: 별일 아니에요. 약을 좀 먹으면 바로 나아요. 하루에 두 번, 한 번에 3알씩이에요.

질문: 그들은 어디에 있을 가능성이 큰가? |

단어 肚子 dùzi 명 배, 복부 | 疼 téng 형 아프다 | 得 de 조 ~하는 정도가(술어 뒤에 쓰여 술어의 정도를 나타냄) | 厉害 lìhai 형 대단하다, 심하다 | 次 cì 양 번, 차례 | 粒 lì 양 알 | 可能 kěnéng 조동 아마도 ~일 것이다 | 在 zài 동 ~에 있다 | 地方 dìfang 명 장소, 곳

남녀 대화의 '肚子疼(배가 아프다)', '吃点药(약을 좀 먹다)'로 보아 의사와 환자 사이의 대화임을 알 수 있다. 따라서 정답은 C이다.

정답 C

🐼 유형 익히기 2 - 제4부분 🎧 MP3-32   ★ ☆ ☆

A 汽车站	B 火车站	C 机场	A 정류장	B 기차역	C 공항

단어 **汽车站** qìchēzhàn 몡 정류장 | **火车站** huǒchēzhàn 몡 기차역 | **机场** jīchǎng 몡 공항

男: 请问K73次开往上海的火车票还有吗?	남: 실례지만, K73편 상하이행 <u>기차표가</u> 아직 있나요?
女: 只有K126次的了。	여: K126편만 남았어요.
男: 好吧, 我买两张。	남: 좋습니다, 두 장 살게요.
女: 每张一百二十三元, 两张一共两百四十六元。	여: 한 장당 123위안이니, 두 장에 모두 246위안이에요.
问: 他们可能在哪儿?	질문: 그들은 어디에 있을 가능성이 큰가?

단어 **次** cì 양 (차량, 선박, 항공편 등의) 편수 | **开往** kāiwǎng 동 ~를 향하여 운행하다 | **上海** Shànghǎi 고유 상하이 | **火车票** huǒchēpiào 몡 기차표 | **张** zhāng 양 장(종이, 책상 등을 세는 단위) | **一共** yígòng 뷔 전부, 합계 | **元** yuán 몡 위안(중국의 화폐 단위) | **可能** kěnéng 조동 아마도 ~일 것이다 | **在** zài 동 ~에 있다

해설 남자의 '火车票还有吗?(기차표가 아직 있나요?)'를 통해 그들이 있는 곳이 '火车站(기차역)'이라는 것을 알 수 있다. 따라서 정답은 B이다.

정답 B

🏃 유형 확인 문제 🎧 MP3-33   ≫ 해설서 30p

대화를 듣고 질문에 알맞은 보기를 선택하세요. (녹음은 총 2번씩 들려 줍니다.)

1. A 火车站 　　　　　B 银行 　　　　　C 家里

2. A 书店 　　　　　B 图书馆 　　　　　C 学校

04. 인물의 직업, 관계 관련 문제

인물에 관한 문제는 두 가지로 나뉜다. 첫 번째는 인물의 직업을 묻는 문제로 항상 '······可能是做什么的？(~은/는 어떤 일을 하는 사람일 가능성이 큰가?)', '······是做什 么的(~은/는 어떤 일을 하는 사람인가?)'로 질문한다. 두 번째는 인물의 관계를 묻는 것으로 대부분 '他们是什么关系？(그들은 어떤 관계인가?)', '······是谁？(~은/는 누구 인가?)' 등으로 질문한다.

 MP3-W06

✎ 新HSK 3급에서 인물의 직업, 관계와 관련 있는 단어는 다음과 같다.

1. 직업

- [ ] 老师 lǎoshī 명 선생님
- [ ] 学生 xuésheng 명 학생
- [ ] 同学 tóngxué 명 동급생
- [ ] 经理 jīnglǐ 명 책임자, 사장
- [ ] 同事 tóngshì 명 동료
- [ ] 校长 xiàozhǎng 명 교장
- [ ] 医生 yīshēng 명 의사
- [ ] 司机 sījī 명 운전기사

2. 관계

- [ ] 爸爸 bàba 명 아빠
- [ ] 妈妈 māma 명 엄마
- [ ] 孩子 háizi 명 아이
- [ ] 女儿 nǚ'ér 명 딸
- [ ] 儿子 érzi 명 아들
- [ ] 哥哥 gēge 명 형(오빠)
- [ ] 爷爷 yéye 명 할아버지
- [ ] 妹妹 mèimei 명 여동생
- [ ] 丈夫 zhàngfu 명 남편
- [ ] 奶奶 nǎinai 명 할머니
- [ ] 姐姐 jiějie 명 누나(언니)
- [ ] 妻子 qīzi 명 아내
- [ ] 叔叔 shūshu 명 삼촌(아저씨)
- [ ] 邻居 línjū 명 이웃
- [ ] 阿姨 āyí 명 이모, 아주머니

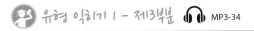

A 服务员	B 售货员	C 顾客	A 종업원	B 판매원	C 고객

단어　服务员 fúwùyuán 몡 종업원 | 售货员 shòuhuòyuán 몡 판매원 | 顾客 gùkè 몡 고객, 손님

男: 给我来一碗面条和一瓶饮料，要快一 　　点，我有急事。 女: 好的，马上给您上。 问: 女的是做什么的?	남: 국수 한 그릇과 음료 한 병 주세요. 빨리 주세요. 　　제가 급한 일이 있어서요. 여: 네, 금방 가져다 드릴게요. 질문: 여자는 무엇을 하는 사람인가?

단어　碗 wǎn 양 그릇, 공기 | 面条 miàntiáo 몡 국수 | 和 hé 젭 ~와 | 瓶 píng 양 병 | 饮料 yǐnliào 몡 음료수 | 一点 yìdiǎn 수량
조금 | 急事 jíshì 몡 긴급한 일 | 马上 mǎshàng 튀 곧, 바로

해설　대화에서 남자가 국수를 주문하고 있으므로 식사를 하려 한다는 것을 알 수 있다. 따라서 우선 그들이 식당에 있다는 것을 유추할
수 있으며, 여자는 판매원이 아니라 종업원이라는 것을 알 수 있다. 질문에서 묻는 것은 여자의 직업으로, 보기 C의 '顾客(고객)'가
가리키는 것은 남자의 신분이므로 답이 될 수 없다. 따라서 정답은 A이다.

정답 A

A 同学	B 老师和学生	C 同事	A 동급생	B 선생님과 학생	C 동료

단어　同学 tóngxué 몡 동급생, 동창 | 老师 lǎoshī 몡 선생님 | 学生 xuésheng 몡 학생 | 同事 tóngshì 몡 동료

女: 老师开始点名了，快来上课呀！ 男: 我还没起床呢，你帮我请个假吧，就 　　说我生病了。 女: 每次都这么说，这次你自己给老师打 　　电话请假吧！ 男: 哎呀，好吧，好吧。我马上过来。 问: 他们可能是什么关系?	여: 선생님이 출석을 부르기 시작하셨어. 빨리 수업 　　와! 남: 나 아직 일어나지 않았어. 네가 나 대신 결석을 　　신청해 줘, 내가 아프다고. 여: 매번 이렇게 말하는구나, 이번에는 네가 선생님 　　께 전화해서 결석을 신청해! 남: 아이, 알았어, 알았어. 금방 갈게. 질문: 그들은 어떤 관계일 가능성이 큰가?

단어 **开始** kāishǐ 툉 시작하다 | **点名** diǎnmíng 툉 출석을 부르다 | **上课** shàngkè 툉 수업하다 | **还没** hái méi 아직 ~하지 않았다 | **起床** qǐchuáng 툉 일어나다 | **帮** bāng 툉 돕다 | **请假** qǐngjià 툉 (휴가, 결석 등의 허락을) 신청하다 | **生病** shēngbìng 툉 아프다 | **每次** měi cì 매번 | **这么** zhème 때 이렇게나 | **这次** zhècì 때 이번 | **自己** zìjǐ 때 자신 | **给** gěi 께 ~에게 | **打电话** dǎ diànhuà 전화하다 | **马上** mǎshàng 閂 곧, 바로 | **过来** guòlái 툉 오다 | **可能** kěnéng 조툉 아마도 ~일 것이다 | **关系** guānxi 뎽 관계

해설 전화 내용은 수업에 결석을 신청한다는 것과 관련이 있으므로 보기 C는 답이 될 수 없다. 여자의 '老师开始点名了, 快来上课呀(선생님이 출석을 부르기 시작하셨어, 빨리 수업 와)'를 통해 이 전화가 선생님이 학생에게 한 것이 아니라는 것을 알 수 있으므로 보기 B 역시 답이 아니다. 대화 내용은 여학생이 남학생에게 빨리 수업하러 오라고 재촉하는 전화로 동급생 사이의 대화라는 것을 알 수 있다. 따라서 정답은 A이다.

정답 A

 유형 확인 문제 🎧 MP3-36 〉〉해설서 31p

대화를 듣고 질문에 알맞은 보기를 선택하세요. (녹음은 총 2번씩 들려 줍니다.)

1. A 学生 　　　　　B 经理 　　　　　C 老师

05. 계획, 행동, 처리 방식 관련 문제

이러한 유형의 문제는 세 가지로 나눌 수 있다. 첫 번째는 계획에 관한 문제로 '明天(내일)', '星期(요일)', '下周(다음 주)' 등 시간을 표현하는 단어가 나오며 질문에 '打算(~할 계획이다)', '准备(준비하다)', '计划(계획)' 등의 단어가 직접 언급되는 경우가 많다. 두 번째는 구체적 행동에 관한 문제로 일반적으로 '……可能在做什么?(~은 무엇을 하고 있을 가능성이 큰가?)'의 형식으로 질문한다. 세 번째는 처리 방식을 묻는 문제로 대화에 '怎么做某事(어떻게 어떤 일을 처리하는가)' 등의 내용이 나온다.

 유형 익히기 1 - 제3부분 MP3-37 ★☆☆

A 散步	B 考试	C 复习	A 산책한다	B 시험을 친다	C 복습한다

단어 | **散步** sànbù 동 산책하다 | **考试** kǎoshì 동 시험을 치다 | **复习** fùxí 동 복습하다

男: 天气不错，吃完饭以后出去走走吧？ 女: 明天要考试，我想多看会儿书。	남: 날씨가 좋네요. 밥을 다 먹고 난 이후에 좀 나가서 걸을까요? 여: 내일 시험을 쳐요. 저는 공부를 좀 더 하고 싶어요.
问: 吃完饭以后，女的打算做什么？	질문: 밥을 다 먹은 후에 여자는 무엇을 할 계획인가?

단어 | **天气** tiānqì 명 날씨 | **不错** búcuò 형 괜찮다, 좋다 | **以后** yǐhòu 명 이후 | **出去** chūqù 동 나가다 | **走** zǒu 동 걷다 | **会儿** huìr 양 잠시, 잠깐 | **打算** dǎsuan 동 ~할 계획이다, 생각이다

해설 | 여자의 '明天要考试(내일 시험을 친다)'는 시험이 오늘이 아니고 내일이라는 것을 설명하므로 보기 B는 답이 될 수 없으며, 보기 A의 '散步(산책)'는 남자가 제안한 것이므로 역시 답이 될 수 없다. 남자가 산책을 하자고 제안하자 여자는 공부를 하고 싶다고 했으므로 정답은 C이다.

정답 C

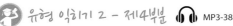 유형 익히기 2 - 제4부분 MP3-38   ★ ★ ☆

A 多看书	A 책을 많이 본다
B 多上图书馆	B 도서관에 많이 간다
C 多听多说	C 많이 듣고 많이 말한다

단어 **看书** kànshū 책을 보다, 공부하다 | **图书馆** túshūguǎn 명 도서관 | **听** tīng 동 듣다 | **说** shuō 동 말하다

女：汉语太难了，我每天都上图书馆看书，可还是学不好。	여: 중국어는 너무 어려워요. 저는 매일 도서관에서 공부를 하는데, 그래도 잘 못해요.
男：想学好汉语，光看书可不行，还要多说。	남: 중국어를 잘 배우려면 책만 봐서는 안 돼요. 말을 많이 해야 해요.
女：你是怎么做的？	여: 당신은 어떻게 했어요?
男：我经常和很多中国朋友在一起，多听多说，很快就会了。	남: 저는 자주 많은 중국 친구와 함께 많이 듣고 많이 말해서 매우 금방 할 수 있게 되었어요.
问：怎样才能学好汉语？	질문: 어떻게 해야만 중국어를 잘할 수 있게 되는가?

단어 **汉语** Hànyǔ 고유 중국어 | **太** tài 부 지나치게, 너무 | **难** nán 형 어렵다 | **每天** měitiān 명 매일 | **可** kě 접 그러나 | **还是** háishi 부 여전히, 그래도 | **光** guāng 부 단지, 오로지 | **行** xíng 동 ~해도 좋다 | **怎么** zěnme 대 어떻게 | **经常** jīngcháng 부 항상 | **中国** Zhōngguó 고유 중국 | **朋友** péngyou 명 친구 | **一起** yìqǐ 부 함께 | **会** huì 조동 (배워서) ~할 수 있다 | **怎样** zěnyàng 대 어떻게 | **才** cái 부 비로소, 그제서야 | **能** néng 조동 ~할 수 있다

해설 여자가 중국어 공부가 어렵다고 하면서 남자에게 '你是怎么做的?(당신은 어떻게 했어요?)'라고 질문하자 남자가 '多听多说, 很快就会了(많이 듣고 많이 말해서 매우 금방 할 수 있게 되었다)'라고 대답하였다. 따라서 정답은 C이다.

정답 C

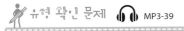 유형 확인 문제 MP3-39   》》 해설서 31p

대화를 듣고 질문에 알맞은 보기를 선택하세요. (녹음은 총 2번씩 들려 줍니다.)

1. A 唱歌   B 看电影   C 游泳

2. A 休息   B 吃饭   C 爬山

💡 동작의 상태를 나타내는 단어와 문형 🎧 MP3-W07

진행형	正在 zhèngzài ~하고 있는 중이다	他正在上课。 Tā zhèngzài shàngkè. 그는 수업을 듣고 있다.
	在……呢 zài…… ne ~하고 있는 중이다	老李在睡觉呢。 Lǎo Lǐ zài shuìjiào ne. 라오리는 잠을 자고 있다.
완료·경험형	了 le ~했다	我写了一会儿作业。 Wǒ xiě le yíhuìr zuòyè. 나는 잠시 숙제를 했다.
	过 guo ~한 적이 있다	我看过这本书。 Wǒ kànguo zhè běn shū. 나는 이 책을 본 적이 있다.
임박형	马上 mǎshàng 금방, 곧	他马上就回来了。 Tā mǎshàng jiù huílái le. 그는 금방 돌아올 것이다.
	快……了 kuài…… le 곧 ~하다	他快到家了。 Tā kuài dào jiā le. 그는 곧 집에 도착한다.
	要……了 yào…… le 곧 ~하다	天要下雨了。 Tiān yào xiàyǔ le. 곧 비가 오려고 한다.
지속형	着 zhe ~한 채로	外面下着雪。 Wàimian xiàzhe xuě. 밖에 눈이 내리고 있다.

06. 원인 관련 문제

이러한 문제 유형은 자주 '为什么……(왜~)', '……的原因是(~의 원인은)' 등의 질문이 나온다. 원인 관련 문제는 설령 세부적인 내용을 잘 알아듣지 못하였더라도 대화의 대략적 의미만 파악하여 일(상황)의 앞뒤, 원인과 결과를 이해하면 정답을 찾을 수 있다.

유형 익히기 1 - 제3부분 🎧 MP3-40 ★★★

A 起床晚了	A 늦게 일어나서
B 闹钟坏了	B 자명종이 고장 나서
C 汽车来晚了	C 차가 늦게 와서

단어 闹钟 nàozhōng 몡 자명종, 알람 시계 | 坏 huài 혱 고장 나다 | 汽车 qìchē 몡 자동차, 차

女:	你怎么又迟到了?	여:	당신은 왜 또 지각했나요?
男:	对不起,早上没听见闹钟响,起晚了,没赶上汽车。	남:	미안해요. 아침에 자명종 소리를 듣지 못했더니, 늦게 일어나서 차를 제때 타지 못했어요.
问:	男的为什么迟到?	질문:	남자는 왜 지각했는가?

단어 怎么 zěnme 떼 왜, 어째서 | 又 yòu 뷔 또 | 迟到 chídào 동 지각하다 | 早上 zǎoshang 몡 아침 | 听见 tīngjiàn 동 듣다, 들리다 | 响 xiǎng 동 울리다 | 起晚 qǐwǎn 늦게 일어나다 | 赶上 gǎnshàng 동 따라잡다, 따라붙다 | 为什么 wèishénme 떼 왜

해설 녹음의 '没赶上汽车(차를 놓쳤다)'는 남자가 정류장에 늦게 도착했다는 것이지 차가 늦게 온 것은 아니므로 보기 C는 답이 될 수 없으며, 남자가 말한 '没听见闹钟响(자명종 소리를 듣지 못했다)' 때문에 자명종이 고장 났다고 스스로 판단해서는 안 된다. 따라서 정답은 A이다.

정답 A

A 吃太多了	A 너무 많이 먹어서
B 吃太少了	B 너무 적게 먹어서
C 生病了	C 병이 나서

단어 太 tài 🔢 지나치게, 너무 | 少 shǎo 🔣 적다

女: 哎哟，我肚子疼得厉害，你那儿有药吗?	여: 아이고, 배가 너무 아파요. 당신한테 약이 있나요?
男: 怎么了，生病了吗?	남: 왜 그래요? 병이 났나요?
女: 没生病。夏天到了，想瘦一点儿，所以这两天除了一些水果，就没吃什么东西了。	여: 병이 난 것은 아니에요. 여름이 되니까 살을 좀 빼고 싶어서, 요 며칠 동안 약간의 과일 빼고는 아무것도 안 먹었어요.
男: 想瘦也不能不吃饭啊，像你这样肚子不疼才奇怪呢!	남: 살을 빼고 싶어도 밥을 안 먹어서는 안 돼요. 당신처럼 이렇게 배가 안 아픈게 이상하죠!
问: 女的为什么肚子疼?	질문: 여자는 왜 배가 아픈가?

단어 肚子 dùzi 🔣 배, 복부 | 疼 téng 🔣 아프다 | 厉害 lìhai 🔣 대단하다, 심하다 | 药 yào 🔣 약 | 生病 shēngbìng 🔣 병이 나다, 아프다 | 夏天 xiàtiān 🔣 여름 | 瘦 shòu 🔣 마르다 | 所以 suǒyǐ 🔣 그래서 | 这两天 zhè liǎng tiān 요 며칠 | 除了 chúle 🔣 ~을 제외하고 | 一些 yìxiē 🔣 약간, 조금 | 水果 shuǐguǒ 🔣 과일 | 这样 zhèyàng 🔣 이렇게 | 才 cái 🔣 비로소, 그제서야 | 奇怪 qíguài 🔣 기이하다, 이상하다

해설 여자가 '没生病(병이 나지 않았다)'이라고 말했으므로 보기 C는 답이 아니며, '除了一些水果，就没吃什么东西了(약간의 과일 빼고는 아무것도 안 먹었다)'는 과일만 먹고 다른 것은 모두 먹지 않았다는 것이므로 보기 A도 답이 될 수 없다. 따라서 정답은 B이다. 참고로 남자의 '不能不吃饭(밥을 먹지 않으면 안된다)'이라는 말을 통해서도 여자가 너무 적게 었다는 것을 알 수 있다.

정답 B

🏃 유형 확인 문제 🎧 MP3-42 ≫ 해설서 32p

대화를 듣고 질문에 알맞은 보기를 선택하세요. (녹음은 총 2번씩 들려 줍니다.)

1. A 休息一下   B 旅游   C 工作

2. A 做作业   B 睡不着   C 喜欢喝

07. 의미 파악 관련 문제

이러한 유형의 문제는 대부분 '男的/女的是什么意思?(남자/여자의 말은 무슨 의미인가?)', '男的/女的觉得怎么样?(남자/여자의 생각은 어떠한가?)' 등의 형식으로 질문이 나온다. 문제를 풀 때, 대화 속 남녀의 어투와 제시하는 제안이 긍정적인지 부정적인지에 주의해서 들어야 한다. 또한, 녹음 내용에서 종종 직접적인 답이 없을 수 있으므로 들은 내용에 근거하여 유추해야 할 필요가 있다.

 MP3-W08

✎ 新HSK 3급에서 인물의 태도·느낌을 나타내는 형용사 단어는 다음과 같다.

1. 긍정적 느낌

- ☐ 高兴 gāoxìng 형 기쁘다
- ☐ 满意 mǎnyì 형 만족하다
- ☐ 认真 rènzhēn 형 착실하다
- ☐ 新鲜 xīnxiān 형 신선하다
- ☐ 聪明 cōngming 형 총명하다
- ☐ 饱 bǎo 형 배부르다
- ☐ 简单 jiǎndān 형 간단하다
- ☐ 可爱 kě'ài 형 귀엽다
- ☐ 容易 róngyì 형 쉽다
- ☐ 有名 yǒumíng 형 유명하다

- ☐ 快乐 kuàilè 형 즐겁다
- ☐ 热情 rèqíng 형 친절하다
- ☐ 舒服 shūfu 형 편안하다
- ☐ 干净 gānjìng 형 깨끗하다
- ☐ 安静 ānjìng 형 조용하다
- ☐ 方便 fāngbiàn 편리하다
- ☐ 健康 jiànkāng 형 건강하다
- ☐ 清楚 qīngchu 형 분명하다
- ☐ 瘦 shòu 형 마르다

2. 부정적 느낌

- ☐ 难过 nánguò 형 괴롭다
- ☐ 差 chà 형 나쁘다, 좋지 않다
- ☐ 坏 huài 형 고장 나다
- ☐ 渴 kě 형 목마르다
- ☐ 胖 pàng 형 뚱뚱하다

- ☐ 奇怪 qíguài 형 이상하다
- ☐ 饿 è 형 배고프다
- ☐ 旧 jiù 형 낡다
- ☐ 难 nán 형 어렵다
- ☐ 疼 téng 형 아프다

✎ 新HSK 3급에서 인물의 태도·느낌을 나타내는 동사 단어는 다음과 같다.

1. 긍정적 느낌

- ☐ 喜欢 xǐhuan 통 좋아하다
- ☐ 爱 ài 통 사랑하다
- ☐ 放心 fàngxīn 통 마음을 놓다
- ☐ 同意 tóngyì 통 동의하다

2. 부정적 느낌

- ☐ 生气 shēngqì 통 화가 나다
- ☐ 害怕 hàipà 통 무섭다
- ☐ 担心 dānxīn 통 걱정하다
- ☐ 着急 zháojí 통 조급해하다

🧑‍🏫 유형 익히기 1 – 제3부분 🎧 MP3-43 ★★☆

A 很高兴	A 매우 기쁘다
B 很紧张	B 매우 긴장된다
C 不紧张	C 긴장되지 않는다

단어 高兴 gāoxìng 형 기쁘다, 즐겁다 | 紧张 jǐnzhāng 형 긴장되다

男: 快公布考试成绩了, 万一过不了……	남: 곧 시험 성적이 발표되는데, 만일 합격하지 못하면……
女: 不用紧张, 考都考完了, 紧张也没用。	여: 긴장할 필요 없어요, 시험은 이미 봤고 긴장해도 소용없어요.
问: 男的感觉怎么样?	질문: 남자의 기분은 어떠한가?

단어 快……了 kuài…… le 곧 ~하다 | 公布 gōngbù 통 발표하다, 공포하다 | 考试 kǎoshì 명 시험 | 成绩 chéngjì 명 성적 | 万一 wànyī 접 만일, 만약 | 不用 búyòng 부 ~할 필요 없다 | 考 kǎo 통 시험을 치르다, 보다

해설 남녀 대화에서 '高兴(기쁘다)'에 대해 언급하지 않았으므로 보기 A는 바로 답에서 제외한다. 여자가 '不用紧张(긴장하지 말아라)', '紧张也没用(긴장해도 소용 없다)'라고 말한 것을 보아 남자는 지금 매우 긴장하고 있음을 알 수 있다. 따라서 정답은 B이다.

정답 B

| A 一般 | B 很满意 | C 太小 | A 보통이다 | B 매우 만족스럽다 | C 너무 작다 |

단어 一般 yìbān 휑 보통이다, 일반적이다 | 满意 mǎnyì 휑 만족하다 | 小 xiǎo 휑 작다

男：听说你搬家了，新房子怎么样？	남: 듣자 하니 당신 이사했다고 하던데, 새집은 어때요?
女：房子虽然不大，但是周围环境不错，有很多树，而且很安静。	여: 집이 크지는 않지만, 주변 환경이 아주 좋아요. 나무도 많고 게다가 매우 조용해요.
男：离公司远吗？	남: 회사에서 먼가요?
女：不远，上班很方便，走路十分钟就到了。	여: 멀지 않아서 출근이 매우 편리해요. 걸어서 10분이면 도착해요.
问：女的觉得新房子怎么样？	질문: 여자가 생각하기에 새집은 어떠한가?

단어 听说 tīngshuō 통 듣자니 ~라 한다 | 搬家 bānjiā 통 이사하다 | 新 xīn 휑 새롭다, 새것이다 | 房子 fángzi 몡 집 | 虽然……但是…… suīrán……dànshì…… 비록 ~할지라도 그러나 ~하다 | 周围 zhōuwéi 몡 주위 | 环境 huánjìng 몡 환경 | 不错 búcuò 휑 괜찮다, 좋다 | 树 shù 몡 나무 | 而且 érqiě 접 게다가, 뿐만 아니라 | 安静 ānjìng 조용하다 | 离 lí 개 ~로부터 | 公司 gōngsī 몡 회사 | 远 yuǎn 휑 멀다 | 上班 shàngbān 통 출근하다 | 方便 fāngbiàn 휑 편리하다 | 走路 zǒulù 통 걷다 | 分钟 fēnzhōng 몡 분 | 到 dào 통 도착하다 | 觉得 juéde 느끼다, 생각하다

해설 여자의 말에 나오는 '虽然……但是……(비록 ~할지라도 그러나 ~하다)'는 전환을 나타내며, '但是' 뒤의 내용을 강조한다. 여자는 집이 크지 않은 것을 언급했으나, 집의 우수한 점을 더욱 강조했다. 예를 들면, '环境不错(주변 환경이 좋다)', '很多树(나무가 많다)', '很安静(매우 조용하다)', '很方便(매우 편리하다)' 등을 통해 여자가 새집을 매우 좋아하고 만족스러워 한다는 것을 알 수 있다. 따라서 정답은 B이다.

정답 B

 유형 확인 문제 🎧 MP3-45 〉〉 해설서 33p

대화를 듣고 질문에 알맞은 보기를 선택하세요. (녹음은 총 2번씩 들려 줍니다.)

1. A 不好吃　　　　B 有点贵　　　　C 非常好吃

2. A 很不错　　　　B 颜色不好看　　　C 太贵了

08. 나열 관련 문제

이러한 유형의 문제는 주로 '有的⋯⋯有的⋯⋯(어떤 것은 ~하고, 어떤 것은 ~하다)', '除了⋯⋯(以外), 也/还⋯⋯(~을 제외하고 또~)', '除了⋯⋯以外, 都⋯⋯(~을 제외하고 모두 ~)', '比如/如(예를 들면)' 등의 표현을 사용해 나열하며, 보기 A, B, C는 명사면 명사, 동사면 동사로 통일성을 보인다. 3개의 보기는 일반적으로 모두 병렬된 단어로 보기 A의 단어가 명사이면 B, C도 명사인 단어가 나온다. 따라서 이러한 유형의 문제를 풀 때 녹음에서 나열된 단어를 빠른 속도로 보기 옆에 표시하고 질문을 잘 들어 정확한 답을 선택해야 한다.

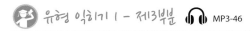
유형 익히기 1 - 제3부분 🎧 MP3-46 ★☆☆

A 辣的	B 甜的	C 冷的	A 매운 것	B 단 것	C 차가운 것

단어 辣 là 형 맵다 | 甜 tián 형 달다 | 冷 lěng 형 차다

男: 医生，吃这种药需要注意什么吗？ 女: 不要吃辣的、冷的东西，也不要吃得太咸。	남: 의사 선생님, 이런 약은 먹을 때 무엇을 주의해야 하나요? 여: 맵거나 차가운 음식을 먹지 말고, 또 너무 짜게 먹으면 안 됩니다.
问: 男的能吃什么？	질문: 남자는 무엇을 먹을 수 있는가？

단어 医生 yīshēng 명 의사 | 吃药 chīyào 약을 먹다 | 种 zhǒng 양 종류 | 要 yào 조동 ~하려고 하다 | 注意 zhùyì 동 주의하다 | 得 děi 조동 ~해야 한다 | 咸 xián 형 짜다 | 能 néng 조동 ~할 수 있다

해설 질문의 '能吃什么(무엇을 먹을 수 있는지)'를 잘 들어야 한다. 여자가 '辣的(매운 것)', '冷的(차가운 것)', '太咸的(너무 짠 것)'는 먹으면 안 된다고 하였으므로 남자가 먹을 수 있는 것은 오직 '甜的(단 것)'이다. 따라서 정답은 B이다.

정답 B

A 学校很大	A 학교가 매우 크다
B 图书馆很大	B 도서관이 매우 크다
C 老师和同学很热情	C 선생님과 동급생이 매우 친절하다

단어 学校 xuéxiào 몡 학교 | 图书馆 túshūguǎn 몡 도서관 | 老师 lǎoshī 몡 선생님 | 和 hé 젭 ~와 | 同学 tóngxué 몡 동급생, 동창 | 热情 rèqíng 혱 친절하다, 열정적이다

男: 你们学校环境怎么样?	남: 당신 학교의 환경이 어떤가요?
女: 学校很漂亮, 到处都是花草树木, 像花园一样! 而且, 图书馆也很大, 里面什么书都有, 我每天都去那里。	여: 학교는 아주 아름다워요. 곳곳에 꽃과 나무가 있어서 꼭 화원 같아요. 게다가 도서관도 매우 커요. 안에는 어떤 책이든 다 있어서 저는 매일 그곳에 가요.
男: 学校的老师和同学呢?	남: 학교의 선생님과 동급생은요?
女: 大家都很热情, 对我们留学生很好。	여: 모두 아주 친절해요. 우리 같은 유학생들에게 아주 잘해줘요.
问: 对话中没有提到学校的哪个方面?	질문: 대화에서 학교의 어느 방면을 언급하지 않았는가?

단어 环境 huánjìng 몡 환경 | 漂亮 piàoliang 혱 예쁘다 | 到处 dàochù 몡 도처, 곳곳 | 花草树木 huācǎo shùmù 꽃과 나무 | 像……一样 xiàng…… yíyàng 마치 ~와 같다 | 花园 huāyuán 몡 화원 | 而且 érqiě 젭 게다가, 뿐만 아니라 | 每天 měitiān 몡 매일 | 那里 nàlǐ 떼 그곳, 저곳 | 大家 dàjiā 떼 모두, 다들 | 对 duì 게 ~에 대하여 | 留学生 liúxuéshēng 몡 유학생 | 对话 duìhuà 몡 대화 | 提到 tídào 동 언급하다, 말하다 | 方面 fāngmiàn 몡 방면, 부분

해설 질문이 '没有提到(언급하지 않은)'에 대해 묻고 있다는 것에 주의한다. 대화에서 여자가 '图书馆也很大(도서관도 매우 크다)'라고 하였지 학교가 매우 큰지 아닌지는 말하지 않았다. 따라서 정답은 A이다.

정답 A

 유형 확인 문제 🎧 MP3-48 》》해설서 34p

대화를 듣고 질문에 알맞은 보기를 선택하세요. (녹음은 총 2번씩 들려 줍니다.)

1. A 红的　　　　　 B 黑的　　　　　 C 黄的

2. A 西安　　　　　 B 北京　　　　　 C 上海

📖 제3부분 🎧 MP3-49

◐ 21 – 30.
대화를 듣고 질문에 알맞은 보기를 선택하세요.

21. A 香蕉   B 苹果   C 橘子

22. A 办公室   B 银行   C 公司

23. A 9:50   B 9:00   C 8:30

24. A 坐公共汽车   B 骑自行车   C 走路

25. A 衣服   B 裤子   C 裙子

26. A 西瓜   B 苹果   C 葡萄

27. A 图书馆   B 宾馆   C 火车站

28. A 去公园   B 游泳   C 爬山

29. A 160元   B 100元   C 90元

30. A 想当老师   B 去中国旅行   C 男朋友是中国人

📖 제4부분

🔘 31 – 40.
대화를 듣고 질문에 알맞은 보기를 선택하세요.

31. A 火车站　　　　　B 饭馆　　　　　C 学校

32. A 西瓜　　　　　　B 苹果　　　　　C 没有买

33. A 生病了　　　　　B 参加比赛了　　　C 工作很忙

34. A 13:00　　　　　B 13:30　　　　　C 18:00

35. A 打电话买　　　　B 去火车站买　　　C 上网买

36. A 练习　　　　　　B 唱歌　　　　　C 拍照

37. A 今天　　　　　　B 周三　　　　　C 周四

38. A 太甜　　　　　　B 很辣　　　　　C 很喜欢

39. A 同事　　　　　　B 夫妻　　　　　C 朋友

40. A 生病了　　　　　B 变胖了　　　　　C 要运动

〉〉 해설서 35p

📖 제3부분 🎧 MP3-50

🔘 21 – 30.
대화를 듣고 질문에 알맞은 보기를 선택하세요.

21. A 老师　　　　　　 B 司机　　　　　　 C 经理

22. A 上课　　　　　　 B 喝咖啡　　　　　 C 看书

23. A 饭馆　　　　　　 B 医院　　　　　　 C 商店

24. A 同事　　　　　　 B 儿子　　　　　　 C 爸爸

25. A 50米　　　　　　 B 100米　　　　　 C 150米

26. A 不想工作　　　　 B 还想睡觉　　　　 C 时间还早

27. A 休息　　　　　　 B 看电影　　　　　 C 看医生

28. A 热情的　　　　　 B 快乐的　　　　　 C 高兴的

29. A 8:00　　　　　　 B 11:00　　　　　 C 8:30

30. A 很热　　　　　　 B 很累　　　　　　 C 很渴

📖 제4부분

🔵 31 – 40.
대화를 듣고 질문에 알맞은 보기를 선택하세요.

31. A 超市   B 马路上   C 银行

32. A 他的哥哥   B 男的   C 他的爸爸

33. A 喜欢看球赛   B 喜欢踢足球   C 喜欢参加比赛

34. A 周三   B 周四   C 下周二

35. A 老师和学生   B 丈夫和妻子   C 爸爸和女儿

36. A 买东西   B 画画儿   C 拍照

37. A 钱包里   B 床上   C 桌子上

38. A 爸爸和女儿   B 邻居   C 医生和病人

39. A 看电视   B 看书   C 考试

40. A 不好看   B 一般   C 很好看

》 해설서 46p

실전 테스트

>> 해설서 57p

第 一 部 分

第1-5题

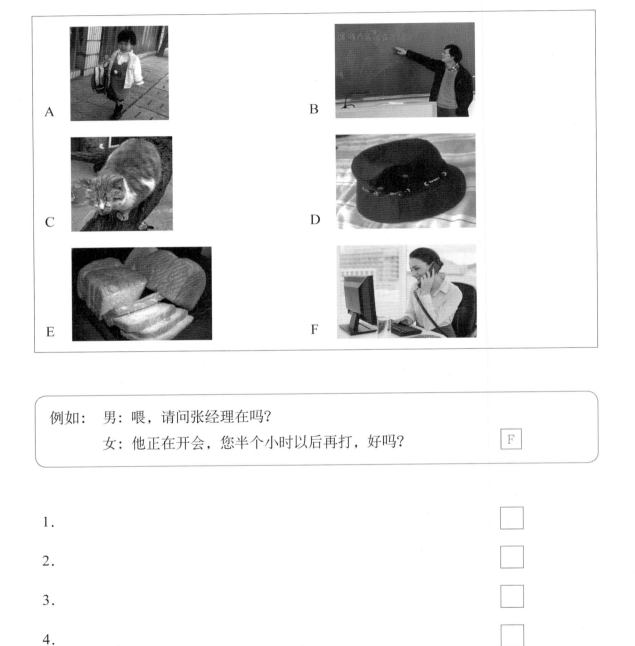

例如： 男：喂，请问张经理在吗？

女：他正在开会，您半个小时以后再打，好吗？　　F

1.

2.

3.

4.

5.

第6－10题

6. ☐

7. ☐

8. ☐

9. ☐

10. ☐

第 二 部 分

第11－20题

例如： 为了让自己更健康，他每天都花一个小时去锻炼身体。

★ 他希望自己很健康。 (✓)

今天我想早点回家。看了看手表，才5点。过了一会儿再看表，还是5点，我这才发现我的手表不走了。

★ 那块手表不是他的。 (✗)

11．★ 他们在买箱子。 ( )

12．★ 他喜欢运动。 ( )

13．★ 妈妈做鱼的时候喜欢放糖。 ( )

14．★ 经理是坐飞机来的。 ( )

15．★ 今天一直在下雨。 ( )

16．★ 小王下个星期要考试。 ( )

17．★ 他爱运动。 ( )

18．★ 他家有一只猫。 ( )

19．★ 他做经理了。 ( )

20．★ 他打算明年回国。 ( )

第 三 部 分

第21－30题

例如： 男：小王，帮我开一下门，好吗？谢谢！

女：没问题。您去超市了？买了这么多东西。

问：男的想让小王做什么？

A 开门 ✓   B 拿东西   C 去超市买东西

21. A 下雨   B 晴天   C 阴天

22. A 红的   B 篮的   C 黄的

23. A 男的   B 女的   C 女儿

24. A 7:07   B 7:00   C 6:53

25. A 医生   B 老师   C 司机

26. A 不相信男人的话   B 见到男人很高兴   C 没有生气

27. A 变瘦   B 变胖   C 想吃东西

28. A 坐公共汽车   B 走路   C 坐出租车

29. A 玩电脑游戏   B 上网   C 看电影

30. A 女的   B 男的   C 男人的妻子

第四部分

第31－40题

例如：　女：晚饭做好了，准备吃饭了。

　　　　男：等一会儿，比赛还有三分钟就结束了。

　　　　女：快点儿吧，一起吃，菜冷了就不好吃了。

　　　　男：你先吃，我马上就看完了。

　　　　问：男的在做什么?

　　　　A 洗澡　　　　　　B 吃饭　　　　　　C 看电视 ✓

31. A 没赶上公共汽车　　B 坐出租车　　　　C 天气不好

32. A 鞋子　　　　　　　B 鞋子和衣服　　　C 鞋子和裤子

33. A 打篮球　　　　　　B 帮女的复习　　　C 参加考试

34. A 春天　　　　　　　B 冬天　　　　　　C 秋天

35. A 睡觉　　　　　　　B 看电视　　　　　C 喝牛奶

36. A 面包　　　　　　　B 水果　　　　　　C 鸡蛋

37. A 搬家　　　　　　　B 旅游　　　　　　C 打扫卫生

38. A 超市　　　　　　　B 银行　　　　　　C 图书馆

39. A 开会　　　　　　　B 打扫会议室　　　C 回家

40. A 老师和学生　　　　B 妈妈和儿子　　　C 妻子和丈夫

Memo

新HSK

독해

3

阅读

新HSK 3급 독해 알아보기

新HSK 3급 독해 부분은 첫째, 수험생이 글자와 단어, 문장을 확실히 구분하여 조합할 수 있는지에 대한 능력을 확인한다. 둘째, 일상생활과 학습, 업무와 관련이 있는 문장과 대화를 보고 이해할 수 있는지, 또 기본적 어법 지식을 활용할 수 있는지를 확인한다. 이 외에도 독해 문제를 풀 때는 속도에 신경을 써야 하며, 모든 독해 지문은 1,500자 전후이다.

● 기본 사항
  문항 수: 30문항
  시험 시간: 30분

문제 구성	문제 유형	문제 수
제1부분	상응하는 문장 찾기	10문제(41–50번)
제2부분	빈칸에 알맞은 단어 채우기	10문제(51–60번)
제3부분	지문 독해 후 질문에 답하기	10문제(61–70번)

* 별도의 답안 작성 시간은 주어지지 않음

독해 고득점 Tip

▶▷ 빠르고 정확하게 독해하자!

시험 시간은 제한되어 있으므로 문제를 풀 때 빠른 시간 내에 지문을 독해하는 것을 연습해야 한다. '시간', '장소', '인명' 등의 핵심어를 보면, 빠르게 펜으로 표시를 해야 이어서 나온 문제를 풀때 정보를 찾기 쉽다. 이외에도 올바른 독해 습관을 길러야 하는데, 소리를 내어 읽거나 손가락으로 가리키면서 읽는 습관은 독해 속도가 느려질 뿐만 아니라, 귀중한 시험 시간을 낭비하게 된다. 또한, 과도하게 단어에만 집중하여 지문의 전체적인 의미를 놓치지 않도록 주의하자.

▶▷ 질문을 먼저 보고 지문을 독해하자!

독해 문제를 풀 때, 특히 제3부분의 지문을 독해할 때는 '거꾸로 독해 하는 방법'을 사용해야 한다. 이 방법은 질문을 먼저 훑어보고 다시 질문을 알고 있는 상태에서 지문을 읽는 것이다. 이렇게 하면 문제를 해결하는 속도와 정확률을 높이는 데에 많은 도움을 줄 수 있다. 특히 표면적인이해를 요구하는 문제, 예를 들어 시간, 기점, 원인 등을 묻는 질문에 효과가 있다. 만약 전체 문장을 대충 훑어보았는데, 정답을 고르기가 여전히 어렵다면 지문에서 질문과 관련 있는 부분을 중점적으로 다시 읽어 보면 된다.

▶▷ 단어 의미를 추측하는 힘을 키우자!

새로운 단어의 등장은 독해에 있어 아주 큰 장애물이다. 평상시 단어를 많이 외워두고 써 보는연습을 해야 하며, 만약 시험 범위 밖의 단어나 잘 알지 못하는 단어가 나왔을 경우, 문장 간 논리적인 관계를 통해 단어의 기본 의미를 추측해 내면 된다.

▶▷ 문제를 꼼꼼히 분석하자!

新HSK 3급 시험의 필수 단어는 600여 개로 정해져 있으므로 독해 내용이 아주 어렵지는 않다. 시험의 난이도 조절 때문에, 출제자가 종종 문제나 보기에 약간의 혼동을 주는 단어를 넣어 잘못된 답을 선택하게 유도할 수 있으므로 수험생은 문제를 자세히 살펴 출제자의 '함정'에 빠지지 않도록 주의해야 한다.

제1부분

상응하는 문장 찾기

독해 제1부분

》 해설서 74p

 미리보기

독해 제1부분은 서로 상응하는 문장을 찾는 문제로 총 10문제이다. 시험지에는 2개의 부분으로 나뉘는데, 각각 보기로 제시된 5개의 문장과 5개의 문제로 구성되어 있다. 수험생은 문제에 상응하는 보기를 찾아 문맥상 알맞은 문장을 완성하면 된다.

🔔 제1부분

문제

第一部分

第41-45题

A 小时候妈妈经常带我去。

B 你呀，做事情总是马马虎虎的，以后一定要小心。

C 我也不知道，下午一起去商店看看吧。

D 天太热了，快两个星期了，一点雨也没有，差不多每天都有四十度。

E 当然。我们先坐公共汽车，然后换地铁。

F 晚饭做好了吗? 我快饿死了。

41. 你知道怎么去那儿吗?　(　　　　)

★ 문제 풀이 순서

상응하는 문장을 찾는 문제를 풀 때 3단계로 나누어 완성한다. 첫째, 주어진 모든 보기를 한 번 훑어보며 대략적인 내용을 이해한다. 둘째, 주어진 문제를 읽고 문제에 상응하는 알맞은 문장을 보기에서 고른다. 모든 보기와 문제는 일대일로 상응하므로 정답이라고 생각되는 보기를 고른 후, 다음 문제를 풀 때 선택한 보기를 다시 읽지 않아도 된다. 만약 확실하게 답을 선택할 수 없는 문제가 있다면, 다른 문제를 먼저 푸는 것도 하나의 방법이다. 셋째, 모든 문제를 풀고 난 후에는 다시 한번 정답으로 고른 보기와 문제가 문맥상 연관이 있는지, 논리적으로 맞는지 확인을 해야 한다.

01. 문답(問答) 관련 문제

이러한 유형의 문제는 대부분 보기나 문제 중 하나는 의문문의 형식이다. 의문문 형식의 문제는 그다지 어렵지 않으므로 비교적 빠르게 정답을 찾을 수 있다.

유형 익히기 1

1-5

A 医生说多运动对身体好。	A 의사 선생님이 운동을 많이 하는 것이 건강에 좋다고 하셔서요.
B 你什么时候回来的? 好久没见了。	B 당신은 언제 돌아왔나요? 정말 오랜만이에요.
C 可能会去上海。听说那儿有很多大商店，我们想在回国前多买点礼物。	C 아마 상하이에 갈 거예요. 거기에 큰 상점이 많다고 들었어요. 우리는 귀국하기 전에 선물을 좀 많이 사고 싶어요.
D 离这儿挺远的，而且现在又这么晚了，我看你还是坐出租车去吧。	D 여기에서 너무 멀어요. 게다가 지금은 또 이렇게 늦었으니, 제가 보기에 당신은 택시를 타고 가는 게 좋겠어요.
E 我记不清楚了，可能是6729410，你试试吧。	E 기억이 잘 안 나요. 아마도 6729410일 거예요. 당신은 한번 해 봐요.

단어 医生 yīshēng 몡 의사 | 运动 yùndòng 동 운동하다 | 对 duì 깨 ~에 대하여 | 身体 shēntǐ 몡 신체 | 什么时候 shénme shíhou 언제 | 回来 huílái 동 돌아오다 | 好久不见 hǎojiǔ bújiàn 오랜만입니다 | 可能 kěnéng 조동 아마도 ~일 것이다 | 会 huì 조동 ~일 것이다 | 去 qù 동 가다 | 上海 Shànghǎi 고유 상하이 | 听说 tīngshuō 동 듣자 하니 ~라 한다 | 那儿 nàr 대 거기 | 商店 shāngdiàn 몡 상점 | 想 xiǎng 조동 ~하고 싶다 | 回国 huíguó 귀국하다 | 买 mǎi 동 사다 | 礼物 lǐwù 몡 선물 | 离 lí 깨 ~로부터 | 这儿 zhèr 대 여기 | 挺 tǐng 부 매우 | 远 yuǎn 형 멀다 | 而且 érqiě 접 게다가, 뿐만 아니라 | 又 yòu 부 또 | 晚 wǎn 형 늦다 | 还是……吧 háishi ……ba 그냥 ~합시다 | 坐 zuò 동 (교통수단을) 타다 | 出租车 chūzūchē 몡 택시 | 记 jì 동 기억하다 | 清楚 qīngchu 형 분명하다 | 试 shì 동 시험삼아 해보다

1 ★☆☆

快放假了，你们打算去哪儿玩儿?	곧 방학인데, 어디로 놀러 갈 계획이에요? (C)

단어 快……了 kuài……le 곧 ~하다 | 放假 fàngjià 동 방학하다 | 打算 dǎsuan 동 ~할 계획이다, 생각이다 | 哪儿 nǎr 대 어디 | 玩 wán 동 놀다

해설 문제에서 묻고 있는 것은 방학 때 '打算去哪儿玩儿?(어디로 놀러 갈 계획이에요?)'이므로 지명이 나온 보기 C의 '可能会去上海(아마 상하이에 갈 것이다)'가 질문에 대한 대답으로 가장 자연스럽다. 따라서 정답은 C이다.

정답 C

2 ★★☆

| 小姐，请问去火车站怎么走？ | 아가씨, 말씀 좀 묻겠습니다. 기차역은 어떻게 가죠? (D) |

단어 小姐 xiǎojiě 몡 아가씨 | 请问 qǐngwèn 용 말씀 좀 묻겠습니다 | 火车站 huǒchēzhàn 기차역 | 怎么 zěnme 때 어떻게 | 走 zǒu 용 가다

해설 문제가 '去火车站怎么走?(기차역은 어떻게 가죠?)'라며 길을 묻고 있으며, 보기 D가 기차역에 어떻게 가면 좋을지 제안하고 있으므로 문제와 하나의 대화를 이루고 있다. 따라서 정답은 D이다.

정답 D

3 ★★☆

| 王老师的电话是多少？我记不清了。 | 왕 선생님의 전화번호는 몇 번인가요? 제가 기억이 잘 나지 않아서요. (E) |

단어 老师 lǎoshī 몡 선생님 | 电话 diànhuà 몡 전화 | 多少 duōshao 때 얼마, 몇 | 记不清 jìbuqīng 기억이 잘 나지 않는다

해설 문제가 '电话是多少?(전화번호는 몇 번인가요?)'라며 전화번호를 묻고 있는 것을 알 수 있다. 전화번호를 묻는 것에 대한 답변으로 숫자가 나와 있는 보기 E가 가장 적절하다.

정답 E

4 ★★☆

| 上周刚回来的。出国留学一年多了，是挺久没见了。 | 지난주에 막 귀국했어요. 유학을 떠난 지 1년이 넘으니, 정말 오랫 동안 못 뵈었네요. (B) |

단어 上周 shàng zhōu 지난주 | 刚 gāng 뮈 방금, 막 | 回来 huílái 용 돌아오다 | 出国 chūguó 용 출국하다 | 留学 liúxué 용 유학하다 | 挺 tǐng 뮈 매우 | 久 jiǔ 혱 오래되다 | 见 jiàn 용 보다

해설 보기 B의 '你什么时候回的?(당신은 언제 돌아 왔나요?)'와 문제의 '上周刚回来的(지난주에 막 귀국했다)'는 서로 문답이 성립되므로 정답은 B이다. 이러한 대화는 오랫동안 만나지 못한 두 사람의 상투적인 인사 표현으로 알아두면 좋다.

정답 B

5 ★★☆

| 以前你只喜欢玩电脑，现在怎么天天去踢球了？ | 예전에 당신은 컴퓨터 하는 것만 좋아했는데, 지금은 어째서 매일 축구를 하나요? (A) |

단어 以前 yǐqián 몡 이전, 예전 | 只 zhǐ 뮈 단지, 오로지 | 喜欢 xǐhuan 용 좋아하다 | 玩电脑 wán diànnǎo 컴퓨터를 하다 | 现在 xiànzài 몡 현재, 지금 | 怎么 zěnme 때 어떻게, 어째서 | 踢球 tī qiú 축구를 하다

해설 문제에서 현재 운동을 좋아하게 된 원인을 묻고 있으므로 원인에 대한 대답으로 보기 A의 '对身体好(건강에 좋다)'가 가장 알맞다. 따라서 정답은 A이다.

정답 A

02. 공통된 화제 및 상황 찾기 관련 문제

이러한 유형의 문제는 보기와 문제에 동일한 단어를 넣는 것을 피하기 때문에 단어가 아닌 문장의 전반적인 의미 파악에 집중해야 한다. 또한, 문제와 보기가 서로 문답 형식이 아니기 때문에 문제와 상응하는 보기의 화제가 무엇인지 빠르게 파악하는 것이 중요하다.

유형 익히기 1

1-5

A	现在都四月了，竟然还这么冷。	A	지금 벌써 4월이 되었는데, 의외로 아직도 이렇게 춥네요.
B	我最喜欢跑步了，每天早上一起床就要先跑上半个小时。	B	저는 달리기를 제일 좋아해서, 매일 아침에 일어나자마자 바로 30분 동안 달리기를 해요.
C	新衣服，挺漂亮的，你穿着真好看！	C	새 옷이 아주 예쁘네요. 당신이 입으니 정말 예뻐요.
D	你住的地方可真大！外面环境也不错，很安静，还有小花园。	D	당신이 사는 곳은 정말 크네요! 바깥의 환경도 좋고 조용하고, 게다가 작은 화원까지 있네요.
E	我觉得听说不难，写才难。	E	제 생각에 듣고 말하는 것은 어렵지 않아요, 쓰는 것이 어렵죠.

단어 现在 xiànzài 몡 현재, 지금 | 竟然 jìngrán 뷔 뜻밖에, 의외로 | 还 hái 뷔 아직도, 여전히 | 这么 zhème 때 이렇게나 | 冷 lěng 형 춥다 | 最 zuì 뷔 가장, 제일 | 喜欢 xǐhuan 동 좋아하다 | 跑步 pǎobù 동 달리다 | 早上 zǎoshang 몡 아침 | 起床 qǐchuáng 동 일어나다 | 先 xiān 뷔 먼저 | 跑 pǎo 동 달리다 | 小时 xiǎoshí 몡 시간 | 衣服 yīfu 몡 옷 | 挺 tǐng 뷔 매우 | 漂亮 piàoliang 형 예쁘다 | 穿 chuān 동 입다, 신다 | 着 zhe 조 ~한 채로(동작이나 상태의 진행, 지속) | 好看 hǎokàn 형 보기 좋다, 예쁘다 | 住 zhù 동 살다, 묵다 | 地方 dìfang 몡 장소, 곳 | 可 kě 접 그러나 | 外面 wàimiàn 몡 밖 | 环境 huánjìng 몡 환경 | 不错 búcuò 형 괜찮다, 좋다 | 安静 ānjìng 형 조용하다 | 花园 huāyuán 몡 화원 | 觉得 juéde 동 느끼다, 생각하다 | 难 nán 형 어렵다 | 写 xiě 동 쓰다 | 才 cái 뷔 비로소, 그제서야

1

但是房租太贵了一点，每个月差不多都要两千元。所以最近一直想找一个便宜点的地方。

그러나 집세가 좀 비싸요, 매달 거의 2천위안이에요. 그래서 요즘 계속 좀 싼 곳을 찾아보려고 해요. (D)

단어 但是 dànshì 쩝 그러나, 그렇지만 | 房租 fángzū 뗑 집세 | 贵 guì 혱 비싸다 | 一点 yìdiǎn 수량 조금 | 差不多 chàbuduō 혱 대다수, 대부분 | 千 qiān 수 천, 1,000 | 元 yuán 뗑 위안(중국의 화폐 단위) | 所以 suǒyǐ 쩝 그래서 | 最近 zuìjìn 뗑 요즘, 최근 | 一直 yìzhí 뿐 줄곧, 계속해서 | 想 xiǎng 조동 ~하고 싶다 | 找 zhǎo 동 찾다 | 便宜 piányi 혱 싸다 | 地方 dìfang 뗑 장소, 곳

해설 문제와 보기 D의 화제가 모두 '집'으로 문제에서 사는 곳을 칭찬하자 보기 D가 '但是房租太贵了一点(그러나 집세가 좀 비싸다)'라고 대답하는 내용이다. 따라서 정답은 D이다.

정답 D

2

汉语太难学了，来中国这么久，还是说不好。

중국어는 너무 배우기 어려워요. 중국에 온 지 이렇게 오래되었는데, 아직도 말을 잘하지 못해요. (E)

단어 汉语 Hànyǔ 고유 중국어 | 太 tài 뿐 지나치게, 너무 | 难学 nán xué 배우기 어렵다 | 这么 zhème 때 이렇게나 | 久 jiǔ 혱 오래되다 | 还是 háishi 뿐 여전히, 그래도

해설 문제와 보기 E에서 이야기하고 있는 것은 모두 '学汉语(중국어를 배우다)'에 대한 내용으로 서로 상응한다. 따라서 정답은 E이다.

정답 E

3

我一点也不喜欢，每次跑完，身上就到处疼。游泳好多了。

저는 조금도 좋아하지 않아요. 매번 뛰고 나면 몸 여기저기가 아파요. 수영이 훨씬 나아요. (B)

단어 一点儿也 yìdiǎnr yě 조금도 | 喜欢 xǐhuan 동 좋아하다 | 每次 měi cì 매번 | 跑 pǎo 동 달리다 | 身上 shēnshang 뗑 몸 | 到处 dàochù 뗑 도처, 곳곳 | 疼 téng 혱 아프다 | 游泳 yóuyǒng 뗑 수영

해설 문제와 보기 B의 화제가 취미에 관한 것으로, 보기 B에서 '跑步(달리기)'를 좋아한다고 하자 상대방은 달리기를 싫어하며 '游泳(수영)'을 좋아한다고 대답하는 내용이다. 따라서 정답은 B이다.

정답 B

4

昨天才买的。稍稍短了点，要是再长一点就更好了。

어제 산 건데, 조금 짧아요. 만약 조금만 더 길면 더 좋았을 거 같아요. (C)

단어 昨天 zuótiān 뗑 어제 | 才 cái 뿐 비로소, 그제서야 | 买 mǎi 동 사다 | 稍稍 shāoshāo 뿐 조금, 약간 | 短 duǎn 혱 짧다 | 要是 yàoshi 쩝 만약 | 再 zài 뿐 또, 다시 | 长 cháng 혱 길다 | 一点 yìdiǎn 수량 조금

해설 문제에서 이야기하고 있는 것은 새로 산 물건의 '길이'이다. 보기 C의 '新衣服(새 옷)'가 새로 산 물건을 지칭하는 말이므로 정답은 C
이다.

정답 C

5 ★☆☆

是啊，今年的天气真奇怪。	맞아요, 올해 날씨가 참 이상해요. (A)

단어 今年 jīnnián 몡 올해 | 天气 tiānqì 몡 날씨 | 真 zhēn 띄 진짜로, 정말로 | 奇怪 qíguài 톙 기이하다, 이상하다

해설 문제와 보기 A의 화제가 '天气(날씨)'이므로 두 문장은 서로 상응한다. 따라서 정답은 A이다.

정답 A

유형 확인 문제

≫ 해설서 74p

주어진 문제와 어울리는 보기를 고르세요.

1 - 5.

A 时间过得真快，我到这儿工作都三十二年了。
B 站好了，一，二，三，笑。
C 下雨了，还挺大的。
D 这是我小时候的照片，很可爱吧？左边的是我爸爸，右边的是我妈妈。
E 你在这儿坐着，我去前面买点儿西瓜。

1. 对不起，我闭眼了，再来一张吧！ (   )

2. 是啊，你看咱俩都老了。 (   )

3. 你们一家人看上去可真快乐！ (   )

4. 走了一整天，累死我了，一点儿也不想动了。 (   )

5. 我的被子还在房间外面，没拿进来！ (   )

03. 논리 관련 문제

논리 관련 문제는 시간의 선후 관계, 행위의 인과 관계 등을 파악하여 상응하는 문장을 찾아야 한다.

유형 익히기 1

1-5

A 你快点把地扫干净，再把桌子擦一擦。
B 别忘了睡觉前一定要刷牙，小心牙疼。
C 我喜欢骑自行车去上班。
D 他这人不错，教得很认真，有很多学生后来都考上了好大学。
E 我第一次坐飞机的时候特别紧张，就怕飞机掉下去。

A 당신 빨리 바닥을 깨끗이 청소한 뒤에 탁자를 좀 닦아요.
B 자기 전에 반드시 양치질하는 것을 잊지 말아요. 이가 아프지 않도록 말이에요.
C 저는 자전거를 타고 출근하는 것을 좋아해요.
D 그분 사람이 정말 괜찮고 매우 열심히 가르쳐주셔서, 많은 학생이 좋은 대학에 합격했거든요.
E 저는 처음으로 비행기를 탔을 때 비행기가 떨어질까 봐 무척 긴장했어요.

단어 把 bǎ 께 ~을, ~를 | 地 dì 圆 땅, 바닥 | 扫 sǎo 동 쓸다 | 干净 gānjìng 囿 깨끗하다 | 再 zài 囝 ~하고 나서, ~한 뒤에 | 桌子 zhuōzi 圆 탁자 | 擦 cā 동 닦다, 문지르다 | 别 bié 囝 ~하지 마라 | 忘 wàng 동 잊어버리다 | 睡觉 shuìjiào 동 (잠을) 자다 | 一定 yídìng 囝 꼭, 반드시 | 要 yào 조동 ~해야 한다 | 刷牙 shuāyá 양치질하다, 이를 닦다 | 牙 yá 圆 치아 | 疼 téng 囿 아프다 | 喜欢 xǐhuan 동 좋아하다 | 骑 qí 동 타다 | 自行车 zìxíngchē 圆 자전거 | 上班 shàngbān 동 출근하다 | 不错 búcuò 囿 괜찮다, 좋다 | 教 jiāo 동 가르치다 | 得 de 조 ~하는 정도가(술어 뒤에 쓰여 술어의 정도를 나타냄) | 认真 rènzhēn 囿 진지하다, 열심히 하다 | 考上 kǎoshàng 시험에 합격하다 | 大学 dàxué 圆 대학교 | 第一次 dì-yī cì 圆 최초, 맨 처음 | 坐 zuò 동 (교통수단을) 타다 | 飞机 fēijī 圆 비행기 | 的时候 de shíhou ~할 때 | 特别 tèbié 囝 매우 | 紧张 jǐnzhāng 囿 긴장되다 | 怕 pà 동 두려워하다 | 掉 diào 동 떨어지다

1

★★☆

| 天哪，你把所有的巧克力都吃完了！ | 맙소사, 당신이 모든 초콜릿을 다 먹어버렸군요! (B) |

단어 把 bǎ 께 ~을, ~를 | 所有 suǒyǒu 囿 모든 | 巧克力 qiǎokèlì 圆 초콜릿 | 吃 chī 동 먹다

해설 보기 B의 '刷牙(이를 닦다)'를 해야 하는 이유는 달콤한 초콜릿을 다 먹었기 때문이다. 문제와 보기 B 사이에는 인과 관계가 존재하므로 서로 상응한다. 따라서 정답은 B이다.

정답 B

2 ★★☆

小王他们一家马上就要到了。

샤오왕 그들 가족이 곧 도착해요. (A)

단어 马上 mǎshàng 图 곧, 바로 | 就要 jiùyào 곧, 바로 | 到 dào 图 도착하다

해설 보기 A의 '扫地(바닥을 쓸다)', '擦桌子(탁자를 닦다)'를 하는 이유는 손님이 오기 때문인데, 문제의 샤오왕 가족이 손님임을 알 수 있다. 따라서 정답은 A이다.

정답 A

3 ★★☆

现在因为工作的关系，常飞来飞去的，也就习惯了。

지금은 업무 관계상 자주 여기저기 비행기를 타고 다녀서, 이미 습관이 되었어요. (E)

단어 现在 xiànzài 圀 현재, 지금 | 因为 yīnwèi 웹 ~때문에 | 工作 gōngzuò 圀 일 | 关系 guānxi 圀 관계 | 常 cháng 图 종종, 자주 | 习惯 xíguàn 图 습관이 되다

해설 처음 비행기를 탔을 때 긴장했다는 보기 E와 문제의 '就习惯了(습관이 되다)'는 서로 시간상 선후 관계가 된다. 따라서 정답은 E 이다.

정답 E

4 ★★☆

城市里汽车太多了，很不方便。

도시에 차가 너무 많아서 매우 불편해요. (C)

단어 城市 chéngshì 圀 도시 | 汽车 qìchē 圀 자동차 | 太 tài 图 지나치게, 너무 | 多 duō 图 얼마나 | 方便 fāngbiàn 톙 편리하다

해설 문제의 '汽车太多(차가 너무 많다)', '不方便(불편하다)'은 화자가 '喜欢骑自行车去上班(자전거를 타고 출근하는 것을 좋아하다)'의 이유가 된다. 따라서 정답은 C이다.

정답 C

5 ★★☆

我想了好几天，觉得应该把孩子送到老王那儿去。

저는 며칠 동안 생각했는데, 아이를 라오왕한테 보내야 할 것 같아요. (D)

단어 想 xiǎng 图 생각하다 | 好几 hǎo jǐ 여러, 몇 | 觉得 juéde 图 ~라고 생각하다 | 应该 yīnggāi 图통 마땅히 ~해야 한다 | 把 bǎ 껜 ~을, ~를 | 孩子 háizi 圀 아이 | 送 sòng 图 보내다

해설 아이를 '送到老王那儿去(라오왕이 있는 그곳으로 보낸다)'의 원인은 보기 D의 '老王是个好老师(라오왕은 좋은 선생님)'이고, '教得很认真(매우 열심히 가르치다)'이기 때문이다. 따라서 D가 정답이다.

정답 D

📖 제1부분

🔊 41 – 45.

주어진 문제와 어울리는 보기를 고르세요.

A 天那么热，一起去游泳吧？

B 他马上要结婚了。

C 明天不下雨，而且不冷也不热。

D 这是你新买的手机？

E 当然。我们先坐公共汽车，然后换地铁。

F 买了这么多东西，走回去太累了。

---

*보기 E는 예시이므로 제외

41. 你看电视了吗？明天天气怎么样？真想有太阳。　　　　(　　　)

42. 好，你们先去。我回家把包放好，然后就去找你们。　　(　　　)

43. 我哥哥的。他今年考上大学了，爸爸送给他的。　　　　(　　　)

44. 我们是走路回学校，还是坐公共汽车？　　　　　　　　(　　　)

45. 所以他最近一直特别高兴。　　　　　　　　　　　　　(　　　)

● 46 – 50.

주어진 문제와 어울리는 보기를 고르세요.

A 你忙吧，吃完了我来洗碗。

B 杭州是个不错的选择。

C 虽然冬天很冷，但这里的人都很热情。

D 没事儿。你看学校里那么多女同学都穿了。

E 你看看他，经常不上课，也不做作业。

---

46. 我到北京已经七年了。我很喜欢这儿。 （　　　）

47. 天还冷，别穿裙子了，小心感冒。 （　　　）

48. 春天到了，我们准备去旅游。 （　　　）

49. 这次考试他又没考好。 （　　　）

50. 吃完饭后，我还有事儿要出去。 （　　　）

》 해설서 76p

📖 제1부분

🔵 41 – 45.

주어진 문제와 어울리는 보기를 고르세요.

A 不知道，我把手表忘在教室了。

B 当然。我们先坐公共汽车，然后换地铁。

C 才两块五一斤，比外面便宜了一半。

D 小李今天生日，请大家吃饭。快过来吧！

E 这么热！快，我带你去医院！

F 你先休息一下，我去给你拿。

---

*보기 B는 예시이므로 제외

41. 刚才是你给我打电话吗？有什么事？　　　　　　　（　　　）

42. 今天超市里买苹果的人很多。　　　　　　　（　　　）

43. 我感冒了，还有点发烧。　　　　　　　（　　　）

44. 忙了一整天，喝水的时间都没有。能给我一杯水吗？　　　　　　　（　　　）

45. 现在几点了？我们该回家了吧，不然妈妈又要说我们了。　　　　　　　（　　　）

● 46 – 50.

주어진 문제와 어울리는 보기를 고르세요.

A 明天别忘了带伞，可能会下雨。

B 我们坐公共汽车去吧，时间还早，来得及。

C 这是送你的礼物，祝你生日快乐！

D 为了解决这个问题，人们想了很多办法，但都没有用。

E 怎么这么晚才回来？大家等了你一晚上，都急坏了。

---

46. 好的。而且比出租车便宜。 （　　　）

47. 怎么又要下雨啊？好久没见太阳了。 （　　　）

48. 太感谢了，没想到你还记得！ （　　　）

49. 去同学家了，一高兴就忘了给你们打电话了。 （　　　）

50. 城市里的车越来越多，对大家的生活已经产生了很大的影响。 （　　　）

>> 해설서 79p

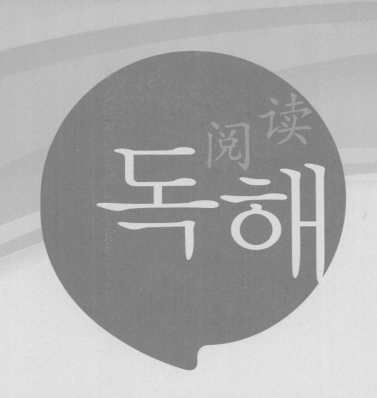

제2부분

빈칸에 알맞은 단어 채우기

독해 제2부분

미리보기

독해 제2부분은 빈칸에 알맞은 단어를 선택하는 문제로, 총 10문제이다. 51-55번은 평서문, 56-60번은 대화문으로 나뉘어 나온다. 문장 의미에 대한 이해 능력을 확인하기 위한 문제로 기초 어법 지식을 활용하여 빈칸에 들어갈 알맞은 단어를 선택하면 된다.

🔔 제2부분 유형 1 – 평서문 빈칸 채우기

`문제` 〉〉 해설서 83p

第二部分

第51-55题

A 刻   B 双   C 音乐   D 其他   E 声音   F 感觉

51. 她说话的（   ）多好听啊！　　보기에서 빈칸에 들어갈 알맞은 단어를 고르세요.

🔔 제2부분 유형 2 – 대화문 빈칸 채우기

`문제` 〉〉 해설서 83p

第二部分

第56-60题

A 明白   B 角   C 被   D 爱好   E 办法   F 甜

56. A: 你有什么（   ）？　　보기에서 빈칸에 들어갈 알맞은 단어를 고르세요.
　　 B: 我喜欢体育。

★ 문제 풀이 순서

빈칸 채우기 문제를 풀 때 4단계로 나누어 완성한다. 첫째, 문제를 읽고 문장의 의미를 이해한다. 둘째, 보기에 있는 단어를 훑어보고 그 의미와 뜻을 일차적으로 판단한다. 셋째, 문제의 내용과 자신의 기초 어법 지식에 의거하여 빈칸에 알맞은 단어를 선택한다. 넷째, 보기에서 고른 단어를 빈칸에 넣어 전반적인 문장의 의미가 맞는지 아닌지를 확인한다. 모든 문제와 보기는 일대일로 상응하므로 먼저 자신 있는 문제를 푼 후 나머지 문제를 푸는 것도 좋은 방법이다.

01. 기초 어법 지식으로 단어 고르기

이러한 유형의 문제는 보기에 나오는 단어가 新HSK 3급 상용 단어로 품사는 명사, 동사, 형용사, 양사, 개사 등으로 다양하다. 문제를 풀 때 빈칸 앞뒤로 나와 있는 문장이나 단어를 보고 빈칸에 들어갈 단어의 품사를 유추한 뒤, 품사를 근거로 보기에서 답을 찾아야 시간을 단축하여 풀 수 있다. 따라서 평소에 품사와 관련 있는 기초 어법 지식을 익히도록 하자.

명사 단어 채우기

新HSK 3급에서 명사와 관련 있는 어법은 다음과 같다.

1. 명사는 주어가 될 수 있다.

- 北京是中国的首都。 베이징은 중국의 수도이다. (주어)
- 妈妈送给我一本书。 엄마는 나에게 책 한 권을 선물해 주셨다. (주어)

2. 명사는 목적어도 될 수 있다.

- 你会喝酒吗？ 당신은 술을 마실 수 있습니까? (목적어)
- 他在阅览室看书。 그는 열람실에서 책을 보고 있다. (목적어)

3. 대부분의 명사는 관형어가 될 수 있으며, 일부는 '的'가 있어야만 관형어가 될 수 있다.

- 河边的柳树长得很高。 강가의 버드나무는 아주 높이 자랐다. (관형어)
- 我刚刚看了一本英文小说。 나는 방금 한 권의 영문 소설을 보았다. (관형어)

4. 시간 명사는 부사어가 될 수 있다.

- 他明天才会来。 그는 내일 비로소 올 것이다. (부사어)
- 我下星期去上海。 나는 다음 주에 상하이에 간다. (부사어)

유형 익히기 1

A 新闻	B 支	C 方便	A 뉴스	B 자루	C 편리하다
D 终于	E 根据		D 드디어, 결국	E ~에 근거하여	

단어 新闻 xīnwén 뎽 뉴스 | 支 zhī 앵 자루(가는 물건을 세는 단위) | 方便 fāngbiàn 혱 편리하다 | 终于 zhōngyú 봄 결국, 마침내 | 根据 gēnjù 깨 ~에 근거하여

1

今天的报纸看了吗? 有什么有趣的( )吗?	오늘 신문 봤어요? 무슨 재미있는 (A 뉴스)가 있나요?

단어 今天 jīntiān 뎽 오늘 | 报纸 bàozhǐ 뎽 신문 | 有趣 yǒuqù 혱 재미있다

해설 빈칸 앞에 '的(~의)'가 있으므로 빈칸에는 명사가 와야 한다는 것을 알 수 있다. 보기에 명사는 '新闻(신문)'뿐이므로 정답은 A이다.

정답 A 新闻

유형 확인 문제

》》해설서 83p

빈칸에 들어갈 알맞은 단어를 고르세요.

A 其他	B 重要	C 周末	D 简单	E 然后

1. 老王 (   ) 才回来, 你把信放他桌子上吧。

A 而且	B 锻炼	C 借	D 节日	E 兴趣

2. A: 火车站怎么会有这么多人? 天哪, 太可怕了。
   B: 因为春节是中国人最重要的 (   ), 每个在外地工作、上学的人都要回家过节。

新HSK 3급에 자주 나오는 명사

● 직업, 관계

- ☐ 阿姨 āyí 이모, 아주머니
- ☐ 奶奶 nǎinai 할머니
- ☐ 邻居 línjū 이웃
- ☐ 司机 sījī 운전기사
- ☐ 校长 xiàozhǎng 교장

- ☐ 叔叔 shūshu 아저씨
- ☐ 爷爷 yéye 할아버지
- ☐ 客人 kèrén 손님
- ☐ 同事 tóngshì 동료
- ☐ 经理 jīnglǐ 사장, 책임자

● 음식

- ☐ 米 mǐ 쌀
- ☐ 面条 miàntiáo 국수
- ☐ 香蕉 xiāngjiāo 바나나
- ☐ 啤酒 píjiǔ 맥주

- ☐ 面包 miànbāo 빵
- ☐ 蛋糕 dàngāo 케이크
- ☐ 葡萄 pútáo 포도
- ☐ 糖 táng 사탕

● 신체

- ☐ 鼻子 bízi 코
- ☐ 口 kǒu 입
- ☐ 头发 tóufa 머리카락

- ☐ 耳朵 ěrduo 귀
- ☐ 脸 liǎn 얼굴
- ☐ 眼睛 yǎnjing 눈

● 동식물

- ☐ 动物 dòngwù 동물
- ☐ 鸟 niǎo 새
- ☐ 小狗 xiǎogǒu 강아지
- ☐ 树 shù 나무

- ☐ 马 mǎ 말
- ☐ 熊猫 xióngmāo 판다
- ☐ 花 huā 꽃
- ☐ 草 cǎo 풀

● 학교, 수업

- ☐ 黑板 hēibǎn 칠판
- ☐ 铅笔 qiānbǐ 연필
- ☐ 历史 lìshǐ 역사
- ☐ 数学 shùxué 수학
- ☐ 音乐 yīnyuè 음악
- ☐ 词典 cídiǎn 사전

- ☐ 普通话 pǔtōnghuà (현대 중국어의) 표준어
- ☐ 年级 niánjí 학년
- ☐ 体育 tǐyù 체육
- ☐ 画 huà 사진
- ☐ 词语 cíyǔ 어휘
- ☐ 作业 zuòyè 숙제

● 기타 사물

- 包 bāo 가방
- 照相机 zhàoxiàngjī 카메라
- 灯 dēng 등
- 护照 hùzhào 여권
- 盘子 pánzi 접시
- 裙子 qúnzi 치마
- 鞋 xié 신발
- 眼镜 yǎnjìng 안경

- 行李箱 xínglixiāng 여행 가방, 트렁크
- 冰箱 bīngxiāng 냉장고
- 地图 dìtú 지도
- 筷子 kuàizi 젓가락
- 菜单 càidān 메뉴판
- 裤子 kùzi 바지
- 帽子 màozi 모자

● 장소

- 办公室 bàngōngshì 사무실
- 超市 chāoshì 슈퍼마켓
- 厨房 chúfáng 주방
- 公园 gōngyuán 공원
- 街道 jiēdào 거리

- 银行 yínháng 은행
- 宾馆 bīnguǎn 호텔
- 图书馆 túshūguǎn 도서관
- 花园 huāyuán 화원
- 洗手间 xǐshǒujiān 화장실

● 방위

- 东 dōng 동
- 西 xī 서
- 中间 zhōngjiān 중간

- 南 nán 남
- 北 běi 북

동사 단어 채우기

新HSK 3급에서 동사와 관련 있는 어법은 다음과 같다.

1. 동사와 문장 성분

동사는 주어, 술어, 목적어, 보어, 부사어의 문장 성분이 될 수 있다.

- 跑步是一项很好的运动。 달리기는 아주 좋은 운동이다. (주어)
- 他喜欢隔壁的女孩儿。 그는 옆집 소녀를 좋아한다. (술어)
- 我不爱锻炼。 나는 운동하는 것을 좋아하지 않는다. (목적어)
- 我写完作业了。 나는 숙제를 다 했다. (보어)
- 电脑不能用了。 컴퓨터를 사용할 수 없게 되었어요. (부사어)

2. 동사와 목적어

- 뒤에 목적어를 가질 수 없는 동사: 迟到(지각하다), 发烧(열이 나다), 感冒(감기에 걸리다), 哭(울다), 上网(인터넷을 하다), 生气(화가 나다) 등
- 이중 목적어를 갖는 동사: 借(빌리다), 还(돌려주다), 教(가르치다) 등

3. 동태조사

다수의 동사 뒤에는 '了', '着', '过' 등 동태조사를 수반하여 동작과 상태를 나타낸다.

- 从昨天晚上开始，灯就一直开着。 어제 저녁부터 등이 줄곧 켜져 있었다. (지속)
- 他去年结婚了。 그는 작년에 결혼했다. (완료)
- 我去过中国。 나는 중국에 가본 적이 있다. (경험)

4. 조동사(능원동사)

조동사는 능원동사라고도 하는데, 항상 동사 앞에 쓰이고 가능과 희망을 나타낸다. 조동사는 문장에서 부사어가 되며, 그 뒤에는 목적어나 동태조사가 올 수 없다. 자주 볼 수 있는 조동사에 '能(~할 수 있다)', '会(~할 것이다)', '可以(~할 수 있다)', '应该(반드시 ~해야 한다)', '想(~하고 싶다)', '要(~해야 한다)' 등이 있다.

유형 익히기 1

A 办法	B 安静	C 才	A 방법	B 조용하다	C 비로소
D 参加	E 发烧		D 참가하다	E 열이 나다	

단어 **办法** bànfǎ 명 방법 ┃ **安静** ānjìng 형 조용하다 ┃ **才** cái 부 비로소, 그제서야 ┃ **参加** cānjiā 동 참가하다 ┃ **发烧** fāshāo 동 열이 나다

---

1 ★★☆

太好了，我可以（　　　　　）跳舞比赛了。	너무 좋아요, 제가 댄스 경연에 (D 참가) 할 수 있게 되었어요.

단어 **可以** kěyǐ 조동 ~할 수 있다 ┃ **跳舞** tiàowǔ 동 춤을 추다 ┃ **比赛** bǐsài 명 경기, 시합

해설 빈칸이 조동사 '可以(~할 수 있다)' 뒤에 있으므로 빈칸에 들어갈 단어의 품사는 동사이다. 보기에서 동사 '参加(참가하다)', '发烧(열이 나다)' 중 '跳舞比赛(댄스 경연)'와 문맥상 어울리는 동사는 '参加(참가하다)'이므로 정답은 D이다.

정답 D 参加

유형 익히기 2

A 被	B 表演	C 可爱	A ~에게 (~을 당하다)	B 공연하다	C 귀엽다
D 举行	E 街道		D 거행하다	E 거리	

단어 **被** bèi 개 ~에게 (~을 당하다) ┃ **表演** biǎoyǎn 동 공연하다 ┃ **可爱** kě'ài 형 귀엽다 ┃ **举行** jǔxíng 동 거행하다 ┃ **街道** jiēdào 명 거리

| A: 晚上你打算给大家（　　　　）一个什么节目？
B: 还没想好呢，正为这件事情头疼呢。 | A: 저녁에 당신은 모두에게 어떤 <u>프로그램</u>을（B 공연해）줄 건가요？
B: 아직 생각하지 못했어요, 지금 이 일로 머리가 아파요. |

단어 **晚上** wǎnshang 몡 저녁, 밤 | **打算** dǎsuan 동 ~할 계획이다, 생각이다 | **给** gěi 개 ~에게 | **节目** jiémù 몡 프로그램 | **正** zhèng 튀 마침 | **为** wèi 개 ~을 위해서, ~때문에 | **事情** shìqing 몡 일 | **头疼** tóuténg 형 머리가 아프다 | **呢** ne 죄 진행의 어감을 강조

해설 빈칸 뒤에 목적어 '节目(프로그램)'가 있으므로 빈칸에 들어갈 단어의 품사는 동사이다. 보기에서 동사 '表演(공연하다)', '举行(거행하다)' 중 '节目(프로그램)'와 문맥상 어울리는 동사는 '表演(공연하다)'이므로 정답은 B이다.

정답 B 表演

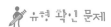 유형 확인 문제

》 해설서 84p

빈칸에 들어갈 알맞은 단어를 고르세요.

| A 层 | B 电梯 | C 忘记 | D 总是 | E 或者 |

1. 真不好意思，我（　　　）带课本了，能和你一起看吗？

| A 遇到 | B 一定 | C 清楚 | D 其他 | E 见面 |

2. A: 明天我们什么时候（　　　）？
　 B: 别太早了，十点怎么样？工作了一个星期，我想先睡个懒觉。

新HSK 3급에 자주 나오는 조동사

	能 néng	(능력·상황이 되서) ~할 수 있다	你什么时候能来? 당신은 언제 올 수 있나요? Nǐ shénme shíhou néng lái?
가능	可能 kěnéng	아마도 ~일 것이다	他可能明天来。 그는 아마 내일 올 것이다. Tā kěnéng míngtiān lái.
	可以 kěyǐ	~해도 된다	现在你可以回家了。 지금 당신은 집에 가도 됩니다. Xiànzài nǐ kěyǐ huíjiā le.
	会 huì	(배워서) ~할 수 있다	我会说汉语。 나는 중국어를 말할 수 있다. Wǒ huì shuō Hànyǔ.
필요	应该 yīnggāi	마땅히 ~해야 한다	你应该去医院看看医生。 Nǐ yīnggāi qù yīyuàn kànkan yīshēng. 당신은 병원에 가서 진찰을 받아야 합니다.
	要 yào	~해야만 한다	你要多和人说话，这样才能学好中文。 Nǐ yào duō hé rén shuōhuà, zhèyàng cái néng xuéhǎo Zhōngwén. 당신은 사람들과 더 많이 이야기해야 합니다. 이렇게 해야 비로소 중국어를 잘 배울 수 있습니다.
기원	敢 gǎn	감히 ~하다	你敢跟老师说吗? 당신은 감히 선생님께 말할 수 있나요? Nǐ gǎn gēn lǎoshī shuō ma?
	要 yào	~하려 한다	我要去跑步。 나는 달리기를 하려 한다. Wǒ yào qù pǎobù.
	愿意 yuànyì	~하기를 원하다	你愿意和我出去走走吗? Nǐ yuànyì hé wǒ chūqù zǒuzou ma? 당신은 저와 나가서 좀 걷기를 원하나요?

新HSK 3급에 자주 나오는 동사

1	搬 bān	옮기다	你把东西搬到教室去吧。 당신은 물건을 교실로 옮겨 가세요. Nǐ bǎ dōngxi bāndào jiàoshì qù ba.
2	帮忙 bāngmáng	돕다	我们互相帮忙。 우리 서로 도와요. Wǒmen hùxiāng bāngmáng.
3	变化 biànhuà	변하다	几年没来，这儿变化太大了。 Jǐ nián méi lái, zhèr biànhuà tài dà le. 몇 년 동안 오지 않았더니 이곳은 너무 많이 변했네요.
4	表示 biǎoshì	나타내다	对于他的要求，我们表示同意。 Duìyú tā de yāoqiú, wǒmen biǎoshì tóngyì. 그의 요청에 대하여 우리는 동의를 표했다.
5	表演 biǎoyǎn	공연하다	他今天表演得好极了！ 그의 오늘 공연은 너무 훌륭했어요! Tā jīntiān biǎoyǎn de hǎo jí le!
6	参加 cānjiā	참가하다	这次比赛，你参加什么项目？ Zhè cì bǐsài, nǐ cānjiā shénme xiàngmù? 이번 시합에 당신은 어떤 종목에 참가하나요?
7	差 chà	부족하다	差十分就一点了。 10분만 있으면 1시가 된다. Chà shí fēn jiù yī diǎn le.
8	迟到 chídào	지각하다	明天早上一定不能迟到。 내일 아침은 절대로 지각하면 안 된다. Míngtiān zǎoshang yídìng bù néng chídào.
9	出现 chūxiàn	나타나다	电脑出现了点小问题。 컴퓨터에 작은 문제가 좀 생겼다. Diànnǎo chūxiàn le diǎn xiǎo wèntí.
10	打扫 dǎsǎo	청소하다	我每天都打扫房间。 나는 매일 방을 청소한다. Wǒ měitiān dōu dǎsǎo fángjiān.
11	打算 dǎsuan	~할 계획이다	我打算上完课后去邮局。 Wǒ dǎsuan shàngwán kè hòu qù yóujú. 나는 수업이 끝난 후 우체국에 갈 계획이다.
12	带 dài	지니다	你带吃的了吗？ 당신은 먹을 것을 가져왔나요? Nǐ dài chī de le ma?
13	担心 dānxīn	걱정하다	你别担心，我会解决这个问题。 Nǐ bié dānxīn, wǒ huì jiějué zhège wèntí. 걱정 말아요, 나는 이 문제를 해결할 수 있어요.
14	锻炼 duànliàn	단련하다, 운동하다	我每天锻炼一个小时。 나는 매일 1시간씩 운동해요. Wǒ měitiān duànliàn yí ge xiǎoshí.

15	发烧 fāshāo	열이 나다	我有点发烧了，你帮我请个假吧。 Wǒ yǒudiǎn fāshāo le, nǐ bāng wǒ qǐng ge jià ba. 제가 열이 나서 그러는데, 저 대신 휴가를 신청해 주세요.
16	发现 fāxiàn	발견하다	到家后，我才发现东西放在办公室了。 Dào jiā hòu, wǒ cái fāxiàn dōngxi fàngzài bàngōngshì le. 집에 도착한 후, 나는 비로소 물건을 사무실에 두고 온 것을 발견했다.
17	放 fàng	놓다	你把包放到桌子上吧。 당신은 가방을 탁자 위에 두세요. Nǐ bǎ bāo fàngdào zhuōzi shang ba.
18	复习 fùxí	복습하다	我把今天学的内容复习完了。 Wǒ bǎ jīntiān xué de nèiróng fùxí wán le. 나는 오늘 배운 내용을 다 복습했다.
19	着急 zháojí	조급해하다	她整天为孩子的事着急。 Tā zhěngtiān wèi háizi de shì zháojí. 그녀는 하루 종일 아이의 일 때문에 조급해했다.
20	感冒 gǎnmào	감기에 걸리다	我感冒了。 나는 감기에 걸렸다. Wǒ gǎnmào le.
21	关 guān	닫다, 끄다	你走的时候记得关灯。 당신은 갈 때 불 끄는 것을 잊지 마세요. Nǐ zǒu de shíhou jìde guān dēng.
22	关心 guānxīn	관심이 있다	妈妈很关心我的学习。 Māma hěn guānxīn wǒ de xuéxí. 엄마는 나의 공부에 대단히 관심이 있다.
23	害怕 hàipà	두려워하다	你最害怕做什么事? 당신은 어떤 일이 가장 두렵나요? Nǐ zuì hàipà zuò shénme shì?
24	画 huà	그리다	她画了一只小狗。 그녀는 강아지 한 마리를 그렸다. Tā huà le yì zhī xiǎogǒu.
25	还 huán	반환하다	我要去图书馆还书。 나는 도서관에 책을 반납하려고 한다. Wǒ yào qù túshūguǎn huán shū.
26	换 huàn	바꾸다	这件衣服太小了，帮我换一件大一点儿的吧。 Zhè jiàn yīfu tài xiǎo le, bāng wǒ huàn yí jiàn dà yìdiǎnr de ba. 이 옷이 너무 작아요, 좀 더 큰 것으로 바꿔주세요.
27	记得 jìde	기억하다	你还记得我吗? 당신은 아직 나를 기억하나요? Nǐ hái jìde wǒ ma?
28	检查 jiǎnchá	검사하다	作业做完以后一定要检查。 숙제를 다 한 이후에 꼭 검사를 하세요. Zuòyè zuòwán yǐhòu yídìng yào jiǎnchá.
29	见面 jiànmiàn	만나다	我们明天在校门口见面吧! 우리 내일 학교 앞에서 만나자! Wǒmen míngtiān zài xiào ménkǒu jiànmiàn ba!
30	愿意 yuànyì	바라다, 희망하다	我非常愿意去北京工作。 나는 베이징에 가서 일하기를 매우 원한다. Wǒ fēicháng yuànyì qù Běijīng gōngzuò.

31	教 jiāo	가르치다	晚上能教我游泳吗? 저녁에 나에게 수영을 가르쳐줄 수 있나요? Wǎnshang néng jiāo wǒ yóuyǒng ma?
32	接 jiē	마중하다	今天下午我到机场接你。 오늘 오후에 내가 공항에 너를 마중 나갈게. Jīntiān xiàwǔ wǒ dào jīchǎng jiē nǐ.
33	结婚 jiéhūn	결혼하다	你们什么时候结婚? 당신들은 언제 결혼하나요? Nǐmen shénme shíhou jiéhūn?
34	结束 jiéshù	끝나다	这个节目要十一点才结束。 이 프로그램은 11시에야 끝난다. Zhège jiémù yào shíyī diǎn cái jiéshù.
35	解决 jiějué	해결하다	谢谢你帮我解决这个问题。 Xièxie nǐ bāng wǒ jiějué zhège wèntí. 저를 도와 이 문제를 해결해 줘서 고마워요.
36	借 jiè	빌리다	你能借我一百元钱吗? 저에게 100위안을 빌려줄 수 있나요? Nǐ néng jiè wǒ yìbǎi yuán qián ma?
37	经过 jīngguò	지나가다	我们的学校很漂亮，有条小河从中间经过。 Wǒmen de xuéxiào hěn piàoliang, yǒu tiáo xiǎo hé cóng zhōngjiān jīngguò. 우리 학교는 매우 아름다운데, 작은 강이 중간을 지나갑니다.
38	举行 jǔxíng	거행하다	下周三，我们学校举行运动会。 Xià zhōusān, wǒmen xuéxiào jǔxíng yùndònghuì. 다음 주 수요일 우리 학교는 운동회를 거행한다.
39	决定 juédìng	결정하다	我决定要好好学汉语。 나는 중국어를 잘 배우기로 결심하였다. Wǒ juédìng yào hǎohǎo xué Hànyǔ.
40	哭 kū	울다	她已经哭了一下午了。 그녀는 이미 오후 내내 울었다. Tā yǐjing kū le yíxiàwǔ le.
41	离开 líkāi	떠나다	她晚上10点多才离开办公室。 Tā wǎnshang shí diǎn duō cái líkāi bàngōngshì. 그녀는 저녁 10시가 넘어서야 사무실을 떠났다.
42	练习 liànxí	연습하다	只有多练习，才能学好汉语。 Zhǐyǒu duō liànxí, cái néng xuéhǎo Hànyǔ. 오직 많이 연습해야만 비로소 중국어를 잘 배울 수 있다.
43	了解 liǎojiě	이해하다, 알다	他平时很少说话，大家都不太了解他。 Tā píngshí hěn shǎo shuōhuà, dàjiā dōu bú tài liǎojiě tā. 그는 평소 말을 잘 안 해서, 모두 그를 잘 알지 못한다.
44	明白 míngbai	이해하다	你明白我的意思了吗? 당신은 제 말뜻을 이해했나요? Nǐ míngbai wǒ de yìsi le ma?
45	拿 ná	쥐다, 잡다, 가지다	你能帮我拿一下那本书吗? 나를 도와 그 책을 좀 들어 주시겠어요? Nǐ néng bāng wǒ ná yíxià nà běn shū ma?
46	努力 nǔlì	노력하다	只有努力学习，才能有好成绩。 Zhǐyǒu nǔlì xuéxí, cái néng yǒu hǎo chéngjì. 오직 열심히 공부해야만, 좋은 성적을 받을 수 있다.

47	爬山 páshān	등산하다	周末我们一起去爬山吧。 주말에 우리 함께 등산을 가요. Zhōumò wǒmen yìqǐ qù páshān ba.
48	骑 qí	(자전거를) 타다	我每天都骑车去上班。 나는 매일 자전거를 타고 출근한다. Wǒ měitiān dōu qí chē qù shàngbān.
49	认为 rènwéi	~라고 여기다	我认为这么做是错的。 Wǒ rènwéi zhème zuò shì cuò de. 나는 이렇게 하는 것이 틀린 것이라고 생각한다.
50	上网 shàngwǎng	인터넷을 하다	他每天都要上网。 그는 매일 인터넷을 하려고 한다. Tā měitiān dōu yào shàngwǎng.
51	使 shǐ	~하게 만들다	电脑使生活更方便。 컴퓨터는 생활을 더욱 편리하게 한다. Diànnǎo shǐ shēnghuó gèng fāngbiàn.
52	刷牙 shuāyá	양치질하다	睡觉前别忘了刷牙。 자기 전에 양치질하는 것을 잊지 마세요. Shuìjiào qián bié wàng le shuāyá.
53	提高 tígāo	향상되다	大家的生活水平都提高了。 Dàjiā de shēnghuó shuǐpíng dōu tígāo le. 모두의 생활 수준이 모두 향상되었다.
54	同意 tóngyì	동의하다	我同意你说的话。 나는 당신이 한 말에 동의해요. Wǒ tóngyì nǐ shuō de huà.
55	完成 wánchéng	끝내다, 완성하다	我终于完成了所有的工作。 Wǒ zhōngyú wánchéng le suǒyǒu de gōngzuò. 나는 드디어 모든 업무를 끝냈다.
56	忘记 wàngjì	잊다	我忘记带笔了。 나는 펜을 가져오는 것을 잊었다. Wǒ wàngjì dài bǐ le.
57	习惯 xíguàn	익숙해지다	我已经习惯这里的生活了。 Wǒ yǐjing xíguàn zhèli de shēnghuó le. 나는 이미 이곳의 생활에 익숙해졌다.
58	洗澡 xǐzǎo	목욕하다	运动完以后不能马上洗澡。 Yùndòng wán yǐhòu bù néng mǎshàng xǐzǎo. 운동을 마치고 난 후에 바로 목욕을 하면 안 된다.
59	相信 xiāngxìn	믿다	我相信你说的话。 나는 당신이 한 말을 믿어요. Wǒ xiāngxìn nǐ shuō de huà.
60	像 xiàng	비슷하다, 같다, 닮다	她的脸红红的，像个苹果。 그녀의 얼굴이 붉은 것이 사과 같다. Tā de liǎn hónghóng de, xiàng ge píngguǒ.

형용사 단어 채우기

🔍 **新HSK 3급에서 형용사와 관련 있는 어법은 다음과 같다.**

1. 형용사는 주어와 목적어가 될 수 있다.

- 骄傲使人落后。 교만은 사람을 뒤쳐지게 만든다. (주어)
- 我比较喜欢安静，不太喜欢到人多的地方去。
  나는 비교적 조용한 것을 좋아하고, 사람이 많은 곳에 가는 것을 좋아하지 않는다. (목적어)

2. 형용사는 술어가 될 수 있다.

- 小孩子很可爱。 꼬마 아이는 매우 귀엽다. (술어)
- 水果很新鲜。 과일은 매우 신선하다. (술어)

3. 형용사는 관형어, 부사어, 보어가 될 수 있다.

- 老王有一辆很漂亮的小汽车。 라오왕은 매우 예쁜 작은 자동차를 갖고 있다. (관형어)
- 我高兴地跳了起来。 나는 아주 신나서 폴짝 뛰었다. (부사어)
- 关于明天的安排，大家都听清楚了吗？ 내일의 계획에 대하여 모두 정확히 들었나요? (보어)

유형 1 – 평서문 빈칸 채우기

🐸 **유형 익히기 I**

A 办公室	B 打扫	C 认真	A 사무실	B 청소하다	C 진지하다
D 热情	E 明白		D 친절하다	E 이해하다	

단어 **办公室** bàngōngshì 명 사무실 | **打扫** dǎsǎo 동 청소하다 | **认真** rènzhēn 형 진지하다 | **热情** rèqíng 형 친절하다, 열정적이다 | **明白** míngbai 동 이해하다, 알다

---

1 ★★☆

我最喜欢去学校南边的那家咖啡店，那里的服务员态度很好很（ ）。	나는 학교 남쪽의 그 커피숍에 가는 것을 가장 좋아한다. 그곳의 종업원은 태도가 아주 좋고, 매우 (D 친절하다)

단어 **最** zuì 부 가장, 제일 | **喜欢** xǐhuan 동 좋아하다 | **学校** xuéxiào 명 학교 | **南边** nánbian 명 남쪽 | **家** jiā 양 점포 등을 세는 단위 | **咖啡店** kāfēidiàn 커피숍, 카페 | **服务员** fúwùyuán 명 종업원 | **态度** tàidu 명 태도

해설 빈칸 앞에 정도부사 '很(매우)'이 있고 뒤에 목적어가 없으므로 빈칸에 들어갈 단어의 품사는 형용사임을 알 수 있다. 보기에 '认真(진지하다)'과 '热情(친절하다)'이 형용사이므로 빈칸에 넣었을 때 문맥상 가장 알맞은 D를 답으로 선택한다. 참고로 '态度热情(태도가 친절하다)'의 형식으로 자주 쓰이니 기억해두자.

정답 D 热情

🐥 유형 익히기 2

A 游泳	B 奇怪	C 重要	A 수영하다	B 이상하다	C 중요하다
D 意思	E 还是		D 의미, 뜻	E 여전히, 그래도	

단어 **游泳** yóuyǒng 통 수영하다 | **奇怪** qíguài 형 기이하다, 이상하다 | **重要** zhòngyào 형 중요하다 | **意思** yìsi 명 의미, 뜻 | **还是** háishi 부 여전히, 그래도

1　　　　　　　　　　　　　　　　　　　　★☆☆

A : 你现在最（　　　　　）的是好好休息，工作可以等身体好了以后再做。 B : 没事的，别担心，我已经比上午好多了。	A : 당신 지금 가장 (C 중요한) 것은 잘 쉬는 것이에요. 업무는 몸이 좋아진 후에 다시 하면 돼요. B : 괜찮아요. 걱정 말아요. 저는 이미 오전에 비해 많이 좋아졌어요.

단어 **现在** xiànzài 명 현재, 지금 | **最** zuì 부 가장, 제일 | **休息** xiūxi 통 휴식하다, 쉬다 | **工作** gōngzuò 명 일, 업무 | **可以** kěyǐ 조동 ~할 수 있다 | **等……再……** děng…… zài…… ~하고 난 뒤 다시 ~하다 | **身体** shēntǐ 명 신체 | **以后** yǐhòu 명 이후 | **别** bié 부 ~하지 마라 | **担心** dānxīn 통 걱정하다 | **已经** yǐjing 부 이미 | **比** bǐ 개 ~보다 | **上午** shàngwǔ 명 오전

해설 정도부사 '最(가장)' 뒤에는 대부분 형용사가 따라온다. 보기에서 '奇怪(이상하다)', '重要(중요하다)'가 형용사인데 문맥상 보기 C가 빈칸에 들어갈 수 있다. 따라서 정답은 C이다.

정답 C 重要

🏃 유형 확인 문제　　　　　　　　　　　　　　　　　　　　》 해설서 85p

빈칸에 들어갈 알맞은 단어를 고르세요.

A 难过	B 注意	C 饿	D 刻	E 关于

1. 听说奶奶生病了，她（　　　　）地哭了。

新HSK 3급에 자주 나오는 형용사

1	矮 ǎi	작다	他的个子很矮。 그는 키가 매우 작다. Tā de gèzi hěn ǎi.
2	安静 ānjìng	조용하다	教室里很安静。 교실 안은 매우 조용하다. Jiàoshì li hěn ānjìng.
3	饱 bǎo	배부르다	我吃饱了。 나는 배가 불러요. Wǒ chībǎo le.
4	差 chà	부족하다, 나쁘다	他字写得很差。 그는 글씨를 잘 못쓴다. Tā zì xiě de hěn chà.
5	低 dī	낮다	把画挂低一点。 그림을 좀 낮게 거세요. Bǎ huà guàdī yìdiǎn.
6	短 duǎn	짧다	这件衣服太短了。 이 옷은 너무 짧다. Zhè jiàn yīfu tài duǎn le.
7	饿 è	배고프다	我肚子饿了。 나는 배가 고파요. Wǒ dùzi è le.
8	方便 fāngbiàn	편리하다	我家离车站只有五分钟，出行很方便。 Wǒ jiā lí chēzhàn zhǐ yǒu wǔ fēnzhōng, chūxíng hěn fāngbiàn. 우리 집은 정류장에서 겨우 5분 거리여서, 외출하기에 매우 편리해요.
9	干净 gānjìng	깨끗하다	大街上干净极了。 큰 도로 변은 아주 깨끗하다. Dàjiē shang gānjìng jí le.
10	坏 huài	고장 나다	自行车坏了。 자전거가 고장 났다. Zìxíngchē huài le.
11	黄 huáng	노랗다	秋天到了，树叶黄了。 Qiūtiān dào le, shùyè huáng le. 가을이 와서 나뭇잎이 모두 노랗게 되었다.
12	简单 jiǎndān	간단하다	今天的考试很简单。 오늘 시험은 매우 간단하다. Jīntiān de kǎoshì hěn jiǎndān.
13	健康 jiànkāng	건강하다	只有每天锻炼，才能身体健康。 Zhǐyǒu měitiān duànliàn, cái néng shēntǐ jiànkāng. 매일 운동해야만 비로소 몸이 건강해 질 수 있다.
14	旧 jiù	낡다	这件衣服太旧了，再买一件吧。 Zhè jiàn yīfu tài jiù le, zài mǎi yí jiàn ba. 이 옷은 너무 낡았어요, 다시 한 벌 사요.

15	久 jiǔ	오래되다	他走了很久才到家。 Tā zǒu le hěn jiǔ cái dào jiā. 그는 아주 오랫동안 걸어서야 비로소 집에 도착했다.
16	渴 kě	목마르다	走了一上午，真渴啊！ 오전 내내 걸어서 정말 목이 마르네요! Zǒu le yíshàngwǔ, zhēn kě a!
17	可爱 kě'ài	귀엽다	小女孩长得可爱极了！ 여자아이가 정말 귀엽게 생겼네요! Xiǎo nǚhái zhǎng de kě'ài jí le!
18	蓝 lán	남색의	今天天气真好，天空那么蓝！ Jīntiān tiānqì zhēn hǎo, tiānkōng nàme lán! 오늘 날씨가 정말 좋아요. 하늘도 아주 파래요!
19	老 lǎo	늙다	他看上去老了很多。 그는 아주 많이 늙어 보여요. Tā kàn shàngqù lǎo le hěn duō.
20	绿 lǜ	초록의	春天来了，树木都绿了。 봄이 왔어요. 나무도 모두 푸르러졌어요. Chūntiān lái le, shùmù dōu lǜ le.
21	满意 mǎnyì	만족하다	妈妈看了我的成绩，满意地笑了。 Māma kàn le wǒ de chéngjì, mǎnyì de xiào le. 엄마는 나의 성적을 보고 만족한 듯 웃으셨다.
22	难 nán	어렵다	这些题目挺难的。 이 문제는 아주 어렵다. Zhèxiē tímù tǐng nán de.
23	难过 nánguò	괴로워하다	别难过了，都会好起来的。 괴로워하지 말아요, 다 좋아질 거예요. Bié nánguò le, dōu huì hǎo qǐlái de.
24	年轻 niánqīng	젊다	妈妈已经四十岁了，可是看起来很年轻。 Māma yǐjing sìshí suì le, kěshì kàn qǐlái hěn niánqīng. 엄마는 이미 40세가 되었는데, 아주 젊어 보여요.
25	胖 pàng	뚱뚱하다	我不吃了，最近长胖了。 Wǒ bù chī le, zuìjìn zhǎngpàng le. 나는 안 먹을래요, 요즘 살이 쪘어요.
26	奇怪 qíguài	이상하다	真奇怪，眼镜不见了。 정말 이상해요. 안경이 없어졌어요. Zhēn qíguài, yǎnjìng bújiàn le.
27	清楚 qīngchu	명확하다	字太小了，我看不清楚。 Zì tài xiǎo le, wǒ kàn bu qīngchu. 글자가 너무 작아서 잘 보이지 않아요.
28	热情 rèqíng	친절하다	王叔叔对人非常热情。 왕 아저씨는 사람들에게 매우 친절하다. Wáng shūshu duì rén fēicháng rèqíng.
29	认真 rènzhēn	착실하다	我会认真完成这件事的。 나는 열심히 이 일을 완성할 거예요. Wǒ huì rènzhēn wánchéng zhè jiàn shì de.

30	容易 róngyì	쉽다	这个题目很容易。 이 문제는 아주 쉽다. Zhège tímù hěn róngyì.
31	瘦 shòu	마르다	女孩子总想变得更瘦一点。 Nǚháizi zǒng xiǎng biàn de gèng shòu yìdiǎn. 여자아이는 항상 좀 더 날씬해 지고 싶어 한다.
32	舒服 shūfu	편안하다, 상쾌하다	夏天冲个凉水澡，舒服极了！ Xiàtiān chōng ge liángshuǐ zǎo, shūfu jí le! 여름에 시원한 물로 샤워를 하면 정말 상쾌해요!
33	疼 téng	아프다	站了一天，脚都疼了。 하루 종일 서 있었더니 다리가 아파요. Zhàn le yìtiān, jiǎo dōu téng le.
34	相同 xiāngtóng	서로 같다	这两个房间大小相同。 이 두 방은 크기가 서로 같다. Zhè liǎng ge fángjiān dàxiǎo xiāngtóng.
35	一样 yíyàng	똑같다	他和他爸爸长得几乎一样。 Tā hé tā bàba zhǎng de jīhū yíyàng. 그와 그의 아버지는 거의 똑같이 생겼다.
36	新鲜 xīnxiān	신선하다	今天买的葡萄很新鲜。 오늘 산 포도는 매우 신선하다. Jīntiān mǎi de pútáo hěn xīnxiān.
37	一般 yìbān	보통이다	这家店卖的东西很一般。 이 가게에서 파는 물건은 보통이다. Zhè jiā diàn mài de dōngxi hěn yìbān.
38	有名 yǒumíng	유명하다	老李是个有名的医生。 라오리는 유명한 의사이다. Lǎo Lǐ shì ge yǒumíng de yīshēng.
39	重要 zhòngyào	중요하다	这本书对我来说很重要。 이 책은 나에게 매우 중요하다. Zhè běn shū duì wǒ lái shuō hěn zhòngyào.
40	主要 zhǔyào	주요한	想说好汉语，最主要的是多练习。 Xiǎng shuōhǎo Hànyǔ, zuì zhǔyào de shì duō liànxí. 중국어를 잘하고 싶으면 가장 주요한 것은 연습을 많이 하는 것이다.

독해 | 제2부분

부사 단어 채우기

新HSK 3급에서 부사와 관련 있는 어법은 다음과 같다.

1. 부사의 분류

부사는 일반적으로 술어(동사/형용사) 앞에 오며 한정과 수식의 역할을 하는데, 대략 다음과 같은 몇 가지로 분류할 수 있다.

- 정도를 나타내는 부사: 更(더욱), 极(매우), 比较(비교적), 几乎(거의)
- 범위를 나타내는 부사: 一共(모두)
- 시간, 빈도를 나타내는 부사: 正在(지금 ～하고 있다), 已经(이미), 就(곧), 才(비로소), 一直(줄곧), 总是(언제나), 马上(곧), 刚才(방금), 经常(자주), 终于(드디어)
- 확신을 나타내는 부사 : 必须(반드시), 一定(꼭)
- 어기를 나타내는 부사: 其实(사실은)

2. 부사의 위치

- 부사+형용사: 你写的字真漂亮。 당신이 쓴 글씨가 정말 예뻐요.
- 부사+동사: 会议下午三点才开始。 회의는 오후 3시에서야 비로소 시작한다.

유형 1 – 평서문 빈칸 채우기

 유형 익히기 I

| A 总是 | B 爱好 | C 已经 | A 항상, 늘 | B 취미 | C 이미 |
| D 打扫 | E 办公室 | | D 청소하다 | E 사무실 | |

> **단어** 总是 zǒngshì 閅 항상, 늘 | 爱好 àihào 囝 취미 | 已经 yǐjing 閅 이미 | 打扫 dǎsǎo 图 청소하다 | 办公室 bàngōngshì 囝 사무실

---

1 ★★☆

| 别再把他当成小孩子了，他（ ）二十岁了。 | 더 이상 그를 어린 아이로 보지 말아요. 그는 (C 이미) 스무살이에요. |

> **단어** 别 bié 閅 ～하지 마라 | 再 zài 閅 또, 다시 | 把……当成…… bǎ…… dāngchéng…… ～을 ～으로 여기다 | 小孩子 xiǎoháizi 囝 아이, 꼬마 | 岁 suì 囝 세(연령을 세는 단위)

> **해설** 빈칸 뒤에 수량사 '二十岁(스무살)'가 있으므로 빈칸에 들어갈 단어의 품사는 부사이다. 보기의 '已经(이미)'은 직접 수량사나 시간 명사를 수식할 수 있으므로 정답은 C이다.

> **정답** C 已经

유형 2 – 대화문 빈칸 채우기

유형 익히기 2

A 公园	B 离开	C 重要	A 공원	B 떠나다	C 중요하다
D 一直	E 发现		D 줄곧, 계속	E 발견하다	

단어 公园 gōngyuán 명 공원 | 离开 líkāi 동 떠나다 | 重要 zhòngyào 형 중요하다 | 一直 yìzhí 부 줄곧, 계속해서 | 发现 fāxiàn 동 발견하다, 알아차리다

---

1 ★★☆

A: 怎么了，这么生气?

B: 别提了，下午去图书馆看书，坐对面的 那个女生（   ）在打电话。

A: 왜 그래요, 왜 이렇게 화가 나 있어요?

B: 말도 말아요. 오후에 도서관에 책을 보러 갔는데, 맞은편에 앉은 그 여학생이 (D 줄곧, 계속) 전화를 하고 있었어요.

단어 这么 zhème 대 이렇게나 | 生气 shēngqì 동 화내다 | 别 bié 부 ~하지 마라 | 提 tí 동 이야기를 꺼내다 | 图书馆 túshūguǎn 명 도서관 | 坐 zuò 동 앉다 | 对面 duìmiàn 명 맞은편, 건너편 | 女生 nǚshēng 명 여학생 | 在 zài 부 ~하고 있는 중이다 | 打电话 dǎ diànhuà 전화하다

해설 빈칸 뒤에 술어 '打电话(전화를 하다)'가 있으므로 빈칸에 들어갈 단어의 품사는 부사이다. 보기에 부사는 '一直(줄곧, 계속)'뿐이므로 정답은 D이다.

정답 D 一直

유형 확인 문제

>> 해설서 86p

빈칸에 들어갈 알맞은 단어를 고르세요.

A 音乐	B 终于	C 如果	D 一共	E 双

1. A: 最近累坏了吧? 我看你几乎每天都在加班。

   B: 是啊，忙了一个多月，（   ）把所有事情都做完了。

新HSK 3급에 자주 나오는 부사

1	更 gèng	더욱, 훨씬	这棵树明年还会长得更高。 Zhè kē shù míngnián hái huì zhǎng de gèng gāo. 이 나무는 내년에 더욱 크게 자랄 것이다.
2	极 jí	매우, 아주	这个箱子重极了。이 상자는 매우 무겁다. Zhège xiāngzi zhòng jí le.
3	比较 bǐjiào	비교적	左边的那条裙子比较适合你。 Zuǒbian de nà tiáo qúnzi bǐjiào shìhé nǐ. 왼쪽의 그 치마가 당신에게 비교적 잘 어울려요.
4	几乎 jīhū	거의	你这一年变化可真大，我几乎认不出你了。 Nǐ zhè yì nián biànhuà kě zhēn dà, wǒ jīhū rènbuchū nǐ le. 당신은 올 한 해에 너무 많이 변해서, 나는 거의 당신을 알아보지 못할 뻔했어요.
5	一共 yígòng	모두	我今天一共花了200元钱。나는 오늘 모두 200위안을 썼어요. Wǒ jīntiān yígòng huā le liǎngbǎi yuán qián.
6	只 zhǐ	단지	她只是我一个很好的朋友，不是女朋友。 Tā zhǐshì wǒ yí ge hěn hǎo de péngyou, bú shì nǚ péngyou. 그녀는 단지 나의 아주 좋은 친구지, 여자 친구가 아니에요.
7	正在 zhèngzài	~하고 있는 중이다	轻点儿，女儿正在写作业。 Qīng diǎnr, nǚ'ér zhèngzài xiě zuòyè. 살살 좀 해요. 딸이 지금 숙제를 하고 있어요.
8	已经 yǐjing	이미	他已经吃完饭了。그는 이미 밥을 다 먹었다. Tā yǐjing chīwán fàn le.
9	就 jiù	곧, 즉시	他6岁就上小学了。그는 6살이 되자 바로 초등학교에 입학했다. Tā liù suì jiù shàng xiǎoxué le.
10	才 cái	비로소	他很晚才来。그는 매우 늦게서야 왔다. Tā hěn wǎn cái lái.
11	一直 yìzhí	줄곧	雨一直下了一天一夜。비가 밤낮 줄곧 내렸다. Yǔ yìzhí xià le yìtiān yíyè.
12	总是 zǒngshì	언제나	我每次去他家，他总是在看电视。 Wǒ měi cì qù tā jiā, tā zǒngshì zài kàn diànshì. 내가 매번 그의 집에 갈 때마다 그는 언제나 TV를 보고 있다.
13	马上 mǎshàng	곧, 금방	稍等会儿，我马上就来。잠시 기다리세요. 내가 금방 올게요. Shāo děng huìr, wǒ mǎshàng jiù lái.

14	刚才 gāngcái	방금	我刚才去了趟超市。 Wǒ gāngcái qù le tàng chāoshì. 나는 방금 슈퍼에 갔다 왔다.
15	经常 jīngcháng	자주	老王经常和朋友到这儿来喝茶。 Lǎo Wáng jīngcháng hé péngyou dào zhèr lái hē chá. 라오왕은 항상 친구와 여기에 와서 차를 마신다.
16	终于 zhōngyú	드디어, 결국	忙了一天，终于把工作都做完了。 Máng le yìtiān, zhōngyú bǎ gōngzuò dōu zuòwán le. 하루 종일 바빴는데, 드디어 일을 다 끝냈다.
17	又 yòu	또	快起床吧，不然又要迟到了。 Kuài qǐchuáng ba, bùrán yòu yào chídào le. 빨리 일어나세요. 그렇지 않으면 또 늦을 거예요.
18	必须 bìxū	반드시	这个工作很重要，今天下午必须完成。 Zhège gōngzuò hěn zhòngyào, jīntiān xiàwǔ bìxū wánchéng. 이 일은 정말 중요해서, 오늘 오후에 꼭 완성해야 한다.
19	一定 yídìng	반드시, 꼭	放心吧，我一定会好好照顾这只小猫的。 Fàngxīn ba, wǒ yídìng huì hǎohǎo zhàogù zhè zhī xiǎomāo de. 안심하세요. 제가 반드시 이 고양이를 잘 돌볼게요.
20	其实 qíshí	사실	其实，这是一个很简单的问题。 Qíshí, zhè shì yí ge hěn jiǎndān de wèntí. 사실 이것은 아주 간단한 문제이다.
21	当然 dāngrán	당연히	我在中国待了10年，当然会说中文了。 Wǒ zài Zhōngguó dài le shí nián, dāngrán huì shuō Zhōngwén le. 나는 중국에서 10년을 지냈어요. 당연히 중국어를 말할 수 있어요.
22	一边 yìbiān	한편으로 ~하면서	老王喜欢一边看电视一边吃饭。 Lǎo Wáng xǐhuan yìbiān kàn diànshì yìbiān chīfàn. 라오왕은 TV를 보면서 밥 먹는 것을 좋아한다.

유형 익히기 1

1-3

| A 关于 | B 条 | C 半 | A ~에 관하여 | B 벌 | C 절반 |
| D 自己 | E 或者 | | D 자신 | E 혹은 | |

단어 **关于** guānyú 깨 ~에 관하여 | **条** tiáo 양 벌(가늘고 긴 것을 세는 단위) | **半** bàn 쥐 절반, 2분의1 | **自己** zìjǐ 때 자신 | **或者** huòzhě 쩹 혹은, 또는

유형 1 – 평서문 빈칸 채우기

1 ★★☆

| 我今天逛街的时候买了一（ ）裙子，还有一双鞋。 | 나는 오늘 쇼핑할 때 한 (B 벌)의 치마와 신발 한 켤레를 샀다. |

단어 **逛街** guàngjiē 동 쇼핑하다 | **买** mǎi 동 사다 | **裙子** qúnzi 명 치마 | **双** shuāng 양 짝, 켤레 | **鞋** xié 동 신발

해설 빈칸이 수사 '一(하나)' 앞에 있고 빈칸 뒤에 명사 '裙子(치마)'가 있으므로 빈칸에 들어갈 단어의 품사는 양사이다. 보기에 양사는 '条(벌)'뿐이므로 정답은 B이다.

정답 B 条

2 ★★☆

| 昨天我买了一本（ ）中国文化的书，很有意思。 | 어제 나는 중국 문화 (A ~에 관한) 책을 한 권 샀는데, 매우 재미있다. |

단어 **昨天** zuótiān 명 어제 | **买** mǎi 동 사다 | **中国文化** Zhōngguó wénhuà 중국 문화 | **有意思** yǒuyìsi 형 재미있다

해설 빈칸이 '中国文化(중국 문화)' 앞에 있으므로 빈칸에는 개사 '关于(~에 관한)'가 들어가야 문맥상 가장 적절하다. 두 단어를 연결하면 '关于中国文化(중국 문화에 관한)'라는 개사구가 되어 '书(책)'를 수식하므로 정답은 A이다.

정답 A 关于

3 ★★☆

| 留一下你的电话号码（ ）邮箱吧。 | 당신의 전화번호 (E 혹은) 메일 주소를 좀 남겨 주세요. |

단어 **留** liú 동 남기다, 전하다 | **电话号码** diànhuà hàomǎ 명 전화번호 | **邮箱** yóuxiāng 명 메일 주소, 우편함

해설 빈칸이 명사 '电话号码(전화번호)', '邮箱(메일 주소)' 사이에 있으므로 빈칸에는 접속사가 와야 한다. 보기에 접속사는 '或者(혹은)'뿐이므로 정답은 E이다.

정답 E 或者

新HSK 3급에 자주 나오는 양사 · 개사 · 접속사

● 양사

- ☐ 层 céng 층
- ☐ 辆 liàng 량, 대
- ☐ 米 mǐ 미터(m)
- ☐ 条 tiáo 벌, 마리
- ☐ 楼 lóu 층
- ☐ 位 wèi 분, 명
- ☐ 双 shuāng 켤레, 짝
- ☐ 种 zhǒng 종, 종류

*양사를 다른 품사의 단어와 배열할 때 '수사 + 양사 + 명사'의 순서가 된다.

● 개사

- ☐ 把 bǎ ~을, ~를
  *동작의 주체를 표시한다.
- ☐ 除了 chúle ~을 제외하고
- ☐ 关于 guānyú ~에 관하여
- ☐ 为了 wèile ~을 위하여
  *목적을 나타낸다.
- ☐ 被 bèi ~에게 (~을 당하다)
  *피동의 의미를 표시한다.
- ☐ 跟 gēn ~와, ~과
- ☐ 根据 gēnjù ~에 근거해서

● 접속사

1. 단어 또는 단문을 연결해 주는 접속사

- ☐ 而且 érqiě 게다가
- ☐ 或者 huòzhě 혹은, 또는
- ☐ 还是 háishi 아니면

2. 단문을 연결해 주는 접속사

- ☐ 然后 ránhòu ~한 후에, 그런 후에
- ☐ 虽然 suīrán 비록 ~일지라도
- ☐ 如果 rúguǒ 만약

📖 제2부분

🔵⚫ 51 – 55.

빈칸에 들어갈 알맞은 단어를 고르세요.

A 正在	B 而且	C 除了	D 漂亮	E 表演	F 声音

*보기 F는 예시이므로 제외

51. 今天晚上你打算（　　　）什么节目？

52. 食堂里的饭菜很好吃，（　　　）很便宜。

53. （　　　）玛丽，大家都到了。

54. 小张（　　　）画一朵美丽的小花。

55. 我们学校是一个非常（　　　）的地方。

● 56 – 60.

빈칸에 들어갈 알맞은 단어를 고르세요.

A 短	B 爱好	C 如果	D 跳舞	E 被	F 或者

*보기 B는 예시이므로 제외

56. A：周末商店有活动，一起去看看吧？

　　B：（　　　）大家都去我就去。

57. A：你觉得这条裤子怎么样？

　　B：虽然挺好看的，但是太（　　　）了。

58. A：我的汉语字典不见了！

　　B：刚刚（　　　）玛丽借走了。

59. A：晚上你表演什么节目？

　　B：我不会（　　　），就给大家唱个歌吧。

60. A：到时候怎么联系您？

　　B：给我打电话（　　　）发邮件都可以。

〉〉 해설서 86p

📖 제2부분

🔵 51 – 55.

빈칸에 들어갈 알맞은 단어를 고르세요.

A 条	B 总是	C 其他	D 声音	E 介绍	F 容易

*보기 D는 예시이므로 제외

51. 这些题很（　　　），我一会儿就做完了。

52. 你看那（　　　）鱼！这是我看到过的最大的鱼。

53. 我们还有（　　　）颜色，肯定有你喜欢的。

54. 你上课（　　　）玩手机，不好好听课，到时候考试怎么办？

55. 我第一次来这里，你能帮我（　　　）一下吗？

● 56 – 60.

빈칸에 들어갈 알맞은 단어를 고르세요.

| A 而且 | B 便宜 | C 再 | D 几乎 | E 习惯 | F 爱好 |

*보기 F는 예시이므로 제외

56. A：玛丽会说汉语，（　　　）说得很好。

B：是的，因为她一直都很努力地学习。

57. A：我们什么时候能到？

B：现在路上（　　　）没什么车，大约半个小时就能到了。

58. A：妈妈，我能再睡半个小时吗？

B：不行，你必须改掉这个坏（　　　）。

59. A：这里的门票是十块钱一张。

B：我们有二十多个人，能（　　　）点儿吗？

60. A：六点了，我们出去吃晚饭吧。

B：我想先把电视节目看完（　　　）去。

〉〉 해설서 89p

제3부분

지문 독해 후 질문에 답하기

독해 제3부분

독해 제3부분은 지문을 읽은 후 질문에 대한 답을 고르는 문제이다. 총 10문제로 각 문제마다 하나의 지문과 질문이 제시되며, 수험생은 70자 이내의 지문을 읽고 질문에 알맞은 답을 고르면 된다.

🔔 제3부분 – 지문 독해 후 질문에 답하기

문제   》〉 해설서 93p

第三部分

第61-70題

61. 您是来参加今天的会议的吗? 您来早了一点儿, 现在才八点半。您先进来坐吧。

　　★ 会议最可能几点开始?
　　A. 8点　　　　　B. 8点半　　　Ⓒ 9点

★ 문제 풀이 순서

독해 3부분은 수험생의 전반적인 독해 이해 능력과 세부적인 내용을 파악할 수 있는지를 확인하기 위한 문제가 출제된다. 지문 독해 문제를 풀 때는 3단계로 나누어 완성한다. 첫째, 질문을 먼저 보고 지문을 읽는다. 둘째, 질문에서 묻고 있는 내용을 토대로 지문을 독해한다. 만약 세부적인 내용을 묻는 문제라면 지문의 핵심어가 무엇인지를 파악해야 하며, 전반적인 내용을 묻는 문제라면 주제가 무엇인지를 파악해야 한다. 셋째, 지문과 관련 없는 보기는 제외시키며 문제를 푼다. 보기 A, B, C 중 지문에서 아예 언급되지 않았거나 지문 내용과 상반되는 경우가 있는데, 이럴 때는 빠르게 지문과 관련이 없는 보기를 제외하며 문제를 푼다면 정확한 답을 고를 확률이 높아진다.

01. 세부적인 내용 파악 문제

이러한 유형의 문제는 난이도가 높지 않아 핵심어만 찾으면 바로 답을 고를 수 있다. 질문은 주로 시간, 장소, 숫자, 원인, 결과, 인물 관계 등을 물어본다. 이외에도 세부적인 내용을 바탕으로 추측을 해야 하는 문제가 출제된다.

유형 익히기 1 ★☆☆

这么多年，我一直做着同样的工作，每天八点上班，五点下班。真想找个新工作，过一点不一样的生活。	이렇게나 오랫동안 나는 줄곧 같은 일을 하고 있다. 매일 8시에 출근하고 5시에 퇴근한다. 정말 새로운 일을 찾아 조금 다른 생활을 하고 싶다.
★ 他打算做什么? A 去旅游 B 换个新工作 C 不工作	★ 그는 무엇을 할 계획인가? A 여행을 간다 B 이직을 한다 C 일을 하지 않는다

단어 这么 zhème 데 이렇게나 | 一直 yìzhí 뮈 줄곧, 계속해서 | 做 zuò 동 하다 | 着 zhe 조 ~한 채로(동작이나 상태의 진행, 지속을 나타냄) | 同样 tóngyàng 형 서로 같다 | 工作 gōngzuò 명 일, 작업 | 上班 shàngbān 동 출근하다 | 下班 xiàbān 동 퇴근하다 | 真 zhēn 뮈 확실히, 참으로 | 想 xiǎng 조동 ~하고 싶다 | 找 zhǎo 동 찾다 | 过 guò 동 지나다, 보내다 | 一点 yìdiǎn 수량 조금 | 不一样 bù yíyàng 같지 않다 | 生活 shēnghuó 명 생활 | 打算 dǎsuan 동 ~할 계획이다, 생각이다 | 旅游 lǚyóu 동 여행하다 | 换 huàn 동 바꾸다

해설 질문은 '他打算做什么?(그는 무엇을 할 계획인가?)'인데, 질문의 핵심어인 '계획'을 지문에서 찾아보면 '找个新工作(새로운 일을 찾다)'라는 것을 알 수 있다. 보기 B의 '换个新工作(이직을 한다)'가 같은 의미의 표현이므로 B가 정답이다. 보기 A와 C는 지문에서 아예 언급하지 않았으므로 제외시키며 정답을 찾으면 된다.

정답 B

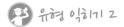

冬天过去了,天气一下子就变暖了,路两边 的树都绿了,空气里到处是甜甜的花香。

겨울이 지나갔다. 날씨가 갑자기 따뜻해지고 도로 양 쪽의 나무도 푸르러졌다. 공기 이곳저곳에서 달콤한 꽃 향기가 난다.

★ 根据这段话,可以知道现在是:

　　A 冬天　　　B 夏天　　　C 春天

★ 이 글에 근거하면 지금은:

　　A 겨울이다　　　B 여름이다　　　C 봄이다

단어 冬天 dōngtiān 몡 겨울 | 过去 guòqù 툉 지나가다 | 天气 tiānqì 몡 날씨 | 一下子 yíxiàzi 뮈 순식간에, 갑자기 | 变 biàn 툉 변하다, 바뀌다 | 暖 nuǎn 톙 따뜻하다 | 路 lù 몡 길 | 树 shù 몡 나무 | 绿 lǜ 톙 푸르다 | 空气 kōngqì 몡 공기 | 到处 dàochù 몡 도처, 곳곳 | 甜 tián 톙 달다 | 花香 huāxiāng 몡 꽃향기 | 根据 gēnjù 꽤 ~에 근거하여 | 可以 kěyǐ 조통 ~할 수 있다 | 夏天 xiàtiān 몡 여름 | 春天 chūntiān 몡 봄

해설 이 문제는 세부적인 내용을 근거로 추측을 해야 하는 문제이다. '冬天过去了(겨울이 지나갔다)'가 지문의 핵심 부분이며, '树都绿 了(나무가 모두 푸르러졌다)', '花香(꽃 향기)' 등의 내용을 통해 지금이 봄이라는 것을 파악할 수 있다. 따라서 정답은 C이다.

정답 C

昨天下午又刮风又下雨的，我在机场等了 一下午，北京的会议也来不及参加。早知 道这样，就坐火车去了。

어제 오후에 바람도 불고 비도 내려서 나는 공항에 서 오후 내내 기다렸고, 베이징 회의에도 참석하지 못했다. 이럴 줄 알았다면 기차를 타고 갔을 것이다.

★ 我昨天下午在:

　　A 机场

　　B 北京

　　C 火车上

★ 나는 어제 오후에:

　　A 공항에 있었다

　　B 베이징에 있었다

　　C 기차에 있었다

단어 昨天 zuótiān 몡 어제 | 下午 xiàwǔ 몡 오후 | 又 yòu 뮈 또 | 刮风 guāfēng 바람이 불다 | 下雨 xiàyǔ 비가 오다 | 北京 Běijīng 고유 베이징 | 会议 huìyì 몡 회의 | 也 yě 뮈 ~도 | 来不及 láibují (시간이 부족하여) 따라가지 못하다 | 参加 cānjiā 툉 참가하다 | 这样 zhèyàng 떼 이렇다, 이와 같다 | 就 jiù 뮈 바로, 곧 | 坐 zuò 툉 타다 | 火车 huǒchē 몡 기차 | 去 qù 툉 가다 | 在 zài 툉 ~에 있다 | 机场 jīchǎng 몡 공항

해설 지문에서 날씨의 원인으로 인해 '我在机场等了一下午(공항에서 오후 내내 기다렸다)'라고 하였으므로 정답은 A이다. 나머지 보 기를 살펴보면, 지문에 베이징의 회의에 참석하지 못했다고 했으므로 보기 B는 답이 될 수 없고, 보기 C의 '火车(기차)'라는 단어 가 지문에 나오긴 하나 기차를 타고 가지 못한 것을 후회하고 있으므로 역시 정답이 아니다.

정답 A

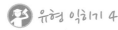 유형 익히기 4 　　　　　　　　　　　　　　　　　　　　★ ☆ ☆

真不好意思，刚刚你给我打电话的时候，我正在去商场的公共汽车上，比较吵闹，没有听到。你找我有什么事吗？

정말 죄송해요. 방금 당신이 전화했을 때 저는 마침 백화점에 가는 버스에 있었어요. 시끄러워서 못 들었는데, 당신은 무슨 일로 저를 찾으시는 건가요?

★ 根据这段话，可以知道他刚刚在：
　A 买东西
　B 坐车
　C 开会

★ 이 글에 근거해 알 수 있는 것은 그는 방금：
　A 물건을 사고 있었다
　B 차를 타고 있었다
　C 회의를 하고 있었다

단어　不好意思 bùhǎo yìsi 죄송합니다 | 刚刚 gānggāng 団 방금, 막 | 给 gěi 团 ～에게 | 打电话 dǎ diànhuà 전화를 걸다 | 正在 zhèngzài 団 마침 ～하고 있는 중이다 | 商场 shāngchǎng 圆 백화점 | 吵闹 chǎonào 혱 시끄럽다, 떠들썩하다

해설　이 문제는 세부적인 내용을 파악하면 바로 답을 찾을 수 있다. 화자가 '我正在去商场的公共汽车上(나는 마침 백화점에 가는 버스에 있었다)'라고 하였으므로 정답은 B이다.

정답 B

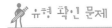 유형 확인 문제 　　　　　　　　　　　　　　　　　　　　　　》 해설서 93p

지문을 읽고 질문에 알맞은 답을 고르세요.

1. 有空的时候，他经常去图书馆看书，偶尔也和朋友一起打打球、看看电影。和很多人不同，他很少上网，觉得那是浪费时间。

　★ 他平时最喜欢：
　　A 上网　　　　　　　B 看书　　　　　　　C 看电影

2. 我昨天在车站遇见了一个很漂亮的女孩，头发长长的，眼睛大大的，看上去安静极了。我胆子小，看了她很久也没敢向她要电话号码。

　★ 根据这段话，可以知道这个女孩：
　　A 很热情　　　　　　B 给了电话号码　　　C 不爱说话

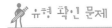

02. 전반적인 내용 파악 문제

이러한 유형의 문제는 핵심 문장 또는 핵심어를 통해 바로 정답을 찾기 쉽지 않아 어려움을 느낄 수도 있다. 이 경우에는 전반적인 내용을 이해하는데 초점을 맞춰야 하는데, 보기에 있는 표현이 지문에 똑같이 나오지 않으므로 전체 내용을 개괄할 수 있는 보기를 선택하거나 논리적 관계를 파악해 문제를 풀어야 한다.

유형 익히기 1 ★★☆

刚来北京的时候，我很不习惯这里的天气，特别是冬天，又干又冷。时间一长就不同了，现在我觉得最美的就是冬天，下雪的时候景色美极了。	막 베이징에 왔을 때 나는 이곳의 날씨에 적응하지 못했다. 특히 겨울이 건조하고 추운데, 시간이 지난 후에는 달라져서 지금 나는 가장 아름다운 때가 바로 겨울이라고 생각한다. 눈이 내릴 때 풍경이 정말 아름답다.

★ 对于北京的冬天，她现在觉得:
 	
  A 不习惯
  B 很喜欢
  C 很讨厌
	★ 베이징의 겨울에 대해 그녀는 현재 생각하길:
	
	  A 적응하지 못했다
	  B 매우 좋다
	  C 매우 싫다

단어 刚 gāng 🅱 방금, 막 | 北京 Běijīng 🅶🅾 베이징 | 的时候 de shíhou ~할 때 | 习惯 xíguàn 🅳 습관이 되다, 적응하다 | 这里 zhèli 🅳 이곳, 여기 | 天气 tiānqì 🅼 날씨 | 特别 tèbié 🅱 특히 | 冬天 dōngtiān 🅼 겨울 | 又……又…… yòu……yòu…… ~하면서도 ~하다 | 干 gān 🅷 건조하다 | 冷 lěng 🅷 춥다 | 时间 shíjiān 🅼 시간 | 长 cháng 🅷 길다, 오래다 | 同 tóng 🅷 같다, 동일하다 | 觉得 juéde 🅳 ~라고 생각하다 | 最 zuì 🅱 가장, 제일 | 美 měi 🅷 아름답다 | 下雪 xià xuě 🅳 눈이 오다 | 景色 jǐngsè 🅼 경치 | 极了 jí le (형용사 뒤에 보어로 쓰여) 매우 ~하다 | 对于 duìyú 🅶 ~에 대해 | 喜欢 xǐhuan 🅳 좋아하다 | 讨厌 tǎoyàn 🅳 싫어하다

해설 이 문제는 지문에서 앞뒤 문장의 전환관계를 파악할 필요가 있다. 지문의 '时间一长就不同了(시간이 지난 후에는 달라졌다)'는 지금의 상황과 과거 '很不习惯(적응하지 못했다)'의 상황이 완전히 상반됨을 나타낸다. 따라서 정답은 B이다.

정답 B

现在有些年轻人，特别是一些女孩子，为了减肥，一天只吃一个苹果。时间长了，对身体很不好。减肥最好的方法应该是多锻炼。

지금 일부 젊은이들, 특히 일부 여자아이들은 다이어트를 위해 하루 종일 사과 한 개만 먹는다. 시간이 오래 지나면 건강에 아주 좋지 않은데, 다이어트의 가장 좋은 방법은 많이 운동하는 것이다.

★ 减肥不应该：
A 多锻炼
B 少吃东西
C 少睡觉

★ 다이어트할 때 해서 안 되는 것은:
A 운동을 많이 하는 것
B 음식을 적게 먹는 것
C 잠을 적게 자는 것

단어 现在 xiànzài 몡 현재, 지금 | 有些 yǒuxiē 때 일부, 어떤 것 | 年轻人 niánqīngrén 몡 젊은이 | 特别 tèbié 凰 특히 | 一些 yìxiē 수량 약간, 조금 | 女孩子 nǚháizi 몡 여자아이 | 为了 wèile 꺼 ~을 위해서 | 减肥 jiǎnféi 동 다이어트하다 | 只 zhǐ 凰 단지, 오로지 | 苹果 píngguǒ 몡 사과 | 时间 shíjiān 몡 시간 | 长 cháng 혱 길다, 오래다 | 对 duì 꺼 ~에 대하여 | 身体 shēntǐ 몡 신체 | 方法 fāngfǎ 몡 방법 | 应该 yīnggāi 조동 마땅히 ~해야 한다 | 锻炼 duànliàn 동 단련하다, 운동하다 | 少 shǎo 혱 적다 | 睡觉 shuìjiào 동 (잠을) 자다

해설 지문에서 '多锻炼(많이 운동하다)'과 '少吃东西(음식을 적게 먹다)'가 언급되어 있으나 전체 문장을 살펴보면 '少吃东西(음식을 적게 먹다)'에 대하여 결코 동의하지 않는다는 것을 알 수 있으며, 화자가 이렇게 하는 것은 건강에 좋지 않다고 생각하므로 정답은 B이다. 보기 C는 문장에서는 전혀 언급이 되지 않았으므로 답이 될 수 없다.

정답 B

 유형 확인 문제 〉〉 해설서 94p

지문을 읽고 질문에 알맞은 답을 고르세요.

1. 找工作时，工资待遇虽然很重要，但是更重要的还是兴趣。因为一个人只有在做自己感兴趣的事时，才会觉得快乐，忙一点、累一点也没关系。

★ 根据这段话，什么样的工作才是一份好工作？
A 钱多的工作　　　B 又累又忙的工作　　　C 自己感兴趣的工作

📖 제3부분

🔵 61 – 70.

지문을 읽고 질문에 알맞은 답을 고르세요.

61. 他们三个差不多大，都上大学了。小王比小张高，小李比小张矮。

    ★ 根据这句话，可以知道：

    A 小张最高　　　　　　B 小王最高　　　　　　C 小李最高

62. 我最怕和女朋友一起去商场，人太多，而且她特别喜欢问我哪件衣服漂亮，
    每次我都不知道该怎么说。

    ★ 根据这句话，可以知道谁不喜欢去商场？

    A 我女朋友　　　　　　B 我　　　　　　　　　C 都不喜欢

63. 同学们觉得食堂的菜味道一般，但是东西干净、价钱便宜。

    ★ 根据这段话，可以知道食堂的菜：

    A 不好吃　　　　　　　B 很便宜　　　　　　　C 不干净

64. 他今天早上九点上了一节汉语课，下午两点开了个会，四点见了几个学生，然后
    就下班回家了。

    ★ 他下午六点在哪儿？

    A 学校　　　　　　　　B 办公室　　　　　　　C 家里

65. 在中国，姚明是大家最喜欢的、水平最高的篮球运动员。

    ★ 根据这句话，可以知道姚明：

    A 是篮球运动员　　　　B 个子不高　　　　　　C 水平一般

66. 老王的电脑出问题了，从昨天开始就一直收不到电子邮件。

    ★ 老王几天没收到电子邮件了？

    A 一天　　　　　　　　B 两天　　　　　　　　C 三天

67. 我对中国文化很有兴趣。希望可以有机会到中国去学习，然后再把中国介绍给自己的国家，让所有人都了解中国文化。

    ★ 根据这段话，可以知道：

    A 我喜欢中国文化　　　B 我想介绍自己的国家　　C 我想回国

68. 桌子上有几本字典，最新的那本是我的。我这段时间不用，你拿去慢慢看。

    ★ 我的字典：

    A 没有用了　　　　　　B 可以借很长时间　　　　C 不用还了

69. 几年不见，他长高长胖了，但还是和以前一样热情，喜欢帮助别人。

    ★ 他以前怎么样？

    A 热情　　　　　　　　B 很高　　　　　　　　C 很胖

70. 电视上说除了后天，从明天开始，要下一个星期的雨。

    ★ 明天什么天气？

    A 晴天　　　　　　　　B 雨天　　　　　　　　C 阴天

》 해설서 95p

📖 제3부분

🔘 61 – 70.

지문을 읽고 질문에 알맞은 답을 고르세요.

61. 这么大的雨，他可能不会来了。你先回去休息吧，别等了。

　　★ 他为什么没来?

　　A 下雨了　　　　　　　B 时间太晚了　　　　　C 休息了

62. 你从这里向前一直走，在第三个路口左转，再直走，就到医院了，它就在学校的对面。

　　★ 他要去哪儿?

　　A 路口　　　　　　　　B 医院　　　　　　　　C 学校

63. 昨天晚上刮大风，放在窗台上的鞋子被风刮走了。我在楼下找了很久都没找着。

　　★ 我的鞋子:

　　A 在窗户上　　　　　　B 在楼下　　　　　　　C 不见了

64. 和小王一样，小李也很喜欢运动。他们两人一定会成为好朋友的。

　　★ 根据这句话，可以知道小王:

　　A 喜欢运动　　　　　　B 不喜欢运动　　　　　C 是小李的朋友

65. 如果大家找到好方法，这道题就不难，而且只要很少的时间就能做出来。

　　★ 做出这道题:

　　A 很难　　　　　　　　B 要有好方法　　　　　C 要花很长时间

66. 会议时间改到下个月了。给北京、广州的公司打电话，告诉他们先不用买去杭州的机票了。

    ★ 会议本来在哪里开?

    　　A 北京　　　　　　　B 广州　　　　　　　C 杭州

67. 这么晚了，我们不如在宾馆里看看电视、上上网，比出去玩好。

    ★ 我的意思是晚上:

    　　A 出去玩比较好　　　B 看电视比上网好　　C 在宾馆比较好

68. 王经理已经在路上了，再过半个小时就到了，大家不要着急，再等一会儿。

    ★ 王经理现在:

    　　A 还没到　　　　　　B 已经到了半个小时了　C 在等大家

69. 我家离学校很近，所以我每天都骑自行车上下班。除了可以锻炼身体，还可以在路上买点儿菜和水果，很方便。

    ★ 骑自行车上下班:

    　　A 很不方便　　　　　B 很方便　　　　　　C 不能锻炼身体

70. 我想去中国的其他地方看看，了解不同的人和文化，这样我的汉语才会说得更好。

    ★ 我的希望不包括:

    　　A 学好汉语　　　　　B 学习中国文化　　　C 吃美食

≫ 해설서 99p

실전 테스트

>> 해설서 103p

第 一 部 分

第41－45题

> A 冰箱里有果汁。慢慢喝，别喝太快了。
> B 别担心，我会认真复习的。
> C 如果不下雨，我要和同学们去打篮球。
> D 生日的时候朋友送给我的。
> E 是的，我去了很多地方。这是我最大的爱好。
> F 当然。我们先坐公共汽车，然后换地铁。

例如：你知道怎么去那儿吗？　　　　　　　　　　（　F　）

41. 今天下午你打算做什么？　　　　　　　　　　（　　）

42. 你经常出去旅游吧？我看你拍了很多照片。　　　（　　）

43. 好渴啊，家里有什么喝的吗？　　　　　　　　　（　　）

44. 快要考试了，你应该多去图书馆看看书。　　　　（　　）

45. 你这块手表真漂亮，在哪儿买的？　　　　　　　（　　）

第46－50题

A 都不是，我一般只用来学习。
B 自己的事情自己做。
C 我记得放在包里了，但是找不着了。
D 虽然唱得不好听，但我们都已经习惯了。
E 她已经是两个孩子的妈妈了。

46. 你怎么刚出门就把钱包弄丢了？　　　　　　　（　　　）

47. 咖啡馆的那个服务员真漂亮，她有男朋友了吗？（　　　）

48. 妈妈，麻烦你给我倒杯咖啡。　　　　　　　　（　　　）

49. 他总是一边洗澡一边唱歌，声音还很大。　　　（　　　）

50. 你一般用电脑干什么？上网还是看电影？　　　（　　　）

第 二 部 分

第51－55题

A 终于	B 奇怪	C 司机	D 比	E 声音	F 然后

例如：她说话的（　E　）多好听啊！

51. 在出租车上，（　　　）一直和我说着话。

52. 他每天早上五点起床练习普通话，（　　　）通过了考试。

53. 他先把作业做完了，（　　　）才出去找朋友玩儿。

54. 真（　　　），我刚才放在桌上的苹果怎么不见了？

55. 今天（　　　）昨天冷多了，所以我多穿了件毛衣。

第56－60题

A 干净　　　B 但是　　　C 方便　　　D 为了　　　E 当然　　　F 爱好

例如：A：你有什么（　F　）？
　　　B：我喜欢体育。

56. A：（　　　）你的健康，不要再喝酒了。
　　 B：我以后可以少喝一点。

57. A：房间已经打扫过了，您可以马上住进去了。
　　 B：很（　　　），谢谢你了。

58. A：有了自行车以后，上学就（　　　）多了。
　　 B：我也打算去买一辆。

59. A：周末我能到你家看小狗吗？
　　 B：（　　　）可以了，什么时候都行。

60. A：你觉得这件衣服怎么样？
　　 B：很漂亮，（　　　）太贵了。

第 三 部 分

第61－70题

> 例如：　您是来参加今天会议的吗？您来早了一点儿，现在才八点半。您先进来坐吧。
>
> ★ 会议最可能几点开始？
>
> A 8点　　　　　　 B 8点半　　　　　 C 9点 ✓

61. 今天早上八点，我去图书馆，发现还没开门，才想起每个星期四，图书馆都要打扫卫生，一直到九点半才开。

    ★ 图书馆一般几点开门？

    A 8:00　　　　　　 B 9:00　　　　　　 C 9:30

62. 李老师暑假出去旅游了，回来时瘦了很多。他告诉我们，旅游的地方，东西不好吃，所以吃得很少。

    ★ 李老师：

    A 变胖了　　　　　 B 变瘦了　　　　　 C 没变

63. 不用担心，只是有点儿感冒。回去吃点儿药，多喝水，早点休息。过两天就好了。

    ★ 说话人是：

    A 老师　　　　　　 B 医生　　　　　　 C 司机

64. 小王最近买了一辆自行车，每天骑车上下班。他说这样可以不用买票坐公共汽了，而且也不用再花钱去体育馆锻炼了。

    ★ 小王为什么骑自行车上班？

    A 不用锻炼　　　　 B 去体育馆不花钱　　 C 少花钱

65. 有句话说：每天一苹果，医生远离我。

   ★ 这句话告诉我们：

   A 远离医生　　　　　B 吃苹果对身体好　　　C 每天吃苹果

66. 现在越来越多的年轻人喜欢在电脑上买东西。他们觉得很方便，只要动动手，东西
   就到家了。最重要的是价格比商店里的便宜得多。

   ★ 为什么年轻人喜欢上网买东西？

   A 方便　　　　　　　B 质量好　　　　　　　C 价格贵

67. 我们学校的校长是我妈妈的同学，也是我姐姐的老师，所以前两天我们一起参加了
   他女儿的婚礼。

   ★ 我们参加了谁的婚礼？

   A 校长　　　　　　　B 我姐姐　　　　　　　C 校长的女儿

68. 晚上睡觉前别吃糖，会长胖的。还有，喝完牛奶别忘了刷牙。

   ★ 睡觉前不能做什么？

   A 刷牙　　　　　　　B 吃糖　　　　　　　　C 喝牛奶

69. 奶奶的眼镜不见了，她找遍了家里的每一个房间，连厨房和洗手间都找过了，但还
   是没找到。最后我在她的鼻子上发现了。

   ★ 奶奶的眼镜在哪里？

   A 厨房　　　　　　　B 洗手间　　　　　　　C 鼻子上

70. 你还是先去换双鞋子吧。不要又和上次一样，还没到山脚，就说脚疼了。

   ★ 他们打算做什么？

   A 买鞋子　　　　　　B 爬山　　　　　　　　C 看医生

新HSK

쓰기

3

书写

新HSK 3급 쓰기 알아보기

新HSK 3급 쓰기 부분은 주로 수험생의 한자 쓰기 능력과 중국어 어법(어순 배열) 실력을 어느 정도 갖추었는지 확인하기 위한 문제가 출제된다. 쓰기 제1부분에서는 정확하게 기본적인 어법 지식을 이용, 단어를 연결하여 문장을 만들 수 있어야 하며, 획순이 상대적으로 복잡한 한자를 정확하게 베껴 쓸 수 있어야 한다. 또한, 쓰기 제2부분에서는 상용 한자 중 획수가 비교적 간단한 한자를 외워서 쓸 수 있어야 한다.

● **기본 사항**
　문항 수: 10문항
　시험 시간 : 15분

문제 구성	문제 유형	문제 수
제1부분	제시된 단어로 문장 만들기	5문제(71–75번)
제2부분	병음에 알맞은 한자 쓰기	5문제(76–80번)

* 별도의 답안 작성 시간은 주어지지 않음

1. 중국어의 품사와 문장 성분

중국어에서 품사란 단어를 공통된 성질끼리 모아놓은 갈래를 가리키며, '명사, 대명사, 수사, 양사, 동사, 형용사, 부사, 개사 등'이 있다. 문장 성분이란 문장을 구성하는 성분으로 '주어, 술어, 목적어, 관형어, 부사어, 보어'가 있다.

📢 **문장 성분**

| 주어 | 술어 | 목적어 | 관형어 | 부사어 | 보어 |

📢 **문장 성분 설명**

주어	서술의 대상으로 동작을 하거나 동작을 받는 성분이다.
술어	주어를 서술하는 성분이다.
목적어	동작이나 상태와 관련된 사물, 시간, 장소, 수량을 나타내는 성분이다.
관형어	주어나 목적어 앞에서 수식 또는 제한하는 성분이다.
부사어	술어(동사/형용사) 앞에서 수식 또는 제한하는 성분인 동시에 문장의 맨 앞에서 문장 전체를 수식한다.
보어	술어(동사/형용사) 뒤에서 술어를 보충 설명해주는 성분이다.

📖 **어법 보충 설명**

문장의 구성 성분으로 쓰이기도 하는 '구(句)'에 대해 잠깐 알아보자!

• 구(句)는 두 개 이상의 단어가 일정한 규칙에 맞게 결합한 단위로 문장의 구성 성분으로 쓰이기도 하며, 단독으로 하나의 문장이 될 수도 있다.

　　예) 我在北京学习。 나는 베이징에서 공부한다.

　　　　개사 + 명사 → 개사구 ☞ **개사구이며, 여기서 문장 성분은 부사어이다.**

문장 성분(주어, 술어, 목적어, 관형어, 부사어, 보어)은 단어 또는 구가 문장 안에서 어떤 역할을 하고 있는지 나타내며, 이를 통해 중국어의 어순을 정리해 볼 수 있다.

📢 중국어의 기본 구조

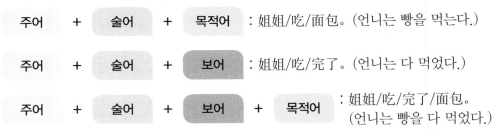

주어 + 술어 + 목적어 : 姐姐/吃/面包。(언니는 빵을 먹는다.)

주어 + 술어 + 보어 : 姐姐/吃/完了。(언니는 다 먹었다.)

주어 + 술어 + 보어 + 목적어 : 姐姐/吃/完了/面包。
(언니는 빵을 다 먹었다.)

☞ 보어는 종류에 따라 목적어 앞에 올 수도 있고 뒤에 올 수도 있다.

📢 수식어(관형어/부사어)가 있는 경우

수식어(관형어/부사어)가 있는 경우 수식어는 중심어 앞에 놓는다.

(1) 관형어는 주어, 목적어를 수식 또는 제한하는 성분으로 주어 또는 목적어 앞에 온다.
(2) 부사어는 술어를 수식하는 성분으로 술어 앞에 온다.
   ☞ 일부 부사어는 문장의 맨 앞에도 쓰일 수 있다.

★ 수식어 포함 어순 최종 정리

부사어 + 관형어 + 주어 + 부사어 + 술어 + 보어 + 관형어 + 목적어

3. 주어·술어·목적어

📢 주어란?

'서술의 대상'으로 동작을 하거나 동작을 받는다.

• 주어의 구성 성분
① 명사, 대명사 ② 수사, 수량사(수사+양사) ③ 동사 ④ 형용사 ⑤ 각종 구
　☞ 화자와 청자가 모두 알고 있는 주어, 명령과 건의, 불특정의 주어, 자연현상을 나타내는 경우 주어는 생략 가능하다.

📢 술어란?

제시된 주어에 대하여 설명, 서술하는 역할을 한다.

• 술어의 구성 성분
　① 명사, 대명사 ② 수량사(수사+양사) ③ 동사 ④ 형용사 ⑤ 각종 구
　☞ 명사는 일반적으로 단독으로 술어가 될 수 없지만 날짜, 시간, 날씨, 국적의 표현은 명사만으로 술어가 될 수 있다.
　☞ 수량, 가격, 나이 등을 설명할 때 수량사가 술어로 올 수 있다.
　☞ 단음절 형용사가 단독으로 술어가 되는 경우 대개 정도부사 '很'과 함께 사용한다.

📢 목적어란?

술어 뒤에 놓여 동작이나 상태와 관련된 사람, 사물, 시간, 장소, 수량 등을 나타낸다. 목적어는 일반적으로 동사 뒤에 오며, 대체적으로 동사와 어울리는 목적어가 정해져 있다.

• 목적어의 구성 성분
　① 명사, 대명사 ② 수량사(수사+양사) ③ 동사 ④ 형용사 ⑤ 각종 구
　☞ 몇몇 동사는 명사, 대명사를 목적어로 갖지 못하고 동사, 형용사 또는 구만을 목적어로 갖는다.

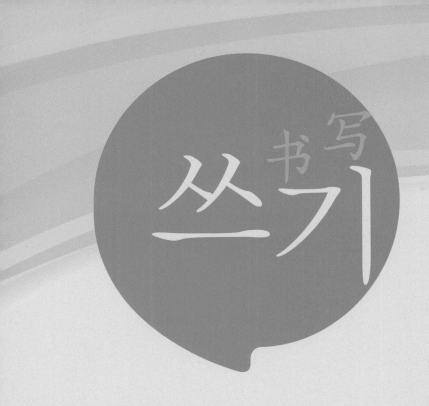

쓰기 书写

제1부분
제시된 단어로 문장 만들기

쓰기 제1부분

쓰기 제1부분은 어순 배열 문제로 총 5문제이다. 주로 수험생이 이미 문장의 기본 구조와 문장 성분의 구성, 중국어의 특수 문형 및 문장 부호의 사용법과 한자 쓰기 등에 대하여 잘 파악하고 있는지를 확인하는 것이므로 난이도는 높지 않다. 문제마다 4~5개의 단어가 제시되며 정확한 어순에 의거하여 문장을 완성하면 된다. 완성한 문장은 모두 단문이고 복문은 없다.

🔔 제1부분 – 제시된 단어로 문장 만들기

문제

>> 해설서 114p

第一部分

第71–75题

71. 小船　　上　　一　　河　　条　　有

답안

三、书写
71. 河上有一条小船。

┄┄┄➤ 답안지에 옮겨 적을 때 한자가 틀리지 않게 주의하세요!

★ 문제 풀이 순서

제시된 단어로 문장을 만드는 문제를 풀 때는 4단계로 나누어 완성한다. 첫째, 주어진 단어를 먼저 훑어보고 익숙한 단어로 조합하여 구(句)를 만든다. 둘째, 중국어의 기본 문장 구조에 의거하여 문장을 만든 후 나머지 수식어로 쓰이는 단어를 문장 안에 끼워 넣는다. 셋째, 정확한 문장 부호를 넣어 문장을 완성한다. 넷째, 완성한 문장을 읽고 의미가 맞는지 확인한다. 또한, 빠진 단어는 없는지 검사해야 하며, 답안지에 옮겨 적을 때 틀린 글자가 없었는지 다시 한번 검사한다.

01. 관형어

관형어는 문장에서 주어와 목적어 앞에 놓이며 때로는 '的(~의)'를 사용하여 뒤에 단어를 꾸며준다. 기본 형식은 '관형어 + (的) + 주어 + 술어 + 관형어 + (的) + 목적어'로, 문장을 예로 들면 다음과 같다.

他同桌　　是　　　个可爱的　　　女孩。 그의 짝꿍은 귀여운 여자아이다.
　　주어　　술어　　　관형어　　　목적어

만약 문장 안에 관형어가 여러 개라면 '소속관계의 명사나 대명사 + 지시대명사 + 수량사 + 묘사성 관형어(예 可爱/漂亮) + 的 + 명사' 순서로 배열하면 된다.

 유형 익히기 1　　　　　　　　　　　　　　　　★☆☆

照片	这是	小时候的	我

답안　这是我小时候的照片。　　　　　이것은 나의 어릴 적 사진이다.

단어　小时候 xiǎoshíhou 명 어릴 때, 어릴 적 ｜ 照片 zhàopiàn 명 사진

해설　1. 지시대명사와 동사가 붙어 있는 구조인 '这是(이것은 ~이다)'는 주어+술어로 문장 맨 앞에 배치한다.

2. 목적어로 '照片(사진)'을 배치한다.

3. 대명사 '我(나)'와 '小时候的(어릴 적)'를 연결하여 관형어를 만든다.

4. 관형어인 '我小时候的(나의 어릴 적)'를 목적어 앞에 배치한다.

这是　　　我　小时候的　　照片。
주어+술어　　　관형어　　　목적어

 유형 확인 문제　　　　　　　　　　　　　　　　>> 해설서 114p

제시된 단어를 어순에 알맞게 배열하세요.

1. 红　　裙子　　妈妈的　　很漂亮

02. 부사어

부사어의 위치는 비교적 자유로운데, 주로 수식을 받는 술어의 앞에 놓이지만 문장 맨 앞에 올 수도 있으며 상황에 따라 부사어와 '地(~하게)'를 연결하여 술어 앞에 넣어 문장을 완성하기도 한다. 기본 형식은 '주어 + 부사어 + (地) + 술어 + 목적어'로, 문장을 예로 들면 다음과 같다.

他	很认真地	看了	那本书。	그는 열심히 그 책을 봤다.
주어	부사어	술어	관형어+목적어	

 유형 익히기 1 ★☆☆

高兴	妹妹	回家了	地

답안 妹妹高兴地回家了。　　　　　여동생은 기쁘게 집에 갔다.

단어 高兴 gāoxìng 톙 기쁘다, 즐겁다 | 地 de 조 (형용사 혹은 일부 동사 뒤에 놓여) ~하게 | 回家 huíjiā 집에 가다

해설 1. 제시된 단어 중 '回家了(집에 갔다)'를 '술어+목적어'로 놓는다.

2. 술어와 어울리는 주어를 찾으면 명사 '妹妹(여동생)'가 올 수 있다.

3. 형용사 '高兴(기쁘다)'과 조사 '地(~하게)'를 연결시켜 부사어를 만든 후 술어 앞에 배치한다.

妹妹	高兴　地	回家了。
주어	부사어	술어+목적어

👤 유형 확인 문제　　　　　　　　　　　　　　　　　　　　　　》 해설서 114p

제시된 단어를 어순에 알맞게 배열하세요.

1. 工作　　公司　　学校旁边的　　在　　妹妹

2. 那首歌　　他　　认真地　　很　　听了

03. 보어

보어는 중국어 문장에서 비교적 특수한 문장 성분으로 술어(동사나 형용사) 뒤에서 술어를 보충 설명한다. 보어에는 정도보어, 결과보어, 방향보어, 가능보어, 수량보어가 있다.

 유형 익히기 1　　　　　　　　　　　　　　　　★☆☆

他	走不动了	累	得

답안	他累得走不动了。	그는 힘들어서 걸을 수 없다.

단어 累 lèi 휑 피곤하다, 힘들다 | 得 de 죄 ~하는 정도가(술어 뒤에 쓰여 술어의 정도를 나타냄) | 走不动 zǒubudòng 걷지 못하다, 걸을 수가 없다

해설 1. 제시된 단어 중 형용사 '累(힘들다)'와 조사 '得(~하는 정도가)'를 연결시켜 술어로 놓는다.

2. 동사 뒤에 '得'가 있으므로 술어의 정도를 나타내 주는 '走不动了(걸을 수 없다)'를 보어로 배치한다.

3. 남은 단어 중 대명사 '他(그)'를 주어로 배치한다.

他	累　得	走不动了。
주어	술어	보어

✚ 플러스 해설

① 정도보어: '주어 + 술어(동사/형용사) + 得 + 정도보어'의 형식으로 동작이나 상태의 정도를 나타낸다.
② 결과보어: '주어 + 술어(동사) + 결과보어'의 형식으로 동작의 결과를 나타낸다.
③ 방향보어: '주어 + 술어(동사) + 방향보어'의 형식으로 동작의 방향을 나타낸다.
④ 가능보어: '주어 + 술어(동사/형용사) + 得 + 결과보어/가능보어'의 형식으로 동작의 실현 가능 또는 불가능을 나타낸다.
⑤ 수량보어: 동사 뒤에서 동작의 횟수나 시간을 나타내며 동량보어와 시량보어가 있다.

 유형 확인 문제　　　　　　　　　　　　　　　》 해설서 115p

제시된 단어를 어순에 알맞게 배열하세요.

1. 孩子　　可爱　　极了　　老王　　的

2. 每星期　　超市　　去　　他　　两次

04. 특수 문형(被자문, 把자문, 是……的구문)

'被자문', '把자문', '是……的'구문은 모두 출제 비중이 높은 편이므로 수험생은 평상시에 특수 문형의 특징과 어순을 학습해 두어야 한다.

被자문

'被자문'은 개사 '被'를 사용하여 '~에게 ~을 당하다'라는 피동을 나타낸다. 기본 형식은 '주어 + 부사어(被 + 행위의 주체) + 술어(동사) + 기타성분'이다. 참고로 행위의 주체는 상황에 따라 생략하기도 한다.

 유형 익히기 1   ★★☆

新买的	电脑	拿走了	被

답안 新买的电脑被拿走了.   새로 산 컴퓨터는 가져가 버렸다.

단어 新 xīn 형 새롭다, 새것이다 | 买 mǎi 동 사다 | 电脑 diànnǎo 명 컴퓨터 | 被 bèi 개 ~에게 (~을 당하다) | 拿走 názǒu 가지고 가다

해설 1. 被자문의 기본 형식은 '주어 + 부사어(被 + 행위의 주체) + 술어 + 기타성분'이다.

2. 제시된 단어 중 '동사 + 기타성분(보어 + 了)'으로 이루어진 '拿走了(가지고 갔다)'를 술어로 놓는다.

3. 동작의 주체가 생략된 상태이므로 '被(~에게 ~을 당하다)'를 술어 앞에 부사어로 배치한다.

4. 남은 단어 중 명사 '电脑(컴퓨터)'를 주어로 놓고 '新买的(새로 산)'를 주어 앞에 관형어로 배치한다.

新买的	电脑	被	拿走了.
관형어	주어	부사어	술어+기타성분

🏃 유형 확인 문제   >> 해설서 116p

제시된 단어를 어순에 알맞게 배열하세요.

1. 可能   蛋糕   被   吃   完了

2. 妈妈的衣服   刮跑了   风   被

把자문

'把자문'은 문장의 목적어(행위의 대상)를 '把＋목적어(행위의 대상)'의 형식으로 만들어 술어 앞으로 전치시켜 행동을 가함으로써 변화된 결과를 강조하는 문장이다. 기본 형식은 '주어＋부사어(把＋행위의 대상)＋술어(동사)＋기타성분'이다.

🧑‍🏫 유형 익히기 1 ★★☆

办公室的门	关上	你	把	吧

답안	你把办公室的门关上吧。	당신 사무실의 문을 닫으세요.

단어 把 bǎ 깨 ～을, ～를 | 办公室 bàngōngshì 몡 사무실 | 门 mén 몡 문 | 关上 guānshàng 닫다 | 吧 ba 죄 ～합시다(제안)

해설 1. 把자문의 기본 형식은 '주어＋부사어(把＋행위의 대상)＋술어＋기타성분'이다.

2. 제시된 단어 중 '동사＋기타성분(보어)' 형식인 '关上(닫다)'을 술어로 배치한다.

3. '把(～을/를)'를 명사 '办公室的门(사무실의 문)'과 연결하여 술어 앞에 부사어로 놓는다.

4. 남은 단어 중 대명사 '你(당신)'를 주어로 배치한다.

5. 문장 끝에 쓰여 명령·제안·추측의 어기를 나타내는 조사 '吧(～합시다)'를 술어 뒤에 놓는다.

你	把	办公室的门	关上吧。
주어		부사어	술어+기타성분

🧑‍🏫 유형 확인 문제 ≫ 해설서 117p

제시된 단어를 어순에 맞게 배열하세요.

1. 地址　　妹妹　　把　　写　　错了

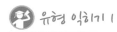
是……的구문

'是……的구문'은 동작이 발생한 시간, 장소, 방식, 도구, 원인이나 동작을 한 사람을 강조한다. 기본 형식은 '주어 + (不)是 + 부사어(시간/장소/방법) + 술어(동사) + 的'이다. 주의해야 할 것은 이 구문에서 '的'는 생략할 수 없다.

유형 익히기 1　★★☆

去年		来中国		的		我		是

답안　我是去年来中国的。　　나는 작년에 중국에 왔다.

단어　去年 qùnián 뗑 작년 | 来 lái 됭 오다 | 中国 Zhōngguó 고유 중국

해설　1. 먼저 제시된 단어에 '是'와 '的'가 동시에 있는 경우 '是……的구문'이라 가정한다.

2. 是……的구문의 기본 형식은 '주어 + 是 + 부사어(시간/장소/방법) + 술어 + 的'이다.

3. 제시된 단어 '来中国(중국에 오다)'를 술어로 배치한다.

4. 언제 왔는지를 강조하는 '去年(작년)'을 술어 앞에 부사어로 배치한다.

5. 주어는 대명사 '我(나)'가 되며 남은 단어 중 '是'는 주어 뒤, '的'는 술어 뒤에 놓으면 된다.

```
我       是    去年      来中国      的。
주어            부사어      술어
             (강조 내용)
                  是……的구문
```

유형 확인 문제　　　　　　　　　　　　　　　　　　　　》 해설서 118p

제시된 단어를 어순에 알맞게 배열하세요.

1. 哥哥　　　坐火车　　　　回来的　　　　是

2. 这条　　　是　　　裙子　　　在北京　　　买的

05. 연동문

'연동문'은 문장 중에서 술어(동사)가 두 개이거나 두 개 이상의 술어(동사)로 구성되는 것을 말한다. 기본 형식은 '주어 + 술어1 + 목적어1 + 술어2 + 목적어2'로, 하나의 술어는 다른 술어의 목적, 방법 등을 나타낸다.

我　　去　　商店　　买　　东西。 나는 물건을 사러 상점에 간다.
주어　 술어1　 목적어1　 술어2　 목적어2

유형 익히기 1　　　　　　　　　　　　　　　　　　　　　★ ☆ ☆

你　　打球　　去　　体育馆　　吗

답안　你去体育馆打球吗?　　　　　당신은 체육관에 공을 치러 가나요?

단어　去 qù 图 가다 | 体育馆 tǐyùguǎn 뗑 체육관 | 打球 dǎqiú 图 공을 치다. 공놀이하다

해설　1. 제시된 단어 중 동사로 '去(가다)'와 '打球(공을 치다)' 2개가 있으므로 연동문이다.

2. 문맥상 술어1 + 목적어1에 '去体育馆(체육관에 가다)'이 술어2에 '打球(공을 치다)'가 와야 한다.

3. 대명사 '你(당신)'는 주어가 되며, 의문을 나타내는 '吗'는 문장 맨 끝에 배치한다.

你　　去　　体育馆　　打球　　吗?
주어　 술어1　 목적어1　 술어2　 吗

>> 해설서 119p

유형 확인 문제

제시된 단어를 어순에 알맞게 배열하세요.

1. 没　　去北京　　旅游　　我

06. 존현문

'존현문'은 사람이나 사물의 존재나 출현 또는 소실을 나타낸 문장이다. 기본 형식은 '주어(장소) + 술어(동사) + 목적어(사람/사물)로 술어(동사) 뒤에 동태조사 '着'가 자주 같이 나온다. 문장을 예로 들면 다음과 같다.

桌子上　　放着　　一杯水。탁자 위에 물 한 잔이 놓여 있다.
주어(장소)　술어+着　관형어+목적어

 유형 익히기 1　　　　　　　　　　　　　　　　　　　★★☆

医院门口	汽车	一辆	有

답안　医院门口有一辆汽车。　　　　　병원 입구에 한 대의 차가 있다.

단어　医院 yīyuàn 명 병원 | 门口 ménkǒu 명 입구 | 辆 liàng 양 대(차량 등을 세는 단위) | 汽车 qìchē 명 자동차

해설　1. 존현문의 기본 형식은 '주어(장소) + 술어 + 목적어(사람/사물)'이다.

2. 제시된 단어 중 동사 '有(있다)'를 술어로 놓는다.

3. 장소를 나타내는 '医院门口(병원 입구)'를 주어로 배치한다.

4. 남은 단어 중 명사 '汽车(자동차)'를 목적어로 두고 '一辆(한 대)'를 목적어 앞에 관형어로 배치한다.

医院门口　有　一辆　汽车。
주어　　 술어　관형어　목적어

유형 확인 문제　　　　　　　　　　　　　　　　　　　》해설서 119p

제시된 단어를 어순에 알맞게 배열하세요.

1. 放着　　很多　　桌子上　　新书

07. 비교문

'비교문'은 사람이나 사물의 성질이나 상태 또는 정도의 차이를 비교의 형식으로 나타낸 문장이다. 기본 형식은 '주어 + 부사어(比 + 비교대상) + 술어(형용사)'로 문장을 예로 들면 다음과 같다.

我　　比他　　高。나는 그보다 키가 크다.
주어　　부사어　　술어

유형 익히기 1 ★★☆

弟弟	我	比	小	两岁

답안　弟弟比我小两岁。　　　　　　남동생은 나보다 두 살 어리다.

단어　弟弟 dìdi 몡 남동생 | 比 bǐ 깨 ～보다 | 岁 suì 양 세(나이를 세는 단위)

해설　1. 비교문의 기본 형식은 '주어 + 부사어(比 + 비교대상) + 술어'이다.

2. 제시된 단어 중 형용사인 '小(어리다)'를 술어로 놓는다.

3. 얼마나 더 어린지를 나타내는 '两岁(두 살)'를 보어로 술어 뒤에 배치한다.

4. 문맥상 명사인 '弟弟(남동생)'를 주어로 배치한다.

5. 남은 단어 중 '比 + 비교대상'의 구조로 연결한 '比我(나보다)'를 술어 앞 부사어로 배치한다.

弟弟　　　比　我　　小　　　两岁。
주어　　　부사어　　술어　　보어

유형 확인 문제 　　　　　　　　　　　　　　　　　　》해설서 120p

제시된 단어를 어순에 알맞게 배열하세요.

1. 比妹妹　　　姐姐　　　更　　　漂亮

📖 제1부분

🔵 71 – 75.

제시된 단어를 어순에 알맞게 배열하세요.

71. 衣服　　手机　　里　　　那件　　在

72. 图书馆　　看书　　我们　　去　　了

73. 起床　　早上　　你每天　　几点

74. 他的　　比　　成绩　　好　　以前

75. 送给　　你的　　这是　　我　　生日礼物

》 해설서 121p

📖 제1부분

🔘 71 – 75.

제시된 단어를 어순에 알맞게 배열하세요.

71. 两年前　　是　　　　我们　　认识　　的

72. 看完了　　已经　　把　　　我　　　这本书

73. 篮球　　打算　　参加　　他们　　比赛

74. 桌子上　　故事书　　很多　　有

75. 火车　　飞机　　快　　没有　　那么

≫ 해설서 124p

제2부분

병음에 알맞은 한자 쓰기

쓰기 제2부분

쓰기 제2부분은 병음에 따라 한자를 쓰는 문제로 총 5문제이다. 각 문장마다 한 개의 한자가 병음으로 제시되어 있고, 수험생은 문장의 의미를 파악한 후 병음에 따라 알맞은 한자를 쓰면 된다.

🔔 제2부분 – 병음에 알맞은 한자 쓰기

문제

>> 해설서 129p

第二部分

第76–80題

　　　　　　guān
76. 没（　　　　　）系，别难过，高兴点儿。

답안

三、书写
76. 关

➔ 병음에 맞는 한자를 네모칸 안에 알맞게 써 넣으세요.

★ 문제 풀이 방법

제시된 병음을 보고 한자를 쓰는 문제를 풀 때는 동음자(同音字)에 주의해야 하며, 문장의 내용을 잘 이해한 후, 병음에 맞는 한자를 써야 한다. 이외에도 수험생은 평상시에 공부할 때 한자의 필획, 구조 등에 신경을 써 단어를 암기해야 한다.

01. 병음이 비슷한 한자 구분하기

중국어 기초 단계에서 발음이 정확하지 않은 수험생들은 병음이 비슷한 한자를 구별하는 것을 어려워한다. 또한, 한자에는 '他(그)', '她(그녀)', '它(그것)'처럼 모두 'tā'로 발음하는 동음자가 있으므로 수험생은 반드시 먼저 단어와 문장의 의미를 이해한 후 다시 병음에 따라서 한자를 써야 한다.

유형 익히기 1 ★★☆

她跑（ **de** ）快极了，运动会拿了第一名。	그녀는 매우 빨리 달려서, 운동회에서 1등을 했다.

단어 跑 pǎo 동 달리다 | 得 de 조 ~하는 정도가(술어 뒤에 쓰여 술어의 정도를 나타냄) | 快 kuài 형 빠르다 | 极了 jí le (형용사 뒤에 보어로 쓰여) 매우 ~하다 | 运动会 yùndònghuì 명 운동회 | 拿 ná 동 쥐다, 잡다, 가지다 | 第一名 dì-yī míng 1위, 1등

해설 'de'를 보았을 때, 동시에 '的', '地', '得' 세 개의 글자를 떠올릴 수 있다. 그러나 '快极了(매우 빠르다)'는 '跑(달리다)'의 보어이므로 앞에 정도를 나타내는 조사 '得'가 와야 한다.

정답 得

유형 익히기 2 ★★☆

昨天的电视节（ **mù** ）特别有意思。	어제 TV 프로그램은 매우 재미있었어요.

단어 昨天 zuótiān 명 어제 | 电视 diànshì 명 TV, 텔레비전 | 节目 jiémù 명 프로그램 | 特别 tèbié 부 매우 | 有意思 yǒuyìsi 형 재미있다

해설 新HSK 3급 단어인 '木'와 '目'는 모두 'mù' 발음이다. 그러나 문장 전체를 살펴보면 빈칸 앞에 '节'가 있으므로 '目'가 와서 '节目(프로그램)'를 만든다는 것을 알 수 있다. 이외에도 '目'와 '日'를 구별하는 데 주의하여야 하는데, '目'는 '日'보다 한 획이 더 많다.

정답 目

 유형 확인 문제

》 해설서 129p

병음에 알맞은 한자를 써 넣으세요.

1. 今天的橘子很便宜，我（ **mǎi** ）了很多。

02. 형태가 비슷한 한자 구분하기

수험생은 쓰기 공부를 할 때 형태가 비슷한 한자를 특히 주의해야 하며, 미세한 필획 차이가 있는 한자를 특히 더 주의해야 한다. 3급 단어에는 2획~8획의 한자 중에 쉽게 틀리게 쓸 수 있는 글자가 있으므로 조심해야 한다.

✎ 형태가 비슷한 한자

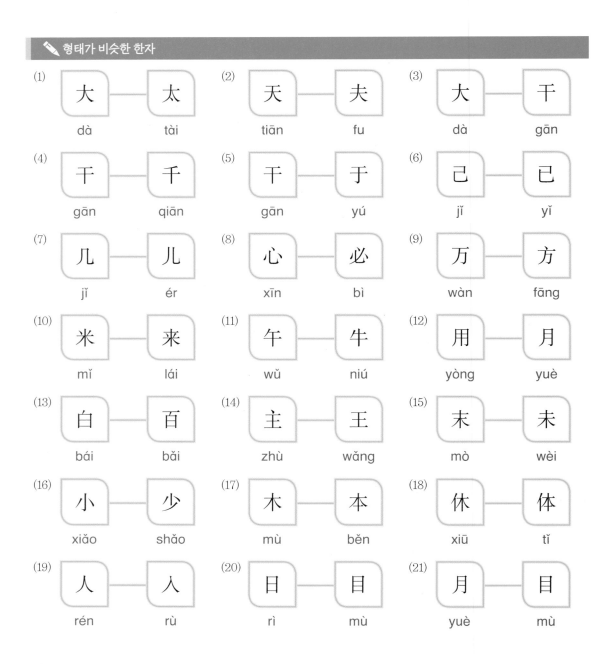

(1) 大 dà — 太 tài

(2) 天 tiān — 夫 fu

(3) 大 dà — 干 gān

(4) 干 gān — 千 qiān

(5) 干 gān — 于 yú

(6) 己 jǐ — 已 yǐ

(7) 几 jǐ — 儿 ér

(8) 心 xīn — 必 bì

(9) 万 wàn — 方 fāng

(10) 米 mǐ — 来 lái

(11) 午 wǔ — 牛 niú

(12) 用 yòng — 月 yuè

(13) 白 bái — 百 bǎi

(14) 主 zhù — 王 wǎng

(15) 末 mò — 未 wèi

(16) 小 xiǎo — 少 shǎo

(17) 木 mù — 本 běn

(18) 休 xiū — 体 tǐ

(19) 人 rén — 入 rù

(20) 日 rì — 目 mù

(21) 月 yuè — 目 mù

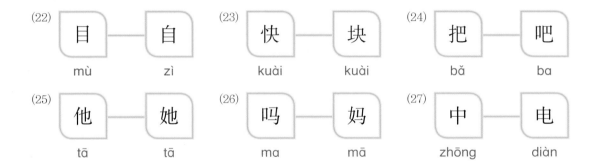

(22) 目 — 自
mù — zì

(23) 快 — 块
kuài — kuài

(24) 把 — 吧
bǎ — ba

(25) 他 — 她
tā — tā

(26) 吗 — 妈
ma — mā

(27) 中 — 电
zhōng — diàn

🎓 유형 익히기 1 ★☆☆

你见过我那条（ _{bái} ）色的裙子吗?	당신은 내 그 흰색 치마를 보았나요?

단어 见 jiàn 통 보다 | 过 guo 조 ~한 적이 있다 | 条 tiáo 양 벌(가늘고 긴 것을 세는 단위) | 白色 báisè 명 흰색 | 裙子 qúnzi 명 치마

해설 빈칸 뒤를 보면 색을 나타낼 때 쓰는 한자인 '色'가 있으므로 병음 'bái'에 맞는 한자는 '白'임을 알 수 있다. 참고로 한자를 쓸 때 숫자를 나타내는 '百(백)'와 혼동하지 않도록 주의해야 한다.

정답 白

🎓 유형 익히기 2 ★★☆

今天累坏了, 我想早点（ _{xiū} ）息。	오늘 너무 피곤해요, 좀 일찍 쉬고 싶어요.

단어 累 lèi 형 피곤하다, 힘들다 | 坏了 huài le (형용사 뒤에 쓰여) 매우 ~하다 | 想 xiǎng 조동 ~하고 싶다 | 早 zǎo 형 이르다, 일찍이다 | 休息 xiūxi 통 휴식하다, 쉬다

해설 빈칸 뒤에 '息'가 있으므로 빈칸에 들어갈 한자가 '休'임을 유추할 수 있다. 참고로 한자를 쓸 때 '体'와 혼동하지 않도록 주의해야 한다.

정답 休

🐦 유형 확인 문제

>> 해설서 129p

병음에 알맞은 한자를 써 넣으세요.

1. 每年农历八月十五的时候, 大家都要吃（ _{yuè} ）饼。

2. 遇到困难的时候, 要先自（ _{jǐ} ）想办法。

실전 연습 1

제2부분

76 – 80.

병음에 알맞은 한자를 써 넣으세요.

76. 今天晚上我们去（ chàng ）歌吧。

77. 我们学校的教室非常（ gān ）净。

78. 这次运动会你（ cān ）加了吗?

79. 我觉（ de ）你的房间很漂亮。

80. 我渴了，想（ hē ）水。

》 해설서 130p

실전 연습 2

🔴 76 – 80.
병음에 알맞은 한자를 써 넣으세요.

bǎo
76. 吃了那么多，我终于（　　　）了。

xǐ
77. 你应该把这些脏衣服（　　　）一下。

mǎi
78. 这是你新（　　　）的裙子吗？

xué
79. 我们要向他（　　　）习。

jìn
80. 学校离我家很（　　　）。

》 해설서 131p

쓰기 书写

실전 테스트

>> 해설서 133p

第 一 部 分

第71－75题

例如： 小船　　上　　一　　河　　条　　有

河上有一条小船。

71. 正在　　操场上　　他们　　运动会　　举行

72. 很　　今天的　　好　　天气

73. 把　　水　　我　　喝完了

74. 他每天　　骑　　去学校　　自行车

75. 很　　锻炼　　他　　身体　　喜欢

第 二 部 分

第76－80题

例如： 没(关 guān)系，别难过，高兴点儿。

76. 你怎么这么晚（ cái ）来啊，都快下课了。

77. 她的丈（ fu ）很关心她，每天都送她上班。

78. 桌上这几本（ shū ）你拿回去看吧，我这几天不看。

79. 你这条裙子太漂亮了，我也想买条（ hé ）你一样的。

80. 你喜欢吃（ mǐ ）饭还是面条？

国家汉办/孔子学院总部
Hanban/Confucius Institute Headquarters

新 汉 语 水 平 考 试
Chinese Proficiency Test

HSK（三级）成绩报告

HSK (Level 3) Examination Score Report

姓名（Name）：＿＿＿＿＿＿＿＿＿＿＿＿＿＿＿＿＿＿

性别（Gender）：＿＿＿＿＿＿ 国籍（Nationality）：＿＿＿＿＿＿＿＿＿＿

考试时间（Examination Date）：＿＿＿＿ 年（Year）＿＿＿ 月（Month）＿＿＿ 日（Day）

编号（No.）：＿＿＿＿＿＿＿＿＿＿＿＿＿＿＿＿＿＿＿＿＿

	满分（Full Score）	你的分数（Your Score）
听力（Listening）	100	
阅读（Reading）	100	
书写（Writing）	100	
总分（Total Score）	300	

总分180分为合格（Passing Score：180）

主 任
Director ＿＿＿＿＿＿＿＿＿＿＿＿　国家汉办
Hanban

中国 • 北京
Beijing • China

新 汉 语 水 平 考 试
HSK（三级）答题卡

❶ 姓名

洪 吉 童 [중국어]
HONG GIL DONG [영어]

❷ 序号

2	[0]	[1]	[2]	[3]	[4]	[5]	[6]	[7]	[8]	[9]
7	[0]	[1]	[2]	[3]	[4]	[5]	[6]	[7]	[8]	[9]
5	[0]	[1]	[2]	[3]	[4]	[5]	[6]	[7]	[8]	[9]
3	[0]	[1]	[2]	[3]	[4]	[5]	[6]	[7]	[8]	[9]
1	[0]	[1]	[2]	[3]	[4]	[5]	[6]	[7]	[8]	[9]

❸ 年龄

2	[0]	[1]	[2]	[3]	[4]	[5]	[6]	[7]	[8]	[9]
3	[0]	[1]	[2]	[3]	[4]	[5]	[6]	[7]	[8]	[9]

❹ 国籍

5	[0]	[1]	[2]	[3]	[4]	[5]	[6]	[7]	[8]	[9]
2	[0]	[1]	[2]	[3]	[4]	[5]	[6]	[7]	[8]	[9]
3	[0]	[1]	[2]	[3]	[4]	[5]	[6]	[7]	[8]	[9]

❺ 性别 男 [1]　　　女 [2]

❻ 考点

5	[0]	[1]	[2]	[3]	[4]	[5]	[6]	[7]	[8]	[9]
0	[0]	[1]	[2]	[3]	[4]	[5]	[6]	[7]	[8]	[9]
3	[0]	[1]	[2]	[3]	[4]	[5]	[6]	[7]	[8]	[9]

❼ 你是华裔吗？
huáyì 화교
是 [1]　　　　　不是 [2]

❽ 学习汉语的时间：

1年以下 [1]　　　1年－18个月 [2]　　　18个月－2年 [3]　　　2年－30个月 [4]　　　30个月－3年 [5]　　　3年以上 [6]

❾ 注意　请用 2B 铅笔这样写： ■　

❿ 一、听力 듣기

1. [A] [B] [C] [D] [E] [F]	6. [A] [B] [C] [D] [E] [F]	
2. [A] [B] [C] [D] [E] [F]	7. [A] [B] [C] [D] [E] [F]	
3. [A] [B] [C] [D] [E] [F]	8. [A] [B] [C] [D] [E] [F]	
4. [A] [B] [C] [D] [E] [F]	9. [A] [B] [C] [D] [E] [F]	
5. [A] [B] [C] [D] [E] [F]	10. [A] [B] [C] [D] [E] [F]	

11. [✓] [✗]	16. [✓] [✗]	21. [A] [B] [C]
12. [✓] [✗]	17. [✓] [✗]	22. [A] [B] [C]
13. [✓] [✗]	18. [✓] [✗]	23. [A] [B] [C]
14. [✓] [✗]	19. [✓] [✗]	24. [A] [B] [C]
15. [✓] [✗]	20. [✓] [✗]	25. [A] [B] [C]

26. [A] [B] [C]	31. [A] [B] [C]	36. [A] [B] [C]
27. [A] [B] [C]	32. [A] [B] [C]	37. [A] [B] [C]
28. [A] [B] [C]	33. [A] [B] [C]	38. [A] [B] [C]
29. [A] [B] [C]	34. [A] [B] [C]	39. [A] [B] [C]
30. [A] [B] [C]	35. [A] [B] [C]	40. [A] [B] [C]

⓫ 二、阅读 독해

41. [A] [B] [C] [D] [E] [F]	46. [A] [B] [C] [D] [E] [F]
42. [A] [B] [C] [D] [E] [F]	47. [A] [B] [C] [D] [E] [F]
43. [A] [B] [C] [D] [E] [F]	48. [A] [B] [C] [D] [E] [F]
44. [A] [B] [C] [D] [E] [F]	49. [A] [B] [C] [D] [E] [F]
45. [A] [B] [C] [D] [E] [F]	50. [A] [B] [C] [D] [E] [F]

51. [A] [B] [C] [D] [E] [F]	56. [A] [B] [C] [D] [E] [F]
52. [A] [B] [C] [D] [E] [F]	57. [A] [B] [C] [D] [E] [F]
53. [A] [B] [C] [D] [E] [F]	58. [A] [B] [C] [D] [E] [F]
54. [A] [B] [C] [D] [E] [F]	59. [A] [B] [C] [D] [E] [F]
55. [A] [B] [C] [D] [E] [F]	60. [A] [B] [C] [D] [E] [F]

61. [A] [B] [C]	66. [A] [B] [C]
62. [A] [B] [C]	67. [A] [B] [C]
63. [A] [B] [C]	68. [A] [B] [C]
64. [A] [B] [C]	69. [A] [B] [C]
65. [A] [B] [C]	70. [A] [B] [C]

⓬ 三、书写 쓰기

71. 他希望做一个医生。

72.

73.

74.

75.

76.　　　77.　　　78.　　　79.　　　80.

新HSK 3급

정답 및
녹음 스크립트

정답

듣기 听力

제1부분

01

1. C	2. D	3. E	4. B	5. A

실전 연습 1

1. B	2. A	3. C	4. D	5. E
6. C	7. E	8. A	9. B	10. D

실전 연습 2

1. C	2. B	3. A	4. D	5. E
6. C	7. D	8. E	9. A	10. B

제2부분

01

1. ×   2. ×

02

1. ×

03

1. ×

04

1. √

실전 연습 1

11. ×	12. √	13. ×	14. ×	15. ×
16. ×	17. ×	18. √	19. ×	20. ×

실전 연습 2

11. √	12. ×	13. √	14. ×	15. ×
16. ×	17. ×	18. √	19. √	20. ×

제3·4부분

01

1. A   2. C

02

1. B   2. A

03

1. B   2. A

04

1. C

05

1. C   2. C

06

1. C   2. A

07

1. A   2. C

08

1. C   2. C

실전 연습 1

21. B	22. B	23. C	24. A	25. B
26. A	27. C	28. A	29. C	30. C
31. A	32. C	33. C	34. C	35. C
36. B	37. C	38. A	39. A	40. B

실전 연습 2

21. B	22. C	23. B	24. A	25. C
26. B	27. A	28. A	29. C	30. C
31. A	32. C	33. B	34. B	35. A
36. C	37. C	38. A	39. B	40. C

실전 테스트

1. D	2. C	3. A	4. B	5. E
6. D	7. B	8. C	9. A	10. E
11. ×	12. √	13. ×	14. √	15. ×
16. √	17. ×	18. ×	19. ×	20. ×
21. B	22. C	23. A	24. C	25. B
26. A	27. A	28. C	29. A	30. C
31. A	32. A	33. B	34. A	35. C
36. A	37. A	38. B	39. B	40. B

독해 阅读

제1부분

02

1. B	2. A	3. D	4. E	5. C

실전 연습 1

| 41. C | 42. A | 43. D | 44. F | 45. B |
| 46. C | 47. D | 48. B | 49. E | 50. A |

실전 연습 2

| 41. D | 42. C | 43. E | 44. F | 45. A |
| 46. B | 47. A | 48. C | 49. E | 50. D |

41. C	42. E	43. A	44. B	45. D
46. C	47. E	48. B	49. D	50. A
51. C	52. A	53. F	54. B	55. D
56. D	57. A	58. C	59. E	60. B
61. A	62. B	63. B	64. C	65. B
66. A	67. C	68. B	69. C	70. B

제2부분

01

명사 단어 채우기

1. C   2. D

동사 단어 채우기

1. C   2. E

형용사 단어 채우기

1. A

부사 단어 채우기

1. B

실전 연습 1

| 51. E | 52. B | 53. C | 54. A | 55. D |
| 56. C | 57. A | 58. E | 59. D | 60. F |

실전 연습 2

| 51. F | 52. A | 53. C | 54. B | 55. E |
| 56. A | 57. D | 58. E | 59. B | 60. C |

제3부분

01

1. B   2. C

02

1. C

실전 연습 1

| 61. B | 62. B | 63. B | 64. C | 65. A |
| 66. B | 67. A | 68. B | 69. A | 70. B |

실전 연습 2

| 61. A | 62. B | 63. C | 64. B | 65. B |
| 66. C | 67. C | 68. A | 69. B | 70. C |

실전 테스트

쓰기 书写

제1부분

01

1. 妈妈的红裙子很漂亮。

02

1. 妹妹在学校旁边的公司工作。

2. 他很认真地听了那首歌。

03

1. 老王的孩子可爱极了。

2. 他每星期去超市两次。

04

被자문

1. 蛋糕可能被吃完了。

2. 妈妈的衣服被风刮跑了。

把자문

1. 妹妹把地址写错了。

是……的구문

1. 哥哥是坐火车回来的。

2. 这条裙子是在北京买的。

05

1. 我没去北京旅游。

06

1. 桌子上放着很多新书。

07

1. 姐姐比妹妹更漂亮。

183

실전 연습 1 71. 手机在那件衣服里。

72. 我们去图书馆看书了。

73. 你每天早上几点起床?

74. 他的成绩比以前好。

75. 这是我送给你的生日礼物。

실전 연습 2 71. 我们是两年前认识的。

72. 我已经把这本书看完了。

73. 他们打算参加篮球比赛。

74. 桌子上有很多故事书。

75. 火车没有飞机那么快。

제2부분

01

1. 买

02

1. 月   2. 已

실전 연습 1

76. 唱   77. 干   78. 参   79. 得   80. 喝

실전 연습 2

76. 饱   77. 洗   78. 买   79. 学   80. 近

실전 테스트

71. 他们正在操场上举行运动会。

72. 今天的天气很好。

73. 我把水喝完了。

74. 他每天骑自行车去学校。

75. 他很喜欢锻炼身体。

76. 才   77. 夫   78. 书   79. 和   80. 米

01

1. 男: 看什么呢? 一会儿哭, 一会儿笑的。
   女: 还有几页没看完, 等我看完了再告诉你。

2. 女: 你帮我看看哪件更漂亮, 是这件黄的, 还是
   那件红的?
   男: 红的吧, 看上去更年轻。

3. 女: 今天早上考试考得怎么样?
   男: 题目太多, 都没做完。

4. 男: 怎么了? 一脸的不高兴。
   女: 电梯坏了, 我是走上来的。可刚到家门口,
   电梯就好了。

5. 女: 电影已经开始了, 不要说话了。
   男: 不好意思, 对不起。

실전 연습 1

1. 男: 一定要认真刷牙, 才能保护好牙齿。
   女: 你说得很对! 而且早晚都要刷。

2. 男: 这是我新买的手机, 怎么样?
   女: 不错, 看上去很漂亮。

3. 男: 下班啦! 已经十一点四十五分了。
   女: 别急, 还有一刻钟呢!

4. 男: 你好! 请问到邮局怎么走?
   女: 不远, 沿着这条路一直走, 十分钟就到了。

5. 男: 我很喜欢这幅画, 想买一幅放在家里。
   女: 是不错。特别是里面的花, 看了以后, 让人
   觉得很快乐。

6. 女: 听说下午有篮球比赛?
   男: 是的, 我也参加了。到时候你一定要来看呀!

7. 男: 你别哭呀! 怎么了?
   女: 我把新买的电脑弄丢了, 上周才买的。

8. 男: 我搬家了, 搬到6楼了。房间号是603。
   女: 下次有空了, 一定要去你的新家看看。

9. 男: 周末爬山真好, 空气新鲜, 感觉好舒服!
   女: 对呀, 所以以后我们要常来。

10. 男: 请问您要点些什么?
    女: 一杯咖啡, 谢谢! 哦, 再来一份蛋糕。

실전 연습 2

1. 男: 你明天要上课吗?
   女: 不, 明天是周末, 不用上课。我想好好睡个
   觉。

2. 男: 听说你上周去了天安门。
   女: 是啊, 那真是个美丽的地方。

3. 女: 这些都是去年的报纸, 你还要吗?
   男: 先放着吧, 可能还要用呢。

4. 男: 这么晚了, 你是怎么过来的?
   女: 我赶上了最后一班公共汽车。

5. 女: 明天晚上有个舞会, 你想参加吗?
   男: 好啊! 应该很有意思, 我们一起去吧!

6. 男: 这家饭馆的菜真好吃, 环境也不错。
   女: 是啊, 真想天天来。就是东西有点儿贵。以
   后我们一个月来一次吧。

7. 女: 最近一直在工作, 真想出去走走, 休息一
   下。你周末有空吗?
   男: 有空。我们去爬山怎么样?

8. 男: 你还年轻, 不要一直穿这种颜色的衣服。
   女: 是吗? 可我觉得这个颜色挺好看的。

9. 女：这道题太难了，让我好好想一想。

男：别急，慢慢想，一定可以做出来的。

10. 女：明天天气怎么样？能穿裙子吗？

男：不太冷，但还是穿裤子去吧，不要感冒了。

제2부분

01

1. 昨天我去商场买东西，刚进店门口，钱包就不见了，还好里面的钱不多。

★ 昨天他丢了很多钱。

2. 我觉得用筷子太难了，向朋友学了很多次，还是学不会。

★ 他会使用筷子。

02

1. 他每天一回到家，就一遍一遍地写新学的汉字。怪不得每次考试都考得那么好。

★ 他每天都要把新学的汉字写两遍。

03

1. 外面天色越来越黑了，要下雨了，出门的时候别忘了带伞。

★ 天在下雨。

04

1. 真不明白我妻子为什么喜欢逛街。虽然商店里有很多很有意思的东西，可人太多了，很吵，而且每次都要逛很久，累死人了。

★ 他不像妻子那么爱逛街。

실전 연습 1

11. 我在图书馆还书，等会儿去找你，你在教室里等我一会儿。

★ 他现在在教室里。

12. 现在是下午五点，还有两个小时电影才开始。不用着急，不会迟到的。

★ 电影七点钟开始。

13. 你知道小李现在的电话号码吗？3303330，这是他以前的号码，不能用了。

★ 小李现在的电话号码是3303330。

14. 如果要在篮球和唱歌中选择一样，我会选择篮球。

★ 他更喜欢唱歌。

15. 下午可真忙，先去了银行和邮局，然后去了商场。现在终于可以坐在咖啡馆里休息一下了。

★ 他现在在商场里买东西。

16. 这次小王没考好，只有78分。小李也没考好，而且还不如小王。

★ 小李和小王的成绩一样。

17. 同学今天都去唱歌了，我没有去。太晚了，而且我有点儿累了，想早点儿睡。

★ 他和同学一起去唱歌了，很晚才回来。

18. 我今天穿了五件衣服，可还是觉得很冷。明天会不会也这么冷？

★ 今天天气很冷。

19. 对不起，今天牛奶卖完了。来杯果汁怎么样？很新鲜，味道也不错。

★ 店里只有牛奶了。

20. 我很喜欢奶奶家那条白色的大狗，每次去，都会给它带点儿好吃的。所以，它每次见到我都很高兴。

★ 他家有条白色的大狗。

실전 연습 2

11. 我明天去旅游，孩子放在爷爷奶奶家，请两位老人照顾。

★ 他不打算带孩子去旅游。

12. 妈妈今天买的蛋糕真好吃。我吃了两块，爸爸妈妈一人一块。

★ 妈妈买了三块蛋糕。

13. 我想和哥哥姐姐一起去动物园，但是我的作业还没做完，所以只能在家里了。

★ 他不能去动物园。

14. 以前，她总爱上网、看电影、买东西，很少看书。现在不一样了，她经常去图书馆，成绩也越来越好了。

★ 她以前很喜欢去图书馆。

15. 小王让我七点去他家吃饭。但我到他家的时候，他已经吃过了。

★ 七点的时候，小王正在吃饭。

16. 两年多没见面了，她变高了，也更漂亮了，但不如以前那样爱笑了。

★ 她以前不爱笑。

17. 除了跳舞，她还喜欢唱歌。但她最喜欢画画，参加了不少比赛。

★ 她不喜欢跳舞。

18. 这鱼在北京要二十多块钱一斤，这里只卖八块钱，太便宜了。如果能带回去，我就多买点儿了。

★ 北京的鱼比这里贵。

19. 他总是这也不吃，那也不吃，又不爱运动，所以经常生病。

★ 他有很多坏习惯。

20. 下午我们一起去看电影吧。听说这部电影好看极了，比以前看过的都好看。

★ 这部电影没有以前的好看。

제3·4부분

01

1. 女：明天是周末，你打算去哪儿玩儿？
   男：最近太累了，明天哪儿也不想去，只想在家好好休息。
   问：今天是星期几？

2. 女：咱快走吧，电影快要开始了。
   男：不急，才五点二十分，还有半个小时呢。
   女：还是早点去吧，万一堵车就麻烦了。
   男：再等等，十分钟以后走吧。
   问：他们什么时候出发？

02

1. 男：呀，你儿子都这么高了！两岁了吧？
   女：去年就两岁了。
   问：女人的儿子今年多大了？

2. 男：你看，咱俩的手机一模一样！你买的时候多少钱？
   女：我买了两三个月了，当时1800元。你的呢？
   男：我昨天才买的，比你的便宜了300元。
   女：下次我也晚点买。
   问：男的花了多少钱买手机？

03

1. 女：对不起，来晚了，火车站人太多，排了很久的队才买到票。
   男：没关系，我刚去银行取了点钱，也才到一会儿。
   问：男的刚从哪儿过来？

2. 女：你好，能帮我拿一下那本书吗？太高了。
   男：是黄色的那本吗？
   女：对，就是那本。谢谢！请问在哪里付钱？
   男：在那儿，看见了吗？门口左边的那个地方，就在那儿付钱。
   问：他们可能在哪儿？

04

1. 男：这是我女儿，在大学念英语。

女：和你一样，将来也要当个老师吧？

问：男的是做什么的？

05

1. 女：明天没什么事儿，我们去唱歌吧？或者看电影也不错！

男：我不爱唱歌，看电影也没意思。大热天的，要不我们去游泳吧？

问：男的打算做什么？

2. 女：还要多久才到，我都爬不动了。

男：先休息会儿吧，还要走半个多小时呢！

女：前面有家饭店，要不去那儿坐坐吧？可以一边吃饭一边休息。

男：好吧！被你一说，我也觉得饿了。

问：他们可能在做什么？

06

1. 男：听说你要出国了，这回可以好好旅游旅游，休息一下了。

女：这次出去是为了工作，还是会很忙。

问：女的为什么出国？

2. 男：这么晚了，你还喝咖啡，小心晚上睡不着。

女：没办法，还有好多作业要写，大概要到一两点了。

男：老这样下去对身体不好，注意休息。

女：我也想早点儿睡，可实在太忙了。

问：女的为什么喝咖啡？

07

1. 男：昨天那家饭店的菜怎么样？

女：除了价格便宜，就没什么好的了。

问：女的觉得那家饭店的菜怎么样？

2. 男：这种电视机一直有很多人买，颜色、样子都不错。

女：颜色还不错，就是样子不好看。

男：不会吧？这可是今年的新产品。

女：太贵了，要是再便宜点儿就买了。

问：女的觉得电视机怎么样？

08

1. 男：你找到雨伞了吗？

女：别提了，火车站有好多伞，红的、绿的、黑的、白的，可就是没有我要找的那把黄色的。

问：女的要找什么颜色的伞？

2. 男：假期过得怎么样？

女：别提了，一点儿意思也没有，整天就是吃饭、睡觉、写作业。你呢？

男：我去了很多地方，除了北京、杭州，还有西安。中国真漂亮！

女：这么多地方啊！路上一定很有趣吧？

问：男的什么地方没去过？

실전 연습 1

21. 男：你喜欢吃香蕉吗？

女：我觉得香蕉没有苹果那么好吃。

问：女的更喜欢吃什么？

22. 男：小王，你现在到经理办公室去一下，经理找你有事。

女：我在银行，半个小时后才能到。

问：女的现在在哪儿？

23. 女：现在已经九点十分了，你迟到了四十分钟。

男：对不起，老师。我昨天晚上看足球比赛，三点才睡，今天早上一直睡到了九点。

问：男的应该几点到学校？

24. 男：你打算骑自行车去公司吗？

女：不，我打算坐公共汽车去。路上汽车太多了，骑自行车不安全。

问：女的打算怎么去公司？

25. 男：商场里有些衣服很便宜，你去看了吗？
　　女：昨天晚上就去了，只买了两条裤子。今天晚
　　　　上打算再去看看，想再买条裙子。
　　问：昨天晚上女的买了什么？

26. 男：你买了什么东西？这么重！都快拿不动了。
　　女：不多，只是一点水果，香蕉、葡萄、苹果什
　　　　么的。
　　问：女的没买什么？

27. 男：请问去图书馆应该在哪儿下车？
　　女：前面的火车站或者宾馆都行，但火车站离图
　　　　书馆更近。
　　问：男的最好在哪儿下车？

28. 男：好久没有一起去游泳了，下午一起去吧！
　　女：前两天爬山累坏了，再游泳就更累了。我想
　　　　去公园走走，喝喝咖啡，休息休息。
　　问：女的想做什么？

29. 男：这件衣服多少钱？
　　女：原价80元，现在卖50元。你如果买两件，还
　　　　可以再便宜一点儿。
　　问：买两件衣服可能要多少钱？

30. 男：你一直这么认真地学习汉语，以后想当老师
　　　　吗？
　　女：不是。我去年去中国旅行的时候，认识了现
　　　　在的男朋友。他是中国人。
　　问：女的为什么认真地学习汉语？

31. 男：你好，我想买两张北京到上海的火车票。
　　女：什么时候的？快车还是慢车？
　　男：今天晚上六点的，快车。
　　女：好的。这是您的票，一共四百二十元。
　　问：他们在哪儿？

32. 女：您想买点儿什么水果？今天的香蕉很新鲜，
　　　　苹果也不错，很甜。

男：有西瓜吗？我有点儿渴。
　　女：现在是冬天，很少有西瓜卖。
　　男：谢谢，那我再看看其他的吧。
　　问：男的买了什么水果？

33. 女：今天公司有足球比赛，你怎么没去参加？
　　男：别提了，说起这件事就让人生气！
　　女：怎么了？
　　男：小李生病了，经理让我把他的工作也做了。
　　　　忙得都没有时间参加比赛了。
　　问：男的怎么了？

34. 女：你怎么还在睡觉？都一点了！
　　男：还早呢，让我再睡一会儿。
　　女：快起来，还有半个小时就上课了，别迟到
　　　　了！
　　男：老师今天下午有事，改在晚上六点上课了。
　　问：男的几点上课？

35. 女：一到春节，火车站的人就特别多，我今天又
　　　　没买到票。
　　男：你可以上网买票。
　　女：真的能买到吗？
　　男：可以，我已经买了一张了。
　　问：男的是怎么买到火车票的？

36. 男：你今天真漂亮！等会儿你唱歌的时候，我帮
　　　　你拍照。
　　女：谢谢。但是我有点儿害怕。
　　男：不要怕，练习了那么久，一定没问题的。
　　女：我会努力唱的。
　　问：女的等会儿要做什么？

37. 男：放了一星期的假，都忘了今天是星期几了。
　　女：今天是星期三。
　　男：真的吗？第一天上课就有我最不喜欢的数学。
　　女：明天才有数学课。你又弄错了。
　　问：什么时候有数学课？

38. 女：今天晚上你和朋友一起去哪儿吃饭了？味道
    怎么样？
    男：不太喜欢，有点儿太甜了。
    女：你不爱吃甜的吗？
    男：我们家都爱吃辣的，越辣越好。没有辣的，
    就吃不下饭。
    问：男的觉得今天的晚饭怎么样？

39. 男：五点半了，你该下班了。
    女：等朋友呢。今天是我生日，大家打算一起去
    唱歌。
    男：是吗？生日快乐。那我先走了，你好好玩
    儿。
    女：谢谢。明天见。
    问：他们是什么关系？

40. 男：走，一起去吃晚饭吧？
    女：不去了。最近胖了，不打算吃晚饭了。
    男：这怎么行？会生病的。你应该多运动才对。
    女：哎呀，我自己知道。不用你多说。
    问：女的为什么不去吃晚饭？

실전 연습 2

21. 女：师傅，您能开快点儿吗？我们要迟到了。
    男：街上车太多，开不快啊。
    问：男的是做什么的？

22. 女：离上课还有半小时，一起去喝杯咖啡吧。
    男：你去吧，我想先看会儿书。
    问：男的要做什么？

23. 男：这种药一天吃三次，每次吃一片。
    女：可以换一种药吗？这个太苦了，我不想吃。
    问：他们最可能在什么地方？

24. 女：你刚才在给儿子打电话吗？
    男：不，是公司的事情。我过一会儿再打电话给
    儿子。

问：男的刚才在和谁打电话？

25. 男：下车后，你先往前走50米，看到书店后再右
    转走100米，就到我家了。
    女：好的，我们待会儿见。
    问：女的下车后还要走多远？

26. 男：都这么晚了，你怎么还没起床？
    女：我昨天晚上工作到很晚才睡。别说话。
    问：女的是什么意思？

27. 男：朋友送了我两张电影票，晚上一起去吧？
    女：虽然很想去，但今天不太舒服，医生让我早
    点儿休息。
    问：女的晚上可能会做什么？

28. 男：小王对你真好，经常帮你忙。
    女：他对所有人都这样。大家快乐是他最大的快
    乐。
    问：小王是个什么样的人？

29. 男：我们八点去机场，十点到。十一点吃了午饭
    再飞北京。
    女：太早了！不能晚半个小时出发吗？
    问：女的想什么时候去机场？

30. 女：走了那么久，累了吧？快坐下来休息会儿。
    男：没事儿，就是想喝水。我现在一定能喝十大
    杯。
    问：男的怎么了？

31. 男：你好，请问果汁在什么地方？
    女：一直往前走，卖牛奶的前面就是。
    男：谢谢，我还想买些鱼，请问在什么地方呢？
    女：对不起，我们这儿不卖鱼。
    问：他们在哪儿？

32. 女：这张照片上的人是你吗？
    男：不，是我爸爸年轻的时候。

女：你和他长得真像。

男：是啊，很多人都认错了，以为照片上的是我或者是我哥哥。

问：照片上的人是谁？

33. 男：听说你喜欢踢足球。

女：当然，我还参加过学校的足球比赛呢。

男：真的吗？很少有女孩子喜欢踢足球的。

女：是的，一般喜欢看球赛的多一些。

问：关于女的，可以知道什么？

34. 女：你的生日是不是马上要到了？

男：是的，就在周四。我想请大家周三到家里来过生日。

女：为什么早了一天？

男：没办法，周四要出国，一直到下周二才回来。

问：男的生日是哪天？

35. 男：回家以后别忘了把今天新学的汉字多写几遍，明天上课的时候要听写。

女：啊，这么多。后天吧？我怕记不住。

男：每天都要学新的汉字，当天学的一定要当天记住。

女：好吧，回去我会好好复习的。

问：他们最可能是什么关系？

36. 女：您好，这儿太漂亮了，能帮我照一张吗？

男：好的，看这边，一，二，三，笑。

女：哎呀，我眼睛闭了一下。能再来一张吗？

男：没问题。头往左边一点儿。对，很好！

问：他们在做什么？

37. 男：你看到我的车票了吗？我记得放在钱包里的。

女：昨天晚上我看见你拿出来了，在床边的桌子上呢。

男：不好意思，我都忘了。

女：自己的东西要放好，不要每次都找来找去的。

问：车票在哪儿？

38. 男：中午想吃什么？面条怎么样？

女：不想吃，一点儿也不饿。刚才吃了很多巧克力。

男：你总是不按时吃饭，这样怎么行？不想长高了？知道错了吗？

女：对不起，我下次一定吃完饭以后再吃巧克力。

问：两人最可能是什么关系？

39. 男：昨晚的电视看了吗？

女：没有，一直在图书馆看书。今天下午要考试呢。

男：你太努力了。不要总是看书，也要休息一下。

女：我觉得看书也是一种休息，一点儿也不累。

问：女的昨晚在做什么？

40. 女：最新的一部电影看了吗？

男：看了，实在不怎么样。里面的人都不漂亮。

女：你是看人还是看电影啊？我觉得很不错，我都哭了。

男：是吗？那我有空再看看吧。

问：女的觉得电影怎么样？

1. 男：天气冷了，明天我们去买顶帽子吧。

女：我知道有家商店的帽子很漂亮。

2. 男：那只猫在树上干什么呢？

女：看到那只鸟了吗？那只坏猫想把它吃了！

3. 男：好可爱啊。是你的孩子吗？多大了？

女：是我阿姨的孩子，今年才三岁。

4. 男：同学们看黑板，上面的字都认识吗？
   女：老师，您好像写错了一个字。

5. 男：也不知道你想吃什么，就买了点面包，放在
   桌子上。
   女：谢谢，等会儿上班的时候，我带着路上吃。

6. 男：现在几点了？十点还有个重要的会议。
   女：已经九点半了，我们早点过去吧。

7. 男：在你们那儿，大家最喜欢什么运动？
   女：我们那儿很热，特别是夏天，大人小孩儿都
   爱游泳。

8. 女：你来中国这么久，学会用筷子了吗？
   男：还是不会。我学了很长时间，但这太难了，
   比说汉语还难。

9. 女：几个月不见，你好像瘦了很多。
   男：天热穿得少了，所以你觉得我瘦了。

10. 女：你怎么一直都坐着啊？站起来走走吧。
    男：我昨天参加了长跑比赛，今天腿特别疼。

11. 您先看看这种颜色的怎么样，这种包现在很便
    宜，只要两百多块钱，里面可以放很多东西，买
    的人特别多。
    ★ 他们在买箱子。

12. 他吃得很多，但因为喜欢运动，每天都要去打篮
    球，所以没有长胖。
    ★ 他喜欢运动。

13. 今天中午妈妈做了鱼，可是味道是甜的。她弄错
    了，在鱼里放了糖。
    ★ 妈妈做鱼的时候喜欢放糖。

14. 小李，过会儿你去机场接经理。等会议结束，再
    送他去火车站。
    ★ 经理是坐飞机来的。

15. 他早上去公司的时候没带伞。下午下了很大的
    雨，到现在还回不了家。
    ★ 今天一直在下雨。

16. 小王上午在教室上课，下午去图书馆看书。因为
    下个星期就要考试了，所以他必须认真复习。
    ★ 小王下个星期要考试。

17. 周末的时候，他总是在家里玩儿电脑和看电视，
    很少运动。
    ★ 他爱运动。

18. 你家的狗太可爱了，一只耳朵白，一只耳朵黑，
    很像昨天电视上看到的那只。
    ★ 他家有一只猫。

19. 他做事情很认真，工作也很努力，而且特别聪
    明。有人告诉我，他马上就要做经理了。
    ★ 他做经理了。

20. 他在中国学习了一年汉语，爱上了这里的历史文
    化，也爱上了这里的人。明年他还打算留在中
    国。
    ★ 他打算明年回国。

21. 女：气象预报说今天晚上要下雨，出门记得带
    伞。
    男：不会吧，天气那么好，怎么会下雨呢？
    问：现在的天气怎么样？

22. 女：这款衣服有好几种颜色，你觉得哪种比较好
    看？
    男：红的还不错，蓝的也挺好。还是黄的吧，你
    穿着特别漂亮。
    问：男的觉得哪种颜色的衣服更好看？

23. 男：女儿说想吃鱼，等会儿去买一条吧？
    女：她天天说自己胖，什么都不愿意吃。我看是
    你想吃了吧？

问：女的觉得是谁想吃鱼了？

24. 男：现在几点了？天还那么黑。

女：差七分七点，我们该出发了。

问：现在几点了？

25. 女：下课回去以后，把今天学的汉字每个写十遍。

男：今天的作业那么多，晚上都没时间上网了。

问：女的最可能是做什么的？

26. 男：对不起，我来晚了。路上车太多，动不了。

女：每次你都这样说。

问：女的是什么意思？

27. 女：最近每天晚上睡觉前都吃东西，一下子胖了十斤，怎么办呀？

男：你可以做点运动，比如游泳、跑步之类的。

问：女的想做什么？

28. 男：请问，去医院怎么走？

女：医院离这里很远，你最好还是坐出租车去吧。

问：男的应该怎么去医院？

29. 女：你在上网还是看电影？

男：都不是，我在玩游戏。这个游戏现在很有名，大家都在玩。

问：男的在做什么？

30. 女：你妻子做的中国菜真好吃。

男：你要是喜欢，以后可以常来吃。

问：谁做的中国菜好吃？

31. 男：你怎么才来，会议马上就要开始了。

女：对不起，我没赶上公共汽车。

男：你为什么不坐出租车？

女：每次要坐出租车的时候都打不到。

问：女的为什么迟到？

32. 女：老板，这双鞋可以便宜点儿吗？

男：现在有个活动，衣服、裤子、鞋子，如果一次买两种，可以便宜五十元。

女：谢谢，但我只想要这双鞋子，衣服、裤子我都不喜欢。

男：那就没有办法了，便宜不了。

问：女的想买什么？

33. 女：小王，明天就要数学考试了，你怎么还在打篮球？

男：我早就复习好了。

女：可我还有很多问题没解决，怎么办呢？

男：不用担心，我来帮你复习，我们走吧。

问：男的要做什么？

34. 男：现在都已经是春天了，为什么还是这么冷？

女：最近一直在下雨，所以让人觉得像是冬天。

男：每年这个季节，南方都经常下雨。

女：希望天气早点变晴吧。

问：现在是什么季节？

35. 男：都十二点了，别看电视了，你该睡觉了。

女：我也想睡，可是睡不着。下午喝了很多咖啡。你先睡吧。

男：去喝杯热牛奶吧，可能会有用。

女：好办法，我现在就去。

问：女的现在要去做什么？

36. 男：你早上去哪儿了？

女：我去买水果和鸡蛋了。早上的东西又新鲜又便宜。

男：买面包了吗？

女：冰箱里还有呢。

问：女的没买什么？

37. 女：明天下午我要搬家，你能来帮我吗？

男：明天我要打扫卫生。我让小王来吧。

女：小王不是去旅游了吗？

男: 他前天就回来了。

问: 女的要做什么？

38. 女: 这么远，我都走不动了。早知道就坐车了。

男: 就在前面了，看到那家超市了吗？

女: 嗯，看到了。

男: 到了超市再向左走十分钟，就是银行了。

问: 他们要去哪儿？

39. 男: 经理叫我们下班以后把会议室打扫干净。

女: 为什么？明天有谁要来检查吗？

男: 明天有一个重要的会议。

女: 好吧，我去告诉其他同事，大家一起可以快一点儿。

问: 下班后他们要做什么？

40. 女: 动作快点儿，都七点半了，要迟到了。

男: 我找不到字典了，老师说今天上课要用。

女: 桌子上找过了吗？说了你多少次了，睡觉前要把书包里的东西放好。

男: 知道了，下次一定注意，快帮我找找吧。

问: 两人是什么关系？

新 汉 语 水 平 考 试
HSK（三级）答题卡

姓名	

序号	[0] [1] [2] [3] [4] [5] [6] [7] [8] [9] [0] [1] [2] [3] [4] [5] [6] [7] [8] [9] [0] [1] [2] [3] [4] [5] [6] [7] [8] [9] [0] [1] [2] [3] [4] [5] [6] [7] [8] [9] [0] [1] [2] [3] [4] [5] [6] [7] [8] [9]
年龄	[0] [1] [2] [3] [4] [5] [6] [7] [8] [9] [0] [1] [2] [3] [4] [5] [6] [7] [8] [9]

国籍	[0] [1] [2] [3] [4] [5] [6] [7] [8] [9] [0] [1] [2] [3] [4] [5] [6] [7] [8] [9] [0] [1] [2] [3] [4] [5] [6] [7] [8] [9]
性别	男 [1]　　　　女 [2]
考点	[0] [1] [2] [3] [4] [5] [6] [7] [8] [9] [0] [1] [2] [3] [4] [5] [6] [7] [8] [9] [0] [1] [2] [3] [4] [5] [6] [7] [8] [9]

你是华裔吗?
是 [1]　　　　不是 [2]

学习汉语的时间：

1年以下 [1]　1年－18个月 [2]　18个月－2年 [3]　2年－30个月 [4]　30个月－3年 [5]　3年以上 [6]

注意　请用 2B 铅笔这样写：■■

一、听力

1. [A] [B] [C] [D] [E] [F]
2. [A] [B] [C] [D] [E] [F]
3. [A] [B] [C] [D] [E] [F]
4. [A] [B] [C] [D] [E] [F]
5. [A] [B] [C] [D] [E] [F]

6. [A] [B] [C] [D] [E] [F]
7. [A] [B] [C] [D] [E] [F]
8. [A] [B] [C] [D] [E] [F]
9. [A] [B] [C] [D] [E] [F]
10. [A] [B] [C] [D] [E] [F]

11. [√] [×]
12. [√] [×]
13. [√] [×]
14. [√] [×]
15. [√] [×]

16. [√] [×]
17. [√] [×]
18. [√] [×]
19. [√] [×]
20. [√] [×]

21. [A] [B] [C]
22. [A] [B] [C]
23. [A] [B] [C]
24. [A] [B] [C]
25. [A] [B] [C]

26. [A] [B] [C]
27. [A] [B] [C]
28. [A] [B] [C]
29. [A] [B] [C]
30. [A] [B] [C]

31. [A] [B] [C]
32. [A] [B] [C]
33. [A] [B] [C]
34. [A] [B] [C]
35. [A] [B] [C]

36. [A] [B] [C]
37. [A] [B] [C]
38. [A] [B] [C]
39. [A] [B] [C]
40. [A] [B] [C]

二、阅读

41. [A] [B] [C] [D] [E] [F]
42. [A] [B] [C] [D] [E] [F]
43. [A] [B] [C] [D] [E] [F]
44. [A] [B] [C] [D] [E] [F]
45. [A] [B] [C] [D] [E] [F]

46. [A] [B] [C] [D] [E] [F]
47. [A] [B] [C] [D] [E] [F]
48. [A] [B] [C] [D] [E] [F]
49. [A] [B] [C] [D] [E] [F]
50. [A] [B] [C] [D] [E] [F]

51. [A] [B] [C] [D] [E] [F]
52. [A] [B] [C] [D] [E] [F]
53. [A] [B] [C] [D] [E] [F]
54. [A] [B] [C] [D] [E] [F]
55. [A] [B] [C] [D] [E] [F]

56. [A] [B] [C] [D] [E] [F]
57. [A] [B] [C] [D] [E] [F]
58. [A] [B] [C] [D] [E] [F]
59. [A] [B] [C] [D] [E] [F]
60. [A] [B] [C] [D] [E] [F]

61. [A] [B] [C]
62. [A] [B] [C]
63. [A] [B] [C]
64. [A] [B] [C]
65. [A] [B] [C]

66. [A] [B] [C]
67. [A] [B] [C]
68. [A] [B] [C]
69. [A] [B] [C]
70. [A] [B] [C]

三、书写

71.

72.

73.

74.

75.

76.　77.　78.　79.　80.

新 汉 语 水 平 考 试
HSK（三级）答题卡

姓名	

国籍	[0] [1] [2] [3] [4] [5] [6] [7] [8] [9] [0] [1] [2] [3] [4] [5] [6] [7] [8] [9] [0] [1] [2] [3] [4] [5] [6] [7] [8] [9]

序号	[0] [1] [2] [3] [4] [5] [6] [7] [8] [9] [0] [1] [2] [3] [4] [5] [6] [7] [8] [9] [0] [1] [2] [3] [4] [5] [6] [7] [8] [9] [0] [1] [2] [3] [4] [5] [6] [7] [8] [9] [0] [1] [2] [3] [4] [5] [6] [7] [8] [9]

性别	男 [1]　　　　女 [2]

考点	[0] [1] [2] [3] [4] [5] [6] [7] [8] [9] [0] [1] [2] [3] [4] [5] [6] [7] [8] [9] [0] [1] [2] [3] [4] [5] [6] [7] [8] [9]

年龄	[0] [1] [2] [3] [4] [5] [6] [7] [8] [9] [0] [1] [2] [3] [4] [5] [6] [7] [8] [9]

你是华裔吗?

是 [1]　　　　　　不是 [2]

学习汉语的时间:

1年以下 [1]　　　1年－18个月 [2]　　　18个月－2年 [3]　　　2年－30个月 [4]　　　30个月－3年 [5]　　　3年以上 [6]

注意	请用 2B 铅笔这样写: ▬

一、听力

1. [A] [B] [C] [D] [E] [F]
2. [A] [B] [C] [D] [E] [F]
3. [A] [B] [C] [D] [E] [F]
4. [A] [B] [C] [D] [E] [F]
5. [A] [B] [C] [D] [E] [F]
6. [A] [B] [C] [D] [E] [F]
7. [A] [B] [C] [D] [E] [F]
8. [A] [B] [C] [D] [E] [F]
9. [A] [B] [C] [D] [E] [F]
10. [A] [B] [C] [D] [E] [F]

11. [√] [×]
12. [√] [×]
13. [√] [×]
14. [√] [×]
15. [√] [×]
16. [√] [×]
17. [√] [×]
18. [√] [×]
19. [√] [×]
20. [√] [×]

21. [A] [B] [C]
22. [A] [B] [C]
23. [A] [B] [C]
24. [A] [B] [C]
25. [A] [B] [C]

26. [A] [B] [C]
27. [A] [B] [C]
28. [A] [B] [C]
29. [A] [B] [C]
30. [A] [B] [C]
31. [A] [B] [C]
32. [A] [B] [C]
33. [A] [B] [C]
34. [A] [B] [C]
35. [A] [B] [C]
36. [A] [B] [C]
37. [A] [B] [C]
38. [A] [B] [C]
39. [A] [B] [C]
40. [A] [B] [C]

二、阅读

41. [A] [B] [C] [D] [E] [F]
42. [A] [B] [C] [D] [E] [F]
43. [A] [B] [C] [D] [E] [F]
44. [A] [B] [C] [D] [E] [F]
45. [A] [B] [C] [D] [E] [F]
46. [A] [B] [C] [D] [E] [F]
47. [A] [B] [C] [D] [E] [F]
48. [A] [B] [C] [D] [E] [F]
49. [A] [B] [C] [D] [E] [F]
50. [A] [B] [C] [D] [E] [F]

51. [A] [B] [C] [D] [E] [F]
52. [A] [B] [C] [D] [E] [F]
53. [A] [B] [C] [D] [E] [F]
54. [A] [B] [C] [D] [E] [F]
55. [A] [B] [C] [D] [E] [F]
56. [A] [B] [C] [D] [E] [F]
57. [A] [B] [C] [D] [E] [F]
58. [A] [B] [C] [D] [E] [F]
59. [A] [B] [C] [D] [E] [F]
60. [A] [B] [C] [D] [E] [F]

61. [A] [B] [C]
62. [A] [B] [C]
63. [A] [B] [C]
64. [A] [B] [C]
65. [A] [B] [C]
66. [A] [B] [C]
67. [A] [B] [C]
68. [A] [B] [C]
69. [A] [B] [C]
70. [A] [B] [C]

三、书写

71.

72.

73.

74.

75.

76. 　　77. 　　78. 　　79. 　　80.

新 汉 语 水 平 考 试
HSK（三级）答题卡

姓名	

国籍

[0] [1] [2] [3] [4] [5] [6] [7] [8] [9]
[0] [1] [2] [3] [4] [5] [6] [7] [8] [9]
[0] [1] [2] [3] [4] [5] [6] [7] [8] [9]

序号

[0] [1] [2] [3] [4] [5] [6] [7] [8] [9]
[0] [1] [2] [3] [4] [5] [6] [7] [8] [9]
[0] [1] [2] [3] [4] [5] [6] [7] [8] [9]
[0] [1] [2] [3] [4] [5] [6] [7] [8] [9]
[0] [1] [2] [3] [4] [5] [6] [7] [8] [9]

年龄

[0] [1] [2] [3] [4] [5] [6] [7] [8] [9]
[0] [1] [2] [3] [4] [5] [6] [7] [8] [9]

性别　　男 [1]　　　　女 [2]

考点

[0] [1] [2] [3] [4] [5] [6] [7] [8] [9]
[0] [1] [2] [3] [4] [5] [6] [7] [8] [9]
[0] [1] [2] [3] [4] [5] [6] [7] [8] [9]

你是华裔吗?
是 [1]　　　　不是 [2]

学习汉语的时间:

1年以下 [1]　　1年－18个月 [2]　　18个月－2年 [3]　　2年－30个月 [4]　　30个月－3年 [5]　　3年以上 [6]

注意　请用 2B 铅笔这样写：■■

一、听力

1. [A] [B] [C] [D] [E] [F]
2. [A] [B] [C] [D] [E] [F]
3. [A] [B] [C] [D] [E] [F]
4. [A] [B] [C] [D] [E] [F]
5. [A] [B] [C] [D] [E] [F]
6. [A] [B] [C] [D] [E] [F]
7. [A] [B] [C] [D] [E] [F]
8. [A] [B] [C] [D] [E] [F]
9. [A] [B] [C] [D] [E] [F]
10. [A] [B] [C] [D] [E] [F]

11. [✓] [✕]
12. [✓] [✕]
13. [✓] [✕]
14. [✓] [✕]
15. [✓] [✕]
16. [✓] [✕]
17. [✓] [✕]
18. [✓] [✕]
19. [✓] [✕]
20. [✓] [✕]

21. [A] [B] [C]
22. [A] [B] [C]
23. [A] [B] [C]
24. [A] [B] [C]
25. [A] [B] [C]

26. [A] [B] [C]
27. [A] [B] [C]
28. [A] [B] [C]
29. [A] [B] [C]
30. [A] [B] [C]
31. [A] [B] [C]
32. [A] [B] [C]
33. [A] [B] [C]
34. [A] [B] [C]
35. [A] [B] [C]
36. [A] [B] [C]
37. [A] [B] [C]
38. [A] [B] [C]
39. [A] [B] [C]
40. [A] [B] [C]

二、阅读

41. [A] [B] [C] [D] [E] [F]
42. [A] [B] [C] [D] [E] [F]
43. [A] [B] [C] [D] [E] [F]
44. [A] [B] [C] [D] [E] [F]
45. [A] [B] [C] [D] [E] [F]
46. [A] [B] [C] [D] [E] [F]
47. [A] [B] [C] [D] [E] [F]
48. [A] [B] [C] [D] [E] [F]
49. [A] [B] [C] [D] [E] [F]
50. [A] [B] [C] [D] [E] [F]

51. [A] [B] [C] [D] [E] [F]
52. [A] [B] [C] [D] [E] [F]
53. [A] [B] [C] [D] [E] [F]
54. [A] [B] [C] [D] [E] [F]
55. [A] [B] [C] [D] [E] [F]
56. [A] [B] [C] [D] [E] [F]
57. [A] [B] [C] [D] [E] [F]
58. [A] [B] [C] [D] [E] [F]
59. [A] [B] [C] [D] [E] [F]
60. [A] [B] [C] [D] [E] [F]

61. [A] [B] [C]
62. [A] [B] [C]
63. [A] [B] [C]
64. [A] [B] [C]
65. [A] [B] [C]
66. [A] [B] [C]
67. [A] [B] [C]
68. [A] [B] [C]
69. [A] [B] [C]
70. [A] [B] [C]

三、书写

71.
72.
73.
74.
75.

76. 　77. 　78. 　79. 　80.

新 HSK

실전 모의고사

3급

동양북스

일단 합격
하고 오겠습니다

정반합 新HSK

3급

실전 모의고사

동양북스

新HSK

3

급

실전 모의고사 1, 2, 3회

주의사항

★ 新HSK 3급 총 시험 시간은 약 90분이다. (응시자 개인정보 작성시간 5분 포함)

★ 듣기 영역에 대한 답안은 듣기시간 종료 후, 정해진 시간(5분) 안에 답안지 상에 마킹한다.

★ 독해와 쓰기 영역에 대한 답안은 해당 영역 시간에 직접 답안지에 작성한다.

* 정답 및 녹음 스크립트 54p

新汉语水平考试
HSK(三级)
全真模拟题 1

注　意

一、 HSK (三级) 分三部分:

　　1. 听力(40题，约35分钟)

　　2. 阅读(30题，30分钟)

　　3. 书写(10题，15分钟)

二、 听力结束后，有5分钟填写答题卡。

三、 全部考试约90分钟(含考生填写个人信息时间5分钟)。

中国　北京　　　　　　　　　　　　×××× / ××××××　编制

一、听 力

第 一 部 分

第1-5题

A

B

C

D

E

F

例如：男：喂，请问张经理在吗？

女：他正在开会，您半个小时以后再打，好吗？ | D |

1. | |

2. | |

3. | |

4. | |

5. | |

第 6 - 10 题

A

B

C

D

E

6. ☐

7. ☐

8. ☐

9. ☐

10. ☐

第 二 部 分

第 11-20 题

例如： 为了让自己更健康，他每天都花一个小时去锻炼身体。

★ 他希望自己很健康。 （ ✓ ）

今天我想早点回家。看了看手表，才5点。过了一会儿再看表，还是5点，我这才发现我的手表不走了。

★ 那块手表不是他的。 （ ✗ ）

11. ★ 他爸爸以前是个画家。 （ ）

12. ★ 他的箱子不见了。 （ ）

13. ★ 周四有王老师的课。 （ ）

14. ★ 他一天看了三十六页书。 （ ）

15. ★ 他下午和弟弟去公园。 （ ）

16. ★ 中国人用筷子的历史已经有三千多年了。 （ ）

17. ★ 这家饭馆的东西很好吃，但是太贵。 （ ）

18. ★ 真的朋友应该帮忙解决问题。 （ ）

19. ★ 她的孩子生病了。 （ ）

20. ★ 他的成绩很差。 （ ）

第 三 部 分

第 21－30 题

例如：　男：小王，帮我开一下门，好吗？谢谢！

　　　　女：没问题。您去超市了？买了这么多东西。

　　　　问：男的想让小王做什么？

　　　　A 开门 ✓　　　　　　B 拿东西　　　　　　C 去超市买东西

21．A 教室　　　　　　　B 图书馆　　　　　　C 车站

22．A 去商店了　　　　　B 去银行了　　　　　C 去喝茶了

23．A 学生　　　　　　　B 老师　　　　　　　C 校长

24．A 男的家里　　　　　B 女的家里　　　　　C 饭馆里

25．A 晴天　　　　　　　B 下雨　　　　　　　C 不知道

26．A 今天　　　　　　　B 昨天　　　　　　　C 明天

27．A 可爱　　　　　　　B 很吵　　　　　　　C 听话

28．A 同事　　　　　　　B 儿子　　　　　　　C 数学老师

29．A 汉语说不好　　　　B 上课不认真　　　　C 没有练习

30．A 苹果　　　　　　　B 西瓜　　　　　　　C 牛奶

第 四 部 分

第 31-40 题

例如： 女：晚饭做好了，准备吃饭了。

男：等一会儿，比赛还有三分钟就结束了。

女：快点儿吧，一起吃，菜冷了就不好吃了。

男：你先吃，我马上就看完了。

问：男的在做什么？

A 洗澡 　　　　　　 B 吃饭 　　　　　　 C 看电视 ✓

31. A 160元 　　　　　 B 320元 　　　　　 C 300元

32. A 同学 　　　　　　 B 老师和学生 　　　 C 妻子和丈夫

33. A 老师 　　　　　　 B 医生 　　　　　　 C 司机

34. A 左边的 　　　　　 B 右边的 　　　　　 C 两条

35. A 出租车 　　　　　 B 公共汽车 　　　　 C 自行车

36. A 找同学 　　　　　 B 关教室门 　　　　 C 找老师

37. A 16:00 　　　　　 B 15:30 　　　　　 C 15:00

38. A 会做蛋糕 　　　　 B 爱吃蛋糕 　　　　 C 想学做蛋糕

39. A 茶 　　　　　　　 B 咖啡 　　　　　　 C 果汁

40. A 上网 　　　　　　 B 看电视 　　　　　 C 看电影

二、阅 读

第一部分

第 41–45 题

A 刚才老师问我，昨天的作业是不是自己写的。

B 你一直很努力，所以我对你非常放心。你也应该相信自己。

C 您对这儿的环境满意吗？

D 你看见我的护照了吗？

E 当然。我们先坐公共汽车，然后换地铁。

F 先把药吃了，妈妈才能同意你吃水果。

例如： 你知道怎么去那儿吗？　　　　　　　　　　（ E ）

41. 在桌子上，你帽子的下面。　　　　　　　　　（　　）

42. 我可以吃根香蕉吗？　　　　　　　　　　　　（　　）

43. 当然，这里非常漂亮，又很安静。　　　　　　（　　）

44. 那你是怎么回答的？　　　　　　　　　　　　（　　）

45. 明天就要考试了，我有点害怕。　　　　　　　（　　）

第 46 – 50 题

A　今天体育课踢足球！我太高兴了！

B　坐在中间的是你奶奶吧？身体怎么样？

C　我回来了。今天太忙了，忘了告诉你我会晚点下班。

D　看来不能去爬山了。

E　那是我的英语老师，今年已经四十八岁了。

46.　电视上说，明天会下雨，还会刮大风，出门要多注意一点儿。　（　　）

47.　没关系，你先去洗澡，我去给你做饭。　（　　）

48.　如果我的腿好了，我也想跟你们一起去。　（　　）

49.　是的。她每天运动，一直很健康。　（　　）

50.　刚才和你说话的那个人是谁？真漂亮！　（　　）

第 二 部 分

第 51－55 题

> A 层　　B 脏　　C 锻炼　　D 见面　　E 声音　　F 把

例如： 她说话的（ E ）多好听啊！

51. 我们马上要开会了，请大家（　　）手机关了。

52. 洗手间在第二（　　），您坐电梯下去就到了，不远。

53. 小王很喜欢（　　），每天早上都和小李去跑步。

54. 房间太（　　）了，要好好打扫一下。

55. 我和他很长时间没有（　　）了。这次，我一定要和他好好说说话。

第 56 – 60 题

A 因为　　B 马上　　C 刻　　D 爱好　　E 只有　　F 数学

例如：　A：你有什么（ D ）？

B：我喜欢体育。

56. A：他今天怎么没有参加比赛？

B：（　　　）他感冒了。

57. A：我的（　　　）不好，总是做错题。

B：没什么，有问题我可以教你。

58. A：你快一点，饭菜都已经冷了。

B：等我做完作业，（　　　）就来！

59. A：我的手表慢了，现在是几点？

B：现在是差一（　　　）八点。

60. A：我（　　　）十块钱了，怎么办？

B：没事，我们坐公共汽车回去就行了，不用坐出租车。

第 三 部 分

第 61 - 70 题

例如： 您是来参加今天会议的吗？您来早了一点儿，现在才八点半。您先进来坐吧。

★ 会议最可能几点开始？

A 8点 B 8点半 C 9点 ✓

61. 我每次去老张家，他都会叫我在他家吃饭。

★ 老张这个人：

A 很热情 B 很年轻 C 爱听故事

62. 小王，你能走快一点儿吗？要是赶不上车，我们就要迟到了！

★ 小王：

A 迟到了 B 走得很慢 C 赶不上车

63. 刚来中国的时候，什么都觉得新鲜。三年过去了，我已经习惯这儿了。

★ 我来中国：

A 三年多了 B 不到三年 C 刚来

64. 上次去医院，医生让我吃药，太苦了。这次我可以只在家里休息吗？

★ 这次我：

A 请医生到家里来　　　B 不想吃药　　　C 要去医院

65. 你看电视的时候，离电视机远一点儿。离太近对你的眼睛不好。时间长了，要戴眼镜的。

★ 离电视太近：

A 不用戴眼睛　　　B 对眼睛不好　　　C 对眼睛好

66. 乘坐D75次列车的旅客请注意，现在是下午三点十分，您乘坐的列车还有十五分钟就要开车了。

★ 根据这句话，可以知道列车开车的时间是：

A 3:10　　　B 2:55　　　C 3:25

67. 这次考试虽然题目多，但是很容易，而且考试时间也很长，所以大家都考得很好。

★ 这次考试：

A 题目不多　　　B 时间不多　　　C 题目不难

68. 谁拿了我的包？我放在桌子上的，去了会儿洗手间，回来包就不见了。

★ 根据这段话，可以知道包：

A 在桌子上　　　B 不见了　　　C 在洗手间

69. 今天晚上有客人要来，你去买点儿果汁吧，家里的都喝完了。最好再买点儿蛋糕，冰箱里的不多了。

   ★ 家里没有什么?

   A 苹果   B 果汁   C 蛋糕

70. 我们从这里往前走，先往右转，看到医院后往左走100米会有一个书店，书店对面就是邮局。

   ★ 他们打算去什么地方?

   A 邮局   B 书店   C 医院

三、书 写

第 一 部 分

第 71－75 题

例如： 小船　　　上　　　一　　　河　　　条　　　有

河上有一条小船。

71.　很　　　自己的　　　他　　　同学　　　关心

72.　三年级　　　他弟弟　　　读　　　了

73.　学校　　　非常　　　的　　　大　　　图书馆

74.　电视上　　　熊猫　　　我　　　在　　　看见过

75.　早上　　　重要的　　　一个　　　会议　　　有

第 二 部 分

第 76-80 题

例如： 没 （ guān
关 ）系，别难过，高兴点儿。

76. 我最喜欢吃的水果是（ xī ）瓜。

77. 这家公司有很高的要（ qiú ）。

78. 他对学习没有太大的（ xìng ）趣。

79. 今天晚上的（ yuè ）亮真圆。

80. 中国是（ shì ）界上人口最多的国家。

新汉语水平考试
HSK(三级)
全真模拟题 2

注　意

一、　HSK (三级) 分三部分：

　　　1. 听力(40题，约35分钟)

　　　2. 阅读(30题，30分钟)

　　　3. 书写(10题，15分钟)

二、　听力结束后，有5分钟填写答题卡。

三、全部考试约90分钟(含考生填写个人信息时间5分钟)。

中国　北京　　　　　　　　　　　　　×××× / ×××××× 　编制

一、听 力

第 一 部 分

第1-5题

A

B

C

D

E

F

例如： 男： 喂，请问张经理在吗？

女： 他正在开会，您半个小时以后再打，好吗？　　E

1. ☐

2. ☐

3. ☐

4. ☐

5. ☐

第6-10题

A

B

C

D

E

6. ☐

7. ☐

8. ☐

9. ☐

10. ☐

第 二 部 分

> 例如： 为了让自己更健康，他每天都花一个小时去锻炼身体。
>
> ★ 他希望自己很健康。 （ ✔ ）
>
> 今天我想早点回家。看了看手表，才5点。过了一会儿再看表，
> 还是5点，我这才发现我的手表不走了。
>
> ★ 那块手表不是他的。 （ ✘ ）

11. ★ 会议在这周举行。 （ ）

12. ★ 现在找工作很容易。 （ ）

13. ★ 他每天都给女朋友打电话。 （ ）

14. ★ 他最后要去上海。 （ ）

15. ★ 他的眼睛不太好。 （ ）

16. ★ 他考试考得很好。 （ ）

17. ★ 手表看上去很新。 （ ）

18. ★ 我们每个周末都要到爷爷家。 （ ）

19. ★ 他可以把书借给大家。 （ ）

20. ★ 他每天都要送妈妈一束鲜花。 （ ）

第三部分

第21-30题

例如： 男：小王，帮我开一下门，好吗？谢谢！

女：没问题。您去超市了？买了这么多东西。

问：男的想让小王做什么？

A 开门 ✓   B 拿东西   C 去超市买东西

21．A 同事   B 老师和学生   C 服务员和顾客

22．A 家里的灯坏了   B 还书   C 借书

23．A 12:30   B 13:00   C 13:30

24．A 小李生病了   B 小李没生病   C 小李爱踢球

25．A 检查冰箱   B 去超市   C 喝牛奶

26．A 三楼   B 四楼   C 五楼

27．A 咖啡馆   B 饭馆   C 公园

28．A 没带手机   B 手机换了   C 开会

29．A 不好吃   B 怕长胖   C 吃饱了

30．A 坏了   B 吃完了   C 送人了

第 四 部 分

第31-40题

例如： 女：晚饭做好了，准备吃饭了。

男：等一会儿，比赛还有三分钟就结束了。

女：快点儿吧，一起吃，菜冷了就不好吃了。

男：你先吃，我马上就看完了。

问：男的在做什么？

A 洗澡　　　　　　B 吃饭　　　　　　C 看电视 ✓

31. A 男的不会用手机　　　B 爷爷爱看　　　　C 年级大了

32. A 孩子生病　　　　　　B 迟到了　　　　　C 生病了

33. A 工作最重要　　　　　B 钱最重要　　　　C 健康最重要

34. A 不同意借　　　　　　B 同意借一天　　　C 同意借一个月

35. A 每个月　　　　　　　B 每周　　　　　　C 每天

36. A 打电话　　　　　　　B 和朋友说话　　　C 打不到车

37. A 天气不好　　　　　　B 飞机坏了　　　　C 忘了带护照

38. A 商店　　　　　　　　B 医院　　　　　　C 家里

39. A 司机　　　　　　　　B 医生　　　　　　C 病人

40. A 经理　　　　　　　　B 经理的老同学　　C 女的

二、阅　读

第 一 部 分

第 41–45 题

A　家里只有一个人，太安静了。

B　我刚刚在看电视，没听见手机的声音。你找我有什么事吗?

C　你小心点儿，别吃得衣服上都是葡萄汁，会洗不干净的。

D　今天终于能休息了，睡了一下午，太舒服了！

E　当然。我们先坐公共汽车，然后换地铁。

F　今天和朋友忙了一天，终于把房间打扫干净了。

例如： 你知道怎么去那儿吗?　　　　　　　　　　　　　（ E ）

41．看你脏的，快去洗个澡吧。　　　　　　　　　　　　　（ 　 ）

42．她每天进门第一件事就是打开电视。　　　　　　　　　（ 　 ）

43．衣服是黑色的，弄脏了也没关系。　　　　　　　　　　（ 　 ）

44．没什么事。好久没见面了，就是想问问你最近怎么样。　（ 　 ）

45．最近一直在忙着准备考试，每天看书到很晚，累坏了。　（ 　 ）

第 46 – 50 题

A 下午有空吗？我买了很多东西，能开车来接我吗？

B 今天是阴天，你怎么还戴着太阳镜？

C 买了，每人只要五百二十元，比坐火车还便宜。

D 每次回家妈妈都会给他做很多菜。

E 不要担心，只要努力工作，什么都会有的。

46. 他上学的地方离这儿很远，周末才回家。 （　　）

47. 今天特别忙，你自己坐出租车回去吧。 （　　）

48. 我一没房，二没车，到现在还找不到女朋友。 （　　）

49. 后天去北京的机票买好了吗？ （　　）

50. 眼睛不舒服，红红的。 （　　）

第 二 部 分

第 51－55 题

A 辆   B 介绍   C 故事   D 其他   E 声音   F 要求

例如： 她说话的 （ E ）多好听啊！

51. 图书馆有很多（   ）中国文化的书。

52. 妈妈（   ）我每天晚上都要复习老师上过的课。

53. 楼下那（   ）红色的汽车是谁的？以前没见过。

54. 女儿最爱看（   ）书，家里已经买了一大箱子了。

55. 你病刚好，照顾好自己就行了，（   ）事情就不要多想了。

第 56－60 题

A 其实　　B 年轻　　C 表演　　D 爱好　　E 还是　　F 关心

例如：　A：你有什么（　D　）？

　　　　B：我喜欢体育。

56.　A：这葡萄真新鲜，就买这种吧？

　　　B：你别看这葡萄长得大，颜色也好看，（　　　）一点儿也不甜。

57.　A：你想来杯咖啡（　　　）牛奶？

　　　B：牛奶吧，晚上喝咖啡会睡不着的。

58.　A：爸爸一天到晚说我这儿不好，那儿不好，我做什么他都不满意！

　　　B：他这是（　　　）你，想让你做得更好。

59.　A：今天晚上的（　　　）怎么样？

　　　B：你没去太可惜了，我最喜欢里面的小狗做数学题。

60.　A：给我介绍个男朋友吧，我妈妈都急坏了。

　　　B：你才二十六岁，还很（　　　），慢慢找，总会遇到自己喜欢的。

第 三 部 分

第 61 - 70 题

例如：您是来参加今天会议的吗？您来早了一点儿，现在才八点半。您先进来坐吧。

★ 会议最可能几点开始？

A 8点　　　　　　B 8点半　　　　　　C 9点 ✓

61. 这几天脚疼得不能走路，要好好休息一下，周末不能和你们一起去爬山了。你们好好玩儿，多拍些照片回来给我看。

★ 大家周末打算：

A 休息一下　　　　B 爬山　　　　　　C 睡觉

62. 不要开门，我男朋友在外面，他已经一个星期没给我打电话了，我不想和他说话了。

★ 根据这段话，可以知道说话人：

A 在生男朋友的气　　B 在等男朋友的电话　　C 打算给男朋友开门

63. 教室左边是一张中国地图，右边是一张世界地图，后面的墙上什么也没有，我们打算在那儿放些同学的照片。

★ 教室后面有：

A 地图　　　　　　B 照片　　　　　　C 没有东西

64. 为了锻炼身体，我每天先坐电梯到六楼，然后再走五层楼梯到办公室。

   ★ 办公室在几楼？

   A 六楼　　　　　　B 五楼　　　　　　C 十一楼

65. 他喜欢一边听音乐，一边写作业，所以总是很慢，每天要到十一点才能做
   完。这个习惯真不好。

   ★ 他为什么很晚睡觉？

   A 作业多　　　　　B 写作业时听音乐　　C 睡不着

66. 我忘了把手机放哪儿了。上课的时候，我用它看过时间。中午吃完饭回家，
   我一直边走边打电话。到家开门的时候，我把它放进了包里，然后就再也没
   出过门。

   ★ 手机可能在：

   A 教室　　　　　　B 饭馆　　　　　　C 家里

67. 小李爱漂亮，每次吃饭前都要先喝一杯水，让自己觉得饱了，这样就可以少
   吃一点儿饭了。

   ★ 小李想：

   A 变瘦　　　　　　B 变胖　　　　　　C 变年轻

68. 我要出国了，这些书也带不走。如果你想看，就到我房间去拿，只要别忘了还就行。

　　★ 这些书：

　　　　A 要带出国　　　　　　B 可以借　　　　　　C 不要了

69. 南方的春天像孩子的脸，一会儿哭，一会儿笑，刚刚还下着雨，现在太阳又出来了。

　　★ 南方的春天：

　　　　A 经常下雨　　　　　　B 经常晴天　　　　　C 天气变化很快

70. 我记得以前这儿有个电影院，旁边是个大商店，现在都变成公园了。十多年没回家，都不认识这儿了。

　　★ 现在这儿是：

　　　　A 电影院　　　　　　　B 商店　　　　　　　C 公园

三、书 写

第 一 部 分

第 71 - 75 题

例如： 小船　　　上　　　一　　　河　　　条　　　有

河上有一条小船。

71. 同学的　　　护照　　　我　　　这是

72. 很认真　　　听得　　　上课　　　他

73. 裙子　　　极了　　　妈妈的　　　漂亮

74. 他　　　衣服　　　洗得　　　把　　　很干净

75. 骑　　　图书馆　　　他　　　自行车　　　去

第 二 部 分

第 76 - 80 题

> guān
> 例如：没（ 关 ）系，别难过，高兴点儿。

76. 天气太热了，能给我一杯（ bīng ）水吗？

77. 今天晚上你打算表演什么节（ mù ）？

78. 他们家姐（ mèi ）两个都很漂亮。

79. 公园里有很多小（ niǎo ）在叫。

80. 生日的时候，姐姐送给我一条红色的（ qún ）子。

新汉语水平考试
HSK(三级)
全真模拟题 3

注　意

一、　HSK (三级) 分三部分：

　　　1. 听力(40题，约35分钟)

　　　2. 阅读(30题，30分钟)

　　　3. 书写(10题，15分钟)

二、　听力结束后，有5分钟填写答题卡。

三、全部考试约90分钟(含考生填写个人信息时间5分钟)。

中国　北京 　　　　　　　　　　　　　××××/×××××× 　编制

一、听 力

第 一 部 分

第1–5题

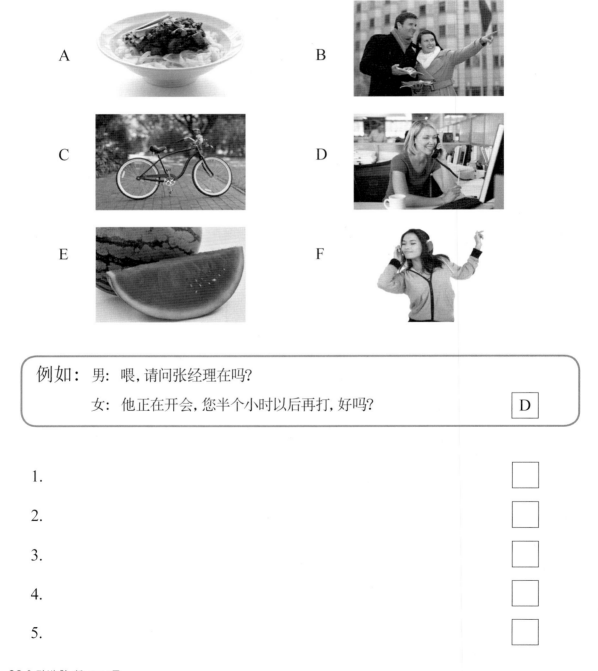

例如： 男： 喂, 请问张经理在吗?

女： 他正在开会, 您半个小时以后再打, 好吗?   D

1.

2.

3.

4.

5.

第 6 - 10 题

A

B

C

D

E

6.

7.

8.

9.

10.

第 二 部 分

第 11 - 20 题

例如： 为了让自己更健康，他每天都花一个小时去锻炼身体。

★ 他希望自己很健康。 （ ✓ ）

今天我想早点回家。看了看手表，才5点。过了一会儿再看表，
还是5点，我这才发现我的手表不走了。

★ 那块手表不是他的。 （ ✗ ）

11. ★ 他没看见过下雪。 （   ）

12. ★ 他是数学老师。 （   ）

13. ★ 他要先去图书馆借书。 （   ）

14. ★ 她搬家时拿了四个旅行箱。 （   ）

15. ★ 大家考得很好。 （   ）

16. ★ 晚上有很多人来做客。 （   ）

17. ★ 他每天都去图书馆。 （   ）

18. ★ 他对这儿的房子不太满意。 （   ）

19. ★ 新买的鞋子不合适。 （   ）

20. ★ 大家打算今天晚上一起看电视。 （   ）

第 三 部 分

第21-30题

例如： 男：小王，帮我开一下门，好吗？谢谢！

女：没问题。您去超市了？买了这么多东西。

问：男的想让小王做什么？

A 开门 ✓   B 拿东西   C 去超市买东西

21. A 桌子   B 箱子   C 钱包

22. A 生病了   B 很累   C 吃饱了

23. A 男人的妹妹   B 男人的姐姐   C 男人的女朋友

24. A 女的瘦了   B 女的还是很胖   C 女的要多运动

25. A 经常去北京   B 第一次去北京   C 没去过北京

26. A 第一次   B 第二次   C 第三次

27. A 商店   B 图书馆   C 教室

28. A 喜欢老家的环境   B 喜欢这个公司   C 公司环境好

29. A 这周日   B 下周末   C 下周六

30. A 中国的南方   B 中国的北方   C 普通话

第 四 部 分

第 31-40 题

> 例如： 女：晚饭做好了，准备吃饭了。
>
> 　　　男：等一会儿，比赛还有三分钟就结束了。
>
> 　　　女：快点儿吧，一起吃，菜冷了就不好吃了。
>
> 　　　男：你先吃，我马上就看完了。
>
> 　　　问：男的在做什么？
>
> 　　　A 洗澡　　　　　　　B 吃饭　　　　　　　C 看电视 ✔

31. A 游泳　　　　　　　B 打篮球　　　　　　C 长跑

32. A 300元　　　　　　 B 150元　　　　　　　C 160元

33. A 买水果　　　　　　B 卖水果　　　　　　C 和女孩说话

34. A 电影院　　　　　　B 商店　　　　　　　C 银行

35. A 丈夫和妻子　　　　B 服务员和经理　　　C 医生和病人

36. A 出国　　　　　　　B 爬山　　　　　　　C 在家休息

37. A 办公室　　　　　　B 饭馆　　　　　　　C 家里

38. A 去医院　　　　　　B 吃药　　　　　　　C 睡觉

39. A 两个人　　　　　　B 三个人　　　　　　C 四个人

40. A 到公司打电话　　　B 公司有急事　　　　C 公司没有人

二、阅 读

第 一 部 分

第 41–45 题

> A 她上课去了。你找她有什么事吗？
>
> B 等天再热一点的时候，现在还太冷了。
>
> C 学校太大了，从住的地方走到教室需要半个小时。
>
> D 火车马上就要进站了，大家把东西都检查一下，别丢了。
>
> E 当然。我们先坐公共汽车，然后换地铁。
>
> F 我那两天有空，到时候过来给你帮忙。

例如： 你知道怎么去那儿吗？　　　　　　　　　　（ E ）

41. 买辆自行车吧，这样会方便一点儿。　　　　　（　　）

42. 这周末我打算搬家了。　　　　　　　　　　　（　　）

43. 我想学游泳，你能教教我吗？　　　　　　　　（　　）

44. 请问王老师在吗？我是她以前的学生。　　　　（　　）

45. 我只有一个包和一个行李箱，都准备好了。　　（　　）

第 46-50 题

A 我们认识的时间很短，才两三天。

B 昨天工作忙，把女儿的生日都忘了。

C 这照片上的人是谁？

D 我在火车站花了三个小时还没买到票。

E 你有没有发现小李最近变化很大？

46. 你不知道吗？现在可以上网买了，又快又方便。 （   ）

47. 她一定不高兴了吧？ （   ）

48. 他最近有了一个很不错的女朋友，所以工作越来越努力了。 （   ）

49. 你看这两只大耳朵，一定是老王年轻的时候。 （   ）

50. 除了名字，其他的我就什么都不知道了。 （   ）

第 二 部 分

第 51-55 题

A 一会儿   B 注意   C 热情   D 为了   E 声音   F 音乐

例如： 她说话的（ E ）多好听啊！

51. （   ）让孩子有一个更好的学习环境，他每天工作到很晚。

52. 他什么也没说，只是上来坐了（   ）。

53. 你一个人在外面要多（   ）自己身体，不要让大家担心。

54. 他觉得（   ）就是他的太阳，唱歌比做什么都快乐。

55. 小王这个人很（   ），爱帮助人，工作也很认真。大家都很喜欢他。

第 56 – 60 题

A 完成　　B 跟　　C 清楚　　D 爱好　　E 愿意　　F 街道

例如：　A：你有什么（　D　）？

　　　　B：我喜欢体育。

56.　A：真是气死我了，这孩子太不听话了！

　　　B：你好好（　　）他说，打孩子不能解决问题。

57.　A：关于明天旅游的事情，大家都听（　　）了吗?

　　　B：都明白了，有问题再打你电话。

58.　A：妈妈，我想看篮球比赛，今天是最后一场了。

　　　B：作业都（　　）了吗?

59.　A：看好孩子，别让他乱跑，（　　）上的车太多了。

　　　B：放心吧，都这么大了，不会有事的。

60.　A：吃完饭，你（　　），和我一起出去走走吗?

　　　B：今天有点累了，不想动。

第 三 部 分

第 61 - 70 题

例如：您是来参加今天会议的吗？您来早了一点儿，现在才八点半。您先进来
坐吧。

★ 会议最可能几点开始？

A 8点　　　　　　　B 8点半　　　　　　C 9点 ✓

61. 明天别忘了多带件衣服，虽然天气好，山脚下热，但上山以后，越高越冷，
特别容易感冒。

★ 为什么要多带一件衣服？

A 天气不好　　　　　B 山上冷　　　　　　C 下山的时候冷

62. 杭州是个非常漂亮的城市，特别是春天，花也开了，树也绿了，天气也很舒
服，不冷不热的。所以这时候来旅游的人特别多。

★ 杭州的春天：

A 旅游的人很多　　　B 常下雨　　　　　　C 空气好

63. 有了手机以后很方便，可以打电话。听音乐，还可以拍照片，但老王还是不
喜欢。他觉得带着手机，时间就不是自己的了。

★ 根据这段话，可以知道老王：

A 不爱用手机　　　　B 觉得手机很方便　　C 喜欢用手机拍照

64. 昨天晚上，我和公司的同事一起去看了小王的儿子。孩子才一个月大，很可爱。大家都觉得他长得像爸爸，特别是鼻子和嘴巴，和爸爸几乎一样。

    ★ 根据这段话，可以知道孩子：

    A 像妈妈　　　　　B 像小王　　　　　C 谁都不像

65. 儿子刚住校的时候，我很担心，因为他在家什么都不会，现在，他能自己洗衣服、鞋子，能自己按时起床学习，周末还会做饭给大家吃。我和他爸爸都很高兴。

    ★ 我们很高兴，是因为儿子：

    A 住校了　　　　　B 会洗衣服了　　　　C 会照顾自己了

66. 女儿五岁了，第一次骑自行车的时候很害怕，一直哭。现在她每天都要到楼下的公园里骑一会儿，不到吃饭的时间还不愿意回家。

    ★ 根据这段话，可以知道女儿：

    A 害怕骑车　　　　B 喜欢骑车　　　　C 不喜欢回家

67. 公司里有两个同事都叫王阳，年轻的那个个子很高，大家觉得叫他小王不合适，就叫他大王。另一个年纪大一点儿的，大家叫他老王。

    ★ 为什么叫"大王"？

    A 个子高　　　　　B 年轻　　　　　C 年纪大

68. 爸爸最近经常在公司工作到很晚才回来，每天只睡几个小时，周末也不能休息，人都瘦了。我和妈妈都很担心他的身体。

★ 根据这段话，可以知道爸爸：

A 喜欢在周末工作　　B 每天都睡不着　　C 工作很忙

69. 大家好，飞机马上就要起飞了，为了您的安全，请关掉您的手机。

★ 大家可能在：

A 机场　　　　　　　B 车站　　　　　　　C 飞机上

70. 我最近身体不太好，医生说不想生病就要多运动。没办法，只好每天下班后和朋友一起打半个小时的篮球。

★ 根据这段话，可以知道我：

A 爱打篮球　　　　　B 不爱运动　　　　　C 爱运动

三、书 写

第 一 部 分

第 71－75 题

例如： 小船　　上　　一　　河　　条　　有

　　　　<u>河上有一条小船。</u>

71. 很　　他　　唱歌　　喜欢

72. 上星期　　新买的　　是　　这辆车

73. 厨房里　　水果　　很多　　有　　新鲜的

74. 她　　去　　经常　　骑车　　学校

75. 猫　　吃了　　那条　　鱼　　被

第 二 部 分

第 76 – 80 题

例如： 没 （ 关guān ） 系，别难过，高兴点儿。

76. 他高兴 （ de ） 跳了起来。

77. 我不在的时候，你自 （ jǐ ） 要多注意身体。

78. 放心吧，这张五十元是 （ zhēn ） 的。

79. 你中 （ wǔ ） 有事儿吗？能帮我个忙吗？

80. 今天 （ bì ） 须把所有的房间打扫完。

新HSK

3

급

정답 및
녹음 스크립트

〈제1회〉정답

一、听力

第一部分
1. E	2. A	3. C	4. B	5. F
6. A	7. E	8. B	9. C	10. D

第二部分
11. ✕	12. ✓	13. ✓	14. ✕	15. ✓
16. ✓	17. ✕	18. ✓	19. ✕	20. ✕

第三部分
21. B	22. C	23. A	24. B	25. C
26. B	27. B	28. C	29. A	30. B

第四部分
31. C	32. C	33. B	34. C	35. B
36. C	37. A	38. C	39. A	40. C

二、阅读

第一部分
41. D	42. F	43. C	44. A	45. B
46. D	47. C	48. A	49. B	50. E

第二部分
51. F	52. A	53. C	54. B	55. D
56. A	57. F	58. B	59. C	60. E

第三部分

61. A	62. B	63. A	64. B	65. B
66. C	67. C	68. B	69. B	70. A

三、书写

第一部分

71. 他很关心自己的同学。

72. 他弟弟读三年级了。

73. 学校的图书馆非常大。

74. 我在电视上看见过熊猫。

75. 早上有一个重要的会议。

第二部分

76. 西

77. 求

78. 兴

79. 月

80. 世

〈제2회〉 정답

一、听力

第一部分
1. C	2. A	3. F	4. B	5. D
6. C	7. D	8. A	9. B	10. E

第二部分
11. ×	12. ×	13. ✓	14. ×	15. ✓
16. ×	17. ✓	18. ×	19. ×	20. ×

第三部分
21. A	22. A	23. C	24. B	25. B
26. C	27. A	28. C	29. B	30. B

第四部分
31. B	32. A	33. C	34. A	35. B
36. C	37. C	38. A	39. A	40. B

二、阅读

第一部分
41. F	42. A	43. C	44. B	45. D
46. D	47. A	48. E	49. C	50. B

第二部分
51. B	52. F	53. A	54. C	55. D
56. A	57. E	58. F	59. C	60. B

第三部分

| 61. B | 62. A | 63. C | 64. C | 65. B |
| 66. C | 67. A | 68. B | 69. C | 70. C |

三、书写

第一部分

71. 这是我同学的护照。

72. 他上课听得很认真。

73. 妈妈的裙子漂亮极了。

74. 他把衣服洗得很干净。

75. 他骑自行车去图书馆。

第二部分

76. 冰

77. 目

78. 妹

79. 鸟

80. 裙

〈제3회〉정답

一、听力

第一部分
1. C	2. F	3. E	4. B	5. A
6. C	7. D	8. B	9. A	10. E

第二部分
11. √	12. ×	13. ×	14. ×	15. √
16. √	17. ×	18. √	19. √	20. ×

第三部分
21. C	22. A	23. B	24. B	25. A
26. B	27. C	28. A	29. A	30. C

第四部分
31. C	32. B	33. C	34. A	35. A
36. B	37. A	38. C	39. A	40. B

二、阅读

第一部分
41. C	42. F	43. B	44. A	45. D
46. D	47. B	48. E	49. C	50. A

第二部分
51. D	52. A	53. B	54. F	55. C
56. B	57. C	58. A	59. F	60. E

第三部分

61. B	62. A	63. A	64. B	65. C
66. B	67. A	68. C	69. C	70. B

三、书写

第一部分

71. 他很喜欢唱歌。

72. 这辆车是上星期新买的。

73. 厨房里有很多新鲜的水果。

74. 她经常骑车去学校。

75. 那条鱼被猫吃了。

第二部分

76. 得

77. 己

78. 真

79. 午

80. 必

〈제1회〉 녹음 스크립트

(音乐，30 秒，渐弱)

大家好！欢迎参加 HSK(三级)考试。
大家好！欢迎参加 HSK(三级)考试。
大家好！欢迎参加 HSK(三级)考试。

HSK(三级)听力考试分四部分,共40题。
请大家注意,听力考试现在开始。

第 一 部 分

一共10个题，每题听两次。

例如： 男: 喂，请问张经理在吗?

女: 他正在开会，您半个小时以后再打，好吗?

现在开始第1到第5题:

1. 男: 看我给你买了什么礼物！
   女: 啊！好可爱的小狗！谢谢！

2. 女: 这个杯子很漂亮，多少钱?
   男: 您挑的这个杯子有点贵，要25元。

3. 女: 你每天都骑自行车上班吗?
   男: 是的，路上车太多，还是骑自行车比较快。

4. 女: 今天下午我想去商店买双鞋，你能和我一起去吗?
   男: 当然可以啊，我也正想买一双呢。

5.　男：刷牙的时候要注意些什么?

　　女：每天早晚两次，每次三到五分钟。上上下下、里里外外都要刷。

现在开始第6到第10题：

6.　女：天太热了，水都喝完了。我能喝点儿河里的水吗?

　　男：不行，河里的水不干净。

7.　男：真漂亮，这些照片都是你拍的吗?

　　女：是的。我很喜欢拍照。来，我来给你拍一张。

8.　女：我姐姐是我们学校的医生，老师和学生都很喜欢她。

　　男：我去她那儿看过病，也很喜欢她。长得很漂亮，说话的时候一直笑着。

9.　女：这么冷的天，你们穿得太少了，小心感冒。

　　男：没关系的，我们男生打篮球时都这样。

10.　男：这是什么花? 真漂亮！

　　女：我也不知道，但我一直很喜欢。

第 二 部 分

一共10个题，每题听两次。

例如：　为了让自己更健康，他每天都花一个小时去锻炼身体。

　　　　★ 他希望自己很健康。 （ ✓ ）

　　　　今天我想早点回家。看了看手表，才5点。过了一会儿再看表， 还是5点，我这才发现我的手表不走了。

　　　　★ 那块手表不是他的。 （ ✗ ）

现在开始第11题：

11. 我爸爸以前是个老师，现在成了画家，我以后也想当个画家。
    ★ 他爸爸以前是个画家。

12. 昨天在机场的时候，有人把我的箱子拿错了，我到现在还没找到。
    ★ 他的箱子不见了。

13. 明天是周四，我又可以上王老师的课了。我很喜欢听他讲中国的文化。
    ★ 周四有王老师的课。

14. 你看书越来越快了，昨天看见你才读第五页，今天已经到三十六页了。
    ★ 他一天看了三十六页书。

15. 刚才妈妈给我打电话，让我和弟弟去公园玩儿， 所以下午我不能去图书馆了。
    ★ 他下午和弟弟去公园。

16. 筷子在中国有三千多年了。在中国，几乎所有地方都能看见筷子。
    ★ 中国人用筷子的历史已经有三千多年了。

17. 学校旁边有一家饭馆，里面的东西很好吃，而且也不是太贵。
    ★ 这家饭馆的东西很好吃，但是太贵。

18. 真的朋友会和你一起高兴，也会帮你一起解决问题。
    ★ 真的朋友应该帮忙解决问题。

19. 你把空调关了吧，太冷了。孩子睡着了，会生病的。
    ★ 她的孩子生病了。

20. 我昨天参加了汉语考试。因为没有好好复习，所以现在很担心自己的成绩会很差。
    ★ 他的成绩很差。

第 三 部 分

例如：男：小王，帮我开一下门，好吗？谢谢！

女：没问题。您去超市了？买了这么多东西。

问：男的想让小王做什么？

现在开始第21题：

21. 男：你怎么拿了这么多书？我帮你拿点儿吧。

女：谢谢。我刚才去图书馆了，都是刚借的书。

问：女的刚才去哪里了？

22. 男：你终于回家了，怎么这么晚？做什么去了？

女：去银行的时候遇到个朋友，就一起去喝了杯茶。

问：女的为什么这么晚回家？

23. 男：同学们，今天我们班来了位新同学。

女：大家好，我刚来，对学校不太了解。以后请大家多照顾。

问：女的是做什么的？

24. 女：坐吧，在我家不要客气，桌上有水果。你要喝茶，还是咖啡？

男：谢谢，我不渴，你不用忙了。

问：他们在哪里？

25. 男：今天天气真不错，出来走走很舒服，对身体也好。

女：是啊，太阳真好，一点儿也不冷！明天还有太阳吗？

问：明天天气怎么样？

26. 男：好漂亮的裙子，你刚买的吗？

女：这是同事昨天送给我的生日礼物。我很喜欢，所以今天就穿上了。

问：女的什么时候生日？

27. 女：小王家的狗可听话了，让它坐它就坐，让它站它就站，真可爱！

男：好是好，但是太吵了。

28. 男：刚刚和你说话的那个人是你同事吗？

女：不是，他是我儿子的数学老师。

29. 男：我上课一直很认真，可就是说不好汉语。

女：不要着急，提高汉语水平需要练习很长时间。

30. 男：你都买了些什么啊？这么重，都快拿不动了。

女：不多，只有一点苹果、面包和牛奶。今天的西瓜不太新鲜，就没有买。

第 四 部 分

一共10个题，每题听两次。

例如：女：晚饭做好了，准备吃饭了。

男：等一会儿，比赛还有三分钟就结束了。

女：快点儿吧，一起吃，菜冷了就不好吃了。

男：你先吃，我马上就看完了。

问：男的在做什么？

现在开始第31题：

31. 男：你好，请问还有房间吗？

女：有，一晚上一百六十元，请问您住几晚？

男：我住两个晚上，能便宜点儿吗？

女：那就三百吧，不能再便宜了。

问：两天一共需要多少钱？

32. 女：叫了你好多遍了，饭都凉了，快出来吃饭。

男：你先吃吧，我等会儿来。

女：做什么呢？这么认真。

男：公司里的事，有点儿急。

问：他们是什么关系？

33. 女：我最近总是头疼，您帮我看看是怎么了。

男：什么时候开始疼的？

女：应该有一个星期了，白天忙，不太疼，到了晚上特别疼。

男：工作太累了，在家好好休息几天就会好的。

问：男的是做什么的？

34. 男：这两条裤子哪条比较好看？

女：都不错。我更喜欢左边那条。你都穿一穿吧，看看哪条更舒服。

男：行，那我都试试。

女：你穿好了我再看看。

问：男的要穿哪条裤子？

35. 男：你今天怎么迟到了？

女：对不起，上班的时候自行车突然出问题了。

男：后来怎么办？

女：没有出租车，只好坐公共汽车了。

问：女的怎么去上班的？

36. 男：教室里还有人吗？

女：都走了。已经关门了。

男：这下坏了，我把书忘在教室里了！

女：快去找老师吧，他才刚走一会儿。

问：男的最可能要做什么？

37. 男：现在几点了？

女：三点半，怎么了？

男：我要去火车站了，我弟弟还有半小时就到了。

女：那我陪你一起去吧。

问：男人的弟弟几点到火车站？

38. 男：快来尝尝我刚做好的蛋糕。

女：真好吃！怎么做的？一定很难吧？

男：一点儿也不难。如果你想学，我可以教你。

女：真的吗？那我先谢谢你了！

问：关于女的，可以知道什么？

39. 男：两位要喝点什么？

女：我要一杯果汁，他要一杯咖啡。

男：不好意思，我们这儿的果汁今天已经卖完了。

女：那把果汁换成茶吧。

问：女的喝什么？

40. 男：周末的时候，你喜欢做什么？

女：我一般都在家上网或者看电视。

男：明天是周末，我带你去看电影怎么样？

女：太好了！好久没看电影了。

问：女的周末打算做什么？

听力考试现在结束。

（音乐，30 秒，渐弱）

大家好! 欢迎参加 HSK(三级)考试。
大家好! 欢迎参加 HSK(三级)考试。
大家好! 欢迎参加 HSK(三级)考试。

HSK(三级)听力考试分四部分,共40题。
请大家注意,听力考试现在开始。

第 一 部 分

一共10个题，每题听两次。

例如：男：喂，请问张经理在吗?

女：他正在开会，您半个小时以后再打,好吗?

现在开始第1到第5题:

1. 男：能借一下你的手机吗? 我的手机没电了。
    女：刚刚一直在用手机看电影，现在也没电了。

2. 男：第一次来，不知道吃什么，有什么特别的菜吗?
    女：尝尝我们这儿的鱼吧，点的人很多。

3. 女：听说你买车了，挺贵的吧? 什么时候带大家出去玩玩儿吧?
    男：你弄错了，我只是换了辆自行车。

4. 女：这电脑都用了七八年了，越来越慢了。周末我们去买台新的吧?
    男：等不能用了再换吧。

5. 男：最近鼻子老不舒服。

   女：春天花开得多，很多人鼻子都不舒服。没什么大问题，吃点药就好了。

现在开始第6到第10题：

6. 女：一楼有只小狗，特别可爱，我们也买一只吧？

   男：我们住五楼，养狗不方便。

7. 女：我又变瘦了，去年买的裙子都穿不上了。

   男：下午让妈妈带你去买一条新的。

8. 男：我前两天买了双鞋，但是有点儿小，可以换一双吗？

   女：如果是干净的，就可以换。

9. 女：你在做什么呀，这么晚了还不睡？

   男：看书呢，刚买的，里面的故事很有意思。

10. 男：今天周六，我们两个一起把家里打扫一下吧。

    女：明天吧。工作了这么多天，太累了，我还想再睡会儿。

第 二 部 分

> 一共10个题，每题听两次。

例如： 为了让自己更健康，他每天都花一个小时去锻炼身体。

   ★ 他希望自己很健康。 （ ✓ ）

   今天我想早点回家。看了看手表，才5点。过了一会儿再看表， 还是5点，我这才发现我的手表不走了。

   ★ 那块手表不是他的。 （ ✗ ）

现在开始第11题：

11. 参加下星期会议的有三百多人，你们准备得怎么样了？最近都忙坏了吧？

    ★ 会议在这周举行。

12. 现在找工作不是一件容易的事情。如果你成绩不好，做事又不认真，是很难找到工作的。

    ★ 现在找工作很容易。

13. 我女朋友出国了，两个地方时间不一样。为了能和女朋友通电话，我每天晚上要等到很晚。

    ★ 他每天都给女朋友打电话。

14. 我打算放假了出去旅游。我都想好了，先去杭州，再去上海，最后去北京。一路向北走。

    ★ 他最后要去上海。

15. 戴上眼镜，看得清楚多了。再也不用担心看不见黑板上的字了。

    ★ 他的眼睛不太好。

16. 你别哭了，眼睛都红了。考试没考好吗？没关系的，努力过就行了。

    ★ 他考试考得很好。

17. 这块手表是爸爸送给妈妈的结婚礼物，妈妈一直保护得很好，所以看上去还和新的一样。

    ★ 手表看上去很新。

18. 爷爷今年快八十了，可他特别喜欢新东西。去年他还买了台电脑，学会了上网。现在我们每个周末都要在网上见一面。

    ★ 我们每个周末都要到爷爷家。

19. 这本书很重要，想了解中国文化的同学都应该看看。我这儿只有一本，大家如果要看，可以去图书馆借或者上网买。

    ★ 他可以把书借给大家。

20. 妈妈每天除了到公司上班，还要照顾我和爸爸，是家里最累的人。所以在她生日那天，我送了她一束鲜花，希望她一直年轻漂亮。

    ★ 他每天都要送妈妈一束鲜花。

第 三 部 分

例如：男：小王，帮我开一下门，好吗？谢谢！

女：没问题。您去超市了？买了这么多东西。

问：男的想让小王做什么？

现在开始第21题：

21. 男：我刚来这儿工作，以后请大家多照顾。

女：欢迎你到我们公司来。

问：他们最可能是什么关系？

22. 女：房间的灯坏了怎么办？晚上还要准备明天的考试呢。

男：去图书馆看吧。

问：男的为什么让女的去图书馆？

23. 男：你是下午一点钟到吗？我到火车站去接你。

女：火车要晚半小时到。

问：女的几点到？

24. 女：听说小李生病了，我们去医院看看他吧？

男：我刚和他在操场上踢完球。

问：男的什么意思？

25. 男：你去超市前先检查一下冰箱，看看还有些什么，别又买多了。

女：已经看过了，牛奶没有了。

问：女的打算做什么？

26. 男：下午来一下我的办公室，在四楼。如果我不在，就到楼上的会议室找我。

女：好的，我知道了。

问：会议室在几楼？

27. 男：好久没见了，找个地方坐坐吧。

    女：想不想喝杯咖啡？

    问：他们可能要去哪儿？

28. 女：下午给你打电话，怎么不接呢？

    男：开了一整天的会，所以就把手机关了。

    问：男的为什么没接电话？

29. 男：怎么吃那么少？东西不好吃吗？

    女：晚上吃多了会长胖，不敢吃。

    问：女的为什么吃得少？

30. 男：我昨天买的葡萄呢？

    女：天太热，我怕坏了，就都吃了。

    问：葡萄怎么了？

第 四 部 分

一共10个题，每题听两次。

例如： 女：晚饭做好了，准备吃饭了。

     男：等一会儿，比赛还有三分钟就结束了。

     女：快点儿吧，一起吃，菜冷了就不好吃了。

     男：你先吃，我马上就看完了。

     问：男的在做什么？

现在开始第31题：

31. 女：你为什么每天买这么多报纸？

    男：因为我爷爷最爱看报纸。

    女：用手机和电脑更方便，而且里面的东西更多、更新。

    男：是的，但爷爷年纪大了，不会用。

    问：男的为什么每天买报纸？

32. 女：开会的人都到齐了吗？

男：除了老王，大家都已经到了。

女：给他打个电话，问问为什么还没来。

男：他昨天已经和经理说过了，孩子生病没人照顾。

问：老王为什么没来开会？

33. 女：你最近怎么了？看上去很累。

男：最近很忙，好多天没好好睡了。

女：工作虽然很重要，但健康更重要。

男：谢谢，我会注意休息的。

问：女的什么意思？

34. 女：哥哥，明天能把照相机借我用用吗？

男：你不是有手机吗？一样都能照。

女：手机不如照相机好，我就借一天。

男：上次你也说一天，结果用了一个月才还我。

问：男的什么意思？

35. 男：医生今天怎么说？好点了吗？

女：差不多了，但这个月要每周检查一次。

男：这个月少看书，电视和电脑就不要看了。

女：知道了，我会让眼睛多休息的。

问：女的多长时间检查一次？

36. 男：你怎么这么晚才回来？家里都担心坏了。

女：下雨天打不到车，等了一个多小时。

男：那你也应该先打个电话说一声。

女：等车的时候和朋友说着话，就忘了打电话了。下次一定注意。

问：女的为什么回来晚了？

37. 男：小张去哪儿了？一上午都没看见他。

女：去机场了，但马上又要回来了。

男：为什么？天气不好，飞机飞不了吗？

女：不是，我看见他的护照在桌子上。

问：小张为什么要回来？

38. 女：三岁的孩子喝这种牛奶最好。

男：但我们家孩子不爱喝。

女：喝牛奶对身体好。这个水果味儿的，孩子都爱喝。

男：那先买几盒试试，要是喜欢，下次再来。

问：他们可能在什么地方？

39. 女：师傅，去医院，请您开快一点儿。

男：路上车太多了，快不了。

女：孩子发烧了，急着看医生。

男：那我换一条路，远一点，但是车少，能早点到。

问：男的可能是做什么的？

40. 女：经理，早上您不在，有个人找了您好多次。

男：有什么事儿吗？

女：他说请您给他回个电话，这是他的号码。

男：哦，是我以前的老同学。

问：谁找男的？

听力考试现在结束。

(音乐，30秒，渐弱)

大家好! 欢迎参加 HSK(三级)考试。
大家好! 欢迎参加 HSK(三级)考试。
大家好! 欢迎参加 HSK(三级)考试。

HSK(三级)听力考试分四部分,共40题。
请大家注意,听力考试现在开始。

第 一 部 分

一共10个题，每题听两次。

例如：男：喂，请问张经理在吗?
　　　女：他正在开会，您半个小时以后再打,好吗?

现在开始第1到第5题：

1.　男：走路过去有点儿远，我们骑自行车过去吧， 这样可以快一点儿。
　　女：但是我不会骑车。

2.　男：我发现你很爱听中文歌。
　　女：听说学唱歌可以提高汉语水平，所以有空的时候就听一听。

3.　女：现在的西瓜可真贵，这么一小块要五块钱。
　　男：西瓜是夏天的水果，冬天只有南方才有，当然就贵了。

4.　男：请问火车站怎么走?
　　女：一直向前就到了，但有点远，要走半个多小时。

5. 男：这菜是怎么做的？真好吃，比饭馆的还好！

    女：哪里，你太会说话了。喜欢就好。

现在开始第6到第10题：

6. 男：外面下雨吗？我没戴眼镜，看不清楚。

    女：大家都打着伞，应该是下雨了。

7. 女：喂，你有空吗？能帮我上网买个东西吗？

    男：你说吧，要买什么？我现在在电脑前。

8. 男：你知道经理去哪儿了吗？找了一天也没找着。

    女：他今天去上海了，现在应该在飞机上。

9. 男：喝点什么？这么热的天，啤酒怎么样？

    女：我今天开车，不能喝酒。

10. 女：你刚工作，买个便宜的手机就行了。

    男：我也是这么想的，六百多那个就差不多了。

第 二 部 分

一共10个题，每题听两次。

例如： 为了让自己更健康，他每天都花一个小时去锻炼身体。

    ★ 他希望自己很健康。 （ ✓ ）

    今天我想早点回家。看了看手表，才5点。过了一会儿再看表，还是5点，我这才发现我的手表不走了。

    ★ 那块手表不是他的。 （ ✗ ）

现在开始第11题:

11. 在我们国家，没有冬天，一年四季都很热，所以来北京以后，我天天都希望能快点下雪。

    ★ 他没看见过下雪。

12. 我是你们的汉语老师，大家以后可以叫我王老师。刚来这个班，对大家还不是很了解。下面请大家做一下自我介绍。

    ★ 他是数学老师。

13. 我得先去图书馆，然后再和你们一起去唱歌。上次借的书一直忘了还，今天是最后一天，必须要还了。

    ★ 他要先去图书馆借书。

14. 上次出门，一共才三天，她就带了四个旅行箱。不知道她是在旅行，还是在搬家。

    ★ 她搬家时拿了四个旅行箱。

15. 李老师一边唱着歌，一边走进教室，看上去高兴极了。大家的考试成绩一定都很不错。

    ★ 大家考得很好。

16. 晚上要来很多客人，可能会坐不下。把桌子搬到客厅中间吧，这样可以多坐一些人。

    ★ 晚上有很多人来做客。

17. 他一直很努力，除了周日晚上和同学出去看看电影，每天都要在图书馆学习到很晚。

    ★ 他每天都去图书馆。

18. 这儿虽然离地铁站近，出门很方便，可是周围有很多商场，环境比较吵，而且厨房也不够大。我们再去看看别的房子吧。

    ★ 他对这儿的房子不太满意。

19. 昨天买的这双鞋子太小了。才走了一小会儿，脚就疼了。下午陪我去商场换一双大一点儿的吧。

    ★ 新买的鞋子不合适。

20. 这是第四杯咖啡了，可还是想睡觉。昨天不应该和同学看电视到半夜的。

    ★ 大家打算今天晚上一起看电视。

第 三 部 分

一共10个题，每题听两次。

例如：男：小王，帮我开一下门，好吗？谢谢！

女：没问题。您去超市了？买了这么多东西。

问：男的想让小王做什么？

现在开始第21题：

21. 男：昨天回家的时候，你把新买的钱包放哪儿了？

女：你就不能自己找找吗？不要什么都问我。

问：男的在找什么？

22. 男：别睡了，先起来把饭吃了，等会儿还要吃药呢。

女：我不饿。让我再睡会儿吧，头疼。

问：女的怎么了？

23. 女：照片上这个人是你的妹妹吗？真漂亮！

男：那是我姐姐，比我大两岁，但她看起来比我年轻。

问：照片上的女的是谁？

24. 女：我每天晚上都要运动半小时，你觉得我瘦了吗？

男：运动的时间还不够长，吃的也可以再少一点。

问：男的什么意思？

25. 女：公司又让我明天去北京，要一个星期才回来，你一个人在家要按时吃饭。

男：放心吧，这也不是我第一次一个人在家。

问：关于女的，可以知道什么？

26. 男：这是你第一次来中国吗？

女：三年前为了参加一个会议来过这里，但因为时间短，没有好好看看。

问：女的是第几次来中国？

27. 男：请大家拿出笔，和我一起学写这个字。

　　女：这个字太难了，一直学不会。

　　问：他们最可能在什么地方？

28. 男：听说你明天要离开公司了。

　　女：是的，老家的环境比这儿好，天是蓝的，水很干净，街上也没有这么多车。

　　问：女的是什么意思？

29. 男：下周六我打算去看看以前大学的老师，你去吗？

　　女：我下周末有事，这周日行吗？

　　问：女的想什么时候去看大学老师？

30. 女：来中国以前，我以为大家都说普通话。

　　男：中国很大。北方人经常听不懂南方人说的话。

　　问：他们在讨论什么？

第 四 部 分

　一共10个题，每题听两次。

例如：　女：晚饭做好了，准备吃饭了。

　　　　男：等一会儿，比赛还有三分钟就结束了。

　　　　女：快点儿吧，一起吃，菜冷了就不好吃了。

　　　　男：你先吃，我马上就看完了。

　　　　问：男的在做什么？

现在开始第31题：

31. 男：明天的运动会，你打算参加什么比赛？

　　女：班里没有人参加一万米长跑，老师让我去。

　　男：你这么瘦，能行吗？

　　女：没问题！我每天早上都要跑一个小时，周末还和朋友一起游泳。

　　问：女的打算参加什么比赛？

32. 女：这衬衫太贵了，能便宜点儿吗？

男：如果和裤子一起买，两样一共三百元。

女：不，我只要这件衬衫就够了。

男：那就一百五十元吧，便宜你十元。

问：衬衫现在要多少钱？

33. 女：最近总去那家水果店，有什么特别新鲜的水果吗？

男：对不起，我没注意。

女：那你到那儿都买些什么呀？

男：我去那儿不是为了买水果，是为了能和那个卖水果的女孩子说说话。

问：男的为什么总去水果店？

34. 女：我记得这儿以前有个电影院。

男：五年前就搬了，你很久没回来吧？

女：是的，大概有七八年了。这次回来都不认识了。

男：你再往前走两百米，商店五楼有新的电影院。

问：女的打算去哪儿？

35. 男：明天有空吗？能陪我去趟医院吗？

女：怎么啦？哪儿不舒服？

男：眼睛有点儿疼，有两三天了。

女：一天到晚看着电脑，能不疼吗？

问：他们最可能是什么关系？

36. 男：周末大家一起去爬山，你为什么不去呀？

女：我丈夫那两天要出国，我要在家照顾孩子。

男：把孩子一起带上就行了。别总是学习，也要休息休息。

女：这个办法好。

问：他们周末打算做什么？

79

37. 男：下班啦，一起去吃饭吧。

女：你先去吧，我还有很多工作没做完。

男：我回来的时候帮你带点儿吃的。

女：不用了，我刚打电话叫了面条。

38. 男：又感冒了吗？

女：是的，这儿的冬天比我们那儿冷多了。我还不太习惯。

男：平时多穿点儿。去医院看看吧。

女：不用了，已经吃了药，再睡一觉就好了。

39. 男：这么晚了，我们两个先吃吧，别等孩子了。

女：还是再等等吧。

男：他下午和女朋友出去玩儿了，一定在外面吃了。

女：不回来也不打个电话。那就不等他了。

40. 女：中午这么热就不要出去了。

男：不行，公司里有急事，必须马上去。

女：给公司其他同事打个电话，请他们帮帮忙吧。

男：这件事只有我最清楚，别人做不了。

听力考试现在结束。

新 汉 语 水 平 考 试
HSK（三级）答题卡

姓名

国籍

	[0]	[1]	[2]	[3]	[4]	[5]	[6]	[7]	[8]	[9]
	[0]	[1]	[2]	[3]	[4]	[5]	[6]	[7]	[8]	[9]
	[0]	[1]	[2]	[3]	[4]	[5]	[6]	[7]	[8]	[9]

性别　　　　　男 [1]　　　　　　　女 [2]

序号

	[0]	[1]	[2]	[3]	[4]	[5]	[6]	[7]	[8]	[9]
	[0]	[1]	[2]	[3]	[4]	[5]	[6]	[7]	[8]	[9]
	[0]	[1]	[2]	[3]	[4]	[5]	[6]	[7]	[8]	[9]
	[0]	[1]	[2]	[3]	[4]	[5]	[6]	[7]	[8]	[9]
	[0]	[1]	[2]	[3]	[4]	[5]	[6]	[7]	[8]	[9]

考点

	[0]	[1]	[2]	[3]	[4]	[5]	[6]	[7]	[8]	[9]
	[0]	[1]	[2]	[3]	[4]	[5]	[6]	[7]	[8]	[9]

你是华裔吗?

是 [1]　　　　　　　不是 [2]

年龄

	[0]	[1]	[2]	[3]	[4]	[5]	[6]	[7]	[8]	[9]
	[0]	[1]	[2]	[3]	[4]	[5]	[6]	[7]	[8]	[9]

学习汉语的时间:

1年以下 [1]　　1年－18个月 [2]　　18个月－2年 [3]　　2年－30个月 [4]　　30个月－3年 [5]　　3年以上 [6]

注意　　请用 2B 铅笔这样写：■■

一、听力

1. [A] [B] [C] [D] [E] [F]
2. [A] [B] [C] [D] [E] [F]
3. [A] [B] [C] [D] [E] [F]
4. [A] [B] [C] [D] [E] [F]
5. [A] [B] [C] [D] [E] [F]

6. [A] [B] [C] [D] [E] [F]
7. [A] [B] [C] [D] [E] [F]
8. [A] [B] [C] [D] [E] [F]
9. [A] [B] [C] [D] [E] [F]
10. [A] [B] [C] [D] [E] [F]

11. [✓] [×]
12. [✓] [×]
13. [✓] [×]
14. [✓] [×]
15. [✓] [×]

16. [✓] [×]
17. [✓] [×]
18. [✓] [×]
19. [✓] [×]
20. [✓] [×]

21. [A] [B] [C]
22. [A] [B] [C]
23. [A] [B] [C]
24. [A] [B] [C]
25. [A] [B] [C]

26. [A] [B] [C]
27. [A] [B] [C]
28. [A] [B] [C]
29. [A] [B] [C]
30. [A] [B] [C]

31. [A] [B] [C]
32. [A] [B] [C]
33. [A] [B] [C]
34. [A] [B] [C]
35. [A] [B] [C]

36. [A] [B] [C]
37. [A] [B] [C]
38. [A] [B] [C]
39. [A] [B] [C]
40. [A] [B] [C]

二、阅读

41. [A] [B] [C] [D] [E] [F]
42. [A] [B] [C] [D] [E] [F]
43. [A] [B] [C] [D] [E] [F]
44. [A] [B] [C] [D] [E] [F]
45. [A] [B] [C] [D] [E] [F]

46. [A] [B] [C] [D] [E] [F]
47. [A] [B] [C] [D] [E] [F]
48. [A] [B] [C] [D] [E] [F]
49. [A] [B] [C] [D] [E] [F]
50. [A] [B] [C] [D] [E] [F]

51. [A] [B] [C] [D] [E] [F]
52. [A] [B] [C] [D] [E] [F]
53. [A] [B] [C] [D] [E] [F]
54. [A] [B] [C] [D] [E] [F]
55. [A] [B] [C] [D] [E] [F]

56. [A] [B] [C] [D] [E] [F]
57. [A] [B] [C] [D] [E] [F]
58. [A] [B] [C] [D] [E] [F]
59. [A] [B] [C] [D] [E] [F]
60. [A] [B] [C] [D] [E] [F]

61. [A] [B] [C]
62. [A] [B] [C]
63. [A] [B] [C]
64. [A] [B] [C]
65. [A] [B] [C]

66. [A] [B] [C]
67. [A] [B] [C]
68. [A] [B] [C]
69. [A] [B] [C]
70. [A] [B] [C]

三、书写

71.

72.

73.

74.

75.

76. ☐　　　77. ☐　　　78. ☐　　　79. ☐　　　80. ☐

新 汉 语 水 平 考 试
HSK（三级）答题卡

姓名

国籍
[0] [1] [2] [3] [4] [5] [6] [7] [8] [9]
[0] [1] [2] [3] [4] [5] [6] [7] [8] [9]
[0] [1] [2] [3] [4] [5] [6] [7] [8] [9]

序号
[0] [1] [2] [3] [4] [5] [6] [7] [8] [9]
[0] [1] [2] [3] [4] [5] [6] [7] [8] [9]
[0] [1] [2] [3] [4] [5] [6] [7] [8] [9]
[0] [1] [2] [3] [4] [5] [6] [7] [8] [9]
[0] [1] [2] [3] [4] [5] [6] [7] [8] [9]

性别　　　　男 [1]　　　　　　女 [2]

考点
[0] [1] [2] [3] [4] [5] [6] [7] [8] [9]
[0] [1] [2] [3] [4] [5] [6] [7] [8] [9]
[0] [1] [2] [3] [4] [5] [6] [7] [8] [9]

年龄
[0] [1] [2] [3] [4] [5] [6] [7] [8] [9]
[0] [1] [2] [3] [4] [5] [6] [7] [8] [9]

你是华裔吗?
是 [1]　　　　　　　不是 [2]

学习汉语的时间:

1年以下 [1]　　　1年－18个月 [2]　　　18个月－2年 [3]　　　2年－30个月 [4]　　　30个月－3年 [5]　　　3年以上 [6]

注意　　请用 2B 铅笔这样写: ▬

一、听力

1. [A] [B] [C] [D] [E] [F]　　6. [A] [B] [C] [D] [E] [F]
2. [A] [B] [C] [D] [E] [F]　　7. [A] [B] [C] [D] [E] [F]
3. [A] [B] [C] [D] [E] [F]　　8. [A] [B] [C] [D] [E] [F]
4. [A] [B] [C] [D] [E] [F]　　9. [A] [B] [C] [D] [E] [F]
5. [A] [B] [C] [D] [E] [F]　　10. [A] [B] [C] [D] [E] [F]

11. [✓] [✗]　　16. [✓] [✗]　　21. [A] [B] [C]
12. [✓] [✗]　　17. [✓] [✗]　　22. [A] [B] [C]
13. [✓] [✗]　　18. [✓] [✗]　　23. [A] [B] [C]
14. [✓] [✗]　　19. [✓] [✗]　　24. [A] [B] [C]
15. [✓] [✗]　　20. [✓] [✗]　　25. [A] [B] [C]

26. [A] [B] [C]　　31. [A] [B] [C]　　36. [A] [B] [C]
27. [A] [B] [C]　　32. [A] [B] [C]　　37. [A] [B] [C]
28. [A] [B] [C]　　33. [A] [B] [C]　　38. [A] [B] [C]
29. [A] [B] [C]　　34. [A] [B] [C]　　39. [A] [B] [C]
30. [A] [B] [C]　　35. [A] [B] [C]　　40. [A] [B] [C]

二、阅读

41. [A] [B] [C] [D] [E] [F]　　46. [A] [B] [C] [D] [E] [F]
42. [A] [B] [C] [D] [E] [F]　　47. [A] [B] [C] [D] [E] [F]
43. [A] [B] [C] [D] [E] [F]　　48. [A] [B] [C] [D] [E] [F]
44. [A] [B] [C] [D] [E] [F]　　49. [A] [B] [C] [D] [E] [F]
45. [A] [B] [C] [D] [E] [F]　　50. [A] [B] [C] [D] [E] [F]

51. [A] [B] [C] [D] [E] [F]　　56. [A] [B] [C] [D] [E] [F]
52. [A] [B] [C] [D] [E] [F]　　57. [A] [B] [C] [D] [E] [F]
53. [A] [B] [C] [D] [E] [F]　　58. [A] [B] [C] [D] [E] [F]
54. [A] [B] [C] [D] [E] [F]　　59. [A] [B] [C] [D] [E] [F]
55. [A] [B] [C] [D] [E] [F]　　60. [A] [B] [C] [D] [E] [F]

61. [A] [B] [C]　　66. [A] [B] [C]
62. [A] [B] [C]　　67. [A] [B] [C]
63. [A] [B] [C]　　68. [A] [B] [C]
64. [A] [B] [C]　　69. [A] [B] [C]
65. [A] [B] [C]　　70. [A] [B] [C]

三、书写

71.

72.

73.

74.

75.

76.　　77.　　78.　　79.　　80.

新 汉 语 水 平 考 试
HSK（三级）答题卡

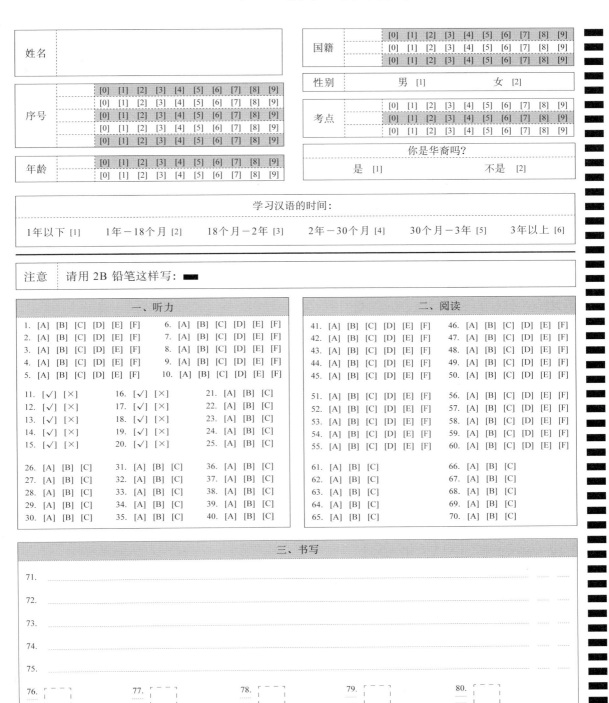

姓名

国籍　[0] [1] [2] [3] [4] [5] [6] [7] [8] [9]
　　　[0] [1] [2] [3] [4] [5] [6] [7] [8] [9]
　　　[0] [1] [2] [3] [4] [5] [6] [7] [8] [9]

序号　[0] [1] [2] [3] [4] [5] [6] [7] [8] [9]
　　　[0] [1] [2] [3] [4] [5] [6] [7] [8] [9]
　　　[0] [1] [2] [3] [4] [5] [6] [7] [8] [9]
　　　[0] [1] [2] [3] [4] [5] [6] [7] [8] [9]
　　　[0] [1] [2] [3] [4] [5] [6] [7] [8] [9]

性别　　　男 [1]　　　　　女 [2]

考点　[0] [1] [2] [3] [4] [5] [6] [7] [8] [9]
　　　[0] [1] [2] [3] [4] [5] [6] [7] [8] [9]
　　　[0] [1] [2] [3] [4] [5] [6] [7] [8] [9]

年龄　[0] [1] [2] [3] [4] [5] [6] [7] [8] [9]
　　　[0] [1] [2] [3] [4] [5] [6] [7] [8] [9]

你是华裔吗?
是 [1]　　　　　不是 [2]

学习汉语的时间:

1年以下 [1]　　1年－18个月 [2]　　18个月－2年 [3]　　2年－30个月 [4]　　30个月－3年 [5]　　3年以上 [6]

注意　请用 2B 铅笔这样写: ▬

一、听力

1. [A] [B] [C] [D] [E] [F]
2. [A] [B] [C] [D] [E] [F]
3. [A] [B] [C] [D] [E] [F]
4. [A] [B] [C] [D] [E] [F]
5. [A] [B] [C] [D] [E] [F]

6. [A] [B] [C] [D] [E] [F]
7. [A] [B] [C] [D] [E] [F]
8. [A] [B] [C] [D] [E] [F]
9. [A] [B] [C] [D] [E] [F]
10. [A] [B] [C] [D] [E] [F]

11. [✓] [✗]
12. [✓] [✗]
13. [✓] [✗]
14. [✓] [✗]
15. [✓] [✗]

16. [✓] [✗]
17. [✓] [✗]
18. [✓] [✗]
19. [✓] [✗]
20. [✓] [✗]

21. [A] [B] [C]
22. [A] [B] [C]
23. [A] [B] [C]
24. [A] [B] [C]
25. [A] [B] [C]

26. [A] [B] [C]
27. [A] [B] [C]
28. [A] [B] [C]
29. [A] [B] [C]
30. [A] [B] [C]

31. [A] [B] [C]
32. [A] [B] [C]
33. [A] [B] [C]
34. [A] [B] [C]
35. [A] [B] [C]

36. [A] [B] [C]
37. [A] [B] [C]
38. [A] [B] [C]
39. [A] [B] [C]
40. [A] [B] [C]

二、阅读

41. [A] [B] [C] [D] [E] [F]
42. [A] [B] [C] [D] [E] [F]
43. [A] [B] [C] [D] [E] [F]
44. [A] [B] [C] [D] [E] [F]
45. [A] [B] [C] [D] [E] [F]

46. [A] [B] [C] [D] [E] [F]
47. [A] [B] [C] [D] [E] [F]
48. [A] [B] [C] [D] [E] [F]
49. [A] [B] [C] [D] [E] [F]
50. [A] [B] [C] [D] [E] [F]

51. [A] [B] [C] [D] [E] [F]
52. [A] [B] [C] [D] [E] [F]
53. [A] [B] [C] [D] [E] [F]
54. [A] [B] [C] [D] [E] [F]
55. [A] [B] [C] [D] [E] [F]

56. [A] [B] [C] [D] [E] [F]
57. [A] [B] [C] [D] [E] [F]
58. [A] [B] [C] [D] [E] [F]
59. [A] [B] [C] [D] [E] [F]
60. [A] [B] [C] [D] [E] [F]

61. [A] [B] [C]
62. [A] [B] [C]
63. [A] [B] [C]
64. [A] [B] [C]
65. [A] [B] [C]

66. [A] [B] [C]
67. [A] [B] [C]
68. [A] [B] [C]
69. [A] [B] [C]
70. [A] [B] [C]

三、书写

71.

72.

73.

74.

75.

76.　77.　78.　79.　80.

新 汉 语 水 平 考 试
HSK（三级）答题卡

姓名

序号

[0] [1] [2] [3] [4] [5] [6] [7] [8] [9]
[0] [1] [2] [3] [4] [5] [6] [7] [8] [9]
[0] [1] [2] [3] [4] [5] [6] [7] [8] [9]
[0] [1] [2] [3] [4] [5] [6] [7] [8] [9]
[0] [1] [2] [3] [4] [5] [6] [7] [8] [9]

年龄

[0] [1] [2] [3] [4] [5] [6] [7] [8] [9]
[0] [1] [2] [3] [4] [5] [6] [7] [8] [9]

国籍

[0] [1] [2] [3] [4] [5] [6] [7] [8] [9]
[0] [1] [2] [3] [4] [5] [6] [7] [8] [9]
[0] [1] [2] [3] [4] [5] [6] [7] [8] [9]

性别　　男 [1]　　　　　女 [2]

考点

[0] [1] [2] [3] [4] [5] [6] [7] [8] [9]
[0] [1] [2] [3] [4] [5] [6] [7] [8] [9]
[0] [1] [2] [3] [4] [5] [6] [7] [8] [9]

你是华裔吗？

是 [1]　　　　不是 [2]

学习汉语的时间：

1年以下 [1]　　1年－18个月 [2]　　18个月－2年 [3]　　2年－30个月 [4]　　30个月－3年 [5]　　3年以上 [6]

注意　　请用 2B 铅笔这样写：■

一、听力

1. [A] [B] [C] [D] [E] [F]
2. [A] [B] [C] [D] [E] [F]
3. [A] [B] [C] [D] [E] [F]
4. [A] [B] [C] [D] [E] [F]
5. [A] [B] [C] [D] [E] [F]

6. [A] [B] [C] [D] [E] [F]
7. [A] [B] [C] [D] [E] [F]
8. [A] [B] [C] [D] [E] [F]
9. [A] [B] [C] [D] [E] [F]
10. [A] [B] [C] [D] [E] [F]

11. [√] [×]
12. [√] [×]
13. [√] [×]
14. [√] [×]
15. [√] [×]

16. [√] [×]
17. [√] [×]
18. [√] [×]
19. [√] [×]
20. [√] [×]

21. [A] [B] [C]
22. [A] [B] [C]
23. [A] [B] [C]
24. [A] [B] [C]
25. [A] [B] [C]

26. [A] [B] [C]
27. [A] [B] [C]
28. [A] [B] [C]
29. [A] [B] [C]
30. [A] [B] [C]

31. [A] [B] [C]
32. [A] [B] [C]
33. [A] [B] [C]
34. [A] [B] [C]
35. [A] [B] [C]

36. [A] [B] [C]
37. [A] [B] [C]
38. [A] [B] [C]
39. [A] [B] [C]
40. [A] [B] [C]

二、阅读

41. [A] [B] [C] [D] [E] [F]
42. [A] [B] [C] [D] [E] [F]
43. [A] [B] [C] [D] [E] [F]
44. [A] [B] [C] [D] [E] [F]
45. [A] [B] [C] [D] [E] [F]

46. [A] [B] [C] [D] [E] [F]
47. [A] [B] [C] [D] [E] [F]
48. [A] [B] [C] [D] [E] [F]
49. [A] [B] [C] [D] [E] [F]
50. [A] [B] [C] [D] [E] [F]

51. [A] [B] [C] [D] [E] [F]
52. [A] [B] [C] [D] [E] [F]
53. [A] [B] [C] [D] [E] [F]
54. [A] [B] [C] [D] [E] [F]
55. [A] [B] [C] [D] [E] [F]

56. [A] [B] [C] [D] [E] [F]
57. [A] [B] [C] [D] [E] [F]
58. [A] [B] [C] [D] [E] [F]
59. [A] [B] [C] [D] [E] [F]
60. [A] [B] [C] [D] [E] [F]

61. [A] [B] [C]
62. [A] [B] [C]
63. [A] [B] [C]
64. [A] [B] [C]
65. [A] [B] [C]

66. [A] [B] [C]
67. [A] [B] [C]
68. [A] [B] [C]
69. [A] [B] [C]
70. [A] [B] [C]

三、书写

71.

72.

73.

74.

75.

76.　　　77.　　　78.　　　79.　　　80.

新 HSK

실전 모의고사

3급

외국어 출판 40년의 신뢰
외국어 전문 출판 그룹
동양북스가 만드는 책은 다릅니다.

40년의 쉼 없는 노력과 도전으로 책 만들기에 최선을 다해온 동양북스는
오늘도 미래의 가치에 투자하고 있습니다.
대한민국의 내일을 생각하는 도전 정신과 믿음으로 최선을 다하겠습니다.

📖 동양북스

📖 동양북스 추천 교재

회화 코스북

일본어뱅크 다이스키
STEP 1·2·3·4·5·6·7·8

일본어뱅크
좋아요 일본어 1·2·3

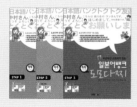

일본어뱅크 도모다찌
STEP 1·2·3

분야서

일본어뱅크
NEW 스타일 일본어 문법

일본어뱅크
일본어 작문 초급

일본어뱅크
사진과 함께하는
일본 문화

일본어뱅크
항공 서비스 일본어

가장 쉬운 독학
일본어 현지회화

수험서

일취월장 JPT
독해·청해

일취월장 JPT
실전 모의고사 500·700

일단 합격하고 오겠습니다
JLPT 일본어능력시험
N1·N2·N3·N4·N5

일단 합격하고 오겠습니다
JLPT 일본어능력시험
실전모의고사 N1·N2·N3·N4/5

단어·한자

특허받은
일본어 한자 암기박사

일본어 상용한자 2136
이거 하나면 끝!

일본어뱅크
New 스타일 일본어 한자 1·2

가장 쉬운 독학
일본어 단어장

일단 합격하고 오겠습니다
JLPT 일본어능력시험
단어장 N1·N2·N3

중국어 교재의 최강자, 동양북스 추천 교재

중국어뱅크 북경대학 신한어구어
1 · 2 · 3 · 4 · 5 · 6

중국어뱅크 스마트중국어
STEP 1 · 2 · 3 · 4

중국어뱅크 집중중국어
STEP 1 · 2 · 3 · 4

중국어뱅크
문화중국어 1 · 2

중국어뱅크
관광 중국어 1 · 2

중국어뱅크
여행실무 중국어

중국어뱅크
호텔 중국어

중국어뱅크
판매 중국어

중국어뱅크
항공 서비스 중국어

중국어뱅크
시청각 중국어

정반합 新HSK
1급 · 2급 · 3급 · 4급 · 5급 · 6급

버전업! 新HSK 한 권이면 끝
3급 · 4급 · 5급 · 6급

버전업! 新HSK
VOCA 5급 · 6급

가장 쉬운 독학 중국어 단어장

중국어뱅크
중국어 간체자 1000

특허받은
중국어 한자 암기박사

동양북스 추천 교재

기타외국어 교재의 최강자, 동양북스 추천 교재

중고급 학습

첫걸음 끝내고 보는
프랑스어
중고급의 모든 것

첫걸음 끝내고 보는
스페인어
중고급의 모든 것

첫걸음 끝내고 보는
독일어
중고급의 모든 것

첫걸음 끝내고 보는
태국어
중고급의 모든 것

단어장

버전업! 가장 쉬운
프랑스어 단어장

버전업! 가장 쉬운
스페인어 단어장

버전업! 가장 쉬운
독일어 단어장

여행 회화

NEW 후다닥
여행 중국어

NEW 후다닥
여행 일본어

NEW 후다닥
여행 영어

NEW 후다닥
여행 독일어

NEW 후다닥
여행 프랑스어

NEW 후다닥
여행 스페인어

NEW 후다닥
여행 베트남어

NEW 후다닥
여행 태국어

수험서 · 교재

한 권으로 끝내는 DELE
어휘·쓰기·관용구편 (B2~C1)

수능 기초 베트남어
한 권이면 끝!

버전업!
스마트 프랑스어

일단 합격하고 오겠습니다
독일어능력시험
A1 · A2 · B1 · B2(근간 예정)

새로운 도서, 다양한 자료
동양북스 홈페이지에서 만나보세요!

홈페이지 활용하여 외국어 실력 두 배 늘리기!

홈페이지 이렇게 활용해보세요!

1 도서 자료실에서 학습자료 및 MP3 무료 다운로드!

❶ 도서 자료실 클릭
❷ 검색어 입력
❸ MP3, 정답과 해설, 부가자료 등
   첨부파일 다운로드

* 원하는 자료가 없는 경우 '요청하기' 클릭!

2 동영상 강의를 어디서나 쉽게! 외국어부터 바둑까지!

500만 독자가 선택한

가장 쉬운
독학 일본어 첫걸음
14,000원

가장 쉬운
독학 중국어 첫걸음
14,000원

가장 쉬운
독학 베트남어 첫걸음
15,000원

가장 쉬운
독학 스페인어 첫걸음
15,000원

가장 쉬운
독학 프랑스어 첫걸음
16,500원

가장 쉬운
독학 태국어 첫걸음
16,500원

가장 쉬운
프랑스어 첫걸음의 모든 것
17,000원

가장 쉬운
독일어 첫걸음의 모든 것
18,000원

가장 쉬운
스페인어 첫걸음의 모든 것
14,500원

첫걸음 베스트 1위!

동양북스
www.dongyangbooks.com
m.dongyangbooks.com

가장 쉬운 러시아어
첫걸음의 모든 것
16,000원

가장 쉬운 이탈리아어
첫걸음의 모든 것
17,500원

가장 쉬운 포르투갈어
첫걸음의 모든 것
18,000원

버전업! 가장 쉬운
베트남어 첫걸음
16,000원

가장 쉬운 터키어
첫걸음의 모든 것
16,500원

버전업! 가장 쉬운
아랍어 첫걸음
18,500원

가장 쉬운 인도네시아어
첫걸음의 모든 것
18,500원

버전업! 가장 쉬운
태국어 첫걸음
16,800원

가장 쉬운 영어
첫걸음의 모든 것
16,500원

버전업! 굿모닝
독학 일본어 첫걸음
14,500원

가장 쉬운 중국어
첫걸음의 모든 것
14,500원

가장 쉬운 독학
중국어 첫걸음

가장 쉬운 독학
일본어 첫걸음

오늘부터는 팟캐스트로 공부하자!

팟캐스트 무료 음성 강의

▶ 1
iOS 사용자
Podcast 앱에서
'동양북스' 검색

▶ 2
안드로이드 사용자
플레이스토어에서 '팟빵' 등
팟캐스트 앱 다운로드,
다운받은 앱에서
'동양북스' 검색

▶ 3
PC에서
팟빵(www.podbbang.com)에서
'동양북스' 검색
애플 iTunes 프로그램에서
'동양북스' 검색

◉ **현재 서비스 중인 강의 목록** (팟캐스트 강의는 수시로 업데이트 됩니다.)

- 가장 쉬운 독학 일본어 첫걸음
- 페이의 적재적소 중국어
- 가장 쉬운 독학 중국어 첫걸음
- 중국어 한글로 시작해
- 가장 쉬운 독학 베트남어 첫걸음

매일 매일 업데이트 되는 동양북스 SNS! 동양북스의 새로운 소식과 다양한 정보를 만나보세요.

 blog.naver.com/dymg98　　 instagram.com/dybooks　　facebook.com/dybooks　　 twitter.com/dy_books

일단 합격

하고 오겠습니다

정반합 新HSK

3급

해설서

동양북스

정반합 新HSK 3급 해설서

초판 1쇄 | 2017년 2월 15일
초판 3쇄 | 2020년 3월 20일

지은이 | 郑如
해 설 | 진윤영
발행인 | 김태웅
편집장 | 강석기
책임 편집 | 조유경, 신효정
디자인 | 정혜미, 남은혜
마케팅 | 나재승
제 작 | 현대순

발행처 | ㈜동양북스
등 록 | 제 2014-000055호
주 소 | 서울시 마포구 동교로22길 14(04030)
구입 문의 | 전화 (02)337-1737   팩스 (02)334-6624
내용 문의 | 전화 (02)337-1762   dybooks2@gmail.com

ISBN 979-11-5768-234-8 14720
ISBN 979-11-5768-233-1 (세트)

郑如 主编 2015年
本作品是浙江教育出版社出版的《新汉语水平考试教程》。韩文版经由中国·浙江教育出版社授权 DongYang Books于全球独家出版发行，保留一切权利。未经书面许可，任何人不得复制、发行。

이 도서의 국립중앙도서관 출판예정도서목록(CIP)은 서지정보유통지원시스템 홈페이지(http://seoji.nl.go.kr)와 국가자료공동목록시스템(http://www.nl.go.kr/kolisnet)에서 이용하실 수 있습니다.
(CIP제어번호: CIP2017001674)

차례

新HSK

3

급

해설서

🐾 미리보기 | 해석

🎧 제1부분 🎧 MP3-01   》》 전략서 18p

1.
男: 喂，请问张经理在吗？
女: 他正在开会，您半个小时以后再打，好吗？（D）

1.
남: 여보세요, 장 사장님 계신가요?
여: 지금 회의 중이신데, 30분 후에 다시 전화하시겠어요?（D）

01. 핵심 내용에 근거하여 사진 찾기

유형 확인 문제 🎧 MP3-03   》》 전략서 21p

정답 1 C   2 D   3 E   4 B   5 A

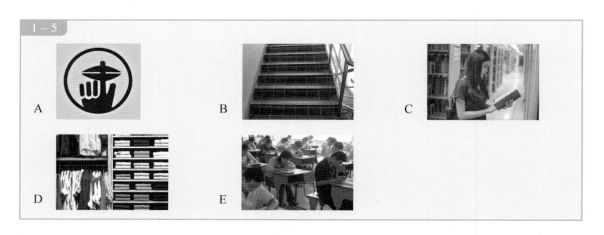

1 – 5

A   B   C   D   E

1 ★☆☆
男: 看什么呢？一会儿哭，一会儿笑的。
女: 还有几页没看完，等我看完了再告诉你。（C）

남: 뭘 보길래 울다 웃다 그래요?
여: 아직 몇 페이지 더 남았어요. 다 보고 다시 당신에게 알려줄게요.（C）

단어 一会儿……一会儿…… yíhuìr…… yíhuìr…… ~하다가 ~하다 | 哭 kū 튕 울다 | 笑 xiào 튕 웃다 | 几 jǐ 囝 몇 | 页 yè
양 쪽, 페이지 | 等……再…… děng……zài…… ~하고 난 뒤 다시 ~하다 | 告诉 gàosu 튕 알려주다

해설 여자의 '还有几页没看完(아직 몇 페이지 더 남았어요)'이라는 대답을 통해 책을 보고 있다는 것을 알 수 있다. 따라서 정답은 C이다.

2 ★★☆

女：你帮我看看哪件更漂亮，是这件黄的，还是那件红的？
男：红的吧，看上去更年轻。（ D ）

여: 어떤 옷이 더 예쁜지 좀 봐줘요. 이 노란 옷이에요, 아니면 저 빨간 옷이에요?
남: 빨간색으로 해요. 더 젊어 보여요. (D)

단어 帮 bāng 통 돕다 | 哪 nǎ 때 어느 | 件 jiàn 양 벌(옷을 세는 단위) | 更 gèng 튀 더욱 | 漂亮 piàoliang 형 아름답다 | 黄 huáng 형 노랗다 | 还是 háishi 접 ~아니면 | 红 hóng 형 붉다 | 看上去 kàn shàngqù ~해 보이다 | 年轻 niánqīng 형 젊다

해설 전체적인 대화 내용은 옷에 관한 것이다. 여자의 말 중 '哪件更漂亮(어떤 옷이 더 예쁜지)', '这件黄的(이 노란 옷)', '那件红的(저 빨간 옷)' 등을 통해 옷을 고르고 있다는 것을 알 수 있다. 따라서 정답은 D이다.

3 ★☆☆

女：今天早上考试考得怎么样？
男：题目太多，都没做完。（ E ）

여: 오늘 아침에 시험 본 거 어땠어요?
남: 문제가 너무 많아서 다 풀지 못했어요. (E)

단어 今天 jīntiān 명 오늘 | 早上 zǎoshang 명 아침 | 考试 kǎoshì 명 시험 | 考 kǎo 통 시험을 치르다 | 得 de 조 ~하는 정도가(술어 뒤에 쓰여 술어의 정도를 나타냄) | 题目 tímù 명 제목, 문제 | 太 tài 튀 지나치게, 너무 | 做 zuò 통 하다 | 完 wán 통 완성하다, 끝마치다

해설 남녀가 '考试(시험)'에 대하여 이야기하고 있으므로 대화 내용에 가장 어울리는 E가 정답이다.

4 ★★☆

男：怎么了？一脸的不高兴。
女：电梯坏了，我是走上来的。可刚到家门口，电梯就好了。（ B ）

남: 왜 그래요? 시무룩한 얼굴이에요.
여: 엘리베이터가 고장 나서, 걸어서 올라왔거든요. 그런데 집 문 앞에 도착하니 엘리베이터가 멀쩡해진 거예요. (B)

단어 脸 liǎn 명 얼굴 | 高兴 gāoxìng 형 기쁘다, 즐겁다 | 电梯 diàntī 명 엘리베이터 | 坏 huài 형 고장 나다 | 走 zǒu 통 걷다 | 可 kě 접 그러나 | 刚 gāng 튀 방금, 막 | 到 dào 통 도착하다 | 家 jiā 명 집 | 门口 ménkǒu 명 입구

해설 여자의 '电梯坏了，我是走上来的(엘리베이터가 고장 나서, 걸어서 올라왔다)'라는 말이 핵심이다. 보기 B에 계단이 나와 있는데, 걸어 올라왔다는 내용과 가장 어울리므로 정답은 B이다.

5 ★☆☆

女：电影已经开始了，不要说话了。
男：不好意思，对不起。（ A ）

여: 영화가 이미 시작됐으니, 말하지 말아요.
남: 미안해요, 죄송합니다. (A)

단어 电影 diànyǐng 명 영화 | 已经 yǐjing 튀 이미 | 开始 kāishǐ 통 시작하다 | 不要 búyào 튀 ~하지 마라 | 说话 shuōhuà 통 이야기하다 | 不好意思 bùhǎo yìsi 미안합니다 | 对不起 duìbuqǐ 통 미안합니다, 죄송합니다

해설 여자가 남자에게 '不要说话了(말하지 말라)'라고 주의를 주는 내용이므로 말하지 말라는 표시의 사진인 A가 정답이다.

정답　1 B　　2 A　　3 C　　4 D　　5 E　　6 C　　7 E　　8 A　　9 B　　10 D

1 – 5

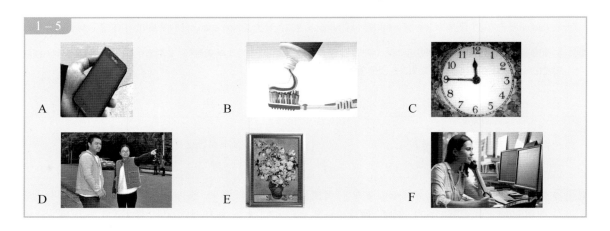

---

1 ★☆☆

男: 一定要认真刷牙，才能保护好牙齿。
女: 你说得很对！而且早晚都要刷。(B)

남: 반드시 양치질을 잘해야 해요. 그래야만 치아를 잘 보호할 수 있어요.
여: 당신 말이 맞아요! 게다가 아침저녁으로 모두 양치질해야 해요. (B)

단어　一定 yídìng 🔠 반드시 | 要 yào 조동 ~해야 한다 | 认真 rènzhēn 형 진지하다, 착실하다 | 刷牙 shuāyá 이를 닦다, 양치질하다 | 才 cái 🔠 비로소 | 能 néng 조동 ~할 수 있다 | 保护 bǎohù 동 보호하다 | 牙齿 yáchǐ 명 이, 치아 | 说 shuō 동 말하다 | 对 duì 맞다, 옳다 | 而且 érqiě 접 게다가 | 早晚 zǎowǎn 명 아침저녁 | 都 dōu 🔠 모두 | 刷 shuā 동 솔로 닦다

해설　남녀 모두 '刷牙(양치질하다)'에 대해서 이야기하고 있으므로 칫솔 사진인 B가 정답이다.

---

2 ★☆☆

男: 这是我新买的手机，怎么样?
女: 不错，看上去很漂亮。(A)

남: 이것은 제가 새로 산 휴대 전화인데, 어때요?
여: 좋네요, 예뻐요. (A)

단어　这 zhè 대 이, 이것 | 新 xīn 형 새것의 | 买 mǎi 동 사다 | 手机 shǒujī 명 휴대 전화 | 怎么样 zěnmeyàng 대 어떠하다 | 不错 búcuò 형 좋다 | 看上去 kàn shàngqù ~해 보이다 | 漂亮 piàoliang 형 예쁘다, 아름답다

해설　'新买的手机(새로 산 휴대 전화)'가 남녀 대화의 핵심이므로 휴대 전화 사진인 A가 정답이다.

3 ★★☆

男: 下班啦！已经十一点四十五分了。
女: 别急，还有一刻钟呢！（ C ）

남: 퇴근해요! 이미 11시 45분이에요.
여: 서두르지 말아요, 아직 15분 남았어요! （ C ）

단어 下班 xiàbān 图 퇴근하다 | 已经 yǐjing 图 이미, 벌써 | 了 le 国 동사 또는 형용사 뒤에 쓰여 동작 또는 변화가 이미 완료되었음을 나타냄 | 别 bié 图 ~하지 마라 | 急 jí 图 조급해하다 | 还有 háiyǒu 图 그리고, 또한 | 一刻钟 yíkè zhōng 15분 | 呢 ne 国 평서문 뒤에 쓰여 사실 확인 겸 약간 과장된 어투를 나타냄

해설 '已经十一点四十五分了(이미 11시 45분이다)'라는 남자의 말과 아직 15분이 남았다는 여자의 대답을 통해 시간을 나타내는 사진인 C가 정답이다.

Tip 📖 시간 읽는 법에 관한 모든 것

1. 两点 liǎng diǎn : 2시
   ☞ 2시는 '二点'이 아니라 '两点'으로 읽으며, 다른 시간은 숫자 읽는 법대로 말하면 된다.

2. 一刻 yíkè : 15분
   ☞ 15분은 '十五分'보다 '一刻'라고 훨씬 많이 말한다.
   예 两点一刻 2시 15분

3. 半 bàn : 30분
   ☞ 30분은 '三十分'이라고도 하지만, '半'을 더 많이 쓴다.
   예 两点半 2시 반 (= 2시 30분)

4. 差 chà : ~전
   ☞ '差'는 원래 '부족하다, 모자라다'라는 뜻이지만, 시간을 나타낼 때는 '~전'이라고 해석한다.
   예 差五分两点 2시 (되기) 5분 전 (= 1시 55분)
   差一刻两点 2시 (되기) 15분 전 (= 1시 45분)

4 ★☆☆

男: 你好！请问到邮局怎么走？
女: 不远，沿着这条路一直走，十分钟就到了。
（ D ）

남: 안녕하세요! 실례지만 우체국은 어떻게 가나요?
여: 멀지 않아요. 이 길을 따라 쭉 가면, 10분이면 도착해요. （ D ）

단어 请问 qǐngwèn 图 말씀 좀 여쭙겠습니다 | 到 dào 图 도착하다 | 邮局 yóujú 명 우체국 | 怎么 zěnme 때 어떻게 | 走 zǒu 图 걷다 | 远 yuǎn 형 멀다 | 沿着 yánzhe 개 (일정한 노선을) 따라서 | 这 zhè 때 이, 이것 | 条 tiáo 양 가늘고 긴 것을 세는 단위 | 路 lù 명 길, 도로 | 一直 yìzhí 图 계속, 줄곧 | 分钟 fēnzhōng 명 분 | 就 jiù 图 곧, 즉시

해설 남자가 '邮局(우체국)'를 어떻게 가는지 묻자 여자가 길 안내를 하고 있으므로 길 안내를 하고 있는 상황의 사진인 D가 정답이다.

5 ★★☆

男: 我很喜欢这幅画，想买一幅放在家里。
女: 是不错。特别是里面的花，看了以后，让人觉得很快乐。（ E ）

남: 저는 이 그림이 정말 좋아요. 한 폭 사서 집에 놓아두고 싶어요.
여: 괜찮네요. 특히 (그림) 안의 꽃은 보고 나면 즐거워지네요. （ E ）

단어 喜欢 xǐhuan 통 좋아하다 │ 这 zhè 데 이, 이것 │ 幅 fú 양 폭(옷감·종이·그림 등을 세는 단위) │ 画 huà 명 그림 │ 想 xiǎng 조통 ~하고 싶다 │ 买 mǎi 통 사다 │ 放 fàng 통 놓아두다 │ 家里 jiāli 집, 집안 │ 不错 búcuò 형 좋다 │ 特别 tèbié 뷔 특히 │ 里面 lǐmiàn 명 안, 안쪽 │ 花 huā 명 꽃 │ 看 kàn 통 보다 │ 以后 yǐhòu 명 이후 │ 让 ràng 통 ~하게 하다 │ 觉得 juéde 통 ~라고 생각하다 │ 快乐 kuàilè 형 즐겁다

해설 남자가 '画(그림)'가 좋다고 하자, 여자 역시 이에 동의하며 그림 속의 꽃에 대해서 이야기하고 있으므로 정답은 E이다.

Tip 📖 양사 관련 표현

형식	예문	
个 ge 낱개로 된 것을 세는 양사 (가장 보편적으로 쓰임)	一个问题 한 문제	三个人 세 사람
层 céng = 楼 lóu 층을 나타냄	一层 = 一楼 일 층	
条 tiáo 가늘고 긴 것을 세는 양사	这条路 이 길 一条裤子 바지 한 벌	那条河 저 강 *동식물과 관련된 것을 세기도 함
台 tái 가전제품을 세는 양사	一台电脑 컴퓨터 한 대	一台电视 TV 한 대
本 běn 권, 책을 세는 양사	一本书 책 한 권	一本杂志 잡지 한 권
位 wèi 사람을 세는 양사	你们几位? 모두 몇 명입니까?	
块 kuài 덩이로 된 물건을 세는 양사	一块蛋糕 케이크 한 조각	一块肉 고기 한 덩이
只 zhī ① 마리(동물) ② 쌍을 이루는 것 중 하나	① 一只猫 고양이 한 마리 ② 一只眼睛 눈 한 쪽	一只狗 강아지 한 마리
辆 liàng 자동차, 자전거를 세는 양사	一辆汽车 자동차 한 대	一辆自行车 자전거 한 대
场 chǎng 회, 번, 차례	一场比赛 한 번의 시합	
双 shuāng 신발, 양말을 세는 양사	一双袜子 양말 한 켤레	一双鞋 신발 한 켤레
碗 wǎn 그릇을 세는 양사	一碗米饭 밥 한 그릇	一碗汤 국 한 그릇
份 fèn 업무, 일을 세는 양사	一份材料 자료 한 부	一份工作 일 하나
张 zhāng 종이나 신문처럼 평면적인 것을 셀 때 쓰는 양사	一张地图 지도 한 장 一张床 침대 한 개	两张电影票 영화 표 두 장
种 zhǒng 종류를 세는 양사	这种问题 이런 종류의 문제	那种人 저런 사람
件 jiàn 옷, 일을 세는 양사	一件衣服 옷 한 벌	这件事 이 일
口 kǒu 가족을 세는 양사	你家有几口人? 너희 집은 모두 몇 명이니?	
些 xiē 조금, 약간을 나타냄	一些人 어떤 사람들	
瓶 píng 병을 세는 양사	一瓶啤酒 맥주 한 병	
杯 bēi 잔을 세는 양사	一杯水 물 한 잔	

6 - 10

A

B

C

D

E

---

6 ★★☆

女：听说下午有篮球比赛？
男：是的，我也参加了。到时候你一定要来看呀！（ C ）

여: 듣자 하니 오후에 농구 시합이 있다면서요?
남: 맞아요, 저도 참가해요. 그때 당신 꼭 보러 와야 해요!
（ C ）

단어 听说 tīngshuō 통 듣자니 ~라 한다 | 下午 xiàwǔ 명 오후 | 篮球 lánqiú 명 농구 | 比赛 bǐsài 명 시합, 경기 | 参加 cānjiā 통 참가하다 | 到时候 dào shíhou 그때 가서 | 一定 yídìng 부 반드시 | 要 yào 조통 ~하려고 하다, ~할 것이다 | 来 lái 통 오다 | 看 kàn 통 보다, 구경하다

해설 여자가 '篮球比赛(농구 시합)'에 대해 묻고 있으므로 사람들이 농구하고 있는 사진인 C가 정답이다.

---

7 ★★☆

男：你别哭呀！怎么了？
女：我把新买的电脑弄丢了，上周才买的。（ E ）

남: 울지 말아요! 왜 그래요?
여: 새로 산 컴퓨터를 잃어버렸어요. 지난주에 산 거거든요. （ E ）

단어 别 bié 부 ~하지 마라 | 哭 kū 통 울다 | 新 xīn 부 방금, 새로이 | 买 mǎi 통 사다 | 电脑 diànnǎo 명 컴퓨터 | 弄丢 nòngdiū 잃어버리다 | 了 le 조 동사 또는 형용사 뒤에 쓰여 동작 또는 변화가 이미 완료되었음을 나타냄 | 上周 shàngzhōu 명 지난주 | 才 cái 부 막, 방금

해설 남자가 울지 말라고 하며 무슨 일인지 묻자, 여자가 '我把新买的电脑弄丢了(새로 산 컴퓨터를 잃어버렸다)'라고 했다. 따라서 우는 여자를 달래주는 남자가 있는 사진인 E가 정답이다.

---

8 ★★☆

男：我搬家了，搬到6楼了。房间号是603。
女：下次有空了，一定要去你的新家看看。（ A ）

남: 저 이사했어요. 6층으로요. 방 호수는 603호예요.
여: 다음에 시간이 생기면 반드시 당신의 새집을 보러 가야겠어요. （ A ）

단어 搬家 bānjiā 통 이사하다 | 了 le 조 동사 또는 형용사 뒤에 쓰여 동작 또는 변화가 이미 완료되었음을 나타냄 | 搬 bān 통 옮기다, 이사하다 | 楼 lóu 명 층 | 房间 fángjiān 명 방 | 号 hào 명 호(수) | 下次 xià cì 다음 번 | 空 kòng 명 여가 시간, 틈 | 一定 yídìng 부 반드시 | 新家 xīn jiā 새집

해설 남자가 여자에게 이사했다고 하며 자신의 '房间号(방 호수)'가 603호임을 알려 주고 있으므로 방 호수 사진인 A가 정답이다.

男：周末爬山真好，空气新鲜，感觉好舒服！

女：对呀，所以以后我们要常来。(B)

남: 주말에 등산하는 것은 정말 좋아요. 공기도 깨끗하고 정말 편안해요!

여: 맞아요, 그러니 앞으로 우리 자주 와요. (B)

단어 周末 zhōumò 명 주말 | 爬山 páshān 등산하다 | 空气 kōngqì 명 공기 | 新鲜 xīnxiān 형 깨끗하다, 신선하다 | 感觉 gǎnjué 명 감각, 느낌 | 舒服 shūfu 형 편안하다 | 对 duì 형 맞다 | 所以 suǒyǐ 접 그래서 | 以后 yǐhòu 명 이후 | 常 cháng 부 늘, 자주 | 来 lái 동 오다

해설 대화의 전체적인 내용은 등산에 관한 것이다. 특히 '周末爬山真好(주말에 등산하는 것이 좋다)'라고 하는 남자의 말을 근거로 등산을 하는 사진인 B가 정답이다.

男：请问您要点些什么？

女：一杯咖啡，谢谢！哦，再来一份蛋糕。(D)

남: 무엇을 주문하시겠어요?

여: 커피 한 잔이요, 감사합니다! 아, 케이크도 한 조각 주세요. (D)

단어 请问 qǐngwèn 동 말씀 좀 여쭙겠습니다 | 要 yào 동 원하다, 필요하다 | 点 diǎn 동 주문하다 | 些 xiē 양 조금, 약간 | 什么 shénme 대 의문을 나타냄 | 杯 bēi 양 잔, 컵 | 咖啡 kāfēi 명 커피 | 谢谢 xièxie 동 감사합니다 | 哦 ò 감 (어떤 사실이나 상황을 깨달았음을 나타내어) 아!, 오! | 份 fèn 양 조각 | 蛋糕 dàngāo 케이크

해설 남자가 무엇을 주문할 것인지 묻자 여자가 '咖啡(커피)'를 한 잔 달라고 하였으므로, 커피 사진인 D가 정답이다.

정답 　1 C　 2 B　 3 A　 4 D　 5 E　 6 C　 7 D　 8 E　 9 A　 10 B

1 – 5

A　　　　　　　　　　B　　　　　　　　　　C

D　　　　　　　　　　E　　　　　　　　　　F

---

1 ★☆☆

男: 你明天要上课吗?

女: 不，明天是周末，不用上课。<u>我想好好睡个觉</u>。(C)

남: 당신 내일 수업을 하나요?

여: 아니요. 내일 주말이어서 수업을 할 필요가 없어요. 잠을 실컷 자려고요. (C)

단어 明天 míngtiān 몡 내일 | 要 yào 조동 ~해야 한다 | 上课 shàngkè 동 수업하다, 강의하다 | 周末 zhōumò 몡 주말 | 不用 búyòng 뷘 ~할 필요가 없다 | 睡觉 shuìjiào 동 (잠을) 자다

해설 여자가 내일은 주말이어서 '我想好好睡个觉(잠을 실컷 자려고 한다)'라고 하였으므로 정답은 C이다.

---

2 ★★☆

男: 听说你上周去了天安门。

女: 是啊，<u>那真是个美丽</u>的地方。(B)

남: 듣자 하니 당신 지난주에 톈안먼에 갔다면서요.

여: 맞아요. 그곳은 정말 아름다운 곳이에요. (B)

단어 听说 tīngshuō 동 듣자니 ~라 한다 | 上周 shàngzhōu 몡 지난주 | 去 qù 동 가다 | 了 le 조 동사 또는 형용사 뒤에 쓰여 동작 또는 변화가 이미 완료되었음을 나타냄 | 那 nà 데 그, 저 | 真 zhēn 뷘 확실히, 참으로 | 美丽 měilì 혱 아름답다 | 地方 dìfang 몡 장소, 곳

해설 남자가 여자에게 '天安门(톈안먼)'에 갔다 온 것을 들었다고 하였으므로 톈안먼 광장 사진인 B가 정답이다.

---

3 ★☆☆

女: <u>这些都是去年的报纸</u>，你还要吗?

男: 先放着吧，可能还要用呢。(A)

여: 이것들은 모두 작년 신문인데, 아직 필요한가요?

남: 일단 놔두세요. 아마 또 사용할 거예요. (A)

단어 这些 zhèxiē 団 이런 것들, 이러한 | 都 dōu 튄 모두, 다 | 去年 qùnián 몡 작년 | 报纸 bàozhǐ 몡 신문 | 先 xiān 몡 먼저 | 放 fàng 틩 놓아두다 | 着 zhe 国 ~한 채로(동작이나 상태의 진행, 지속을 나타냄) | 吧 ba 国 ~합시다(제안·청유) | 可能 kěnén 国틩 아마도 ~일 것이다 | 用 yòng 틩 쓰다, 사용하다

해설 남녀 모두 '신문(报纸)'에 관해 이야기하고 있으므로 신문이 나와 있는 사진인 A가 정답이다.

---

4 ★★☆

男：这么晚了，你是怎么过来的？
女：我赶上了最后一班公共汽车。（D）

남: 이렇게나 늦었는데, 당신 어떻게 왔어요？
여: 마지막 버스를 간신히 탔어요. (D)

단어 这么 zhème 団 이렇게, 이러한 | 晚 wǎn 톙 늦다 | 怎么 zěnme 団 어떻게 | 过来 guòlái 틩 오다 | 赶上 gǎnshàng 틩 따라잡다 | 最后 zuìhòu 몡 최후, 맨 마지막 | 公共汽车 gōnggòng qìchē 몡 버스

해설 남자가 어떻게 왔냐고 묻자 여자가 마지막으로 운행되는 '公共汽车(버스)'를 탔다고 대답하였으므로 버스 사진인 D가 정답이다.

Tip 📖 교통 관련 단어

自行车 zìxíngchē 자전거	公共汽车 gōnggòng qìchē 버스
出租车 chūzūchē 택시	地铁 dìtiě 지하철
火车 huǒchē 기차	飞机 fēijī 비행기
船 chuán 배	打车 dǎchē 택시를 타다
骑车 qíchē 자전거를 타다	堵车 dǔchē 차가 막히다
坐 zuò 타다	怎么 zěnme 어떻게(수단·방법을 묻는 말)

---

5 ★☆☆

女：明天晚上有个舞会，你想参加吗？
男：好啊！应该很有意思，我们一起去吧！（E）

여: 내일 저녁에 댄스파티가 있는데, 당신 참석하고 싶나요？
남: 좋아요! 분명히 재미있을 거예요, 우리 같이 가요!
　（ E ）

단어 明天 míngtiān 몡 내일 | 晚上 wǎnshang 몡 저녁 | 舞会 wǔhuì 몡 댄스파티 | 想 xiǎng 国틩 ~하고 싶다 | 参加 cānjiā 틩 (어떤 조직이나 활동에) 참가하다, 참석하다 | 应该 yīnggāi 国틩 분명 ~할 것이다 | 有意思 yǒuyìsi 톙 재미있다 | 一起 yìqǐ 튄 같이 | 去 qù 틩 가다 | 吧 ba 国 ~합시다(제안·청유)

해설 대화 내용의 핵심은 '舞会(댄스파티)'이므로 사람들이 춤을 추고 있는 사진인 E가 정답이다.

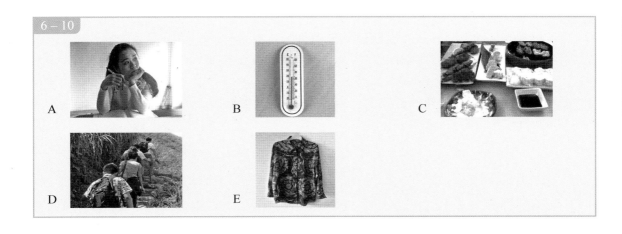

6 – 10

---

6 ★★☆

男：这家饭馆的菜真好吃，环境也不错。

女：是啊，真想天天来。就是东西有点儿贵。以后我们一个月来一次吧。（ C ）

남: 이 식당의 음식은 정말 맛있어요. 환경도 아주 좋고요.

여: 맞아요, 정말 매일 오고 싶어요. 근데 음식이 조금 비싸요. 앞으로 우리 한 달에 한 번씩 와요. （ C ）

단어 饭馆 fànguǎn 몡 식당 | 菜 cài 몡 반찬, 음식 | 真 zhēn 뿐 확실히, 참으로 | 好吃 hǎochī 혱 맛있다 | 环境 huánjìng 몡 환경 | 也 yě 뿐 ~도 | 不错 búcuò 혱 좋다 | 啊 a 조 문장 끝에 쓰여 긍정을 나타냄 | 想 xiǎng 조동 ~하고 싶다 | 天天 tiāntiān 몡 매일, 날마다 | 东西 dōngxī 몡 (구체적인 혹은 추상적인) 것, 물건 | 有点儿 yǒudiǎnr 뿐 조금 | 贵 guì 혱 비싸다 | 以后 yǐhòu 몡 이후 | 一次 yí cì 한 번

해설 남녀 모두 '饭馆的菜(식당의 음식)'에 대해서 칭찬하고 있으므로 음식 사진인 C가 정답이다.

---

7 ★★☆

女：最近一直在工作，真想出去走走，休息一下。你周末有空吗？

男：有空。我们去爬山怎么样？（ D ）

여: 요즘 계속 일만 해서, 정말 나가서 좀 걷고, 쉬고 싶어요. 당신 주말에 시간 있어요?

남: 시간 있어요. 우리 등산 가는 건 어때요? （ D ）

단어 最近 zuìjìn 몡 최근, 요즘 | 一直 yìzhí 뿐 계속, 줄곧 | 工作 gōngzuò 동 일하다 | 真 zhēn 뿐 확실히, 참으로 | 想 xiǎng 조동 ~하고 싶다 | 出去 chūqù 동 나가다 | 走 zǒu 동 걷다 | 休息 xiūxi 동 휴식하다, 쉬다 | 周末 zhōumò 몡 주말 | 空 kòng 몡 여가 시간, 틈 | 去 qù 동 가다 | 爬山 páshān 등산하다 | 怎么样 zěnmeyàng 대 어떻다, 어떠하다

해설 주말에 쉬고 싶다는 여자의 말에 남자가 '爬山(등산)'을 가자고 제안하였으므로 등산하는 모습의 사진인 D가 정답이다.

---

8 ★★☆

男：你还年轻，不要一直穿这种颜色的衣服。

女：是吗？可我觉得这个颜色挺好看的。（ E ）

남: 당신은 아직 젊으니, 계속 이런 색깔의 옷만 입지 말아요.

여: 그래요? 그렇지만 저는 이 색깔이 예쁜데요. （ E ）

还 hái 图 여전히, 아직도 | 年轻 niánqīng 图 젊다, 어리다 | 不要 búyào 图 ~하지 마라 | 一直 yìzhí 图 계속, 줄곧 | 穿 chuān 图 입다, 신다 | 这种 zhè zhǒng 이런 종류(의) | 颜色 yánsè 图 색깔 | 衣服 yīfu 图 옷 | 可 kě 图 반문하는 문구에서 쓰여 반문의 어기(語氣)를 강하게 함 | 觉得 juéde 图 ~라고 생각하다 | 这个 zhège 때 이, 이것 | 挺 tǐng 图 매우, 상당히 | 好看 hǎokàn 图 아름답다, 보기 좋다

해설 전체적인 내용은 옷 색깔에 관한 것이다. 남자가 여자에게 이런 색깔의 옷을 입지 말라고 하자 여자가 예쁘다고 대답하는 상황이므로, 옷 사진인 E가 정답이다.

---

9 ★★☆

女: 这道题太难了, 让我好好想一想。 男: 别急, 慢慢想, 一定可以做出来的。(A)	여: 이 문제는 너무 어렵네요. 제가 생각을 좀 해볼게요. 남: 조급해하지 말아요. 천천히 생각하세요, 반드시 풀 수 있어요. (A)

단어 这 zhè 때 이, 이것 | 道 dào 양 명령이나 문제 등을 셀 때 쓰임 | 题 tí 图 문제 | 太 tài 图 지나치게, 너무 | 难 nán 图 어렵다 | 让 ràng 图 ~하게 하다 | 想 xiǎng 图 생각하다 | 别 bié 图 ~하지 마라 | 急 jí 图 초조해하다, 조급하게 굴다 | 慢慢 mànmàn 图 천천히 | 一定 yídìng 图 반드시 | 可以 kěyǐ 조동 ~할 수 있다 | 做 zuò 图 하다 | 出来 chūlái 图 (동사 뒤에 쓰여) 동작이 완성되거나 실현됨을 표시함

해설 문제가 너무 어려워서 생각을 해보겠다는 여자의 말을 근거로 무언가를 생각하고 있는 여자의 모습이 나온 사진인 A가 정답이다.

---

10 ★★☆

女: 明天天气怎么样? 能穿裙子吗? 男: 不太冷, 但还是穿裤子去吧, 不要感冒了。 (B)	여: 내일 날씨 어때요? 치마를 입을 수 있을까요? 남: 그다지 춥지 않아요. 그렇지만 그래도 역시 바지를 입고 가는 게 낫겠어요, 감기 걸리지 말고요. (B)

단어 明天 míngtiān 图 내일 | 天气 tiānqì 图 날씨 | 怎么样 zěnmeyàng 때 어떠하다 | 能 néng 조동 ~할 수 있다 | 穿 chuān 图 입다, 신다 | 裙子 qúnzi 图 치마 | 但 dàn 접 그러나 | 还是 háishi 图 여전히 | 裤子 kùzi 图 바지 | 去 qù 图 가다 | 不要 búyào 图 ~하지 마라 | 感冒 gǎnmào 图 감기에 걸리다

해설 전체적인 내용은 날씨에 관한 것이다. '天气(날씨)'에 대해서 묻는 여자의 말과 '不太冷(그다지 춥지 않다)'이라는 남자의 대답을 근거로 날씨를 연상할 수 있는 온도계 사진인 B가 정답이다.

Tip

날씨와 관련된 표현

天气 tiānqì 날씨	下雨 xiàyǔ 비가 오다
下雪 xiàxuě 눈이 오다	刮风 guāfēng 바람이 불다
打雷 dǎléi 번개 치다	阴天 yīntiān 흐린 날씨
晴天 qíngtiān 맑은 날씨	

미리보기 해석

🔔 **제2부분** 🎧 MP3-06 　　　　　　　　　　　　　　　　　　　　　》 전략서 28p

11.	11.
为了让自己更健康,他每天都花一个小时去锻炼身体。	더 건강해지기 위하여 그는 매일 한 시간씩 운동을 한다.
★ 他希望自己很健康。(✓)	★ 그는 자신이 건강하길 바란다. (✓)

01. 핵심 내용 파악하기

유형 확인 문제 🎧 MP3-10　　　　　　　　　　　　　　　　　　　　》 전략서 30p

정답　　1 ✕　　2 ✕

1　★☆☆	
昨天我去商场买东西,刚进店门口,<u>钱包就不见了</u>,还好里面的钱不多。	어제 나는 물건을 사러 백화점에 갔는데, 백화점 입구에 막 들어섰을 때 지갑이 보이지 않았다. 다행히 안에 돈은 많지 않았다.
★ 昨天他丢了很多钱。(✕)	★ 어제 그는 많은 돈을 잃어버렸다. (✕)

단어　昨天 zuótiān 몡 어제 | 商场 shāngchǎng 몡 백화점 | 买 mǎi 됭 사다 | 东西 dōngxi 몡 물건 | 刚 gāng 뮈 방금, 막 | 进 jìn 됭 들어가다 | 店 diàn 몡 상점 | 门口 ménkǒu 몡 입구 | 钱包 qiánbāo 몡 지갑 | 不见 bújiàn 됭 보이지 않다 | 还好 háihǎo 다행히, 운 좋게도 | 里面 lǐmiàn 몡 안, 안쪽 | 钱 qián 몡 돈 | 丢 diū 됭 잃다, 잃어버리다

해설　녹음의 핵심 내용은 '钱包就不见了(지갑이 보이지 않았다)'와 '钱不多(돈이 많지 않다)'이다. 이를 통해 화자가 잃어버린 돈이 많지 않음을 알 수 있다. 따라서 녹음 내용은 제시된 문장과 일치하지 않는다.

2　★★☆	
我觉得用筷子太难了,向朋友学了很多次,还是<u>学不会</u>。	나는 젓가락을 사용하는 것이 너무 어렵다고 생각한다. 친구에게 여러 번 배웠지만, 역시 <u>배울 수 없었다</u>.
★ 他会使用筷子。(✕)	★ 그는 젓가락을 사용할 줄 안다. (✕)

단어　觉得 juéde 됭 ~라고 생각하다 | 用 yòng 됭 사용하다 | 筷子 kuàizi 몡 젓가락 | 太 tài 뮈 지나치게, 너무 | 难 nán 톙 어렵다 | 向 xiàng 꼐 ~을 향해서, ~에게 | 朋友 péngyou 몡 친구 | 学 xué 됭 배우다 | 次 cì 먕 번, 차례 | 会 huì 조됭 (배워서) ~할 수 있다 | 使用 shǐyòng 됭 사용하다

해설 녹음의 핵심 내용은 '学不会(배울 수 없다)'로 그가 젓가락을 사용하지 못한다는 것을 알 수 있다. 따라서 녹음 내용은 제시된 문장과 일치하지 않는다.

02. 세부 내용 파악하기

유형 확인 문제 🎧 MP3-14　　　　　　　　　　　　　　　　　　　　　》 전략서 32p

정답　1 ✕

---

1 ★★☆

他每天一回到家，就一遍一遍地写新学的汉字。
怪不得每次考试都考得那么好。

그는 매일 집에 돌아오면 바로 한 번씩 한 번씩 새로 배운 한자를 써 본다. 어쩐지 매번 시험에서 모두 시험을 잘 본다.

★ 他每天都要把新学的汉字写两遍。(✕)

★ 그는 매일 새로 배운 한자를 두 번씩 써본다. (✕)

단어 每天 měitiān 몡 매일 | 一……就…… yī……jiù…… ~하자마자 바로 ~하다 | 回家 huíjiā 집으로 돌아가다 | 遍 biàn 얭 번, 차례, 회 | 地 de 죄 ~하게(관형어로 쓰이는 단어나 구 뒤에 쓰여 중심어를 수식함) | 写 xiě 통 쓰다 | 新 xīn 혱 새롭다, 새것이다 | 学 xué 통 배우다 | 汉字 Hànzì 고유 한자 | 怪不得 guàibude 뷔 어쩐지 | 每次 měi cì 매번 | 考试 kǎoshì 몡 시험 | 考 kǎo 통 시험을 치르다 | 那么 name 때 그렇게나, 저렇게나 | 把 bǎ 개 ~을, ~를 | 两 liǎng 쉬 둘, 2

해설 녹음의 '一遍一遍(한 번씩 한 번씩)'은 매우 여러 번 써 본다는 것으로 단지 두 번만 쓴다는 것이 아니다. 따라서 녹음 내용은 제시된 문장과 일치하지 않는다.

03. 어법 지식 활용하기

유형 확인 문제 🎧 MP3-17　　　　　　　　　　　　　　　　　　　　　》 전략서 34p

정답　1 ✕

---

1 ★☆☆

外面天色越来越黑了，要下雨了，出门的时候别
忘了带伞。

밖의 하늘이 점점 어두워지면서, 비가 오려고 해요. 외출할 때 우산 가져가는 것을 잊지 마세요.

★ 天在下雨。(✕)

★ 비가 오고 있다. (✕)

단어 外面 wàimian 몡 밖 | 天色 tiānsè 몡 하늘빛, 날씨 | 越来越 yuèláiyuè 더욱더, 점점 | 黑 hēi 혱 검다, 어둡다 | 要……了 yào……le 곧 ~하려고 하다 | 下雨 xiàyǔ 비가 오다 | 出门 chūmén 통 외출하다, 나가다 | 的时候 de shíhou ~할 때 | 别 bié 뷔 ~하지 마라 | 忘 wàng 통 잊어버리다 | 带 dài 통 (몸에) 지니다, 휴대하다 | 伞 sǎn 몡 우산 | 在 zài 뷔 ~하고 있는 중이다

해설 녹음의 '要……了(곧 ~하려고 하다)'는 곧 동작의 변화가 발생할 것을 나타내며, '要下雨了(곧 비가 내리려고 한다)'는 문장을 통해 현재 아직 비가 내리지 않고 단지 곧 비가 올 것임을 알 수 있다. 따라서 녹음 내용은 제시된 문장과 일치하지 않는다.

04. 녹음 내용을 근거로 유추하기

유형 확인 문제 MP3-20 　　　　　　　　　　　　　　　　　　　　　　 >> 전략서 37p

정답　1 ✓

1　★★★

真不明白我妻子为什么喜欢逛街。虽然商店里有很多很有意思的东西，可人太多了，很吵，而且每次都要逛很久，累死人了。

★ 他不像妻子那么爱逛街。(✓)

내 아내가 왜 쇼핑을 좋아하는지 정말 모르겠다. 비록 상점에 많은 재미있는 것들이 있지만, 사람도 너무 많고, 정말 시끄럽다. 게다가 매번 아주 오랫동안 돌아다니는데, 정말 피곤해 죽겠다.

★ 그는 아내처럼 그렇게 쇼핑하는 것을 좋아하지 않는다. (✓)

단어　真 zhēn 閉 확실히, 참으로 | 明白 míngbai 图 이해하다, 알다 | 妻子 qīzi 명 아내 | 为什么 wèishénme 대 왜 | 喜欢 xǐhuan 图 좋아하다 | 逛街 guàngjiē 图 쇼핑하다 | 虽然 suīrán 접 비록 ～할지라도 | 商店 shāngdiàn 명 상점 | 有意思 yǒuyìsi 형 재미있다 | 东西 dōngxi 명 물건 | 太 tài 閉 지나치게, 너무 | 吵 chǎo 형 시끄럽다 | 而且 érqiě 접 게다가 | 逛 guàng 图 돌아다니다 | 久 jiǔ 형 오래되다 | 累 lèi 형 지치다, 피곤하다 | 爱 ài 图 ～하길 좋아하다

해설　녹음의 '真不明白我妻子为什么喜欢逛街(내 아내가 왜 쇼핑을 좋아하는지 정말 모르겠다)'라는 말투로 보아 화자가 쇼핑을 좋아하지 않는다는 것을 유추할 수 있다. 게다가 '人太多了(사람이 너무 많다)', '很吵(시끄럽다)', '累死人了(피곤하다)'를 통해 화자가 쇼핑을 좋아하지 않는다는 것을 더욱 정확하게 알 수 있다. 따라서 녹음 내용은 제시된 문장과 일치한다.

실전 연습 1 - 제2부분 MP3-21 　　　　　　　　　 >> 전략서 38p

정답　11 ✕　12 ✓　13 ✕　14 ✕　15 ✕　16 ✕　17 ✕　18 ✓　19 ✕　20 ✕

11　★☆☆

我在图书馆还书，等会儿去找你，你在教室里等我一会儿。

★ 他现在在教室里。(✕)

제가 도서관에서 책을 반납하고 잠시 후에 당신을 찾으러 갈게요. 당신은 교실에서 저를 잠시 기다리세요.

★ 그는 지금 교실에 있다. (✕)

단어　在 zài 개 ～에, ～에서 | 图书馆 túshūguǎn 명 도서관 | 还 huán 图 돌려주다, 반납하다 | 书 shū 명 책 | 等 děng 图 기다리다 | 去 qù 图 가다 | 找 zhǎo 图 찾다 | 教室 jiàoshì 명 교실 | 一会儿 yíhuìr 수량 잠시, 잠깐 동안

해설　화자가 '图书馆(도서관)'에서 책을 반납하고 있다고 하였으므로 교실이 아니라 도서관에 있다는 것을 알 수 있다. 마지막 문장에서 들리는 '教室(교실)'라는 단어 때문에 정답을 고를 때 실수하지 않도록 주의하자.

12 ★★☆	
现在是下午五点，还有两个小时电影才开始。不用着急，不会迟到的。	지금은 오후 5시예요, 아직 두 시간은 더 있어야 영화가 시작하니 조급해하지 마세요. 늦지 않을 거예요.
★ 电影七点钟开始。(✓)	★ 영화는 7시에 시작한다. (✓)

단어 现在 xiànzài 명 지금, 현재 | 下午 xiàwǔ 명 오후 | 还有 háiyǒu 접 그리고, 또한 | 小时 xiǎoshí 명 시간 | 电影 diànyǐng 명 영화 | 才 cái 부 비로소 | 开始 kāishǐ 동 시작하다 | 不用 búyòng 부 ~할 필요가 없다 | 着急 zháojí 동 조급해하다 | 迟到 chídào 동 지각하다

해설 녹음에서 '现在是下午五点，还有两个小时电影才开始(현재 시간은 오후 5시이고 아직 두 시간은 더 있어야 영화가 시작한다)'라고 하였으므로 영화가 7시에 시작하는 것을 알 수 있다. 따라서 녹음 내용은 제시된 문장과 일치한다.

13 ★★☆	
你知道小李现在的电话号码吗? 3303330，这是他以前的号码，不能用了。	당신은 샤오리의 현재 전화번호를 아시나요? 3303330, 이것은 그의 예전 전화번호라서, 사용할 수 없는 것이에요.
★ 小李现在的电话号码是3303330。(×)	★ 샤오리의 현재 전화번호는 3303330이다. (×)

단어 知道 zhīdào 동 알다 | 现在 xiànzài 명 지금, 현재 | 电话 diànhuà 명 전화 | 号码 hàomǎ 명 번호 | 这 zhè 대 이것 | 以前 yǐqián 명 이전, 예전 | 用 yòng 동 쓰다, 사용하다

해설 녹음에 나오는 3303330 번호는 '他以前的号码(그의 예전 전화번호)'이며, 사용할 수 없는 것이라고 하였다. 따라서 샤오리의 현재 전화번호는 알 수 없으므로 녹음 내용은 제시된 문장과 일치하지 않는다.

14 ★☆☆	
如果要在篮球和唱歌中选择一样，我会选择篮球。	만약 농구와 노래 부르기 중 한 가지를 선택해야 한다면 나는 농구를 선택할 것이다.
★ 他更喜欢唱歌。(×)	★ 그는 노래 부르는 것을 더 좋아한다. (×)

단어 如果 rúguǒ 접 만약 | 篮球 lánqiú 명 농구 | 和 hé 접 ~와 | 唱歌 chànggē 노래 부르다 | 选择 xuǎnzé 동 선택하다, 고르다 | 一样 yíyàng 형 같다, 한 종류 | 会 huì 조동 ~일 것이다

해설 녹음 내용에 따르면 '篮球(농구)'와 '唱歌(노래 부르기)' 중 화자는 농구를 선택할 것이라고 하였으므로 농구를 더 좋아하는 것을 알 수 있다. 따라서 녹음 내용은 제시된 문장과 일치하지 않는다.

15 ★★☆

下午可真忙，先去了银行和邮局，然后去了商场。现在终于可以坐在咖啡馆里休息一下了。

오후에 정말 바빴는데, 먼저 은행과 우체국을 갔다가 다시 백화점에 갔다. 지금은 드디어 커피숍에 앉아서 좀 쉴 수 있게 되었다.

★ 他现在在商场里买东西。（ × ）

★ 그는 지금 백화점에서 물건을 사고 있다. （ × ）

단어 下午 xiàwǔ 명 오후 | 可 kě 분 정말로, 진짜로 | 真 zhēn 분 확실히, 참으로 | 忙 máng 형 바쁘다 | 先 xiān 분 먼저, 우선 | 银行 yínháng 명 은행 | 邮局 yóujú 명 우체국 | 然后 ránhòu 접 그런 후에 | 商场 shāngchǎng 명 백화점 | 终于 zhōngyú 분 마침내 | 可以 kěyǐ 조동 ~할 수 있다 | 坐 zuò 동 앉다 | 在 zài 개 ~에, ~에서 | 咖啡馆 kāfēiguǎn 명 커피숍, 카페

해설 녹음에서 화자가 은행, 우체국과 상점에 갔었지만 '现在终于可以坐在咖啡馆里休息一下了(지금은 드디어 커피숍에 앉아서 좀 쉴 수 있다)'라고 하였으므로 녹음 내용은 제시된 문장과 일치하지 않는다.

16 ★★★

这次小王没考好，只有78分。小李也没考好，而且还不如小王。

이번에 샤오왕은 시험을 잘 못 봐서, 겨우 78점이다. 샤오리도 시험을 잘 못 봤을 뿐만 아니라 샤오왕보다도 못하다.

★ 小李和小王的成绩一样。（ × ）

★ 샤오리와 샤오왕의 성적은 똑같다. （ × ）

단어 这次 zhè cì 이번 | 考好 kǎohǎo 시험을 잘 보다 | 只 zhǐ 분 단지, 겨우 | 分 fēn 명 점, 점수 | 也 yě 분 ~도 | 而且 érqiě 접 게다가, 뿐만 아니라 | 还 hái 분 여전히, 아직도 | 不如 bùrú 동 ~만 못하다

해설 녹음에서 '小李也没考好，而且还不如小王(샤오리도 시험을 잘 못 봤을 뿐만 아니라 샤오왕보다 못하다)'라고 하였으므로 샤오리의 성적이 샤오왕보다 나쁘다는 것을 알 수 있다. 따라서 녹음 내용은 제시된 문장과 일치하지 않는다. 참고로 'A 不如 B(A는 B만 못하다)' 구문이 비록 新HSK 3급에 자주 나오지는 않지만 다음 급수 시험을 위해 알아두자.

17 ★☆☆

同学今天都去唱歌了，我没有去。太晚了，而且我有点儿累了，想早点儿睡。

학교 친구들은 오늘 모두 노래를 부르러 갔는데 나는 가지 않았다. 너무 늦었고, 게다가 나는 좀 피곤해서 일찍 자고 싶었다.

★ 他和同学一起去唱歌了，很晚才回来。（ × ）

★ 그와 학교 친구들은 함께 노래를 부르러 갔다가 매우 늦게서야 돌아왔다. （ × ）

단어 同学 tóngxué 명 학우, 동창 | 今天 jīntiān 명 오늘 | 都 dōu 분 모두, 다 | 唱歌 chànggē 노래 부르다 | 而且 érqiě 접 게다가 | 有点儿 yǒudiǎnr 분 조금, 약간 | 累 lèi 형 지치다, 피곤하다 | 想 xiǎng 조동 ~하고 싶다 | 早点儿 zǎodiǎnr 일찍 | 睡 shuì 동 (잠을) 자다

해설 녹음에서 학교 친구들은 노래를 부르러 갔지만 화자는 피곤해서 '我没有去(나는 가지 않았다)'라고 하였으므로 녹음 내용은 제시된 문장과 일치하지 않는다.

18 ★☆☆

我今天穿了五件衣服，可还是觉得很冷。明天会不会也这么冷？	나는 오늘 5벌의 옷을 입었는데도 여전히 매우 춥다. 내일도 이렇게 추울까?
★ 今天天气很冷。(✓)	★ 오늘 날씨가 매우 춥다. (✓)

단어 今天 jīntiān 몡 오늘 | 穿 chuān 통 입다, 신다 | 件 jiàn 양 벌(옷을 세는 양사) | 衣服 yīfu 몡 옷 | 可 kě 접 그러나 | 还是 háishi 뷔 여전히, 아직도 | 觉得 juéde 통 ～라고 생각하다 | 冷 lěng 혱 춥다 | 明天 míngtiān 몡 내일 | 会 huì 조통 ～일 것이다 | 也 yě 뷔 ～도 | 这么 zhème 대 이런, 이러한

해설 녹음의 첫 문장에서 '我今天穿了五件衣服，可还是觉得很冷(나는 오늘 5벌의 옷을 입었는데도 여전히 매우 춥다)'라고 하였으므로 오늘 날씨가 매우 춥다는 것을 알 수 있다. 따라서 녹음 내용은 제시된 문장과 일치한다.

19 ★★☆

对不起，今天牛奶卖完了。来杯果汁怎么样？很新鲜，味道也不错。	죄송합니다. 오늘 우유가 다 팔렸어요. 과일 주스는 어때요? 매우 신선하고 맛도 괜찮아요.
★ 店里只有牛奶了。(×)	★ 가게 안에 우유만 남았다. (×)

단어 对不起 duìbuqǐ 통 미안합니다, 죄송합니다 | 今天 jīntiān 몡 오늘 | 牛奶 niúnǎi 몡 우유 | 卖 mài 통 팔다 | 完 wán 통 다 하다, 없어지다 | 杯 bēi 양 잔, 컵 | 果汁 guǒzhī 몡 과일 주스 | 怎么样 zěnmeyàng 대 어떻다, 어떠하다 | 新鲜 xīnxiān 혱 신선하다 | 味道 wèidao 몡 맛 | 也 yě 뷔 ～도 | 不错 búcuò 혱 좋다, 괜찮다

해설 녹음 내용을 보면 오늘 우유가 다 팔려서 과일 주스를 권하고 있으므로 가게 안에 우유가 없다는 것을 알 수 있다. 따라서 녹음 내용은 가게 안에 우유만 남았다는 제시된 문장과 일치하지 않는다.

Tip

📖 **新HSK 3급에 자주 등장하는 음식 단어**

包子 bāozi 빠오즈	米饭 mǐfàn 밥
面条 miàntiáo 국수	面包 miànbāo 빵
蛋糕 dàngāo 케이크	水果 shuǐguǒ 과일
苹果 píngguǒ 사과	葡萄 pútáo 포도
西瓜 xīguā 수박	香蕉 xiāngjiāo 바나나
牛奶 niúnǎi 우유	果汁 guǒzhī 과일 주스
茶 chá 차	

20 ★★☆

我很喜欢奶奶家那条白色的大狗，每次去，都会给它带点儿好吃的。所以，它每次见到我都很高兴。	나는 할머니 집의 그 흰색 큰 개를 좋아한다. 매번 갈 때마다 개에게 줄 맛있는 것을 가져간다. 그래서 그 개는 매번 나를 보면 좋아한다.
★ 他家有条白色的大狗。(×)	★ 그의 집에 흰색 큰 개가 있다. (×)

喜欢 xǐhuan 圐 좋아하다 | 条 tiáo 窤 마리 | 白色 báisè 圐 흰색 | 每次 měi cì 매번 | 给 gěi 짣 ~를 위해서 | 带 dài 圐 (몸에) 지니다, 휴대하다 | 点 diǎn 窤 약간, 조금 | 好吃的 hǎochī de 맛있는 것 | 所以 suǒyǐ 짣 그래서 | 见到 jiàndào 圐 만나다 | 高兴 gāoxìng 囻 기쁘다, 즐겁다

해설 녹음에서 화자가 '奶奶家那条白色的大狗(할머니 집의 그 흰색 큰 개)'를 좋아하고 갈 때마다 맛있는 것을 가져간다고 하였으므로, 개는 그의 집이 아니라 할머니 집에 있다는 것을 알 수 있다. 따라서 녹음 내용은 제시된 문장과 일치하지 않는다.

실전 연습 2 – 제2부분 MP3-22

>> 전략서 39p

정답 | 11 ✓ | 12 ✕ | 13 ✓ | 14 ✕ | 15 ✕ | 16 ✕ | 17 ✕ | 18 ✓ | 19 ✓ | 20 ✕

---

11 ★★☆

我明天去旅游，孩子放在爷爷奶奶家，请两位老人照顾。

나는 내일 여행을 간다. 아이는 할아버지 할머니 집에 맡겨두고, 두 노인 분에게 돌봐줄 것을 부탁했다.

★ 他不打算带孩子去旅游。(✓)

★ 그는 아이를 데리고 여행을 갈 계획이 없다. (✓)

단어 旅游 lǚyóu 圐 여행하다 | 孩子 háizi 圐 자녀(자식), 어린이 | 放 fàng 圐 놓다, 맡겨두다 | 在 zài 짣 ~에, ~에서 | 爷爷 yéye 圐 할아버지 | 奶奶 nǎinai 圐 할머니 | 请 qǐng 圐 부탁하다 | 位 wèi 窤 분, 명 | 老人 lǎorén 圐 노인 | 照顾 zhàogù 圐 보살피다, 돌보다

해설 녹음에서 화자가 여행을 가는데 아이는 할아버지 할머니에게 맡겨두고 간다고 하였으므로 녹음 내용은 제시된 문장과 일치한다.

---

12 ★★★

妈妈今天买的蛋糕真好吃。我吃了两块，爸爸妈妈一人一块。

엄마가 오늘 산 케이크는 정말 맛있다. 나는 두 조각을 먹었고, 아빠와 엄마는 한 사람당 한 조각씩 먹었다.

★ 妈妈买了三块蛋糕。(✕)

★ 엄마는 세 조각의 케이크를 샀다. (✕)

단어 今天 jīntiān 圐 오늘 | 买 mǎi 圐 사다 | 蛋糕 dàngāo 圐 케이크 | 真 zhēn 囻 확실히, 참으로 | 好吃 hǎochī 囻 맛있다 | 吃 chī 圐 먹다 | 块 kuài 窤 조각

해설 녹음에서 '我吃了两块，爸爸妈妈一人一块(나는 두 조각을, 아빠와 엄마는 한 조각씩 먹었다)'라고 하였으므로 엄마는 최소 네 조각 이상의 케이크를 사왔다는 것을 유추할 수 있다. 따라서 녹음 내용은 제시된 문장과 일치하지 않는다.

13 ★★☆

我想和哥哥姐姐一起去动物园，但是我的作业还没做完，所以只能在家里了。	나는 형, 누나와 함께 동물원에 가고 싶지만, 숙제를 아직 다 하지 못해서 집에 있을 수밖에 없다.
★ 他不能去动物园。(√)	★ 그는 동물원에 갈 수 없다. (√)

단어 想 xiǎng 조동 ～하고 싶다 | 和 hé 개 ～와 | 哥哥 gēge 명 형, 오빠 | 姐姐 jiějie 명 누나, 언니 | 一起 yìqǐ 부 같이, 함께 | 动物园 dòngwùyuán 명 동물원 | 但是 dànshì 접 그러나 | 作业 zuòyè 명 숙제, 과제 | 还 hái 부 여전히, 아직도 | 做完 zuòwán 동 다 하다 | 所以 suǒyǐ 접 그래서 | 只能 zhǐnéng ～할 수밖에 없다 | 在 zài ～에 있다

해설 녹음에서 화자는 형과 누나와 함께 동물원을 가고 싶지만 숙제를 못해 집에 있을 수밖에 없다고 하였으므로 녹음 내용은 제시된 문장은 일치한다.

14 ★☆☆

以前，她总爱上网、看电影、买东西，很少看书。现在不一样了，她经常去图书馆，成绩也越来越好了。	예전에 그녀는 항상 인터넷을 하는 것과, 영화를 보는 것과, 쇼핑하는 것을 좋아하고 책은 거의 보지 않았다. 지금은 달라져서 그녀는 자주 도서관에 가고, 성적도 갈수록 좋아졌다.
★ 她以前很喜欢去图书馆。(×)	★ 그녀는 예전에 도서관에 가는 것을 매우 좋아했다. (×)

단어 以前 yǐqián 명 예전 | 总 zǒng 부 늘, 줄곧 | 爱 ài 동 ～하길 좋아하다 | 上网 shàngwǎng 동 인터넷을 하다 | 看 kàn 동 보다 | 电影 diànyǐng 명 영화 | 买 mǎi 동 사다 | 东西 dōngxi 명 물건 | 少 shǎo 형 적다 | 看书 kànshū 책을 보다, 공부하다 | 现在 xiànzài 명 지금, 현재 | 不一样 bù yíyàng 같지 않다 | 经常 jīngcháng 부 항상, 자주 | 图书馆 túshūguǎn 명 도서관 | 成绩 chéngjì 명 성적 | 也 yě 부 ～도 | 越来越 yuèláiyuè 더욱더, 점점

해설 녹음에서 '以前(예전에)' 그녀는 책을 거의 보지 않았지만, 지금은 도서관을 자주 간다고 하였으므로 예전에 도서관에 가는 것을 좋아한 것은 아니라는 것을 알 수 있다. 따라서 녹음 내용은 제시된 문장과 일치하지 않는다.

15 ★★☆

小王让我七点去他家吃饭。但我到他家的时候，他已经吃过了。	샤오왕은 나에게 7시에 그의 집에 가서 밥을 먹으라고 하였다. 그러나 내가 그의 집에 갔을 때 그는 이미 밥을 다 먹었다.
★ 七点的时候，小王正在吃饭。(×)	★ 7시에 샤오왕은 밥을 먹고 있었다. (×)

단어 让 ràng 동 ～하게 하다 | 吃饭 chīfàn 밥을 먹다 | 但 dàn 접 그러나 | 到 dào 동 도착하다 | 已经 yǐjing 부 이미, 벌써 | 过 guo 조 동사 뒤에 쓰여 동작의 완료를 나타냄

해설 녹음에서 샤오왕이 화자에게 7시에 와서 밥을 먹으라고 하였지만 집에 갔을 때 '他已经吃过了(그는 이미 밥을 다 먹었다)'라고 하였으므로 녹음 내용은 제시된 문장과 일치하지 않는다.

---

16 ★★★

两年多没见面了，她变高了，也更漂亮了，但不如以前那样爱笑了。

2년 넘게 만나지 못하는 동안 그녀는 키가 컸고, 또 더 예뻐졌다. 그러나 예전만큼 그렇게 웃는 것을 좋아하지 않는다.

★ 她以前不爱笑。(×)

★ 그녀는 예전에 잘 웃지 않았다. (×)

단어 | 多 duō ㈜ ~남짓, ~여 | 见面 jiànmiàn ⑧ 만나다 | 变 biàn ⑧ 변하다 | 高 gāo ⑲ (키가) 크다 | 也 yě ⑨ ~도 | 更 gèng ⑨ 더욱, 더 | 漂亮 piàoliang ⑲ 예쁘다, 아름답다 | 但 dàn ⑳ 그러나 | 不如 bùrú ⑧ ~만 못하다 | 以前 yǐqián ⑲ 예전, 이전 | 那样 nàyàng ㈐ 그렇게, 저렇게 | 爱笑 ài xiào 웃는 것을 좋아하다

해설 | 녹음에서 '但不如以前那样爱笑了(그러나 그녀는 예전만큼 그렇게 웃는 것을 좋아하지 않는다)'라고 하였으므로 예전에는 잘 웃었다는 것을 알 수 있다. 따라서 녹음 내용은 제시된 문장과 일치하지 않는다.

---

17 ★★☆

除了跳舞，她还喜欢唱歌。但她最喜欢画画，参加了不少比赛。

춤을 추는 것 외에, 그녀는 노래 부르는 것도 좋아한다. 그러나 그녀가 가장 좋아하는 것은 그림을 그리는 것으로 적지 않은 대회에 참가하였다.

★ 她不喜欢跳舞。(×)

★ 그녀는 춤을 추는 것을 좋아하지 않는다. (×)

단어 | 除了 chúle ㉟ ~을 제외하고 | 跳舞 tiàowǔ ⑧ 춤을 추다 | 还 hái ⑨ 또, 그리고 | 喜欢 xǐhuan ⑧ 좋아하다 | 唱歌 chànggē 노래 부르다 | 但 dàn ⑳ 그러나 | 最 zuì ⑨ 가장, 제일 | 画画 huàhuà ⑧ 그림을 그리다 | 参加 cānjiā ⑧ 참가하다 | 比赛 bǐsài ⑲ 경기, 시합

해설 | 녹음에서 '除了跳舞，她还喜欢唱歌(그녀는 춤을 추는 것 외에도 노래 부르는 것도 좋아한다)'라고 하였으므로 그녀가 춤을 추는 것을 좋아함을 알 수 있다. 따라서 녹음 내용은 제시된 문장과 일치하지 않는다.

---

18 ★★☆

这鱼在北京要二十多块钱一斤，这里只卖八块钱，太便宜了。如果能带回去，我就多买点儿了。

이 생선은 베이징에서 한 근에 20여 위안인데, 여기에서는 겨우 8위안에 판다. 정말 저렴하다. 만약 가져갈 수 있다면, 나는 많이 살 것이다.

★ 北京的鱼比这里贵。(✓)

★ 베이징의 생선은 여기보다 비싸다. (✓)

단어 | 鱼 yú ⑲ 물고기 | 北京 Běijīng 고유 베이징 | 要 yào ⑧ 필요하다 | 斤 jīn ⑱ 근 | 这里 zhèli ㈐ 이곳 | 只 zhǐ ⑨ 오직, 겨우 | 卖 mài ⑧ 팔다 | 太 tài ⑨ 지나치게, 너무 | 便宜 piányi ⑲ (값이) 싸다 | 如果 rúguǒ ⑳ 만약, 만일 | 能 néng ㉈⑧ ~할 수 있다 | 带 dài ⑧ (몸에) 지니다, 휴대하다 | 回去 huíqù ⑧ 돌아가다 | 就 jiù ⑨ 곧, 즉시 | 多 duō ⑲ 많다 | 买 mǎi ⑧ 사다 | 点儿 diǎnr ⑱ 약간, 조금

해설 | 녹음에서 '这鱼在北京要二十多块钱一斤，这里只卖八块钱(이 생선이 한 근에 베이징에서는 20여 위안인데 여기는 겨우 8위안이다)'라고 하였으므로 베이징의 생선이 여기보다 비싸다는 것을 알 수 있다. 따라서 녹음 내용은 제시된 문장과 일치한다.

19 ★★☆	
<u>他总是这也不吃，那也不吃，又不爱运动</u>，所以经常生病。	그는 항상 이것도 안 먹고, 저것도 안 먹고, 운동도 좋아하지 않아서 자주 병이 난다.
★ 他有很多坏习惯。(✓)	★ 그는 나쁜 습관이 매우 많다. (✓)

단어 总是 zǒngshì 튀 늘, 줄곧 | 又 yòu 튀 또 | 爱 ài 통 ~하길 좋아하다 | 运动 yùndòng 명 운동 | 所以 suǒyǐ 접 그래서 | 经常 jīngcháng 튀 항상, 자주 | 生病 shēngbìng 통 병이 나다

해설 녹음에서 화자가 말한 '병이 나는' 나쁜 결과를 일으키는 행위는 나쁜 습관으로 볼 수 있으므로, 녹음 내용은 제시된 문장과 일치한다.

20 ★★★	
下午我们一起去看电影吧。听说这部电影好看极了，<u>比以前看过的都好看</u>。	오후에 우리 함께 영화 보러 가요. 듣자 하니 이 영화 정말 재미있대요. 예전에 봤던 것들보다 더 재미있다고 해요.
★ 这部电影没有以前的好看。(✕)	★ 이 영화는 예전 것보다 재미있지 않다. (✕)

단어 下午 xiàwǔ 명 오후 | 一起 yìqǐ 튀 같이, 함께 | 看 kàn 통 보다 | 电影 diànyǐng 명 영화 | 听说 tīngshuō 통 듣자니 ~라 한다 | 部 bù 양 부, 편(서적이나 영화 편수 등을 세는 단위) | 好看 hǎokàn 형 (내용이) 훌륭하다, 재미있다 | 极了 jí le (술어 뒤에 쓰여) 매우 ~하다 | 比 bǐ 개 ~보다 | 以前 yǐqián 명 이전, 예전 | 都 dōu 튀 더욱

해설 녹음에서 '比以前看过的都好看(이 영화는 예전에 봤던 것들보다 훨씬 더 재미있다)'라고 하였으므로 이 영화가 예전에 본 것들보다 재미있다는 것을 알 수 있다. 따라서 녹음 내용은 제시된 문장과 일치하지 않는다.

미리보기 | 해석

🔔 제3부분 🎧 MP3-23

≫ 전략서 42p

21.	21.
男: 小王，帮我开一下门，好吗? 谢谢! 女: 没问题，您去超市了? 买了这么多东西。	남: 샤오왕, 저를 도와 문 좀 열어 주시겠어요? 고마워요! 여: 문제없어요, 당신은 슈퍼마켓에 갔었나요? 이렇게 많은 물건을 샀네요.

问: 男的想让小王做什么?
    A 开门
    B 拿东西
    C 去超市买东西
	질문: 남자는 샤오왕에게 무엇을 하게 시켰는가?
	    A 문을 열게 했다
	    B 물건을 들게 했다
	    C 슈퍼마켓에 가서 물건을 사게 했다

🔔 제4부분 🎧 MP3-24

≫ 전략서 43p

31.	31.
女: 晚饭做好了，准备吃饭了。 男: 等一会儿，比赛还有三分钟就结束了。 女: 快点儿吧，一起吃，菜冷了就不好吃了。 男: 你先吃，我马上就看完了。	여: 저녁 준비 다 됐어요, 밥 먹을 준비해요. 남: 잠시만 기다려요, 경기가 3분 후면 끝나요. 여: 어서요, 같이 먹어요, 음식이 식으면 맛이 없어요. 남: 당신 먼저 먹어요, 금방 다 봐요.

问: 男的在做什么?
    A 洗澡
    B 吃饭
    C 看电视
	질문: 남자는 무엇을 하고 있는가?
	    A 목욕을 하고 있다
	    B 밥을 먹고 있다
	    C TV를 보고 있다

유형 확인 문제 🎧 MP3-27 　　　　　　　　　　　　　　　　　　　>> 전략서 45p

정답	1 A 　　2 C

---

1 ★☆☆

女: 明天是周末，你打算去哪儿玩儿？
男: 最近太累了，明天哪儿也不想去，只想在家好好休息。

问: 今天是星期几？
　A 星期五　　　　B 星期六　　　　C 星期天

여: 내일 주말인데, 당신은 어디에 가서 놀 계획이에요?
남: 요즘 너무 피곤해서 내일은 어디에도 가고 싶지 않아요. 그저 집에서 푹 쉬고 싶어요.

질문: 오늘은 몇 요일인가?
　A 금요일　　　　B 토요일　　　　C 일요일

단어 明天 míngtiān 명 내일 | 周末 zhōumò 명 주말 | 打算 dǎsuan 동 ~할 계획이다, 생각이다 | 哪儿 nǎr 대 어디 | 玩儿 wánr 동 놀다 | 最近 zuìjìn 명 최근 | 太 tài 부 지나치게, 너무 | 累 lèi 형 지치다, 피곤하다 | 想 xiǎng 조동 ~하고 싶다 | 只 zhǐ 부 단지, 오로지 | 在 zài 개 ~에, ~에서 | 家 jiā 명 집 | 休息 xiūxi 동 휴식하다, 쉬다

해설 여자의 '明天是周末(내일은 주말이다)'라는 말을 통해 오늘이 금요일임을 알 수 있다. 따라서 정답은 A이다.

---

2 ★★☆

女: 咱快走吧，电影快要开始了。
男: 不急，才五点二十分，还有半个小时呢。
女: 还是早点去吧，万一堵车就麻烦了。
男: 再等等，十分钟以后走吧。

问: 他们什么时候出发？
　A 5:20　　　B 5:50　　　C 5:30

여: 우리 빨리 가요. 영화가 곧 시작해요.
남: 급하지 않아요. 겨우 5시 20분이에요. 아직 30분이 남았어요.
여: 그래도 일찍 가요. 만일 차가 막히면 번거로워져요.
남: 조금 더 기다려요. 10분 후에 가요.

질문: 그들은 언제 출발하는가?
　A 5:20　　　B 5:50　　　C 5:30

단어 咱 zán 대 우리 | 走 zǒu 동 가다 | 电影 diànyǐng 명 영화 | 开始 kāishǐ 동 시작하다 | 急 jí 동 조급해하다 | 才 cái 부 이제야 | 万一 wànyī 접 만일, 만약 | 堵车 dǔchē 동 차가 막히다 | 就 jiù 부 바로 | 麻烦 máfan 형 번거롭다 | 再 zài 부 또, 다시 | 等 děng 동 기다리다 | 以后 yǐhòu 명 이후 | 出发 chūfā 동 출발하다

해설 지금은 '才五点二十分(겨우 5시 20분)'이고, 남자가 '十分钟以后走吧(10분 이후에 가자)'라고 했으므로 그들은 5시 30분에 출발할 것이다. 보기 A는 현재 시각이고, 보기 B는 영화가 시작되는 시각이므로 정답은 C이다.

02. 숫자 관련 문제

유형 확인 문제 🎧 MP3-30

>> 전략서 48p

정답 1 B   2 A

---

1 ★★☆

男: 呀, 你儿子都这么高了！两岁了吧?	여: 우와, 당신 아들이 이렇게 컸군요. 두 살이죠?
女: 去年就两岁了。	남: 작년에 두 살이었어요.
问: 女人的儿子今年多大了?	질문: 여자의 아들은 올해 몇 살인가?
A 两岁　　　B 三岁　　　C 两岁半	A 두 살　　　B 세 살　　　C 두 살 반

단어 儿子 érzi 몡 아들 | 都……了 dōu……le 벌써 ~하다 | 这么 zhème 때 이렇게나 | 高 gāo 혱 크다 | 岁 suì 양 세(나이를 세는 단위)

해설 여자의 '去年就两岁了(작년에 두 살이었다)'라는 말을 통해 여자의 아들이 올해에 이미 세 살이 된 것을 알 수 있다. 따라서 정답은 B이다.

---

2 ★★☆

男: 你看, 咱俩的手机一模一样！你买的时候多少钱?	남: 이것 봐요, 우리 둘의 휴대 전화가 완전히 똑같아요! 당신이 살 때 얼마였어요?
女: 我买了两三个月了, 当时1800元。你的呢?	여: 저는 산 지 두세 달 되었어요. 그때 1800위안이었어요. 당신 것은요?
男: 我昨天才买的, 比你的便宜了300元。	남: 저는 어제서야 샀어요. 당신보다 300위안 싸요.
女: 下次我也晚点买。	여: 다음에는 저도 늦게 사야 겠어요.
问: 男的花了多少钱买手机?	질문: 남자는 얼마에 휴대 전화를 샀는가?
A 1500元　　B 1800元　　C 2100元	A 1500위안　　B 1800위안　　C 2100위안

단어 手机 shǒujī 몡 휴대 전화 | 一模一样 yìmú yíyàng 혱 완전히 똑같다 | 的时候 de shíhou ~할 때 | 当时 dāngshí 몡 당시, 그때 | 元 yuán 양 위안(중국의 화폐 단위) | 才 cái 뷔 비로소 | 比 bǐ 꽤 ~보다 | 便宜 piányi 혱 싸다 | 下次 xià cì 다음 번 | 花 huā 됨 (시간, 돈을) 쓰다

해설 질문은 '男的(남자)'가 얼마에 휴대 전화를 샀는지에 관한 것이다. 여자는 1800위안을 썼고, 남자는 여자보다 '比你的便宜了300元(300위안 싸다)'이라고 했으므로 정답은 A의 1500위안이다.

03. 장소 관련 문제

정답　1 B　　2 A

1 　★☆☆

女: 对不起，来晚了，火车站人太多，排了很久 的队才买到票。

男: 没关系，我刚去银行取了点钱，也才到一会 儿。

问: 男的刚从哪儿过来?
　A 火车站　　B 银行　　C 家里

여: 미안해요, 늦었네요. 기차역에 사람이 너무 많아서 아 주 오랫동안 줄을 서서 표를 샀어요.

남: 괜찮아요. 저는 방금 은행에 가서 돈을 좀 찾아오느 라, 역시 방금 도착했어요.

질문: 남자는 방금 어디에서 왔는가?
　A 기차역　　B 은행　　C 집

단어 太 tài 🅟 지나치게, 너무 | 排队 páiduì 🅥 줄을 서다 | 久 jiǔ 🅗 오래되다 | 才 cái 🅟 비로소 | 票 piào 🅝 표, 티켓 | 刚 gāng 🅟 방금, 막 | 银行 yínháng 🅝 은행 | 取钱 qǔqián 🅥 출금하다 | 到 dào 🅥 도착하다

해설 질문이 '男的(남자)'가 어디에서 온 것인지를 묻고 있음에 주의하자. 남자가 말한 '银行(은행)'과 '取了点钱(돈을 좀 찾았다)'은 남자 가 막 은행에 갔었다는 것을 알 수 있다. 따라서 정답은 B이다. 보기 A의 '火车站(기차역)'은 여자가 방금 갔던 곳으로 답을 고를 때 실수하지 않도록 주의하자.

2 　★★☆

女: 你好，能帮我拿一下那本书吗? 太高了。

男: 是黄色的那本吗?

女: 对，就是那本。谢谢！请问在哪里付钱?

男: 在那儿，看见了吗? 门口左边的那个地方， 就在那儿付钱。

问: 他们可能在哪儿?
　A 书店　　B 图书馆　　C 学校

여: 안녕하세요. 저 책을 좀 꺼내 주시겠어요? 너무 높아 서요.

남: 노란색의 저 책이요?

여: 맞아요. 바로 저 책이요. 감사해요! 어디에서 돈을 지 불하나요?

남: 저기 있어요. 보이세요? 입구 왼쪽이요. 거기서 돈을 지불하세요.

질문: 그들은 어디에 있을 가능성이 큰가?
　A 서점　　B 도서관　　C 학교

단어 帮 bāng 🅥 돕다 | 拿 ná 🅥 쥐다, 잡다 | 本 běn 🅛 권(책을 세는 단위) | 书 shū 🅝 책 | 太 tài 🅟 지나치게, 너무 | 高 gāo 🅗 높다 | 黄色 huángsè 🅝 노란색 | 请问 qǐngwèn 🅥 말씀 좀 묻겠습니다 | 在 zài 🅟 ~에, ~에서 | 哪里 nǎli 🅟 어디 | 付钱 fùqián 🅥 돈을 지불하다

해설 녹음의 '书(책)'라는 단어만 듣고 보기 B의 '图书馆(도서관)'을 선택할 수도 있다. 그러나 자세히 들어보면 '付钱(돈을 지불하다)'을 언급했고, 도서관에서는 책을 사는 것이 아니라 빌릴 수만 있으므로 그들이 서점에 있는 것을 알 수 있다. 따라서 정답은 A이다.

---

04. 인물의 직업, 관계 관련 문제

유형 확인 문제 🎧 MP3-36

〉〉전략서 55p

> **정답** 1 C

---

1 ★★☆

男：这是我女儿，在大学念英语。
女：和你一样，将来也要当个老师吧？

问：男的是做什么的？
　　A 学生　　　　B 经理　　　　C 老师

남: 이쪽은 제 딸이고 대학에서 영어를 공부한답니다.
여: 당신과 같이 앞으로 선생님이 되겠네요?

질문: 남자는 무엇을 하는 사람인가?
　　A 학생　　　　B 사장　　　　C 선생님

> **단어** 女儿 nǚ'ér 몡 딸 | 在 zài 게 ~에, ~에서 | 大学 dàxué 몡 대학교 | 念 niàn 동 읽다, 공부하다 | 英语 Yīngyǔ 고유 영어 | 和 hé 게 ~와 | 一样 yíyàng 혱 같다 | 将来 jiānglái 몡 장래, 미래 | 当 dāng 동 ~이 되다 | 学生 xuésheng 몡 학생 | 经理 jīnglǐ 몡 사장, 책임자 | 老师 lǎoshī 몡 선생님

> **해설** 질문은 '男的(남자)'가 무슨 일을 하는 사람인지에 관해 묻고 있다. 대화의 '和你一样(당신과 같다)', '当个老师(선생님이 되다)'를 통해 남자가 선생님이라는 것을 알 수 있으므로 정답은 C이다. 보기 A는 남자의 딸 신분이며, B는 아예 언급되지 않았으므로 답이 될 수 없다.

---

05. 계획, 행동, 처리 방식 관련 문제

유형 확인 문제 🎧 MP3-39

〉〉전략서 57p

> **정답** 1 C　　2 C

---

1 ★★★

女：明天没什么事儿，我们去唱歌吧？或者看电影也不错！
男：我不爱唱歌，看电影也没意思。大热天的，要不我们去游泳吧？

问：男的打算做什么？
　　A 唱歌
　　B 看电影
　　C 游泳

여: 내일 별일 없으니, 우리 노래 부르러 가는 거 어때요? 아니면 영화를 보러 가는 것도 괜찮고요!
남: 저는 노래 부르는 것을 좋아하지 않고, 영화를 보는 것도 재미없어요. 날씨가 무척 더운데, 아니면 우리 수영하러 갈래요?

질문: 남자는 무엇을 할 계획인가?
　　A 노래를 부른다
　　B 영화를 본다
　　C 수영한다

> **단어** 明天 míngtiān 몡 내일 | 事儿 shìr 몡 일 | 唱歌 chànggē 노래 부르다 | 或者 huòzhě 접 혹은, 또는 | 电影 diànyǐng 몡 영화 | 不错 búcuò 혱 괜찮다, 좋다 | 爱 ài 동 ~하길 좋아하다 | 电影 diànyǐng 몡 영화 | 热 rè 혱 덥다 | 要不 yàobù 접 그렇지 않으면 | 游泳 yóuyǒng 동 수영하다 | 打算 dǎsuan 동 ~할 계획이다, 생각이다

> **해설** 질문은 '男的(남자)'가 무엇을 하려고 하는 것인지에 관해 묻고 있다. 녹음의 '唱歌(노래 부르다)'와 '看电影(영화를 보다)'은 모두 여자의 생각이며, 남자는 '大热天的，要不我们去游泳吧?(날씨가 무척 더운데, 아니면 수영을 하러 갈래요?)'라고 했으므로 정답은 C이다.

31

女：还要多久才到，我都爬不动了。

男：先休息会儿吧，还要走半个多小时呢！

女：前面有家饭店，要不去那儿坐坐吧？可以一边吃饭一边休息。

男：好吧！被你一说，我也觉得饿了。

问：他们可能在做什么？

   A 休息

   B 吃饭

   C 爬山

여：얼마나 더 가야 도착하나요? 저는 더 이상 못 올라가겠어요.

남：먼저 좀 쉬죠, 아직 30여 분을 더 걸어야 해요!

여：앞에 음식점이 있는데, 거기 가서 좀 앉는 건 어때요? 식사도 하고 좀 쉴 수 있잖아요.

남：좋아요! 당신 말을 들으니 저도 배가 좀 고파졌어요.

질문：그들은 무엇을 하고 있을 가능성이 큰가?

   A 휴식하고 있다

   B 밥을 먹고 있다

   C 등산하고 있다

단어 还 hái 튀 아직도, 여전히 | 久 jiǔ 혱 오래되다 | 才 cái 튀 비로소 | 到 dào 동 도착하다 | 爬 pá 동 기어오르다 | 先 xiān 튀 먼저 | 休息 xiūxi 동 휴식하다, 쉬다 | 会儿 huìr 양 잠시, 잠깐 | 走 zǒu 동 걷다 | 小时 xiǎoshí 명 시간 | 前面 qiánmian 명 앞, 앞쪽 | 家 jiā 양 점포 등을 세는 단위 | 饭店 fàndiàn 명 식당 | 那儿 nàr 대 거기 | 坐 zuò 동 앉다 | 可以 kěyǐ 조동 ~할 수 있다 | 一边……一边…… yìbiān…… yìbiān…… ~하면서 ~하다 | 休息 xiūxi 동 휴식하다, 쉬다 | 被 bèi 개 ~에 의하여 (~을 당하다) | 觉得 juéde 동 ~라고 생각하다 | 饿 è 혱 배고프다 | 爬山 páshān 등산하다

해설 여자의 '爬不动了(올라갈 수 없어요)'를 통해 그들이 현재 등산을 하고 있다는 것을 알 수 있다. 녹음의 '休息(휴식하다)', '吃饭(밥을 먹다)'은 모두 그들이 앞으로 하려고 하는 행동이므로 정답은 C이다.

06. 원인 관련 문제

유형 확인 문제 🎧 MP3-42

                                                    》 전략서 60p

정답   1 C   2 A

1 ★☆☆

男：听说你要出国了，这回可以好好旅游旅游，休息一下了。

女：这次出去是为了工作，还是会很忙。

问：女的为什么出国？

   A 休息一下   B 旅游   C 工作

남：듣자 하니 당신 출국한다면서요. 이번에 잘 여행하시면서 좀 쉴 수 있게 되었네요.

여：이번에 나가는 것은 일 때문이에요. 여전히 매우 바쁠 거예요.

질문：여자는 왜 출국하는가?

   A 좀 쉬려고   B 여행하려고   C 일하려고

단어 听说 tīngshuō 동 듣자니 ~라 한다 | 出国 chūguó 동 출국하다 | 可以 kěyǐ 조동 ~할 수 있다 | 旅游 lǚyóu 동 여행가다 | 休息 xiūxi 동 휴식하다, 쉬다 | 这次 zhè cì 이번 | 出去 chūqù 동 나가다 | 为了 wèile 개 ~을 위해서 | 工作 gōngzuò 명 일 | 还是 háishi 튀 여전히, 그래도 | 会 huì 조동 ~일 것이다 | 忙 máng 혱 바쁘다 | 为什么 wèishénme 대 왜, 어째서

해설 보기 A와 B는 여자의 출국에 대한 남자의 추측이지 실제 상황은 아니다. 여자는 대화에서 '为了工作(일 때문에)', '会很忙(매우 바쁠 것이다)'이라고 말하면서 출국의 원인이 업무 때문임을 설명하였으므로 정답은 C이다.

2 ★★☆

男：这么晚了，你还喝咖啡，小心晚上睡不着。
女：没办法，还有好多作业要写，大概要到一两点了。
男：老这样下去对身体不好，注意休息。
女：我也想早点儿睡，可实在太忙了。

问：女的为什么喝咖啡？
　A 做作业
　B 睡不着
　C 喜欢喝

남: 이렇게 늦었는데, 당신 또 커피를 마시다니, 저녁에 잠이 안 오면 어쩌려고요.
여: 어쩔 수 없어요, 아직도 많은 숙제를 해야 해요. 아마 한두 시까지 해야 할 것 같아요.
남: 늘 이렇게 하면 몸에 좋지 않아요, 잘 쉬어야 해요.
여: 저도 일찍 자고 싶어요. 그렇지만 정말 너무 바빠요.

질문: 여자는 왜 커피를 마시는가?
　A 숙제를 해야 해서
　B 잠을 이루지 못해서
　C 마시는 것을 좋아해서

단어　这么 zhème 때 이렇게나 | 晚 wǎn 형 늦다 | 还 hái 부 또, 그리고 | 喝 hē 동 마시다 | 咖啡 kāfēi 명 커피 | 小心 xiǎoxīn 동 조심하다 | 睡不着 shuìbuzháo 잠들지 못하다, 잠이 오지 않다 | 办法 bànfǎ 명 방법 | 作业 zuòyè 명 숙제 | 写 xiě 동 쓰다 | 大概 dàgài 부 대략 | 老 lǎo 부 항상 | 这样 zhèyàng 때 이러하다 | 对 duì 개 ~에 대하여 | 身体 shēntǐ 명 신체 | 注意 zhùyì 동 주의하다 | 休息 xiūxi 동 휴식하다, 쉬다 | 可 kě 접 그러나 | 实在 shízài 부 정말로, 진짜로 | 太 tài 부 지나치게, 너무 | 忙 máng 형 바쁘다 | 喜欢 xǐhuan 동 좋아하다

해설　남자가 이렇게 늦은 시간에 커피를 마시면 잠을 이루지 못한다고 걱정하자 여자가 매우 많은 숙제 때문에 어쩔 수 없다고 하였으므로 정답은 A이다. 보기 B의 '睡不着(잠을 이루지 못한다)'는 커피를 마신 후 결과이지 마시게 된 원인이 아니며, 보기 C는 대화에서 아예 언급되지 않았으므로 정답이 될 수 없다.

07. 의미 파악 관련 문제

유형 확인 문제 🎧 MP3-45

>> 전략서 63p

정답　1 A　　2 C

1 ★★☆

男：昨天那家饭店的菜怎么样？
女：除了价格便宜，就没什么好的了。

问：女的觉得那家饭店的菜怎么样？
　A 不好吃
　B 有点贵
　C 非常好吃

남: 어제 그 식당의 음식 어땠나요?
여: 가격이 저렴한 것 외에는 별다른 좋은 것이 없었어요.

질문: 여자는 그 식당의 음식이 어떻다고 생각하는가?
　A 맛있지 않다
　B 좀 비싸다
　C 대단히 맛있다

단어　昨天 zuótiān 명 어제 | 家 jiā 양 점포 등을 세는 단위 | 饭店 fàndiàn 명 식당 | 菜 cài 명 음식, 요리 | 除了 chúle 개 ~을 제외하고 | 价格 jiàgé 명 가격 | 便宜 piányi 형 싸다 | 有点 yǒudiǎn 부 조금 | 贵 guì 형 비싸다 | 非常 fēicháng 부 매우 | 好吃 hǎochī 형 맛있다

해설　여자의 '除了价格便宜，就没什么好的了(가격이 저렴한 것 외에는 별다른 좋은 것이 없었다)'라는 말은 가격만 저렴하고 다른 것은 모두 좋지 않다는 의미이므로 정답은 A이다.

男: 这种电视机一直有很多人买，颜色、样子都
不错。

女: 颜色还不错，就是样子不好看。

男: 不会吧? 这可是今年的新产品。

女: 太贵了，要是再便宜点儿就买了。

问: 女的觉得电视机怎么样?

　A　很不错

　B　颜色不好看

　C　太贵了

남: 이 종류의 TV는 계속 많은 사람이 구매하고 있어요.
색깔과 디자인이 모두 좋아요.

여: 색깔은 괜찮은데, 디자인이 별로예요.

남: 그럴 리가요? 이것은 올해 신상품이에요.

여: 너무 비싸요. 좀 더 싸게 해주면 살게요.

질문: 여자는 TV가 어떻다고 생각하는가?

　A　매우 좋다

　B　색깔이 별로다

　C　너무 비싸다

단어 种 zhǒng 양 종류 | 电视机 diànshìjī 명 TV, 텔레비전 | 一直 yìzhí 부 줄곧, 계속해서 | 买 mǎi 동 사다 | 颜色 yánsè 명 색깔 | 样子 yàngzi 명 모양, 디자인 | 不错 búcuò 형 괜찮다, 좋다 | 会 huì 조동 ~일 것이다 | 可 kě 부 정말로 | 产品 chǎnpǐn 명 상품 | 太 tài 부 지나치게, 너무 | 贵 guì 형 비싸다 | 要是 yàoshi 접 만약 | 再 zài 부 또, 다시 | 便宜 piányi 형 싸다

해설 여자가 '颜色还不错, 就是样子不好看(색깔은 괜찮은데, 디자인이 별로다)'라고 하였으므로 보기 A, B는 답이 될 수 없다. 또한, 여자의 말 중 '太贵了(너무 비싸다)'가 보기 C와 정확히 일치하므로 정답은 C이다.

08. 나열 관련 문제

유형 확인 문제 🎧 MP3-48   〉〉 전략서 65p

정답　1 C　　2 C

1 ★☆☆

男: 你找到雨伞了吗?

女: 别提了，火车站有好多伞，红的、绿的、黑
的、白的，可就是没有我要找的那把黄色
的。

问: 女的要找什么颜色的伞?

　A　红的　　　　B　黑的　　　　C　黄的

남: 당신은 우산을 찾았나요?

여: 말도 말아요. 기차역에 우산이 아주 많았어요. 빨간
색, 초록색, 검은색, 흰색, 그런데 내가 찾는 그 노란
색 우산은 없더라고요.

질문: 여자는 무슨 색의 우산을 찾는가?

　A　빨간색　　　B　검은색　　　C　노란색

단어 找到 zhǎodào 찾아내다 | 雨伞 yǔsǎn 명 우산 | 别 bié 부 ~하지 마라 | 提 tí 동 이야기를 꺼내다 | 火车站 huǒchēzhàn 명 기차역 | 红 hóng 형 붉다 | 绿 lǜ 형 초록의 | 黑 hēi 형 까맣다 | 白 bái 형 하얗다, 희다 | 可 kě 접 그러나 | 把 bǎ 양 손잡이가 있는 물건을 세는 단위 | 黄色 huángsè 명 노란색 | 颜色 yánsè 명 색깔

해설 여자가 매우 많은 색깔을 언급하였지만 마지막에 '可就是没有我要找的那把黄色的(그런데 내가 찾는 그 노란색 우산은 없다)'라고 하였으므로 여자가 찾고자 하는 것은 노란색 우산임을 알 수 있다. 따라서 정답은 C이다.

2 ★★☆

男: 假期过得怎么样?

女: 别提了, 一点儿意思也没有, 整天就是吃饭、睡觉、写作业。你呢?

男: 我去了很多地方, 除了北京、杭州, 还有西安。中国真漂亮!

女: 这么多地方啊! 路上一定很有趣吧?

问: 男的什么地方没去过?

A 西安　　　　B 北京　　　　C 上海

남: 방학은 어땠어요?

여: 말도 말아요, 조금도 재미 없었어요. 온종일 밥 먹고, 자고 숙제를 했어요. 당신은요?

남: 저는 많은 곳을 갔어요. 베이징, 항저우, 또 시안이요. 중국은 정말 아름답더라고요!

여: 이렇게 많은 곳을요! 여행이 분명히 재미있었겠네요?

질문: 남자가 가지 않은 곳은 어디인가?

A 시안　　　　B 베이징　　　　C 상하이

단어 假期 jiàqī 몡 휴가, 방학 기간 | 过 guò 동 보내다 | 得 de 조 ~하는 정도가(술어 뒤에 쓰여 술어의 정도를 나타냄) | 怎么样 zěnmeyàng 데 어떠하다 | 别 bié 붐 ~하지 마라 | 提 tí 동 이야기를 꺼내다 | 整天 zhěngtiān 몡 온종일 | 吃饭 chīfàn 밥을 먹다 | 睡觉 shuìjiào 동 자다 | 写作业 xiě zuòyè 숙제하다 | 地方 dìfang 몡 장소, 곳 | 除了 chúle 깨 ~을 제외하고 | 北京 Běijīng 고유 베이징 | 杭州 Hángzhōu 고유 항저우 | 西安 Xī'ān 고유 시안 | 中国 Zhōngguó 고유 중국 | 真 zhēn 붐 확실히, 참으로 | 漂亮 piàoliang 형 예쁘다 | 这么 zhème 데 이렇게나 | 一定 yídìng 붐 꼭, 반드시 | 有趣 yǒuqù 형 재미있다 | 上海 Shànghǎi 고유 상하이

해설 남자의 '去了很多地方, 除了北京、杭州, 还有西安(많은 곳을 갔어요, 베이징, 항저우, 또 시안이요)'라는 대답을 통해 남자가 상하이에는 가지 않았다는 것을 알 수 있다. 따라서 정답은 C이다.

실전 연습 1 - 제3·4부분　🎧 MP3-49　　　》》전략서 66p

정답

| 21 B | 22 B | 23 C | 24 A | 25 B | 26 A | 27 C | 28 A | 29 C | 30 C |
| 31 A | 32 C | 33 C | 34 C | 35 C | 36 B | 37 C | 38 A | 39 A | 40 B |

21 ★★☆

男: 你喜欢吃香蕉吗?

女: 我觉得香蕉没有苹果那么好吃。

问: 女的更喜欢吃什么?

A 香蕉　　　　B 苹果　　　　C 橘子

남: 당신은 바나나 먹는 것을 좋아하나요?

여: 저는 바나나가 사과처럼 그렇게 맛있는 것 같지 않아요.

질문: 여자는 무엇을 먹는 걸 더 좋아하는가?

A 바나나　　　　B 사과　　　　C 귤

단어 喜欢 xǐhuan 동 좋아하다 | 吃 chī 동 먹다 | 香蕉 xiāngjiāo 몡 바나나 | 觉得 juéde 동 ~라고 생각하다 | 苹果 píngguǒ 몡 사과 | 那么 nàme 데 그렇게, 저렇게 | 好吃 hǎochī 형 맛있다

해설 여자가 '我觉得香蕉没有苹果那么好吃(바나나가 사과처럼 그렇게 맛있는 것 같지 않다)'라고 하였으므로 사과 먹는 것을 더 좋아하는 것을 알 수 있다. 따라서 정답은 B이다.

22	★☆☆

男: 小王，你现在到经理办公室去一下，经理找你有事。
女: 我在银行，半个小时后才能到。

问: 女的现在在哪儿？
A 办公室　　B 银行　　C 公司

남: 샤오왕, 당신 지금 사장님 사무실에 한번 가 보세요. 사장님이 당신을 찾으세요.
여: 저 은행에 있어요. 30분 후에야 겨우 도착해요.

질문: 여자는 지금 어디에 있는가?
A 사무실　　B 은행　　C 회사

단어 现在 xiànzài 명 지금, 현재 | 到 dào 개 ~에, ~로 | 办公室 bàngōngshì 명 사무실 | 一下 yíxià 수량 좀 ~하다 | 经理 jīnglǐ 명 책임자, 사장 | 找 zhǎo 동 찾다 | 银行 yínháng 명 은행 | 半个小时 bàn ge xiǎoshí 반 시간, 30분 | 后 hòu 형 (시간상으로) 뒤의, 후의

해설 사장님이 여자를 찾는다는 말에 여자가 '我在银行(나는 은행에 있다)'라고 하였으므로 정답은 B이다.

23	★★☆

女: 现在已经九点十分了，你迟到了四十分钟。
男: 对不起，老师。我昨天晚上看足球比赛，三点才睡，今天早上一直睡到了九点。

问: 男的应该几点到学校？
A 9:50　　B 9:00　　C 8:30

여: 지금 이미 9시 10분이야. 너는 40분이나 늦었어.
남: 죄송합니다, 선생님. 제가 어제 저녁에 축구 시합을 보고 3시가 되어서야 잠이 들었다가, 오늘 9시까지 계속 잤어요.

질문: 남자는 몇 시까지 학교에 도착해야 하는가?
A 9:50　　B 9:00　　C 8:30

단어 现在 xiànzài 명 지금, 현재 | 已经 yǐjing 부 이미, 벌써 | 迟到 chídào 동 지각하다 | 老师 lǎoshī 명 선생님 | 昨天 zuótiān 명 어제 | 晚上 wǎnshang 명 저녁 | 看 kàn 동 보다 | 足球比赛 zúqiú bǐsài 축구 시합 | 才 cái 부 비로소, 겨우 | 睡 shuì 동 (잠을) 자다 | 今天 jīntiān 명 오늘 | 早上 zǎoshang 명 아침 | 一直 yìzhí 부 계속, 줄곧

해설 여자가 지금 9시 10분이고, 남자에게 '迟到了四十分钟(40분이나 늦었다)'이라고 하였으므로 남자는 8시 30분까지 학교에 도착했어야 하는 것을 알 수 있다. 따라서 정답은 C이다.

24	★☆☆

男: 你打算骑自行车去公司吗？
女: 不，我打算坐公共汽车去。路上汽车太多了，骑自行车不安全。

问: 女的打算怎么去公司？
A 坐公共汽车
B 骑自行车
C 走路

남: 당신은 자전거를 타고 회사에 갈 계획인가요？
여: 아니요, 저는 버스를 타고 갈 계획이에요. 길에 차가 너무 많아서 자전거를 타는 것은 안전하지 않아요.

질문: 여자는 어떻게 회사에 갈 계획인가?
A 버스를 타고
B 자전거를 타고
C 걸어서

단어 打算 dǎsuan 동 ~할 계획이다, 생각이다 | 骑 qí 동 (동물이나 자전거 등에) 타다 | 自行车 zìxíngchē 명 자전거 | 去 qù 동 가다 | 公司 gōngsī 명 회사 | 坐 zuò 동 타다 | 公共汽车 gōnggòng qìchē 명 버스 | 路上 lùshang 명 길 위 | 汽车

qìchē 몡 자동차 │ 太 tài 倝 지나치게, 너무 │ 多 duō 휑 (수량이) 많다 │ 安全 ānquán 휑 안전하다

해설 남자가 자전거를 타고 회사에 갈 건지 묻자 여자가 '打算坐公共汽车去(버스를 타고 갈 계획이다)'라고 하였으므로 정답은 A이다.

---

25 ★★☆

男: 商场里有些衣服很便宜, 你去看了吗?
女: 昨天晚上就去了, 只买了两条裤子。今天晚上打算再去看看, 想再买条裙子。

问: 昨天晚上女的买了什么?
　A 衣服　　　B 裤子　　　C 裙子

남: 상점에 어떤 옷은 저렴하던데, 당신 가 봤나요?
여: 어제 저녁에 갔는데, 바지만 두 벌 샀어요. 오늘 저녁에 다시 한번 가서 보려고요. 치마도 사고 싶어요.

질문: 어제 저녁 여자는 무엇을 샀는가?
　A 옷　　　　B 바지　　　C 치마

단어 商场 shāngchǎng 몡 백화점, 쇼핑센터 │ 有些 yǒuxiē 댸 일부, 어떤 것 │ 衣服 yīfu 몡 옷 │ 便宜 piányi 휑 (값이) 싸다 │ 昨天 zuótiān 몡 어제 │ 晚上 wǎnshang 몡 저녁 │ 就 jiù 倝 ~하자마자 곧 │ 只 zhǐ 倝 단지, 다만 │ 买 mǎi 됭 사다 │ 条 tiáo 양 벌(가늘고 긴 것을 세는 단위) │ 裤子 kùzi 몡 바지

해설 여자가 '昨天晚上就去了, 只买了两条裤子(어제 저녁에 갔는데, 바지만 두 벌 샀다)'라고 하였으므로 정답은 B이다.

---

26 ★☆☆

男: 你买了什么东西? 这么重! 都快拿不动了。
女: 不多, 只是一点水果, 香蕉、葡萄、苹果什么的。

问: 女的没买什么?
　A 西瓜　　　B 苹果　　　C 葡萄

남: 당신 무엇을 샀어요? 이렇게나 무거워요! 다 들 수 없을 거 같아요.
여: 많지 않아요, 그저 과일 몇 개인데, 바나나, 포도, 사과 등이에요.

질문: 여자는 무엇을 사지 않았는가?
　A 수박　　　B 사과　　　C 포도

단어 买 mǎi 됭 사다 │ 东西 dōngxi 몡 물건 │ 这么 zhème 댸 이렇게나, 이렇게 │ 重 zhòng 휑 무겁다 │ 多 duō 휑 (수량이) 많다 │ 水果 shuǐguǒ 몡 과일 │ 香蕉 xiāngjiāo 몡 바나나 │ 葡萄 pútáo 몡 포도 │ 苹果 píngguǒ 몡 사과 │ 什么的 shénme de ~등등

해설 여자의 말을 통해서 정답을 찾을 수 있는데, 바나나, 포도, 사과만 언급하였으므로 '西瓜(수박)'는 사지 않았다는 것을 알 수 있다. 따라서 정답은 A이다.

27 ★★☆

男：请问去图书馆应该在哪儿下车？
女：前面的火车站或者宾馆都行，**但火车站离图书馆更近。**

问：男的最好在哪儿下车？
　A 图书馆　　　B 宾馆　　　C 火车站

남: 실례지만, 도서관에 가려면 어디에서 내려야 하나요?
여: 앞에 있는 기차역이나 호텔 모두 돼요. 그렇지만 기차역이 도서관에서 더 가까워요.

질문: 남자는 어디에서 내리는 것이 가장 좋은가?
　A 도서관　　　B 호텔　　　C 기차역

단어 请问 qǐngwèn 통 말씀 좀 여쭙겠습니다 | 去 qù 통 가다 | 图书馆 túshūguǎn 명 도서관 | 应该 yīnggāi 조동 마땅히 ~해야 한다 | 哪儿 nǎr 대 어디 | 下车 xiàchē 통 하차하다 | 前面 qiánmian 명 (공간·위치 상의) 앞 | 或者 huòzhě 접 아니면 | 宾馆 bīnguǎn 명 호텔 | 都 dōu 부 모두, 다 | 行 xíng 통 좋다, ~해도 좋다 | 但 dàn 접 그러나 | 火车站 huǒchēzhàn 명 기차역 | 离 lí 개 ~로 부터 | 更 gèng 부 더욱, 더 | 近 jìn 형 가깝다

해설 남자가 도서관에 가려면 어디에서 내려야 하는지 묻자 여자가 '火车站离图书馆更近(기차역이 도서관에서 더 가깝다)'라고 하였으므로 정답은 C이다.

Tip

형식	의미	예문
离 lí + ①장소, ②시간	~로부터, ~까지 (①공간적 거리를 나타냄, ②시간적 거리를 나타냄)	① 明洞离钟路不太远。 명동은 종로에서 그다지 멀지 않다. (명동에서 종로 사이의 거리를 나타냄) ② 离下课还有一个多小时呢。 수업 끝날 때까지 한 시간이 넘게 남았다. (지금부터 수업이 끝날 때까지 시간을 나타냄)

28 ★☆☆

男：好久没有一起去游泳了，下午一起去吧！
女：前两天爬山累坏了，再游泳就更累了。**我想去公园走走，喝喝咖啡，休息休息。**

问：女的想做什么？
　A 去公园
　B 游泳
　C 爬山

남: 아주 오랫동안 같이 수영하러 가지 못했네요. 오후에 함께 가요!
여: 이틀 전에 등산을 가서 너무 피곤해요. 다시 수영하면 더 피곤할 것 같아요. 저는 공원에 가서 좀 걷고 커피나 마시고 쉬고 싶어요.

질문: 여자는 무엇을 하고 싶은가?
　A 공원에 가고 싶다
　B 수영하고 싶다
　C 등산하고 싶다

단어 好久 hǎojiǔ 형 (시간이) 오래다 | 一起 yìqǐ 부 같이, 함께 | 去 qù 통 가다 | 游泳 yóuyǒng 통 수영하다 | 下午 xiàwǔ 명 오후 | 爬山 páshān 등산하다 | 累 lèi 형 지치다, 피곤하다 | 再 zài 부 재차, 또 | 更 gèng 부 더욱, 더 | 想 xiǎng 조동 ~하고 싶다 | 公园 gōngyuán 명 공원 | 走 zǒu 통 걷다 | 喝 hē 통 마시다 | 咖啡 kāfēi 명 커피 | 休息 xiūxi 통 휴식하다, 쉬다

해설 수영을 가자는 남자의 제안에 여자가 '我想去公园走走, 喝喝咖啡, 休息休息(공원에 가서 좀 걷고 커피나 마시고 쉬고 싶다)'라고 하였으므로 정답은 A이다.

29 ★★★

男: 这件衣服多少钱?	남: 이 옷은 얼마예요?
女: 原价80元，现在卖50元。你如果买两件，还可以再便宜一点儿。	여: 원가는 80위안인데, 지금 50위안에 팔아요. 두 벌 사면 더 싸게 해 드릴 수 있어요.
问: 买两件衣服可能要多少钱?	질문: 옷 두 벌을 사면 얼마일 가능성이 큰가?
A 160元　　　B 100元　　　C 90元	A 160위안　　　B 100위안　　　C 90위안

단어 件 jiàn 양 벌(옷을 세는 단위) | 衣服 yīfu 명 옷 | 原价 yuánjià 명 원가 | 现在 xiànzài 명 지금, 현재 | 卖 mài 동 팔다 | 如果 rúguǒ 접 만약, 만일 | 还 hái 부 또, 더 | 可以 kěyǐ 조동 ~할 수 있다, 가능하다 | 再 zài 부 다시 | 便宜 piányi 형 싸다 | 一点儿 yìdiǎnr 수량 조금

해설 여자가 원가 80위안에서 현재 50위안에 팔고 있고 두 벌을 사면 더 싸게 해준다고 하였으므로 100위안 이하인 C가 정답이다.

Tip

📖 중국 화폐(人民币) 읽는 방법에 관한 모든 것

1. 화폐 단위

块 kuài 위안(= 元 yuán)	우리말의 '원'에 해당하며, 돈을 세는 단위 중 가장 크다.
毛 máo 마오(= 角 jiǎo)	'块'보다 작은 단위이다. (10毛 = 1块)
分 fēn 펀	가장 작은 단위이다. (10分 = 1毛)

중국의 화폐 단위는 우리나라와 마찬가지로 10진법을 쓰며, '10分'이 '1毛', '10毛'가 '1块'가 된다.

회화에서는 모두 '块, 毛, 分'을 쓰지만, 시험에서는 '元, 角'로 더 많이 나온다.

2. (1) 숫자 읽기

> 39.45 → 三十九块 四毛 五分　39위안 4마오 5펀
> 　　块　毛分

*소수점을 기준으로, 소수점 앞의 수는 '块(元)', 소수점 첫 번째 자리는 '毛(角)', 소수점 두 번째 자리는 '分'으로 읽는다.

(2) 二과 两(liǎng)

　1元 = 一块
　2元 = 两块 ·················· * '二块'라고 하지 않고 '两块'라고 한다.
　20元 = 二十块 ·················· * 십 단위에서는 '二'로만 읽는다.
　200元 = 二百块 / 两百块 ·················· * 백 단위에서는 '二'과 '两' 둘 다 가능하다.
　2000元 = 两千块 ·················· * 천 단위 이상부터는 '两'이라고 읽는다.
　20000元 = 两万块

(3) 0(零 líng)이 들어갔을 경우

　105元 = 一百零五块 ·················· * 가운데 0은 꼭 읽어준다.
　1005元 = 一千零五块 ·················· * 가운데 0이 여러 개일 경우에는 한 번만 읽는다.
　1050元 = 一千零五十块 ·················· * 가운데와 마지막에 모두 0이 있을 때는 다 읽어 준다.
　150元 = 一百五十块 / 一百五 ·················· * 가운데 0이 없고 마지막에만 0이 있을 때는, 마지막의 0은 읽어줘도 되고 생략해도 되지만 대부분 생략해서 읽는다.

30 ★★☆

男: 你一直这么认真地学习汉语，以后想当老师吗?

女: 不是。我去年去中国旅行的时候，认识了现在的男朋友。他是中国人。

问: 女的为什么认真地学习汉语?
   A　想当老师
   B　去中国旅行
   C　男朋友是中国人

남: 당신은 줄곧 이렇게 열심히 중국어를 공부하는데, 앞으로 선생님이 되고 싶나요?

여: 아니요. 제가 작년에 중국에 여행 갔을 때, 지금의 남자 친구를 알게 되었어요. 그는 중국인이에요.

질문: 여자는 왜 중국어를 열심히 공부하는가?
   A　선생님이 되고 싶어서
   B　중국으로 여행을 가려고
   C　남자 친구가 중국인이라서

단어 一直 yìzhí 🄫 계속, 줄곧 | 这么 zhème 🄬 이런, 이렇게 | 认真 rènzhēn 🄱 진지하다, 착실하다 | 学习 xuéxí 🄳 공부하다 | 汉语 Hànyǔ 🄶 중국어 | 想 xiǎng 🄪 ~하고 싶다 | 当 dāng 🄳 ~이 되다 | 老师 lǎoshī 🄱 선생님 | 去年 qùnián 🄱 작년 | 中国 Zhōngguó 🄶 중국 | 旅行 lǚxíng 🄳 여행하다 | 认识 rènshi 🄳 알다 | 男朋友 nánpéngyou 🄱 남자 친구

해설 남자의 질문에 여자는 중국에 여행 갔을 때 남자 친구를 알게 되었는데 '他是中国人(그는 중국인이다)'라고 대답하였으므로 정답은 C이다.

---

31 ★☆☆

男: 你好，我想买两张北京到上海的火车票。
女: 什么时候的? 快车还是慢车?
男: 今天晚上六点的，快车。
女: 好的。这是您的票，一共四百二十元。

问: 他们在哪儿?
   A　火车站　　　B　饭馆　　　C　学校

남: 안녕하세요, 베이징에서 상하이로 가는 기차표를 사고 싶습니다.
여: 언제 것으로요? 급행, 아니면 완행인가요?
남: 오늘 저녁 6시, 급행으로요.
여: 좋아요. 여기 표예요. 모두 420위안입니다.

질문: 그들은 어디에 있는가?
   A　기차역　　　B　식당　　　C　학교

단어 想 xiǎng 🄪 ~하고 싶다 | 买 mǎi 🄳 사다 | 张 zhāng 🄽 장 | 北京 Běijīng 🄶 베이징 | 到 dào 🄳 도달하다, 도착하다 | 上海 Shànghǎi 🄶 상하이 | 火车票 huǒchēpiào 🄱 기차표 | 什么时候 shénme shíhou 언제 | 快车 kuàichē 🄱 급행열차 | 还是 háishi 🄮 또는, 아니면 | 慢车 mànchē 🄱 완행열차 | 今天 jīntiān 🄱 오늘 | 晚上 wǎnshang 🄱 저녁 | 票 piào 🄱 표, 티켓 | 一共 yígòng 🄫 모두, 전부

해설 남녀 대화에 나오는 '火车票(기차표)', '快车(급행)', '慢车(완행)', '票(표)'라는 단어를 근거로 대화가 기차역에서 이루어지고 있음을 알 수 있다. 따라서 정답은 A이다.

银行 yínháng 은행	换钱 huànqián 환전하다	取号 qǔhào 번호표를 뽑다
商店 shāngdiàn 상점 超市 chāoshì 슈퍼마켓	买东西 mǎi dōngxi 물건을 사다 打折 dǎzhé 세일하다 服务员 fúwùyuán 종업원	购物 gòuwù 구매하다 售货员 shòuhuòyuán 판매원 价格 jiàgé 가격
公司 gōngsī 회사	职员 zhíyuán 직원 老板 lǎobǎn 사장 复印 fùyìn 복사하다 材料 cáiliào 자료 出差 chūchāi 출장 가다 迟到 chídào 지각하다 电梯 diàntī 엘리베이터	经理 jīnglǐ 사장 秘书 mìshū 비서 打印 dǎyìn 인쇄하다 开会 kāihuì 회의를 열다 请假 qǐngjià 휴가를 신청하다 同事 tóngshì 동료
饭馆 fànguǎn 식당	服务员 fúwùyuán 종업원 酸菜鱼 suāncàiyú 쏸차이위(음식명) 西红柿鸡蛋汤 xīhóngshìjīdàntāng 토마토 계란탕(음식명) 新鲜 xīnxiān 신선하다	味道 wèidào 맛 包子 bāozi 빠오즈 客人 kèrén 손님
图书馆 túshūguǎn 도서관 书店 shūdiàn 서점	买书 mǎi shū 책을 사다 还书 huán shū 책을 돌려주다	借书 jiè shū 책을 빌리다 安静 ānjìng 조용하다
家里 jiāli 집 厨房 chúfáng 주방	睡觉 shuìjiào (잠을) 자다 玩游戏 wán yóuxì 게임 하다 做饭 zuòfàn 밥을 하다	休息 xiūxi 쉬다 看电视 kàn diànshì TV를 보다
医院 yīyuàn 병원	医生 yīshēng 의사(= 大夫 dàifu) 打针 dǎzhēn 주사를 놓다 休息 xiūxi 휴식하다 感冒 gǎnmào 감기(에 걸리다) 住院 zhùyuàn 입원하다	护士 hùshi 간호사 吃药 chīyào 약을 먹다 发烧 fāshāo 열이 나다 头疼 tóuténg 머리가 아프다 出院 chūyuàn 퇴원하다
公园 gōngyuán 공원 操场 cāochǎng 운동장	散步 sànbù 산책하다 打羽毛球 dǎ yǔmáoqiú 배드민턴을 하다 踢足球 tī zúqiú 축구를 하다	打网球 dǎ wǎngqiú 테니스를 하다 打篮球 dǎ lánqiú 농구하다
电影院 diànyǐngyuàn 영화관	电影 diànyǐng 영화 电影票 diànyǐngpiào 영화 표	饮料 yǐnliào 음료수 有意思 yǒuyìsi 재미있다
机场 jīchǎng 공항 公共汽车站 버스 정류장 gōnggòng qìchē zhàn 火车站 huǒchēzhàn 기차역	师傅 shīfu 기사님 坐反了 zuòfǎn le 반대 방향으로 탔다 公共汽车 gōnggòng qìchē 버스 推迟 tuīchí 지연되다, 미뤄지다 机票 jīpiào 비행기 표 趟 tàng 번, 차례	飞机 fēijī 비행기 到 dào 도착하다 火车 huǒchē 기차 起飞 qǐfēi 이륙하다 下一站 xià yí zhàn 다음 정류장
宾馆 bīnguǎn 호텔	服务员 fúwùyuán 종업원	住 zhù 묵다
大使馆 dàshǐguǎn 대사관	办签证 bàn qiānzhèng 비자 처리하다	

32 ★★☆

女: 您想买点儿什么水果？今天的香蕉很新鲜，苹果也不错，很甜。 男: 有西瓜吗？我有点儿渴。 女: 现在是冬天，很少有西瓜卖。 男: 谢谢，那我再看看其他的吧。	여: 무슨 과일을 사실 거예요? 오늘 바나나가 아주 신선해요. 사과도 좋고요, 아주 답니다. 남: 수박 있나요? 목이 좀 말라서요. 여: 지금은 겨울이라서 수박을 파는 곳이 아주 적어요. 남: 감사합니다. 그러면 저는 다시 다른 것을 좀 볼게요.
问: 男的买了什么水果？ 　　A 西瓜　　　B 苹果　　　C 没有买	질문: 남자는 무슨 과일을 샀는가? 　　A 수박　　　B 사과　　　C 사지 않았다

단어 想 xiǎng 조동 ~하고 싶다 | 买 mǎi 동 사다 | 水果 shuǐguǒ 명 과일 | 香蕉 xiāngjiāo 명 바나나 | 新鲜 xīnxiān 형 신선하다 | 苹果 píngguǒ 명 사과 | 不错 búcuò 형 좋다, 괜찮다 | 甜 tián 형 달다 | 西瓜 xīguā 명 수박 | 渴 kě 동 목이 타다 | 卖 mài 동 팔다 | 再 zài 부 재차, 또 | 其他 qítā 대 기타, 다른 사람

해설 남자가 '西瓜(수박)'가 있는지 묻자 여자는 겨울이라 수박을 파는 곳이 적다고 대답한다. 이에 남자는 다른 것을 보겠다고 했으므로 과일을 사지 않았다는 것을 알 수 있다. 따라서 정답은 C이다.

33 ★★☆

女: 今天公司有足球比赛，你怎么没去参加？ 男: 别提了，说起这件事就让人生气！ 女: 怎么了？ 男: 小李生病了，经理让我把他的工作也做了。忙得都没有时间参加比赛了。	여: 오늘 회사에서 축구 시합이 있는데, 당신은 왜 참가하지 않았나요? 남: 말도 마요, 이 일을 말하자면 정말 화가 나요! 여: 왜 그래요? 남: 샤오리가 아파서 사장님이 저에게 그의 일도 하라고 하셨어요. 너무 바빠서 시합에 참가할 시간이 없었어요.
问: 男的怎么了？ 　　A 生病了 　　B 参加比赛了 　　C 工作很忙	질문: 남자는 왜 그러는가? 　　A 병이 났다 　　B 시합에 참가한다 　　C 일이 바쁘다

단어 今天 jīntiān 명 오늘 | 公司 gōngsī 명 회사 | 怎么 zěnme 대 어째서, 왜 | 足球比赛 zúqiú bǐsài 축구 시합 | 参加 cānjiā 동 참가하다 | 别提了 bié tí le 말도 마라, 말도 꺼내지 마라 | 说起 shuōqǐ ~로 말하자면 | 就 jiù 부 곧, 바로 | 让 ràng 동 ~하게 하다 | 生气 shēngqì 동 화내다, 성내다 | 生病 shēngbìng 동 병이 나다, 병에 걸리다 | 经理 jīnglǐ 명 책임자, 사장 | 工作 gōngzuò 명 작업, 일 | 也 yě 부 ~도 | 做 zuò 동 하다 | 忙 máng 형 바쁘다 | 时间 shíjiān 명 시간 | 比赛 bǐsài 명 경기, 시합

해설 여자가 축구 시합에 참가하지 않은 이유를 묻자 남자가 사장님이 샤오리의 일을 도우라고 하여 일이 매우 바빴다고 했으므로 정답은 C이다.

34 ★★☆

女: 你怎么还在睡觉？都一点了！
男: 还早呢，让我再睡一会儿。
女: 快起来，还有半个小时就上课了，别迟到了！
男: 老师今天下午有事，改在晚上六点上课了。

问: 男的几点上课？
　A 13:00　　　B 13:30　　　C 18:00

여: 너 왜 아직 잠을 자고 있니? 벌써 1시가 되었어!
남: 아직 일러요. 저 좀 더 자게 해 주세요.
여: 빨리 일어나. 30분 후면 곧 수업이야. 지각하지 말아야지!
남: 선생님이 오늘 오후에 일이 있으셔서, 저녁 6시에 수업을 하기로 바꿨어요.

질문: 남자는 몇 시에 수업을 시작하는가?
　A 13:00　　　B 13:30　　　C 18:00

단어 怎么 zěnme 때 어떻게, 왜 | 还 hái 閉 여전히, 아직도 | 睡觉 shuìjiào 동 (잠을) 자다 | 都 dōu 閉 이미, 벌써 | 早 zǎo 형 (때가) 이르다, 빠르다 | 让 ràng 동 ~하게 하다 | 再 zài 閉 다시 | 一会儿 yíhuìr 수량 잠깐 동안, 잠시 | 快 kuài 閉 빨리, 급히 | 起来 qǐlái 동 (잠자리에서) 일어나다 | 就 jiù 閉 ~하자마자 곧 | 上课 shàngkè 동 수업을 듣다 | 别 bié 閉 ~하지 마라 | 迟到 chídào 동 지각하다 | 老师 lǎoshī 명 선생님 | 今天 jīntiān 명 오늘 | 下午 xiàwǔ 명 오후 | 改 gǎi 동 변경하다 | 晚上 wǎnshang 명 저녁

해설 여자가 남자에게 1시 30분에 수업이 있으니 일어나라고 하자 남자가 '老师今天下午有事，改在晚上六点上课了(선생님이 오늘 오후에 일이 있어서 저녁 6시에 수업을 하기로 바꿨다)'라고 하였으므로 정답은 C이다.

35 ★★☆

女: 一到春节，火车站的人就特别多，我今天又没买到票。
男: 你可以上网买票。
女: 真的能买到吗？
男: 可以，我已经买了一张了。

问: 男的是怎么买到火车票的？
　A 打电话买
　B 去火车站买
　C 上网买

여: 설날이 되면 기차역에 사람이 정말 많아요. 저는 오늘 또 표를 사지 못했어요.
남: 당신은 인터넷에서 표를 살 수 있어요.
여: 정말 살 수 있나요?
남: 그럼요. 저는 이미 한 장 샀어요.

질문: 남자는 어떻게 기차표를 샀는가?
　A 전화를 걸어서 샀다
　B 기차역에 가서 샀다
　C 인터넷으로 샀다

단어 到 dào 동 도달하다, 도착하다 | 春节 Chūnjié 명 설날, 춘절 | 火车站 huǒchēzhàn 명 기차역 | 特别 tèbié 閉 특히, 더욱 | 今天 jīntiān 명 오늘 | 又 yòu 閉 또, 다시 | 买到 mǎidào 사들이다, 사서 손에 넣다 | 票 piào 표, 티켓 | 火车站 huǒchēzhàn 명 기차역 | 可以 kěyǐ 조동 ~할 수 있다 | 上网 shàngwǎng 동 인터넷을 하다 | 已经 yǐjīng 閉 이미, 벌써 | 张 zhāng 명 장

해설 여자가 기차역에 사람이 많아서 표를 못 샀다고 하자 남자가 '你可以上网买票(당신은 인터넷에서 표를 살 수 있다)'라고 알려주며, 자신은 이미 한 장 샀다고 하였으므로 정답은 C이다.

36

男: 你今天真漂亮！等会儿你唱歌的时候，我帮
　　你拍照。
女: 谢谢。但是我有点儿害怕。
男: 不要怕，练习了那么久，一定没问题的。
女: 我会努力唱的。

问: 女的等会儿要做什么？
　　A 练习
　　B 唱歌
　　C 拍照

남: 당신 오늘 정말 예쁘네요! 잠시 후에 당신이 노래할 때
　　제가 사진을 찍어 줄게요.
여: 감사해요. 그렇지만 저는 겁이 좀 나네요.
남: 걱정 말아요. 그렇게 오래 연습했는데, 분명 아무 문
　　제없을 거예요.
여: 저는 열심히 노래할 거예요.

질문: 여자는 잠시 후에 무엇을 하는가?
　　A 연습을 한다
　　B 노래를 부른다
　　C 사진을 찍는다

단어 今天 jīntiān 몡 오늘 | 真 zhēn 閂 확실히, 진정으로 | 漂亮 piàoliang 閿 예쁘다 | 等 děng 图 기다리다 | 会儿 huìr 얭 잠시, 잠깐 | 唱歌 chànggē 图 노래 부르다 | 帮 bāng 图 돕다 | 拍照 pāizhào 图 사진을 찍다 | 谢谢 xièxie 감사합니다, 고맙습니다 | 但是 dànshì 젭 그러나 | 有点儿 yǒudiǎnr 閂 조금, 약간 | 害怕 hàipà 图 겁내다, 두려워하다 | 不要 búyào 閂 ~하지 마라 | 练习 liànxí 연습하다 | 那么 nàme 뗴 그렇게 | 久 jiǔ 閿 오래되다, 시간이 길다 | 一定 yídìng 閂 반드시 | 问题 wèntí 몡 문제 | 会 huì 조통 ~일 것이다 | 努力 nǔlì 图 노력하다, 힘쓰다

해설 남자가 '等会儿你唱歌的时候(잠시 후에 당신이 노래할 때)'라고 말했고, 여자가 대화의 마지막에 '我会努力唱的(열심히 노래할 것이다)'라고 하였으므로 정답은 B이다.

37

男: 放了一星期的假，都忘了今天是星期几了。
女: 今天是星期三。
男: 真的吗？第一天上课就有我最不喜欢的数学。
女: 明天才有数学课。你又弄错了。

问: 什么时候有数学课？
　　A 今天　　　　B 周三　　　　C 周四

남: 일주일간 쉬었더니, 오늘이 무슨 요일인지도 잊었어
　　요.
여: 오늘은 수요일이에요.
남: 정말이요? 첫날 수업에 바로 제가 제일 좋아하지 않는
　　수학이 있어요.
여: 내일에서야 수학 수업이 있어요. 당신은 또 잘못 알았
　　어요.

질문: 언제 수학 수업이 있는가?
　　A 오늘　　　　B 수요일　　　　C 목요일

단어 放假 fàngjià 图 방학하다 | 忘 wàng 图 잊다 | 今天 jīntiān 몡 오늘 | 星期三 xīngqīsān 몡 수요일 | 第一天 dì-yī tiān 첫 날 | 上课 shàngkè 图 수업하다 | 就 jiù 閂 ~하자마자 곧 | 最 zuì 閂 가장, 제일 | 喜欢 xǐhuan 图 좋아하다 | 数学 shùxué 몡 수학 | 明天 míngtiān 몡 내일 | 才 cái 閂 비로소 | 又 yòu 閂 또, 다시 | 弄错 nòngcuò 실수하다, 잘못 알다

해설 여자의 말을 미루어 오늘이 '星期三(수요일)'임을 알 수 있고, 오늘 수학 수업이 있어 싫다는 남자의 말에 여자가 내일에서야 수학
수업이 있다고 하였으므로 목요일에 수학 수업이 있는 것을 알 수 있다. 따라서 정답은 C이다.

38 ★☆☆

女: 今天晚上你和朋友一起去哪儿吃饭了? 味道
怎么样?
男: 不太喜欢, 有点儿太甜了。
女: 你不爱吃甜的吗?
男: 我们家都爱吃辣的, 越辣越好。没有辣的,
就吃不下饭。

问: 男的觉得今天的晚饭怎么样?
　A 太甜　　　　B 很辣　　　　C 很喜欢

여: 오늘 저녁에 당신은 친구와 함께 어디에 가서 밥을 먹
었나요? 맛은 어때요?
남: 그다지 좋지 않았어요, 너무 달았어요.
여: 당신은 단 음식 먹는 것을 좋아하지 않나요?
남: 우리 집은 모두 매운 거 먹는 것을 좋아해요. 매우면
매울수록 좋아하죠. 매운 것이 없으면 밥이 안 넘어가
요.

질문: 남자는 오늘 저녁밥이 어떻다고 생각하는가?
　A 너무 달다　　　B 맵다　　　C 좋다

단어 今天 jīntiān 명 오늘 | 晚上 wǎnshang 명 저녁 | 和 hé 개 ~와 | 朋友 péngyou 명 친구 | 一起 yìqǐ 부 같이, 함께 | 去 qù 동 가다 | 哪儿 nǎr 대 어디 | 吃饭 chīfàn 밥을 먹다 | 味道 wèidao 명 맛 | 喜欢 xǐhuan 동 좋아하다 | 有点儿 yǒudiǎnr 부 조금, 약간 | 甜 tián 형 달다 | 爱 ài 동 ~하길 좋아하다 | 辣 là 형 맵다 | 吃不下饭 chībuxià fàn 밥을 못 먹겠다

해설 오늘 저녁에 먹은 음식이 어떤지 물어보는 여자의 말에 남자가 '不太喜欢, 有点儿太甜了(그다지 좋지 않았다. 너무 달았다)'라고
하였으므로 정답은 A이다.

39 ★★☆

男: 五点半了, 你该下班了。
女: 等朋友呢。今天是我生日, 大家打算一起去
唱歌。
男: 是吗? 生日快乐。那我先走了, 你好好玩儿。
女: 谢谢。明天见。

问: 他们是什么关系?
　A 同事　　　　B 夫妻　　　　C 朋友

남: 5시 30분이에요. 당신 퇴근해야죠.
여: 친구를 기다리고 있어요. 오늘 제 생일이라 모두 함께
노래하러 갈 거예요.
남: 그래요? 생일 축하해요. 그럼 저 먼저 갈게요, 재미있
게 놀아요.
여: 감사해요. 내일 봐요.

질문: 그들은 어떤 관계인가?
　A 동료　　　　B 부부　　　　C 친구

단어 该 gāi 조동 (마땅히) ~해야 한다 | 下班 xiàbān 동 퇴근하다 | 等 děng 동 기다리다 | 朋友 péngyou 명 친구 | 今天 jīntiān 명 오늘 | 生日 shēngrì 명 생일 | 大家 dàjiā 대 모두, 다들 | 打算 dǎsuan 동 ~할 계획이다 | 一起 yìqǐ 부 같이, 함께 | 去 qù 동 가다 | 唱歌 chànggē 노래 부르다 | 生日快乐 shēngrì kuàilè 생일 축하합니다 | 走 zǒu 동 떠나다 | 玩儿 wánr 동 놀다, 즐기다 | 谢谢 xièxie 동 감사합니다, 고맙습니다

해설 남자가 여자에게 '你该下班了(당신은 퇴근해야 한다)'라는 말을 통해 그들이 동료라는 것을 알 수 있다. 따라서 정답은 A이다.

40 ★☆☆

男: 走, 一起去吃晚饭吧?
女: 不去了。最近胖了, 不打算吃晚饭了。
男: 这怎么行? 会生病的。你应该多运动才对。
女: 哎呀, 我自己知道。不用你多说。

问: 女的为什么不去吃晚饭?
　　A 生病了
　　B 变胖了
　　C 要运动

남: 가요, 같이 저녁을 먹으러 갈 거죠?
여: 안 갈래요. 요즘 살이 쪄서 저녁을 안 먹으려고요.
남: 이래서 되겠어요? 병이 날 수도 있어요. 운동을 더 많이 하면 돼요.
여: 아이고, 저도 알아요. 당신이 더 말할 필요 없어요.

질문: 여자는 왜 저녁을 먹으러 가지 않는가?
　　A 병이 났다
　　B 살이 쪘다
　　C 운동을 해야 한다

[단어] **一起** yìqǐ 튄 같이, 함께 | **去** qù 통 가다 | **晚饭** wǎnfàn 명 저녁밥 | **最近** zuìjìn 명 최근, 요즘 | **胖** pàng 형 (몸이) 뚱뚱하다 | **打算** dǎsuan 통 ~할 계획이다 | **吃** chī 통 먹다 | **会** huì 조동 ~일 것이다 | **生病** shēngbìng 통 병이 나다 | **多** duō 형 많다 | **运动** yùndòng 통 운동하다 | **才** cái 튄 비로소 | **哎呀** āiyā 감 아이고!, 저런! | **自己** zìjǐ 대 자기, 자신 | **知道** zhīdào 통 알다, 이해하다 | **不用** búyòng 튄 ~할 필요가 없다

[해설] 저녁을 먹자는 남자의 말에 여자가 '最近胖了, 不打算吃晚饭了(요즘 살이 쪄서 저녁을 안 먹는다)'라고 대답하였으므로 정답은 B이다.

실전 연습 2 – 제3·4부분　🎧 MP3-50　　　　》》전략서 68p

》전략서 68p

정답	21 B	22 C	23 B	24 A	25 C	26 B	27 A	28 A	29 C	30 C
	31 A	32 C	33 B	34 B	35 A	36 C	37 C	38 A	39 B	40 C

21 ★☆☆

女: 师傅, 您能开快点儿吗? 我们要迟到了。
男: 街上车太多, 开不快啊。

问: 男的是做什么的?
　　A 老师　　　B 司机　　　C 经理

여: 기사님, 좀 빨리 운전하실 수 있나요? 저희가 지각할 것 같아서요.
남: 길에 차가 너무 많아서, 빨리 운전할 수가 없어요.

질문: 남자는 무엇을 하는 사람인가?
　　A 선생님　　　B 운전기사　　　C 사장

[단어] **师傅** shīfu 명 기사님 | **能** néng 조동 ~할 수 있다 | **开** kāi 통 (자동차 등을) 운전하다 | **迟到** chídào 통 지각하다 | **街上** jiēshang 명 거리 | **车** chē 명 자동차

[해설] 여자의 말에 나오는 '师傅(기사님)'라는 단어와 빨리 운전할 수 없다는 남자의 말을 통해 남자가 운전기사임을 유추할 수 있다. 따라서 정답은 B이다.

Tip 📖 新HSK 3급에 자주 출제되는 직업과 관련된 단어 및 표현

职业 zhíyè 직업	工作 gōngzuò 일하다 参加面试 cānjiā miànshì 면접에 참가하다 找工作 zhǎo gōngzuò 구직하다
医生 yīshēng 의사(= 大夫 dàifu) 护士 hùshi 간호사	打针 dǎzhēn 주사를 놓다　　　　　吃药 chīyào 약을 먹다 休息 xiūxi 휴식하다　　　　　　　发烧 fāshāo 열이 나다 感冒 gǎnmào 감기(에 걸리다)　　头疼 tóuténg 머리가 아프다
运动员 yùndòngyuán 운동선수	参加比赛 cānjiā bǐsài 시합에 참가하다　　打篮球 dǎ lánqiú 농구하다 踢足球 tī zúqiú 축구를 하다　　　　　　打网球 dǎ wǎngqiú 테니스를 하다 打羽毛球 dǎ yǔmáoqiú 배드민턴을 하다
售货员 shòuhuòyuán 판매원 服务员 fúwùyuán 종업원	一共30块钱。 모두 30원입니다. * 一共 yígòng 모두 你要买什么? 무엇을 사려고 하세요?　　　热情 rèqíng 친절하다
演员 yǎnyuán 배우	京剧 jīngjù 경극　　　　　　　　　　电影 diànyǐng 영화 表演 biǎoyǎn 연기하다　　　　　　　演出 yǎnchū 공연하다
记者 jìzhě 기자 作家 zuòjiā 작가	我们什么时候可以见到您的作品呢? 우리는 언제 당신의 작품을 만나볼 수 있나요? * 作品 zuòpǐn 작품
律师 lǜshī 변호사	法律 fǎlǜ 법률, 형법
校长 xiàozhǎng 교장 教授 jiàoshòu 교수 老师 lǎoshī 선생님 研究生 yánjiūshēng 대학원생 学生 xuésheng 학생	学校 xuéxiào 학교　　　　　　　　做作业 zuò zuòyè 숙제를 하다 考试 kǎoshì 시험을 치다　　　　　上课 shàngkè 수업하다 下课 xiàkè 수업이 끝나다　　　　　报名 bàomíng 등록하다 放假 fàngjià 방학하다
导游 dǎoyóu 가이드	旅游 lǚyóu 여행하다 大家请注意。 모두들 주의하세요. * 注意 zhùyì 주의하다 这里是 + [장소]。 여기는 [장소]입니다. 玩得很愉快。 매우 재미있게 놀았다. * 玩 wán 놀다 | 愉快 yúkuài 기쁘다
司机 sījī 운전기사	你要去哪儿? 당신은 어디에 가려고 하나요?
职员 zhíyuán 직원 经理 jīnglǐ 사장, 책임자 老板 lǎobǎn 사장 秘书 mìshū 비서	公司 gōngsī 회사　　　　　　　　　复印 fùyìn 복사하다 打印 dǎyìn 인쇄하다　　　　　　　材料 cáiliào 자료 开会 kāihuì 회의를 열다　　　　　出差 chūchāi 출장 가다 请假 qǐngjià 휴가를 신청하다　　迟到 chídào 지각하다 同事 tóngshì 동료

22

女: 离上课还有半小时，一起去喝杯咖啡吧。
男: 你去吧，我想先看会儿书。

问: 男的要做什么?
　A 上课
　B 喝咖啡
　C 看书

여: 수업이 시작하기까지 30분 남았어요. 함께 커피를 마시러 가요.
남: 당신 혼자 가세요. 저는 먼저 책을 좀 보고 싶어요.

질문: 남자는 무엇을 하려고 하는가?
　A 수업을 듣는다
　B 커피를 마신다
　C 책을 본다

단어 上课 shàngkè 동 수업하다 | 还有 háiyǒu 접 그리고, 또한 | 半小时 bàn xiǎoshí 30분 | 一起 yìqǐ 분 같이, 함께 | 喝 hē 동 마시다 | 杯 bēi 양 잔, 컵 | 咖啡 kāfēi 명 커피 | 想 xiǎng 조동 ~하고 싶다 | 先 xiān 분 먼저 | 看 kàn 동 보다 | 会儿 huìr 양 잠시, 잠깐 | 书 shū 명 책

해설 질문의 대상이 누군지 주의해서 듣도록 하자. 커피를 마시러 가자는 여자의 제안에 남자가 '我想先看会儿书(먼저 책을 좀 보고 싶다)'라고 하였으므로 정답은 C이다.

23

男: 这种药一天吃三次，每次吃一片。
女: 可以换一种药吗? 这个太苦了，我不想吃。

问: 他们最可能在什么地方?
　A 饭馆　　　B 医院　　　C 商店

남: 이 약은 하루에 3번, 매번 한 알씩 드세요.
여: 다른 약으로 바꿔도 되나요? 이 약은 너무 써서 저는 먹고 싶지 않아요.

질문: 그들은 어디에 있을 가능성이 가장 큰가?
　A 식당　　　B 병원　　　C 상점

단어 这种 zhè zhǒng 이런 종류(의) | 药 yào 명 약 | 吃 chī 동 먹다 | 一天 yìtiān 명 하루 | 每次 měi cì 매차, 매번 | 一片 yí piàn 한 알 | 可以 kěyǐ 조동 ~해도 좋다, ~해도 된다 | 换 huàn 동 바꾸다 | 太 tài 분 지나치게, 너무 | 苦 kǔ 형 쓰다

해설 남자가 여자에게 약 복용법에 대해서 설명해주고 있으므로 그들이 현재 '医院(병원)'에 있음을 유추할 수 있다. 따라서 정답은 B이다.

24

女: 你刚才在给儿子打电话吗?
男: 不，是公司的事情。我过一会儿再打电话给儿子。

问: 男的刚才在和谁打电话?
　A 同事　　　B 儿子　　　C 爸爸

여: 당신 방금 아들에게 전화한 건가요?
남: 아니요, 회사 일이에요. 잠시 후에 아들에게 전화 할게요.

질문: 남자는 방금 누구와 전화를 했는가?
　A 동료　　　B 아들　　　C 아빠

단어 刚才 gāngcái 명 지금 막, 방금 | 给 gěi 개 ~에게 | 儿子 érzi 명 아들 | 打电话 dǎ diànhuà 전화를 걸다, 전화하다 | 公司 gōngsī 명 회사 | 事情 shìqing 명 일 | 过 guò 동 (시점을) 지나다, 경과하다 | 一会儿 yíhuìr 주량 짧은 시간, 잠깐 동안 | 再 zài 분 재차, 또

해설 아들과 통화를 했는지 묻는 여자의 말에 남자가 '是公司的事情(회사 일이다)'라고 대답하였으므로 정답은 A이다.

25 ★★☆

男：下车后，你先往前走50米，看到书店后再右转走100米，就到我家了。

女：好的，我们待会儿见。

问：女的下车后还要走多远？

A 50米　　　　B 100米　　　　C 150米

남: 차에서 내린 후에 먼저 50m 직진하고 서점이 보이면 다시 우회전해서 100m를 걸으면 바로 우리 집에 도착해요.

여: 좋아요, 우리 잠시 후에 봐요.

질문: 여자는 차에서 내린 후 얼마나 걸어야 하는가?

A 50m　　　　B 100m　　　　C 150m

단어 下车 xiàchē 图 하차하다 | 往 wǎng 깨 ~을 향해서 | 走 zǒu 图 걷다 | 米 mǐ 영 미터(m) | 看到 kàndào 보다 | 书店 shūdiàn 명 서점 | 再 zài 뿐 다시 | 右转 yòu zhuǎn 오른쪽으로 돌다 | 就 jiù 뿐 바로 | 到 dào 图 도달하다, 도착하다 | 待会儿见 dāi huìr jiàn 잠시 후에 보다

해설 남자가 여자에게 먼저 50m 직진, 서점에서 다시 100m를 걸으라고 하였으므로 모두 150m를 걸어야 하는 것을 알 수 있다. 따라서 정답은 C이다.

26 ★★☆

男：都这么晚了，你怎么还没起床？

女：我昨天晚上工作到很晚才睡。别说话。

问：女的是什么意思？

A 不想工作

B 还想睡觉

C 时间还早

남: 벌써 이렇게 늦었는데, 당신은 왜 아직도 안 일어나요?

여: 저는 어제 저녁에 늦게까지 일하고 겨우 잤어요. 말하지 마세요.

질문: 여자의 말은 무슨 의미인가?

A 일하고 싶지 않다

B 계속 자고 싶다

C 시간이 아직 이르다

단어 都 dōu 뿐 이미, 벌써 | 这么 zhème 대 이런, 이렇게 | 晚 wǎn 형 늦다 | 怎么 zěnme 대 어째서, 왜 | 起床 qǐchuáng 图 일어나다 | 昨天 zuótiān 명 어제 | 晚上 wǎnshang 명 밤 | 工作 gōngzuò 图 일하다 | 到 dào 깨 ~까지 | 才 cái 뿐 비로소, 겨우 | 睡 shuì 图 (잠을) 자다 | 别 bié 뿐 ~하지 마라 | 说话 shuōhuà 图 말하다, 이야기하다

해설 여자의 '我昨天晚上工作到很晚才睡。别说话(어제 저녁에 늦게까지 일하다 잤으니 말하지 말아라)'라는 말을 미루어 더 자고 싶어한다는 것을 알 수 있다. 따라서 정답은 B이다.

27 ★☆☆

男：朋友送了我两张电影票，晚上一起去吧？

女：虽然很想去，但今天不太舒服，医生让我早点儿休息。

问：女的晚上可能会做什么？

A 休息

B 看电影

C 看医生

남: 친구가 저에게 영화 표 두 장을 선물해 주었는데, 저녁에 함께 갈래요?

여: 가고 싶은데, 오늘 몸이 그다지 좋지 않네요. 의사가 저한테 좀 일찍 쉬라고 했어요.

질문: 여자는 저녁에 무엇을 할 가능성이 큰가?

A 휴식을 취한다

B 영화를 본다

C 진찰을 받는다

단어 朋友 péngyou 명 친구 | 送 sòng 동 주다, 선물하다 | 张 zhāng 양 장 | 电影票 diànyǐngpiào 명 영화 표 | 晚上 wǎnshang 명 저녁 | 一起 yìqǐ 부 같이 | 虽然 suīrán 접 비록 ~하지만 | 想 xiǎng 조동 ~하고 싶다 | 但 dàn 접 그러나 | 今天 jīntiān 명 오늘 | 舒服 shūfu 형 편안하다 | 医生 yīshēng 명 의사 | 让 ràng 동 ~하게 하다 | 休息 xiūxi 동 휴식하다

해설 영화를 같이 보러 가자는 남자의 제안에 여자가 몸이 좋지 않으며, '医生让我早点儿休息(의사가 나에게 좀 일찍 쉬라고 했다)'라고 하였으므로 정답은 A이다.

---

28 ★★☆

男: 小王对你真好, 经常帮你忙。 女: 他对所有人都这样。大家快乐是他最大的快乐。	남: 샤오왕은 당신에게 정말 잘해요. 항상 당신을 돕잖아요. 여: 그는 모든 사람에게 다 이래요. 모두가 즐거운 것이 그의 가장 큰 기쁨이래요.

问: 小王是个什么样的人?
  A 热情的
  B 快乐的
  C 高兴的
	질문: 샤오왕은 어떠한 사람인가?
	  A 친절한 사람
	  B 유쾌한 사람
	  C 명랑한 사람

단어 对 duì 개 ~에게, ~에 대하여 | 经常 jīngcháng 부 자주 | 帮忙 bāngmáng 동 일(손)을 돕다, 도움을 주다 | 所有 suǒyǒu 형 모든 | 这样 zhèyàng 대 이렇다, 이와 같다 | 大家 dàjiā 대 모두, 다들 | 快乐 kuàilè 형 즐겁다, 행복하다

해설 샤오왕은 '经常帮你忙(항상 당신을 도와준다)'라고 하였으므로 매우 친절한 사람임을 알 수 있다. 따라서 정답은 A이다.

Tip

📖 **감정을 표현하는 술어(동사/형용사)**

放心 fàngxīn 동 마음을 놓다(걱정하지 않다)	相信 xiāngxìn 동 믿다
笑 xiào 동 웃다	喜欢 xǐhuan 동 좋아하다
高兴 gāoxìng 형 기쁘다, 즐겁다	快乐 kuàilè 형 즐겁다, 유쾌하다
可爱 kě'ài 형 귀엽다	满意 mǎnyì 동 만족하다
热情 rèqíng 형 친절하다, 열정적이다	认真 rènzhēn 형 진지하다, 열심히 하다
舒服 shūfu 형 편안하다	有意思 yǒuyìsi 형 재미있다
担心 dānxīn 동 염려하다, 걱정하다	害怕 hàipà 동 무서워하다
哭 kū 동 울다	生气 shēngqì 동 화내다
累 lèi 형 지치다, 피곤하다, 힘들다	难过 nánguò 형 괴롭다, 슬프다
着急 zháojí 형 급하다, 조급하다	

29 ★★☆

男：我们八点去机场，十点到。十一点吃了午饭再飞北京。

女：太早了！不能晚半个小时出发吗？

问：女的想什么时候去机场？

A 8:00　　B 11:00　　C 8:30

남: 우리 8시에 공항에 가면 10시에 도착해요. 11시에 점심을 먹고 다시 베이징으로 가는 비행기를 타면 돼요.

여: 너무 일러요! 30분만 늦게 출발하면 안 될까요?

질문: 여자는 언제 공항에 가고 싶어 하는가?

A 8:00　　B 11:00　　C 8:30

단어 机场 jīchǎng 몡 공항 | 到 dào 동 도착하다 | 吃午饭 chī wǔfàn 점심을 먹다 | 再 zài 뷔 재차, 또 | 飞 fēi 동 날다, 비행하다 | 北京 Běijīng 고유 베이징 | 太 tài 뷔 지나치게, 너무 | 早 zǎo 혱 이르다, 빠르다 | 晚 wǎn 혱 늦다 | 半个小时 bàn ge xiǎoshí 30분 | 出发 chūfā 동 출발하다

해설 8시에 공항에 가자는 남자의 말에 여자는 너무 이르니 30분만 늦게 출발하면 안 되는지 물었으므로 여자는 8시 30분에 가고 싶어 하는 것을 알 수 있다. 따라서 정답은 C이다.

30 ★★☆

女：走了那么久，累了吧？快坐下来休息会儿。

男：没事儿，就是想喝水。我现在一定能喝十大杯。

问：男的怎么了？

A 很热　　B 很累　　C 很渴

여: 그렇게 오래 걸었으니 피곤하죠? 빨리 좀 앉아서 쉬세요.

남: 괜찮아요, 그저 물이 마시고 싶네요. 저는 지금 10잔도 마실 수 있을 거 같아요.

질문: 남자는 왜 그러는가?

A 덥다　　B 피곤하다　　C 목이 마르다

단어 走 zǒu 동 걷다 | 那么 nàme 대 그렇게, 저렇게 | 久 jiǔ 혱 오래다 | 累 lèi 혱 지치다, 피곤하다 | 快 kuài 혱 빠르다 | 坐 zuò 동 앉다 | 休息 xiūxi 동 휴식하다 | 会儿 huìr 몡 잠시, 잠깐 | 没事儿 méishìr 괜찮아요, 상관없어요 | 喝水 hēshuǐ 물을 마시다 | 现在 xiànzài 몡 지금, 현재 | 一定 yídìng 뷔 반드시 | 能 néng 조동 ~할 수 있다 | 杯 bēi 양 잔, 컵

해설 피곤하지 않냐는 여자의 말에 남자가 '就是想喝水(그저 물이 마시고 싶다)'라고 대답하였으므로 목이 마르다는 것을 알 수 있다. 따라서 정답은 C이다.

31 ★☆☆

男：你好，请问果汁在什么地方？

女：一直往前走，卖牛奶的前面就是。

男：谢谢，我还想买些鱼，请问在什么地方呢？

女：对不起，我们这儿不卖鱼。

问：他们在哪儿？

A 超市　　B 马路上　　C 银行

남: 안녕하세요, 실례지만 과일 주스는 어디에 있나요?

여: 곧장 앞으로 가면, 우유를 파는 곳 바로 앞쪽이에요.

남: 감사합니다. 저는 또 생선을 좀 사려고 하는데, 실례지만 어디에 있나요?

여: 죄송해요, 여기는 생선을 팔지 않아요.

질문: 그들은 어디에 있는가?

A 슈퍼마켓　　B 도로 위　　C 은행

단어 请问 qǐngwèn 동 말씀 좀 여쭙겠습니다 | 果汁 guǒzhī 몡 과일 주스 | 地方 dìfang 몡 장소, 곳 | 一直 yìzhí 뷔 계속, 줄곧 |

往 wǎng 께 ~을 향해서 | 走 zǒu 똥 걷다 | 卖 mài 똥 팔다 | 牛奶 niúnǎi 명 우유 | 前面 qiánmian 명 앞 | 谢谢 xièxie 똥 감사합니다, 고맙습니다 | 还 hái 闱 아직 | 想 xiǎng 조동 ~하고 싶다 | 买 mǎi 똥 사다 | 些 xiē 양 조금, 약간 | 鱼 yú 명 물고기 | 对不起 duìbuqǐ 똥 미안합니다, 죄송합니다 | 这儿 zhèr 대 여기, 이곳

해설　남자가 여자에게 과일 주스 파는 곳과 생선 파는 곳을 물어보았으므로 물건을 사고 파는 '超市(슈퍼마켓)'에 있다는 것을 유추할 수 있다. 따라서 정답은 A이다.

---

32 ★☆☆

女: 这张照片上的人是你吗?	여: 이 사진 속에 있는 사람은 당신인가요?
男: 不, 是我爸爸年轻的时候。	남: 아니요, 우리 아버지 젊었을 때예요.
女: 你和他长得真像。	여: 당신과 당신 아버지는 정말 많이 닮았네요.
男: 是啊, 很多人都认错了, 以为照片上的是我或者是我哥哥。	남: 맞아요. 많은 사람이 잘못 알고, 사진 속의 사람이 저나 혹은 제 형이라고 생각해요.
问: 照片上的人是谁?	질문: 사진 속 사람은 누구인가?
A 他的哥哥　　　B 男的　　　C 他的爸爸	A 남자의 형　　　B 남자　　　C 남자의 아빠

단어　张 zhāng 양 장 | 照片 zhàopiàn 명 사진 | 爸爸 bàba 명 아빠, 아버지 | 年轻 niánqīng 형 젊다, 어리다 | 和 hé 께 ~와 | 长 zhǎng 똥 생기다 | 得 de 조 ~한 정도가(동사나 형용사 뒤에 쓰여 결과나 정도를 나타내는 보어와 연결시킴) | 真 zhēn 闱 확실히, 진정으로 | 像 xiàng 똥 비슷하다, 닮다 | 认错 rèncuò 잘못 알다, 잘못 인식하다 | 以为 yǐwéi 똥 (잘못) 여기다, 생각하다 | 或者 huòzhě 접 혹은, 또는 | 哥哥 gēge 명 형, 오빠

해설　사진 속 사람이 누구인지 묻는 여자의 말에 남자가 '我爸爸年轻的时候(우리 아버지 젊었을 때)'라고 하였으므로 정답은 C이다.

---

33 ★★☆

男: 听说你喜欢踢足球。	남: 듣자 하니 당신은 축구를 하는 것을 무척 좋아한다면서요.
女: 当然, 我还参加过学校的足球比赛呢。	여: 당연하죠. 저는 게다가 학교 축구 시합에 참가한 적도 있어요.
男: 真的吗? 很少有女孩子喜欢踢足球的。	남: 정말이요? 여자가 축구를 하는 것을 좋아하는 것은 매우 드문데요.
女: 是的, 一般喜欢看球赛的多一些。	여: 맞아요, 일반적으로는 축구 시합 보는 것을 좋아하는 사람이 더 많죠.
问: 关于女的, 可以知道什么?	질문: 여자에 관해, 알 수 있는 것은 무엇인가?
A 喜欢看球赛	A 축구 시합 보는 것을 좋아한다
B 喜欢踢足球	B 축구를 하는 것을 좋아한다
C 喜欢参加比赛	C 시합에 참가하는 것을 좋아한다

단어　听说 tīngshuō 똥 듣자니 ~라 한다 | 喜欢 xǐhuan 똥 좋아하다 | 踢 tī 똥 차다 | 足球 zúqiú 명 축구 | 当然 dāngrán 형 당연하다, 물론이다 | 参加 cānjiā 똥 참가하다 | 学校 xuéxiào 명 학교 | 比赛 bǐsài 명 경기, 시합 | 女孩子 nǚháizi 명 여자아이 | 球赛 qiúsài 명 축구 시합 | 一些 yìxiē 수량 약간, 조금

해설 남자가 여자에게 축구를 하는 것을 좋아한다고 들었다고 하였고 여자 역시 학교 축구 시합에 참가한 적이 있다고 하였으므로 여자가 축구를 하는 것을 좋아한다는 것을 알 수 있다. 따라서 정답은 B이다.

---

34 ★☆☆

女：你的生日是不是马上要到了？
男：是的，就在周四。我想请大家周三到家里来过生日。
女：为什么早了一天？
男：没办法，周四要出国，一直到下周二才回来。

问：男的生日是哪天？
　A　周三　　　　B　周四　　　　C　下周二

여: 당신의 생일이 곧 다가오지 않나요?
남: 맞아요. 바로 목요일이에요. 저는 수요일에 모두를 초대해서 집에서 생일을 보내려고 해요.
여: 왜 하루 일찍 해요?
남: 어쩔 수 없어요. 목요일에 출국해서 다음 주 화요일에나 돌아오거든요.

질문: 남자의 생일은 언제인가?
　A　수요일　　　B　목요일　　　C　다음 주 화요일

단어 生日 shēngrì 명 생일 | 马上 mǎshàng 부 곧, 즉시 | 到 dào 동 이르다, 도착하다 | 就 jiù 부 곧, 바로 | 周四 zhōusì 명 목요일 | 请 qǐng 동 초청하다 | 大家 dàjiā 대 모두, 다들 | 周三 zhōusān 명 수요일 | 家里 jiāli 집, 집안 | 过 guò 동 보내다, 지내다 | 为什么 wèishénme 대 왜 | 早 zǎo 형 이르다, 빠르다 | 一天 yìtiān 명 하루 | 办法 bànfǎ 명 방법 | 要 yào 조동 ~해야 한다 | 一直 yìzhí 부 계속, 줄곧 | 周二 zhōu'er 명 화요일 | 才 cái 부 비로소 | 回来 huílái 동 돌아오다

해설 생일이 곧 다가오는지 묻는 여자의 말에 남자가 '周四(목요일)'이라고 대답하였으므로 정답은 B이다. 수요일이 언급되긴 했지만 수요일은 생일 파티를 하는 날짜이지 생일이 아니므로 정답이 될 수 없다.

---

35 ★★☆

男：回家以后别忘了把今天新学的汉字多写几遍，明天上课的时候要听写。
女：啊，这么多。后天吧？我怕记不住。
男：每天都要学新的汉字，当天学的一定要当天记住。
女：好吧，回去我会好好复习的。

问：他们最可能是什么关系？
　A　老师和学生
　B　丈夫和妻子
　C　爸爸和女儿

남: 집에 가서 오늘 새로 배운 한자를 여러 번 써보는 것을 잊지 말거라. 내일 수업할 때 받아쓰기할 거니까.
여: 아. 이렇게 많은데요. 모레 어때요? 제가 기억을 다 못할 것 같아 걱정이에요.
남: 매일 새로운 한자를 배우니, 그날 배운 것은 반드시 그날 외워야만 해.
여: 알겠어요. 돌아가서 열심히 복습할게요.

질문: 그들은 무슨 관계일 가능성이 가장 큰가?
　A　선생님과 학생
　B　남편과 부인
　C　아빠와 딸

단어 回家 huíjiā 집으로 돌아가다 | 以后 yǐhòu 명 이후 | 别 bié 부 ~하지 마라 | 忘 wàng 동 잊다 | 把 bǎ 개 ~을, ~를 | 今天 jīntiān 명 오늘 | 新 xīn 형 새롭다 | 学 xué 동 배우다 | 汉字 Hànzì 고유 한자 | 多 duō 형 많다 | 写 xiě 동 쓰다 | 遍 biàn 양 번, 차례 | 明天 míngtiān 명 내일 | 上课 shàngkè 동 수업하다 | 要 yào 조동 ~해야 한다 | 听写 tīngxiě 동 받아쓰기하다 | 后天 hòutiān 명 모레 | 怕 pà 동 두려워하다 | 记不住 jibuzhù 기억을 잘 못하다 | 每天 měitiān 명 매일 | 当天 dāngtiān 명 당일 | 一定 yídìng 부 반드시 | 记住 jìzhu 기억하다 | 回去 huíqù 동 돌아가다 | 复习 fùxí 동 복습하다

해설 남자가 여자에게 오늘 배운 한자를 여러 번 쓰라고 했고, 내일 수업 때 받아쓰기를 할 것이라고 하였으므로 남자의 직업은 '老师(선생님)'이며, 여자는 남자의 말을 듣고 돌아가서 열심히 복습하겠다고 대답하였으므로 '学生(학생)'임을 유추할 수 있다. 따라서 정답은 A 이다.

---

36 ★☆☆

女: 您好，这儿太漂亮了，能帮我照一张吗？
男: 好的，看这边，一、二、三，笑。
女: 哎呀，我眼睛闭了一下。能再来一张吗？
男: 没问题。头往左边一点儿。对，很好！

问: 他们在做什么？
　A　买东西
　B　画画儿
　C　拍照

여: 안녕하세요? 여기는 너무 아름다워요. 저를 도와 사진을 한 장 찍어 주실 수 있나요?
남: 좋아요. 여기를 보세요. 하나, 둘, 셋, 웃으세요.
여: 아이고, 제가 눈을 감았네요. 다시 한 장 더 찍어 주시겠어요?
남: 문제없어요. 머리를 왼쪽으로 조금 돌려요. 맞아요, 아주 좋아요!

질문: 그들은 무엇을 하고 있는가?
　A　물건을 사고 있다
　B　그림을 그리고 있다
　C　사진을 찍고 있다

단어 这儿 zhèr 때 여기, 이곳 | 太 tài 閉 지나치게, 너무 | 漂亮 piàoliang 혱 예쁘다 | 能 néng 조동 ~할 수 있다 | 帮 bāng 동 돕다 | 照 zhào 동 (사진·영화를) 찍다 | 张 zhāng 양 장 | 看 kàn 동 보다 | 这边 zhèbian 때 이곳, 여기 | 笑 xiào 동 웃다 | 眼睛 yǎnjing 명 눈 | 闭 bì 동 닫다, 감다 | 一下 yíxià 수량 좀 ~하다 | 头 tóu 명 머리 | 往 wǎng 개 ~을 향하여 | 左边 zuǒbian 명 왼쪽 | 一点儿 yìdiǎnr 수량 조금

해설 여자가 남자에게 사진을 찍어 달라고 요청하였으므로 여자와 남자는 현재 사진을 찍고 있음을 알 수 있다. 따라서 정답은 C이다.

---

37 ★★☆

男: 你看到我的车票了吗？我记得放在钱包里的。
女: 昨天晚上我看见你拿出来了，在床边的桌子上呢。
男: 不好意思，我都忘了。
女: 自己的东西要放好，不要每次都找来找去的。

问: 车票在哪儿？
　A　钱包里　　　　B　床上　　　　C　桌子上

남: 제 차표를 보셨어요? 제가 지갑 안에 넣어 둔 걸로 기억하거든요.
여: 어제 저녁에 네가 꺼내서, 침대 옆의 탁자 위에 있는 걸 보았어.
남: 죄송해요, 제가 깜박했어요.
여: 자신의 물건은 잘 두어야지, 매번 이리저리 찾으러 다니지 말고.

질문: 차표는 어디에 있는가?
　A　지갑 안　　　　B　침대 위　　　　C　탁자 위

단어 看到 kàndào 보다 | 车票 chēpiào 명 차표 | 记得 jìde 동 기억하고 있다 | 放 fàng 동 놓아두다 | 钱包 qiánbāo 명 지갑 | 昨天 zuótiān 명 어제 | 晚上 wǎnshang 명 저녁 | 看见 kànjiàn 동 보다 | 拿出来 ná chūlái 꺼내다 | 床边 chuángbian 침대 가장자리 | 桌子 zhuōzi 명 탁자 | 不好意思 bùhǎo yìsi 죄송합니다 | 忘 wàng 동 잊다 | 自己 zìjǐ 때 자기, 자신 | 东西 dōngxi 명 물건 | 要 yào 조동 ~해야 한다 | 不要 búyào 閉 ~하지 마라 | 每次 měi cì 매차, 매번 | 找来找去 zhǎolái zhǎoqù 이리저리 찾다

해설 '车票(차표)'를 찾는 남자의 말에 여자가 '昨天晚上我看见你拿出来了，在床边的桌子上呢(어제 저녁에 네가 꺼내서, 침대 옆의 탁자 위에 있는 것을 보았다)'라고 하였으므로 정답은 C이다.

---

38 ★★☆

男：中午想吃什么？面条怎么样？

女：不想吃，一点儿也不饿。刚才吃了很多巧克力。

男：你总是不按时吃饭，这样怎么行？不想长高了？知道错了吗？

女：对不起，我下次一定吃完饭以后再吃巧克力。

问：两人最可能是什么关系？

A　爸爸和女儿

B　邻居

C　医生和病人

남：점심에 뭐 먹고 싶니? 국수는 어때?

여：먹고 싶지 않아요. 배가 조금도 안 고파요. 방금 초콜릿을 많이 먹었어요.

남：너는 언제나 제때에 밥을 먹지 않는구나. 이러면 어떡하니? 키 안 크고 싶어? 잘못했다는 거 알겠니?

여：죄송해요. 다음에는 반드시 밥을 먹고 나서 다시 초콜릿을 먹을게요.

질문：두 사람은 어떤 관계일 가능성이 가장 큰가?

A　아빠와 딸

B　이웃

C　의사와 환자

단어 中午 zhōngwǔ 명 정오 | 想 xiǎng 조동 ~하고 싶다 | 面条 miàntiáo 명 국수 | 怎么样 zěnmeyàng 대 어떻다, 어떠하다 | 一点儿 yìdiǎnr 수량 조금 | 也 yě 부 ~도 | 饿 è 형 배고프다 | 总是 zǒngshì 늘, 줄곧 | 按时 ànshí 부 제때에, 시간에 맞추어 | 吃饭 chīfàn 밥을 먹다 | 这样 zhèyàng 대 이렇게, 이래서 | 怎么 zěnme 대 어떻게, 어째서 | 行 xíng 동 된다, 좋다 | 长高 zhǎnggāo 키가 자라다 | 知道 zhīdào 동 알다 | 错 cuò 형 틀리다, 맞지 않다 | 对不起 duìbuqǐ 동 미안합니다, 죄송합니다 | 下次 xiàcì 명 다음 번 | 一定 yídìng 부 반드시 | 以后 yǐhòu 명 이후 | 再 zài 부 다시 | 巧克力 qiǎokèlì 명 초콜릿

해설 초콜릿을 먹어서 배가 부르지 않다는 여자의 말에 남자는 여자를 혼내고 있으며, '长高(키가 크다)', '错了(잘못했다)'라는 단어를 통해 남자가 여자의 아빠임을 유추할 수 있다. 따라서 정답은 A이다.

---

39 ★☆☆

男：昨晚的电视看了吗？

女：没有，一直在图书馆看书。今天下午要考试呢。

男：你太努力了。不要总是看书，也要休息一下。

女：我觉得看书也是一种休息，一点儿也不累。

问：女的昨晚在做什么？

A　看电视

B　看书

C　考试

남：어제저녁 TV를 봤나요?

여：아니요. 줄곧 도서관에서 공부했어요. 오늘 오후에 시험이거든요.

남：당신은 너무 열심히 하네요. 늘 공부만 하지 말고 좀 쉬기도 해야죠.

여：제 생각에 공부하는 것도 일종의 휴식이에요, 조금도 피곤하지 않아요.

질문：여자는 어제저녁에 무엇을 했는가?

A　TV를 봤다

B　공부했다

C　시험을 봤다

단어 昨晚 zuówǎn 몡 어제저녁 | 电视 diànshì 몡 TV, 텔레비전 | 看 kàn 동 보다 | 一直 yìzhí 틧 계속, 줄곧 | 图书馆 túshūguǎn 몡 도서관 | 今天 jīntiān 몡 오늘 | 下午 xiàwǔ 몡 오후 | 要 yào 조동 ~해야 한다 | 考试 kǎoshì 동 시험을 치다 | 太 tài 틧 지나치게, 너무 | 努力 nǔlì 형 노력하다, 열심히 하다 | 不要 búyào 틧 ~하지 마라 | 总是 zǒngshì 틧 늘, 줄곧 | 看书 kànshū 공부하다 | 也 yě 틧 ~도 | 休息 xiūxi 동 휴식하다 | 一下 yíxià 수량 좀 ~하다 | 觉得 juéde 동 ~라고 생각하다 | 一点儿 yìdiǎnr 수량 조금 | 累 lèi 형 지치다, 피곤하다

해설 어제저녁 TV를 봤는지 묻는 남자의 말에 여자가 오늘 오후 시험이라 '一直在图书馆看书(도서관에서 줄곧 공부했다)'라고 하였으므로 정답은 B이다.

---

40 ★★☆

女: 最新的一部电影看了吗?

男: 看了, 实在不怎么样。里面的人都不漂亮。

女: 你是看人还是看电影啊? 我觉得很不错, 我都哭了。

男: 是吗? 那我有空再看看吧。

问: 女的觉得电影怎么样?

  A　不好看

  B　一般

  C　很好看

여: 최근에 새로 나온 영화 봤어요?

남: 봤는데, 정말 별로였어요. 영화 속 사람들이 모두 예쁘지 않더라고요.

여: 당신은 사람을 보는 거예요, 아니면 영화를 보는 거예요? 제가 보기엔 괜찮기만 하던걸요. 저는 울기까지 했다고요.

남: 그래요? 그럼 제가 시간 있을 때 다시 좀 볼게요.

질문: 여자는 영화가 어떻다고 생각하는가?

  A　재미있지 않다

  B　보통이다

  C　재미있다

단어 最新 zuìxīn 형 최신의 | 部 bù 양 편(영화를 세는 단위) | 电影 diànyǐng 몡 영화 | 实在 shízài 틧 정말로, 진짜로 | 不怎么样 bù zěnmeyàng 그리 좋지 않다 | 漂亮 piàoliang 형 예쁘다 | 看 kàn 동 보다 | 还是 háishi 접 또는, 아니면 | 觉得 juéde 동 ~라고 생각하다 | 不错 búcuò 형 괜찮다, 좋다 | 哭 kū 동 울다 | 空 kòng 몡 여가 시간, 틈

해설 질문의 대상을 정확하게 들어야 한다. 영화에 관하여 남자의 의견은 부정적이었으나 여자는 남자에게 새로 나온 영화가 괜찮고 심지어 울기까지 했다고 하였으므로 질문의 대상인 '女的(여자)'는 영화를 재미있게 본 것을 알 수 있다. 따라서 정답은 C이다.

>> 전략서 72p

정답

제1부분	1 D	2 C	3 A	4 B	5 E
	6 D	7 B	8 C	9 A	10 E
제2부분	11 ✕	12 ✓	13 ✕	14 ✓	15 ✕
	16 ✓	17 ✕	18 ✕	19 ✕	20 ✕
제3부분	21 B	22 C	23 A	24 C	25 B
	26 A	27 A	28 C	29 A	30 C
제4부분	31 A	32 A	33 B	34 A	35 C
	36 A	37 A	38 B	39 B	40 B

듣기 听力 제1부분

1 – 5

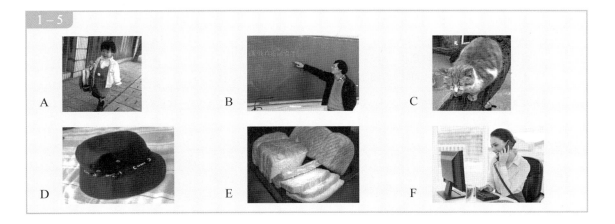

A

B

C

D

E

F

1 ★☆☆

男: 天气冷了, 明天我们去买顶帽子吧。
女: 我知道有家商店的帽子很漂亮。(D)

남: 날씨가 추워으니까, 내일 우리 모자를 사러 가요.
여: 제가 어떤 상점의 모자가 예쁜지 알아요. (D)

단어 天气 tiānqì 명 날씨 | 冷 lěng 형 춥다 | 明天 míngtiān 명 내일 | 去 qù 동 가다 | 买 mǎi 동 사다 | 顶 dǐng 양 개(꼭대기가 있는 물건을 세는 단위) | 帽子 màozi 명 모자 | 商店 shāngdiàn 명 상점 | 漂亮 piàoliang 형 예쁘다

해설 남녀 모두 '帽子(모자)'에 대해서 이야기하고 있으므로 모자 사진인 D가 정답이다.

2

男：那只猫在树上干什么呢？

女：看到那只鸟了吗？那只坏猫想把它吃了！

（ C ）

남: 저 고양이는 나무 위에서 무엇을 하고 있어요?

여: 저 새가 보이세요? 저 나쁜 고양이가 새를 먹으려 하고 있어요! (C)

단어 那 nà 떼 그, 저 | 只 zhī 영 마리 | 猫 māo 명 고양이 | 在 zài 동 (사람이나 사물이) ~에 있다 | 树 shù 명 나무 | 看到 kàndào 보다 | 鸟 niǎo 명 새 | 坏 huài 형 나쁘다 | 把 bǎ 깨 ~을, ~를 | 它 tā 떼 그, 그것 | 吃 chī 동 먹다

해설 남자가 여자에게 '猫(고양이)'가 나무 위에서 무엇을 하고 있는지 물었으므로 남자의 말을 근거로 나무 위에 있는 고양이 사진인 C가 정답이다.

男：好可爱啊。是你的孩子吗？多大了？

女：是我阿姨的孩子，今年才三岁。（ A ）

남: 아주 귀엽네요. 당신의 아이인가요? 몇 살이에요?

여: 우리 이모의 아이인데, 올해 겨우 세 살이에요. (A)

단어 可爱 kě'ài 형 사랑스럽다, 귀엽다 | 孩子 háizi 명 자녀(자식), 어린이 | 多大了? Duō dà le? 몇 살이에요? | 阿姨 āyí 명 이모, 아주머니 | 今年 jīnnián 명 올해, 금년 | 才 cái 부 이제서야, 비로소

해설 남녀 모두 '孩子(아이)'에 대해서 이야기하고 있으므로 아이 사진인 A가 정답이다.

4

男：同学们看黑板，上面的字都认识吗？

女：老师，您好像写错了一个字。（ B ）

남: 학생 여러분 칠판을 보세요. 위의 글자를 모두 아나요?

여: 선생님, 아무래도 한 글자를 틀리게 쓴 것 같아요. (B)

단어 同学们 tóngxuémen 학우들 | 黑板 hēibǎn 명 칠판 | 上面 shàngmian 명 위, 위쪽 | 字 zì 명 문자, 글자 | 都 dōu 부 모두, 다 | 认识 rènshi 동 알다, 인식하다 | 老师 lǎoshī 명 선생님 | 写 xiě 동 글씨를 쓰다 | 错 cuò 동 틀리다

해설 대화의 '同学(학생)', '黑板(칠판)', '老师(선생님)'의 핵심어를 통해 수업 상황임을 유추할 수 있다. 따라서 선생님과 칠판이 나와 있는 사진인 B가 정답이다.

Tip

📖 **新HSK 3급에 자주 등장하는 직업**

医生 yīshēng = 大夫 dàifu 의사	护士 hùshi 간호사
运动员 yùndòngyuán 운동선수	售货员 shòuhuòyuán 판매원
服务员 fúwùyuán 종업원	演员 yǎnyuán 배우
记者 jìzhě 기자	作家 zuòjiā 작가
律师 lǜshī 변호사	校长 xiàozhǎng 교장
教授 jiàoshòu 교수	导游 dǎoyóu 가이드
司机 sījī 운전기사	职员 zhíyuán 직원

5 ★★☆

男: 也不知道你想吃什么, 就买了点面包, 放在桌子上。

女: 谢谢, 等会儿上班的时候, 我带着路上吃。(E)

남: 당신이 무엇을 먹고 싶어 할지 몰라서 빵을 좀 사왔어요. 탁자 위에 놓을게요.

여: 고마워요. 잠시 후에 출근할 때, 가져가서 출근길에 먹을게요. (E)

단어 想 xiǎng 조동 ~하고 싶다 | 吃 chī 동 먹다 | 买 mǎi 동 사다 | 点 diǎn 양 조금 | 面包 miànbāo 명 빵 | 放 fàng 동 놓아두다 | 在 zài 동 (사람이나 사물이) ~에 있다 | 桌子 zhuōzi 명 탁자 | 谢谢 xièxie 동 감사합니다 | 上班 shàngbān 동 출근하다 | 带 dài 동 (몸에) 지니다, 휴대하다 | 路上 lùshang 명 길 위

해설 녹음 내용의 핵심어는 '面包(빵)'로, 빵을 좀 사왔다는 남자의 말을 근거로 사진을 찾을 수 있다. 따라서 정답은 E이다.

---

6 – 10

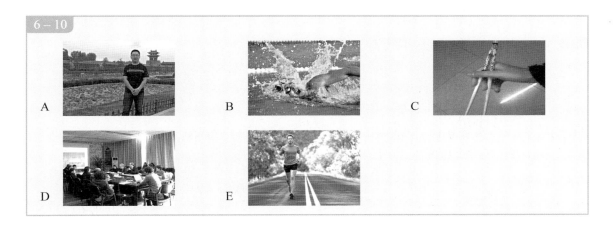

---

6 ★☆☆

男: 现在几点了? 十点还有个重要的会议。

女: 已经九点半了, 我们早点过去吧。(D)

남: 지금 몇 시예요? 10시에 중요한 회의가 또 있어요.

여: 이미 9시 30분이니까, 우리 좀 일찍 가요. (D)

단어 现在 xiànzài 명 지금, 현재 | 几点 jǐ diǎn 몇 시 | 还有 háiyǒu 접 그리고, 또한 | 重要 zhòngyào 형 중요하다 | 会议 huìyì 명 회의 | 已经 yǐjīng 부 이미, 벌써 | 早点 zǎo diǎn 좀 일찍 | 过去 guòqù 동 지나가다

해설 남자의 '十点还有个重要的会议(10시에 중요한 회의가 있다)'라는 말을 근거로 회의하는 사진을 선택할 수 있다. 따라서 정답은 D이다.

---

7 ★★☆

男: 在你们那儿, 大家最喜欢什么运动?

女: 我们那儿很热, 特别是夏天, 大人小孩儿都爱游泳。(B)

남: 당신들이 있는 그곳에서는 모두들 어떤 운동을 좋아하나요?

여: 저희가 사는 그곳은 매우 더워요. 특히 여름에는 어른이나 아이들 모두 수영하는 것을 좋아해요. (B)

단어 那儿 nàr 대 그곳, 저곳 | 最 zuì 부 가장, 제일 | 喜欢 xǐhuan 동 좋아하다 | 运动 yùndòng 명 운동 | 夏天 xiàtiān 명 여름 | 都 dōu 부 모두, 다

여자가 자신이 사는 곳은 매우 더워 모두 수영하는 것을 좋아한다고 하였으므로 수영하고 있는 사람의 사진인 B가 정답이다.

---

8 ★☆☆

女：你来中国这么久，学会用筷子了吗？
男：还是不会。我学了很长时间，但这太难了，比说汉语还难。（ C ）

여: 당신은 중국에 온 지 이렇게 오래되었는데, 젓가락 사용하는 법을 배웠나요?
남: 아직도 못해요. 저는 아주 오랫동안 배웠는데, 그래도 이건 너무 어려워요. 중국어 말하기보다 더 어려워요. (C)

단어 来 lái 통 오다ㅣ中国 Zhōngguó 고유 중국ㅣ这么 zhème 대 이런, 이러한ㅣ久 jiǔ 형 오래되다ㅣ学会 xuéhuì 통 습득하다, 배워서 알다ㅣ用 yòng 통 쓰다, 사용하다ㅣ筷子 kuàizi 명 젓가락ㅣ还是 háishi 부 여전히, 아직도ㅣ长 cháng 형 (시간이) 길다, 오래다ㅣ时间 shíjiān 명 시간ㅣ但 dàn 접 그러나ㅣ这 zhè 대 이, 이것ㅣ太 tài 부 지나치게, 너무ㅣ难 nán 형 어렵다

해설 남녀의 대화 주제가 '筷子(젓가락)'이므로 젓가락 사진인 C가 정답이다.

---

9 ★★☆

女：几个月不见，你好像瘦了很多。
男：天热穿得少了，所以你觉得我瘦了。（ A ）

여: 몇 달 동안 보지 못했더니 당신 살이 많이 빠진 것 같아요.
남: 날씨가 더워서 옷을 적게 입었어요. 그래서 당신은 제가 말랐다고 느끼는 거예요. (A)

단어 好像 hǎoxiàng 부 마치 ~과 같다ㅣ瘦 shòu 형 마르다, 여위다ㅣ多 duō 형 많다ㅣ天热 tiān rè 날씨가 덥다ㅣ穿 chuān 통 입다, 신다ㅣ少 shǎo 형 적다ㅣ所以 suǒyǐ 접 그래서ㅣ觉得 juéde 통 ~라고 생각하다, 느끼다

해설 여자가 남자에게 보지 못하는 사이 살이 많이 빠진 것 같다고 하자 남자가 옷을 적게 입어서 그런 것이라고 하였으므로 옷을 가볍게 입은 남자 사진인 A가 정답이다.

---

10 ★★☆

女：你怎么一直都坐着啊？站起来走走吧。
男：我昨天参加了长跑比赛，今天腿特别疼。（ E ）

여: 당신은 왜 계속 앉아만 있어요? 일어나서 좀 걸어요.
남: 어제 장거리 달리기에 참가했더니, 오늘 다리가 정말 많이 아파요. (E)

단어 怎么 zěnme 대 왜, 어째서ㅣ一直 yìzhí 부 계속, 줄곧ㅣ坐 zuò 통 앉다ㅣ着 zhe 조 ~한 채로(동사 뒤에 쓰여 동작이 진행되고 있음을 나타냄)ㅣ站 zhàn 통 서다ㅣ起来 qǐlái 통 일어서다ㅣ走 zǒu 통 걷다ㅣ昨天 zuótiān 명 어제ㅣ参加 cānjiā 통 참가하다ㅣ比赛 bǐsài 명 시합, 경기ㅣ今天 jīntiān 명 오늘ㅣ腿 tuǐ 명 다리ㅣ特别 tèbié 부 특히, 아주ㅣ疼 téng 형 아프다

해설 남자의 '昨天参加了长跑比赛(어제 장거리 달리기에 참가했다)'라는 말을 근거로 남자가 달리고 있는 사진인 E가 정답이다.

11 ★☆☆

您先看看这种颜色的怎么样，这种包现在很便宜，只要两百多块钱，里面可以放很多东西，买的人特别多。

당신은 먼저 이 색깔이 어떤지 한번 보세요. 이런 종류의 가방은 지금 매우 저렴해서, 겨우 2백 여 위안이에요. 안에 매우 많은 물건을 넣을 수 있어서, 사는 사람들이 정말 많아요.

★ 他们在买箱子。(×)

★ 그들은 상자를 사고 있다. (×)

단어 先 xiān 閉 먼저 | 这种 zhè zhǒng 이런 종류(의) | 颜色 yánsè 圀 색, 색깔 | 怎么样 zěnmeyàng 떼 어떻다, 어떠하다 | 包 bāo 圀 가방 | 现在 xiànzài 圀 지금, 현재 | 便宜 piányi 쉥 (값이) 싸다 | 只 zhǐ 閉 단지 | 多 duō 준 ~남짓, ~여 | 里面 lǐmiàn 圀 안, 안쪽 | 可以 kěyǐ 조통 ~할 수 있다 | 放 fàng 통 놓다, 넣다 | 东西 dōngxi 圀 물건 | 买 mǎi 통 사다 | 特别 tèbié 閉 특히, 아주

해설 녹음에서 '包(가방)'가 어떤지에 대해서 이야기하고 있으므로 녹음 내용은 제시된 문장과 일치하지 않는다.

12 ★☆☆

他吃得很多，但因为喜欢运动，每天都要去打篮球，所以没有长胖。

그는 매우 많이 먹는다. 그러나 운동을 좋아하고 매일 농구하러 가기 때문에, 그래서 살이 찌지는 않았다.

★ 他喜欢运动。(✓)

★ 그는 운동을 좋아한다. (✓)

단어 多 duō 쉥 많다 | 但 dàn 젭 그러나 | 因为 yīnwèi 젭 ~때문에 | 喜欢 xǐhuan 통 좋아하다 | 运动 yùndòng 圀 운동 | 每天 měitiān 圀 매일 | 都 dōu 閉 모두, 다 | 要 yào 조통 ~하려고 하다 | 篮球 lánqiú 圀 농구 | 所以 suǒyǐ 젭 그래서 | 长胖 zhǎngpàng 통 살찌다, 뚱뚱해지다

해설 듣기에서는 전환을 나타내는 접속사 '但(그러나)' 뒤의 내용을 잘 들어야 한다. 녹음에서 그는 많이 먹지만, 운동을 좋아해 매일 농구를 하러 간다고 하였으므로 녹음 내용은 제시된 문장과 일치한다.

13 ★★☆

今天中午妈妈做了鱼，可是味道是甜的。她弄错了，在鱼里放了糖。

오늘 점심 때 엄마가 생선 요리를 했는데, 맛이 달았다. 엄마는 실수로 생선에 설탕을 넣었다.

★ 妈妈做鱼的时候喜欢放糖。(×)

★ 엄마는 생선 요리를 할 때, 설탕 넣는 것을 좋아한다. (×)

단어 今天 jīntiān 圀 오늘 | 中午 zhōngwǔ 圀 정오 | 做 zuò 통 만들다 | 鱼 yú 圀 물고기 | 可是 kěshì 젭 그러나 | 味道 wèidao 圀 맛 | 甜 tián 쉥 달다 | 弄错 nòngcuò 실수하다, 잘못하다 | 放 fàng 통 넣다 | 糖 táng 圀 설탕

해설 녹음에서 엄마가 생선 요리를 할 때 실수로 설탕을 넣은 것이라고 하였으므로 녹음 내용은 제시된 문장과 일치하지 않는다.

14 ★★☆	
小李，过会儿你去机场接经理。等会议结束，再送他去火车站。	샤오리, 잠시 후에 당신이 공항에 가서 사장님을 마중하세요. 회의가 끝나면 다시 사장님을 기차역으로 모셔다 드리세요.
★ 经理是坐飞机来的。(√)	★ 사장님은 비행기를 타고 왔다. (√)

단어 **过会儿** guò huìr 잠시 후에 | **机场** jīchǎng 몡 공항 | **接** jiē 동 맞이하다, 마중하다 | **经理** jīnglǐ 몡 사장, 책임자 | **等** děng 동 기다리다 | **会议** huìyì 몡 회의 | **结束** jiéshù 동 끝나다, 마치다 | **再** zài 뷔 재차, 또 | **送** sòng 동 배웅하다 | **火车站** huǒchēzhàn 몡 기차역

해설 녹음의 '机场(공항)'에 가서 사장님을 마중하라는 말을 통해 사장님이 비행기를 타고 오는 것을 유추할 수 있다. 따라서 녹음 내용은 제시된 문장과 일치한다.

15 ★★☆	
他早上去公司的时候没带伞。下午下了很大的雨，到现在还回不了家。	그는 아침에 회사에 갈 때 우산을 가지고 가지 않았다. 오후에 비가 아주 많이 내렸는데, 지금까지 아직 집에 돌아가지 못했다.
★ 今天一直在下雨。(×)	★ 오늘 계속 비가 내린다. (×)

단어 **早上** zǎoshang 몡 아침 | **公司** gōngsī 몡 회사 | **带** dài 동 (몸에) 지니다, 휴대하다 | **伞** sǎn 몡 우산 | **下** xià 동 떨어지다, 내리다 | **大** dà 혱 (수량이) 많다 | **雨** yǔ 몡 비 | **到** dào 개 ~까지 | **现在** xiànzài 몡 지금, 현재 | **还** hái 뷔 여전히, 아직도 | **回** huí 동 돌아가다 | **不了** buliǎo (술어 뒤에 쓰여) ~할 수가 없다

해설 녹음의 '他早上去公司的时候没带伞(그는 아침에 회사에 갈 때 우산을 가지고 가지 않았다)'라는 말을 미루어 오전에는 비가 오지 않았음을 알 수 있다. 따라서 녹음 내용은 제시된 문장과 일치하지 않는다.

16 ★☆☆	
小王上午在教室上课，下午去图书馆看书。因为下个星期就要考试了，所以他必须认真复习。	샤오왕은 오전에 교실에서 수업을 듣고 오후에 도서관에 가서 공부한다. 다음 주가 곧 시험이어서, 그는 반드시 열심히 복습해야만 한다.
★ 小王下个星期要考试。(√)	★ 샤오왕은 다음 주에 시험을 본다. (√)

단어 **教室** jiàoshì 몡 교실 | **上课** shàngkè 동 수업하다 | **下午** xiàwǔ 몡 오후 | **图书馆** túshūguǎn 몡 도서관 | **看书** kànshū 공부하다 | **因为** yīnwèi 젭 왜냐하면 | **下个星期** xià ge xīngqī 다음 주 | **就要** jiùyào 머지않아, 곧 | **考试** kǎoshì 동 시험을 치다 | **所以** suǒyǐ 젭 그래서 | **必须** bìxū 뷔 반드시 ~해야 한다 | **认真** rènzhēn 혱 진지하다, 착실하다 | **复习** fùxí 동 복습하다

해설 녹음에서 샤오왕은 다음 주에 시험을 보기 때문에 열심히 복습해야 한다고 하였으므로 녹음 내용은 제시된 문장과 일치한다.

17 ★★☆

周末的时候，他总是在家里玩儿电脑和看电视，很少运动。

주말에 그는 항상 집에서 컴퓨터를 하거나 TV를 보지, 운동은 거의 하지 않는다.

★ 他爱运动。(×)

★ 그는 운동을 좋아한다. (×)

단어 周末 zhōumò 명 주말 | 总是 zǒngshì 부 늘, 줄곧 | 在 zài 개 ~에, ~에서 | 家里 jiāli 집, 집안 | 玩 wán 동 (손에 가지고) 놀다 | 电脑 diànnǎo 명 컴퓨터 | 和 hé 개 ~와 | 看 kàn 동 보다 | 电视 diànshì 명 TV, 텔레비전 | 运动 yùndòng 동 운동하다

해설 녹음에서 그는 '很少运动(운동은 거의 하지 않는다)'이라는 말을 미루어 운동을 좋아하지 않음을 알 수 있다. 따라서 녹음 내용은 제시된 문장과 일치하지 않는다.

18 ★☆☆

你家的狗太可爱了，一只耳朵白，一只耳朵黑，很像昨天电视上看到的那只。

당신 집 강아지는 정말 귀엽네요. 한쪽 귀는 하얗고, 한쪽 귀는 까맣네요. 마치 어제 TV에서 본 그 강아지 같아요.

★ 他家有一只猫。(×)

★ 그의 집에 고양이 한 마리가 있다. (×)

단어 家 jiā 명 집 | 狗 gǒu 명 강아지 | 太 tài 부 지나치게, 너무 | 可爱 kě'ài 형 사랑스럽다, 귀엽다 | 只 zhī 양 쪽, 짝 | 耳朵 ěrduo 명 귀 | 白 bái 형 하얗다 | 黑 hēi 형 검다, 까맣다 | 像 xiàng 동 비슷하다, 닮다 | 电视 diànshì 명 TV, 텔레비전 | 看到 kàndào 보다

해설 제시된 문장에 '猫(고양이)'가 있으므로 녹음을 들을 때 동물 관련 표현을 주의 깊게 듣도록 하자. 녹음에서 '狗(강아지)'에 대해서 이야기하고 있지 고양이가 아니므로 녹음 내용은 제시된 문장과 일치하지 않는다.

19 ★★☆

他做事情很认真，工作也很努力，而且特别聪明。有人告诉我，他马上就要做经理了。

그는 일하는 것이 매우 착실하며, 업무도 매우 열심히 하고 게다가 매우 똑똑하다. 어떤 사람이 나에게 그가 곧 책임자가 될 것이라고 말했다.

★ 他做经理了。(×)

★ 그는 책임자가 되었다. (×)

단어 做 zuò 동 ~을 하다 | 事情 shìqing 명 일, 사건 | 认真 rènzhēn 형 진지하다, 착실하다 | 工作 gōngzuò 명 작업, 일 | 努力 nǔlì 형 노력하다, 열심히 하다 | 而且 érqiě 접 게다가 | 特别 tèbié 부 특히, 아주 | 聪明 cōngming 형 똑똑하다 | 有人 yǒurén 어떤 사람 | 告诉 gàosu 동 말하다, 알리다 | 马上 mǎshàng 부 곧, 즉시 | 就要 jiùyào 머지않아, 곧 | 经理 jīnglǐ 명 책임자, 사장

해설 녹음에서 그가 곧 책임자가 될 것이라고 했지 현재 책임자는 아니므로 녹음 내용은 제시된 문장과 일치하지 않는다.

20 ★★☆

他在中国学习了一年汉语，爱上了这里的历史文化，也爱上了这里的人。明年他还打算留在中国。

★ 他打算明年回国。(✕)

그는 중국에서 1년 동안 중국어를 배웠는데 이곳의 역사와 문화를 사랑하게 되었고, 또 이곳의 사람을 사랑하게 되었다. 내년에 그는 여전히 중국에 머무를 계획이다.

★ 그는 내년에 귀국할 계획이다. (✕)

단어 在 zài 깨 ~에, ~에서 | 中国 Zhōngguó 고유 중국 | 学习 xuéxí 동 공부하다, 배우다 | 一年 yì nián 한 해, 1년 | 汉语 Hànyǔ 고유 중국어 | 爱上 àishàng 사랑하게 되다, 좋아하게 되다 | 这里 zhèli 때 이곳 | 历史 lìshǐ 명 역사 | 文化 wénhuà 명 문화 | 明年 míngnián 명 내년 | 还 hái 부 여전히, 아직도 | 打算 dǎsuan 동 ~할 계획이다, 생각하다 | 留 liú 동 머무르다

해설 녹음에서 '明年他还打算留在中国(그는 내년에 여전히 중국에 머무를 계획이다)'라고 하였으므로 녹음 내용은 제시된 문장과 일치하지 않는다.

듣기 제3부분

21 ★★☆

女：气象预报说今天晚上要下雨，出门记得带伞。
男：不会吧，天气那么好，怎么会下雨呢？

问：现在的天气怎么样？
　　A 下雨　　　B 晴天　　　C 阴天

여: 일기예보에서 오늘 저녁에 비가 올 거라는데, 외출할 때 우산을 잊지 말고 챙기세요.
남: 그럴 리가요. 날씨가 저렇게 좋은데, 어떻게 비가 오겠어요?

질문: 지금 날씨는 어떠한가?
　　A 비가 온다　　B 맑은 날씨　　C 흐린 날씨

단어 气象预报 qìxiàng yùbào 일기예보 | 说 shuō 동 말하다 | 今天 jīntiān 명 오늘 | 晚上 wǎnshang 명 밤 | 下雨 xiàyǔ 비가 오다 | 出门 chūmén 동 외출하다 | 记得 jìde 동 기억하다, 잊지 않고 있다 | 带 dài 동 (몸에) 지니다, 휴대하다 | 伞 sǎn 명 우산 | 天气 tiānqì 명 날씨, 일기 | 那么 nàme 때 그렇게, 저렇게

해설 비가 올 것이니 우산을 챙기라는 여자의 말에 남자가 날씨가 저렇게 좋은데 비가 오겠냐고 반문하였으므로 현재의 날씨는 매우 맑다는 것을 유추할 수 있다. 따라서 정답은 B이다.

22 ★★☆

女：这款衣服有好几种颜色，你觉得哪种比较好看？
男：红的还不错，蓝的也挺好。还是黄的吧，你穿着特别漂亮。

问：男的觉得哪种颜色的衣服更好看？
　　A 红的　　　B 蓝的　　　C 黄的

여: 이 디자인의 옷은 몇 가지 색상이 있어요, 당신은 어떤 색상이 비교적 예쁜 것 같아요?
남: 빨간색이 괜찮은데, 파란색도 꽤 괜찮아요. 그래도 노란색으로 하세요. 당신이 입으니 정말 예쁘네요.

질문: 남자는 어느 색이 더 예쁘다고 생각하는가?
　　A 빨간색　　B 파란색　　C 노란색

단어 款 kuǎn 양 종류, 디자인 | 衣服 yīfu 명 옷 | 颜色 yánsè 명 색, 색깔 | 觉得 juéde 동 ~라고 생각하다 | 比较 bǐjiào 부 비교적 | 好看 hǎokàn 형 예쁘다 | 红 hóng 형 붉다 | 还 hái 부 더, 더욱 | 不错 búcuò 형 좋다, 괜찮다 | 蓝 lán 형 남색의, 남빛의 | 也 yě 부 ~도 | 还是 háishi 부 ~하는 편이 (더) 좋다 | 黄 huáng 형 노랗다 | 穿 chuān 동 입다 | 特别 tèbié 부 특히, 더욱 | 漂亮 piàoliang 형 예쁘다

해설 어떤 색상이 예쁜지 묻는 여자의 말에 남자가 빨간색과 파란색도 예쁘지만 마지막에 '黄的(노란색)'를 추천하였으므로 정답은 C이다.

---

23 ★★☆	
男: 女儿说想吃鱼，等会儿去买一条吧? 女: 她天天说自己胖，什么都不愿意吃。我看是你想吃了吧?	남: 딸이 생선을 먹고 싶다고 하는데, 잠시 후에 가서 한 마리 사와요. 여: 딸은 매일 자신이 뚱뚱하다면서 아무것도 먹으려 하지 않아요. 제가 보기에는 당신이 먹고 싶어 하는 것 같은데요?
问: 女的觉得是谁想吃鱼了? A 男的　　　 B 女的　　　 C 女儿	질문: 여자는 누가 생선을 먹고 싶어 한다고 생각하는가? A 남자　　　 B 여자　　　 C 딸

단어 女儿 nǚ'ér 명 딸 | 说 shuō 동 말하다, 이야기하다 | 想 xiǎng 조동 ~하고 싶다 | 吃 chī 동 먹다 | 鱼 yú 명 물고기 | 等 děng 동 기다리다 | 会儿 huìr 양 잠시, 잠깐 | 去 qù 동 가다 | 买 mǎi 동 사다 | 条 tiáo 양 마리 | 天天 tiāntiān 명 매일, 날마다 | 自己 zìjǐ 대 자기, 자신 | 胖 pàng 형 뚱뚱하다 | 愿意 yuànyì 조동 ~하고 싶다

해설 여자가 남자에게 '我看是你想吃了吧(내가 보기에는 당신이 먹고 싶어 하는 것 같다)'라고 하였으므로 정답은 A이다.

---

24 ★☆☆	
男: 现在几点了? 天还那么黑。 女: 差七分七点，我们该出发了。	남: 지금 몇 시예요? 날이 아직 많이 어둡네요. 여: 7시 7분 전이에요. 우리 출발해야 해요.
问: 现在几点了? A 7:07　　 B 7:00　　 C 6:53	질문: 지금 몇 시인가? A 7:07　　 B 7:00　　 C 6:53

단어 现在 xiànzài 지금, 현재 | 还 hái 부 여전히, 아직도 | 那么 nàme 대 그렇게, 저렇게 | 黑 hēi 형 어둡다 | 差 chà 동 부족하다, 모자라다 | 该 gāi 조동 (마땅히) ~해야 한다 | 出发 chūfā 동 출발하다

해설 남자가 몇 시인지 묻자 여자가 '差七分七点(7시 7분 전)'이라고 하였으므로 6시 53분인 C가 정답이다.

25 ★☆☆

女: 下课回去以后，把今天学的汉字每个写十遍。
男: 今天的作业那么多，晚上都没时间上网了。

问: 女的最可能是做什么的?
　　A 医生　　　　B 老师　　　　C 司机

여: 수업이 끝나고 집에 가서, 오늘 배운 한자를 모두 10번씩 쓰세요.
남: 오늘 숙제가 저렇게 많으니, 저녁에 인터넷을 할 시간이 없겠어요.

질문: 여자는 무엇을 하는 사람일 가능성이 가장 큰가?
　　A 의사　　　　B 선생님　　　　C 운전기사

> **단어** 下课 xiàkè 통 수업이 끝나다 | 回去 huíqù 통 되돌아가다 | 以后 yǐhòu 명 이후 | 把 bǎ 깨 ~을, 를 | 今天 jīntiān 명 오늘 | 学 xué 통 배우다 | 汉字 Hànzì 고유 한자 | 写 xiě 통 쓰다 | 遍 biàn 양 번, 차례 | 作业 zuòyè 명 숙제 | 那么 nàme 때 그렇게, 저렇게 | 多 duō 형 많다 | 晚上 wǎnshang 명 밤 | 时间 shíjiān 명 시간 | 上网 shàngwǎng 통 인터넷을 하다

> **해설** 여자가 남자에게 수업이 끝나고 집에 가서 오늘 배운 한자를 10번씩 쓰라고 하였으므로 여자가 선생님임을 유추할 수 있다. 따라서 정답은 B이다.

---

26 ★★☆

男: 对不起，我来晚了。路上车太多，动不了。
女: 每次你都这样说。

问: 女的是什么意思?
　　A 不相信男人的话
　　B 见到男人很高兴
　　C 没有生气

남: 미안해요, 제가 늦었어요. 길에 차가 너무 많아서 움직일 수가 없었어요.
여: 당신은 매번 이렇게 말하네요.

질문: 여자의 말은 무슨 의미인가?
　　A 남자의 말을 믿지 못한다
　　B 남자를 보고 매우 기쁘다
　　C 화나지 않았다

> **단어** 对不起 duìbuqǐ 통 미안합니다, 죄송합니다 | 来 lái 통 오다 | 晚 wǎn 형 늦다 | 路上 lùshang 명 길 위 | 动 dòng 통 움직이다 | 不了 buliǎo (술어 뒤에 쓰여) ~할 수가 없다 | 每次 měi cì 매차, 매번 | 这样 zhèyàng 때 이렇다, 이와 같다 | 说 shuō 통 말하다, 이야기하다

> **해설** 늦어서 미안하다는 남자의 말에 여자가 '每次你都这样说(매번 당신은 이렇게 말한다)'라고 하였으므로 남자의 말을 믿지 않는다는 것을 알 수 있다. 따라서 정답은 A이다.

---

27 ★★☆

女: 最近每天晚上睡觉前都吃东西，一下子胖了十斤，怎么办呀?
男: 你可以做点运动，比如游泳、跑步之类的。

问: 女的想做什么?
　　A 变瘦
　　B 变胖
　　C 想吃东西

여: 요즘 매일 저녁 자기 전에 먹어서, 단시간에 5kg이 쪘는데, 어떡하죠?
남: 당신은 운동을 하면 돼요. 예를 들어 수영하거나 달리기 같은 것으로요.

질문: 여자는 무엇을 하고 싶은가?
　　A 살을 빼고 싶다
　　B 살을 찌우고 싶다
　　C 음식을 먹고 싶다

最近 zuìjìn 명 최근, 요즘 | 每天 měitiān 명 매일 | 晚上 wǎnshang 명 저녁, 밤 | 睡觉 shuìjiào 동 (잠을) 자다 | 前 qián 명 (시간) 전, 이전 | 一下子 yíxiàzi 부 단시간에, 갑자기 | 胖 pàng 형 뚱뚱하다 | 斤 jīn 양 근 | 可以 kěyǐ 조동 ~할 수 있다 | 做 zuò 동 하다 | 运动 yùndòng 명 운동 | 比如 bǐrú 동 예를 들다 | 游泳 yóuyǒng 동 수영하다 | 跑步 pǎobù 동 달리다 | 之类 zhīlèi 등, 따위

여자가 '一下子胖了十斤(단시간에 살이 쪘다)'라고 이야기하는 것을 미루어 여자가 살을 빼고 싶어하는 것을 알 수 있다. 따라서 정답은 A이다.

---

28 ★☆☆

男: 请问, 去医院怎么走?
女: 医院离这里很远, 你最好还是坐出租车去吧。

问: 男的应该怎么去医院?
 A 坐公共汽车
 B 走路
 C 坐出租车

남: 실례지만, 병원은 어떻게 가나요?
여: 병원은 여기에서 매우 멀어요. 당신은 택시를 타고 가는 것이 가장 좋을 거 같아요.

질문: 남자는 어떻게 병원에 가야 하는가?
 A 버스를 탄다
 B 걷는다
 C 택시를 탄다

请问 qǐngwèn 동 말씀 좀 여쭙겠습니다 | 医院 yīyuàn 명 병원 | 怎么 zěnme 대 어떻게 | 走 zǒu 동 걷다 | 离 lí 개 ~로부터 | 这里 zhèlǐ 대 이곳, 여기 | 远 yuǎn 형 멀다 | 最好 zuìhǎo 부 가장 좋은 | 还是 háishi 부 ~하는 편이 (더) 좋다 | 出租车 chūzūchē 명 택시

병원을 어떻게 가는지 묻는 남자의 말에 여자가 '你最好还是坐出租车去吧(당신은 택시를 타고 가는 것이 가장 좋다)'라고 대답하였으므로 정답은 C이다.

---

29 ★☆☆

女: 你在上网还是看电影?
男: 都不是, 我在玩游戏。这个游戏现在很有名, 大家都在玩。

问: 男的在做什么?
 A 玩电脑游戏
 B 上网
 C 看电影

여: 당신은 인터넷을 하고 있나요, 아니면 영화를 보고 있나요?
남: 모두 아니에요, 저는 게임을 하고 있어요. 이 게임은 요즘 매우 유명해서, 모두들 이 게임을 해요.

질문: 남자는 무엇을 하고 있는가?
 A 컴퓨터 게임을 하고 있다
 B 인터넷을 하고 있다
 C 영화를 보고 있다

上网 shàngwǎng 동 인터넷을 하다 | 还是 háishi 접 또는, 아니면 | 电影 diànyǐng 명 영화 | 都 dōu 부 모두 | 游戏 yóuxì 명 게임 | 现在 xiànzài 명 지금, 현재 | 有名 yǒumíng 형 유명하다 | 玩 wán 동 놀다

인터넷을 하는지, 아니면 영화를 보고 있는지 묻는 여자의 말에 남자가 '我在玩游戏(게임을 하고 있다)'라고 대답하였으므로 정답은 A이다.

女：你妻子做的中国菜真好吃。
男：你要是喜欢，以后可以常来吃。

问：谁做的中国菜好吃？
　A　女的
　B　男的
　C　男人的妻子

여: 당신 아내가 만든 중국 음식은 정말 맛있어요.
남: 당신이 좋아한다면 앞으로 자주 와서 드셔도 돼요.

질문: 누가 만든 중국 음식이 맛있는가?
　A　여자
　B　남자
　C　남자의 부인

단어　妻子 qīzi 명 아내 | 做 zuò 통 만들다 | 中国菜 Zhōngguócài 중국 요리 | 真 zhēn 분 확실히, 참으로 | 好吃 hǎochī 통 맛있다 | 要是 yàoshi 접 만약 | 喜欢 xǐhuan 통 좋아하다 | 以后 yǐhòu 명 이후 | 可以 kěyǐ 조동 ~해도 좋다 | 常 cháng 분 늘, 자주 | 来 lái 통 오다 | 吃 chī 통 먹다

해설　여자가 남자에게 '당신의 아내(你妻子)'가 만든 중국 음식이 매우 맛있다고 하였으므로 정답은 C이다.

 듣기 제4부분

31 ★☆☆

男：你怎么才来，会议马上就要开始了。
女：对不起，我没赶上公共汽车。
男：你为什么不坐出租车？
女：每次要坐出租车的时候都打不到。

问：女的为什么迟到？
　A　没赶上公共汽车
　B　坐出租车
　C　天气不好

남: 당신은 왜 이제야 와요? 회의가 곧 시작하려고 해요.
여: 미안해요, 제가 버스를 제때 타지 못했어요.
남: 왜 택시를 타지 않았나요?
여: 매번 택시를 타려고 하면 택시가 안 잡혀요.

질문: 여자는 왜 지각을 했는가?
　A　버스를 타지 못해서
　B　택시를 타서
　C　날씨가 좋지 않아서

단어　怎么 zěnme 대 어째서, 왜 | 才 cái 분 비로소 | 来 lái 통 오다 | 会议 huìyì 명 회의 | 马上 mǎshàng 분 곧, 즉시 | 就要 jiùyào 머지않아, 곧 | 开始 kāishǐ 통 시작하다 | 对不起 duìbuqǐ 통 미안합니다, 죄송합니다 | 赶上 gǎnshàng 통 따라잡다 | 公共汽车 gōnggòng qìchē 명 버스 | 坐 zuò 통 타다 | 出租车 chūzūchē 명 택시 | 每次 měi cì 매번 | 要 yào 조동 ~하려고 하다 | 打不到 dǎbudào 잡지 못하다

해설　남자가 늦게 온 이유를 묻자 여자가 '我没赶上公共汽车(버스를 제때 타지 못했다)'라고 대답하였으므로 정답은 A이다.

32 ★★☆

女：老板，这双鞋可以便宜点儿吗？

男：现在有个活动，衣服、裤子、鞋子，如果一次买两种，可以便宜五十元。

女：谢谢，但我只想要这双鞋子，衣服、裤子我都不喜欢。

男：那就没有办法了，便宜不了。

问：女的想买什么？

A 鞋子

B 鞋子和衣服

C 鞋子和裤子

여：사장님, 이 신발을 좀 싸게 해 주실 수 있나요?

남：지금 행사를 하는데, 옷, 바지, 신발 중에서 만약 한번에 두 종류를 구입하면 50위안을 깎아줄 수 있어요.

여：감사합니다. 하지만 저는 이 신발만 사고 싶어요. 옷이랑 바지는 모두 마음에 들지 않네요.

남：그럼 방법이 없네요. 싸게 해 줄 수 없어요.

질문：여자는 무엇을 사고 싶어 하는가?

A 신발

B 신발과 옷

C 신발과 바지

단어 老板 lǎobǎn 명 사장님 | 双 shuāng 양 짝, 켤레 | 鞋子 xiézi 명 신발 | 可以 kěyǐ 조동 ~할 수 있다 | 便宜 piányi 형 (값이) 싸다 | 现在 xiànzài 명 지금, 현재 | 活动 huódòng 명 행사 | 衣服 yīfu 명 옷 | 裤子 kùzi 명 바지 | 如果 rúguǒ 접 만약, 만일 | 次 cì 양 차례, 번 | 买 mǎi 동 사다 | 种 zhǒng 양 종류 | 但 dàn 접 그러나, 그렇지만 | 只 zhǐ 부 단지, 다만 | 想要 xiǎngyào ~하려고 하다 | 喜欢 xǐhuan 동 좋아하다 | 办法 bànfǎ 명 방법

해설 행사 품목 중 여자는 '鞋(신발)'만 원한다고 하였고 옷과 바지는 마음에 들지 않는다고 하였으므로 여자가 사려고 하는 것은 신발이다. 따라서 정답은 A이다.

33 ★★☆

女：小王，明天就要数学考试了，你怎么还在打篮球？

男：我早就复习好了。

女：可我还有很多问题没解决，怎么办呢？

男：不用担心，我来帮你复习，我们走吧。

问：男的要做什么？

A 打篮球

B 帮女的复习

C 参加考试

여：샤오왕, 내일이 바로 수학 시험인데, 왜 아직도 농구를 하고 있어요?

남：저는 이미 복습을 다 했어요.

여：저는 아직 많은 문제를 해결하지 못했어요, 어떡하죠?

남：걱정하지 말아요, 제가 당신이 복습하는 것을 도와줄게요. 우리 가요.

질문：남자는 무엇을 하려고 하는가?

A 농구를 한다

B 여자의 복습을 도와준다

C 시험에 참가한다

단어 明天 míngtiān 명 내일 | 就要 jiùyào 머지않아, 곧 | 数学 shùxué 명 수학 | 考试 kǎoshì 명 시험 | 怎么 zěnme 대 어떻게, 어째서 | 还 hái 부 여전히, 아직도 | 打篮球 dǎ lánqiú 농구하다 | 早就 zǎojiù 부 벌써, 이미 | 复习 fùxí 동 복습하다 | 问题 wèntí 명 문제 | 解决 jiějué 동 해결하다 | 不用 búyòng 부 ~할 필요가 없다 | 担心 dānxīn 동 염려하다, 걱정하다 | 来 lái 동 다른 동사 앞에 쓰여 어떤 일을 하려는 것을 나타냄 | 帮 bāng 동 돕다, 거들다

해설 질문에서 남자가 무엇을 하려고 하는지에 대해 묻고 있다. 여자가 내일 수학 시험인데 아직 많은 문제를 해결하지 못했다고 하자 남자가 복습하는 것을 도와준다고 하였으므로 정답은 B이다.

34

男: 现在都已经是春天了，为什么还是这么冷？
女: 最近一直在下雨，所以让人觉得像是冬天。
男: 每年这个季节，南方都经常下雨。
女: 希望天气早点变晴吧。

问: 现在是什么季节？
　　A 春天　　　　B 冬天　　　　C 秋天

남: 지금 이미 봄인데, 왜 여전히 추운 거죠？
여: 최근 줄곧 비가 내려서 겨울 같이 느껴지는 거예요.
남: 매년 이 계절에 남쪽은 늘 비가 오네요.
여: 날씨가 빨리 맑아졌으면 좋겠어요.

질문: 지금은 무슨 계절인가？
　　A 봄　　　　B 겨울　　　　C 가을

단어　现在 xiànzài 몡 지금, 현재 | 都 dōu 閉 이미, 벌써 | 已经 yǐjing 閉 이미, 벌써 | 春天 chūntiān 몡 봄 | 还是 háishi 閉 여전히, 아직도 | 这么 zhème 떼 이런, 이러한 | 冷 lěng 혱 춥다 | 最近 zuìjìn 몡 최근, 요즘 | 一直 yìzhí 閉 계속, 줄곧 | 下雨 xiàyǔ 비가 오다 | 所以 suǒyǐ 젭 그래서 | 让 ràng 동 ~하게 하다 | 觉得 juéde 동 ~라고 생각하다 | 像 xiàng 閉 마치 ~와 같다 | 冬天 dōngtiān 몡 겨울 | 每年 měinián 몡 매년, 해마다 | 季节 jìjié 몡 계절 | 南方 nánfāng 몡 남방 지역 | 经常 jīngcháng 閉 언제나, 늘 | 希望 xīwàng 동 희망하다 | 天气 tiānqì 몡 날씨 | 早点 zǎodiǎn 좀 일찍 | 变 biàn 동 변하다 | 晴 qíng 혱 맑다

해설　남자의 '现在都已经是春天了(지금 이미 봄이다)'라는 말로 미루어 지금 계절이 봄임을 알 수 있다. 따라서 정답은 A이다.

35

男: 都十二点了，别看电视了，你该睡觉了。
女: 我也想睡，可是睡不着。下午喝了很多咖啡。你先睡吧。
男: 去喝杯热牛奶吧，可能会有用。
女: 好办法，我现在就去。

问: 女的现在要去做什么？
　　A 睡觉
　　B 看电视
　　C 喝牛奶

남: 벌써 12시니, TV를 보지 말아요. 당신은 자야 해요.
여: 저도 자고 싶은데, 잠이 오지 않아요. 오후에 커피를 많이 마셨거든요. 당신 먼저 자요.
남: 가서 뜨거운 우유를 좀 마셔요, 아마 효과가 있을 거예요.
여: 좋은 방법이에요, 제가 지금 바로 갈게요.

질문: 여자는 지금 가서 무엇을 하려고 하는가？
　　A 잠을 잔다
　　B 영화를 본다
　　C 우유를 마신다

단어　都 dōu 閉 이미, 벌써 | 别 bié 閉 ~하지 마라 | 看 kàn 동 보다 | 电视 diànshì 몡 TV, 텔레비전 | 睡觉 shuìjiào 동 (잠을) 자다 | 想 xiǎng 조동 ~하고 싶다 | 可是 kěshì 젭 그러나 | 睡不着 shuìbuzháo 잠들지 못하다 | 下午 xiàwǔ 몡 오후 | 喝 hē 동 마시다 | 咖啡 kāfēi 몡 커피 | 杯 bēi 양 잔, 컵 | 牛奶 niúnǎi 몡 우유 | 办法 bànfǎ 몡 방법 | 现在 xiànzài 몡 지금 | 就 jiù 閉 곧, 즉시 | 去 qù 동 가다

해설　남자가 '热牛奶(뜨거운 우유)'를 마시라고 하자 여자가 지금 바로 가겠다고 대답하는 것을 미루어 여자가 우유를 마시려고 한다는 것을 알 수 있다. 따라서 정답은 C이다.

36 ★☆☆

男：你早上去哪儿了？

女：我去买水果和鸡蛋了。早上的东西又新鲜又
便宜。

男：买面包了吗？

女：冰箱里还有呢。

问：女的没买什么？

　A 面包　　　　　B 水果　　　　　C 鸡蛋

남：당신 아침에 어디 갔었어요？

여：과일과 달걀을 사러 갔었어요. 아침에 파는 물건이 신
선하고 저렴해요.

남：빵을 샀나요？

여：냉장고에 아직 있어요.

질문：여자가 사지 않은 건 무엇인가？

　A 빵　　　　　B 과일　　　　　C 달걀

단어 **早上** zǎoshang 圐 아침 | **去** qù 图 가다 | **哪儿** nǎr 떼 어디 | **买** mǎi 图 사다 | **水果** shuǐguǒ 圐 과일 | **鸡蛋** jīdàn 圐 달
걀 | **东西** dōngxi 물건 | **又……又……** yòu……yòu…… ~하면서 ~하다 | **新鲜** xīnxiān 圀 신선하다 | **便宜** piányi 圀 (값
이) 싸다 | **面包** miànbāo 圐 빵 | **冰箱** bīngxiāng 圐 냉장고

해설 남자가 빵을 샀는지 묻자 여자가 '冰箱里还有呢(냉장고에 아직 있다)'라고 대답하는 것을 미루어 빵은 사지 않았다는 것을 알 수
있다. 따라서 정답은 A이다.

37 ★☆☆

女：明天下午我要搬家，你能来帮我吗？

男：明天我要打扫卫生。我让小王来吧。

女：小王不是去旅游了吗？

男：他前天就回来了。

问：女的要做什么？

　A 搬家

　B 旅游

　C 打扫卫生

여：내일 오후에 제가 이사를 하려고 하는데, 당신 저를 도
와줄 수 있나요？

남：내일 저는 화장실 청소를 해야 하니, 샤오왕을 오라고
할게요.

여：샤오왕은 여행을 가지 않나요？

남：그는 그저께 돌아왔어요.

질문：여자는 무엇을 하려고 하는가？

　A 이사한다

　B 여행한다

　C 화장실을 청소한다

단어 **明天** míngtiān 圐 내일 | **下午** xiàwǔ 圐 오후 | **要** yào 㐀图 ~하려고 하다 | **搬家** bānjiā 图 이사하다 | **能** néng 㐀图 ~할
수 있다 | **来** lái 图 오다 | **帮** bāng 图 돕다 | **打扫** dǎsǎo 图 청소하다 | **卫生** wèishēng 圐 위생 | **让** ràng 图 ~하게 하다
| **旅游** lǚyóu 图 여행하다 | **前天** qiántiān 圐 그저께 | **回来** huílái 图 돌아오다

해설 여자가 '明天下午我要搬家(내일 오후에 이사를 하려고 한다)'라고 말하며 남자에게 도움을 요청하였으므로 정답은 A이다. 보기 C
는 남자가 하려고 하는 것이므로 정답이 될 수 없다.

38

女: 这么远，我都走不动了。早知道就坐车了。
男: 就在前面了，看到那家超市了吗？
女: 嗯，看到了。
男: 到了超市再向左走十分钟，就是银行了。

여: 이렇게 먼데, 저는 더 이상 못 걷겠어요. 이럴 줄 알았으면 차를 탔을 거예요.
남: 바로 앞이에요, 저 슈퍼마켓이 보이나요?
여: 네, 봤어요.
남: 슈퍼마켓에 도착해서 왼쪽으로 10분 정도 걸으면 바로 은행이에요.

问: 他们要去哪儿？
   A 超市   B 银行   C 图书馆

질문: 그들은 어디에 가려고 하는가?
   A 슈퍼마켓   B 은행   C 도서관

단어 这么 zhème 데 이런, 이렇게 | 远 yuǎn 형 멀다 | 都 dōu 부 이미, 벌써 | 走 zǒu 동 걷다 | 不动 búdòng (동사 뒤에 쓰여) ~하지 못하다, ~할 수가 없다 | 知道 zhīdào 동 알다 | 就 jiù 부 곧, 즉시 | 坐车 zuòchē 차를 타다 | 前面 qiánmian 명 앞 | 看到 kàndào 보다 | 超市 chāoshì 명 슈퍼마켓 | 到 dào 동 도달하다, 도착하다 | 再 zài 부 다시 | 向 xiàng 개 ~을 향해서 | 银行 yínháng 명 은행

해설 여자가 힘들다고 하자 남자가 '到了超市再向左走十分钟，就是银行了(슈퍼마켓에 도착해서 왼쪽으로 10분 정도 걸으면 바로 은행이다)'라고 하였으므로 그들은 은행에 가려고 하는 것을 알 수 있다. 따라서 정답은 B이다.

男: 经理叫我们下班以后把会议室打扫干净。
女: 为什么？明天有谁要来检查吗？
男: 明天有一个重要的会议。
女: 好吧，我去告诉其他同事，大家一起可以快一点儿。

남: 사장님이 저희에게 퇴근 후에 회의실을 깨끗이 청소하라고 하셨어요.
여: 왜요? 내일 누가 검사하러 오나요?
남: 내일 중요한 회의가 있어요.
여: 좋아요, 제가 가서 다른 동료들에게 이야기할게요. 모두 같이 하는 것이 좀 더 빠를 수 있어요.

问: 下班后他们要做什么？
   A 开会
   B 打扫会议室
   C 回家

질문: 퇴근 후에 그들은 무엇을 하려고 하는가?
   A 회의를 한다
   B 회의실 청소를 한다
   C 집에 간다

단어 经理 jīnglǐ 명 사장, 책임자 | 叫 jiào 동 ~하라고 만들다. 시키다 | 下班 xiàbān 동 퇴근하다 | 以后 yǐhòu 명 이후 | 把 bǎ 개 ~을, ~를 | 会议室 huìyìshì 명 회의실 | 打扫 dǎsǎo 동 청소하다 | 干净 gānjìng 형 깨끗하다, 청결하다 | 明天 míngtiān 명 내일 | 谁 shéi 대 누구 | 要 yào 조동 ~할 것이다 | 来 lái 동 오다 | 检查 jiǎnchá 동 검사하다, 점검하다 | 重要 zhòngyào 형 중요하다 | 会议 huìyì 명 회의 | 告诉 gàosu 동 알려주다 | 其他 qítā 대 기타 | 同事 tóngshì 명 동료 | 大家 dàjiā 대 모두, 다들 | 一起 yìqǐ 부 같이, 함께 | 可以 kěyǐ 조동 ~할 수 있다 | 快 kuài 형 빠르다 | 一点儿 yìdiǎnr 수량 조금

해설 남자의 '经理叫我们下班以后把会议室打扫干净(사장님이 우리에게 퇴근 후에 회의실을 깨끗이 청소하라고 했다)'라는 말을 미루어 퇴근 후에 그들이 회의실 청소를 한다는 것을 알 수 있다. 따라서 정답은 B이다.

女：动作快点儿，都七点半了，要迟到了。

男：我找不到字典了，老师说今天上课要用。

女：桌子上找过了吗？说了你多少次了，睡觉前要把书包里的东西放好。

男：知道了，下次一定注意，快帮我找找吧。

问：两人是什么关系？

　　A　老师和学生

　　B　妈妈和儿子

　　C　妻子和丈夫

여: 행동을 좀 빨리하렴, 이미 7시 30분이야, 지각하겠어.

남: 사전을 찾을 수가 없어요, 선생님이 오늘 수업 시간에 사용한다고 말씀하셨는데.

여: 탁자 위에는 찾아봤니? 너한테 몇 번이나 말했니, 자기 전에 책가방 안의 물건을 잘 넣으라고.

남: 알았어요, 다음에는 꼭 주의할게요. 빨리 저를 도와서 좀 찾아 주세요.

질문: 두 사람은 무슨 관계인가?

　　A　선생님과 학생

　　B　엄마와 아들

　　C　부인과 남편

단어 **动作** dòngzuò 몡 동작, 행동 | **迟到** chídào 통 지각하다 | **找不到** zhǎobudào 찾을 수 없다 | **字典** zìdiǎn 몡 사전 | **桌子** zhuōzi 몡 탁자 | **书包** shūbāo 몡 책가방 | **放** fàng 통 두다, 넣다 | **注意** zhùyì 통 주의하다, 조심하다 | **帮** bāng 통 돕다, 거들다

해설 남자의 '老师说今天上课要用(선생님이 오늘 수업 시간에 사용한다고 말씀하셨다)'이라는 말을 통해 보기 A와 C는 정답이 될 수 없으며, 여자가 사전을 제대로 챙기지 않은 남자를 나무라는 상황을 근거로 여자가 남자의 엄마임을 유추할 수 있다. 따라서 정답은 B이다.

>> 전략서 84p

41-45	41-45
A 小时候妈妈经常带我去。	A 어릴 적에 엄마가 자주 데리고 가셨어요.
B 你呀，做事情总是马马虎虎的，以后一定要小心。	B 당신 말이에요, 일할 때 항상 대충 처리하는데, 앞으로는 꼭 조심하세요.
C 我也不知道，下午一起去商店看看吧。	C 저도 모르겠어요. 오후에 같이 상점에 가서 한번 봐요.
D 天太热了，快两个星期了，一点雨也没有，差不多每天都有四十度。	D 날씨가 더운지도 곧 2주가 다 되어 가는데, 비도 안 오고 거의 매일 40도예요.
E 当然。我们先坐公共汽车，然后换地铁。	E 당연하죠. 우리 먼저 버스를 타고 그다음에 지하철로 갈아타면 돼요.
F 晚饭做好了吗？我快饿死了。	F 저녁 다 됐어요? 저 배고파 죽을 거 같아요.
41. 你知道怎么去那儿吗? (E)	41. 당신은 거기에 어떻게 가는지 알아요? (E)

02. 공통된 화제 및 상황 찾기 관련 문제

유형 확인 문제

>> 전략서 89p

정답   1 B   2 A   3 D   4 E   5 C

1 - 5

A 时间过得真快，我到这儿工作都三十二年了。	A 시간이 정말 빨리 가네요, 제가 이곳에 와서 일한 지 벌써 32년이 되었어요.
B 站好了，一，二，三，笑。	B 똑바로 서세요, 하나, 둘, 셋, 웃어요.
C 下雨了，还挺大的。	C 비가 오네요. 게다가 아주 많이 오는데요.
D 这是我小时候的照片，很可爱吧？左边的是我爸爸，右边的是我妈妈。	D 이것은 제 어릴 적 사진이에요. 정말 귀엽죠? 왼쪽은 아빠이고, 오른 쪽은 엄마예요.
E 你在这儿坐着，我去前面买点儿西瓜。	E 당신은 여기에 앉아 있어요. 제가 앞에 가서 수박을 좀 사올게요.

단어 **时间** shíjiān 명 시간 | **过** guò 동 지나다 | **真** zhēn 부 진짜로, 정말로 | **快** kuài 형 빠르다 | **到** dào 동 ~로 오다 | **这儿** zhèr 대 여기 | **工作** gōngzuò 동 일하다 | **都……了** dōu……le 벌써 ~하다 | **站** zhàn 동 서다 | **笑** xiào 동 웃다 | **下雨** xiàyǔ 비가 오다 | **还** hái 부 게다가, 또 | **挺** tǐng 부 매우 | **小时候** xiǎoshíhou 명 어릴 때, 어릴 적 | **照片** zhàopiàn 명 사진 | **可爱** kě'ài 형 귀엽다 | **左边** zuǒbian 명 왼쪽 | **右边** yòubian 명 오른쪽 | **坐** zuò 동 앉다 | **着** zhe 조 ~한 채로(동작이나 상태의 진행, 지속을 나타냄) | **前面** qiánmian 명 앞, 앞쪽 | **买** mǎi 동 사다 | **点儿** diǎnr 양 조금 | **西瓜** xīguā 명 수박

---

1 ★☆☆

对不起，我闭眼了，<u>再来一张吧</u>！（ B ）

죄송해요, 제가 눈을 감았어요. <u>다시 한 장 찍어 주세요!</u>
（ B ）

단어 对不起 duìbuqǐ 图 미안합니다, 죄송합니다 ｜ 闭眼 bìyǎn 图 눈을 감다 ｜ 再 zài 凰 또, 다시 ｜ 张 zhāng 窗 장(종이 티켓 등을 세는 단위)

해설 문제가 사진을 찍는 상황이며, 같은 상황으로 연결되는 보기를 찾으면, 정답은 B이다. 보기 D 역시 사진에 대하여 이야기하고 있지만, 어릴 적 사진을 말하고 있지, 지금 사진을 찍고 있는 상황이 아니므로 정답이 될 수 없다.

---

2 ★★☆

<u>是啊</u>，你看咱俩都老了。（ A ）

그래요. 보세요, 우리 둘 다 이미 늙었어요. （ A ）

단어 老 lǎo 囫 늙다

해설 문제를 통해서는 화제가 무엇인지 알 수 없으므로 상황으로 파악해야 한다. 보기 A의 '工作都三十二年了(일한 지 벌써 32년이 되었다)'는 화자가 어느 정도 나이가 있다는 것을 나타내며, '时间过得真快(시간이 정말 빨리 간다)'에 대한 대답으로 동의를 하고 있는 A가 정답이다.

---

3 ★★☆

你们一家人看上去可真快乐！（ D ）

당신 가족은 정말 즐거워 보이네요！（ D ）

단어 一家人 yìjiārén 한집안 식구, 가족 ｜ 看上去 kàn shàngqù ~해 보이다 ｜ 可 kě 凰 정말로, 매우 ｜ 真 zhēn 凰 진짜로, 정말로 ｜ 快乐 kuàilè 囫 즐겁다, 유쾌하다

해설 보기 D가 사진에 대한 묘사이고 문제가 사진에 대한 평가이므로 두 문장이 상응한다. 따라서 정답은 D이다.

---

4 ★★☆

走了一整天，累死我了，一点儿也不想动了。
（ E ）

온종일 걸어서 피곤해 죽겠어요, 조금도 움직이고 싶지 않아요. （ E ）

단어 走 zǒu 图 걷다 ｜ 整天 zhěngtiān 图 온종일 ｜ 累 lèi 囫 지치다, 피곤하다 ｜ 死了 sǐ le (술어 뒤에 보어로 쓰여) ~해 죽겠다 ｜ 一点儿也 yìdiǎnr yě 조금도 ｜ 想 xiǎng 조통 ~하고 싶다 ｜ 动 dòng 图 움직이다

해설 문제를 보면 대화가 발생한 상황을 추측할 수 있는데, 온종일 걸어서 움직이고 싶지 않다는 내용에 가장 어울리는 대답으로는 수박을 사올 테니 앉아서 쉬라고 하는 E뿐이다.

---

5 ★★★

我的被子还在房间外面，没拿进来！（ C ）

제 이불이 아직 방 밖에 있어요, 가지고 들어오지 않았어요! （ C ）

단어 被子 bèizi 图 이불 ｜ 还 hái 凰 아직도, 여전히 ｜ 在 zài 图 ~에 있다 ｜ 房间 fángjiān 图 방 ｜ 外面 wàimian 图 밖 ｜ 拿 ná 图 쥐다, 잡다, 가지다 ｜ 进来 jìnlái 图 들어오다

해설 문제와 보기 C는 문답 관계가 아니며, 동일한 화제로도 이야기하고 있지 않다. 그러나 문제에서 비가 온다고 하자 보기 C에서 이불이 밖에 있다고 대답하는 상황으로 연결되므로 정답은 C이다.

독해 | 阅读

정답	41 C	42 A	43 D	44 F	45 B	46 C	47 D	48 B	49 E	50 A

---

41 – 45

A 天那么热，一起去游泳吧？

B 他马上要结婚了。

C 明天不下雨，而且不冷也不热。

D 这是你新买的手机？

E 当然。我们先坐公共汽车，然后换地铁。

F 买了这么多东西，走回去太累了。

A 날씨가 너무 더워요, 같이 수영 갈래요?

B 그는 곧 결혼해요.

C 내일 비가 안 온대요. 게다가 춥지도 덥지도 않대요.

D 이것은 새로 산 휴대 전화인가요?

E 당연하죠. 우리 먼저 버스를 타고 그다음에 지하철로 갈아타면 돼요.

F 이렇게 많은 물건을 샀으니, 걸어서 돌아가기에는 너무 힘들겠네요.

단어 天 tiān 몡 날씨, 기후 │ 那么 nàme 떼 그렇게, 저렇게 │ 热 rè 톙 덥다, 뜨겁다 │ 一起 yìqǐ 囝 같이, 함께 │ 去 qù 통 가다 │ 游泳 yóuyǒng 통 수영하다 │ 马上 mǎshàng 囝 곧, 즉시 │ 要 yào 조통 ~할 것이다 │ 结婚 jiéhūn 통 결혼하다 │ 明天 míngtiān 몡 내일 │ 下雨 xiàyǔ 비가 오다 │ 而且 érqiě 젭 게다가, 뿐만 아니라 │ 冷 lěng 톙 춥다 │ 也 yě 囝 ~도 │ 这 zhè 떼 이것 │ 新 xīn 통 새롭다, 새것이다 │ 买 mǎi 통 사다 │ 手机 shǒujī 몡 휴대 전화 │ 这么 zhème 떼 이런, 이러한 │ 多 duō 톙 많다 │ 东西 dōngxi 몡 물건 │ 走 zǒu 통 걷다 │ 回去 huíqù 통 되돌아가다 │ 累 lèi 톙 지치다, 피곤하다

---

41 ★☆☆

你看电视了吗？明天天气怎么样？真想有太阳。（ C ）

당신 TV 봤어요? 내일 날씨 어때요? 해가 떴으면 좋겠어요. (C)

단어 看 kàn 통 보다 │ 电视 diànshì 몡 TV, 텔레비전 │ 明天 míngtiān 몡 내일 │ 天气 tiānqì 몡 날씨 │ 怎么样 zěnmeyàng 떼 어떻다, 어떠하다 │ 真 zhēn 囝 확실히, 진정으로 │ 太阳 tàiyáng 몡 태양

해설 문제의 화제는 '明天天气(내일 날씨)'이다. 날씨와 관련 있는 보기를 찾으면 정답은 C이다.

---

42 ★★☆

好，你们先去。我回家把包放好，然后就去找你们。（ A ）

좋아요, 당신들 먼저 가세요. 저는 집에 가서 가방을 놓은 후에 당신들을 찾아갈게요. (A)

단어 先 xiān 囝 먼저 │ 去 qù 통 가다 │ 回家 huíjiā 집으로 돌아가다 │ 把 bǎ 개 ~을, ~를 │ 包 bāo 몡 가방 │ 放 fàng 통 놓다 │ 然后 ránhòu 젭 그런 후에 │ 就 jiù 囝 곧, 즉시 │ 找 zhǎo 통 찾다

해설 문제의 '好，你们先去(좋아요, 당신들 먼저 가세요)'는 어떤 제안에 수락을 하는 답변임을 알 수 있다. 보기에서 상대방에게 제안을 하는 문장을 찾으면 정답은 A이다.

Tip 📖 **여러 가지 제안문**

형식	예문
~吧	咱们吃烤鸭吧。 우리 오리구이 먹어요.
请~	请坐！앉으세요.
~好吗？	我们一起去，好吗？ 우리 같이 가요, 좋아요?
~对吗？	你喝绿茶，对吗？ 당신은 녹차 마시죠? 맞나요?
~可以吗？	我用你的铅笔，可以吗？ 내가 당신의 연필을 써도 될까요?

---

43 ★☆☆

我哥哥的。他今年考上大学了，爸爸送给他的。（ D ）

우리 형 거예요. 그가 올해 대학에 합격해서 아빠가 선물한 거예요. (D)

단어 哥哥 gēge 명 형, 오빠 | 今年 jīnnián 명 올해 | 考上 kǎoshàng 시험에 합격하다 | 大学 dàxué 명 대학 | 爸爸 bàba 명 아빠 | 送给 sònggěi ~에게 주다, 선물하다

해설 문제가 형이 아빠에게서 받은 선물에 대해서 설명하고 있으므로 선물로 받을 수 있는 대상을 보기에서 고르면 된다. 보기 D에 나온 '手机(휴대 전화)'를 미루어 정답이 D임을 알 수 있다.

---

44 ★★☆

我们是走路回学校，还是坐公共汽车？（ F ）

우리는 걸어서 학교에 돌아가나요, 아니면 버스를 타고 가나요? (F)

단어 走路 zǒulù 동 걷다 | 回 huí 동 되돌아가다 | 学校 xuéxiào 명 학교 | 还是 háishi 접 또는, 아니면 | 坐 zuò 동 타다 | 公共汽车 gōnggòng qìchē 명 버스

해설 문제가 상대방에게 학교로 돌아가는 방식에 대해서 묻고 있으므로 돌아가는 방식이 언급된 문장을 보기에서 골라주면 된다. 보기 E에 '走回去(걸어서 돌아가다)'가 문제의 '走路回(걸어서 돌아가다)'와 같은 의미이므로 정답은 F이다.

---

45 ★☆☆

所以他最近一直特别高兴。（ B ）

그래서 그가 요즘 줄곧 매우 즐거워하고 있군요. (B)

단어 所以 suǒyǐ 접 그래서 | 最近 zuìjìn 명 최근, 요즘 | 一直 yìzhí 부 계속, 줄곧 | 特别 tèbié 부 특히, 유달리 | 高兴 gāoxìng 형 기쁘다, 즐겁다

해설 문제가 '他(그)'가 줄곧 즐거워하는 이유를 알게된 상황이므로 보기에는 '他(그)'를 언급한 문장이 나와야 하며, 그가 어떤 일로 즐거워하는지 언급되어야 하므로 정답은 B이다.

46 – 50

A 你忙吧，吃完了我来洗碗。	A 당신은 일 보세요. 다 먹으면 제가 설거지할게요.
B 杭州是个不错的选择。	B 항저우는 아주 좋은 선택이에요.
C 虽然冬天很冷，但这里的人都很热情。	C 비록 겨울은 매우 춥지만 여기 사람들은 아주 친절해요.
D 没事儿。你看学校里那么多女同学都穿了。	D 괜찮아요. 학교에 저렇게 많은 여학생들 모두 입었잖아요.
E 你看看他，经常不上课，也不做作业。	E 그를 좀 보세요. 자주 수업에 안 들어오고 숙제도 안 하잖아요.

단어 忙 máng 통 바쁘다 | 吃完 chīwán 다 먹다 | 洗碗 xǐwǎn 설거지하다 | 杭州 Hángzhōu 고유 항저우 | 不错 búcuò 형 좋다. 괜찮다 | 选择 xuǎnzé 명 선택 | 虽然 suīrán 접 비록 | 冬天 dōngtiān 명 겨울 | 冷 lěng 형 춥다 | 但 dàn 접 그러나 | 这里 zhèli 대 이곳, 여기 | 热情 rèqíng 형 열정적이다, 친절하다 | 没事儿 méishìr 통 괜찮다 | 看 kàn 통 보다 | 学校 xuéxiào 명 학교 | 女同学 nǚtóngxué 여학생들 | 穿 chuān 통 입다, 신다 | 经常 jīngcháng 부 항상, 자주 | 上课 shàngkè 통 수업하다 | 也 yě 부 ~도 | 作业 zuòyè 명 숙제, 과제

---

46 ★★☆

我到<u>北京</u>已经七年了。我很喜欢这儿。(C)	제가 베이징에 온 지 벌써 7년이 되었네요. 저는 이곳을 무척 좋아해요. (C)

단어 到 dào 통 도달하다, 도착하다 | 北京 Běijīng 고유 베이징 | 已经 yǐjing 부 이미, 벌써 | 喜欢 xǐhuan 통 좋아하다 | 这儿 zhèr 대 여기, 이곳

해설 문제가 '北京(베이징)'을 소개하고 있으므로 답으로 베이징 소개에 관련된 문장이 올 수 있다. 보기 C에 직접 베이징을 언급하지 않았지만 '这里(이곳)'가 베이징을 지칭하는 말임을 알 수 있으며, 전체 내용이 베이징을 소개하고 있으므로 정답은 C이다.

---

47 ★☆☆

天还冷，<u>别穿裙子了</u>，小心感冒。(D)	날씨가 아직 추우니, <u>치마를 입지 말아요</u>. 감기 조심해요. (D)

단어 天 tiān 명 날씨, 기후 | 还 hái 부 여전히, 아직도 | 冷 lěng 형 춥다 | 别 bié 부 ~하지 마라 | 穿 chuān 통 입다, 신다 | 裙子 qúnzi 치마 | 小心 xiǎoxīn 통 조심하다 | 感冒 gǎnmào 명 감기

해설 명령과 금지를 나타내는 표현이 있는 문장은 답을 금방 찾을 수 있다. 문제에서 치마를 입지 말라고 하였는데 보기 D를 보면 금지하는 동작인 '穿(입다)'이 공통된 단어로 나와 있음을 알 수 있다. 따라서 정답은 D이다.

Tip 📖 **명령, 금지 관련 표현**

형식	예문
别~ bié ~ ~하지 마라	别抽烟！담배 피우지 마세요! [금지]
不要~ búyào ~ ~하지 마라, ~하면 안 된다	不要迟到！지각하지 마세요! [금지]
不可以~ bù kěyǐ ~ ~하면 안 된다	你不可以来这儿。너는 여기에 오면 안 돼. [금지]
快~ kuài ~ 빨리 ~해라	快做作业！빨리 숙제 해! [명령]
让~ ràng ~하라고 시키다	他让我先回宿舍。그는 나보고 먼저 기숙사로 돌아가라고 했다. [행동 요구]
不让 bú ràng ~하지 않도록 하다	学校不让我参加比赛。학교는 내가 시합에 참가하지 못하게 했다. [금지]

48 ★★☆

春天到了，我们准备去旅游。(B)

봄이 왔어요, 우리는 여행을 갈 준비를 하고 있어요. (B)

단어 春天 chūntiān 圀 봄 | 到 dào 圐 도달하다, 도착하다 | 准备 zhǔnbèi 圐 준비하다 | 旅游 lǚyóu 圐 여행하다

해설 문제의 봄이 와서 여행 갈 준비를 하고 있다는 말을 근거로 여행과 관련된 단어 혹은 장소가 답으로 와야 한다. 보기 B의 '杭州(항저우)'는 여행을 가고자 하는 장소가 될 수 있고 항저우가 좋은 선택이라고 하였으므로 문맥도 알맞다. 따라서 정답은 B이다.

49 ★★☆

这次考试他又没考好。(E)

그는 이번 시험을 또 잘 못 봤어요. (E)

단어 这次 zhè cì 이번, 금번 | 考试 kǎoshì 圀 시험 | 又 yòu 圁 또, 다시 | 考 kǎo 圐 시험을 보다

해설 문제에서 그가 시험을 또 잘 보지 못하였다고 하였으므로, 그가 어떠한 행동으로 인해 시험을 못 봤는지에 대한 이유가 답으로 와야 한다. 따라서 정답은 E이다.

50 ★★☆

吃完饭后，我还有事儿要出去。(A)

밥을 다 먹고 나서, 저는 아직 일이 있어서 나가야 해요. (A)

단어 吃完 chīwán 다 먹다 | 饭 fàn 圀 밥 | 后 hòu 圀 뒤, 후 | 还 hái 圁 여전히, 아직도 | 事儿 shìr 圀 일, 사정 | 要 yào 匢匬 ~해야 한다 | 出去 chūqù 圐 나가다

해설 문제의 핵심어가 '吃(먹다)'로 이 핵심어가 공통으로 들어간 보기를 찾으면 정답은 A이다.

실전 연습 2 – 제1부분

》전략서 94p

정답 41 D 42 C 43 E 44 F 45 A 46 B 47 A 48 C 49 E 50 D

41 – 45

A 不知道，我把手表忘在教室了。
B 当然。我们先坐公共汽车，然后换地铁。
C 才两块五一斤，比外面便宜了一半。
D 小李今天生日，请大家吃饭。快过来吧！
E 这么热！快，我带你去医院！
F 你先休息一下，我去给你拿。

A 몰라, 깜빡하고 손목시계를 교실에 두었어.
B 당연하죠. 우리 먼저 버스를 타고 그다음에 지하철로 갈아타면 돼요.
C 한 근에 겨우 2.5위안이에요, 밖에서보다 절반이나 저렴해요.
D 오늘은 샤오리의 생일이어서 모두를 식사에 초대했어요. 빨리 오세요!
E 이렇게 뜨겁다니! 빨리요, 제가 당신을 데리고 병원에 갈게요!
F 당신은 먼저 좀 쉬고 있어요, 제가 가서 가져다 줄게요.

단어 把 bǎ 〜을, 〜를 | 手表 shǒubiǎo 몡 손목시계 | 忘 wàng 툉 잊다 | 教室 jiàoshì 몡 교실 | 才 cái 뷔 겨우, 고작 | 一斤 yì jīn 한 근 | 比 bǐ 게 〜보다 | 外面 wàimian 몡 바깥, 밖 | 便宜 piányi 혱 (값이) 싸다 | 一半 yíbàn 주 반, 절반 | 今天 jīntiān 몡 오늘 | 生日 shēngrì 몡 생일 | 请 qǐng 툉 초청하다 | 大家 dàjiā 떼 모두, 다들 | 吃饭 chīfàn 밥을 먹다 | 快 kuài 뷔 빨리, 급히 | 过来 guòlái 툉 오다 | 这么 zhème 떼 이렇게 | 热 rè 혱 덥다, 뜨겁다 | 带去 dàiqù 데려가다 | 医院 yīyuàn 몡 병원 | 先 xiān 뷔 먼저 | 休息 xiūxi 툉 휴식하다 | 一下 yíxià 수량 좀 〜하다 | 给 gěi 게 〜에게 | 拿 ná 툉 가지다, 집다

---

41 ★★★

刚才是你给我打电话吗? <u>有什么事?</u> (D)

방금 당신이 저에게 전화했나요? <u>무슨 일이에요?</u> (D)

단어 刚才 gāngcái 몡 지금 막, 방금 | 给 gěi 게 〜에게 | 打电话 dǎ diànhuà 전화를 걸다 | 事 shì 몡 일

해설 문제가 상대방에게 전화를 한 이유에 대해서 묻고 있으므로 전화를 한 이유에 대해서 설명하고 있는 보기를 답으로 찾아야 한다. 문제와 보기에 공통된 단어는 없지만 전화를 한 이유에 대해 설명하는 문장으로 알맞은 것은 보기 D이다.

---

42 ★★☆

今天超市里<u>买苹果的人很多</u>。(C)

오늘 슈퍼마켓에서 <u>사과를 사는 사람이 아주 많아요.</u> (C)

단어 今天 jīntiān 몡 오늘 | 超市 chāoshì 몡 슈퍼마켓 | 里 li 몡 안, 속 | 买 mǎi 툉 사다 | 苹果 píngguǒ 몡 사과

해설 문제의 핵심어인 '苹果(사과)'와 같은 주제로 연결되는 보기를 답으로 찾아야 한다. 사과를 찾는 사람이 많은 이유는 가격과 연결지어서 생각할 수 있으므로 정답은 C이다.

---

43 ★★☆

我感冒了，还有点发烧。(E)

저 감기에 걸렸어요. 또 열도 좀 있어요. (E)

단어 感冒 gǎnmào 툉 감기에 걸리다 | 还 hái 뷔 또, 게다가 | 有点 yǒudiǎn 뷔 조금, 약간 | 发烧 fāshāo 툉 열이 나다

해설 감기에 걸려서 열이 있다고 하였으므로 질병과 관련된 단어가 있는지 먼저 보기에서 살펴본다. 보기 D의 '医院(병원)'이 문제의 '感冒(감기에 걸리다)', '发烧(열이 나다)'와 문맥상 연관이 있으므로 정답은 E이다.

---

44 ★☆☆

忙了一整天，喝水的时间都没有。<u>能给我一杯水吗?</u> (F)

온종일 바빠서 물 마실 시간도 없었어요. <u>저에게 물 한 잔 줄 수 있어요?</u> (F)

단어 忙 máng 혱 바쁘다 | 整天 zhěngtiān 몡 온종일 | 喝水 hēshuǐ 물을 마시다 | 时间 shíjiān 몡 시간 | 都 dōu 뷔 심지어, 〜조차도 | 能 néng 조동 〜할 수 있다 | 给 gěi 게 〜에게 | 杯 bēi 얭 잔, 컵

해설 문제가 상대방에게 물 한 잔을 달라고 하는 상황이므로 이에 대한 대답으로 승낙하거나 거절을 하는 표현이 나온 보기를 답으로 골라야 한다. 보기 F를 보면 자신이 가져다 주겠다고 승낙하였으므로 정답은 F이다.

Tip

📖 吗 ma /吧 ba /呢 ne를 사용한 의문문

〜吗?	这是你的吗? 이것은 당신 것입니까? [의문]
〜吧?	她是中国人吧? 그녀는 중국 사람이죠? [확인]
〜呢?	我爸爸是老师, 你爸爸呢? 우리 아빠는 선생님이야, 너희 아빠는? [술어 생략]

45 ★★☆

现在几点了？我们该回家了吧，不然妈妈又要说我们了。（ A ）

지금 몇 시야? 우리 집에 가야지, 그렇지 않으면 엄마가 또 우리를 꾸짖으실 거야. (A)

단어 现在 xiànzài 몡 지금, 현재 | 该 gāi 조통 (마땅히) ~해야 한다 | 不然 bùrán 젭 그렇지 않으면 | 又 yòu 뷔 또, 다시 | 要 yào 조통 ~할 것이다 | 说 shuō 통 꾸짖다, 나무라다

해설 문제가 상대방에게 시간을 묻고 있으므로 먼저 시간과 논리적으로 관련이 있는 단어를 보기에서 찾아야 한다. 시간을 보려면 시계가 필요하므로 '手表(손목시계)'가 나와 있는 A가 정답이다.

---

46 – 50

A 明天别忘了带伞，可能会下雨。
B 我们坐公共汽车去吧，时间还早，来得及。
C 这是送你的礼物，祝你生日快乐！
D 为了解决这个问题，人们想了很多办法，但都没有用。
E 怎么这么晚才回来？大家等了你一晚上，都急坏了。

A 내일 우산 가지고 오는 거 잊지 말아요, 아마 비가 올 거예요.
B 우리 버스를 타고 가요, 시간이 아직 일러서 제시간 안에 도착할 수 있어요.
C 이것은 당신에게 주는 선물이에요, 생일 축하해요!
D 이 문제를 해결하기 위해서 사람들이 아주 많은 방법을 생각했지만, 모두 소용이 없었다.
E 왜 이렇게 늦게 돌아왔니? 모두 저녁 내내 너만 기다렸어, 모두 애가 탔잖아.

단어 明天 míngtiān 몡 내일 | 别 bié 뷔 ~하지 마라 | 忘 wàng 통 잊다 | 带 dài 통 (몸에) 지니다, 휴대하다 | 伞 sǎn 몡 우산 | 可能 kěnéng 조통 아마도 ~일 것이다 | 会 huì 조통 ~할 가능성이 있다, ~할 것이다 | 下雨 xiàyǔ 비가 오다 | 坐 zuò 통 타다 | 公共汽车 gōnggòng qìchē 몡 버스 | 去 qù 통 가다 | 时间 shíjiān 몡 시간 | 还 hái 뷔 여전히, 아직도 | 早 zǎo 혱 이르다, 빠르다 | 来得及 láidejí 통 늦지 않다 | 这 zhè 대 이것 | 送 sòng 통 주다, 선물하다 | 礼物 lǐwù 몡 선물 | 祝 zhù 통 기원하다, 축복하다 | 生日快乐 shēngrì kuàilè 생일 축하합니다 | 为了 wèile 개 ~을 위하여 | 解决 jiějué 통 해결하다 | 这个 zhège 대 이, 이것 | 问题 wèntí 몡 문제 | 想 xiǎng 통 생각하다 | 办法 bànfǎ 몡 방법 | 用 yòng 통 쓰다, 사용하다 | 怎么 zěnme 대 어떻게, 어째서, 왜 | 这么 zhème 대 이런, 이러한, 이렇게 | 晚 wǎn 혱 늦다 | 才 cái 뷔 비로소 | 大家 dàjiā 대 모두, 다들 | 等 děng 통 기다리다 | 晚上 wǎnshang 몡 밤 | 急 jí 통 조급해하다 | 坏了 huài le (술어 뒤에 쓰여 보어로) 매우 ~하다

---

46 ★☆☆

好的。而且比出租车便宜。（ B ）

좋아요. 게다가 택시보다 저렴하잖아요. (B)

단어 而且 érqiě 젭 게다가 | 比 bǐ 개 ~보다 | 出租车 chūzūchē 몡 택시 | 便宜 piányi 혱 싸다

해설 문제에 무엇이 '出租车(택시)'보다 저렴한지에 대해서 언급되지 않았으므로 택시와 비교할 수 있는 대상, 즉 교통수단이 언급된 보기를 골라주면 정답은 B이다.

---

47 ★★☆

怎么又要下雨啊？好久没见太阳了。（ A ）

왜 또 비가 오려고 해요? 오랫동안 해를 보지 못했어요. (A)

단어 怎么 zěnme 데 어떻게, 어째서 | 又 yòu 부 또, 다시 | 要 yào 조동 ~하려고 하다 | 下雨 xiàyǔ 비가 오다 | 好久 hǎojiǔ 형 (시간이) 오래다 | 见 jiàn 동 보다 | 太阳 tàiyáng 명 태양, 해

해설 문제의 핵심어가 '下雨(비가 온다)'이므로 비와 문맥상 관련이 있는 보기를 답으로 골라주면 정답은 A이다.

---

48 ★★☆	
太感谢了，没想到你还记得！(C)	너무 감사해요, 당신이 아직 기억할지 몰랐어요! (C)

단어 太 tài 부 지나치게, 너무 | 感谢 gǎnxiè 동 고맙다, 감사하다 | 没想到 méi xiǎngdào 생각지 못하다 | 还 hái 부 여전히, 아직도 | 记得 jìde 동 기억하다

해설 문제가 상대방에게 감사를 표현하고 있고, 보기 C는 선물을 주며 생일을 축하해 주고 있으므로 정답은 C이다.

---

49 ★★☆	
去同学家了，一高兴就忘了给你们打电话了。(E)	학교 친구 집에 갔다가 너무 재미있어서 전화하는 걸 잊어버렸어요. (E)

단어 去 qù 동 가다 | 同学 tóngxué 명 학우, 동창 | 一……就…… yí…… jiù…… ~하자마자 ~하다 | 高兴 gāoxìng 형 기쁘다 | 忘 wàng 동 잊다 | 给 gěi 개 ~에게 | 打电话 dǎ diànhuà 전화를 걸다

해설 문제가 어디에 갔었는지, 전화를 왜 못했는지에 대한 대답을 하고 있으므로 질문 형식의 보기를 답으로 찾아야 한다. 보기 E를 보면 '怎么这么晚才回来？(왜 이렇게 늦게 돌아왔니?)'라고 질문하고 있으므로 친구 집에 갔다고 말하는 문제와 문맥상 가장 어울린다. 따라서 정답은 E이다.

---

50 ★★☆	
城市里的车越来越多，对大家的生活已经产生了很大的影响。(D)	도시의 차가 점점 많아져서, 사람들의 생활에 이미 매우 많은 영향을 주고 있다. (D)

단어 城市 chéngshì 명 도시 | 车 chē 명 자동차 | 越来越 yuèláiyuè 더욱더, 점점 | 对 duì 개 ~에 대하여 | 生活 shēnghuó 명 생활 | 产生 chǎnshēng 동 생기다 | 影响 yǐngxiǎng 명 영향

해설 문제의 도시에 차가 많아져서 사람들의 생활에 영향을 주고 있다는 상황과 논리적으로 관련이 있는 문장을 보기에서 찾아야 하는데, 차가 많아져 사람들에게 영향을 주는 상황은 해결해야 하는 문제라고 개괄할 수 있으므로 '问题(문제)'가 나와 있는 D가 정답이다.

제2부분

>> 전략서 98p

📖 미리보기 | 해석

🔔 제2부분 (유형 1)

51-55		
A 刻	B 双	C 音乐
D 其他	E 声音	F 感觉

A 15분	B 쌍, 짝	C 음악
D 기타	E 목소리	F 느끼다

51. 她说话的 (E 声音) 多好听啊！

51. 그녀의 말하는 (E 목소리)는 정말 듣기 좋아요!

🔔 제2부분 (유형 2)

>> 전략서 98p

56-60	
A 明白	B 角
C 被	D 爱好
E 办法	F 甜

A 이해하다	B 지아오(중국의 화폐 단위)
C ~에 의해 (~을 당하다)	D 취미
E 방법	F 달다

56. A : 你有什么(D 爱好)?
　　B : 我喜欢体育。

56. A : 당신은 어떤 (D 취미)가 있나요？
　　B : 저는 체육을 좋아해요.

01. 기초 어법 지식으로 단어 고르기

명사 단어 채우기

유형 확인 문제

>> 전략서 100p

정답　1 C　　2 D

A 其他	B 重要	C 周末
D 简单	E 然后	

A 기타	B 중요하다	C 주말
D 간단하다	E 그런 후에	

단어 　其他 qítā 대 기타 | 重要 zhòngyào 형 중요하다 | 周末 zhōumò 명 주말 | 简单 jiǎndān 형 간단하다 | 然后 ránhòu
　　　접 그런 후에

1 ★★☆	
老王 (C 周末) 才回来，你把信放他桌子上吧。	라오왕은 (C 주말) 에야 비로소 돌아와요. 당신은 편지를 그의 탁자 위에 놓으세요.

단어 才 cái 뫼 비로소, 그제서야 | 回来 huílái 튕 돌아오다 | 把 bǎ 꽤 ~을, ~를 | 信 xìn 뗭 편지 | 放 fàng 튕 놓다 | 桌子 zhuōzi 뗭 탁자

해설 빈칸이 주어 '老王(라오왕)' 뒤, 술어 '回来(돌아오다)' 앞이므로 빈칸에는 부사어가 와야 하는 것을 알 수 있다. 보기의 명사 '周末 (주말)'는 부사어가 될 수 있으며, 빈칸에 넣었을 때 문맥도 가장 자연스럽다. 따라서 정답은 C이다.

A 而且	B 锻炼	C 借	A 게다가	B 운동하다	C 빌리다
D 节日	E 兴趣		D 명절	E 흥미	

단어 而且 érqiě 쥅 게다가, 뿐만 아니라 | 锻炼 duànliàn 튕 단련하다, 운동하다 | 借 jiè 튕 빌리다 | 节日 jiérì 뗭 명절 | 兴趣 xìngqù 뗭 흥미

---

2 ★★☆

A: 火车站怎么会有这么多人? 天哪，太可怕了。

B: 因为春节是中国人最重要的 (D 节日)，每 个在外地工作、上学的人都要回家过节。

A: 기차역에 왜 이렇게 사람이 많아요? 세상에, 정말 굉 장하네요.

B: 설날은 중국인의 가장 중요한 (D 명절)이에요. 외 지에서 일하거나, 학교 다니는 사람들 모두 집에 가서 명절을 보내요.

단어 火车站 huǒchēzhàn 뗭 기차역 | 怎么 zěnme 떼 왜, 어떻게 | 可怕 kěpà 휑 두렵다, 무섭다 | 因为 yīnwèi 쥅 왜냐하면 | 春节 Chūnjié 뗭 설, 춘절 | 最 zuì 뫼 가장, 제일 | 重要 zhòngyào 휑 중요하다 | 在 zài 꽤 ~에, ~에서 | 外地 wàidì 뗭 외지 | 工作 gōngzuò 튕 일하다 | 回家 huíjiā 집으로 돌아가다 | 过节 guòjié 튕 명절을 보내다

해설 빈칸 앞에 조사 '的(~의)'가 있으므로 빈칸에 들어갈 단어의 품사는 명사이다. 보기에 제시된 명사는 '节日(명절)'와 '兴趣(흥미)' 중 빈칸 앞에 '春节(설)'가 나오므로 문맥상 D가 답으로 가장 적절하다.

동사 단어 채우기

유형 확인 문제

≫ 전략서 105p

정답 1 C 　 2 E

A 层	B 电梯	C 忘记	A 층	B 엘리베이터	C 잊다
D 总是	E 或者		D 항상, 늘	E 혹은	

단어 层 céng 떙 층 | 电梯 diàntī 뗭 엘리베이터 | 忘记 wàngjì 튕 잊어버리다 | 总是 zǒngshì 뫼 항상, 늘 | 或者 huòzhě 쥅 혹은, 또는

---

1 ★☆☆

真不好意思，我 (C 忘记) 带课本了，能和你 一起看吗?

정말 미안해요. 제가 교재 가져오는 걸 (C 잊었어요). 당 신과 함께 볼 수 있을까요?

단어 带 dài 튕 (몸에) 지니다, 휴대하다 | 课本 kèběn 뗭 교과서, 교재 | 能 néng 조튕 ~할 수 있다 | 和 hé 꽤 ~와 | 一起 yìqǐ 뫼 함께

해설 문장 뒤의 부분에 '能和你一起看吗?(당신과 함께 볼 수 있을까요?)'를 미루어 화자는 교과서를 가져오지 않았다는 것을 알 수 있으므로 정답은 C이다. 참고로 보기 D의 '总是(항상)'는 부사로 동사 앞에 올 수 있으나 문맥상 어울리지 않는다.

| A 遇到 | B 一定 | C 清楚 | A 우연히 만나다 | B 반드시, 꼭 | C 정확하다 |
| D 其他 | E 见面 | | D 기타 | E 만나다 | |

단어 遇到 yùdào 만나다 | 一定 yídìng 图 꼭, 반드시 | 清楚 qīngchu 图 분명하다 | 其他 qítā 대 기타 | 见面 jiànmiàn 图 만나다

---

2 ★★★

A: 明天我们什么时候（ E 见面 ）?
B: 别太早了，十点怎么样? 工作了一个星期，我想先睡个懒觉。

A: 내일 우리 언제 (E 만날까요)?
B: 너무 이르지 않게요, 10시는 어때요? 일주일 동안 일했으니 저는 일단 늦잠을 좀 자고 싶거든요.

단어 明天 míngtiān 명 내일 | 什么时候 shénme shíhou 언제 | 别 bié 图 ~하지 마라 | 太 tài 图 지나치게, 너무 | 早 zǎo 图 이르다, 일찍이다 | 工作 gōngzuò 图 일하다 | 星期 xīngqī 명 주, 요일 | 睡懒觉 shuìlǎnjiào 늦잠을 자다

해설 대화에서 두 사람이 내일 만날 시간을 약속하고 있으므로 문맥상 '만나다'는 뜻의 단어인 E가 답으로 가장 적절하다. 보기 A의 '遇到(우연히 만나다)'는 사전에 약속을 하지 않은 우연한 만남을 나타내며, 뒤에 자주 목적어가 나오므로 답이 될 수 없다.

형용사 단어 채우기

유형 확인 문제

》 전략서 112p

정답 1 A

| A 难过 | B 注意 | C 饿 | A 슬프다 | B 주의하다 | C 배고프다 |
| D 刻 | E 关于 | | D 15분 | E ~에 관하여 | |

단어 难过 nánguò 图 슬프다 | 注意 zhùyì 图 주의하다 | 饿 è 图 배고프다 | 刻 kè 양 15분 | 关于 guānyú 개 ~에 관하여

---

1 ★☆☆

听说奶奶生病了，她（ A 难过 ）地哭了。

할머니께서 아프시다는 얘기를 듣고, 그녀는 (A 슬프게) 울었다.

단어 听说 tīngshuō 图 듣자니 ~라 한다 | 奶奶 nǎinai 명 할머니 | 生病 shēngbìng 图 병이 나다 | 哭 kū 图 울다

해설 빈칸 뒤에 조사 '地(~하게)'가 있는데, 형용사를 부사어로 쓸 때, '형용사 + 地 + 동사'의 구조로 형용사를 부사어로 만든다. 따라서 빈칸에는 형용사가 와야 한다. 보기에 형용사 '难过(슬프다)'와 '饿(배고프다)' 중 문장 앞부분에 '奶奶生病了(할머니께서 아프시다)'의 내용을 보면 빈칸에 A가 답으로 와야 문맥상 가장 적절하다.

유형 확인 문제 〉〉 전략서 117p

정답 1 B

A 音乐	B 终于	C 如果	A 음악	B 마침내	C 만약
D 一共	E 双		D 모두	E 쌍	

단어 音乐 yīnyuè 몡 음악 | 终于 zhōngyú 뫼 결국, 마침내 | 如果 rúguǒ 젭 만약 | 一共 yígòng 뫼 전부, 모두 | 双 shuāng 먱
짝, 쌍

1 ★★☆

A: 最近累坏了吧? 我看你几乎每天都在加班。
B: 是啊, 忙了一个多月, (B 终于) 把所有事
情都做完了。

A: 요즘 너무 피곤했죠? 제가 보기에 당신은 거의 매일
야근하는 것 같던데요.
B: 맞아요. 한 달 동안 바빴는데, (B 마침내) 모든 일을
다 했어요.

단어 最近 zuìjìn 몡 최근, 요즘 | 累 lèi 혱 지치다, 피곤하다 | 坏了 huài le (형용사 뒤에 쓰여) 매우 ~하다 | 几乎 jīhū 뫼 거의 |
在 zài ~하고 있는 중이다 | 加班 jiābān 동 야근하다 | 忙 máng 혱 바쁘다 | 把 bǎ 깨 ~을, ~를 | 所有 suǒyǒu 혱 모
든 | 事情 shìqing 몡 일

해설 빈칸이 쉼표 뒤에 있으므로 빈칸에 들어갈 단어의 품사는 부사나 접속사이다. 보기에 부사 '终于(마침내)'와 접속사 '如果(만약에)'
중 대화를 보면 한 달 동안 바빴는데, 모든 일을 다 끝냈다는 내용이므로 완성의 의미를 나타내는 부사 '终于(마침내)'가 빈칸에 들
어가야 한다. 따라서 정답은 B이다.

실전 연습 1 – 제2부분 〉〉 전략서 122p

정답 51 E 52 B 53 C 54 A 55 D 56 C 57 A 58 E 59 D 60 F

51 – 55

A 正在	B 而且	C 除了	A ~하고 있는 중이다	B 게다가	C ~을 제외하고
D 漂亮	E 表演	F 声音	D 예쁘다, 아름답다	E 공연하다	F 목소리

단어 正在 zhèngzài 뫼 ~하고 있는 중이다 | 而且 érqiě 젭 게다가, 뿐만 아니라 | 除了 chúle 깨 ~을 제외하고 | 漂亮 piàoliang
혱 예쁘다, 아름답다 | 表演 biǎoyǎn 동 공연하다, 연기하다

51 ★☆☆

今天晚上你打算 (E 表演) 什么节目?

오늘 저녁에 당신은 어떤 프로그램을 (E 공연할) 계획
이에요?

단어 今天 jīntiān 몡 오늘 | 晚上 wǎnshang 몡 저녁 | 打算 dǎsuan 동 ~할 계획이다, ~하려고 하다 | 什么 shénme 때 무슨, 어

떤 | 节目 jiémù 몡 프로그램

해설 빈칸 앞의 '打算(~할 계획이다)'은 동사이긴 하지만 뒤에 동사구 목적어가 올 수 있는데, 빈칸 뒤의 목적어 '节目(프로그램)'와 문맥 상 어울리는 동사를 보기에서 찾아주면 정답은 E이다.

---

52 ★☆☆

| 食堂里的饭菜很好吃，（ B 而且 ）很便宜。 | 식당 안의 음식은 매우 맛있어요. (B 게다가) 매우 저렴해요. |

단어 食堂 shítáng 몡 음식점, 식당 | 饭菜 fàncài 몡 밥과 반찬, 음식 | 好吃 hǎochī 혱 맛있다 | 便宜 piányi 혱 싸다

해설 식당의 음식이 맛있고 저렴하다는 형용사를 서로 연결해주려면 빈칸에는 접속사가 들어가야 한다. 보기에서 접속사는 '而且(게다가)'뿐이므로 정답은 B이다.

---

53 ★★☆

| （ C 除了 ）玛丽，大家都到了。 | 마리를 (C 제외하고) 모두 도착했어요. |

단어 大家 dàjiā 떼 모두, 다들 | 都 dōu 뿐 모두, 다 | 到 dào 됭 도달하다, 도착하다

해설 빈칸 뒤에 나오는 '都(모두)'와 자주 호응하는 단어는 개사 '除了(~을 제외하고)'로 자주 문장 맨 앞에 쓰인다. 따라서 정답은 C이다.

---

54 ★★☆

| 小张（ A 正在 ）画一朵美丽的小花。 | 샤오장은 한 송이의 아름다운 작은 꽃을 그리고 (A 있는 중이다). |

단어 画 huà 됭 (그림을) 그리다 | 朵 duǒ 얭 송이 | 美丽 měili 혱 아름답다, 예쁘다 | 花 huā 몡 꽃

해설 빈칸이 주어 '小张(샤오장)' 뒤, 술어 '画(그리다)' 앞이므로 빈칸에 들어갈 단어의 품사는 부사이다. 부사 '在(~하는 중이다)'는 술어 앞에 부사어로 쓰여 동작의 진행을 나타내므로 정답은 A이다.

---

55 ★★☆

| 我们学校是一个非常（ D 漂亮 ）的地方。 | 우리 학교는 매우 (D 아름다운) 곳이다. |

단어 学校 xuéxiào 몡 학교 | 非常 fēicháng 뿐 대단히, 매우 | 地方 dìfang 몡 장소, 곳

해설 빈칸 앞에 정도부사 '非常(매우)'이 있으므로 빈칸에 들어갈 단어의 품사는 형용사이며, 형용사는 정도부사와 함께 쓰여 명사를 수식한다. 보기에 형용사는 '漂亮(아름답다)'뿐이므로 정답은 D이다.

---

56 – 60

| A 短 | B 爱好 | C 如果 | A 짧다 | B 취미 | C 만약 |
| D 跳舞 | E 被 | F 或者 | D 춤을 추다 | E ~에 의해 (~을 당하다) | F 혹은 |

단어 短 duǎn 혱 짧다 | 如果 rúguǒ 쩝 만약, 만일 | 跳舞 tiàowǔ 됭 춤을 추다 | 被 bèi 꺠 ~에 의하여 (~을 당하다) | 或者 huòzhě 쩝 혹은, 또는

56 ★★☆

A : 周末商店有活动，一起去看看吧?

B :（ C 如果 ）大家都去我就去。

A : 주말에 상점에 행사가 있던데, 같이 가서 볼래요?

B :（ C 만약 ）모두 다 가면 저도 갈게요.

단어 周末 zhōumò 몡 주말 | 商店 shāngdiàn 몡 상점 | 活动 huódòng 몡 행사 | 一起 yìqǐ 뷔 같이, 함께 | 去 qù 동 가다 | 大家 dàjiā 대 모두, 다들 | 都 dōu 뷔 모두, 다 | 就 jiù 뷔 곧, 즉시

해설 빈칸이 주어 '大家(모두)' 앞에 있으므로 빈칸에는 접속사나 부사가 와야 한다. 보기에 접속사로 '如果(만약)'와 '或者(혹은)'가 있는데, 문맥상 어울리는 접속사는 '如果(만약)'이다. 따라서 정답은 C이다.

57 ★☆☆

A : 你觉得这条裤子怎么样?

B : 虽然挺好看的，但是太（ A 短 ）了。

A : 당신 생각에 이 바지는 어때요?

B : 비록 아주 보기 좋지만, 너무（ A 짧아요 ）.

단어 觉得 juéde 동 ～라고 느끼다 | 裤子 kùzi 몡 바지 | 怎么样 zěnmeyàng 대 어떻다, 어떠하다 | 虽然 suīrán 접 비록 ～하지만 | 挺 tǐng 뷔 꽤, 제법 | 好看 hǎokàn 형 아름답다, 보기 좋다 | 但是 dànshì 접 그러나, 그렇지만 | 太 tài 뷔 지나치게, 너무

해설 빈칸 앞에 정도부사 '太(너무)'가 있고 목적어가 없으므로 빈칸에는 형용사가 와야 한다. 보기에 형용사는 '短(짧다)'뿐이므로 정답은 A이다.

58 ★★☆

A : 我的汉语字典不见了！

B : 刚刚（ E 被 ）玛丽借走了。

A : 내 중국어 사전이 없어졌어요!

B : 방금 마리가 빌려갔어요.

단어 汉语 Hànyǔ 고유 중국어 | 字典 zìdiǎn 몡 사전 | 不见 bújiàn 동 (물건을) 찾을 수가 없다, 없어지다 | 刚刚 gānggāng 뷔 지금 막, 방금 | 借 jiè 동 빌리다 | 走 zǒu 동 걷다, 가다

해설 대화를 살펴보면 사전이 마리에 의해 빌려가진 피동의 상태이므로 빈칸에는 피동의 의미를 나타내는 개사 '被(～에 의하여 ～을 당하다)'가 와야 한다. 따라서 정답은 E이다.

Tip 📖 被자문의 특징

① 기본 형식: 주어 + 부사어(被 + 행위의 주체) + 술어 + 기타성분(α)

　예 她被老师批评过。나는 선생님께 야단맞은 적이 있다.

　　＊被 뒤에 오는 행위의 주체는 상황에 따라 생략 가능하다.

② 주어: 반드시 너도 나도 알고 있는 사람이나 사물이어야 한다.

　예 她被妈妈打了一顿。그녀는 엄마에게 한 차례 맞았다. (O)

　　一个孩子被妈妈打了一顿。(X)

③ 술어 + α : 술어 뒤에 기타성분(α)이 있어야 한다.

　　　　　　동태조사: 了/过

　　　　　보어: 결과/정도/방향/시량(시간의 양)/동량(동작의 양)

　예 我的手机被小偷偷了。내 휴대 전화는 소매치기에 의해서 도둑맞았다. (동태조사 了)

　　我的房间被妈妈打扫得很干净。내 방은 엄마에 의해서 깨끗이 청소되었다. (정도보어)

　　窗户被李明打破了。창문은 리밍에 의해 깨어졌다. (결과보어)

　　我家的猫被邻居关了一个小时。우리 집 고양이는 이웃에 의해 한 시간 동안 갇혔다. (시량보어)

④ 부사(어)의 위치: 시간부사, 부정부사, 조동사는 '被' 앞에 나온다.

　예 我没被老师批评过。나는 선생님께 꾸지람을 듣지 않았다.

59 ★☆☆

A: 晚上你表演什么节目?

B: 我不会（D 跳舞）, 就给大家唱个歌吧。

A: 저녁에 당신은 어떤 프로그램을 공연하나요?

B: 저는 (D 춤을) 못 (춰요), 그냥 모두에게 노래를 불러 줄게요.

단어 晚上 wǎnshang 명 저녁 | 表演 biǎoyǎn 통 공연하다, 연기하다 | 节目 jiémù 명 프로그램 | 给 gěi 개 ~에게 | 大家 dàjiā 대 모두, 다들 | 唱歌 chànggē 노래 부르다

해설 빈칸 앞에 조동사 '会(~할 줄 알다)'가 있으므로 빈칸에 들어갈 단어의 품사는 동사이다. '表演(공연)', '唱歌(노래하다)'라는 단어와 문맥상 관련있는 동사를 보기에서 골라주면 정답은 D이다.

60 ★★☆

A: 到时候怎么联系您?

B: 给我打电话（F 或者）发邮件都可以。

A: 그때가 되면 어떻게 당신에게 연락하나요?

B: 저에게 전화를 하거나 (F 혹은) 메일을 보내셔도 돼요.

단어 到时候 dào shíhou 그때가 되면 | 怎么 zěnme 대 어떻게 | 联系 liánxì 통 연락하다 | 给 gěi 개 ~에게 | 打电话 dǎ diànhuà 전화를 걸다, 전화하다 | 发 fā 통 보내다 | 邮件 yóujiàn 메일 | 可以 kěyǐ 조동 ~할 수 있다

해설 빈칸이 동사구 '打电话(전화를 걸다)'와 '发邮件(메일을 보내다)' 사이에 있으므로 빈칸에는 접속사 '或者(혹은)'가 들어가야 한다. 따라서 정답은 F이다.

실전 연습 2 - 제2부분

>> 전략서 124p

정답 51 F   52 A   53 C   54 B   55 E   56 A   57 D   58 E   59 B   60 C

51 - 55

A 条	B 总是	C 其他	A 마리	B 늘, 줄곧	C 기타
D 声音	E 介绍	F 容易	D 목소리	E 소개하다	F 쉽다

단어 条 tiáo 양 마리 | 总是 zǒngshì 부 늘, 줄곧 | 其他 qítā 대 기타, 다른 | 介绍 jièshào 통 소개하다 | 容易 róngyì 형 쉽다

51 ★☆☆

这些题很（F 容易）, 我一会儿就做完了。

이 문제들은 매우 (F 쉬워요), 저는 금방 다 했어요.

단어 这些 zhèxiē 대 이런 것들 | 题 tí 명 문제 | 就 jiù 부 곧, 즉시, 바로 | 做完 zuòwán 다 하다, (일을) 끝내다

해설 빈칸 앞에 정도부사 '很(매우)'이 있고 목적어가 없으므로 빈칸에는 형용사가 올 수 있다. 보기에 형용사는 '容易(쉽다)'뿐이므로 정답은 F이다.

📖 **형용사의 특징**

(1) 빈칸 앞에 정도부사가 있다면 대부분 빈칸은 형용사이다.

☞ 형용사는 단독적으로 술어 역할을 하지 않아 앞에 꼭 정도부사가 온다. 그러므로 빈칸 앞에 정도부사가 나와 있다면 형용사라고 생각하면 된다. (물론 심리동사가 오는 경우도 있지만 대부분은 형용사이다.)

예 我住的地方很(安静)。 내가 사는 곳은 매우 조용하다
　　　　　정도부사 + 형용사

(2) 문장 마지막에 명사, 즉 목적어가 없다면 빈칸은 형용사이다.

☞ 빈칸 앞에 '很, 非常, 太' 등의 정도부사가 나오고 빈칸 뒤에 다른 말이 없다면 형용사이다.

예 今天很(冷)。 오늘 매우 춥다
　　　정도부사 + 형용사

(3) 빈칸 뒤에 '的'가 나오고 이어서 명사가 나온다면 빈칸은 형용사이다.

☞ 빈칸 뒤에 '的'와 함께 명사가 나와 있다면 빈칸에 들어갈 말은 형용사일 가능성이 높다. 물론 다른 명사나 혹은 동사, 개사 등이 나올 수도 있지만 3급은 90% 이상이 형용사이다.

예 很(干净)的房间 매우 깨끗한 방
　　　　　 的 + 명사

---

52 ★☆☆

你看那（ A　条 ）鱼！这是我看到过的最大的鱼。　저 한 (A　마리) 생선을 좀 봐요! 이것은 내가 본 것 중 가장 큰 물고기예요.

단어　看 kàn 동 보다 | 那 nà 대 그, 저 | 鱼 yú 명 물고기 | 看到 kàndào 보다, 보이다 | 最 zuì 부 가장

해설　빈칸이 지시대명사 '那(저)' 뒤 명사 '鱼(물고기)' 앞이므로 빈칸에 들어갈 단어의 품사는 양사이다. '条'는 가늘고 긴 것을 셀 때 쓰는 양사로, '생선, 길, 바지' 등의 명사를 수식하므로 정답은 A이다.

---

53 ★★☆

我们还有（ C　其他 ）颜色，肯定有你喜欢的。　우리는 또 (C　다른) 색깔이 있어요. 분명히 당신이 좋아할 만한 것이 있을 거예요.

단어　还 hái 부 또 | 颜色 yánsè 명 색, 색깔 | 肯定 kěndìng 부 확실히, 틀림없이 | 喜欢 xǐhuan 동 좋아하다

해설　빈칸 뒤에 '颜色(색깔)'라는 명사가 왔으므로 빈칸에는 명사를 수식할 수 있는 단어가 와야 한다. 보기 C의 '其他(기타, 다른)'는 대명사로 대부분 명사를 수식하거나 단독으로 쓰이므로 빈칸에 들어가기 가장 적합하다. 따라서 정답은 C이다.

---

54 ★★☆

你上课（ B　总是 ）玩手机，不好好听课，到时候考试怎么办？　너는 수업 시간에 (B　늘, 줄곧) 휴대 전화를 가지고 놀고 있고, 수업을 잘 듣지 않는데, 그때 가서 시험은 어떻게 할거니?

단어　上课 shàngkè 동 수업하다 | 玩 wán 동 놀다 | 手机 shǒujī 명 휴대 전화 | 听课 tīngkè 동 수강하다, 수업을 듣다 | 到 dào 동 도달하다, 도착하다 | 考试 kǎoshì 동 시험을 치다

해설　빈칸 뒤에 '동사 + 목적어'가 있으므로 빈칸에 들어갈 단어의 품사는 동사구 술어를 수식할 수 있는 부사이다. 보기에 부사는 '总是(늘, 줄곧)' 뿐이므로 정답은 B이다.

📖 新HSK 3급에 자주 나오는 시간 부사

☞ 시간을 나타내는 부사는 보통 다른 부사들보다 앞에 쓰인다.

형식	뜻	예문
正在 zhèngzài	지금 ~하고 있는 중이다	我正在看电影呢。 나는 지금 영화를 보고 있는 중이다.
已经 yǐjing	이미(주로 뒤에 '了'를 씀)	我在这儿工作已经三年了。 나는 여기서 일한 지 이미 3년이 되었다.
就 jiù	바로, 벌써(동작이나 상황, 시간이 빠르고 이름을 나타냄)	他3点就来了。 그는 3시에 이미 왔다.
才 cái	그제서야, 겨우(동작이나 상황, 시간이 느리고 더딤을 나타냄)	爸爸10点多才回来。 아빠는 10시가 넘어서야 집에 왔다.
先 xiān	먼저	你先来吧。 너 먼저 와.
一直 yìzhí	줄곧, 계속	大学毕业以后，我们一直没见过。 대학 졸업 이후, 우리는 줄곧 보지 못했다.
总是 zǒngshì	늘, 항상	她总是迟到。 그녀는 항상 지각한다.
马上 mǎshàng	금방, 곧	他马上过来。 그는 금방 온다.
刚才 gāngcái	방금	刚才你在哪儿? / 你刚才在哪儿? 너 방금 어디 있었어?
从来 cónglái	(과거부터 현재까지) 여태껏, 대부분 뒤에 '不, 没'가 옴	我从来没去过日本。 나는 여태껏 일본에 가본 적이 없다.

---

55 ★★☆

我第一次来这里，你能帮我（ E 介绍 ）一下吗? | 저는 이곳에 처음 왔어요. 저에게 (E 소개) 좀 해 주시겠어요?

단어 第一次 dì-yī cì 명 최초, 맨 처음 | 来 lái 통 오다 | 这里 zhèli 대 이곳, 여기 | 能 néng 조동 ~할 수 있다 | 帮 bāng 통 돕다, 거들다 | 一下 yíxià 수량 좀 ~하다

해설 빈칸 뒤에 수량사 '一下(좀 ~하다)'를 통해 빈칸에 들어갈 단어의 품사가 동사임을 알 수 있다. 화자가 처음 여기에 왔다고 하였으므로 문맥상 어울리는 동사는 '介绍(소개하다)'이다. 따라서 정답은 E이다.

---

56 – 60

A 而且	B 便宜	C 再	A 게다가	B 싸다	C 다시, 또
D 几乎	E 习惯	F 爱好	D 거의	E 습관	F 취미

단어 而且 érqiě 접 게다가 | 便宜 piányi 형 싸다 | 再 zài 부 다시, 또 | 几乎 jīhū 부 거의, 거의 모두 | 习惯 xíguàn 명 버릇, 습관

---

56 ★★☆

A: 玛丽会说汉语，（ A 而且 ）说得很好。
B: 是的，因为她一直都很努力地学习。

A: 마리는 중국어를 할 수 있을 뿐만 아니라 (A 게다가) 말을 아주 잘해요.
B 맞아요, 그녀가 줄곧 열심히 공부했기 때문이에요.

단어 会 huì 조동 ~을 할 줄 안다 | 说 shuō 통 말하다 | 汉语 Hànyǔ 고유 중국어 | 因为 yīnwèi 접 왜냐하면 | 一直 yìzhí 부 계속, 줄곧 | 努力 nǔlì 형 노력하다, 열심히 하다 | 学习 xuéxí 통 학습하다, 공부하다

마리가 중국어를 할 줄 아는데, 빈칸 뒤에 계속해서 아는 것에 대한 보충 설명을 하고 있으므로 빈칸에는 점층을 나타내는 접속사가 들어가야 한다. 보기에 접속사는 '而且(게다가)'뿐이므로 정답은 A이다.

---

57 ★★☆

A：我们什么时候能到?

B：现在路上（ D 几乎 ）没什么车，大约半个小时就能到了。

A: 우리는 언제 도착할 수 있나요?

B: 지금 길에 차가 (D 거의) 없어서 대략 30분이면 도착할 것 같아요.

단어 什么时候 shénme shíhou 언제 | 能 néng 조동 ~할 수 있다 | 到 dào 동 도달하다, 도착하다 | 现在 xiànzài 명 지금, 현재 | 路上 lùshang 명 길 위 | 车 chē 명 자동차 | 大约 dàyuē 부 대략 | 半个小时 bàn ge xiǎoshí 반 시간 | 就 jiù 부 곧, 즉시

해설 빈칸이 주어 '路上(길 위)' 뒤, 술어 '没(없다)' 앞이므로 빈칸에 들어갈 단어의 품사는 부사이다. 보기에 부사는 '几乎(거의)'뿐이므로 정답은 D이다.

---

58 ★★☆

A：妈妈，我能再睡半个小时吗?

B：不行，你必须改掉这个坏（ E 习惯 ）。

A: 엄마, 저 30분만 더 자도 돼요?

B: 안 돼, 넌 이 나쁜 (E 습관)을 꼭 고쳐야 돼.

단어 妈妈 māma 명 엄마 | 能 néng 조동 ~할 수 있다 | 再 zài 부 다시 | 睡 shuì 동 (잠을) 자다 | 半个小时 bàn ge xiǎoshí 30분 | 行 xíng 동 ~해도 좋다 | 必须 bìxū 부 반드시 ~해야 한다 | 改掉 gǎidiào 고쳐 버리다 | 坏 huài 형 나쁘다

해설 빈칸 앞의 술어가 '改掉(고치다)'이므로 고칠 수 있는 대상을 빈칸의 정답으로 골라주면 보기의 '习惯(습관)'이 가장 적절하다. 따라서 정답은 E이다.

---

59 ★☆☆

A：这里的门票是十块钱一张。

B：我们有二十多个人，能（ B 便宜 ）点儿吗?

A: 이곳의 입장료는 1장에 10위안이에요.

B: 우리는 20여 명인데, 좀 (B 싸게) 해 주실 수 있나요?

단어 这里 zhèlǐ 대 이곳, 여기 | 门票 ménpiào 명 입장권 | 张 zhāng 양 장 | 能 néng 조동 ~할 수 있다 | 点儿 diǎnr 양 조금

해설 빈칸이 조동사 '能(~할 수 있다)' 뒤, 양사 '点儿(좀)' 앞이므로 빈칸에 들어갈 단어의 품사는 동사나 형용사이다. 보기에 술어로 올 수 있는 단어는 '便宜(싸다)'뿐이므로 정답은 B이다.

---

60 ★★☆

A：六点了，我们出去吃晚饭吧。

B：我想先把电视节目看完（ C 再 ）去。

A: 6시예요, 우리 나가서 저녁 먹어요.

B: 저는 먼저 TV 프로그램을 다 본 후에 (C 다시) 나가고 싶어요.

단어 出去 chūqù 동 나가다 | 吃 chī 동 먹다 | 晚饭 wǎnfàn 명 저녁밥 | 想 xiǎng 조동 ~하고 싶다 | 先 xiān 부 먼저, 우선 | 把 bǎ 개 ~을, ~를 | 电视 diànshì 명 TV, 텔레비전 | 节目 jiémù 명 프로그램

해설 빈칸이 있는 문장에서 '先(먼저)'이 보이면 뒤에 나오는 내용이 선후(연속) 관계에 있는지 살펴야 한다. 빈칸 앞에 'TV 프로그램을 다 보고'와 빈칸 뒤에 '가겠다'는 동작이 연달아 나오므로 빈칸에는 부사 '再(다시, 또)'가 와야 한다. 따라서 정답은 C이다.

독해 | 阅读

🔔 **제3부분**

〉〉 전략서 128p

61.	61.
您是来参加今天的会议的吗? 您来早了一点儿, 现在才八点半。您先进来坐吧。	당신은 오늘 회의에 참석하러 오셨나요? 좀 일찍 오셨네요. 이제 겨우 8시 30분이니, 먼저 들어오셔서 앉으세요.
★ 会议最可能几点开始?	★ 회의는 몇 시에 시작될 가능성이 가장 큰가?
A 8点　　　 B 8点半　　　 C 9点	A 8시　　　 B 8시 30분　　　 C 9시

01. 세부적인 내용 파악 문제

유형 확인 문제

〉〉 전략서 131p

정답　1 B　　2 C

1 ★★☆

有空的时候，他经常去图书馆看书，偶尔也和朋友一起打打球、看看电影。和很多人不同，他很少上网，觉得那是浪费时间。	시간이 있을 때 그는 자주 도서관에 가서 책을 본다. 가끔 또 친구와 함께 공놀이를 하거나 영화를 보기도 한다. 많은 사람과 다르게 그는 인터넷을 아주 적게 하는데, 그것이 시간을 낭비하는 것이라 생각한다.
★ 他平时最喜欢:	★ 그가 평상시에 제일 좋아하는 것은:
A 上网　　 B 看书　　 C 看电影	A 인터넷하기　　 B 독서하기　　 C 영화 보기

단어　**空** 몡 kòng 여유 시간 | **的时候** de shíhou ～할 때 | **经常** jīngcháng 뛰 항상 | **图书馆** túshūguǎn 몡 도서관 | **看书** kànshū 책을 보다 | **偶尔** ǒu'ěr 뛰 때때로, 가끔 | **和** hé 깨 ～와 | **朋友** péngyou 몡 친구 | **一起** yìqǐ 뛰 함께 | **打球** dǎqiú 공을 치다. 공놀이하다 | **电影** diànyǐng 몡 영화 | **同** tóng 혱 같다, 동일하다 | **少** shǎo 혱 적다 | **上网** shàngwǎng 동 인터넷을 하다 | **觉得** juéde 동 ～라고 생각하다 | **浪费** làngfèi 동 낭비하다 | **时间** shíjiān 몡 시간 | **平时** píngshí 몡 평소, 평상시 | **最** zuì 뛰 가장, 제일 | **喜欢** xǐhuan 동 좋아하다

해설　세부적인 내용을 묻는 문제로 핵심어인 '经常(자주)', '偶尔(때때로)', '很少(매우 적다)'만 파악하면 곧 화자가 독서를 좋아한다는 것을 파악할 수 있다. 그는 영화를 자주 보지 않으며 인터넷을 하는 것을 좋아하지 않는다는 것을 알 수 있으므로 정답은 B이다.

我昨天在车站遇见了一个很漂亮的女孩，头发长长的，眼睛大大的，<u>看上去安静极了</u>。我胆子小，看了她很久也<u>没敢向她要电话号码</u>。

어제 정류장에서 매우 예쁜 여자아이를 우연히 만났다. 머리가 길고 눈이 아주 컸으며 매우 조용해 보였다. 나는 겁이 많아서 그녀를 아주 오랫동안 쳐다보고도 <u>그녀에게 감히 전화번호를 묻지 못했다.</u>

★ 根据这段话，可以知道这个女孩：
A 很热情
B 给了电话号码
C 不爱说话

★ 이 글에 근거하여, 이 여자아이에 관해 알 수 있는 것은:
A 매우 친절하다
B 전화번호를 주었다
C 말하는 것을 좋아하지 않는다

단어 昨天 zuótiān 명 어제 | 在 zài 개 ~에, ~에서 | 车站 chēzhàn 명 정류장 | 遇见 yùjiàn 동 우연히 만나다 | 漂亮 piàoliang 형 예쁘다 | 女孩 nǚhái 명 여자아이 | 头发 tóufa 명 머리카락 | 长 cháng 형 길다 | 眼睛 yǎnjing 명 눈 | 看上去 kàn shàngqù ~해 보이다 | 安静 ānjìng 형 조용하다 | 极了 jí le (형용사 뒤에 보어로 쓰여) 매우 ~하다 | 胆子 dǎnzi 명 담력, 용기 | 敢 gǎn 조동 감히 ~하다 | 向 xiàng 개 ~을 향해서 | 电话号码 diànhuà hàomǎ 명 전화번호 | 根据 gēnjù 개 ~에 근거하여 | 知道 zhīdào 동 알다 | 热情 rèqíng 형 친절하다, 열정적이다 | 给 gěi 동 주다 | 爱 ài 동 ~하길 좋아하다 | 说话 shuōhuà 동 이야기하다

해설 이 지문의 핵심은 '看上去安静极了(매우 조용해 보이다)'로 이를 통해 화자가 말한 '女孩(여자아이)'가 말하는 것을 좋아하지 않는다는 것을 알 수 있으므로 정답은 C이다. 이외에도 지문의 '没敢向她要电话号码(감히 그녀에게 전화번호를 묻지 못했다)'를 통해 여자아이가 전화번호를 주지 않았다는 것을 알 수 있다.

02. 전반적인 내용 파악 문제

유형 확인 문제

>> 전략서 133p

정답 1 C

找工作时，<u>工资待遇虽然很重要，但是更重要的还是兴趣</u>。因为一个人只有在做自己感兴趣的事时，才会觉得快乐，忙一点、累一点也没关系。

직업을 찾을 때 <u>비록 급여와 대우가 중요하지만, 더욱 중요한 것은 역시 흥미이다.</u> 사람은 자신이 흥미를 느끼는 일을 할 때 비로소 즐겁다고 느끼기 때문에 좀 바쁘거나 피곤하더라도 괜찮다.

★ 根据这段话，什么样的工作才是一份好工作？
A 钱多的工作
B 又累又忙的工作
C 自己感兴趣的工作

★ 이 글에 근거하면, 어떤 직업이 좋은 직업인가?
A 돈이 많은 직업
B 피곤하면서 바쁜 직업
C 자신이 흥미를 느끼는 직업

단어 找 zhǎo 동 찾다 | 工作 gōngzuò 명 직업, 일 | 工资 gōngzī 명 월급 | 待遇 dàiyù 명 대우 | 虽然……但是…… suīrán…… dànshì…… 비록 ~할지라도 그러나 ~하다 | 重要 zhòngyào 형 중요하다 | 兴趣 xìngqù 명 흥미 | 因为 yīnwèi 접 ~때문에 | 在 zài 부 ~하고 있다 | 做 zuò 동 하다 | 自己 zìjǐ 대 자신 | 感兴趣 gǎn xìngqù 흥미를 느끼다 | 才 cái 부 비로소, 그제서야 | 会 huì 조동 ~일 것이다 | 觉得 juéde 동 ~라고 생각하다 | 快乐 kuàilè 형 즐겁다, 유쾌하다 | 忙 máng 형 바쁘다 | 一点 yìdiǎn 수량 조금 | 累 lèi 형 지치다, 피곤하다 | 没关系 méi guānxi 괜찮다 | 根据 gēnjù 개 ~에 근거하여 | 什么样 shénmeyàng 대 어떠한 | 份 fèn 양 업무, 일 등을 세는 단위 | 钱 qián 명 돈 | 又……又…… yòu…… yòu…… ~하

면서도 ~하다

지문의 '虽然……但是……(비록 ~할지라도 그러나 ~하다)' 구문을 통해 우리는 화자가 흥미를 돈보다 더 중요하다고 생각하는 것을 알 수 있다. 전반적인 내용을 살펴보면 급여와 대우도 물론 중요하지만, 더 중요한 것은 흥미라고 말하고 있으므로 정답은 C이다.

실전 연습 1 – 제3부분

≫ 전략서 134p

정답 61 B 62 B 63 B 64 C 65 A 66 B 67 A 68 B 69 A 70 B

---

61 ★★★

他们三个差不多大，都上大学了。<u>小王比小张高，小李比小张矮</u>。

그들 세 명은 나이가 비슷하고 모두 대학을 다닌다. 샤오왕은 샤오장보다 키가 크고, 샤오리는 샤오장보다 <u>키가 작다</u>.

★ 根据这句话，可以知道：
  A 小张最高
  B 小王最高
  C 小李最高

★ 이 글에 근거해, 알 수 있는 것은:
  A 샤오장이 키가 제일 크다
  B 샤오왕이 키가 제일 크다
  C 샤오리가 키가 제일 크다

단어 差不多 chàbuduō 톙 비슷하다, 큰 차이가 없다 | 大 dà 톙 많다 | 都 dōu 빈 모두 | 上大学 shàng dàxué 대학을 다니다 | 比 bǐ 개 ~보다 | 高 gāo 톙 (키가) 크다 | 矮 ǎi 톙 (키가) 작다 | 根据 gēnjù 개 ~에 근거하여 | 可以 kěyǐ 조동 ~할 수 있다 | 知道 zhīdào 동 알다 | 最 zuì 빈 가장, 제일

해설 비교를 통해 답을 찾는 문제이다. 지문에 세 명의 인물 '小王(샤오왕)', '小张(샤오장)', '小李(샤오리)'가 등장하는데, 마지막 문장을 통해 '샤오왕의 키〉샤오장의 키〉샤오리의 키' 순으로 샤오왕의 키가 제일 큰 것을 알 수 있다. 따라서 정답은 B이다.

---

62 ★☆☆

我最怕和女朋友一起去商场，人太多，而且她特别喜欢问我哪件衣服漂亮，每次我都不知道该怎么说。

내가 제일 무서워하는 것은 여자 친구와 함께 백화점에 가는 것이다. 사람도 너무 많고, 게다가 그녀는 나에게 어떤 옷이 예쁜지 묻는 것을 특히 좋아하는데, 매번 나는 어떻게 말해야 할지 모르겠다.

★ 根据这句话，可以知道谁不喜欢去商场？

  A 我女朋友
  B 我
  C 都不喜欢

★ 이 글에 근거하면, 누가 백화점에 가는 것을 좋아하지 않는가?
  A 내 여자 친구
  B 나
  C 모두 좋아하지 않는다

단어 最 zuì 빈 가장, 제일 | 怕 pà 동 무서워하다, 두려워하다 | 和 hé 개 ~와 | 女朋友 nǚpéngyou 몡 여자 친구 | 一起 yìqǐ 빈 같이 | 去 qù 동 가다 | 商场 shāngchǎng 몡 백화점 | 而且 érqiě 집 게다가, 뿐만 아니라 | 特别 tèbié 빈 특히, 더욱 | 喜欢 xǐhuan 동 좋아하다 | 问 wèn 동 묻다, 질문하다 | 哪 nǎ 데 어느, 어느 것 | 件 jiàn 양 벌(옷을 세는 단위) | 衣服 yīfu 몡 옷 | 漂亮 piàoliang 톙 예쁘다 | 每次 měi cì 매번 | 该 gāi 조동 (마땅히) ~해야 한다 | 根据 gēnjù 개 ~에 근거하여 | 谁 shéi 데 누구 | 喜欢 xǐhuan 동 좋아하다

해설 지문의 첫 문장에서 답을 찾을 수 있는데, '我最怕和女朋友一起去商场(내가 가장 무서워하는 것이 여자 친구와 함께 백화점을 가는 것이다)'라고 하였으므로 백화점 가는 것을 좋아하지 않는 사람이 화자라는 것을 알 수 있다. 따라서 정답은 B이다.

---

63 ★☆☆

同学们觉得食堂的菜味道一般，但是东西干净、价钱便宜。

★ 根据这段话，可以知道食堂的菜：

A 不好吃
B 很便宜
C 不干净

학생들은 식당의 음식 맛은 보통이지만 음식이 깨끗하고 가격도 저렴하다고 생각한다.

★ 이 글에 근거하여, 이 식당의 음식에 관해 알 수 있는 것은:

A 맛이 없다
B 매우 저렴하다
C 깨끗하지 않다

단어 同学们 tóngxuémen 학우들 | 觉得 juéde 통 ~라고 생각하다 | 食堂 shítáng 명 식당 | 菜 cài 명 반찬, 요리 | 味道 wèidao 명 맛 | 一般 yìbān 형 보통이다, 일반적이다 | 但是 dànshì 접 그러나, 그렇지만 | 干净 gānjìng 형 깨끗하다 | 价钱 jiàqian 명 값, 가격 | 便宜 piányi 형 (값이) 싸다 | 根据 gēnjù 개 ~에 근거하여 | 可以 kěyǐ 조동 ~할 수 있다 | 知道 zhīdào 통 알다 | 不好吃 bù hǎochī 맛없다

해설 지문에서 학생들은 식당의 음식 맛이 보통이지만 '东西干净、价钱便宜(음식이 깨끗하고 가격도 저렴하다)'라고 하였으므로 정답은 B이다.

---

64 ★★☆

他今天早上九点上了一节汉语课，下午两点开了个会，四点见了几个学生，然后就下班回家了。

★ 他下午六点在哪儿?
A 学校　　　B 办公室　　　C 家里

그는 오늘 아침 9시에 중국어 수업을 한 시간 하고 오후 2시에 회의를 하고 4시에 몇 명의 학생을 만난 뒤 바로 퇴근해서 집으로 갔다.

★ 그는 오후 6시에 어디에 있는가?
A 학교　　　B 사무실　　　C 집

단어 今天 jīntiān 명 오늘 | 早上 zǎoshang 명 아침 | 点 diǎn 양 시 | 上课 shangkè 통 수업하다 | 节 jié 양 교시 | 汉语 Hànyǔ 고유 중국어 | 下午 xiàwǔ 명 오후 | 开会 kāihuì 통 회의를 열다 | 见 jiàn 통 보다 | 几 jǐ 수 몇 | 学生 xuésheng 명 학생 | 然后 ránhòu 접 그런 후에, 그다음에 | 就 jiù 부 곧, 바로 | 下班 xiàbān 통 퇴근하다 | 回家 huíjiā 집으로 돌아가다 | 在 zài 통 ~에 있다 | 哪儿 nǎr 대 어디 | 学校 xuéxiào 명 학교 | 办公室 bàngōngshì 명 사무실 | 家里 jiāli 집, 집안

해설 지문에서 '四点见了几个学生，然后就下班回家了(4시에 학생을 만난 뒤 바로 퇴근해서 집으로 갔다)'라고 하였으므로 정답은 C이다.

---

65 ★☆☆

在中国，姚明是大家最喜欢的、水平最高的篮球运动员。

★ 根据这句话，可以知道姚明：

A 是篮球运动员
B 个子不高
C 水平一般

중국에서 야오밍은 모두가 가장 좋아하는, 실력이 가장 좋은 농구 선수이다.

★ 이 글에 근거하여, 야오밍에 관해 알 수 있는 것은:

A 농구 선수이다
B 키가 크지 않다
C 실력이 보통이다

단어 在 zài 게 ~에서, ~에 | 中国 Zhōngguó 고유 중국 | 大家 dàjiā 대 모두, 다들 | 最 zuì 閇 가장, 제일 | 喜欢 xǐhuan 통 좋아하다 | 水平 shuǐpíng 명 수준 | 高 gāo 혱 높다 | 篮球 lánqiú 명 농구 | 运动员 yùndòngyuán 명 운동선수 | 根据 gēnjù 게 ~에 근거하여 | 可以 kěyǐ 조동 ~할 수 있다 | 个子 gèzi 명 키 | 一般 yìbān 혱 보통이다, 일반적이다

해설 지문에서 야오밍은 모두가 가장 좋아하고 실력이 가장 좋은 '篮球运动员(농구 선수)'라고 하였으므로 정답은 A이다.

---

66 ★★☆

老王的电脑出问题了，从昨天开始就一直收不到电子邮件。

라오왕의 컴퓨터가 문제가 생겨서 어제부터 계속 메일을 받을 수 없다.

★ 老王几天没收到电子邮件了?
A 一天　　　　B 两天　　　　C 三天

★ 라오왕은 며칠 동안 메일을 받지 못했는가?
A 하루　　　　B 이틀　　　　C 삼일

단어 电脑 diànnǎo 명 컴퓨터 | 出问题 chū wèntí 문제가 생기다 | 从 cóng 게 ~부터 | 昨天 zuótiān 명 어제 | 开始 kāishǐ 통 시작하다 | 就 jiù 閇 곧, 바로 | 一直 yìzhí 閇 계속, 줄곧 | 收 shōu 통 받다 | 电子邮件 diànzǐ yóujiàn 명 전자 우편, 이메일 | 几 jǐ 쥐 몇 | 天 tiān 명 날, 일 | 收到 shōudào 받다, 얻다

해설 지문에서 '从昨天开始就一直收不到电子邮件(어제부터 계속 메일을 받을 수 없다)'라고 하였으므로 메일을 받지 못한 기간은 어제와 오늘 이틀임을 알 수 있다. 따라서 정답은 B이다.

---

67 ★★☆

我对中国文化很有兴趣。希望可以有机会到中国去学习，然后再把中国介绍给自己的国家，让所有人都了解中国文化。

나는 중국 문화에 관심이 많다. 중국에 가서 공부한 후에, 중국을 우리나라에 소개하여 모든 사람으로 하여금 중국 문화를 이해하게 할 기회가 있었으면 좋겠다.

★ 根据这段话，可以知道:
A 我喜欢中国文化
B 我想介绍自己的国家
C 我想回国

★ 이 글에 근거하여, 알 수 있는 것은:
A 나는 중국 문화를 좋아한다
B 나는 우리나라를 소개하고 싶다
C 나는 귀국하고 싶다

단어 对 duì 게 ~에 대하여 | 中国 Zhōngguó 고유 중국 | 文化 wénhuà 명 문화 | 兴趣 xìngqù 명 흥미 | 希望 xīwàng 통 희망하다, 바라다 | 可以 kěyǐ 조동 ~할 수 있다 | 机会 jīhuì 명 기회 | 到 dào 통 도착하다 | 去 qù 통 가다 | 学习 xuéxí 통 학습하다, 공부하다 | 然后 ránhòu 접 그런 후에, 그다음에 | 再 zài 閇 재차, 또 | 把 bǎ 게 ~을, ~를 | 介绍 jièshào 통 소개하다 | 给 gěi 게 ~에게 | 自己 zìjǐ 대 자기, 자신 | 国家 guójiā 명 국가 | 让 ràng 통 ~하게 하다 | 所有人 suǒyǒu rén 모든 사람 | 都 dōu 閇 모두, 다 | 了解 liǎojiě 통 이해하다 | 根据 gēnjù 게 ~에 근거하여 | 知道 zhīdào 통 알다 | 喜欢 xǐhuan 통 좋아하다 | 想 xiǎng 조동 ~하고 싶다 | 回国 huíguó 귀국하다

해설 지문의 첫 문장에 '我对中国文化很有兴趣(나는 중국 문화에 관심이 많다)'라고 하였으므로 정답은 A이다.

68 ★★☆

桌子上有几本字典，最新的那本是我的。我这段时间不用，你拿去慢慢看。

탁자 위에 몇 권의 사전이 있는데, 가장 새것이 제 것이에요. 저는 요즘 필요 없으니 가져가서 천천히 보세요.

★ 我的字典：
  A 没有用了
  B 可以借很长时间
  C 不用还了

★ 나의 사전은:
  A 쓸모가 없어졌다
  B 오랜 시간 동안 빌릴 수 있다
  C 반납할 필요가 없다

단어 桌子 zhuōzi 명 탁자 | 上 shang 명 ~위에 | 几 jǐ 쥐 몇 | 本 běn 양 권(책을 세는 단위) | 字典 zìdiǎn 명 사전 | 最新 zuìxīn 형 최신의 | 那 nà 데 그, 저 | 这段时间 zhè duàn shíjiān 이 시간 동안 | 用 yòng 동 필요하다 | 拿 ná 동 쥐다, 잡다, 가지다 | 慢慢 mànmān 부 천천히 | 看 kàn 동 보다 | 可以 kěyǐ 조동 ~할 수 있다 | 借 jiè 동 빌려주다 | 长 cháng 형 (시간이) 길다, 오래다 | 时间 shíjiān 명 시간 | 还 huán 동 돌려주다

해설 지문에서 탁자 위의 '字典(사전)'을 자신은 요즘 사용하지 않으니 가져가서 천천히 보라고 하였으므로 화자의 사전을 오랜 시간 동안 빌려도 괜찮은 것을 알 수 있다. 따라서 정답은 B이다.

---

69 ★☆☆

几年不见，他长高长胖了，但还是和以前一样热情，喜欢帮助别人。

몇 년 동안 보지 못했더니 그는 키도 크고 뚱뚱해졌다. 그러나 여전히 예전과 똑같이 친절하고 다른 사람 돕는 것을 좋아한다.

★ 他以前怎么样？
  A 热情
  B 很高
  C 很胖

★ 그는 예전에 어떠했는가?
  A 친절하다
  B 키가 크다
  C 매우 뚱뚱하다

단어 几 jǐ 쥐 몇 | 不见 bújiàn 동 만나지 않다, 보지 않다 | 长 zhǎng 형 자라다, 생기다 | 高 gāo 형 (키가) 크다 | 长胖 zhǎngpàng 동 살찌다, 뚱뚱해지다 | 但 dàn 접 그러나 | 还是 háishi 부 여전히, 아직도 | 和 hé 개 ~와 | 以前 yǐqián 명 예전 | 一样 yíyàng 형 같다, 동일하다 | 热情 rèqíng 형 열정적이다, 친절하다 | 喜欢 xǐhuan 동 좋아하다 | 帮助 bāngzhù 동 돕다 | 别人 biéren 데 남, 타인 | 怎么样 zěnmeyàng 데 어떠하다

해설 지문의 마지막에 '还是和以前一样热情，喜欢帮助别人(예전과 똑같이 친절하고 다른 사람 돕는 것을 좋아한다)'라고 하였으므로 그는 이전에도 지금도 모두 친절한 것을 알 수 있다. 따라서 정답은 A이다.

---

70 ★☆☆

电视上说除了后天，从明天开始，要下一个星期的雨。

TV에서 모레를 제외하고 내일부터 일주일 동안 비가 온다고 하였다.

★ 明天什么天气？
  A 晴天   B 雨天   C 阴天

★ 내일은 어떤 날씨인가?
  A 맑은 날씨   B 비가 오는 날씨   C 흐린 날씨

단어 电视 diànshì 명 TV, 텔레비전 | 说 shuō 동 말하다 | 除了 chúle 개 ~을 제외하고 | 后天 hòutiān 명 모레 | 从 cóng 개 ~부터 | 明天 míngtiān 내일 | 开始 kāishǐ 동 시작하다 | 要 yào 조동 ~할 것이다 | 一个星期 yí ge xīngqī 한 주 | 下雨 xiàyǔ 비가 내리다 | 天气 tiānqì 명 날씨

지문에서 모레를 제외하고 내일부터 일주일 동안 비가 온다고 하였으므로 내일은 '雨天(비가 오는 날씨)'이라는 것을 알 수 있다. 따라서 정답은 B이다.

실전 연습 2 – 제3부분

>> 전략서 136p

정답　61 A　　62 B　　63 C　　64 A　　65 B　　66 C　　67 C　　68 A　　69 B　　70 C

---

61 ★☆☆

这么大的雨，他可能不会来了。你先回去休息吧，别等了。

이렇게 비가 많이 오니 그는 아마 오지 않을 거예요. 당신 먼저 돌아가서 쉬세요, 기다리지 말아요.

★ 他为什么没来?
A 下雨了
B 时间太晚了
C 休息了

★ 그는 왜 오지 않았는가?
A 비가 와서
B 시간이 너무 늦어서
C 쉬느라고

단어　这么 zhème 데 이렇게 | 可能 kěnéng 조동 아마도 ~일 것이다 | 先 xiān 부 먼저 | 回去 huíqù 되돌아가다 | 休息 xiūxi 동 휴식하다 | 吧 ba 조 ~합시다(제안) | 别 bié 부 ~하지 마라 | 等 děng 동 기다리다 | 为什么 wèishénme 데 왜 | 下雨 xiàyǔ 비가 오다 | 时间 shíjiān 명 시간 | 太 tài 부 지나치게, 너무 | 晚 wǎn 형 늦다

해설　지문의 첫 문장에서 답을 찾을 수 있는데, '这么大的雨，他可能不会来了(이렇게 비가 많이 와서 그는 아마 오지 않을 것이다)'라고 하였으므로 정답은 A이다.

---

62 ★★☆

你从这里向前一直走，在第三个路口左转，再直走，就到医院了，它就在学校的对面。

여기서부터 쭉 직진한 뒤 세 번째 길목(교차로)에서 왼쪽으로 돌아서, 다시 쭉 가시면 바로 병원이에요. 학교의 바로 맞은편입니다.

★ 他要去哪儿?
A 路口　　　B 医院　　　C 学校

★ 그는 어디에 가려고 하는가?
A 길목(교차로)　　　B 병원　　　C 학교

단어　从 cóng 전 ~부터 | 这里 zhèli 데 이곳, 여기 | 向 xiàng 개 ~을 향해서 | 前 qián 명 앞 | 一直 yìzhí 부 곧장, 곧바로 | 走 zǒu 동 걷다 | 在 zài 개 ~에, ~에서 | 路口 lùkǒu 명 길목, 교차로 | 左转 zuǒzhuǎn 좌회전하다 | 再 zài 부 재차, 또 | 直走 zhízǒu 직진하다 | 就 jiù 부 바로 | 到 dào 동 도착하다 | 医院 yīyuàn 명 병원 | 学校 xuéxiào 명 학교 | 对面 duìmiàn 명 맞은편, 건너편 | 要 yào 조동 ~하려고 하다 | 哪儿 nǎr 데 어디, 어느 곳

해설　지문에서 길 안내 후에 그곳이 '医院(병원)'이며 학교의 바로 맞은편이라고 다시 한번 확인을 해주었으므로 그가 가려고 하는 곳은 병원임을 알 수 있다. 따라서 정답은 B이다.

63 ★★☆

昨天晚上刮大风，放在窗台上的鞋子被风刮走了。我在楼下找了很久都没找着。

어제 저녁에 바람이 많이 불어서 창틀에 놓은 신발이 바람에 날아가 버렸다. 내가 아래층에서 한참을 찾았는데도 찾지 못했다.

★ 我的鞋子：
A 在窗户上
B 在楼下
C 不见了

★ 나의 신발은:
A 창틀에 있다
B 아래층에 있다
C 없어졌다

단어 昨天 zuótiān 몡 어제 | 晚上 wǎnshang 몡 저녁 | 刮大风 guā dàfēng 바람이 많이 불다 | 放 fàng 통 놓다, 두다 | 在 zài 개 ~에, ~에서 | 窗台 chuāngtái 몡 창틀 | 鞋子 xiézi 몡 신발 | 被 bèi 개 ~에게 (~를 당하다) | 走 zǒu 통 떠나다 | 楼下 lóuxià 몡 아래층 | 找 zhǎo 통 찾다 | 窗户 chuānghu 몡 창문, 창 | 不见 bújiàn 통 (물건을) 찾을 수가 없다, 없어지다

해설 지문에서 창틀에 놓은 신발이 바람에 날아갔는데 '找了很久都没找着(한참을 찾아도 찾지 못했다)'라고 하였으므로 정답은 C이다.

---

64 ★★☆

和小王一样，小李也很喜欢运动。他们两人一定会成为好朋友的。

샤오왕처럼 샤오리도 운동을 아주 좋아한다. 그들 두 사람은 반드시 좋은 친구가 될 것이다.

★ 根据这句话，可以知道小王：
A 喜欢运动
B 不喜欢运动
C 是小李的朋友

★ 이 글에 근거하여, 샤오왕에 관해 알 수 있는 것은:
A 운동을 좋아한다
B 운동을 좋아하지 않는다
C 샤오리의 친구이다

단어 和 hé 개 ~와 | 一样 yíyàng 형 같다, 동일하다 | 也 yě 뷔 ~도 | 喜欢 xǐhuan 통 좋아하다 | 运动 yùndòng 몡 운동 | 两人 liǎng rén 두 사람 | 一定 yídìng 뷔 반드시 | 成为 chéngwéi 통 ~이 되다, ~으로 되다 | 好朋友 hǎo péngyou 좋은 친구 | 根据 gēnjù 개 ~에 근거하여 | 可以 kěyǐ 조동 ~할 수 있다 | 知道 zhīdào 통 알다

해설 지문의 첫 문장에서 답을 찾을 수 있는데, '和小王一样，小李也很喜欢运动(샤오왕처럼 샤오리도 운동을 아주 좋아한다)'라고 하였으므로 샤오왕이 운동을 잘하는 것을 유추할 수 있다. 따라서 정답은 A이다.

---

65 ★☆☆

如果大家找到好方法，这道题就不难，而且只要很少的时间就能做出来。

만약 모두가 좋은 방법을 찾는다면 이 문제는 어렵지 않다. 게다가 아주 짧은 시간에 풀 수 있다.

★ 做出这道题：
A 很难
B 要有好方法
C 要花很长时间

★ 이 문제를 푸는 것은:
A 매우 어렵다
B 좋은 방법이 있어야 한다
C 매우 오랜 시간이 필요하다

단어 如果 rúguǒ 젭 만약, 만일 | 大家 dàjiā 데 모두, 다들 | 找到 zhǎodào 찾아내다 | 方法 fāngfǎ 몡 방법 | 这 zhè 데 이것 | 道 dào 양 문제를 세는 단위 | 就 jiù 뷔 바로, 곧 | 难 nán 형 어렵다 | 而且 érqiě 젭 게다가 | 只要 zhǐyào 젭 ~하기만 하면 | 时间 shíjiān 시간 | 能 néng 조동 ~할 수 있다 | 做 zuò 통 하다 | 出来 chūlái 통 (안에서 밖으로) 나오다 | 花 huā 통 쓰다, 사용하다 | 时间 shíjiān 몡 시간

해설 지문에서 만약 모두가 좋은 방법을 찾으면 문제가 어렵지 않고 짧은 시간에 풀 수 있다고 하였으므로 정답은 B이다.

---

66 ★★☆

会议时间改到下个月了。给北京、广州的公司打电话，告诉他们先不用买去杭州的机票了。

회의 시간이 다음 달로 바뀌었어요. 베이징, 광저우의 회사에 전화해서 그들에게 먼저 항저우에 가는 비행기 표를 살 필요가 없다고 알려주세요.

★ 会议本来在哪里开？
　A 北京　　　　B 广州　　　　C 杭州

★ 회의는 원래 어디에서 열리는가?
　A 베이징　　　　B 광저우　　　　C 항저우

단어 会议 huìyì 명 회의 | 时间 shíjiān 시간 | 改到 gǎidào ~으로 변경되다 | 给 gěi 개 ~에게 | 北京 Běijīng 명 베이징 | 广州 Guǎngzhōu 명 광저우 | 公司 gōngsī 명 회사 | 打电话 dǎ diànhuà 전화를 걸다 | 告诉 gàosu 통 알려주다 | 先 xiān 부 먼저 | 不用 búyòng 부 ~할 필요가 없다 | 买 mǎi 통 사다 | 杭州 Hángzhōu 고유 항저우 | 机票 jīpiào 명 비행기 표 | 本来 běnlái 부 본래, 원래 | 在 zài 개 ~에서 | 哪里 nǎli 대 어디, 어느 곳 | 开 kāi 통 열다

해설 지문에서 회의 시간이 변경되어 베이징, 광저우 회사에 전화하여 '杭州(항저우)'에 가는 비행기 표를 살 필요가 없다고 알려주라고 하였으므로 회의는 원래 항저우에서 개최하려고 했던 것을 유추할 수 있다. 따라서 정답은 C이다.

---

67 ★★★

这么晚了，我们不如在宾馆里看看电视、上上网，比出去玩好。

이렇게 늦었는데, 우리 호텔에서 TV를 보고 인터넷이나 하는 것이 나가서 노는 것보다 낫겠어요.

★ 我的意思是晚上：
　A 出去玩比较好
　B 看电视比上网好
　C 在宾馆比较好

★ 나는 저녁에：
　A 나가서 노는 것이 비교적 좋다
　B TV를 보는 것이 인터넷을 하는 것보다 좋다
　C 호텔에 있는 것이 비교적 좋다

단어 这么 zhème 대 이렇게 | 晚 wǎn 형 늦다 | 不如 bùrú 통 ~하는 편이 낫다 | 在 zài 개 ~에서 | 宾馆 bīnguǎn 명 호텔 | 电视 diànshì 명 TV, 텔레비전 | 上网 shàngwǎng 통 인터넷을 하다 | 比 bǐ 개 ~보다 | 出去 chūqù 통 나가다 | 玩 wán 통 놀다 | 意思 yìsi 명 의미, 뜻 | 晚上 wǎnshang 명 저녁 | 比较 bǐjiào 부 비교적

해설 지문에서 TV를 보고 인터넷 하는 것이 나가서 노는 것보다 좋다고 하였으므로 호텔에 있는 것이 비교적 좋다고 생각하는 것을 알 수 있다. 따라서 정답은 C이다.

---

68 ★★☆

王经理已经在路上了，再过半个小时就到了，大家不要着急，再等一会儿。

왕 사장님은 이미 오시는 중이에요. 30분만 더 있으면 도착하십니다. 모두들 조급해하지 마시고 잠시 더 기다리세요.

★ 王经理现在：
　A 还没到
　B 已经到了半个小时了
　C 在等大家

★ 왕 사장님은 지금：
　A 아직 도착하지 않았다
　B 이미 30분 전에 도착했다
　C 모두를 기다리고 있다

단어 已经 yǐjīng 부 이미, 벌써 | 在 zài 통 ~에 있다 | 路上 lùshang 명 길 위 | 半个小 bàn ge xiǎoshí 30분 | 就 jiù 부 바로

到 dào 통 도착하다 | 大家 dàjiā 대 모두 | 不要 búyào 부 ~하지 마라 | 着急 zháojí 통 조급해하다 | 再 zài 부 재차, 또 | 等一会儿 děng yíhuìr 잠시 기다리다 | 现在 xiànzài 명 지금

지문의 첫 문장에서 답을 찾을 수 있는데, '王经理(왕 사장님)'은 이미 오시는 중이니 기다리라고 하였으므로 아직 도착하지 않았다는 것을 알 수 있다. 따라서 정답은 A이다.

---

69 ★☆☆

我家离学校很近, 所以我每天都骑自行车上下班。除了可以锻炼身体, 还可以在路上买点儿菜和水果, 很方便。	우리 집은 학교에서 매우 가깝다. 그래서 나는 매일 자전거를 타고 출퇴근을 한다. 운동할 수 있을 뿐 아니라, 길에서 채소와 과일을 살 수도 있어 매우 편리하다.
★ 骑自行车上下班: A 很不方便 B 很方便 C 不能锻炼身体	★ 자전거를 타고 출퇴근하는 것은: A 매우 불편하다 B 매우 편리하다 C 운동할 수 없다

家 jiā 명 집 | 离 lí 개 ~서, ~부터 | 学校 xuéxiào 명 학교 | 近 jìn 형 가깝다 | 所以 suǒyǐ 접 그래서 | 每天 měitiān 명 매일, 날마다 | 都 dōu 부 모두, 다 | 骑自行车 qí zìxíngchē 자전거를 타다 | 上下班 shàngxiàbān 출퇴근하다 | 除了 chúle 개 ~외에 | 可以 kěyǐ 조동 ~할 수 있다 | 锻炼 duànliàn 통 (몸을) 단련하다 | 身体 shēntǐ 명 몸 | 还 hái 부 게다가, 또 | 在 zài 개 ~에서 | 路上 lùshang 명 길 위 | 买 mǎi 통 사다 | 点儿 diǎnr 양 조금 | 菜 cài 명 채소 | 和 hé 접 ~와 | 水果 shuǐguǒ 명 과일 | 方便 fāngbiàn 형 편리하다

지문에서 자전거를 타고 출퇴근하면 '除了可以锻炼身体, 还可以在路上买点儿菜和水果, 很方便(운동할 수 있을 뿐 아니라 길에서 채소와 과일을 살 수 있어 매우 편리하다)'라고 하였으므로 정답은 B이다.

---

70 ★★☆

我想去中国的其他地方看看, 了解不同的人和文化, 这样我的汉语才会说得更好。	나는 중국의 다른 지역에 가서 구경하고, 다른 사람과 문화를 이해하고 싶다. 이렇게 해야지만 내가 중국어를 더 잘 할 수 있을 것이다.
★ 我的希望不包括: A 学好汉语 B 学习中国文化 C 吃美食	★ 나의 소망에 포함되지 않는 것은: A 중국어를 잘 배우는 것 B 중국 문화를 배우는 것 C 맛있는 음식을 먹는 것

想 xiǎng 조동 ~하고 싶다 | 去 qù 통 가다 | 中国 Zhōngguó 고유 중국 | 其他 qítā 대 기타, 다른 | 地方 dìfang 명 장소, 곳 | 了解 liǎojiě 통 이해하다 | 同 tóng 형 같다, 동일하다 | 和 hé 접 ~와 | 文化 wénhuà 명 문화 | 这样 zhèyàng 대 이렇다, 이와 같다 | 汉语 Hànyǔ 고유 중국어 | 才 cái 부 비로소 | 更 gèng 부 더욱 | 希望 xīwàng 명 희망, 소망 | 包括 bāokuò 통 포함하다 | 美食 měishí 명 맛있는 음식

지문에 언급되지 않은 내용을 찾는 문제이다. 지문의 첫 문장에 화자가 중국의 다른 지역에 가서 구경하고 문화를 배우고 싶으며 중국어를 더 잘하길 원한다고 했으나 '吃美食(맛있는 음식을 먹는 것)'는 언급되지 않았으므로 정답은 C이다.

>> 전략서 140p

정답

제1부분	41 C	42 E	43 A	44 B	45 D
	46 C	47 E	48 B	49 D	50 A
제2부분	51 C	52 A	53 F	54 B	55 D
	56 D	57 A	58 C	59 E	60 B
제3부분	61 A	62 B	63 E	64 C	65 B
	66 A	67 C	68 B	69 C	70 B

 독해 阅读 **제1부분**

41 – 45

A 冰箱里有果汁。慢慢喝，别喝太快了。
B 别担心，我会认真复习的。
C 如果不下雨，我要和同学们去打篮球。
D 生日的时候朋友送给我的。
E 是的，我去了很多地方。这是我最大的爱好。
F 当然。我们先坐公共汽车，然后换地铁。

A 냉장고에 과일 주스가 있어요. 천천히 마셔요, 너무 빨리 마시지 말아요.
B 걱정 마세요, 저 열심히 복습을 할 거예요.
C 만약 비가 내리지 않는다면 저는 친구들과 농구를 하러 갈 거예요.
D 생일 때 친구가 저에게 선물한 거예요.
E 맞아요, 저는 아주 많은 곳을 갔어요. 이것은 제가 제일 좋아하는 취미랍니다.
F 당연하죠. 우리 먼저 버스를 타고 그다음에 지하철로 갈아타면 돼요.

단어 **冰箱** bīngxiāng 몡 냉장고 | **里** li 몡 안, 속 | **果汁** guǒzhī 몡 과일 주스 | **慢慢** mànmàn 뮈 천천히 | **喝** hē 동 마시다 | **别** bié 뮈 ~하지 마라 | **太** tài 뮈 지나치게, 너무 | **快** kuài 혱 빠르다 | **担心** dānxīn 동 염려하다, 걱정하다 | **会** huì 조동 ~을 하려고 한다 | **和** hé 개 ~와 | **同学** tóngxué 몡 학우, 동창 | **打篮球** dǎ lánqiú 농구하다 | **生日** shēngrì 몡 생일 | **送给** sònggěi ~에게 주다, 선물하다 | **地方** dìfang 몡 장소, 곳 | **爱好** àihào 몡 취미

41 ★★☆

今天下午你打算做什么? (C)

오늘 오후에 당신은 무엇을 할 계획이에요? (C)

단어 **今天** jīntiān 몡 오늘 | **下午** xiàwǔ 몡 오후 | **打算** dǎsuan 동 ~할 계획이다, 생각이다 | **做** zuò 동 하다 | **什么** shénme 대 무엇

103

해설 문제가 상대방에게 무엇을 할 계획인지 묻고 있으므로 답변으로 무엇을 할 것인지 알려주는 보기 C의 '我要和同学们去打篮球(나는 친구들과 농구를 하러 가려고 한다)'를 답으로 고르면 된다.

---

42 ★☆☆	
你经常出去旅游吧？我看你拍了很多照片。(E)	당신은 자주 여행을 다니죠? 저는 당신이 사진을 많이 찍은 걸 봤어요. (E)

단어 经常 jīngcháng 뵈 항상, 자주 | 出去 chūqù 동 나가다 | 旅游 lǚyóu 동 여행하다 | 看 kàn 동 보다 | 拍 pāi 동 (사진을) 찍다, 촬영하다 | 照片 zhàopiàn 명 사진

해설 문제의 핵심어는 바로 '旅游(여행)'이다. 여행이라는 단어가 직접 언급된 문장이 보기에 없지만 E의 '我去了很多地方(나는 많은 곳을 가보았다)'는 여행과 논리적으로 연관이 있으므로 정답은 E이다.

---

43 ★☆☆	
好渴啊，家里有什么喝的吗? (A)	목이 아주 마르네요, 집안에 마실 것이 있나요? (A)

단어 渴 kě 형 목이 타다, 목마르다 | 家里 jiāli 집, 집안 | 喝 hē 동 마시다

해설 문제의 핵심어인 '喝(마시다)'가 공통적으로 들어간 보기를 찾으면 정답은 A이다. 이처럼 문제와 보기에 공통된 단어가 나와 있으면 문제를 단시간에 빨리 풀 수 있으므로 다른 문제보다 먼저 풀어 시간을 절약하는것도 하나의 방법이라고 할 수 있다.

---

44 ★★☆	
快要考试了，你应该多去图书馆看看书。(B)	곧 시험이에요. 당신은 도서관에 자주 가서 공부를 좀 해야 해요. (B)

단어 快要 kuàiyào 뵈 곧(머지않아) | 考试 kǎoshi 동 시험을 치다 | 应该 yīnggāi 조동 마땅히 ~해야 한다 | 图书馆 túshūguǎn 명 도서관 | 看书 kànshū 책을 보다, 공부하다

해설 문제에서 곧 시험이니 '你应该多去图书馆看看书(당신은 도서관에 자주 가서 공부를 좀 해야 한다)'라고 하였으므로 답변에 시험 공부를 해야 하는 상황과 연결되는 단어 '复习(복습하다)'가 언급된 보기 B를 고르면 된다.

---

45 ★☆☆	
你这块手表真漂亮，在哪儿买的? (D)	당신 이 시계가 정말 예쁘네요, 어디에서 산 거예요? (D)

단어 手表 shǒubiǎo 명 손목시계 | 真 zhēn 뵈 진정으로, 참으로 | 漂亮 piàoliang 형 예쁘다 | 哪儿 nǎr 때 어디 | 买 mǎi 동 사다

해설 문제가 손목시계를 어디에서 샀는지 물어보았으므로 장소가 나온 보기를 고르거나 만약 구체적인 장소가 나오지 않았다면 선물을 받은 것이라고 유추한 후 답을 선택할 수 있다. 보기에 장소가 직접 언급된 문장은 없으므로 '朋友送给我的(친구가 선물했다)'라는 내용의 보기 D를 고른다.

46 – 50

A 都不是，我一般只用来学习。	A 모두 아니에요, 저는 보통 공부하는 데에만 사용해요.
B 自己的事情自己做。	B 자신의 일은 스스로 해야지.
C 我记得放在包里了，但是找不着了。	C 제 기억으로는 가방 안에 넣었는데, 찾을 수가 없네요.
D 虽然唱得不好听，但我们都已经习惯了。	D 비록 잘 부르지 못하지만, 우리는 이미 익숙해졌어요.
E 她已经是两个孩子的妈妈了。	E 그녀는 이미 아이가 둘 있는 엄마예요.

단어 都 dōu 및 모두, 다 | 一般 yībān 형 일반적이다, 보통이다 | 只 zhǐ 및 단지, 다만 | 用来 yònglái ~에 쓰다(사용하다) | 学习 xuéxí 동 학습하다, 공부하다 | 自己 zìjǐ 대 자기, 자신 | 事情 shìqíng 명 일 | 做 zuò 동 하다 | 记得 jìde 동 기억하다 | 放 fàng 동 놓다 | 包 bāo 명 가방 | 里 lǐ 명 안, 속 | 但是 dànshì 접 그러나 | 找不着 zhǎobuzháo 찾아내지 못하다 | 虽然 suīrán 접 비록 ~일지라도 | 唱 chàng 동 노래하다 | 好听 hǎotīng 형 (소리가) 듣기 좋다 | 但 dàn 접 그러나 | 已经 yǐjīng 및 이미, 벌써 | 习惯 xíguàn 동 습관이 되다 | 孩子 háizi 명 자녀, 어린이

46 ★★☆

你怎么刚出门就把钱包弄丢了？(C) 　　당신은 어떻게 외출하자마자 지갑을 잃어버려요? (C)

단어 怎么 zěnme 대 어떻게, 어째서 | 刚 gāng 및 방금, 막 | 出门 chūmén 동 외출하다 | 就 jiù 및 곧, 즉시 | 把 bǎ 개 ~을, ~를 | 钱包 qiánbāo 지갑 | 弄丢 nòngdiū 분실하다, 잃어버리다

해설 문제가 어떻게 외출하자마자 지갑을 잃어버렸는지 묻고 있으므로 답변으로 지갑을 둘 수 있는 장소, 또는 잃어버린 경위를 나타내는 보기를 답으로 골라주면 정답은 C이다.

47 ★☆☆

咖啡馆的那个服务员真漂亮，她有男朋友了吗？
(E)

커피숍의 그 종업원이 정말 예쁘네요. 그녀는 남자 친구가 있나요? (E)

단어 咖啡馆 kāfēiguǎn 명 커피숍 | 服务员 fúwùyuán 명 종업원 | 漂亮 piàoliang 형 예쁘다 | 男朋友 nánpéngyou 명 남자 친구

해설 문제의 핵심어가 '服务员(종업원)', '她(그녀)'이므로 답변으로 '服务员(종업원)'이 누구인지를 설명하는 문장 또는 그녀가 남자 친구가 있는지 없는지를 알려주는 문장이 올 수 있는데, 보기 E의 '她(그녀)'가 바로 종업원을 지칭하는 대명사이므로 정답은 E이다.

48 ★★☆

妈妈，麻烦你给我倒杯咖啡。(B) 　　엄마, 죄송하지만 커피 한 잔만 따라 주세요. (B)

단어 妈妈 māma 명 엄마 | 麻烦 máfan 형 귀찮다, 번거롭다 | 给 gěi 개 ~에게 | 倒 dào 동 붓다, 따르다 | 杯 bēi 양 잔, 컵 | 咖啡 kāfēi 명 커피

해설 문제가 상대방에게 무언가를 요청하는 문장이므로 답변으로 요청에 수락 혹은 거절하는 말이 와야 한다. 보기 B는 문제의 내용과 표면적으로 공통된 분모가 없어 보이지만 '自己的事情自己做(자신의 일은 스스로 해라)'라며 상대방의 요청을 거절하고 있으므로 정답은 B이다.

49 ★☆☆

他总是一边洗澡一边唱歌，声音还很大。(D) | 그는 언제나 샤워하면서 노래를 불러요. 목소리도 정말 커요. (D)

단어 **总是** zǒngshì 图 늘, 줄곧 | **一边……一边……** yìbiān…… yìbiān…… ~하면서 ~하다 | **洗澡** xǐzǎo 图 목욕하다 | **唱歌** chànggē 노래 부르다 | **声音** shēngyīn 명 소리 | **还** hái 图 또, 게다가 | **大** dà 형 크다

해설 문제의 핵심어인 '唱歌(노래를 부르다)'가 공통으로 나와 있거나 노래를 부르는 것과 관련 있는 주제로 연결되는 보기를 찾아주면 정답은 D이다.

50 ★☆☆

你一般用电脑干什么? 上网还是看电影? (A) | 당신은 보통 컴퓨터로 무엇을 하나요? 인터넷을 하나요, 아니면 영화를 보나요? (A)

단어 **一般** yìbān 형 보통이다, 일반적이다 | **用** yòng 图 쓰다, 사용하다 | **电脑** diànnǎo 명 컴퓨터 | **上网** shàngwǎng 图 인터넷을 하다 | **还是** háishi 접 또는, 아니면 | **看** kàn 图 보다 | **电影** diànyǐng 명 영화

해설 문제가 컴퓨터 쓰임에 관한 질문이므로 컴퓨터로 무엇을 하는지에 대한 답변을 골라주면 된다. 선택의문문으로 제시된 단어가 있는지, 혹은 없다면 문제의 핵심어인 '用(사용하다)'을 공통된 단어로 가지고 있는 문장이 있는지 보기에서 찾아주면 정답이 A임을 알 수 있다.

독해 제2부분

51 – 55

A 终于	B 奇怪	C 司机	A 마침내	B 이상하다	C 운전기사
D 比	E 声音	F 然后	D ~보다	E 목소리	F 그러한 후에

단어 **终于** zhōngyú 图 마침내, 결국 | **奇怪** qíguài 형 이상하다 | **司机** sījī 명 기사, 운전기사 | **比** bǐ 개 ~보다 | **然后** ránhòu 접 그러한 후에

51 ★☆☆

在出租车上，(C 司机)一直和我说着话。 | 택시에서 (C 운전기사)는 줄곧 나와 대화를 하고 있다.

단어 **出租车** chūzūchē 명 택시 | **一直** yìzhí 图 계속, 줄곧 | **和** hé 개 ~와 | **说话** shuōhuà 图 말하다 | **着** zhe 조 ~한 채로(동작이나 상태의 진행, 지속을 나타냄)

해설 택시에서 화자와 말을 할 수 있는 주체를 보기에서 골라주면 보기 C의 '司机(운전기사)'가 와야 한다. 또한, 빈칸 앞의 '出租车(택시)'라는 핵심어를 통해 정답이 C라는 것을 금방 알 수 있다.

52 ★☆☆

他每天早上五点起床练习普通话，（ A 终于 ）通过了考试。

그는 매일 아침 5시에 일어나서 표준어를 연습하더니, (A 마침내) 시험에 통과했다.

단어 每天 měitiān 명 매일 | 早上 zǎoshang 명 아침 | 起床 qǐchuáng 동 일어나다 | 练习 liànxí 동 연습하다 | 普通话 pǔtōnghuà 명 (현대 중국어의) 표준어 | 通过 tōngguò 동 합격하다, 통과하다 | 考试 kǎoshì 명 시험

해설 빈칸이 술어 '通过(통과하다)' 앞에 있으므로 빈칸에 들어갈 단어의 품사는 부사이다. 보기에 부사는 '终于(마침내)'뿐이므로 정답은 A이다. 참고로 부사 '终于'는 자주 조사 '了'와 함께 쓰여 '마침내 ~했다'라는 의미를 나타내므로 기억해두자.

53 ★★☆

他先把作业做完了，（ F 然后 ）才出去找朋友玩儿。

그는 먼저 숙제를 다 하고, (F 그런 후에야) 비로소 친구와 놀러 나갔다.

단어 先 xiān 부 먼저 | 把 bǎ 개 ~을, ~를 | 作业 zuòyè 명 숙제 | 做完 zuòwán 다 하다, (일을) 끝내다 | 才 cái 부 비로소 | 找 zhǎo 동 찾다 | 朋友 péngyou 명 친구 | 玩儿 wánr 동 놀다

해설 쉼표 뒤에 바로 빈칸이 있으므로 빈칸에는 접속사나 부사가 와야 하는데, 앞 구절에 '先(먼저)'이 보이므로 빈칸에는 '然后(그런 후에야)'가 와야 한다. 따라서 정답은 F이다. 참고로 '先……然后……'는 '먼저 ~한 뒤 그다음 ~한다'라는 뜻으로 동작의 선후(연속) 관계를 나타낸다는 것을 알아두자.

54 ★☆☆

真（ B 奇怪 ），我刚才放在桌上的苹果怎么不见了？

정말 (B 이상해요), 제가 방금 책상 위에 둔 사과가 어째서 보이지 않죠?

단어 真 zhēn 부 확실히, 진정으로 | 刚才 gāngcái 명 지금 막, 방금 | 放 fàng 동 놓다 | 桌 zhuō 명 탁자 | 苹果 píngguǒ 명 사과 | 怎么 zěnme 대 어떻게, 어째서 | 不见 bújiàn 동 보이지 않다

해설 빈칸 앞에 정도부사 '真(정말)'이 있고 빈칸 뒤에 목적어가 없으므로 빈칸에 들어갈 단어의 품사는 형용사이다. 보기에 형용사는 '奇怪(이상하다)'뿐이므로 정답은 B이다.

55 ★★☆

今天（ D 比 ）昨天冷多了，所以我多穿了件毛衣。

오늘은 어제(D 보다) 더 추워져서 나는 스웨터 하나를 더 입었다.

단어 今天 jīntiān 명 오늘 | 昨天 zuótiān 명 어제 | 冷 lěng 형 춥다 | 所以 suǒyǐ 접 그래서 | 穿 chuān 동 입다, 신다 | 件 jiàn 양 벌(옷을 세는 단위) | 毛衣 máoyī 명 스웨터

해설 빈칸 뒤의 '술어(형용사)+보어' 구조인 '冷多了(더 추워졌다)'를 통해 빈칸에 비교를 나타내는 개사 '比(~보다)'가 들어가야 하는 것을 알 수 있으므로 정답은 D이다. 참고로 개사 '比(~보다)'는 주어 뒤, 비교할 대상 앞에 부사어로 놓으며 술어로 형용사나 형용사구를 쓴다는 것도 알아두자.

A 干净	B 但是	C 方便	A 깨끗하다	B 그러나	C 편리하다
D 为了	E 当然	F 爱好	D ~을 위하여	E 당연히	F 취미

단어 干净 gānjìng 톙 깨끗하다 | 但是 dànshì 젭 그러나, 그렇지만 | 方便 fāngbiàn 톙 편리하다 | 为了 wèile 꺤 ~을 위하여 |
当然 dāngrán 띔 당연히, 물론

---

56 ★☆☆

A: (D 为了) 你的健康，不要再喝酒了。

B: 我以后可以少喝一点。

A: 당신의 건강(D 을 위하여) 다시는 술을 마시지 말아요.

B: 앞으로 좀 적게 마실게요.

단어 健康 jiànkāng 몡 건강 | 不要 búyào 띔 ~하지 마라 | 再 zài 띔 재차, 또 | 喝酒 hējiǔ 술을 마시다 | 以后 yǐhòu 몡 이후 |
可以 kěyǐ 조동 ~할 수 있다 | 少 shǎo 톙 적다 | 喝 hē 동 마시다

해설 빈칸 뒤의 '你的健康(당신의 건강)'은 '不要再喝酒了(다시는 술을 마시지 말아라)'를 통해 이뤄지는 목적이다. 따라서 빈칸에는 목적을 나타내는 개사 '为了(~을 위하여)'가 들어가야 하므로 정답은 D이다. 참고로 개사 '为了'는 자주 문장 맨 앞에 놓여 '~을 위하여'라는 뜻의 목적을 이끈다.

---

57 ★☆☆

A: 房间已经打扫过了，您可以马上住进去了。

B: 很 (A 干净)，谢谢你了。

A: 방을 이미 청소했어요, 바로 들어가서 묵어도 좋아요.

B: 매우 (A 깨끗하네요), 감사해요.

단어 房间 fángjiān 몡 방 | 已经 yǐjīng 띔 이미, 벌써 | 打扫 dǎsǎo 동 청소하다 | 过 guo 조 ~한 적이 있다 | 可以 kěyǐ 조동 ~할 수 있다 | 马上 mǎshàng 띔 곧, 즉시 | 住 zhù 동 숙박하다, 묵다 | 进去 jìnqù 동 들어가다 | 谢谢 xièxie 동 감사합니다, 고맙습니다

해설 빈칸 앞에 정도부사 '很(매우)'이 있고 목적어가 없으므로 빈칸에 들어갈 단어의 품사는 형용사이다. 또한, '房间已经打扫过了(방을 이미 청소하였다)'라고 하였으므로 문맥상 알맞은 형용사를 골라주면 정답은 A이다.

---

58 ★☆☆

A: 有了自行车以后，上学就 (C 方便) 多了。

B: 我也打算去买一辆。

A: 자전거가 생긴 이후로 학교 가기가 훨씬 (C 편리해졌어요).

B: 저도 한 대 사려고요.

단어 自行车 zìxíngchē 몡 자전거 | 上学 shàngxué 동 등교하다 | 就 jiù 띔 곧, 즉시 | 也 yě 띔 ~도 | 打算 dǎsuan 동 ~할 계획이다 | 买 mǎi 동 사다 | 辆 liàng 양 대, 량(차량을 세는 단위)

해설 자전거가 생겨서 등교하는 것이 어찌 됐는지를 나타내주는 형용사가 빈칸에 들어갈 정답이다. 따라서 문맥상 알맞은 형용사를 고르면 정답은 C이다.

59 ★★☆

A: 周末我能到你家看小狗吗?

B: (E 当然) 可以了, 什么时候都行。

A: 주말에 제가 당신 집에 가서 강아지를 봐도 될까요?

B: (E 당연히) 돼요. 언제든지 가능해요.

단어 周末 zhōumò 몡 주말 | 能 néng 조동 ~할 수 있다 | 到 dào 동 도착하다, (어느 곳에) 이르다 | 小狗 xiǎogǒu 몡 강아지 | 可以 kěyǐ 조동 ~해도 좋다 | 行 xíng 동 좋다, ~해도 좋다

해설 빈칸 뒤에 조동사 '可以(~해도 좋다)'가 있으므로 빈칸에 들어갈 단어의 품사는 부사이다. 보기에 부사는 '当然(당연히)'뿐이므로 정답은 E이다.

60 ★☆☆

A: 你觉得这件衣服怎么样?

B: 很漂亮, (B 但是) 太贵了。

A: 당신이 생각하기에 이 옷은 어떤 것 같아요?

B: 아주 예뻐요, (B 그렇지만) 너무 비싸네요.

단어 觉得 juéde 동 ~라고 생각하다 | 衣服 yīfu 몡 옷 | 怎么样 zěnmeyàng 때 어떠하다 | 漂亮 piàoliang 혱 예쁘다, 아름답다 | 太 tài 뷔 지나치게, 너무 | 贵 guì 혱 비싸다

해설 빈칸이 쉼표 뒤에 있으므로 빈칸에는 접속사나 부사가 와야 하는데, 옷에 대하여 '漂亮(예쁘다)'과 '贵(비싸다)'는 서로 다른 개념을 나타내므로 전환을 나타내는 접속사 '但是(그러나)'가 와야 한다. 따라서 정답은 B이다.

독해 阅读 제3부분

61 ★★☆

今天早上八点, 我去图书馆, 发现还没开门, 才想起每个星期四, 图书馆都要打扫卫生, 一直到九点半才开。

오늘 아침 8시에 나는 도서관에 갔는데, 아직 문을 열지 않은 것을 발견하고 나서야 매주 목요일에 도서관이 청소를 하여 9시 30분에나 문을 연다는 것이 생각났다.

★ 图书馆一般几点开门?

A 8:00　　　B 9:00　　　C 9:30

★ 도서관은 일반적으로 몇 시에 문을 여는가?

A 8:00　　　B 9:00　　　C 9:30

단어 今天 jīntiān 몡 오늘 | 早上 zǎoshang 몡 아침 | 点 diǎn 양 시 | 发现 fāxiàn 동 발견하다, 알아채다 | 还没 hái méi 아직 ~하지 않았다 | 开门 kāimén 동 문을 열다 | 才 cái 뷔 비로소 | 想起 xiǎngqǐ 생각해 내다, 떠올리다 | 每个星期四 měi ge xīngqīsì 매주 목요일 | 图书馆 túshūguǎn 몡 도서관 | 都 dōu 뷔 모두 | 要 yào 조동 ~할 것이다 | 打扫卫生 dǎsǎo wèishēng 청소하다 | 一直 yìzhí 뷔 줄곧, 계속 | 到 dào 개 ~까지 | 半 bàn 수 절반

해설 지문에서 오늘 '早上八点(아침 8시)'에 도서관에 가서야 목요일만 청소 때문에 '九点半(9시 30분)'에 문을 연다는 것이 생각났다고 하였으므로 일반적으로는 8시에 문을 연다는 것을 알 수 있다. 따라서 정답은 A이다.

62 ★☆☆

李老师暑假出去旅游了，回来时瘦了很多。他告诉我们，旅游的地方，东西不好吃，所以吃得很少。

이 선생님은 여름 방학에 여행을 갔는데 돌아올 때 살이 많이 빠졌다. 그는 우리에게 여행한 곳이 음식이 맛이 없어서 아주 적게 먹었다고 말해주었다.

★ 李老师：
　A 变胖了　　　B 变瘦了　　　C 没变

★ 이 선생님은：
　A 뚱뚱해졌다　B 살이 빠졌다　C 변하지 않았다

단어 老师 lǎoshī 몡 선생님 | 暑假 shǔjià 몡 여름 방학 | 出去 chūqù 동 나가다 | 旅游 lǚyóu 동 여행하다 | 回来 huílái 동 되돌아오다 | 时 shí 몡 시, 때 | 瘦 shòu 톙 마르다 | 告诉 gàosu 동 알려주다 | 地方 dìfang 몡 곳, 장소 | 不好吃 bù hǎochī 맛없다 | 所以 suǒyǐ 접 그래서 | 吃 chī 동 먹다 | 得 de 조 ~하는 정도가(술어 뒤에 쓰여 술어의 정도를 나타냄) | 少 shǎo 톙 적다 | 变 biàn 동 변하다 | 胖 pàng 톙 뚱뚱하다

해설 지문에서 '李老师暑假出去旅游了, 回来时瘦了很多(이 선생님은 여름 방학 때 여행을 갔다 돌아올 때 살이 많이 빠졌다)'라고 하였으므로 정답은 B이다.

63 ★☆☆

不用担心，只是有点儿感冒。回去吃点儿药，多喝水，早点休息。过两天就好了。

걱정하지 말아요, 단지 감기에 걸렸을 뿐이에요. 돌아가서 약 좀 먹고 물을 많이 마시고 일찍 쉬세요. 며칠 지나면 바로 좋아질 거예요.

★ 说话人是：
　A 老师　　　B 医生　　　C 司机

★ 화자는：
　A 선생님이다　　B 의사이다　　C 운전기사이다

단어 不用 búyòng 부 ~할 필요가 없다 | 担心 dānxīn 동 걱정하다 | 只是 zhǐshì 부 단지 | 有点儿 yǒudiǎnr 부 조금 | 感冒 gǎnmào 동 감기에 걸리다 | 回去 huíqù 동 되돌아가다 | 吃 chī 동 먹다 | 点儿 diǎnr 양 조금 | 药 yào 몡 약 | 喝水 hē shuǐ 물을 마시다 | 早点 zǎodiǎn 부 좀 일찍 | 休息 xiūxi 동 휴식하다 | 过两天 guò liǎng tiān 며칠이 지나다 | 就 jiù 부 바로, 곧 | 说话人 shuōhuàrén 화자, 말하는 사람 | 老师 lǎoshī 몡 선생님 | 医生 yīshēng 몡 의사 | 司机 sījī 몡 운전기사

해설 지문의 '感冒(감기)', '药(약)', '休息(쉬다)'라는 핵심어를 통해 말하는 사람이 의사라는 것을 유추할 수 있다. 따라서 정답은 B이다.

64 ★★☆

小王最近买了一辆自行车，每天骑车上下班。他说这样可以不用买票坐公共汽了，而且也不用再花钱去体育馆锻炼了。

샤오왕은 최근 자전거를 한 대 사서 매일 자전거를 타고 출퇴근을 한다. 그는 이렇게 하면 버스를 탈 필요도 없고 돈을 들여 체육관에 가서 운동할 필요도 없다고 말했다.

★ 小王为什么骑自行车上班？
　A 不用锻炼
　B 去体育馆不花钱
　C 少花钱

★ 샤오왕은 왜 자전거를 타고 출근하는가？
　A 운동할 필요가 없어서
　B 체육관에 가서 돈을 쓰지 않아서
　C 돈을 적게 써서

단어 最近 zuìjìn 몡 요즘, 최근 | 买 mǎi 동 사다 | 辆 liàng 양 대, 량(차량을 세는 단위) | 自行车 zìxíngchē 몡 자전거 | 每天 měitiān 몡 매일 | 骑车 qíchē 자전거를 타다 | 上下班 shàngxiàbān 출퇴근하다 | 说 shuō 동 말하다 | 这样 zhèyàng 대 이렇다, 이와 같다 | 可以 kěyǐ 조동 ~할 수 있다, 가능하다 | 不用 búyòng 부 ~할 필요가 없다 | 票 piào 몡 표 | 坐 zuò 동

타다 | **公共汽车** gōnggòng qìchē 圐 버스 | **而且** érqiě 圙 게다가, 또한 | **也** yě 閉 ~도 | **再** zài 閉 또 | **花钱** huāqián 돈을 쓰다 | **体育馆** tǐyùguǎn 圐 체육관 | **锻炼** duànliàn 图 (몸을) 단련하다 | **为什么** wèishénme 때 왜 | **少** shǎo 圀 적다

해설 지문에서 샤오왕이 자전거를 타고 출퇴근을 하면 버스를 탈 필요도 없고 돈을 들여 체육관에 갈 필요도 없다고 하였으므로 자전거를 타면 돈을 적게 쓸 수 있다는 것을 알 수 있다. 따라서 정답은 C이다.

---

65 ★★☆

有句话说：每天一苹果，医生远离我。

매일 사과를 하나씩 먹으면 의사가 나를 멀리한다는 말이 있다.

★ 这句话告诉我们：
A 远离医生
B 吃苹果对身体好
C 每天吃苹果

★ 이 말이 우리에게 알려주는 것은:
A 의사를 멀리 해라
B 사과를 먹는 것은 몸에 아주 좋다
C 매일 사과를 먹어라

단어 **句** jù 양 말, 마디 | **话** huà 圐 말 | **说** shuō 图 말하다 | **每天** měitiān 圐 매일 | **苹果** píngguǒ 圐 사과 | **医生** yīshēng 圐 의사 | **远离** yuǎnlí 멀리하다 | **告诉** gàosu 图 말하다, 알리다 | **对** duì 젠 ~에 대해, ~에 대하여 | **身体** shēntǐ 圐 건강

해설 지문의 '每天一苹果, 医生远离我(매일 사과를 하나씩 먹으면 의사가 나를 멀리한다)'라는 말을 미루어 사과를 먹는 것은 몸에 좋다는 것을 알 수 있다. 따라서 정답은 B이다.

---

66 ★★☆

现在越来越多的年轻人喜欢在电脑上买东西。他们觉得很方便，只要动动手，东西就到家了。最重要的是价格比商店里的便宜得多。

현재 갈수록 많은 젊은이들은 인터넷에서 물건을 사는 것을 좋아한다. 그들은 이것이 매우 편리하다고 생각하는데 단지 손만 움직이면 물건이 바로 집에 오기 때문이다. 가장 중요한 것은 가격이 상점 보다 많이 저렴하다.

★ 为什么年轻人喜欢上网买东西?
A 方便
B 质量好
C 价格贵

★ 젊은이들은 왜 인터넷으로 물건을 사는 것을 좋아하는가?
A 편리해서
B 품질이 좋아서
C 가격이 비싸서

단어 **现在** xiànzài 圐 지금 | **越来越** yuèláiyuè 더욱더, 점점 | **多** duō 圀 많다 | **年轻人** niánqīngrén 圐 젊은 사람 | **喜欢** xǐhuan 图 좋아하다 | **在** zài 젠 ~에, ~에서 | **电脑** diànnǎo 圐 컴퓨터 | **买** mǎi 图 사다 | **东西** dōngxi 圐 물건 | **觉得** juéde 图 ~라고 생각하다 | **方便** fāngbiàn 圀 편리하다 | **只要** zhǐyào 젭 ~하기만 하면 | **动手** dòngshǒu 图 손을 대다, 만지다 | **就** jiù 閉 바로 | **到家** dào jiā 집에 도착하다 | **最** zuì 閉 가장 | **重要** zhòngyào 圀 중요하다 | **价格** jiàgé 圐 가격 | **比** bǐ 젠 ~보다 | **商店** shāngdiàn 圐 상점 | **便宜** piányi 圀 싸다 | **得** de 조 ~하는 정도가(술어 뒤에 쓰여 술어의 정도를 나타냄) | **质量** zhìliàng 圐 질량 | **贵** guì 圀 비싸다

해설 지문에서 많은 젊은이들이 인터넷으로 물건을 사는 것은 '方便(편리하다)'이라고 생각한다고 하였으므로 정답은 A이다. 보기 B의 품질은 언급되지 않았고 지문에서 가격이 저렴하다고 하였으므로 보기 C는 답이 될 수 없다.

67 ★★☆

我们学校的校长是我妈妈的同学，也是我姐姐的老师，所以<u>前两天我们一起参加了他女儿的婚礼</u>。	우리 학교의 교장 선생님은 우리 엄마의 동창이자 누나의 선생님이다. 그래서 이틀 전에 우리는 함께 교장 선생님의 딸 결혼식에 갔다.

★ 我们参加了谁的婚礼？
  A 校长
  B 我姐姐
  C 校长的女儿

★ 우리는 누구의 결혼식에 갔었는가?
  A 교장 선생님
  B 나의 누나
  C 교장 선생님의 딸

단어 学校 xuéxiào 명 학교 | 校长 xiàozhǎng 명 교장 선생님 | 妈妈 māma 명 엄마 | 同学 tóngxué 명 학우, 동창 | 也 yě 부 ~도 | 姐姐 jiějie 명 언니, 누나 | 老师 lǎoshī 명 선생님 | 所以 suǒyǐ 접 그래서 | 前两天 qián liǎng tiān 며칠 전 | 一起 yìqǐ 부 같이, 함께 | 参加 cānjiā 동 참가하다 | 女儿 nǚ'ér 명 딸 | 婚礼 hūnlǐ 명 결혼식 | 谁 shéi 대 누구

해설 지문의 앞부분에서 우리와 '校长(교장 선생님)'과의 관계를 설명하며 교장 선생님의 딸 결혼식에 참가하였다고 하였으므로 정답은 C이다.

---

68 ★★☆

<u>晚上睡觉前别吃糖</u>，会长胖的。还有，喝完牛奶别忘了刷牙。	저녁에 자기 전에 사탕을 먹지 마세요, 살이 찔 수 있어요. 그리고 우유를 마신 후에 양치질하는 것도 잊지 마세요.

★ 睡觉前不能做什么？
  A 刷牙
  B 吃糖
  C 喝牛奶

★ 자기 전에 무엇을 하면 안 되는가?
  A 양치질하는 것
  B 사탕을 먹는 것
  C 우유를 마시는 것

단어 睡觉 shuìjiào 동 (잠을) 자다 | 前 qián 명 앞, 전 | 吃糖 chī táng 사탕을 먹다 | 长胖 zhǎngpàng 동 살찌다, 뚱뚱해지다 | 还有 háiyǒu 접 또한, 게다가 | 喝完 hēwán 다 마시다 | 牛奶 niúnǎi 명 우유 | 忘 wàng 동 잊다 | 刷牙 shuāyá 양치하다 | 做 zuò 동 하다

해설 지문의 첫 문장에 '晚上睡觉前别吃糖(저녁에 자기 전에 사탕을 먹지 말아라)'이라고 하였으므로 정답은 B이다.

---

69 ★★☆

奶奶的眼镜不见了，她找遍了家里的每一个房间，连厨房和洗手间都找过了，但还是没找到。最后<u>我在她的鼻子上发现了</u>。	할머니의 안경이 없어졌다. 그녀는 집안의 모든 방을 다 찾아보고 심지어 주방과 화장실도 찾아 보았으나 역시 찾지 못했다. 결국 내가 그녀의 코 위에서 발견하였다.

★ 奶奶的眼镜在哪里？
  A 厨房   B 洗手间   C 鼻子上

★ 할머니의 안경은 어디에 있는가?
  A 주방   B 화장실   C 코 위에

단어 奶奶 nǎinai 명 할머니 | 眼镜 yǎnjìng 명 안경 | 不见 bújiàn 동 보이지 않다 | 找 zhǎo 동 찾다 | 遍 biàn 양 번, 차례 | 家 jiā 명 집 | 每一个 měi yí ge 하나씩, 각각 | 房间 fángjiān 명 방 | 连 lián 개 ~마저도, ~까지도 | 厨房 chúfáng 명 주방 | 和 hé 접 ~와 | 洗手间 xǐshǒujiān 명 화장실 | 都 dōu 부 모두, 다 | 过 guo 조 ~한 적이 있다 | 但 dàn 접 그러나 | 还是

háishi 및 여전히 | **没找到** méi zhǎodào 찾지 못했다 | **最后** zuìhòu 명 최후, 맨마지막 | **在** zài 개 ~에, ~에서 | **鼻子** bízi 명 코 | **上** shang 명 ~에, ~에서 | **发现** fāxiàn 동 발견하다 | **哪里** nǎli 대 어디, 어느 곳

지문의 마지막 문장에서 답을 찾을 수 있는데, '奶奶的眼镜(할머니의 안경)'을 찾기 위해 집안 곳곳을 다 찾았지만 '最后我在她的 鼻子上发现了(결국 내가 할머니 코 위에서 찾았다)'라고 하였으므로 정답은 C이다.

---

70 ★★☆

你还是先去换双鞋子吧。不要又和上次一样，还 没到山脚，就说脚疼了。

당신 그래도 먼저 가서 신발을 바꿔 신는 게 낫겠어요. 지 난번처럼 또 산기슭에 도달하지도 않았는데, 발이 아프다 고 하지 말고요.

★ 他们打算做什么?
　A 买鞋子
　B 爬山
　C 看医生

★ 그들은 무엇을 할 계획인가?
　A 신발을 산다
　B 등산한다
　C 진료를 받는다

还是 háishi 및 ~하는 편이 (더) 좋다 | **先** xiān 및 먼저 | **去** qù 동 가다 | **换** huàn 동 바꾸다, 교환하다 | **双** shuāng 양 짝, 켤레 | **鞋子** xiézi 명 신발 | **吧** ba 조 ~합시다(제안·청유) | **不要** búyào 및 ~하지 마라 | **又** yòu 및 또 | **和** hé 개 ~와 | **上次** shàng cì 지난번 | **一样** yíyàng 형 같다, 동일하다 | **还** hái 및 여전히, 아직 | **没到** méidào 도착하지 않다 | **山脚** shānjiǎo 명 산기슭 | **就** jiù 및 바로, 곧, 즉시 | **说** shuō 동 말하다 | **脚** jiǎo 명 발 | **疼** téng 형 아프다 | **打算** dǎsuan 동 ~ 할 계획이다, 생각이다 | **买** mǎi 동 사다 | **爬山** páshān 산을 오르다, 등산하다 | **看医生** kàn yīshēng (의사에게) 보이다, 진료를 받다

질문에서 그들이 무엇을 할 계획인지에 대해 주목하자. 화자가 지난번처럼 '山脚(산기슭)'에 도착하기 전에 발이 아프다 하지 말고 신발을 바꿔 신으라고 하였으므로 그들이 등산을 하려고 하는 것을 유추할 수 있다. 따라서 정답은 B이다.

쓰기 _{书写} 제1부분

 미리보기 │ 해석

>> 전략서 154p

71. 河上有一条小船。	71. 강에 작은 배 한 척이 있다.

01. 관형어

유형 확인 문제

>> 전략서 155p

정답 1 妈妈的红裙子很漂亮。

01 ★☆☆			
红	裙子	妈妈的	很漂亮
정답 妈妈的红裙子很漂亮。		엄마의 빨간색 치마는 매우 예쁘다.	

단어 红 hóng ⃝ 붉다, 빨갛다 │ 裙子 qúnzi ⃝ 치마 │ 很 hěn ⃝ 매우 │ 漂亮 piàoliang ⃝ 예쁘다

해설 1. 제시된 단어 중 '정도부사+형용사'인 '很漂亮(매우 예쁘다)을 '부사어+술어'로 놓는다.

2. 형용사가 술어로 오면 목적어가 오지 않으므로 남은 단어 중 명사인 '裙子(치마)'는 주어가 된다.

3. '妈妈的(엄마의)'는 소속관계를 나타내므로 묘사성 관형어인 '红(빨갛다)' 앞에 배치한다.

妈妈的　红　裙子　很漂亮。
관형어　　주어　부사어+술어

02. 부사어

유형 확인 문제

>> 전략서 156p

정답 1 妹妹在学校旁边的公司工作。　2 他很认真地听了那首歌。

01 ★★☆				
工作	公司	学校旁边的	在	妹妹
정답 妹妹在学校旁边的公司工作。			여동생은 학교 옆의 회사에서 일한다.	

단어 在 zài ⃝ ~에, ~에서 │ 学校 xuéxiào ⃝ 학교 │ 旁边 pángbiān ⃝ 옆, 옆쪽

해설 1. 제시된 단어 중 동사 '工作(일하다)'를 술어로 놓는다.

2. 술어와 어울리는 주어를 찾으면 '妹妹(여동생)'가 올 수 있다.

3. '学校旁边的(학교 옆의)'는 조사 '的(~의)'가 있으므로 명사 앞에서 '公司(회사)'와 연결한다.

4. 나머지 단어인 개사 '在(~에)'는 장소를 나타내므로 '学校旁边的公司(학교 옆의 회사)' 앞에 부사어로 배치한다.

妹妹	在　学校旁边的　公司	工作。
주어	부사어	술어

02 ★★☆

那首歌　　　他　　　认真地　　　很　　　听了

정답 他很认真地听了那首歌。　　　　　　그는 매우 열심히 그 노래를 들었다.

단어 认真 rènzhēn 혱 진지하다, 열심히하다 | 地 de 조 ~하게(관형어로 쓰이는 단어나 구 뒤에 쓰여 중심어를 수식함) | 听 tīng 통 듣다 | 了 le 조 ~했다(완료를 나타냄) | 首 shǒu 양 곡(노래를 세는 단위) | 歌 gē 명 노래

해설 1. 제시된 단어 중 '동사 + 了'인 '听了(들었다)'를 술어로 놓는다.

2. 술어와 어울리는 주어를 찾으면 대명사 '他(그)'가 올 수 있다.

3. 무엇을 들었는지를 찾으면 '那首歌(그 노래)'를 '관형어+목적어'로 배치한다.

4. '很(매우)'은 정도부사로 '认真地(열심히)' 앞에 오며 '很认真地(매우 열심히)'가 함께 쓰여 부사어가 되므로 술어 앞에 배치한다.

他	很　认真地	听了	那首歌。
주어	부사어	술어	관형어＋목적어

03. 보어

유형 확인 문제
》》 전략서 157p

정답 1 老王的孩子可爱极了。　 2 他每星期去两次超市。

01 ★☆☆

孩子　　　可爱　　　极了　　　老王　　　的

정답 老王的孩子可爱极了。　　　　　라오왕의 아이는 매우 귀엽다.

단어 孩子 háizi 명 아이 | 可爱 kě'ài 혱 귀엽다 | 极了 jí le (형용사 뒤에 보어로 쓰여) 매우 ~하다

해설 1. 제시된 단어 중 형용사인 '可爱(귀엽다)'를 술어로 놓은 후 형용사 술어 뒤에서 정도를 강조하는 '极了(매우 ~하다)'를 보어로 배치한다.

2. 주어로 명사인 '孩子(아이)'와 '老王(라오왕)' 모두 주어가 될 수 있으나, 제시된 단어 중 조사 '的(~의)'가 있으므로 문맥상 '老王的孩子(라오왕의 아이)'로 연결해야 한다.

3. 주어는 '孩子(아이)', '老王的(라오왕의)'는 주어 앞에 관형어로 배치한다.

老王　的	孩子	可爱	极了。
관형어	주어	술어	보어

每星期	超市	去	他	两次

정답 他每星期去两次超市。	그는 매주 슈퍼마켓에 두 번 간다.

단어 **每星期** měi xīngqī 매주 | **超市** chāoshì 몡 슈퍼마켓 | **次** cì 양 차례, 번, 회

해설 1. 제시된 단어 중 동사 '去(가다)'를 술어로 놓는다.

2. 술어와 어울리는 주어를 찾으면 대명사 '他(그)'가 올 수 있다.

3. 어디에 가는지 장소를 나타내는 목적어를 찾으면 명사 '超市(슈퍼마켓)'이다.

4. 시간 명사인 '每星期(매주)'는 부사어로 주어 뒤, 동량사인 '两次(두 번)'는 반드시 술어 뒤에 배치해야 한다.

他	每星期	去	两次	超市。
주어	부사어	술어	보어	목적어

04. 특수 문형

被자문

유형 확인 문제
>> 전략서 158p

정답 1 蛋糕可能被吃完了。　2 妈妈的衣服被风刮跑了。

可能	蛋糕	被	吃	完了

정답 蛋糕可能被吃完了。	케이크는 아마도 다 먹었을 것이다.

단어 **蛋糕** dàngāo 몡 케이크 | **可能** kěnéng 조동 아마도 ~일 것이다 | **被** bèi 깨 ~에 의하여 (~을 당하다) | **了** le 조 ~했다(완료를 나타냄)

해설 1. 被자문의 기본 형식은 '주어 + 부사어(被 + 행위의 주체) + 술어 + 기타성분'이다.

2. 제시된 단어 중 동사 '喝(마시다)'를 술어로 놓고 '完了(없어졌다)'는 술어 뒤 기타성분(보어 + 了)으로 와야 한다.

3. '被' 뒤에 오는 행위의 주체는 생략되었다.

4. 주어는 명사 '蛋糕(케이크)'이며, 조동사 '可能(아마도)'은 부사어로 개사인 '被(~에 의해 ~당하다)' 앞에 배치한다.

蛋糕	可能 被	吃	完了。
주어	부사어	술어	기타성분

02	★★☆

妈妈的衣服	刮跑了	风	被

정답 妈妈的衣服被风刮跑了。　　　　　　엄마의 옷이 바람에 의해 날아가 버렸다.

단어 衣服 yīfu 몡 옷 | 被 bèi 겐 ~에 의하여 ~을 당하다 | 风 fēng 몡 바람 | 刮 guā 동 (바람이) 불다 | 跑 pǎo 동 뛰다

해설 1. 被자문의 기본 형식은 '주어 + 부사어(被 + 행위의 주체) + 술어 + 기타성분'이다.

2. 제시된 단어 중 '동사 + 기타성분(보어 + 了)'으로 이루어진 '刮跑了(날아가 버렸다)'를 술어로 놓는다.

3. '被'와 명사 '风(바람)'을 연결하여 술어 앞에 부사어로 배치한다.

4. 남은 단어 중 '衣服(옷)'가 주어가 되며, '妈妈的(엄마의)'는 주어 앞에 관형어로 배치한다.

妈妈的	衣服	被 风	刮	跑了。
관형어	주어	부사어	술어	기타성분

把자문

유형 확인 문제
〉〉 전략서 159p

정답 1 妹妹把地址写错了。

01	★★☆

地址	妹妹	把	写	错了

정답 妹妹把地址写错了。　　　　　　여동생은 주소를 잘못 썼다.

단어 把 bǎ 겐 ~을, ~를 | 地址 dìzhǐ 몡 주소 | 写 xiě 동 쓰다 | 错 cuò 혱 틀리다, 맞지 않다

해설 1. 把자문의 기본 형식은 '주어 + 부사어(把 + 행위의 대상) + 술어 + 기타성분'이다.

2. 제시된 단어 중 동사 '写(쓰다)'를 술어로 놓고 그 뒤에 기타성분(보어 + 了)으로 '错了(틀렸다)'를 배치한다.

3. '把(~을/를)'를 명사 '地址(주소)'와 연결하여 술어 앞에 부사어로 놓는다.

4. 남은 단어 중 명사 '妹妹(여동생)'가 주어로 올 수 있다.

妹妹	把 地址	写	错了。
주어	부사어	술어	기타성분

>> 전략서 160p

是……的구문

유형 확인 문제

정답 1 哥哥是坐火车回来的。　　2 这条裙子是在北京买的。

---

01 ★★☆

哥哥	坐火车	回来的	是

정답 哥哥是坐火车回来的。　　　오빠(형)는 기차를 타고 왔다.

단어 哥哥 gēge 몡 형, 오빠 | 坐 zuò 툉 앉다, 타다 | 火车 huǒchē 몡 기차 | 回来 huílái 툉 돌아오다

해설 1. 먼저 제시된 단어에 '是'와 '的'가 동시에 있는 경우 '是……的구문'이라 가정한다.

2. 是……的구문의 기본 형식은 '주어 + 是 + 부사어(시간/장소/방법) + 술어 + 的'이다.

3. 제시된 단어 중 '동사 + 的'인 '回来的(돌아왔다)'를 술어로 배치한다.

4. 돌아온 방식을 강조하는 '坐火车(기차를 타다)'를 술어 앞에 배치한다.

5. 주어는 명사 '哥哥(오빠, 형)'가 되며 '是'는 주어 뒤에 놓는다.

哥哥　　是　　坐火车　　回来的。
주어　　　　부사어　　술어
　　　　　(강조 내용)
　　　　是……的구문

---

02 ★★☆

这条	是	裙子	在北京	买的

정답 这条裙子是在北京买的。　　　이 치마는 베이징에서 산 것이다.

단어 条 tiáo 양 벌(옷, 하의를 세는 단위) | 裙子 qúnzi 몡 치마 | 在 zài 개 ~에, ~에서 | 北京 Běijīng 고유 베이징 | 买 mǎi 툉 사다

해설 1. 먼저 제시된 단어에 '是'와 '的'가 동시에 있는 경우 '是……的구문'이라 가정한다.

2. 是……的구문의 기본 형식은 '주어 + 是 + 부사어(시간/장소/방법) + 술어 + 的'이다.

3. 제시된 단어 중 '동사 + 的'인 '买的(샀다)'를 술어로 배치한다.

4. 어디서 샀는지를 강조하는 '在北京(베이징에서)'을 술어 앞에 배치한다.

5. 주어는 명사 '裙子(치마)', '这条(이 한 벌의)'는 관형어로 주어 앞에 오며 '是'는 주어 뒤에 놓는다.

这条　裙子　是　在北京　买的。
관형어　주어　　부사어　술어
　　　　　　　(강조 내용)
　　　　　是……的구문

05. 연동문

유형 확인 문제

>> 전략서 161p

> **정답** 1 我没去北京旅游。

---

01 ★★☆

| 没 | 去北京 | 旅游 | 我 |

> **정답** 我没去北京旅游。　　　　　　　나는 베이징으로 여행가지 않았다.

단어 没 méi 图 ~않다 | 去 qù 图 가다 | 北京 Běijīng 고유 베이징 | 旅游 lǚyóu 图 여행하다

해설 1. 제시된 단어 중 동사로 '去北京(중국에 가다)'과 '旅游(여행하다)' 2개가 있으므로 연동문이다.

2. 문맥상 술어1 + 목적어1에 '去北京(중국에 가다)'이 술어2에 '旅游(여행하다)'가 와야 한다.

3. 대명사 '我(나)'는 주어가 되며, 부정부사 '没(~않다)'는 술어 앞에 부사어로 배치한다.

我	没	去北京	旅游。
주어	부사어	술어1 + 목적어1	술어2

---

06. 존현문

유형 확인 문제

>> 전략서 162p

> **정답** 1 桌子上放着很多新书。

---

01 ★★☆

| 放着 | 很多 | 桌子上 | 新书 |

> **정답** 桌子上放着很多新书。　　　　　탁자 위에 매우 많은 새 책이 놓여 있다.

단어 桌子 zhuōzi 명 탁자 | 放 fàng 图 놓다 | 着 zhe 조 ~한 채로(동작이나 상태의 진행, 지속을 나타냄) | 新 xīn 형 새롭다, 새 것이다 | 书 shū 명 책

해설 1. 존현문에서 '有(있다)' 이외에도 '放(놓다)'을 사용해 '~에 ~가 있다'라는 의미를 나타낼 수 있다.

2. 제시된 단어 중에서 '동사 + 着'인 '放着(놓여 있다)'를 술어로 배치한다.

3. 술어와 어울리는 주어를 찾으면 '장소 명사 + 방위사' 구조인 '桌子上(탁자 위에)'이 올 수 있다.

4. 무엇이 놓여 있는지를 찾으면 '新书(새 책)'가 목적어로 와야 하며, '很多(매우 많다)'는 목적어 앞에 관형어로 배치한다.

桌子上	放着	很多	新书。
주어	술어	관형어	목적어

07. 비교문

> **정답** 1 姐姐比妹妹更漂亮。

---

01 ★★☆

| 比妹妹 | 姐姐 | 更 | 漂亮 |

> **정답** 姐姐比妹妹更漂亮。   언니는 여동생보다 더 예쁘다.

단어 姐姐 jiějie 몡 언니, 누나 | 比 bǐ 꽤 ~보다 | 妹妹 mèimei 몡 여동생 | 更 gèng 튀 더, 더욱 | 漂亮 piàoliang 혱 예쁘다

해설 1. 비교문의 기본 형식은 '주어 + 부사어(比 + 비교대상) + 술어(형용사)'이다.

2. 제시된 단어 중 형용사인 '漂亮(아름답다)'을 술어로 놓는다.

3. 명사인 '姐姐(언니)'는 주어가 된다.

4. '比 + 비교대상'의 구조로 부사어가 되는 '比妹妹(여동생보다)'를 술어 앞에 배치한다.

5. 남은 단어인 부사 '更(더)'은 비교의 대상을 강조하며 '比妹妹(여동생보다)' 뒤, 술어 앞에 부사어로 놓는다.

姐姐	比妹妹	更	漂亮。
주어	부사어		술어

정답	71 手机在那件衣服里。	72 我们去图书馆看书了。
	73 你每天早上几点起床?	74 他的成绩比以前好。
	75 这是我送给你的生日礼物。	

71 ★★★

	衣服	手机	里	那件	在
정답 手机在那件衣服里。			휴대 전화는 그 옷 안에 있다.		

단어　**手机** shǒujī 몡 휴대 전화 │ **在** zài 동 ~에 있다 │ **件** jiàn 양 벌(옷을 세는 단위) │ **衣服** yīfu 몡 옷

해설　1. 제시된 단어 중 동사 '在(~에 있다)'를 술어로 놓는다.

2. 사물이나 사람의 존재를 나타내는 在자문의 기본 형식은 '주어(사람/사물) + 술어 + 목적어(장소)'이다.

3. 사물 명사인 '手机(휴대 전화)'가 주어, 장소를 나타내는 '那件衣服里(그 옷 안에)'를 목적어로 놓는다.

4. 참고로 일반명사나 대명사의 경우 뒤에 방위사를 붙여 장소를 나타낼 수 있다는 것을 기억해두자.

手机　　在　　那件　衣服　里。
주어　　술어　　관형어 + 목적어

72 ★☆☆

	图书馆	看书	我们	去	了
정답 我们去图书馆看书了。			우리는 도서관에 가서 책을 보았다.		

단어　**去** qù 동 가다 │ **图书馆** túshūguǎn 몡 도서관 │ **看书** kànshū 책을 보다

해설　1. 제시된 단어 중 동사로 '去(가다)'와 '看(보다)' 2개가 있으므로 연동문이다.

2. 문맥상 술어1에 '去(가다)'가, 술어2에 '看(보다)'이 와야 한다.

3. '我们(우리)'은 주어에 배치한다.

4. 남은 단어 중 '图书馆(도서관)'은 문맥상 목적어1에, '书(책)'는 목적어2에 배치하고 조사 '了'는 문장 맨 끝에 놓는다.

我们　　去　　图书馆　　看书　　了。
주어　　술어1　　목적어1　　술어2 + 목적어2　　了

Tip 📖 **연동문의 특징**

① **술어(동사)의 순서**

연동문은 연속해서 발생하는 동작을 나타내는 문장이기에 술어(동사)가 여러 개 나온다. 시험에서는 대부분 술어(동사)가 두 개 정도 나오며, 문장 속에서 나열할 때는 동작이 발생하는 순서대로 써주면 된다.

예 我　　骑　　自行车　　去　　公园。 나는 자전거를 타고 공원에 간다.
　　주어　술어1　목적어1　술어2　목적어 2
　　☞ 자전거를 먼저 타야 공원에 가므로 '骑'를 앞에 써야 한다.

121

② 부사, 조동사의 위치

부사와 조동사의 위치는 술어(동사) 앞이다. 연동문은 술어(동사)가 2개 이상이기 때문에 헷갈려 하는데, 연동문에서 부사와 조동사는 첫번째 술어(동사) 앞에 써주면 된다.

예 | 爸爸 | 常常 | 坐 | 飞机 | 去 | 中国。 아빠는 자주 비행기를 타고 중국에 간다.
| 주어 | 부사 | 술어1 | 목적어1 | 술어2 | 목적어2

③ 동태조사(了/着/过)의 위치

'了, 着, 过'는 모두 술어(동사) 뒤에 붙는 조사이다. 하지만 연동문에서는 쓰이는 위치가 다른데, 지속을 나타내는 '着'는 첫 번째 술어(동사) 뒤, 완료와 경험을 나타내는 '了, 过'는 두 번째 술어(동사) 뒤에 위치한다.

예 你站着干什么呢？ 너 서서 뭐해?
我去北京学习过汉语。 나는 베이징에서 중국어를 배운 적이 있다.
她去上海出差了。 그녀는 상하이로 출장을 갔다.

---

73 ★☆☆

| 起床 | 早上 | 你每天 | 几点 |

정답 你每天早上几点起床? 당신은 매일 아침 몇 시에 일어나요?

단어 每天 měitiān 명 매일, 날마다 | 早上 zǎoshang 명 아침 | 几 jǐ 순 몇 | 点 diǎn 양 시 | 起床 qǐchuáng 동 일어나다

해설 1. 제시된 단어 중 동사 '起床(일어나다)'을 술어로 놓는다.

2. '你每天(당신은 매일)'을 '주어 + 부사어'로 배치한다.

3. 남은 단어 중 시간을 나타내는 부사어인 '早上几点(아침 몇 시)'을 술어 앞에 배치한다.

你每天　早上　几点　起床?
주어 + 부사어　　　　　　술어

---

74 ★★☆

| 他的 | 比 | 成绩 | 好 | 以前 |

정답 他的成绩比以前好。 그의 성적은 이전에 비해 좋다.

단어 成绩 chéngjì 명 성적 | 比 bǐ 개 ~보다 | 以前 yǐqián 명 이전 | 好 hǎo 형 좋다

해설 1. 비교문의 기본 형식은 '주어 + 부사어(比 + 비교대상) + 술어(형용사)'이다.

2. 제시된 단어 중 형용사인 '好(좋다)'를 술어로 놓는다.

3. 명사인 '成绩(성적)'는 주어가 되며, '他的(그의)'는 관형어로 주어 앞에 배치한다.

4. '比 + 비교대상'의 구조로 부사어가 되는 '比以前(예전보다)'을 술어 앞에 배치한다.

他的　成绩　比　以前　好。
관형어　주어　부사어　　술어

Tip 📖 비교문의 특징

① **기본 형식: A 比 B + 술어 = A는 B보다 ~하다**

A와 B 두 가지를 비교하는 기본적인 형태이며, 여기서 '比'는 '~보다'라는 뜻의 개사이다.

예) 今天　　比　　昨天　　冷。오늘이 어제보다 춥다.
　　주어　　개사 + 명사　술어

② **정도 표현1: A 比 B + 更/还 + 술어 = A가 B보다 더욱/더 ~하다**

비교문에서는 술어를 수식하는 부사로 상대적 의미를 나타내는 '更, 还'만 쓸 수 있고, 절대적 의미를 나타내는 '非常, 很' 등은 쓸 수 없다. 반드시 주의하자!

예) 今天比昨天更冷。 오늘은 어제보다 더 춥다. (O)

　　今天比昨天非常冷。(X)

③ **정도 표현2: A 比 B + 술어 + 一点儿/一些 = A가 B보다 조금 ~하다**

A 比 B + 술어 + 得多/多了 = A가 B보다 많이 ~하다

☞ 비교문의 정도 표현은 술어 뒤에 보어를 써서 나타낼 수도 있다.

예) 今天比昨天冷一点儿。오늘이 어제보다 조금 춥다.

　　今天比昨天冷得多。오늘이 어제보다 많이 춥다.

④ **부정형: A 没有 B + 那么/这么 + 술어 = A가 B보다 그렇게 ~하지 않다**

☞ 비교문의 부정은 '不比'가 아니라 '没有'로 하며, 술어 앞에 '那么, 这么'를 넣어 강조할 수 있다.

예) 今天没有昨天(那么/这么)冷。오늘은 어제보다 (그렇게/이렇게) 춥지 않다.

⑤ **비교의 결과가 같을 때: A 跟 B + 一样 + 술어 = A와 B는 똑같이 ~하다**

☞ A와 B가 같거나 비슷하면 '比'를 쓰지 않고 '跟~一样'을 쓴다.

예) 今天跟昨天一样冷。오늘은 어제와 같이 춥다.

---

75 ★★☆

送给	你的	这是	我	生日礼物

정답 这是我送给你的生日礼物。　　　　　　이것은 내가 너에게 주는 생일 선물이야.

단어 送给 sònggěi ~에게 주다, 선물하다 | 生日 shēngrì 명 생일 | 礼物 lǐwù 명 선물

해설 1. 지시대명사와 동사가 붙어 있는 구조인 '这是(이것은 ~이다)'는 '주어 + 술어'로 문장 맨 앞에 배치한다.

2. 목적어로 '生日礼物(생일 선물)'를 배치한다.

3. 남은 단어들은 '生日礼物(생일 선물)'를 수식하는 관형어이므로 어떠한 선물인지를 문맥에 맞게 배열한다.

4. '送给'가 '~에게 주다'라는 뜻이므로 '我送给你的(내가 너에게 주는)'를 목적어 앞에 관형어로 배치한다.

这　　是　　我　送给　你的　　生日礼物。
주어　　술어　　　관형어　　　　목적어

정답	71 我们是两年前认识的。	72 我已经把这本书看完了。
	73 他们打算参加篮球比赛。	74 桌子上有很多故事书。
	75 火车没有飞机那么快。	

---

71 ★★☆

两年前	是	我们	认识	的

정답	我们是两年前认识的。	우리는 2년 전에 알게 되었다.

단어　认识 rènshi 圐 알다

해설　1. 먼저 제시된 단어에 '是'와 '的'가 동시에 있는 경우 '是……的구문'이라 가정한다.

2. 是……的구문의 기본 형식은 '주어 + 是 + 부사어(시간/장소/방법) + 술어 + 的'이다.

3. 제시된 단어 중 '认识(알다)'를 술어로 배치한다.

4. 언제 알게 됐는지를 강조하는 '两年前(2년 전)'을 술어 앞에 부사어로 배치한다.

5. 주어는 대명사 '我们(우리)'이며, '是'는 주어 뒤, '的'는 술어 뒤에 놓는다.

我们　是　两年前　认识　的。
주어　　　부사어　술어
　　　　　(강조 내용)
　　　　是……的구문

Tip　📖 '是……的' 구문의 특징

① **과거에 이미 실현된 사실을 강조한다.**

'是……的' 구문은 과거에 어떤 동작이 실현된 것을 알고 있고, 그 동작이 행해진 '시간 · 장소 · 목적 · 방식 · 대상' 등을 강조하고 싶을 때 쓰인다.

例 你是从哪儿来的? 당신은 어디에서 왔나요?

→ 이 문장에서 '来(오다)'는 이미 발생한 동작이고, 화자는 '从哪儿(어디에서)'을 강조하며 묻는 것이다.

② **기본 형식: 주어 + 是 + 강조하려는 내용(시간 · 장소 · 대상 · 방식 등등) + 的**

'是'는 주어 바로 뒤, 강조하려는 내용의 앞에 나오고, '的'는 문장 맨 마지막에 온다. 제시어에 '是, 的'가 나와 있고 다른 동사가 또 있다면 100% '是……的'구문이라고 보면 된다. '是'가 '〜이다'라는 뜻의 동사로 쓰였다면 다른 동사가 나올 수 없기 때문이다.

例 [문제] | 你 怎么 的 是 学校 来 |

⇒ [답] 你 是 怎么 来 学校 的? 너는 어떻게 학교에 왔니?
　　　　주어 (강조) 부사어 술어 목적어 (강조)

→ 제시어에 '是' 이외에 '的'와 또 다른 동사 '来'가 있으므로 '是……的'구문임을 알 수 있다. '来学校'(학교에 온) 사실은 이미 실현된 동작으로, 화자와 청자는 모두 알고 있는 사실이며, 화자는 학교에 '怎么(어떻게)' 왔는지를 강조하여 묻는 질문이다.

③ **부정 형식: 주어 + 不是 + 강조하려는 내용(시간, 장소, 대상, 방식 등등) + 的**

부정 형식을 만들 때에는 동사 앞에 '不'를 쓰는 것이 아니라, '是' 앞에 '不'를 쓴다.

例 我不是从上海来的。 나는 상하이에서 온 것이 아니다.

'是……的'는 시간, 장소, 대상뿐만 아니라 주어, 방식, 목적, 더 나아가 사람의 생각, 태도까지 다양한 내용을 강조하는 문장이다. 하지만 3급에서는 주로 시간, 장소, 방식을 강조하는 형태가 많이 출제된다. 그러므로 '是, 的'와 함께 시간, 장소, 방식을 나타내는 단어가 문제로 제시되었다면 반드시 '是……的'구문이라고 생각하고 문제를 풀면 된다.

예 我是去年来的。 나는 작년에 왔다. ☞ 시간을 강조

这是在火车站买的。 이것은 기차역에서 산 것이다. ☞ 장소를 강조

爸爸是骑自行车来的。 아빠는 자전거를 타고 오셨다. ☞ 수단을 강조

---

72 ★☆☆

看完了	已经	把	我	这本书

정답 我已经把这本书看完了。　　　나는 이미 이 책을 다 보았다.

단어 已经 yǐjing 閉 이미, 벌써 | 把 bǎ 꽤 ~을, ~를 | 本 běn 양 권(책을 세는 단위) | 书 shū 명 책 | 看 kàn 동 보다 | 完 wán 동 완성하다

해설 1. 把자문의 기본 형식은 '주어 + 부사어(把 + 행위의 대상) + 술어 + 기타성분'이다.

2. 제시된 단어 중 '동사 + 기타성분(보어 + 了)'으로 이루어진 '看完了(다 보았다)'를 술어에 배치한다.

3. '把(~을/를)'를 '这本书(이 책)'와 연결하여 술어 앞에 부사어로 놓는다.

4. 남은 단어 중 대명사 '我(나)'를 주어로 놓고, 부사 '已经(이미)'을 개사 '把(~을/를)' 앞에 부사어로 배치한다.

5. 일반적으로 '부사 + 조동사 + 개사 + 동사' 순으로 단어를 배열하면 된다는 것도 기억해두자.

我　　已经　　把这本书　　看　　完了。
주어　　　부사어　　　　술어　기타성분

Tip 📖 把자문의 특징

① 기본 형식: 주어 + 부사어(把 + 행위의 대상) + 술어 + 기타성분(α)

예 我　把衣服　洗　干净了。 나는 옷을 깨끗이 빨았다.
주어　부사어　술어　기타성분(α)

② 把 뒤에 오는 행위의 대상은 반드시 나도 너도 알고 있는 구체적인 것이어야 한다.

예 我把你说的那本书拿过来了。 네가 말한 그 책 가져왔어. (O)

我把一本书拿过来了。 (X)

③ 술어 + α : 술어 뒤에 기타성분(α)이 있어야 한다.
└ 동태조사 了/着 가능보어를 제외한 보어 동사중첩형 또 다른 목적어

예 我把你说的那本书买了。 네가 말한 그 책을 샀어. (동태조사 了)

你把护照拿着。 너 여권 들고 있어봐. (동태조사 着)

你把黑板擦擦。 네가 칠판 좀 닦아. (동사중첩형)

我把这本书看完了。 나는 이 책을 다 봤다. (결과보어)

你把那把椅子搬过来。 너 그 의자 좀 이리로 옮겨 와. (방향보어)

请把行李送到我的房间。 짐을 제 방으로 옮겨주세요. (목적어)

④ 부사(어)의 위치: 부정부사, 시간부사는 把 앞에 나온다.

예 我没把雨伞带来。 나는 우산을 가지고 오지 않았다. (부정부사)

你马上把那本书带过来吧。 너 바로 그 책 가지고 와. (시간부사)

⑤ 把자문에서 감각·인지·심리 상태를 나타내는 동사는 쓸 수 없다.

예 我把那件事知道了。 (X)　　　　　　我把巧克力蛋糕喜欢上了。 (X)

쓰기 부분

篮球	打算	参加	他们	比赛

정답 他们打算参加篮球比赛。　　　　　　그들은 농구 시합에 참가할 계획이다.

단어 打算 dǎsuan 동 ~할 계획이다, 생각하다 | 参加 cānjiā 동 참가하다 | 篮球 lánqiú 명 농구 | 比赛 bǐsài 명 경기, 시합

해설 1. 제시된 단어 중 동사 '打算(~할 계획이다)'을 술어로 놓는다.

2. '打算(~할 계획이다)'은 뒤에 동사구 목적어가 올 수 있으므로 '参加篮球比赛(농구 시합에 참가하다)'를 술어 뒤 목적어로 배치한다.

3. 남은 단어 중 대명사 '他们(그들)'을 주어로 배치한다.

4. 동사 '参加(참가하다)'는 자주 명사 '比赛(시합)'와 함께 짝을 이루어 나오므로 기억해두자.

他们　　打算　　参加篮球比赛。
주어　　술어　　　목적어

Tip 📖 **동사(동사구)를 목적어로 쓰는 동사**

심리동사	爱 ài 좋아하다	喜欢 xǐhuan 좋아하다
	希望 xīwàng 희망하다	
기타 동사	决定 juédìng 결정하다	开始 kāishǐ 시작하다
	发现 fāxiàn 발견하다	欢迎 huānyíng 환영하다
	觉得 juéde 생각하다	认为 rènwéi 생각하다
	同意 tóngyì 동의하다	要求 yāoqiú 요구하다
	知道 zhīdào 알다	准备 zhǔnbèi 준비하다

桌子上	故事书	很多	有

정답 桌子上有很多故事书。　　　　　　탁자 위에 매우 많은 옛날 이야기책이 있다.

단어 桌子 zhuōzi 명 테이블, 탁자 | 上 shang 명 ~에 | 有 yǒu 동 있다 | 故事 gùshi 명 옛날이야기 | 书 shū 명 책

해설 1. 존현문의 기본 형식은 '주어(장소) + 술어 + 목적어(사람/사물)'이다.

2. 제시된 단어 중 동사 '有(있다)'를 술어로 놓는다.

3. '장소 명사 + 방위사' 구조인 '桌子上(탁자 위에)'을 주어로 배치한다.

4. 남은 단어 중 명사구 '故事书(옛날 이야기책)'를 목적어로 두고 '很多(매우 많은)'를 목적어 앞에 관형어로 배치한다.

桌子上　　有　　很多　　故事书。
주어　　술어　관형어　목적어

📖 존현문이란?

1. 주어로 장소 혹은 시간이 나온다.

☞ 일반적으로 존현문의 주어는 장소 혹은 시간을 나타낸다.

① 주어(장소) + 술어 有 + 목적어(사람/사물): 동작이 어떤 장소에 멈춰 있는 상태를 나타냄.

예) 这儿　　有　　咖啡。여기에 커피가 있다.
주어(장소)　술어　목적어

② '명사 + 방위사' 역시 장소를 나타내므로 주어로 쓸 수 있다.

예) 桌子上　　　　有　一杯　咖啡。책상 위에 커피 한 잔이 있다.
주어(명사＋방위사)　술어　관형어　목적어

③ '시간명사'도 주어로 올 수 있다.

예) 上午　　搬走了　　几把椅子。오전에 몇 개의 의자를 옮겨갔다.
주어(시간)　술어　　관형어 + 목적어

2. 주어에 '在', '从' 등 방향을 나타내는 개사는 쓰지 않는다.

주어는 의미상 '～에(서)'라고 해석되지만 개사를 쓰지 않는다.

예) 那边跑来一个小孩儿。저쪽에서 한 아이가 뛰어왔다. (O)

从那边跑来一个小孩儿。(X)

3. 동사 뒤에 동태조사 '了', '着', 방향보어를 쓸 수 있다.

① '着'를 써서 '되어 있다/～한 상태다'라는 말을 나타낼 수 있다.

☞ 주어(장소) + 동사 + 着 + 목적어

예) 墙上　　挂着　　一张　画儿。벽에 그림이 한 장 걸려 있다.
주어(장소)　동사 + 着　관형어　목적어

② '了'를 써서 주어가 '(시간에) ～했다'라는 말을 나타낼 수 있다

☞ 주어(시간) + 술어 + 목적어(사람/사물)

예) 昨天　　来了　一个人。어제 한 사람이 왔다.
주어(시간)　술어　관형어 + 목적어

③ '上来/过去' 같은 방향보어를 써서 '～에서 ～하다'를 나타낼 수 있다.

☞ 주어(장소) + 술어 + 방향보어 + 목적어

예) 前边　　开过来　　一辆　汽车。앞에서 차 한 대가 왔다.
주어(장소)　술어 + 방향보어　관형어　목적어

4. 목적어 앞에는 지시대사를 쓰지 않는다.

존현문은 '어떤 장소나 시간에 ～이 있다'라는 말을 강조하는 문장이므로 목적어는 특정한 인물·사물을 지칭할 수 없다.

예) 房间里走出了一个人。방에서 한 사람이 나왔다. (O)

房间里走出了这个人。(X)

5. 자주 사용되는 존현문의 동사

① 사람과 사물의 상태를 나타내는 동사: 동태조사 '着'와 함께 쓰인다.

예) 坐 zuò 앉다　　　　睡 shuì 자다　　　　站 zhàn 서다　　　　躺 tǎng 눕다　　　　挂 guà 걸다

停 tíng 멈추다　　　住 zhù 살다　　　放 fàng 놓다　　　搬 bān 옮기다

② 동작의 출현·소실을 나타내는 동사

예) 来 lái 오다　　　　跑 pǎo 뛰다　　　　出 chū 나오다　　　　上(来) shàng(lai) 올라가다

下(来) xià(lái) 내려오다　进(来) jìn(lái) 들어가다　出(来) chū(lái) 나오다　起(来) qǐ(lái) 일어나다

过(来) guò(lái) 오다　　开(过来) kāi(guòlái) 오다

75 ★★☆

火车　　　　飞机　　　　快　　　　没有　　　　那么

정답 火车没有飞机那么快。　　　　　　　기차는 비행기만큼 그렇게 빠르지 않다.

단어 **火车** huǒchē 몡 기차 | **飞机** fēijī 몡 비행기 | **那么** name 때 그렇게 | **快** kuài 혱 빠르다

해설 1. 비교문의 부정은 '比(~보다)' 대신 '没有(~만 못하다)'로 한다.

2. 비교문의 부정형은 '주어 + 부사어(没有 + 비교대상) + (这么/那么) + 술어'이다.

3. 제시된 단어 중 형용사 '快(빠르다)'를 술어로 놓는다.

4. 주어진 명사가 2개이나 문맥상 '火车(기차)'를 주어로 나머지 '飞机(비행기)'를 비교대상으로 배치한다.

5. 남은 단어 중 '那么(그렇게)'를 술어 앞에 부사어로 배치한다.

火车　　　没有飞机　那么　　　快。
주어　　　　부사어　　　　　술어

미리보기 | 해석

》 전략서 168p

76. 没 (guān 关) 系，别难过，高兴点儿。	76. 괜찮아, 슬퍼하지 말고 좀 기뻐해 봐.

01. 병음이 비슷한 한자 구분하기

유형 확인 문제

》 전략서 169p

정답 1 买

01 ★★☆

今天的橘子很便宜，我 (mǎi 买) 了很多。	오늘 귤이 매우 저렴해서, 나는 매우 많이 샀다.

단어 橘子 júzi 명 귤 | 便宜 piányi 형 싸다 | 买 mǎi 동 사다

해설 '买(사다)'와 '卖(팔다)'의 발음이 비슷하지만 '买'는 3성이고 '卖'는 4성이므로 쉽게 답을 고를 수 있다. 참고로 문장의 의미를 파악해 발음이 비슷한 한자를 구분하면 되는데, '橘子很便宜(귤이 매우 저렴하다)'를 미루어 화자가 귤을 많이 산 것을 알 수 있다. 따라서 빈칸에는 '买'를 써야 한다.

02. 형태가 비슷한 한자 구분하기

유형 확인 문제

》 전략서 171p

정답 1 月   2 己

01 ★☆☆

每年农历八月十五的时候，大家都要吃 (yuè 月) 饼。	매년 음력 8월 15일에 모두 월병을 먹는다.

단어 农历 nónglì 명 음력 | 的时候 de shíhou ～할 때 | 月饼 yuèbing 명 월병

해설 빈칸 앞의 내용을 살펴보면 '모두 ～을 먹는다'라고 나와 있으며 '吃(먹다)' 뒤에 빈칸이 있는 것으로 보아 음식이 나와야 하는 것을 알 수 있다. 또한, 주어진 병음이 'yuè'이므로 뒤에 '饼'과 어울리는 한자는 '月'임을 쉽게 유추할 수 있다. 참고로 한자를 답안지에 작성할 때 형태가 비슷한 '用(사용하다)'과 혼동하지 않도록 주의해야 한다.

月 yuè	달, 월
	예 上个月 저번 달 　　　　　 这个月 이번 달 　　　　 下个月 다음 달
明 míng	밝다, 이해하다
	예 听明白了吗? (들어서) 이해했나요?
脸 liǎn	얼굴
	예 你今天脸色不太好。 너 오늘 안색이 안 좋아.
服 fú	의복, 복종하다
	예 衣服 옷　　　　　　　　 服务员 종업원

---

02 ★★☆

遇到困难的时候，要先自（ 己^{jǐ} ）想办法。	어려움에 부딪혔을 때, 먼저 스스로 방법을 생각해야 한다.

단어 遇到 yùdào 만나다 | 困难 kùnnan 형 어렵다, 힘들다 | 的时候 de shíhou ~할 때 | 先 xiān 부 먼저 | 自己 zìjǐ 대 스스로, 자신 | 想 xiǎng 동 생각하다 | 办法 bànfǎ 명 방법

해설 빈칸 앞의 한자 '自'와 함께 '스스로'의 의미를 나타내는 한자는 바로 '己'이다. 한자를 적을 때 '已经(이미)'의 '已'로 쓰지 않도록 주의해야 한다.

실전 연습 1 – 제2부분
　　　　　　　　　　　　　　　　　　　　　　　　　　　　　　　　　 ≫ 전략서 172p

정답　76 唱　　77 干　　78 参　　79 得　　80 喝

---

76 ★☆☆

今天晚上我们去（ 唱^{chàng} ）歌吧。	오늘 저녁에 우리 노래 부르러 가요.

단어 今天 jīntiān 명 오늘 | 晚上 wǎnshang 명 저녁 | 去 qù 동 가다 | 唱歌 chànggē 노래 부르다 | 吧 ba 조 ~합시다(제안·청유)

해설 빈칸 뒤의 '歌'와 합쳐져 '노래 부르다'의 의미를 나타내는 한자는 '唱'이다. 참고로 '唱'의 부수인 '口(입 구)'는 입과 관련된 행동을 나타내는 한자에 쓰인다.

Tip

口 [입 구]

☞ 입과 관련된 한자에 쓰임

예 叫 jiào 부르다　　　　　 吃 chī 먹다　　　　　 吵 chǎo 시끄럽다

---

77 ★☆☆

我们学校的教室非常（ 干^{gān} ）净。	우리 학교의 교실은 매우 깨끗하다.

단어 学校 xuéxiào 명 학교 | 教室 jiàoshì 명 교실 | 非常 fēicháng 부 아주, 매우 | 干净 gānjìng 형 깨끗하다

해설 빈칸이 정도부사 '非常(매우)' 뒤에 있고 문장에서 술어 역할을 하므로 빈칸에는 '净'과 함께 쓰여 '깨끗하다'라는 형용사의 의미를 나타내는 한자인 '干'이 들어가야 한다. 참고로 '干'은 'gān'과 'gàn'으로 발음되는 다음자이다.

Tip

干	gān	干净 gānjìng 형 깨끗하다 예 这个房间很干净。이 방은 매우 깨끗하다.
	gàn	干 gàn 동 하다 예 你干什么? 너 뭐해?

---

78 ★★☆

这次运动会你（ 参 _{cān} ）加了吗? 　　이번 운동회에 당신은 참가했나요?

단어 这次 zhè cì 이번 | 运动会 yùndònghuì 명 운동회 | 参加 cānjiā 동 참가하다

해설 '参'은 '참가하다, 가입하다'라는 뜻으로 빈칸 뒤에 '加'와 함께 쓰여 '참가하다'는 의미를 나타낸다. 또한, '参'이 들어간 한자(参与 cānyù 참여하다, 参观 cānguān 참관하다)는 모두 '참가하다'의 의미가 있다.

---

79 ★★☆

我觉（ 得 _{de} ）你的房间很漂亮。 　　저는 당신 방이 정말 예쁘다고 생각해요.

단어 觉得 juéde 동 ~라고 생각하다 | 房间 fángjiān 명 방 | 很 hěn 부 매우 | 漂亮 piàoliang 형 예쁘다

해설 '觉'와 함께 '생각하다'의 의미를 나타내는 한자는 바로 '得'이다. '得'는 경성으로 발음될 때는 위의 문제처럼 '생각하다'의 뜻 외에 술어 뒤에 쓰여 정도보어를 나타낼 때도 쓰인다. 또한, 'dé' 라고도 발음되는데 이때는 '얻다'의 의미를 나타낸다.

---

80 ★☆☆

我渴了，想（ 喝 _{hē} ）水。 　　목이 말라서, 물을 마시고 싶어요.

단어 渴 kě 형 목이 마르다 | 想 xiǎng 조동 ~하고 싶다 | 喝水 hēshuǐ 물을 마시다

해설 화자가 '我渴了(목이 마르다)'라고 하였으므로 뒤의 '水' 와 합쳐질 수 있는 알맞은 의미의 동사는 바로 '喝(마시다)'이다.

실전 연습 2 – 제2부분

>> 전략서 173p

정답 76 饱　　77 洗　　78 买　　79 学　　80 近

---

76 ★★☆

吃了那么多，我终于（ 饱 _{bǎo} ）了。 　　그렇게 많이 먹었더니, 결국 배가 부르네요.

단어 吃 chī 동 먹다 | 那么 nàme 대 그렇게, 저렇게 | 多 duō 형 많다 | 终于 zhōngyú 부 마침내 | 饱 bǎo 형 배부르다

해설 'bǎo'로 발음되며 동사의 의미를 가진 한자는 '饱'이다. '饱'는 '배부르다'라는 의미로 부수 '饣' 는 '밥 식'으로 먹는 것과 관련된 한자에 쓰이며, '饣' 는 뜻을 나타내고 '包'는 소리를 나타낸다.

Tip

饣 [밥 식]

☞ 먹는 것과 관련된 한자에 쓰임

예 饿 è 배고프다　　饭 fàn 밥　　饮 yǐn 마시다

77 ★☆☆	
你应该把这些脏衣服（ xǐ 洗 ）一下。	당신은 이 더러운 옷들을 좀 세탁해야겠어요.

단어 应该 yīnggāi 조동 마땅히 ~해야 한다 | 把 bǎ 개 ~을, ~를 | 这些 zhèxiē 대 이런 것들 | 脏 zāng 형 더럽다 | 衣服 yīfu 명 옷 | 洗 xǐ 동 빨다, 씻다 | 一下 yíxià 수량 좀 ~하다

해설 빈칸 뒤에 수량사 '一下(좀 ~하다)'가 있으므로 빈칸에는 동사가 와야 한다. 'xǐ'로 발음되며 동사의 의미를 가진 한자는 바로 '洗'이다. 참고로 부수 '氵'는 '물 수'로 물과 관련된 한자에 쓰인다.

Tip

氵 [물 수]

☞ 물과 관련된 한자에 쓰임

예 河 hé 강　　渴 kě 목이 마르다　　游泳 yóuyǒng 수영

78 ★☆☆	
这是你新（ mǎi 买 ）的裙子吗?	이것은 당신이 새로 산 치마인가요?

단어 新 xīn 형 새롭다 | 买 mǎi 동 사다 | 裙子 qúnzi 명 치마

해설 'mǎi'로 발음되며 '사다'의 의미를 나타내는 한자는 바로 '买'이다. 참고로 '팔다'의 의미를 나타내는 한자 '卖'와 혼동하지 않도록 주의하자.

79 ★★☆	
我们要向他（ xué 学 ）习。	우리는 그를 본받아야 한다.

단어 要 yào 조동 ~해야 한다 | 向 xiàng 개 ~으로, ~에게 | 学习 xuéxí 동 학습하다

해설 빈칸 뒤의 한자 '习'와 합쳐져 '배우다, 본받다'의 의미를 나타내는 한자는 '学'이며, '向+사람+学习'는 '어떠한 사람을 본받다'라는 뜻이다.

80 ★★☆	
学校离我家很（ jìn 近 ）。	학교는 우리 집에서 매우 가깝다.

단어 学校 xuéxiào 명 학교 | 离 lí 개 ~에서, ~로부터 | 家 jiā 명 집 | 很 hěn 부 매우 | 近 jìn 형 가깝다

해설 빈칸이 정도부사 '很(매우)' 뒤, 문장에서 술어 역할을 하고 있으며 빈칸에 들어갈 한자의 품사는 형용사임을 알 수 있다. 'jìn'으로 발음되며 '가깝다'의 의미를 나타내는 한자는 바로 '近'이다. 참고로 부수 '辶'는 걷고 뛰는 것, 거리와 관련된 한자에 쓰인다.

Tip

辶 [쉬엄쉬엄 갈 착]

☞ 걷고 뛰는 것과 관련된 한자에 쓰임

예 道路 dàolù 도로　　近 jìn 가깝다　　过去 guòqù 지나가다

 실전 테스트

》》전략서 176p

정답

제1부분
71 他们正在操场上举行运动会。　72 今天的天气很好。
73 我把水喝完了。　74 他每天骑自行车去学校。
75 他很喜欢锻炼身体。

제2부분　76 才　77 夫　78 书　79 和　80 米

 제1부분

71 ★★☆

| 正在 | 操场上 | 他们 | 运动会 | 举行 |

정답 他们正在操场上举行运动会。　그들은 운동장에서 운동회를 개최하고 있다.

단어 正在 zhèngzài 튄 지금 ~하고 있다 | 操场 cāochǎng 몡 운동장 | 上 shang 몡 ~에, ~에서 | 举行 jǔxíng 동 거행하다 | 运动会 yùndònghuì 몡 운동회

해설 1. 제시된 단어 중 동사 '举行(개최하다)'을 술어로 놓는다.

2. 대명사 '他们(그들)'을 주어로 배치한다.

3. 술어의 의미와 어울리는 명사 '运动会(운동회)'를 목적어에 배치한다.

4. 남은 단어 중 부사 '正在(지금 ~하는 중이다)'는 동작의 진행을 나타내므로 술어 앞에 부사어로 배치한다.

5. 장소를 나타내는 개사구 '操场上(운동장에서)'을 부사 뒤 동사 앞에 부사어로 배치한다.

他们　正在 操场上　举行　运动会。
주어　　부사어　　술어　목적어

Tip
📖 **동작의 진행: 주어 + 在/正在 + 술어(동사) + (呢)**
동작의 진행은 동작이 현재 진행 중임(~을 하고 있는 중이다)을 나타내는 것으로, 동사 앞에 부사 '在', '正在'를 써서 나타낸다. 문장 맨 마지막에 '呢'를 써도 되고, 안 써도 된다.
☞ 제시어 중 '(正)在'가 있다면 진행의 의미를 만드는지 살펴보고, 술어(동사) 앞에 놓는다.

예 [문제] 在　看　呢　他们　电影
⇒ [답] 他们　在　看　电影　呢。그들은 영화를 보고 있는 중이다.
　　　주어 부사어 술어 목적어

[문제] 我　打篮球　正在　弟弟
⇒ [답] 我 弟弟　正在　打篮球。내 남동생은 농구를 하고 있는 중이다.
　　　주어　부사어 술어+목적어

133

72 ★☆☆

		很	今天的	好	天气

정답 今天的天气很好。　　　　　　　　오늘 날씨가 매우 좋다.

단어 今天 jīntiān 몡 오늘 | 天气 tiānqì 몡 날씨 | 很 hěn 팀 매우 | 好 hǎo 혱 좋다

해설 1. 제시된 단어 중 형용사 '好(좋다)'를 술어로 배치하고 술어 앞에 정도부사 '很(매우)'이 부사어로 온다.

2. 형용사가 술어일 때 목적어는 오지 않는다.

3. 명사 '天气(날씨)'가 주어가 되며, 주어를 꾸며주는 관형어 '今天的(오늘의)'를 주어 앞에 배치한다.

今天的　　　天气　　　很　　　好。
관형어　　　주어　　부사어　　술어

Tip 📖 '的'의 용법

☞ 관형어나 명사성 어구를 만들 때 쓴다.

① 的 뒤에는 무조건 명사나 대명사만 온다.

　☞ '的'는 '~의'로 해석되며, 명사나 대명사를 수식하는 관형어 성분을 만들 때 쓴다.

　▶ 명사/대명사/동사/형용사 + 的 + 명사/대명사

　　예 我　　的　　电脑 나의 컴퓨터
　　　대명사　的　　명사

　　　很　　　贵　　的　　电脑 비싼 컴퓨터
　　　정도부사　형용사　的　　명사

② 단어나 구, 문장 뒤에 붙어 '~한 것'이라는 명사형을 만들 수도 있다.

　▶ 명사/대명사/동사(구)/형용사(구)/각종 문장 + 的

　　예 那本书是我的。그 책은 나의 것이다.
　　　　　대명사 + 的

　　这件衣服是最便宜的。이 옷은 가장 싼 것이다.
　　　　　정도부사 + 형용사 + 的

　　我买了一些吃的。나는 먹을 것을 조금 샀다.
　　　　　동사 + 的

　　那边打电话的是我女儿。저쪽에서 전화하는 사람은 내 딸이다.
　　　동사구 + 的

☞ 제시어에 '的'가 있다면, 관형어로 '~한 것'이라는 명사형을 만들 수 있는지 살펴본다.

---

73 ★☆☆

	把	水	我	喝完了

정답 我把水喝完了。　　　　　　　　나는 물을 다 마셨다.

단어 把 bǎ 깨 ~을, ~를 | 水 shuǐ 몡 물 | 喝完 hēwán 다 마시다

해설 1. 把자문의 기본 형식은 '주어 + 부사어(把 + 행위의 대상) + 술어 + 기타성분'이다.

2. 제시된 단어 중 '동사 + 기타성분(보어 + 了)'으로 이루어진 '喝完了(다 마셨다)'를 술어에 배치한다.

3. '把(～을/를)'를 명사 '水(물)'와 연결하여 술어 앞에 부사어로 놓는다.

4. 남은 단어 중 대명사 '我(나)'를 주어에 배치한다.

我	把 水	喝完了。
주어	부사어	술어 + 기타성분

---

74 ★★☆

他每天   骑   去学校   自行车

정답 他每天骑自行车去学校。   그는 매일 자전거를 타고 학교에 간다.

단어 每天 měitiān 몡 매일 | 骑自行车 qí zìxíngchē 자전거를 타다 | 去 qù 동 가다 | 学校 xuéxiào 몡 학교

해설 1. 제시된 단어 중 동사로 '骑(타다)'와 '去学校(학교에 가다)' 2개가 있으므로 연동문이다.

2. 문맥상 술어1에 '骑(타다)'가 오고 술어2 + 목적어2에 '去学校(학교에 가다)'가 와야 한다.

3. '自行车(자전거)'는 무엇을 타는지 나타내므로 술어1 뒤에 목적어1로 배치한다.

4. 남은 단어 중 '대명사 + 명사'로 이루어진 '他每天(그는 매일)'을 '주어 + 부사어'로 배치한다.

他每天	骑	自行车	去	学校。
주어 + 부사어	술어1	목적어1	술어2	목적어2

---

75 ★☆☆

很   锻炼   他   身体   喜欢

정답 他很喜欢锻炼身体。   그는 운동하는 것을 매우 좋아한다.

단어 很 hěn 부 매우 | 喜欢 xǐhuan 동 좋아하다 | 锻炼 duànliàn 동 (몸을) 단련하다, 운동하다 | 身体 shēntǐ 몡 건강, 몸

해설 1. 제시된 단어 중 심리동사 '喜欢(좋아하다)'을 술어로 놓는다.

2. 심리동사는 정도부사 '很(매우)'의 수식을 받으므로 '很(매우)'을 술어 앞에 부사어로 배치한다.

3. 심리동사는 동사구를 목적어로 가질 수 있으므로 '锻炼身体(신체를 단련하다)'를 목적어로 배치한다.

4. 남은 단어 중 대명사 '他(그)'를 주어로 배치한다.

他	很	喜欢	锻炼 身体。
주어	부사어	술어	목적어

심리동사란?

☞ 일반적으로 동사는 앞에 정도를 나타내는 정도부사가 오지 않지만, 감정과 심리를 나타내는 동사는 정도부사(很, 非常, 太)의 수식을 받을 수 있다. 특징은 형용사와 다르게 빈칸 앞에 '很', '非常', '太' 등이 있고 빈칸 뒤에 목적어가 나온다.

⑩ 我很喜欢打篮球。 나는 농구하는 것을 매우 좋아한다.

她非常讨厌我。 그녀는 나를 매우 미워한다.

我妈妈很希望我成为一名医生。 엄마는 내가 의사가 되는 것을 매우 희망한다.

쓰기 제2부분

---

76 ★★☆

cái

你怎么这么晚（　才　）来啊，都快下课了。　　당신 왜 이렇게 늦게 왔어요. 벌써 수업이 끝나간다고요.

단어 怎么 zěnme 때 어째서, 왜 | 这么 zhème 때 이렇게 | 晚 wǎn 톙 늦다 | 才 cái 틘 이제서야 | 来 lái 통 오다 | 都 dōu 틘 이미, 벌써 | 下课 xiàkè 통 수업이 끝나다

해설 'cái'로 발음되며 시간의 늦음을 나타내는 한자는 '才'이다. '才'는 부사의 의미로 '겨우, 이제서야, 지금 막'이라는 뜻을 가지고 있고 명사로 '재능, 재주'의 의미도 가지고 있다.

---

77 ★☆☆

fu

她的丈（　夫　）很关心她，每天都送她上班。　　그녀의 남편은 그녀에게 관심을 많이 기울이는데, 매일 그녀가 출근할 때 데려다준다.

단어 丈夫 zhàngfu 명 남편 | 很 hěn 틘 매우 | 关心 guānxīn 통 관심을 갖다 | 每天 měitiān 명 매일 | 都 dōu 틘 모두, 다, 전부 | 送 sòng 통 배웅하다, 데려다주다 | 上班 shàngbān 통 출근하다

해설 'fu'로 발음되며 '丈'과 함께 쓰여 주어의 역할(남편)을 할 수 있는 한자는 바로 '夫'이다. 참고로 '夫'는 '大(크다, 성인)'와 '一'가 합쳐져 '성년 남자가 머리를 묶은 것'이라는 의미를 나타낸다.

---

78 ★☆☆

shū

桌上这几本（　书　）你拿回去看吧，我这几天不看。　　탁자 위에 있는 이 책 몇 권을 당신이 가지고 가서 보세요, 저는 요며칠은 보지 않을 거예요.

단어 桌 zhuō 명 책상, 탁자 | 上 shang 명 ~에, ~위에 | 几 jǐ 㪔 몇 | 本 běn 양 권(책을 세는 단위) | 书 shū 명 책 | 拿 ná 통 들다, 잡다 | 回去 huíqù 통 되돌아가다 | 看 kàn 통 보다 | 吧 ba 조 ~합시다(제안·청유) | 这几天 zhè jǐ tiān 요즘, 요며칠

해설 빈칸 앞에 책을 세는 양사 '本'이 있으므로 빈칸에 명사가 와야 하는데, 'shū'로 발음되는 한자는 바로 '书(책)'이다.

79

你这条裙子太漂亮了，我也想买条（ 和^{hé} ）你一样的。

당신의 이 치마는 매우 예뻐요, 저도 당신과 같은 걸로 사고 싶어요.

단어 条 tiáo 양 벌(가늘고 긴 것을 세는 단위) | 裙子 qúnzi 명 치마 | 太 tài 분 지나치게, 너무 | 漂亮 piàoliang 형 예쁘다 | 也 yě 분 ~도 | 想 xiǎng 조동 ~하고 싶다 | 买 mǎi 동 사다 | 和 hé 개 ~와 | 一样 yíyàng 형 똑같다

해설 빈칸 뒤에 '一样(같다)'은 항상 개사 '和, 跟(~와)'과 같이 쓰여 '~와 똑같다'의 의미를 나타내므로 빈칸에 들어갈 한자는 '和'이다.

你喜欢吃（ 米^{mǐ} ）饭还是面条?

당신은 밥 먹길 좋아하나요, 아니면 면을 좋아하나요?

단어 喜欢 xǐhuan 동 좋아하다 | 吃 chī 동 먹다 | 米饭 mǐfàn 명 쌀밥 | 还是 háishi 접 또는, 아니면 | 面条 miàntiáo 명 국수

해설 빈칸 앞에 '吃'가 있으므로 빈칸 뒤에는 먹을 수 있는 대상이 나와야 한다. '饭'과 함께 쓰여 쌀을 나타내는 한자는 바로 '米'이다. 참고로 '米'는 뿌리에 곡식이 여러알 매달려 있는 모습을 상형한 한자로 쓰기 2부분에서는 '쌀'이라는 뜻 외에 양사로 숫자와 함께 쓰여 '미터(m)'의 의미로도 자주 출제되므로 기억해두자.

新HSK 3급

실전 모의고사
1, 2, 3회

정답 및 해설

실전 모의고사 1

>> 모의고사 6p

듣기 听力

제1부분	1 E	2 A	3 C	4 B	5 F
	6 A	7 E	8 B	9 C	10 D

제2부분	11 ✕	12 ✓	13 ✓	14 ✕	15 ✓
	16 ✓	17 ✕	18 ✓	19 ✕	20 ✕

제3부분	21 B	22 C	23 A	24 B	25 C
	26 B	27 B	28 C	29 A	30 B

제4부분	31 C	32 C	33 B	34 C	35 B
	36 C	37 A	38 C	39 A	40 C

독해 阅读

제1부분	41 D	42 F	43 C	44 A	45 B
	46 D	47 C	48 A	49 B	50 E

제2부분	51 F	52 A	53 C	54 B	55 D
	56 A	57 F	58 B	59 C	60 E

제3부분	61 A	62 B	63 A	64 B	65 B
	66 C	67 C	68 B	69 B	70 A

쓰기 书写

제1부분	71 他很关心自己的同学。	72 他弟弟读三年级了。
	73 学校的图书馆非常大。	74 我在电视上看见过熊猫。
	75 早上有一个重要的会议。	

제2부분	76 西	77 求	78 兴	79 月	80 世

1 – 5

A

B

C

D

E

F

---

1 ★☆☆

男：看我给你买了什么礼物！

女：啊！好可爱的小狗！谢谢！（E）

남：제가 당신에게 어떤 선물을 사왔는지 봐요!

여：와! 정말 귀여운 강아지네요, 고마워요!（E）

단어 看 kàn 통 보다 | 给 gěi 개 ~에게 | 买 mǎi 통 사다, 구매하다 | 礼物 lǐwù 명 선물 | 啊 à 감 (어떤 사실이나 상황을 깨달았음을 나타내어) 아하! | 好 hǎo 부 형용사나 동사 앞에 쓰여 정도가 심함을 나타냄 | 可爱 kě'ài 형 사랑스럽다, 귀엽다 | 小狗 xiǎogǒu 명 강아지 | 谢谢 xièxie 통 감사합니다

해설 선물이라는 남자의 말에 여자가 '好可爱的小狗(정말 귀여운 강아지)'라고 하였으므로 강아지 사진인 E가 정답이다.

---

2 ★☆☆

女：这个杯子很漂亮，多少钱？

男：您挑的这个杯子有点贵，要25元。（A）

여：이 컵 정말 예쁘네요, 얼마예요?

남：당신이 고른 이 컵은 좀 비싸요, 25위안이에요.（A）

단어 这个 zhège 대 이것 | 杯子 bēizi 명 컵 | 很 hěn 부 매우, 아주 | 漂亮 piàoliang 형 예쁘다, 아름답다 | 有点 yǒudiǎn 부 조금, 약간 | 贵 guì 형 높다, 비싸다 | 要 yào 통 필요하다 | 元 yuán 양 위안(중국의 화폐 단위)

해설 남녀 모두 '杯子(컵)'라는 공통된 주제를 가지고 대화하고 있으므로 컵 사진인 A가 정답이다.

---

3 ★★☆

女：你每天都骑自行车上班吗？

男：是的，路上车太多，还是骑自行车比较快。

（C）

여：당신은 매일 자전거를 타고 출근하나요?

남：네, 길에 차가 너무 많아서 자전거를 타고 출근하는 게 그래도 비교적 빨라요.（C）

단어 每天 měitiān 명 매일 | 都 dōu 부 모두, 다 | 骑 qí 통 (동물이나 자전거 등에) 타다 | 自行车 zìxíngchē 명 자전거 | 上班 shàngbān 통 출근하다 | 路上 lùshang 명 길 위 | 车 chē 명 자동차 | 太 tài 부 지나치게, 너무 | 多 duō 형 (수량이) 많다 | 还是 háishi 부 ~하는 편이 (더) 좋다 | 比较 bǐjiào 부 비교적, 상대적으로 | 快 kuài 형 빠르다

해설 자전거를 타고 출근하는지 묻는 여자의 질문에 남자가 '骑自行车比较快(자전거를 타고 출근하는데 비교적 빠르다)'라고 하였으므로 자전거를 타고 가는 남자의 사진인 C가 정답이다.

4

女: 今天下午我想去商店买双鞋，你能和我一起
去吗?

男: 当然可以啊，我也正想买一双呢。(B)

여: 오늘 오후에 상점에 신발을 사러 가려고 하는데, 당신
은 저와 같이 갈 수 있나요?

남: 당연히 가능하죠. 마침 저도 신발 한 켤레를 사려고 했
어요. (B)

단어 今天 jīntiān 명 오늘 | 下午 xiàwǔ 명 오후 | 想 xiǎng 조동 ~하고 싶다 | 去 qù 동 가다 | 商店 shāngdiàn 명 상점 | 买
mǎi 동 사다 | 双 shuāng 양 짝, 켤레 | 鞋 xié 명 신발, 구두 | 能 néng 조동 ~할 수 있다 | 和 hé 개 ~와 | 一起 yìqǐ 부 같
이 | 当然 dāngrán 부 당연히, 물론 | 可以 kěyǐ 조동 ~할 수 있다, 가능하다 | 也 yě 부 ~도 | 正 zhèng 부 마침 | 呢 ne 조
서술문 뒤에 쓰여 동작이나 상황이 지속됨을 나타냄

해설 남녀 모두 '鞋(신발)'이라는 공통된 화제로 이야기하고 있으므로 신발을 나타내는 사진인 B가 정답이다.

5

男: 刷牙的时候要注意些什么?

女: 每天早晚两次，每次三到五分钟。上上下
下、里里外外都要刷。(F)

남: 양치질할 때 주의해야 할 것들은 무엇이죠?

여: 매일 아침, 저녁으로 두 번, 매번 3분~5분으로 위아
래, 안팎으로 모두 잘 닦아야 해요. (F)

단어 刷牙 shuāyá 이를 닦다, 양치질하다 | 注意 zhùyì 동 주의하다, 조심하다 | 些 xiē 양 조금, 약간 | 每天 měitiān 명 매일 | 早
晚 zǎowǎn 명 아침과 저녁 | 每次 měi cì 매차, 매번 | 两次 liǎng cì 두 번 | 到 dào 동 도달하다 | 分钟 fēnzhōng 명 분 |
上上下下 shàngshàng xiàxià 위에서부터 아래까지 | 里里外外 lǐlǐ wàiwài 안과 밖, 안팎 | 都 dōu 부 모두, 다 | 刷 shuā
동 솔로 닦다

해설 여자가 양치질할 때 주의 사항에 대해서 이야기 하고 있으므로 양치질하고 있는 사진인 F가 정답이다.

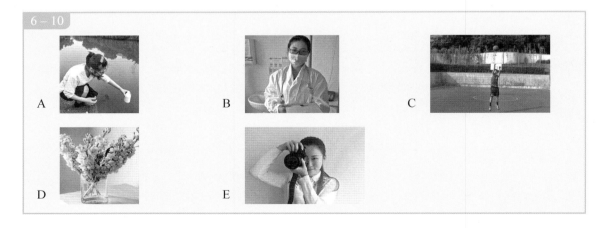

女: 天太热了，水都喝完了。我能喝点儿河里的
水吗?

男: 不行，河里的水不干净。(A)

여: 날씨가 너무 더운데, 물도 다 마셨네요. 저 강물을 마
셔도 될까요?

남: 안 돼요, 강물은 깨끗하지 않아요. (A)

단어 天 tiān 명 날씨, 기후 | 太 tài 부 지나치게, 너무 | 热 rè 형 덥다, 뜨겁다 | 水 shuǐ 명 물 | 都 dōu 부 모두, 이미 | 喝 hē 동

마시다 | **完** wán 혱 다 소모하다 | **能** néng 조동 ~할 수 있다 | **河里** héli 하천 안, 강물 속 | **行** xíng 동 ~해도 좋다 | **干净** gānjìng 혱 깨끗하다

실전 모의고사 | 1회

해설　강물을 마셔도 되는지 묻는 여자의 말에 남자가 '河里的水不干净(강물이 깨끗하지 않다)'라며 안 된다고 대답하였으므로 강에서 물을 뜨고 있는 여자 사진인 A가 정답이다.

7　★☆☆

男: 真漂亮，这些照片都是你拍的吗?
女: 是的。我很喜欢拍照。来，我来给你拍一张。(E)

남: 정말 예쁘네요. 이 사진들은 모두 당신이 찍은 것인가요?
여: 네. 저는 사진 찍는 것을 매우 좋아해요. 자, 당신도 한 장 찍어 줄게요. (E)

단어　**真** zhēn 뷔 확실히, 참으로 | **漂亮** piàoliang 혱 예쁘다, 아름답다 | **这些** zhèxiē 때 이런 것들, 이러한 | **照片** zhàopiàn 몡 사진 | **都** dōu 뷔 모두 | **拍** pāi 동 (사진을) 찍다, 촬영하다 | **很** hěn 뷔 매우, 대단히 | **喜欢** xǐhuan 동 좋아하다 | **拍照** pāizhào 동 사진을 찍다 | **给** gěi 개 ~를 위해 | **拍** pāi 동 (사진을) 찍다, 촬영하다 | **张** zhāng 양 장(종이·티켓 등을 세는 단위)

해설　남녀의 대화에 모두 '拍(사진을 찍다)'라는 단어가 언급되었고 여자가 사진을 찍어 주겠다고 했으므로 사진을 찍고 있는 여자 사진인 E가 정답이다.

8　★★☆

女: 我姐姐是我们学校的医生，老师和学生都很喜欢她。
男: 我去她那儿看过病，也很喜欢她。长得很漂亮，说话的时候一直笑着。(B)

여: 우리 언니는 우리 학교의 의사예요. 선생님과 학생들 모두 그녀를 좋아해요.
남: 제가 그녀에게 가서 진찰을 받아 본 적이 있는데, 저도 그녀가 매우 좋아요. 너무 아름답고 줄곧 웃으면서 이야기하더라고요. (B)

단어　**姐姐** jiějie 몡 누나, 언니 | **学校** xuéxiào 몡 학교 | **医生** yīshēng 몡 의사 | **老师** lǎoshī 몡 선생님 | **和** hé 접 ~와, ~과 | **学生** xuésheng 몡 학생 | **都** dōu 뷔 모두, 다 | **很** hěn 뷔 매우 | **喜欢** xǐhuan 동 좋아하다 | **去** qù 동 가다 | **那儿** nàr 때 그곳 | **过** guo 조 ~한 적이 있다 | **看病** kànbìng 동 (의사가) 진찰하다 | **长** zhǎng 동 생기다 | **得** de 조 ~하는 정도가(술어 뒤에 쓰여 술어의 정도를 나타냄) | **漂亮** piàoliang 혱 예쁘다, 아름답다 | **说话** shuōhuà 동 말하다 | **一直** yìzhí 뷔 계속, 줄곧 | **笑** xiào 동 웃다 | **着** zhe 조 ~한 채로(동작이나 상태의 진행, 지속을 나타냄)

해설　대화 내용은 여자의 언니에 관한 소개로 '学校的医生(학교의 의사)'라고 하였으므로 의사 사진인 B가 정답이다.

9　★★☆

女: 这么冷的天，你们穿得太少了，小心感冒。
男: 没关系的，我们男生打篮球时都这样。(C)

여: 이렇게 추운데 당신들 옷을 너무 얇게 입었네요. 감기 조심하세요.
남: 괜찮아요. 우리 남학생들은 농구할 때 모두 이렇게 입어요. (C)

단어　**这么** zhème 때 이런, 이러한 | **冷** lěng 혱 춥다 | **穿** chuān 동 입다, 신다 | **太** tài 뷔 지나치게, 너무 | **少** shǎo 혱 적다 | **小心** xiǎoxīn 동 조심하다 | **感冒** gǎnmào 몡 감기 | **没关系** méi guānxi 괜찮다, 상관없다 | **男生** nánshēng 몡 남학생 | **打篮球** dǎ lánqiú 농구하다 | **都** dōu 뷔 모두, 다

해설　남자가 '篮球(농구)'할 때 모두 옷을 이렇게 입는다고 하였으므로 농구하고 있는 남자 사진인 C가 정답이다.

10

男: 这是什么花? 真漂亮!
女: 我也不知道, 但我一直很喜欢。(D)

남: 이거 무슨 꽃이에요? 정말 예쁘네요!
여: 저도 몰라요, 그렇지만 줄곧 좋아했어요. (D)

단어 这 zhè 때 이것 | 是 shì 통 ~이다 | 什么 shénme 때 무슨, 무엇 | 花 huā 몡 꽃 | 真 zhēn 틧 진정으로, 참으로 | 漂亮 piàoliang 톙 예쁘다, 아름답다 | 知道 zhīdào 통 알다 | 但 dàn 쩝 그러나 | 很 hěn 틧 매우, 아주 | 喜欢 xǐhuan 통 좋아하다

해설 남자가 '花(꽃)'가 예쁘다고 칭찬한 말을 미루어 꽃이 꽂혀 있는 사진인 D가 정답이다.

듣기 제2부분

我爸爸以前是个老师, 现在成了画家, 我以后也想当个画家。

나의 아버지는 예전에 선생님이었으나 지금은 화가이시다. 나도 화가가 되고 싶다.

★ 他爸爸以前是个画家。(×)

★ 그의 아버지는 예전에 화가였다. (×)

단어 以前 yǐqián 몡 예전, 이전 | 是 shì 통 ~이다 | 老师 lǎoshī 몡 선생님 | 现在 xiànzài 몡 지금, 현재 | 成了 chéngle 되다, 변하다 | 画家 huàjiā 몡 화가 | 以后 yǐhòu 몡 이후 | 想 xiǎng 조통 ~하고 싶다 | 当 dāng 통 ~이 되다

해설 녹음에서 아버지는 예전에 '老师(선생님)'이었고 지금은 '画家(화가)'라고 하였으므로 녹음 내용은 제시된 문장과 일치하지 않는다.

12

昨天在机场的时候, 有人把我的箱子拿错了, 我到现在还没找到。

어제 공항에 있을 때, 어떤 사람이 나의 트렁크를 잘못 가져갔는데, 나는 지금까지 아직 찾지 못했다.

★ 他的箱子不见了。(√)

★ 그의 트렁크가 없어졌다. (√)

단어 昨天 zuótiān 몡 어제 | 在 zài 통 ~에 있다 | 机场 jīchǎng 몡 공항 | 有人 yǒu rén 어떤 사람 | 把 bǎ 개 ~을, ~를 | 箱子 xiāngzi 몡 상자, 트렁크 | 拿 ná 통 (손으로) 쥐다, 잡다 | 错 cuò 통 틀리다, 맞지 않다 | 到 dào 개 ~까지 | 现在 xiànzài 몡 지금, 현재 | 还 hái 틧 여전히, 아직도 | 没 méi 틧 ~하지 않다 | 找到 zhǎodào 찾아내다

해설 녹음에서 어제 공항에서 '有人把我的箱子拿错了, 我到现在还没找到(어떤 사람이 나의 트렁크를 잘못 가져갔고 아직까지 찾지 못했다)'라고 하였으므로 화자의 트렁크가 없어졌음을 알 수 있다. 따라서 녹음 내용은 제시된 문장과 일치한다.

13

明天是周四, 我又可以上王老师的课了。我很喜欢听他讲中国的文化。

내일은 목요일이어서 나는 또 왕 선생님의 수업을 들을 수 있다. 나는 그의 중국 문화 강의를 듣는 것을 매우 좋아한다.

★ 周四有王老师的课。(√)

★ 목요일에 왕 선생님의 수업이 있다. (√)

실전 모의고사 | 1회

단어 明天 míngtiān 圐 내일 | 是 shì 图 ~이다 | 周四 zhōusì 圐 목요일 | 又 yòu 凰 또, 다시 | 可以 kěyǐ 图图 ~할 수 있다 | 老师 lǎoshī 圐 선생님 | 课 kè 圐 수업 | 喜欢 xǐhuan 图 좋아하다 | 听 tīng 图 듣다 | 讲 jiǎng 图 말하다, 이야기하다 | 中国 Zhōngguó 고유 중국 | 文化 wénhuà 圐 문화

해설 녹음에서 내일이 '周四(목요일)'인데, 왕 선생님의 수업을 들을 수 있다고 했으므로 녹음 내용은 제시된 문장과 일치한다.

---

14 ★★★

你看书越来越快了，昨天看见你才读第五页，今天已经到三十六页了。

당신 책을 보는 속도가 갈수록 빨라지네요. 어제 당신이 겨우 5페이지를 읽고 있는 것을 보았는데, 오늘 벌써 36페이지를 읽고 있네요.

★ 他一天看了三十六页书。(×)

★ 그는 하루에 36페이지의 책을 보았다. (×)

단어 看书 kànshū 책을 보다 | 越来越 yuèláiyuè 더욱더, 점점 | 快 kuài 圐 빠르다 | 昨天 zuótiān 圐 어제 | 看见 kànjiàn 图 보다 | 才 cái 凰 겨우, 고작 | 读 dú 图 읽다 | 第 dì 圐 순서, 차례 | 页 yè 圐 쪽, 페이지 | 今天 jīntiān 圐 오늘 | 已经 yǐjing 凰 이미, 벌써 | 到 dào 图 도달하다

해설 녹음에서 하루에 '三十六页(36페이지)'의 책을 보는 것이 아니라 오늘 벌써 36페이지를 읽고 있다고 하였으므로 오늘까지 읽은 페이지가 36이라는 것을 알 수 있다. 따라서 녹음 내용은 제시된 문장과 일치하지 않는다.

---

15 ★★☆

刚才妈妈给我打电话，让我和弟弟去公园玩儿，所以下午我不能去图书馆了。

방금 엄마는 나에게 전화를 해서, 나보고 남동생과 공원에 가서 놀라고 하셨다. 그래서 오후에 나는 도서관에 갈 수 없게 되었다.

★ 他下午和弟弟去公园。(√)

★ 그는 오후에 남동생과 공원에 간다. (√)

단어 刚才 gāngcái 圐 지금 막, 방금 | 妈妈 māma 圐 엄마, 어머니 | 打电话 dǎ diànhuà 전화를 걸다, 전화하다 | 让 ràng 图 ~하게 하다 | 和 hé 개 ~와 | 弟弟 dìdi 圐 남동생 | 去 qù 图 가다 | 公园 gōngyuán 圐 공원 | 玩儿 wánr 图 놀다, 즐기다 | 所以 suǒyǐ 圙 그래서 | 下午 xiàwǔ 圐 오후 | 图书馆 túshūguǎn 圐 도서관

해설 녹음에서 엄마가 화자에게 남동생과 공원에 가라고 하였으므로 화자는 오후에 남동생과 공원에 가는 것을 유추할 수 있다. 따라서 녹음 내용은 제시된 문장과 일치한다.

---

16 ★☆☆

筷子在中国有三千多年了。在中国，几乎所有地方都能看见筷子。

젓가락은 중국에서 3천여 년이 되었다. 중국에 거의 모든 곳에서 젓가락을 사용하는 것을 볼 수 있다.

★ 中国人用筷子的历史已经有三千多年了。
(√)

★ 중국인이 젓가락을 사용하는 역사는 이미 3천여 년이 되었다. (√)

단어 筷子 kuàizi 圐 젓가락 | 中国 Zhōngguó 고유 중국 | 几乎 jīhū 凰 거의 | 所有 suǒyǒu 圐 모든, 전부의 | 地方 dìfang 圐 지방, 장소 | 都 dōu 凰 모두, 다 | 能 néng 图图 ~할 수 있다 | 看见 kànjiàn 图 보다

녹음의 '筷子在中国有三千多年了(젓가락은 중국에서 3천여 년이 되었다)'를 미루어 젓가락 사용 역사가 이미 3천여 년이 된 것을 알 수 있다. 따라서 녹음 내용은 제시된 문장과 일치한다.

---

17 ★☆☆

学校旁边有一家饭馆，里面的东西很好吃，而且也不是太贵。	학교 옆에 식당이 하나 있는데, 그곳의 음식은 매우 맛있고 게다가 너무 비싸지도 않다.
★ 这家饭馆的东西很好吃，但是太贵。(✕)	★ 이 식당의 음식은 아주 맛있지만, 너무 비싸다. (✕)

단어 学校 xuéxiào 몡 학교 | 旁边 pángbiān 몡 근처, 부근 | 饭馆 fànguǎn 몡 식당 | 里面 lǐmiàn 몡 안, 안쪽 | 东西 dōngxi 몡 (구체적인 혹은 추상적인) 것, 물건 | 很 hěn 뷔 매우, 아주 | 好吃 hǎochī 혱 맛있다 | 而且 érqiě 젭 게다가, 뿐만 아니라 | 也 yě 뷔 ~도 | 太 tài 뷔 지나치게, 너무 | 贵 guì 혱 높다, 비싸다

해설 녹음에서 '里面的东西很好吃，而且也不是太贵(그곳의 음식은 매우 맛있고 게다가 너무 비싸지도 않다)'라고 하였는데, 제시된 문장에서는 비싸다고 언급되었으므로 녹음 내용과 일치하지 않는다.

---

18 ★★☆

真的朋友会和你一起高兴，也会帮你一起解决问题。	진정한 친구는 당신과 함께 기뻐하고 또 당신을 도와서 함께 문제를 해결해 줄 것이다.
★ 真的朋友应该帮忙解决问题。(✓)	★ 진정한 친구는 문제를 해결하는 것을 도울 것이다. (✓)

단어 真的 zhēnde 참으로, 정말로 | 朋友 péngyou 몡 친구 | 会 huì 조동 ~할 것이다 | 和 hé 개 ~와 | 一起 yìqǐ 뷔 같이, 함께 | 高兴 gāoxìng 혱 기쁘다, 즐겁다 | 也 yě 뷔 ~도 | 帮 bāng 동 돕다 | 解决 jiějué 동 해결하다 | 问题 wèntí 몡 문제

해설 녹음에서 '真的朋友(진정한 친구)'는 당신을 도와 함께 문제를 해결해 줄 것이라고 하였으므로 녹음 내용은 제시된 문장과 일치한다.

---

19 ★★☆

你把空调关了吧，太冷了。孩子睡着了，会生病的。	에어컨을 끄세요, 너무 추워요. 아이가 잠이 들어서 병이 날 거예요.
★ 她的孩子生病了。(✕)	★ 그녀의 아이는 병이 났다. (✕)

단어 把 bǎ 개 ~을, ~를 | 空调 kōngtiáo 몡 에어컨 | 关 guān 동 끄다 | 太 tài 뷔 지나치게, 너무 | 冷 lěng 혱 춥다 | 孩子 háizi 몡 아이, 어린이 | 睡着 shuìzháo 잠들다 | 会 huì 조동 ~일 것이다 | 生病 shēngbìng 동 병이 나다

해설 녹음에서 에어컨을 끄라고 한 건 아이가 '会生病(병이 날 것이다)'이라며 주의를 준 것이지 아이가 이미 병이 난 것은 아니므로 녹음 내용은 제시된 문장과 일치하지 않는다.

---

20 ★★☆

我昨天参加了汉语考试。因为没有好好复习，所以现在很担心自己的成绩会很差。

나는 어제 중국어 시험에 참가했다. 복습을 잘 하지 않아서, 그래서 지금 나의 성적이 매우 낮을까 걱정된다.

★ 他的成绩很差。(×)

★ 그의 성적은 매우 낮다. (×)

단어 昨天 zuótiān 몡 어제 │ 参加 cānjiā 동 참가하다 │ 汉语 Hànyǔ 고유 중국어 │ 考试 kǎoshì 몡 시험 │ 因为 yīnwèi 접 왜냐하면 │ 复习 fùxí 동 복습하다 │ 所以 suǒyǐ 접 그래서 │ 现在 xiànzài 몡 지금, 현재 │ 很 hěn 부 매우, 아주 │ 担心 dānxīn 동 염려하다, 걱정하다 │ 自己 zìjǐ 대 자기, 자신 │ 成绩 chéngjì 몡 성적 │ 会 huì 조동 ~할 가능성이 있다, ~할 것이다 │ 差 chà 형 나쁘다, 좋지 않다

해설 녹음에서 '会很差(낮을 것이다)'를 걱정하고 있는 것이지 성적이 '很差(매우 낮다)'는 아니므로 녹음 내용은 제시된 문장과 일치하지 않는다.

듣기 제3부분

21 ★☆☆

男：你怎么拿了这么多书？我帮你拿点儿吧。
女：谢谢。我刚才去图书馆了，都是刚借的书。

남: 당신은 왜 이렇게 많은 책을 들고 있나요? 제가 좀 들어 줄게요.
여: 고마워요. 제가 방금 도서관에 가서, 막 빌려온 책들이에요.

问：女的刚才去哪里了？
　A 教室　　　B 图书馆　　　C 车站

질문: 여자는 방금 어디에 갔었는가?
　A 교실　　　B 도서관　　　C 정류장

단어 怎么 zěnme 대 어째서, 왜 │ 拿 ná 동 (손으로) 쥐다, 잡다 │ 这么 zhème 대 이런, 이러한 │ 多 duō 형 많다 │ 书 shū 몡 책 │ 帮 bāng 동 돕다 │ 吧 ba 조 ~합시다(제안·청유) │ 刚才 gāngcái 몡 막, 방금 │ 去 qù 동 가다 │ 图书馆 túshūguǎn 몡 도서관 │ 借 jiè 동 빌리다

해설 장소를 물어보는 문제로 쉽게 답을 고를 수 있는데, 여자가 방금 '图书馆(도서관)'에 가서 책을 빌려왔다고 하였으므로 정답은 B이다.

---

22 ★★☆

男：你终于回家了，怎么这么晚？做什么去了？
女：去银行的时候遇到个朋友，就一起去喝了杯茶。

남: 당신은 드디어 집에 돌아왔군요. 왜 이렇게 늦었어요? 무엇을 하러 갔었나요?
여: 은행에 갔을 때 친구를 만났어요. 그래서 함께 차를 마시러 갔어요.

问：女的为什么这么晚回家？
　A 去商店了
　B 去银行了
　C 去喝茶了

질문: 여자는 왜 이렇게 늦게 집에 돌아왔는가?
　A 상점에 갔다
　B 은행에 갔다
　C 차를 마시러 갔다

단어 | 终于 zhōngyú 🖣 마침내, 결국 | 回家 huíjiā 집으로 돌아가다 | 怎么 zěnme 데 어째서, 왜 | 这么 zhème 데 이러한, 이렇게 | 晚 wǎn 📐 늦다 | 做 zuò 🖥 하다 | 什么 shénme 데 무엇 | 去 qù 🖥 가다 | 银行 yínháng 🖲 은행 | 遇到 yùdào 만나다, 마주치다 | 朋友 péngyou 🖲 친구 | 就 jiù 🖣 ~하자마자 곧 | 一起 yìqǐ 🖣 같이 | 喝茶 hēchá 차를 마시다

해설 여자의 대답에서 답을 찾을 수 있는데, 은행에 갔을 때 친구를 만나 '就一起去喝了杯茶(함께 차를 마시러 갔었다)'라고 하였으므로 정답은 C이다. 참고로 회자가 은행에 간 것은 맞지만 늦은 이유는 아니므로 정답을 고를 때 실수하지 않도록 주의하자.

---

23 ★★☆

男: 同学们, 今天我们班来了位新同学。

女: 大家好, 我刚来, 对学校不太了解。以后请大家多照顾。

问: 女的是做什么的?

  A 学生　　　B 老师　　　C 校长

남: 학생 여러분, 오늘 우리 반에 새로운 학생이 왔습니다.

여: 여러분, 안녕하세요, 제가 방금 전학을 와서 학교에 대해서는 그다지 잘 알지 못해요. 앞으로 잘 부탁드립니다.

질문: 여자는 무엇을 하는 사람인가?

  A 학생　　　B 선생님　　　C 교장 선생님

단어 | 同学 tóngxué 🖲 학우, 동창 | 今天 jīntiān 🖲 오늘 | 班 bān 🖲 반 | 来 lái 🖥 오다 | 位 wèi 🅰 분, 명 | 新 xīn 📐 새롭다 | 刚 gāng 🖣 방금, 막 | 对 duì 🝔 ~에 대하여 | 学校 xuéxiào 🖲 학교 | 请 qǐng 🖥 청하다, 부탁하다 | 大家 dàjiā 데 모두, 다들 | 多 duō 📐 많다 | 照顾 zhàogù 🖥 관심을 갖다, 돌보다

해설 남자가 오늘 반에 '新同学(새로운 학생)'가 왔다며 여자를 소개하였고, 여자는 반 친구들에게 인사를 하고 있으므로 정답은 A이다.

---

24 ★★☆

女: 坐吧, 在我家不要客气, 桌上有水果。你要喝茶, 还是咖啡?

男: 谢谢, 我不渴, 你不用忙了。

问: 他们在哪里?

  A 男的家里　　B 女的家里　　C 饭馆里

여: 앉으세요, 저희 집에서는 격식을 차리지 않아도 돼요. 탁자 위에 과일이 있어요. 당신은 차를 마실래요, 아니면 커피를 마실래요?

남: 감사하지만, 저는 목이 안 말라요. (괜히 저 때문에) 바쁘실 필요 없어요.

질문: 그들은 어디에 있는가?

  A 남자의 집　　B 여자의 집　　C 식당

단어 | 坐 zuò 🖥 앉다 | 不要 búyào 🖣 ~하지 마라 | 客气 kèqi 🖥 사양하다, 체면을 차리다 | 桌 zhuō 🖲 탁자 | 水果 shuǐguǒ 🖲 과일 | 喝茶 hēchá 차를 마시다 | 还是 háishi 🝔 또는, 아니면 | 咖啡 kāfēi 🖲 커피 | 渴 kě 📐 목이 타다, 목마르다 | 不用 búyòng 🖣 ~할 필요가 없다 | 忙 máng 🖥 (어떤 일을) 서두르다

해설 여자가 '在我家不要客气(자신의 집에서는 격식을 차리지 않아도 된다)'라고 하였으므로 그들은 여자의 집에 있음을 알 수 있다. 따라서 정답은 B이다.

25 ★★☆

男: 今天天气真不错，出来走走很舒服，对身体也好。 女: 是啊，太阳真好，一点儿也不冷！**明天还有太阳吗?**	남: 오늘 날씨가 참 좋네요. 나와서 좀 걸으니 마음도 상쾌하고 건강에도 좋아요. 여: 맞아요. 햇빛이 참 좋네요. 조금도 춥지 않아요! 내일도 햇빛이 날까요?

问: 明天天气怎么样?
  A 晴天   B 下雨   C 不知道
	질문: 내일의 날씨는 어떠한가?
	  A 맑은 날씨 B 비가 온다 C 알 수 없다

단어 天气 tiānqì 명 날씨 | 不错 búcuò 형 좋다, 괜찮다 | 走 zǒu 동 걷다 | 舒服 shūfu 형 (마음이) 상쾌하다, 편안하다 | 身体 shēntǐ 명 신체, 건강 | 太阳 tàiyáng 명 태양, 햇빛 | 冷 lěng 형 춥다 | 明天 míngtiān 명 내일

해설 대화 내용을 통해 오늘 날씨가 좋다는 것을 알 수 있지만, 내일의 날씨는 나와 있지 않으며, 여자가 마지막에 '明天还有太阳吗?(내일도 햇빛이 날까요?)'라고 질문을 하며 녹음이 끝나므로 내일의 날씨가 어떠한지 알 수 없다. 따라서 정답은 C이다.

26 ★☆☆

男: 好漂亮的裙子，你刚买的吗? 女: 这是同事昨天送给我的生日礼物。我很喜欢，所以今天就穿上了。	남: 치마가 아주 예쁘네요. 방금 산 것인가요? 여: 이건 회사 동료가 어제 제에게 준 생일 선물이에요. 저는 너무 좋아서 오늘 바로 입었어요.

问: 女的什么时候生日?
  A 今天   B 昨天   C 明天
	질문: 여자의 생일은 언제인가?
	  A 오늘 B 어제 C 내일

단어 裙子 qúnzi 명 치마 | 漂亮 piàoliang 형 예쁘다 | 刚 gāng 부 방금, 막 | 买 mǎi 동 사다 | 同事 tóngshì 명 동료 | 昨天 zuótiān 명 어제 | 送给 sònggěi ～에게 주다 | 生日 shēngrì 명 생일 | 礼物 lǐwù 명 선물 | 喜欢 xǐhuan 동 좋아하다 | 所以 suǒyǐ 접 그래서 | 今天 jīntiān 명 오늘 | 就 jiù 부 곧, 바로 | 穿上 chuānshàng 입어 보다

해설 여자가 '这是同事昨天送给我的生日礼物(이건 회사 동료가 어제 나의 생일 선물로 준 것이다)'라고 하였으므로 정답은 B이다.

27 ★☆☆

女: 小王家的狗可听话了，让它坐它就坐，让它站它就站，真可爱！ 男: 好是好，但是太吵了。	여: 샤오왕 집의 개가 말을 참 잘 들어요. 앉으라면 앉고 서라면 서는 게, 참 귀여워요! 남: 좋긴 좋은데, 너무 시끄러워요.

问: 男的觉得小狗怎么样?
  A 可爱
  B 很吵
  C 听话
	질문: 남자는 개가 어떻다고 생각하는가?
	  A 귀엽다
	  B 매우 시끄럽다
	  C 말을 잘 듣는다

단어 狗 gǒu 명 개 | 可 kě 부 정말로, 진짜로 | 听话 tīnghuà 동 말을 잘 듣다 | 让 ràng 동 ～하게 하다 | 坐 zuò 동 앉다 | 就 jiù 부 곧, 즉시 | 站 zhàn 동 서다 | 真 zhēn 부 확실히, 진실로 | 可爱 kě'ài 형 사랑스럽다, 귀엽다 | 但是 dànshì 접 그러나 | 太 tài 부 지나치게, 너무 | 吵 chǎo 형 시끄럽다

해설 질문은 남자의 생각에 대해 묻고 있다. 남자는 샤오왕 집의 개에 대해 좋긴 좋은데, '太吵了(너무 시끄럽다)'라고 하였으므로 정답은 B이다.

149

男: 刚刚和你说话的那个人是你同事吗?
女: 不是, 他是我儿子的数学老师。

问: 刚刚和女的一起说话的是谁?
　A 同事　　　B 儿子　　　C 数学老师

남: 방금 당신과 대화하던 그 사람은 당신의 동료인가요?
여: 아니요, 그는 제 아들의 수학 선생님이에요.

질문: 방금 여자와 함께 대화하던 사람은 누구인가?
　A 동료　　　B 아들　　　C 수학 선생님

단어 刚刚 gānggāng 閉 지금 막, 방금 | 和 hé 冏 ~와 | 说话 shuōhuà 동 말하다 | 同事 tóngshì 명 동료 | 儿子 érzi 명 아들 | 数学 shùxué 명 수학 | 老师 lǎoshī 명 선생님

해설 남자가 여자와 대화하던 사람이 동료인지 묻자 여자가 '我儿子的数学老师(내 아들의 수학 선생님이다)'라고 하였으므로 정답은 C 이다.

---

29 ★★☆

男: 我上课一直很认真, 可就是说不好汉语。
女: 不要着急, 提高汉语水平需要练习很长时间。

问: 男的怎么了?
　A 汉语说不好
　B 上课不认真
　C 没有练习

남: 저는 줄곧 수업을 열심히 들었지만, 그래도 중국어를 잘 말하지 못해요.
여: 조급해하지 마세요, 중국어 실력을 높이려면 긴 시간 동안 연습해야만 해요.

질문: 남자는 왜 그러는가?
　A 중국어를 잘하지 못해서
　B 수업을 열심히 듣지 않아서
　C 연습을 하지 않아서

단어 上课 shàngkè 동 수업을 듣다 | 一直 yìzhí 閉 계속, 줄곧 | 认真 rènzhēn 형 진지하다, 착실하다 | 可 kě 접 그러나 | 说 shuō 동 말하다 | 汉语 Hànyǔ 고유 중국어 | 不要 búyào 閉 ~하지 마라 | 着急 zháojí 동 조급해하다 | 提高 tígāo 동 제고하다, 향상시키다 | 水平 shuǐpíng 명 수준 | 需要 xūyào 동 필요하다, 요구되다 | 练习 liànxí 동 연습하다, 익히다 | 长 cháng 형 (시간이) 길다, 오래다 | 时间 shíjiān 명 시간

해설 남자가 줄곧 수업을 열심히 들었지만 '汉语(중국어)'를 잘 말하지 못한다고 하였으므로 정답은 A이다.

---

30 ★☆☆

男: 你都买了些什么啊? 这么重, 都快拿不动了。
女: 不多, 只有一点苹果、面包和牛奶。今天的西瓜不太新鲜, 就没有买。

问: 女的没买什么?
　A 苹果　　　B 西瓜　　　C 牛奶

남: 당신은 무엇을 이렇게 많이 샀어요? 이렇게나 무거워서 들지도 못하겠어요.
여: 많지 않아요. 겨우 사과랑 빵 그리고 우유 조금이에요. 오늘 수박이 그다지 신선하지 않아서 사지 않았어요.

질문: 여자는 무엇을 사지 않았는가?
　A 사과　　　B 수박　　　C 우유

단어 都 dōu 閉 모두, 다 | 买 mǎi 동 사다 | 些 xiē 양 조금, 약간 | 这么 zhème 대 이런, 이러한 | 重 zhòng 형 무겁다 | 快……了 kuài……le 閉 곧 ~하다 | 拿 ná 동 (손으로) 쥐다, 잡다 | 只 zhǐ 閉 단지, 오직 | 苹果 píngguǒ 명 사과 | 面包 miànbāo 명 빵 | 和 hé 접 ~와 | 牛奶 niúnǎi 명 우유 | 今天 jīntiān 명 오늘 | 西瓜 xīguā 명 수박 | 新鲜 xīnxiān 형 신선하다

여자가 사과와 빵, 우유를 샀지만 '今天的西瓜不太新鲜，就没有买(오늘 수박은 신선하지 않아 사지 않았다)'라고 대답하였으므로 정답은 B이다.

 듣기 제4부분

---

31 ★★☆

男：你好，请问还有房间吗?
女：有，一晚上一百六十元，请问您住几晚?
男：我住两个晚上，能便宜点儿吗?
女：那就三百吧，不能再便宜了。

问：两天一共需要多少钱?
　　A 160元　　　　B 320元　　　　C 300元

남：안녕하세요, 실례지만 아직 방이 있나요?
여：있어요, 하룻밤에 160위안이에요. 당신은 며칠 묵으실 건가요?
남：저는 이틀 묵을 겁니다. 좀 싸게 해 줄 수 있나요?
여：그럼 300위안으로 하죠, 더 싸게는 안 돼요.

질문：이틀에 모두 얼마가 필요한가?
　　A 160위안　　　B 320위안　　　C 300위안

단어 请问 qǐngwèn 통 말씀 좀 여쭙겠습니다 | 还 hái 부 여전히, 아직도 | 房间 fángjiān 명 방 | 住 zhù 통 숙박하다, 묵다 | 能 néng 조동 ~할 수 있다 | 便宜 piányi 형 싸다 | 两天 liǎngtiān 이틀 | 一共 yígòng 부 전부, 합계 | 需要 xūyào 통 필요하다, 요구되다

해설 숙박료가 하루에 '一百六十元(160위안)'이라는 여자의 말에 남자는 이틀 묵는다고 하였고 여자가 '那就三百吧(그럼 300위안으로 해요)'라고 하였으므로 정답은 C이다.

---

32 ★★☆

女：叫了你好多遍了，饭都凉了，快出来吃饭。
男：你先吃吧，我等会儿来。
女：做什么呢? 这么认真。
男：公司里的事，有点儿急。

问：他们是什么关系?
　　A 同学
　　B 老师和学生
　　C 妻子和丈夫

여：당신을 여러 번 불렀어요. 밥이 이미 식었어요, 어서 나와서 식사하세요.
남：당신 먼저 먹어요, 잠시 후에 올게요.
여：무엇을 하는데 이렇게 열심히 해요?
남：회사 일이에요, 조금 급한 거라서요.

질문：그들은 어떤 관계인가?
　　A 동급생
　　B 선생님과 학생
　　C 부인과 남편

단어 叫 jiào 통 부르다 | 凉 liáng 형 차갑다, 서늘하다 | 快 kuài 형 빠르다 | 先 xiān 부 앞, 전 | 这么 zhème 대 이런, 이러한 | 认真 rènzhēn 형 진지하다, 착실하다 | 公司 gōngsī 명 회사 | 急 jí 형 긴급하다, 급박하다 | 妻子 qīzi 명 아내 | 丈夫 zhàngfu 명 남편

해설 빨리 나와서 밥을 먹으라는 여자의 말로 보아 부인과 남편의 관계라는 것을 알 수 있다. 마지막 남자의 '公司里的事(회사의 일이다)'이라는 말을 미루어 A와 B가 정답이 될 수 없다는 것 역시 알 수 있으므로 정답은 C이다.

33 ★☆☆

女：我最近总是头疼，您帮我看看是怎么了。
男：什么时候开始疼的？
女：应该有一个星期了，白天忙，不太疼，到了晚上特别疼。
男：工作太累了，在家好好休息几天就会好的。

问：男的是做什么的？
　　A 老师　　　　B 医生　　　　C 司机

여: 저는 요즘 계속 머리가 아파요. 저를 도와 어떻게 된 것인지 좀 봐주세요.
남: 언제부터 아프기 시작했나요?
여: 한 일주일쯤 되었어요. 낮에는 바빠서 그렇게 아프지 않은데, 저녁이 되면 매우 아파요.
남: 일 때문에 너무 지쳤어요. 집에서 며칠 잘 쉬면 곧 좋아 질 거예요.

질문: 남자는 무엇을 하는 사람인가?
　　A 교사　　　　B 의사　　　　C 운전기사

단어 最近 zuìjìn 몡 최근, 요즘 | 总是 zǒngshì 튐 늘, 줄곧 | 头疼 tóuténg 혱 머리가 아프다 | 帮 bāng 통 돕다, 거들다 | 什么时候 shénme shíhou 언제 | 开始 kāishǐ 통 시작하다 | 疼 téng 혱 아프다 | 应该 yīnggāi 조통 반드시 ~할 것이다 | 一个星期 yí ge xīngqī 일주일 | 白天 báitiān 몡 낮 | 忙 máng 혱 바쁘다 | 太 tài 튐 지나치게, 너무 | 到 dào 통 도달하다 | 晚上 wǎnshang 몡 밤 | 特别 tèbié 튐 매우 | 工作 gōngzuò 몡 근무, 일 | 累 lèi 혱 지치다, 피곤하다 | 休息 xiūxi 통 휴식하다 | 就 jiù 튐 곧, 즉시 | 会 huì 조통 ~일 것이다

해설 여자가 남자에게 머리가 아픈 것을 상담하였고 남자가 여자에게 며칠 동안 잘 쉬라고 하였으므로 남자가 '医生(의사)'임을 유추할 수 있다. 따라서 정답은 B이다.

34 ★★☆

男：这两条裤子哪条比较好看？
女：都不错。我更喜欢左边那条。你都穿一穿吧，看看哪条更舒服。
男：行，那我都试试。
女：你穿好了我再看看。

问：男的要穿哪条裤子？
　　A 左边的　　　B 右边的　　　C 两条

남: 이 바지 두 벌 중 어느 것이 비교적 예쁜가요?
여: 모두 좋은데, 저는 왼쪽 것이 더 좋아요. 당신 둘 다 한 번 입어봐요. 어느 것이 더 편안한지 보게요.
남: 좋아요, 그럼 모두 입어볼게요.
여: 당신이 다 입으면 제가 다시 한번 볼게요.

질문: 남자는 어떤 바지를 입으려고 하는가?
　　A 오른쪽 것　　　B 왼쪽 것　　　C 둘 다

단어 裤子 kùzi 몡 바지 | 比较 bǐjiào 튐 비교적 | 好看 hǎokàn 혱 예쁘다 | 哪 nǎ 때 어느 | 条 tiáo 양 벌(가늘고 긴 것을 세는 단위) | 都 dōu 튐 모두, 다 | 不错 búcuò 혱 좋다, 괜찮다 | 更 gèng 튐 더욱, 더 | 喜欢 xǐhuan 통 좋아하다 | 左边 zuǒbian 몡 왼쪽 | 穿 chuān 통 입다 | 舒服 shūfu 혱 편안하다 | 行 xíng 통 좋다, 된다 | 试 shì 통 시도하다, 입어보다

해설 남자가 두 벌의 바지 중 어떤 것이 예쁜지 묻자 여자가 둘 다 입어보라고 권유한다. 여자의 말에 남자가 '那我都试试(그럼 모두 입어보겠다)'라고 대답하였으므로 정답은 C이다.

35 ★★☆

男: 你今天怎么迟到了?
女: 对不起, 上班的时候自行车突然出问题了。
男: 后来怎么办?
女: 没有出租车, 只好坐公共汽车了。

问: 女的怎么去上班的?
　A 出租车
　B 公共汽车
　C 自行车

남: 당신은 오늘 왜 지각했나요?
여: 미안해요, 출근할 때 자전거에 갑자기 문제가 생겨서요.
남: 그래서 어떻게 했어요?
여: 택시가 없어서 어쩔 수 없이 버스를 탔어요.

질문: 여자는 어떻게 출근했는가?
　A 택시
　B 버스
　C 자전거

단어 今天 jīntiān 몡 오늘 | 怎么 zěnme 떼 어떻게, 왜 | 迟到 chídào 됭 지각하다 | 上班 shàngbān 됭 출근하다 | 自行车 zìxíngchē 몡 자전거 | 突然 tūrán 빔 갑자기 | 出 chū 됭 나타나다 | 问题 wèntí 몡 문제 | 后来 hòulái 몡 그 후, 그 뒤 | 出租车 chūzūchē 몡 택시 | 只好 zhǐhǎo 빔 부득이, 할 수 없이 | 坐 zuò 됭 타다 | 公共汽车 gōnggòng qìchē 몡 버스

해설 여자의 마지막 말에서 답을 찾을 수 있는데, '没有出租车, 只好坐公共汽车了(택시가 없어서 어쩔 수 없이 버스를 탔다)'라고 하였으므로 정답은 B이다.

36 ★★☆

男: 教室里还有人吗?
女: 都走了。已经关门了。
男: 这下坏了, 我把书忘在教室里了!
女: 快去找老师吧, 他才刚走一会儿。

问: 男的最可能要做什么?
　A 找同学
　B 关教室门
　C 找老师

남: 교실 안에 아직 사람이 있나요?
여: 모두 갔어요. 이미 문을 닫았어요.
남: 큰일 났네요, 책을 깜박하고 교실 안에 두었어요!
여: 빨리 가서 선생님을 찾으세요, 그는 방금 갔어요.

질문: 남자는 무엇을 할 가능성이 가장 큰가?
　A 동급생을 찾는다
　B 교실 문을 닫는다
　C 선생님을 찾는다

단어 教室 jiàoshì 몡 교실 | 里 lǐ 몡 안, 속 | 还 hái 빔 여전히, 아직도 | 走 zǒu 됭 떠나다 | 已经 yǐjing 빔 이미, 벌써 | 关门 guānmén 됭 문을 닫다 | 把 bǎ 개 ~을, ~를 | 书 shū 몡 책 | 忘 wàng 됭 잊다 | 快 kuài 빔 빨리, 급히 | 去 qù 됭 가다 | 找 zhǎo 됭 찾다 | 老师 lǎoshī 몡 선생님 | 才 cái 빔 겨우, 이제서야 | 刚 gāng 빔 방금, 지금 막 | 一会儿 yíhuìr 수량 짧은 시간 내, 곧

해설 책을 깜박하고 교실 안에 두었다는 남자의 말에 여자가 '快去找老师吧(빨리 가서 선생님을 찾아라)'라고 하였으므로 정답은 C이다.

男: 现在几点了?	남: 지금 몇 시예요?
女: 三点半，怎么了?	여: 3시 30분이요, 왜 그래요?
男: 我要去火车站了，我弟弟还有半小时就到了。	남: 기차역에 가려고요, 제 남동생이 30분 있으면 도착해요.
女: 那我陪你一起去吧。	여: 그럼 제가 당신과 함께 갈게요.

问: 男人的弟弟几点到火车站?	질문: 남자의 남동생은 몇 시에 기차역에 도착하는가?
A 16:00 B 15:30 C 15:00	A 16:00 B 15:30 C 15:00

단어 现在 xiànzài 몡 지금, 현재 | 几点 jǐ diǎn 몇 시 | 要 yào 조통 ~해야 한다 | 去 qù 통 가다 | 火车站 huǒchēzhàn 몡 기차역 | 弟弟 dìdi 몡 남동생 | 还 hái 뷔 또, 더 | 半小时 bàn xiǎoshí 30분 | 就 jiù 뷔 ~하자마자 곧 | 到 dào 통 도달하다, 도착하다 | 陪 péi 통 모시다, 동반하다 | 一起 yìqǐ 뷔 같이, 함께

해설 여자가 현재 시간이 '三点半(3시 반)'이라고 하자 남자가 '我弟弟还有半小时就到了(남동생이 30분 있으면 도착한다)'라고 하였으므로 남동생은 4시에 도착하는 것을 알 수 있다. 따라서 정답은 A이다.

男: 快来尝尝我刚做好的蛋糕。	남: 빨리 와서 제가 방금 만든 케이크 맛 좀 보세요.
女: 真好吃! 怎么做的? 一定很难吧?	여: 정말 맛있네요! 어떻게 만든 거예요? 분명 매우 어렵겠죠?
男: 一点儿也不难。如果你想学，我可以教你。	남: 조금도 어렵지 않아요. 만약 당신이 배우고 싶다면 제가 당신을 가르쳐 줄게요.
女: 真的吗? 那我先谢谢你了!	여: 정말요? 그럼 저야 감사하죠!

问: 关于女的，可以知道什么?	질문: 여자에 관해, 알 수 있는 것은 무엇인가?
A 会做蛋糕	A 케이크를 만들 수 있다
B 爱吃蛋糕	B 케이크 먹는 것을 좋아한다
C 想学做蛋糕	C 케이크 만드는 것을 배우고 싶어 한다

단어 快 kuài 뷔 빨리, 급히 | 来 lái 통 오다 | 尝 cháng 통 맛보다 | 刚 gāng 뷔 방금, 막 | 做好 zuòhǎo (어떤 일을) 잘 완성하다 | 蛋糕 dàngāo 몡 케이크 | 真 zhēn 뷔 확실히 | 好吃 hǎochī 혱 맛있다 | 怎么 zěnme 떼 어떻게 | 做 zuò 통 하다 | 一定 yídìng 뷔 반드시 | 难 nán 혱 어렵다, 힘들다 | 如果 rúguǒ 젭 만약, 만일 | 可以 kěyǐ 조통 ~할 수 있다 | 谢谢 xièxie 통 감사합니다

해설 남자가 여자에게 '如果你想学，我可以教你(만약 당신이 배우고 싶다면 내가 가르쳐 주겠다)'라고 하자 여자가 감사 인사를 하였으므로 여자가 케이크 만드는 법을 배우고 싶다는 것을 알 수 있다. 따라서 정답은 C이다.

39 ★☆☆

男：两位要喝点什么？

女：我要一杯果汁，他要一杯咖啡。

男：不好意思，我们这儿的果汁今天已经卖完了。

女：那把果汁换成茶吧。

问：女的喝什么？

　A 茶　　　　　B 咖啡　　　　　C 果汁

남: 두 분 무엇을 마시겠습니까?

여: 저는 과일 주스 한 잔, 그는 커피 한 잔을 원해요.

남: 죄송한데, 저희 가게의 과일 주스는 오늘 이미 다 팔렸어요.

여: 그럼 과일 주스를 차로 바꾸죠.

질문: 여자는 무엇을 마시려고 하는가?

　A 차　　　　　B 커피　　　　　C 과일 주스

단어 喝 hē 통 마시다 | 点 diǎn 양 약간, 조금 | 杯 bēi 양 잔, 컵 | 果汁 guǒzhī 명 과일 주스 | 咖啡 kāfēi 명 커피 | 不好意思 bùhǎo yìsi 죄송합니다 | 今天 jīntiān 명 오늘 | 已经 yǐjing 부 이미, 벌써 | 卖完 màiwán 다 팔리다 | 把 bǎ 개 ~을, ~를 | 换成 huànchéng ~으로 바꾸다 | 茶 chá 명 차

해설 과일 주스가 없다는 남자의 말에 여자가 '果汁(과일 주스)'를 '茶(차)'로 바꾼다고 하였으므로 여자가 차를 마시려고 하는 것을 알 수 있다. 따라서 정답은 A이다.

---

40 ★★☆

男：周末的时候，你喜欢做什么？

女：我一般都在家上网或者看电视。

男：明天是周末，我带你去看电影怎么样？

女：太好了！好久没看电影了。

问：女的周末打算做什么？

　A 上网

　B 看电视

　C 看电影

남: 주말에 당신은 무엇을 하는 것을 좋아하나요?

여: 저는 일반적으로 집에서 인터넷을 하거나 TV를 봐요.

남: 내일 주말인데, 제가 당신을 데리고 영화를 보러 가는 것은 어떨까요?

여: 너무 좋아요! 오랫동안 영화를 보지 못했어요.

질문: 여자는 주말에 무엇을 할 계획인가?

　A 인터넷을 한다

　B TV를 본다

　C 영화를 본다

단어 周末 zhōumò 명 주말 | 喜欢 xǐhuan 통 좋아하다 | 做 zuò 통 하다 | 一般 yìbān 형 일반적이다 | 上网 shàngwǎng 통 인터넷을 하다 | 或者 huòzhě 접 ~이거나, 혹은 | 看 kàn 통 보다 | 电视 diànshì 명 TV, 텔레비전 | 明天 míngtiān 명 내일 | 带 dài 통 데리고 가다 | 电影 diànyǐng 명 영화 | 怎么样 zěnmeyàng 대 어떻다, 어떠하다 | 好久 hǎojiǔ 형 (시간이) 오래다

해설 남자가 여자에게 주말에 '电影(영화)'을 보러 가자고 제안하자 여자가 '太好了(너무 좋다)'라고 대답하였으므로 여자가 주말에 영화를 보려고 하는 것을 알 수 있다. 따라서 정답은 C이다.

41 – 45

A	刚才老师问我，昨天的作业是不是自己写的。
B	你一直很努力，所以我对你非常放心。你也应该相信自己。
C	您对这儿的环境满意吗？
D	你看见我的护照了吗？
E	当然。我们先坐公共汽车，然后换地铁。
F	先把药吃了，妈妈才能同意你吃水果。

A	방금 선생님이 저에게 어제 숙제를 직접 한 것인지 물으셨어요.
B	당신이 줄곧 열심히 했기 때문에 저는 당신에 대해 걱정하지 않아요. 당신도 자신을 믿어야 해요.
C	당신은 이곳의 환경에 대하여 만족하나요?
D	당신 제 여권 봤나요?
E	당연하죠. 우리 먼저 버스를 타고 그다음에 지하철로 갈아 타면 돼요.
F	먼저 약을 먹어야 엄마는 네가 과일을 먹는 것에 동의할 수 있단다.

단어 刚才 gāngcái 몡 방금, 막 | 老师 lǎoshī 몡 선생님 | 问 wèn 동 묻다 | 昨天 zuótiān 몡 어제 | 作业 zuòyè 몡 숙제 | 自己 zìjǐ 때 자신, 스스로 | 写 xiě 동 글씨를 쓰다 | 一直 yìzhí 閈 계속, 줄곧 | 所以 suǒyǐ 쩝 그래서 | 对 duì 께 ~에 대하여 | 非常 fēicháng 閈 대단히, 매우 | 放心 fàngxīn 동 마음을 놓다, 안심하다 | 应该 yīnggāi 조동 마땅히 ~해야 한다 | 相信 xiāngxìn 동 믿다, 신임하다 | 这儿 zhèr 때 여기, 이곳 | 环境 huánjìng 몡 환경 | 满意 mǎnyì 졩 만족하다, 만족스럽다 | 看见 kànjiàn 동 보다, 보이다 | 护照 hùzhào 몡 여권 | 当然 dāngrán 졩 당연하다, 물론이다 | 先 xiān 閈 먼저 | 坐 zuò 동 타다 | 公共汽车 gōnggòng qìchē 몡 버스 | 然后 ránhòu 쩝 그런 후에, 연후에 | 换 huàn 동 바꾸다 | 地铁 dìtiě 몡 지하철 | 把 bǎ 께 ~을, ~를 | 药 yào 몡 약 | 吃 chī 동 먹다 | 才 cái 閈 그제서야, 비로소 | 同意 tóngyì 동 동의하다 | 水果 shuǐguǒ 몡 과일

---

41 ★☆☆

在桌子上，你帽子的下面。（ D ）

탁자 위, 당신 모자 아래요. (D)

단어 桌子 zhuōzi 몡 탁자, 테이블 | 帽子 màozi 몡 모자 | 下面 xiàmian 몡 아래, 아래쪽

해설 문제가 어떤 사물이 '桌子上(탁자 위)', '帽子的下面(모자의 아래)'에 있다는 것을 알려주는 내용이므로 사물이 어디에 있는지 묻는 내용의 보기를 찾아야 한다. 보기 D를 보면 '护照(여권)'를 찾는 상황이므로 두 문장이 상응한다. 따라서 정답은 D이다.

---

42 ★★☆

我可以吃根香蕉吗？（ F ）

저 바나나 하나 먹어도 되나요? (F)

단어 可以 kěyǐ 조동 ~할 수 있다 | 吃 chī 동 먹다 | 根 gēn 양 가늘고 긴 것을 세는 단위 | 香蕉 xiāngjiāo 몡 바나나

해설 문제의 '吃(먹다)', '香蕉(바나나)'가 핵심어이다. 바나나는 과일의 한 종류이며 보기 F에 '吃(먹다)'와 더불어 '水果'(과일)가 나와 있으므로 정답은 F이다.

---

43 ★☆☆

当然，这里非常漂亮，又很安静。（ C ）

당연하죠, 이곳은 너무 아름답고, 또 매우 조용해요. (C)

단어 当然 dāngrán 혱 당연하다, 물론이다 | 这里 zhèli 데 이곳, 여기 | 非常 fēicháng 튄 대단히, 매우 | 漂亮 piàoliang 혱 예쁘다, 아름답다 | 又 yòu 튄 또 | 安静 ānjìng 혱 조용하다

해설 문제에서 '这里(이곳)'가 어떠한 곳인지를 구체적으로 설명하고 있으므로 어떠한 장소에 대해서 묻는 보기가 답으로 올 수 있다. 보기 C를 보면 '这儿的环境(이곳의 환경)'에 대해 묻고 있으므로 문제와 서로 상응한다. 따라서 정답은 C이다.

---

44 ★★☆

那你是怎么回答的？(A)

그래서 당신은 어떻게 대답했나요? (A)

단어 怎么 zěnme 데 어떻게 | 回答 huídá 통 대답하다

해설 문제의 '回答(대답하다)'를 근거로 보기에는 누가 무엇을 물어봤다는 표현이 나와야 한다. 따라서 보기에서 '问(묻다)'이 나와 있는 문장을 찾으면 정답은 A이다.

---

45 ★★☆

明天就要考试了，我有点害怕。(B)

내일 바로 시험이어서 저는 좀 무서워요. (B)

단어 明天 míngtiān 명 내일 | 就要 jiùyào 머지않아, 곧 | 考试 kǎoshì 통 시험을 치다 | 有点 yǒudiǎn 튄 조금, 약간 | 害怕 hàipà 통 겁내다, 두려워하다

해설 문제에서 '害怕(무섭다)'라는 심리 상태를 말하고 있으므로 이 문장에 어울리는 보기로 상대방의 감정에 호응하거나 위로하는 문장이 나와야 한다. 보기 B의 '放心(마음을 놓다, 걱정하지 않다)'은 상대방이 걱정하거나 힘들어 할 때 위로하는 말로 자주 쓰이는 표현이므로 정답은 B이다.

---

46 – 50

A 今天体育课踢足球！我太高兴了！
B 坐在中间的是你奶奶吧？身体怎么样？
C 我回来了。今天太忙了，忘了告诉你我会晚点下班。
D 看来不能去爬山了。
E 那是我的英语老师，今年已经四十八岁了。

A 오늘 체육 수업 때 축구를 해! 너무 신나!
B 중간에 앉아 계신 분이 너의 할머니이시지? 건강은 어떠셔?
C 저 다녀왔어요. 오늘 너무 바빠서 당신한테 좀 늦게 퇴근한다고 말하는 것을 잊었어요.
D 보아하니 등산하러 갈 수 없을 것 같네요.
E 저 분은 저의 영어 선생님이에요. 올해 이미 48세예요.

단어 今天 jīntiān 명 오늘 | 体育课 tǐyùkè 체육 수업 | 踢足球 tī zúqiú 축구를 하다 | 太 tài 튄 지나치게, 너무 | 高兴 gāoxìng 혱 기쁘다, 즐겁다 | 坐 zuò 통 앉다 | 中间 zhōngjiān 명 중앙, 중심 | 奶奶 nǎinai 명 할머니 | 身体 shēntǐ 명 건강 | 怎么样 zěnmeyàng 데 어떻다, 어떠하다 | 回来 huílái 통 되돌아오다 | 忙 máng 혱 바쁘다, 틈이 없다 | 忘 wàng 통 잊다 | 告诉 gàosu 통 알려주다 | 会 huì 조통 ~할 가능성이 있다, ~할 것이다 | 下班 xiàbān 통 퇴근하다 | 看来 kànlái 보아하니 ~하다 | 去 qù 통 가다 | 爬山 páshān 등산하다 | 那 nà 데 그, 저 | 英语 Yīngyǔ 고유 영어 | 老师 lǎoshī 명 선생님 | 今年 jīnnián 명 올해 | 已经 yǐjing 튄 이미, 벌써 | 岁 suì 양 세(나이를 세는 단위)

46 ★★☆

电视上说，明天会下雨，还会刮大风，出门要多注意一点儿。（ D ）

TV에서 내일 비 오고, 게다가 바람도 많이 분다고 하니, 외출할 때 좀 주의해야 할 것 같아요 (D)

단어 电视 diànshì 몡 TV, 텔레비전 | 说 shuō 동 말하다 | 明天 míngtiān 몡 내일 | 会 huì 조동 ~할 것이다 | 下雨 xiàyǔ 비가 오다 | 还 hái 부 게다가, 또 | 刮风 guāfēng 바람이 불다 | 出门 chūmén 동 외출하다 | 要 yào 조동 ~해야 한다 | 注意 zhùyì 동 주의하다 | 一点儿 yìdiǎnr 수량 조금

해설 문제가 내일의 좋지 않은 날씨에 대해서 이야기하고 있다. 보기 D의 '不能去爬山(등산을 갈 수 없다)'의 원인이 바로 문제에서 말하는 날씨 때문임을 유추할 수 있으므로 정답은 D이다.

47 ★★☆

没关系，你先去洗澡，我去给你做饭。（ C ）

괜찮아요, 당신 먼저 가서 샤워해요. 제가 가서 저녁을 준비할게요. (C)

단어 没关系 méi guānxi 괜찮다, 상관없다 | 先 xiān 부 먼저 | 去 qù 동 가다 | 洗澡 xǐzǎo 동 목욕하다 | 给 gěi 개 ~을 위해 | 做饭 zuòfàn 밥을 하다

해설 문제의 '没关系(괜찮아요)'를 미루어 앞에 올 수 있는 문장으로 보기 C의 늦게 퇴근한다고 말하는 것을 잊었다는 내용이 가장 적절하다. 따라서 정답은 C이다.

48 ★☆☆

如果我的腿好了，我也想跟你们一起去。（ A ）

만약 내 다리가 나으면, 나도 너희와 함께 가고 싶어. (A)

단어 如果 rúguǒ 접 만약, 만일 | 腿 tuǐ 몡 다리 | 也 yě 부 ~도 | 想 xiǎng 조동 ~하고 싶다 | 跟 gēn 개 ~와 | 一起 yìqǐ 부 같이, 함께 | 去 qù 동 가다

해설 문제의 다리가 나아서 사람들과 함께 할 수 있는 동작을 보기에서 찾으면 보기 A의 '踢足球(축구하다)'가 가장 적절하다. 따라서 정답은 A이다.

49 ★☆☆

是的。她每天运动，一直很健康。（ B ）

맞아요. 그녀는 매일 운동을 해서 항상 건강해요. (B)

단어 每天 měitiān 몡 매일 | 运动 yùndòng 동 운동하다 | 一直 yìzhí 부 계속, 줄곧 | 健康 jiànkāng 형 건강하다

해설 문제에서 '是的(맞다)'라고 동의하며 '她(그녀)'의 건강 상태에 대해 설명하고 있으므로 어떠한 인물에 대해 묻거나 건강 상태에 관한 질문이 답으로 올 수 있다. 보기 B에 있는 '健康(건강)', '身体(몸)'의 핵심어를 통해 문제와 보기가 같은 주제로 연결됨을 알 수 있으므로 정답은 B이다.

50 ★★☆

刚才和你说话的那个人是谁? 真漂亮！（ E ）

방금 당신과 이야기한 그 사람은 누구예요? 너무 예뻐요! (E)

단어 刚才 gāngcái 몡 지금 막, 방금 | 和 hé 개 ~와 | 说话 shuōhuà 동 말하다 | 谁 shéi 대 누구 | 真 zhēn 부 확실히, 진정으

로 | 漂亮 piàoliang 형 예쁘다

문제가 상대방에게 '那个人是谁?(그 사람은 누구예요?)'라고 묻고 있으므로 답으로 올 문장에는 어떤 사람인지, 그 사람을 소개하는 내용이 나와야 한다. 따라서 정답은 E이다.

51 – 55					
A 层	B 脏	C 锻炼	A 층	B 더럽다	C 운동하다
D 见面	E 声音	F 把	D 만나다	E 목소리	F ～을, ～를

层 céng 양 층 | 脏 zāng 형 더럽다 | 锻炼 duànliàn 동 (몸을) 단련하다, 운동하다 | 见面 jiànmiàn 동 만나다 | 把 bǎ 개 ～을, ～를

51 ★★☆

我们马上要开会了，请大家（ F 把 ）手机关了。

우리는 곧 회의를 시작하겠습니다. 모두 휴대 전화(F 를) 꺼 주십시오.

马上 mǎshàng 부 곧, 바로 | 要 yào 조동 ～을 하려고 하다 | 开会 kāihuì 동 회의를 열다 | 请 qǐng 동 ～해 주세요 | 大家 dàjiā 대 모두, 다들 | 手机 shǒujī 명 휴대 전화 | 关 guān 동 끄다

명사 '手机(휴대 전화)'가 술어 '关(끄다)' 앞으로 나와 있으므로 빈칸에는 목적어를 도치시켜 주는 개사 '把(～을, ～를)'가 들어가야 한다. 따라서 정답은 F이다. 참고로 '把'는 목적어를 술어 앞으로 도치(倒置)시켜 목적어를 강조하는 동시에 동작의 변화, 결과, 영향 등을 강조한다.

52 ★☆☆

洗手间在第二（ A 层 ），您坐电梯下去就到了，不远。

화장실은 2(A 층)에 있습니다. 엘리베이터를 타고 내려 가시면 바로 있습니다. 멀지 않아요.

洗手间 xǐshǒujiān 명 화장실 | 坐 zuò 동 타다 | 电梯 diàntī 명 엘리베이터 | 下去 xiàqù 동 내려가다 | 就 jiù 부 곧, 즉시 | 到 dào 동 도달하다, 도착하다 | 远 yuǎn 형 멀다

주어가 '洗手间(화장실)'이고 술어가 '在(～에 있다)'이므로 빈칸 앞의 수사 '二(2, 둘)'과 함께 장소를 나타내는 양사가 와야 한다. 보기에서 양사는 '层(층)'뿐이므로 정답은 A이다.

53 ★★☆

小王很喜欢（ C 锻炼 ），每天早上都和小李去跑步。

샤오왕은 (C 운동하는 것)을 매우 좋아해서, 매일 아침 샤오리와 달리기하러 간다.

喜欢 xǐhuan 동 좋아하다 | 每天 měitiān 명 매일 | 早上 zǎoshang 명 아침 | 都 dōu 부 모두, 다 | 和 hé 개 ～와 | 去 qù 동 가다 | 跑步 pǎobù 동 달리다

해설 빈칸 앞에 술어가 되는 동사 '喜欢(좋아하다)'이 있으므로 빈칸에는 목적어가 들어가야 한다. 심리동사 '喜欢(좋아하다)' 뒤에는 명사뿐만 아니라 동사(구)가 올 수 있는데, 쉼표 뒤 문장에 나온 '跑步(달리다)'와 연결해 빈칸에 좋아할 수 있는 대상이 들어가면 동사 '锻炼(단련하다)'이 와야 한다. 따라서 정답은 C이다.

---

54 ★☆☆

房间太（ B 脏 ）了，要好好打扫一下。	방이 너무 (B 더럽네요), 청소를 잘 해야 겠어요.

단어 房间 fángjiān 몡 방 | 太 tài 뿐 지나치게, 너무 | 要 yào 조통 ~을 해야 한다 | 打扫 dǎsǎo 통 청소하다 | 一下 yíxià 수량 좀 ~하다

해설 빈칸 앞에 정도부사 '太(너무)'가 있고 목적어가 없으므로 빈칸에 들어갈 단어의 품사는 형용사이다. 보기에서 형용사는 '脏(더럽다)' 뿐이며, 방의 상태를 형용할 수 있으므로 정답은 B이다.

---

55 ★★☆

我和他很长时间没有（ D 见面 ）了。这次，我一定要和他好好说说话。	나와 그는 아주 오랜 시간 동안 (D 만나지) 않았다. 이번에 나는 꼭 그와 이야기를 잘 나누겠다.

단어 和 hé 젭 ~와 | 长 cháng 혱 길다, 오래다 | 时间 shíjiān 몡 시간 | 这次 zhèi cì 이번 | 一定 yídìng 뿐 반드시 | 要 yào 조통 ~을 하려고 하다 | 说话 shuōhuà 통 말하다, 이야기하다

해설 빈칸 앞에 부사 '没有(~않다)'가 있으므로 빈칸에 들어갈 단어의 품사는 동사이다. 보기에 동사는 '锻炼(운동하다)'과 '见面(만나다)'으로 주어인 '我和他很长时间(나와 그는 아주 오랜 시간 동안)'과 문맥상 어울리는 동사를 넣으면 '见面(만나다)'이 답으로 와야 한다. 따라서 정답은 D이다. 참고로 '见面(만나다)'은 동사이지만 목적어가 같이 붙어 있는 이합사로 뒤에 목적어가 올 수 없다는 것도 기억해두자.

Tip 이합사(离合词)란?: '동사 + 목적어' 형태의 동사
☞ 이합사는 이미 단어 자체에 목적어를 포함하고 있으므로 뒤에 다른 목적어를 받을 수 없다.
예) 儿子怎么还不(睡觉)啊? 아들은 왜 아직도 안 자?
　　　　　　동사 + 목적어

* 이합사의 종류

结婚 jiéhūn 결혼하다	帮忙 bāngmáng 도와주다
毕业 bìyè 졸업하다	散步 sànbù 산책하다
睡觉 shuìjiào 잠을 자다	打折 dǎzhé 할인하다
聊天 liáotiān 이야기하다	游泳 yóuyǒng 수영하다
请假 qǐngjià 휴가를 내다	上课 shàngkè 수업하다
说话 shuōhuà 말하다	放假 fàngjià 방학하다

---

56 – 60

A 因为	B 马上	C 刻	A ~때문에	B 곧, 바로	C 15분
D 爱好	E 只有	F 数学	D 취미	E ~밖에 없다	F 수학

단어 因为 yīnwèi 젭 왜냐하면, ~때문에 | 马上 mǎshàng 뿐 곧, 바로 | 刻 kè 얭 15분(시각을 표시할 때 쓰임) | 只有 zhǐyǒu ~만 있다, ~밖에 없다 | 数学 shùxué 몡 수학

56 ★☆☆

A：他今天怎么没有参加比赛？

B：（ A 因为 ）他感冒了。

A：그는 오늘 왜 시합에 참가하지 않은 거죠？

B：감기에 걸렸기（ A 때문이에요 ）.

단어 今天 jīntiān 圐 오늘 ｜ 怎么 zěnme 때 어째서, 왜 ｜ 没有 méiyǒu 凰 ～하지 않다 ｜ 参加 cānjiā 图 참가하다 ｜ 比赛 bǐsài 圐 경기, 시합 ｜ 感冒 gǎnmào 图 감기에 걸리다

해설 빈칸이 주어 '他(그)' 앞에 있으므로 빈칸에는 접속사나 부사가 온다. 보기에 접속사는 '因为(～때문에)'뿐이며, 빈칸 뒤에 내용을 보면 '他感冒了(그는 감기에 걸렸다)'라고 시합에 참가하지 않은 이유를 설명하고 있으므로 원인을 나타내는 접속사 A가 정답이다.

57 ★★☆

A：我的（ F 数学 ）不好，总是做错题。

B：没什么，有问题我可以教你。

A：저는（ F 수학 ）을 못해서, 항상 문제를 잘못 풀어요.

B：괜찮아요, 문제가 있으면 제가 가르쳐 줄게요.

단어 总是 zǒngshì 凰 늘, 줄곧 ｜ 做 zuò 图 하다 ｜ 错 cuò 图 틀리다, 맞지 않다 ｜ 题 tí 圐 문제 ｜ 问题 wèntí 圐 문제 ｜ 可以 kěyǐ 조통 ～할 수 있다 ｜ 教 jiāo 图 가르치다

해설 빈칸 앞에 '的(～의)'가 있으므로 빈칸에 들어갈 단어의 품사는 명사로 빈칸 뒤의 문장을 보면 '题(문제)'를 잘못 푼다고 나온다. 보기에 문제와 어울리는 명사 단어는 '数学(수학)'뿐이므로 정답은 F이다.

58 ★★☆

A：你快一点，饭菜都已经冷了。

B：等我做完作业，（ B 马上 ）就来！

A：너 좀 빨리 하렴, 음식이 이미 모두 식었어.

B：숙제 다 하고（ B 바로 ）올게요！

단어 快 kuài 圐 빠르다 ｜ 一点 yìdiǎn 수량 약간, 조금 ｜ 饭菜 fàncài 圐 밥과 반찬, 식사 ｜ 都 dōu 凰 모두, 다 ｜ 已经 yǐjing 凰 이미, 벌써 ｜ 冷 lěng 圐 차다 ｜ 等 děng 图 기다리다 ｜ 做完 zuòwán 다 하다 ｜ 作业 zuòyè 圐 숙제 ｜ 就 jiù 凰 곧, 즉시, 바로 ｜ 来 lái 图 오다

해설 쉼표 뒤에 빈칸이 있으므로 빈칸에는 접속사 또는 부사가 온다. 빈칸 뒤에 '就(바로, 곧)'가 있는데 '马上就(바로)'로 자주 짝을 이루어 나오므로 정답은 B이다.

59 ★☆☆

A：我的手表慢了，现在是几点？

B：现在是差一（ C 刻 ）八点。

A：제 시계가 느려졌어요, 지금 몇 시예요？

B：지금은 8시（ C 15분 ）전이에요.

단어 手表 shǒubiǎo 圐 손목시계 ｜ 慢 màn 圐 느리다 ｜ 现在 xiànzài 圐 지금, 현재 ｜ 差 chà 图 부족하다, 모자라다

해설 빈칸 앞에 수사 '一(하나, 일)'가 있으며, 시간을 알려주고 있으므로 빈칸에는 시각을 표시할 수 있는 양사가 와야 한다. 보기에 양사는 '刻(15분)'뿐이므로 정답은 C이다. 참고로 15분이라는 표현으로 '十五分'보다 '一刻'를 많이 쓴다는 것도 알아두자.

60 ★★☆

A：我（ E 只有 ）十块钱了，怎么办？

B：没事，我们坐公共汽车回去就行了，不用坐出租车。

A：저는 10위안（ E 밖에 없어요 ）, 어떡하죠？

B：괜찮아요, 우리 버스타고 돌아가면 돼요. 택시를 탈 필요 없어요.

단어 没事 méishì 图 상관없다, 괜찮다 ｜ 公共汽车 gōnggòng qìchē 圐 버스 ｜ 回去 huíqù 图 되돌아가다 ｜ 行 xíng 图 좋다, ～

해도 좋다 | **不用** búyòng 뷔 ~할 필요가 없다 | **出租车** chūzūchē 명 택시

빈칸 뒤에 목적어 '十块钱(10위안)'이 있으므로 빈칸에는 술어가 와야 한다. 보기에서 술어는 '只有(~밖에 없다)'뿐이므로 정답은 E이다.

독해 阅读 제3부분

---

61 ★☆☆

我每次去老张家，<u>他都会叫我在他家吃饭。</u>	내가 매번 라오장 집에 갈 때마다 <u>그는 나에게 그의 집에서 식사를 하라고 한다.</u>
★ 老张这个人：	★ 라오장은：
A 很热情	A 매우 친절하다
B 很年轻	B 매우 젊다
C 爱听故事	C 이야기 듣는 걸 좋아한다

每次 měi cì 매번 | **去** qù 동 가다 | **家** jiā 명 집 | **都** dōu 뷔 모두, 다 | **会** huì 조동 ~할 것이다 | **叫** jiào 동 ~하게 하다 | **在** zài 개 ~에, ~에서 | **吃饭** chīfàn 식사하다 | **热情** rèqíng 형 친절하다 | **年轻** niánqīng 형 젊다, 어리다 | **爱** ài 동 ~하길 좋아하다

질문에 나온 '老张(라오장)'이 어떤 사람인지 파악해야 한다. 지문의 마지막에 화자가 '他都会叫我在他家吃饭(그는 매번 나에게 그의 집에서 식사를 하라고 한다)'라고 했으므로 라오장이 매우 친절한 사람임을 유추할 수 있다. 따라서 정답은 A이다.

---

62 ★☆☆

小王，你能走快一点儿吗？要是赶不上车，我们就要迟到了！	샤오왕, 당신 좀 빨리 걸을 수 있나요? 차를 못타면 우리는 지각할 거예요.
★ 小王：	★ 샤오왕은：
A 迟到了	A 지각했다
B 走得很慢	B 매우 늦게 걷는다
C 赶不上车	C 차를 놓쳤다

能 néng 조동 ~할 수 있다 | **走** zǒu 동 걷다 | **快** kuài 형 빠르다 | **一点儿** yìdiǎnr 수량 조금 | **要是** yàoshi 접 만약 | **赶不上** gǎnbushàng 따라잡지 못하다, 쫓아가지 못하다 | **车** chē 명 자동차 | **就要** jiùyào 머지않아, 곧 | **迟到** chídào 동 지각하다 | **得** de 조 ~하는 정도가(술어 뒤에 쓰여 술어의 정도를 나타냄) | **慢** màn 형 느리다

화자가 샤오왕에게 빨리 걸으라고 재촉하는 것을 미루어 샤오왕이 매우 늦게 걷는다는 것을 알 수 있다. 따라서 정답은 B이다.

---

63 ★☆☆

刚来中国的时候，什么都觉得新鲜。<u>三年过去了，</u>我已经习惯这儿了。	막 중국에 왔을 때 무엇이든 다 신기했다. <u>3년이 지나니</u>나는 이미 이곳에 적응하였다.
★ 我来中国：	★ 나는 중국에 온 지：
A 三年多了　　B 不到三年　　C 刚来	A 3년이 넘었다　B 3년이 안 됐다　C 방금 왔다

단어 刚 gāng 🔵 방금, 막 | 来 lái 🔵 오다 | 中国 zhōngguó 🔵 중국 | 的时候 de shíhou ~할 때 | 什么都 shénme dōu 어떤 것도 | 觉得 juéde 🔵 ~라고 생각하다 | 新鲜 xīnxiān 🔵 새롭다, 신기하다 | 年 nián 🔵 년 | 过去 guòqù 🔵 지나가다 | 了 le 🔵 동사 또는 형용사 뒤에 쓰여 동작 또는 변화가 이미 완료되었음을 나타냄 | 已经 yǐjing 🔵 이미, 벌써 | 习惯 xíguàn 🔵 습관이 되다, 적응하다

해설 화자가 '三年过去了, 我已经习惯这儿了(중국에 와서 3년이 지나자 이미 이곳에 적응하였다)'라고 하였으므로 정답은 A이다.

---

64 ★☆☆

上次去医院，医生让我吃药，太苦了。这次我可以只在家里休息吗?

지난번 병원에 갔을 때 의사가 저에게 약을 먹으라고 했는데, 너무 썼어요. 이번에 그냥 집에서 쉬기만 해도 될까요?

★ 这次我:
A 请医生到家里来
B 不想吃药
C 要去医院

★ 이번에 나는:
A 의사를 집에 오게 했다
B 약을 먹고 싶지 않다
C 병원에 가려고 한다

단어 上次 shàng cì 지난번 | 去 qù 🔵 가다 | 医院 yīyuàn 🔵 병원 | 医生 yīshēng 🔵 의사 | 让 ràng 🔵 ~하게 하다 | 吃药 chīyào 약을 먹다 | 太 tài 🔵 지나치게, 너무 | 苦 kǔ 🔵 쓰다 | 这次 zhè cì 이번 | 可以 kěyǐ 🔵 ~해도 좋다 | 只 zhǐ 🔵 단지, 다만 | 在 zài 🔵 ~에, ~에서 | 家里 jiāli 집, 집안 | 休息 xiūxi 🔵 휴식하다 | 请 qǐng 🔵 부탁하다 | 到……来 dào……lái ~까지 오다 | 要 yào 🔵 ~할 것이다

해설 문장의 핵심어는 '这次(이번)'로 화자가 이번에는 그냥 집에서 쉬기만 해도 되는지를 물어보고 있으므로 정답은 B이다.

---

65 ★☆☆

你看电视的时候，离电视机远一点儿。离太近对你的眼睛不好。时间长了，要戴眼镜的。

TV를 볼 때 TV에서 좀 멀리 떨어져서 보세요. 너무 가까우면 당신 눈에 좋지 않아요. 시간이 오래되면 안경을 껴야 해요.

★ 离电视太近:
A 不用戴眼睛
B 对眼睛不好
C 对眼睛好

★ TV와 너무 가까우면:
A 안경을 낄 필요가 없다
B 눈에 안 좋다
C 눈에 좋다

단어 看电视 kàn diànshì TV를 보다 | 的时候 de shíhou ~할 때 | 离 lí 🔵 ~에서, ~로부터 | 电视机 diànshìjī 🔵 텔레비전 | 远 yuǎn 🔵 멀다 | 一点儿 yìdiǎnr 🔵 조금 | 太 tài 🔵 지나치게, 너무 | 近 jìn 🔵 가깝다 | 对 duì 🔵 ~에 대해(서), ~에 대하여 | 眼睛 yǎnjing 🔵 눈 | 时间 shíjiān 🔵 시간 | 长 cháng 🔵 (시간이) 길다, 오래다 | 要 yào 🔵 ~할 것이다 | 戴眼镜 dài yǎnjìng 안경을 쓰다 | 不用 búyòng 🔵 ~할 필요가 없다

해설 화자가 TV로부터 좀 떨어져서 보라고 권하면서 '离太近对你的眼睛不好(너무 가까우면 당신의 눈에 좋지 않다)'라고 하였으므로 정답은 B이다.

66

乘坐D75次列车的旅客请注意，现在是下午三点十分，您乘坐的列车还有十五分钟就要开车了。

D75편 열차에 탑승하시는 승객 분들은 주목해 주세요. 지금은 오후 3시 10분입니다. 탑승하시려고 하는 열차는 15분 후에 출발합니다.

★ 根据这句话，可以知道列车开车的时间是：
   A 3:10   B 2:55   C 3:25

★ 이 글에 근거하여, 열차에 출발 시간은：
   A 3:10   B 2:55   C 3:25

단어 乘坐 chéngzuò 동 탑승하다 ｜ 次 cì 양 번, 차례 ｜ 列车 lièchē 명 열차 ｜ 旅客 lǚkè 명 여행객 ｜ 注意 zhùyì 동 주의하다 ｜ 现在 xiànzài 지금, 현재 ｜ 下午 xiàwǔ 명 오후 ｜ 点 diǎn 양 시 ｜ 分 fēn 양 분 ｜ 还 hái 부 더, 또한 ｜ 分钟 fēnzhōng 명 분 ｜ 就要 jiùyào 머지않아, 곧 ｜ 开车 kāichē 동 발차하다 ｜ 根据 gēnjù 개 ～에 근거하여 ｜ 可以 kěyǐ 조동 ～할 수 있다 ｜ 知道 zhīdào 동 알다 ｜ 时间 shíjiān 명 시간

해설 지문에서 현재 시간이 '下午三点十分(오후 3시 10분)'인데, '您乘坐的列车还有十五分钟就要开车了(당신이 탑승하려는 열차가 15분 후에 출발한다)'라고 하였으므로 열차가 출발하는 시간은 3시 25분임을 알 수 있다. 따라서 정답은 C이다.

67

这次考试虽然题目多，但是很容易，而且考试时间也很长，所以大家都考得很好。

이번 시험은 비록 문제가 많지만, 매우 쉽고 시험 시간도 길어서 모두 시험을 잘 봤다.

★ 这次考试：
   A 题目不多
   B 时间不多
   C 题目不难

★ 이번 시험은：
   A 문제가 많지 않았다
   B 시간이 많지 않았다
   C 문제가 어렵지 않았다

단어 这次 zhè cì 이번 ｜ 考试 kǎoshì 명 시험 ｜ 虽然……但是…… suīrán…… dànshì…… 비록 ～일지라도 그러나 ｜ 题目 tímù 명 문제 ｜ 多 duō 형 많다 ｜ 容易 róngyì 형 쉽다 ｜ 而且 érqiě 접 게다가, 뿐만 아니라 ｜ 时间 shíjiān 명 시간 ｜ 长 cháng 형 길다 ｜ 所以 suǒyǐ 접 그래서 ｜ 大家 dàjiā 대 모두 ｜ 都 dōu 부 모두, 다 ｜ 考 kǎo 동 시험을 보다 ｜ 得 de 조 ～하는 정도가 (술어 뒤에 쓰여 술어의 정도를 나타냄) ｜ 难 nán 형 어렵다

해설 지문에서 이번 시험 문제가 '很容易(매우 쉽다)'라고 했으므로 이를 바꿔 표현한 '题目不难(문제가 어렵지 않다)'를 답으로 고르면 된다. 따라서 정답은 C이다.

68

谁拿了我的包？我放在桌子上的，去了会儿洗手间，回来包就不见了。

누가 제 가방을 가져갔나요? 제가 탁자 위에 놓아두고 잠깐 화장실에 갔는데, 돌아오니 가방이 보이지 않네요.

★ 根据这段话，可以知道包：
   A 在桌子上
   B 不见了
   C 在洗手间

★ 이 글에 근거하여, 가방에 관해 알 수 있는 것은：
   A 탁자 위에 있다
   B 없어졌다
   C 화장실에 있다

단어 谁 shéi 대 누구 ｜ 拿 ná 동 쥐다, 잡다, 가지다 ｜ 包 bāo 명 가방 ｜ 放 fàng 동 놓다 ｜ 在 zài 동 ～에 있다 ｜ 桌子 zhuōzi 명 탁자, 테이블 ｜ 上 shang 명 ～위에, ～에 ｜ 会儿 huìr 양 잠깐 ｜ 洗手间 xǐshǒujiān 명 화장실 ｜ 回来 huílái 동 되돌아오다 ｜ 就 jiù 부 ～하자마자 곧 ｜ 根据 gēnjù 개 ～에 근거하여 ｜ 段 duàn 양 단락 ｜ 可以 kěyǐ 조동 ～할 수 있다 ｜ 知道 zhīdào 동 알다

해설 지문에서 화자가 '包(가방)'를 탁자 위에 두고 화장실에 갔다오니 '包就不见了(가방이 보이지 않다)'라고 하였으므로 정답은 B이다.

---

69 ★★☆

今天晚上有客人要来，你去买点儿果汁吧，家里的都喝完了。最好再买点儿蛋糕，冰箱里的不多了。	오늘 저녁에 손님이 올 거예요. 당신 가서 과일 주스 좀 사세요. 집에 있는 건 다 마셨거든요. 케이크도 사오면 좋을 것 같아요. 냉장고에 얼마 안 남았거든요.

★ 家里没有什么？

　　A 苹果　　　　B 果汁　　　　C 蛋糕

★ 집에 무엇이 없는가?

　　A 사과　　　　B 과일 주스　　　　C 케이크

단어 今天 jīntiān 몡 오늘 | 晚上 wǎnshang 몡 저녁 | 客人 kèrén 몡 손님 | 要 yào 조동 ~할 것이다 | 来 lái 동 오다 | 去 qù 동 가다 | 买 mǎi 동 사다 | 果汁 guǒzhī 몡 과일 주스 | 吧 ba 조 ~합시다(제안·청유) | 家里 jiāli 집, 집안 | 都 dōu 무 모두, 다 | 喝完 hēwán 다 마시다 | 最好 zuìhǎo 무 가장 좋은 것은 | 再 zài 무 재차, 또 | 蛋糕 dàngāo 몡 케이크 | 冰箱 bīngxiāng 몡 냉장고 | 苹果 píngguǒ 몡 사과

해설 지문에서 화자가 상대방에게 '果汁(과일 주스)'를 사오라고 하면서 '家里的都喝完了(집에 있는 것은 다 마셨다)'라고 하였으므로 집에 없는 것은 과일 주스임을 알 수 있다. 따라서 정답은 B이다.

---

70 ★★☆

我们从这里往前走，先往右转，看到医院后往左走100米会有一个书店，书店对面就是邮局。	우리 여기서부터 쭉 앞으로 간 뒤 먼저 우회전 해야 해요. 병원이 보이면 왼쪽으로 100m 갈 건데, 서점이 하나 있을 거예요. 서점 맞은편이 바로 우체국이에요.

★ 他们打算去什么地方？

　　A 邮局　　　　B 书店　　　　C 医院

★ 그들은 어디에 갈 계획인가?

　　A 우체국　　　　B 서점　　　　C 병원

단어 从 cóng 개 ~부터 | 这里 zhèli 대 이곳, 여기 | 往 wǎng 개 ~쪽으로 | 前 qián 몡 앞 | 走 zǒu 동 걷다 | 先 xiān 무 먼저 | 右 yòu 몡 오른쪽 | 转 zhuǎn 동 돌다 | 看到 kàndào 보이다 | 医院 yīyuàn 몡 병원 | 后 hòu 몡 뒤 | 左 zuǒ 몡 왼쪽 | 米 mǐ 양 미터(m) | 会 huì 조동 ~할 것이다 | 书店 shūdiàn 몡 서점 | 对面 duìmiàn 몡 맞은편 | 邮局 yóujú 몡 우체국 | 打算 dǎsuan 동 ~할 생각이다, ~하려고 하다 | 地方 dìfang 몡 장소, 곳

해설 지문의 앞 문장에 여러 장소가 등장하지만 마지막 문장을 보면, '书店对面就是邮局(서점 맞은편이 바로 우체국이다)'라고 하였으므로 따라서 정답은 A이다.

쓰기 제1부분

71 ★☆☆

　　很　　　　自己的　　　　他　　　　同学　　　　关心

정답 他很关心自己的同学。　　　　그는 자신의 친구에게 매우 관심을 기울인다.

단어 很 hěn 무 매우 | 关心 guānxīn 동 관심을 기울이다 | 自己 zìjǐ 대 자기, 자신 | 同学 tóngxué 몡 학우, 동창

1. 제시된 단어 중 동사 '关心(관심을 기울이다)'을 술어로 놓는다.

2. 대명사 '他(그)'를 주어로 배치한다.

3. 술어의 의미와 어울리는 명사 '同学(학우)'를 목적어에 배치한다.

4. 남은 단어 중 '대명사 + 的'인 '自己的(자신의)'를 목적어 앞에 관형어로 배치한다.

他	很	关心	自己的	同学。
주어	부사어	술어	관형어	목적어

---

72 ★☆☆

三年级	他弟弟	读	了

정답 他弟弟读三年级了。　　　　　　　그의 남동생은 3학년이 되었다.

단어 弟弟 dìdi 몡 남동생 | 读 dú 동 공부하다, 학교에 다니다 | 年级 niánjí 몡 학년

해설 1. 제시된 단어 중 동사 '读(공부하다, 학교에 다니다)'를 술어로 놓는다.

2. 명사구 '他弟弟(그의 남동생)'를 주어로 배치한다.

3. 술어의 의미와 어울리는 '三年级(3학년)'를 목적어에 배치한다.

4. 남은 단어 중 조사 '了(변화의 의미를 나타냄)'를 문장 마지막에 배치한다.

5. 조사 '了'는 동사 뒤에 쓰여 동작의 완성, 완료를 나타내기도 하지만 문장 마지막에 쓰여 변화의 의미를 나타내기도 한다는 것을 알아두자.

他弟弟	读	三年级	了。
관형어 + 주어	술어	목적어	了

---

73 ★☆☆

学校	非常	的	大	图书馆

정답 学校的图书馆非常大。　　　　　　　학교의 도서관은 매우 크다.

단어 学校 xuéxiào 몡 학교 | 图书馆 túshūguǎn 몡 도서관 | 非常 fēicháng 뷔 아주, 매우 | 大 dà 혱 크다

해설 1. 제시된 단어 중 형용사 '大(크다)'를 술어로 놓고 정도부사 '非常(매우)'을 술어 앞에 부사어로 배치한다.

2. 형용사가 술어일 때 목적어는 오지 않는다.

3. 명사 '学校(학교)'와 '图书馆(도서관)'을 조사 '的(의)'로 연결한다.

4. 이때 두 명사는 소유의 관계를 형성할 수 있으므로, 범위가 큰 것을 관형어로, 범위가 작은 것을 중심어로 배치하여 '学校的图书馆(학교의 도서관)'을 만들어 준다.

学校的	图书馆	非常	大。
관형어	주어	부사어	술어

74 ★★☆

电视上	熊猫	我	在	看见过

정답 我在电视上看见过熊猫。　　　　나는 TV에서 판다를 본 적이 있다.

단어 电视 diànshì 몡 TV, 텔레비전 | 看见 kànjiàn 통 보다 | 过 guo 조 ~한 적이 있다 | 熊猫 xióngmāo 몡 판다

해설 1. 제시된 단어 중 '동사+过'인 '看见过(본 적이 있다)'를 술어로 놓는다.

2. 대명사 '我(나)'를 주어에 배치한다.

3. 술어의 의미와 어울리는 명사 '熊猫(판다)'를 목적어에 배치한다.

4. 남은 단어 중 개사 '在(~에서)'와 '电视上(TV에서)'을 연결하여 개사구 '在电视上(TV에서)'을 만들어 준다.

5. 개사구 '在电视上(TV에서)'을 술어 앞에 부사어로 배치한다.

我	在 电视上	看见过	熊猫。
주어	부사어	술어	목적어

75 ★★☆

早上	重要的	一个	会议	有

정답 早上有一个重要的会议。　　　　아침에 하나의 중요한 회의가 있다.

단어 早上 zǎoshang 몡 아침 | 有 yǒu 통 있다 | 重要 zhòngyào 혱 중요하다 | 会议 huìyì 몡 회의

해설 1. 제시된 단어 중 동사 '有(있다)'를 술어로 놓는다.

2. 술어의 의미와 어울리는 명사 '会议(회의)'를 목적어에 배치한다.

3. 시간 명사인 '早上(아침)'을 주어 자리에 배치한다.

4. '수량사+묘사성 형용사+的'의 순으로 남은 단어를 연결하면 '一个重要的(하나의 중요한)'가 된다.

5. 관형어 '一个重要的(하나의 중요한)'를 목적어 앞에 배치한다.

早上	有	一个 重要的	会议。
주어	술어	관형어	목적어

쓰기 제2부분

76 ★☆☆

我最喜欢吃的水果是（ 西 ^{xī} ）瓜。　　　　내가 가장 좋아하는 과일은 수박이다.

단어 最 zuì 분 가장 | 喜欢 xǐhuan 통 좋아하다 | 吃 chī 통 먹다 | 水果 shuǐguǒ 몡 과일 | 西瓜 xīguā 몡 수박

해설 'xī'로 발음되며 뒤의 '瓜'와 합쳐져 나타낼 수 있는 과일 종류를 생각하면 수박인 '西瓜'가 정답임을 알 수 있다. 참고로 '西'는 서쪽을 나타내는 한자이며, 모양이 비슷한 '四', '回'와 혼동하지 않도록 주의하자.

77

这家公司有很高的要（ 求^{qiú} ）。 이 회사는 요구(조건)가 아주 높다.

단어 家 jiā 양 개(회사를 세는 단위) | 公司 gōngsī 명 회사 | 有 yǒu 동 있다 | 很 hěn 부 매우 | 高 gāo 형 높다 | 要求 yāoqiú 명 요구

해설 빈칸이 '的(~의)' 뒤에 있으므로 먼저 명사인 단어를 생각해야 한다. 'qiú'로 발음되며 앞의 '要'와 합쳐져 '요구'를 나타내는 한자는 바로 '求'이다. '要求'는 '요구하다'라는 동사의 의미와 '요구'라는 명사의 의미도 가지고 있다는 것을 알아두자.

他对学习没有太大的（ 兴^{xing} ）趣。 그는 공부에 그다지 흥미가 없다.

단어 学习 xuéxí 명 학습 | 没有 méiyǒu 동 없다 | 太 tài 부 지나치게, 너무 | 大 dà 형 크다 | 兴趣 xìngqù 명 흥미

해설 빈칸이 조사 '的(~의)' 뒤에 있으므로 명사가 와야 하는데, 'xìng'으로 발음되며 뒤의 '趣'와 합쳐져 '흥미'를 나타내는 알맞은 한자는 바로 '兴'이다. '兴'은 '興'의 간체자이며 '흥', '흥미', '불러일으키다'라는 뜻을 가지고 있다.

79

今天晚上的（ 月^{yuè} ）亮真圆。 오늘 저녁의 달이 정말 둥그렇네요.

단어 今天 jīntiān 명 오늘 | 晚上 wǎnshang 명 저녁 | 月亮 yuèliang 명 달 | 真 zhēn 부 정말로, 확실히 | 圆 yuán 형 둥글다

해설 빈칸이 조사 '的(~의)' 뒤에 있으므로 명사가 와야 하는데, 'yuè'로 발음되며 '亮'과 합해 '달'을 나타내는 한자는 바로 '月'이다. 참고로 '月'는 반달을 상형한 글자이다.

中国是（ 世^{shì} ）界上人口最多的国家。 중국은 세계에서 인구가 가장 많은 국가이다.

단어 中国 zhōngguó 고유 중국 | 世界 shìjiè 명 세계 | 人口 rénkǒu 명 인구 | 最多 zuìduō 가장 많다 | 国家 guójiā 명 국가

해설 빈칸 뒤의 '界'와 합쳐져 '세계'를 나타내는 한자는 바로 '世'이다. 참고로 '世'는 고대 중국어에서 '멈추다', '서다', '걷다', '사망하다'의 뜻이 모두 있어 '세월이 흘러감, 생명의 소멸'을 나타낸다.

실전 모의고사 2

>> 모의고사 22p

듣기 听力

제1부분	1 C	2 A	3 F	4 B	5 D
	6 C	7 D	8 A	9 B	10 E

제2부분	11 ✕	12 ✕	13 ✓	14 ✕	15 ✓
	16 ✕	17 ✓	18 ✕	19 ✕	20 ✕

제3부분	21 A	22 A	23 C	24 B	25 B
	26 C	27 A	28 C	29 B	30 B

제4부분	31 B	32 A	33 C	34 A	35 B
	36 C	37 C	38 A	39 A	40 B

독해 阅读

제1부분	41 F	42 A	43 C	44 B	45 D
	46 D	47 A	48 E	49 C	50 B

제2부분	51 B	52 F	53 A	54 C	55 D
	56 A	57 E	58 F	59 C	60 B

제3부분	61 B	62 A	63 C	64 C	65 B
	66 C	67 A	68 B	69 C	70 C

쓰기 书写

제1부분	71 这是我同学的护照。	72 他上课听得很认真。
	73 妈妈的裙子漂亮极了。	74 他把衣服洗得很干净。
	75 他骑自行车去图书馆。	

제2부분	76 冰	77 目	78 妹	79 鸟	80 裙

1 - 5

A B C

D E F

---

1 ★☆☆

男：能借一下你的手机吗？我的手机没电了。

女：刚刚一直在用手机看电影，现在也没电了。

（ C ）

남: 당신의 휴대 전화를 좀 빌릴 수 있을까요? 제 휴대 전화 배터리가 없어서요.

여: 방금 전까지 계속 휴대 전화로 영화를 보고 있어서, 지금 저도 배터리가 없네요. (C)

단어 能 néng 조동 ~할 수 있다 | 借 jiè 동 빌리다 | 一下 yíxià 수량 좀 ~하다 | 手机 shǒujī 명 휴대 전화 | 没电 méi diàn 배터리, 전기가 없다 | 刚刚 gānggāng 부 방금, 막 | 一直 yìzhí 부 줄곧, 계속 | 在 zài 부 ~하고 있는 중이다 | 用 yòng 동 쓰다, 사용하다 | 看电影 kàn diànyǐng 영화를 보다 | 现在 xiànzài 명 현재, 지금 | 也 yě 부 ~도

해설 남자가 여자에게 '手机(휴대 전화)'를 빌려달라고 요청하고 있으므로 휴대 전화가 나와 있는 C가 정답이다.

---

2 ★★☆

男：第一次来，不知道吃什么，有什么特别的菜吗？

女：尝尝我们这儿的鱼吧，点的人很多。（ A ）

남: 처음 온 거라서 무엇을 먹어야 할지 모르겠네요. 뭔가 특별한 요리가 있나요?

여: 저희의 생선을 드셔 보세요, 주문하는 사람이 많아요. (A)

단어 第一次 dì-yī cì 명 처음 | 来 lái 동 오다 | 不知道 bù zhīdào 모른다 | 吃 chī 동 먹다 | 什么 shénme 대 무엇 | 有 yǒu 동 있다 | 特别 tèbié 형 특별하다 | 菜 cài 명 음식, 요리 | 尝 cháng 동 맛보다 | 鱼 yú 명 생선, 물고기 | 吧 ba 조 ~합시다(제안·청유) | 点 diǎn 동 주문하다

해설 특별한 요리가 있는지 묻는 남자의 말에 여자가 '鱼(생선)'를 먹어보라고 제안하였으므로 생선 요리 사진인 A가 정답이다.

---

3 ★☆☆

女：听说你买车了，挺贵的吧？什么时候带大家出去玩玩儿吧？

男：你弄错了，我只是换了辆自行车。（ F ）

여: 듣자 하니 당신 차를 샀다던데, 꽤 비싸죠? 언제 모두들 데리고 놀러 가줄 건가요?

남: 잘못 알았어요, 저는 그저 자전거를 바꾼 것뿐이에요. (F)

단어　听说 tīngshuō 통 듣자니 ~라 한다 | 买 mǎi 통 사다 | 车 chē 명 차 | 挺 tǐng 부 상당히, 매우 | 贵 guì 형 비싸다 | 什么时候 shénme shíhou 언제 | 带 dài 통 데려가다 | 大家 dàjiā 대 모두 | 出去 chūqù 통 나가다 | 弄错 nòngcuò 잘못하다, 실수하다 | 只是 zhǐshì 부 단지, 다만 | 换 huàn 통 교환하다 | 辆 liàng 양 대(차량을 세는 단위) | 自行车 zìxíngchē 명 자전거

해설　남자에게 차를 샀는지 묻는 여자의 말에 남자가 그저 '自行车(자전거)'를 바꾼 것이라고 대답하였으므로 자전거 사진인 F가 정답이다.

4　★☆☆

| 女: 这电脑都用了七八年了，越来越慢了。周末我们去买台新的吧? | 여: 이 컴퓨터는 사용한 지 7~8년 정도 되어서 갈수록 느려져요. 주말에 우리 새로 한 대 사러 가요. |
| 男: 等不能用了再换吧。(B) | 남: 사용 할 수 없을 때 그때 바꿔요. (B) |

단어　电脑 diànnǎo 명 컴퓨터 | 都 dōu 부 모두, 다 | 用 yòng 통 쓰다, 사용하다 | 年 nián 명 년, 해 | 越来越 yuèláiyuè 갈수록 | 慢 màn 형 느리다 | 周末 zhōumò 명 주말 | 去 qù 통 가다 | 买 mǎi 통 사다 | 台 tái 양 대 | 新 xīn 형 새롭다 | 等 děng 통 기다리다 | 再 zài 부 또, 다시 | 换 huàn 통 교환하다 | 吧 ba 조 ~합시다(제안·청유)

해설　남녀 모두 '电脑(컴퓨터)'에 대해서 이야기하고 있으므로 컴퓨터 사진인 B가 정답이다.

5　★★☆

| 男: 最近鼻子老不舒服。 | 남: 최근에 코가 자주 좋지 않아요. |
| 女: 春天花开得多，很多人鼻子都不舒服。没什么大问题，吃点药就好了。(D) | 여: 봄이라 꽃이 많이 피어서, 많은 사람이 코가 안 좋더라고요. 별로 큰일은 아니니 약 좀 먹으면 금방 괜찮아질 거예요. (D) |

단어　最近 zuìjìn 명 요즘, 최근 | 鼻子 bízi 명 코 | 老 lǎo 부 자주 | 不舒服 bù shūfu 불편하다 | 春天 chūntiān 명 봄 | 花 huā 명 꽃 | 开 kāi 통 열다, 피다 | 得 de 조 ~하는 정도가(술어 뒤에 쓰여 술어의 정도를 나타냄) | 多 duō 형 많다 | 大 dà 형 크다 | 问题 wèntí 명 문제 | 吃 chī 통 먹다 | 点 diǎn 양 조금 | 药 yào 명 약 | 就 jiù 부 바로, 막 | 好 hǎo 형 좋다

해설　남자가 '鼻子老不舒服(코가 자주 좋지 않다)'라고 하자 여자가 '吃点药就好了(약을 좀 먹으면 괜찮아질 것이다)'라며 진찰해 주는 상황이다. 따라서 의사가 진찰해 주고 있는 사진인 D가 정답이다.

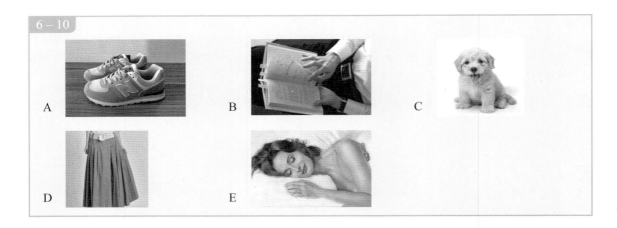

6 – 10

A

B

C

D

E

---

6 ★☆☆

女：一楼有只小狗，特别可爱，我们也买一只吧？
男：我们住五楼，养狗不方便。（ C ）

여: 일층에 강아지 한 마리가 있는데, 정말 귀여워요. 우리도 한 마리 사는 게 어때요?
남: 우리는 5층에 살아서 강아지 키우는 것이 불편해요.
（ C ）

단어 楼 lóu 양 층 | 有 yǒu 동 있다 | 只 zhī 양 마리 | 小狗 xiǎogǒu 명 강아지 | 特别 tèbié 부 매우 | 可爱 kě'ài 형 귀엽다 | 也 yě 부 ~도 | 买 mǎi 동 사다 | 吧 ba 조 ~합시다(제안·청유) | 住 zhù 동 살다 | 养 yǎng 동 (동물을) 키우다, 기르다 | 方便 fāngbiàn 형 편리하다

해설 남녀 모두 '小狗(강아지)'에 대해서 이야기하고 있으므로 강아지 사진인 C가 정답이다.

---

7 ★☆☆

女：我又变瘦了，去年买的裙子都穿不上了。
男：下午让妈妈带你去买一条新的。（ D ）

여: 저 살이 또 빠졌어요. 작년에 샀던 치마를 입을 수가 없어요.
남: 오후에 엄마에게 너를 데리고 가서 새로 한 벌 사주라고 할게. （ D ）

단어 又 yòu 부 또, 다시 | 变 biàn 동 변하다 | 瘦 shòu 형 마르다 | 去年 qùnián 명 작년 | 买 mǎi 동 사다 | 裙子 qúnzi 명 치마, 스커트 | 都 dōu 부 모두, 다 | 穿 chuān 동 입다, 신다 | 下午 xiàwǔ 명 오후 | 让 ràng 동 ~하게 하다 | 妈妈 māma 명 엄마 | 带去 dàiqù 데려가다 | 条 tiáo 양 벌(가늘고 긴 것을 세는 단위) | 新 xīn 형 새롭다

해설 여자가 '裙子(치마)'가 작아졌다고 하자 남자가 엄마에게 새로 한 벌 사주라고 한다고 하였으므로 치마 사진인 D가 정답이다.

---

8 ★★☆

男：我前两天买了双鞋，但是有点儿小，可以换一双吗？
女：如果是干净的，就可以换。（ A ）

남: 제가 며칠 전에 신발 한 켤레를 구입했는데요, 조금 작네요. 교환 가능한가요?
여: 만약 깨끗하다면, 교환하실 수 있어요. （ A ）

단어 前两天 qián liǎng tiān 며칠 전 | 买 mǎi 동 사다 | 双 shuāng 양 짝, 켤레 | 鞋 xié 명 신발 | 但是 dànshì 접 그러나, 그렇지만 | 有点儿 yǒudiǎnr 부 조금 | 小 xiǎo 형 작다 | 可以 kěyǐ 조동 ~할 수 있다 | 换 huàn 동 교환하다 | 如果 rúguǒ 접 만약 | 干净 gānjìng 형 깨끗하다 | 就 jiù 부 바로, 막

해설 남자가 '鞋(신발)' 교환이 가능한지를 묻자 여자는 그렇다고 대답하였으므로 신발 사진인 A가 정답이다.

---

9 ★★☆

女：你在做什么呀，这么晚了还不睡？
男：看书呢，刚买的，里面的故事很有意思。
（ B ）

여: 당신 지금 뭐하고 있어요? 이렇게 늦었는데 아직도 안 자요?
남: 책 보고 있어요, 방금 산 건데 안의 이야기가 너무 재미있어요. (B)

단어 在 zài 분 ~하고 있는 중이다 | 做 zuò 동 하다 | 什么 shénme 대 무엇 | 这么 zhème 대 이렇게, 이러한 | 晚 wǎn 형 늦다 | 还 hái 분 여전히, 아직도 | 睡 shuì 동 (잠을) 자다 | 看书 kànshū 책을 보다 | 刚 gāng 분 방금, 막 | 买 mǎi 동 사다 | 里面 lǐmiàn 명 안쪽 | 故事 gùshi 명 이야기 | 很 hěn 분 매우 | 有意思 yǒuyìsi 형 재미있다

해설 여자가 아직도 잠을 자고 있지 않는 남자에게 무엇을 하고 있는지 묻자 남자가 '看书呢(책을 보고 있다)'라고 대답하였으므로 책을 보고 있는 사진인 B가 정답이다.

---

10 ★★☆

男：今天周六，我们两个一起把家里打扫一下吧。
女：明天吧。工作了这么多天，太累了，我还想再睡会儿。（ E ）

남: 오늘 토요일인데, 우리 둘이 같이 집 청소해요.
여: 내일해요. 계속 일을 해서 너무 힘들어요. 저 조금 더 자고 싶어요. (E)

단어 今天 jīntiān 명 오늘 | 周六 zhōuliù 토요일 | 一起 yìqǐ 분 같이, 함께 | 把 bǎ 개 ~을, ~를 | 家里 jiāli 집, 집안 | 打扫 dǎsǎo 동 청소하다 | 一下 yíxià 수량 좀 ~하다 | 吧 ba 조 ~합시다(제안·청유) | 明天 míngtiān 명 내일 | 工作 gōngzuò 명 일 | 这么 zhème 대 이렇게, 이러한 | 多天 duō tiān 많은 날 | 太 tài 분 지나치게, 너무 | 累 lèi 형 피곤하다, 지치다 | 还 hái 분 여전히, 아직도 | 再 zài 분 또 | 睡 shuì 동 (잠을) 자다 | 会儿 huìr 양 잠시, 잠깐

해설 남자가 청소를 같이 하자고 제안하자 여자가 '我还想再睡会儿(조금 더 자고 싶다)'라고 하였으므로 잠을 자고 있는 여자 사진인 E가 정답이다.

듣기 제2부분

11 ★★☆

参加下星期会议的有三百多人，你们准备得怎么样了？最近都忙坏了吧？

다음 주 회의에 참가하는 사람들이 300명 정도 되는데, 당신들 준비는 어때요? 요즘 다들 많이 바쁘시죠?

★ 会议在这周举行。(×)

★ 회의는 이번 주에 열린다. (×)

단어 参加 cānjiā 동 참가하다 | 下星期 xià xīngqī 다음 주 | 会议 huìyì 명 회의 | 有 yǒu 동 있다 | 百 bǎi 수 100, 백 | 准备 zhǔnbèi 동 준비하다 | 得 de 조 ~하는 정도가(술어 뒤에 쓰여 술어의 정도를 나타냄) | 最近 zuìjìn 명 요즘, 최근 | 都 dōu 분 모두, 다 | 忙 máng 형 바쁘다 | 坏了 huài le (술어 뒤에 쓰여) 매우 ~하다 | 吧 ba 조 ~일 것이다(추측) | 在 zài 개 ~에, ~에서 | 这周 zhè zhōu 이번 주 | 举行 jǔxíng 동 거행하다

해설 녹음에서 '下星期(다음 주)' 회의에 대한 참가 준비가 어떤지 물어보고 있는데, 제시된 문장에는 '这周(이번 주)'라고 나와 있으므로 녹음 내용은 제시된 문장과 일치하지 않는다.

12

现在找工作不是一件容易的事情。如果你成绩不好，做事又不认真，是很难找到工作的。

지금 일을 찾는 것은 쉬운 일이 아니다. 만약 당신의 성적이 좋지 않고, 일하는 것이 성실하지 않는다면, 일을 찾는 것이 많이 힘들 것이다.

★ 现在找工作很容易。(×)

★ 지금 일을 찾는 것은 쉽다. (×)

단어 现在 xiànzài 명 현재, 지금 | 找 zhǎo 동 찾다 | 工作 gōngzuò 명 일, 직업 | 件 jiàn 명 일·사건·개체 등을 세는 단위 | 容易 róngyì 형 쉽다 | 事情 shìqing 명 일 | 如果 rúguǒ 접 만약 | 成绩 chéngjì 명 성적 | 做事 zuòshì 동 일을 하다 | 又 yòu 부 또, 다시 | 认真 rènzhēn 형 착실하다 | 难 nán 형 어렵다 | 找到 zhǎodào 찾아내다

해설 녹음에서 '现在找工作不是一件容易的事情(지금 일을 찾는 것은 쉬운 일이 아니다)'라고 하였으므로 녹음 내용은 제시된 문장과 일치하지 않는다.

13

我女朋友出国了，两个地方时间不一样。为了能和女朋友通电话，我每天晚上要等到很晚。

나의 여자 친구는 외국에 갔는데, 두 지역의 시간이 다르다. 여자 친구와 통화하기 위해서 나는 매일 저녁 늦게까지 기다린다.

★ 他每天都给女朋友打电话。(✓)

★ 그는 매일 여자 친구에게 전화를 한다. (✓)

단어 女朋友 nǚpéngyou 명 여자 친구 | 出国 chūguó 동 출국하다 | 地方 dìfang 명 장소, 곳 | 时间 shíjiān 명 시간 | 不一样 bù yíyàng 다르다 | 为了 wèile 개 ~을 하기 위하여 | 能 néng 조동 ~할 수 있다 | 和 hé 개 ~와 | 通电话 tōng diànhuà 통화하다 | 每天 měitiān 명 매일 | 晚上 wǎnshang 명 저녁 | 等到 děngdào (~까지) 기다리다 | 晚 wǎn 형 늦다 | 给 gěi 개 ~에게 | 打电话 dǎ diànhuà 전화를 걸다

해설 녹음에서 화자는 여자 친구와 통화하기 위해 '每天晚上(매일 저녁)' 늦게까지 기다린다는 말을 미루어 매일 여자 친구에게 전화를 한다는 것을 알 수 있다. 따라서 녹음 내용은 제시된 문장과 일치한다.

14

我打算放假了出去旅游。我都想好了，先去杭州，再去上海，最后去北京。一路向北走。

나는 방학을 하면 여행을 갈 계획이다. 나는 이미 다 생각해 두었는데, 먼저 항저우에 가고 다시 상하이로 간 뒤, 마지막에는 베이징에 갈 것이다. 계속 북쪽으로 갈 것이다.

★ 他最后要去上海。(×)

★ 그는 마지막에 상하이로 갈 것이다.(×)

단어 打算 dǎsuan 동 ~할 계획이다, 생각이다 | 放假 fàngjià 동 방학하다 | 出去 chūqù 동 나가다 | 旅游 lǚyóu 동 여행하다 | 都 dōu 부 모두, 다 | 想好 xiǎnghǎo 잘 생각하다, 충분히 생각하다 | 先 xiān 부 먼저 | 去 qù 동 가다 | 杭州 Hángzhōu 고유 항저우 | 再 zài 부 다시 | 上海 Shànghǎi 고유 상하이 | 最后 zuìhòu 명 마지막 | 北京 Běijīng 고유 베이징 | 一路 yílù 부 줄곧, 계속 | 向 xiàng 개 ~을 향하여 | 北 běi 명 북쪽 | 走 zǒu 동 걷다 | 要 yào 조동 ~할 것이다

해설 녹음에서 방학 때 여행을 가면 먼저 항저우, 상하이를 가고 '最后去北京(마지막에 베이징을 갈 것이다)'라고 하였으므로 마지막 여행지는 베이징이라는 것을 알 수 있다. 따라서 녹음 내용은 제시된 문장과 일치하지 않는다.

15 ★★☆

戴上眼镜，看得清楚多了。再也不用担心看不见黑板上的字了。

안경을 착용하면 선명하게 보인다. 다시는 칠판 위의 글씨가 안 보이는 걱정할 필요가 없다.

★ 他的眼睛不太好。(✓)

★ 그의 눈은 그다지 좋지 않다. (✓)

단어 戴 dài 통 착용하다 | 眼镜 yǎnjìng 명 안경 | 看 kàn 보다 | 得 de 조 ~하는 정도가(술어 뒤에 쓰여 술어의 정도를 나타냄) | 清楚 qīngchu 형 뚜렷하다 | 再也 zài yě 이제 더는, 더 이상은 | 不用 búyòng 부 ~할 필요가 없다 | 担心 dānxīn 통 걱정하다, 염려하다 | 看不见 kànbujiàn 보이지 않다 | 黑板 hēibǎn 명 칠판 | 字 zì 명 글자

해설 녹음에서 '眼镜(안경)'을 착용하면 글씨가 선명하게 보이고 글씨가 안 보이는 걱정할 필요가 없다고 하였으므로 그의 눈이 좋지 않다는 것을 유추할 수 있다. 따라서 녹음 내용은 제시된 문장과 일치한다.

16 ★☆☆

你别哭了，眼睛都红了。考试没考好吗？没关系的，努力过就行了。

당신 그만 울어요, 눈이 다 빨개졌어요. 시험을 잘 못 봤어요? 괜찮아요, 노력했으면 됐어요.

★ 他考试考得很好。(✗)

★ 그는 시험을 잘 보았다. (✗)

단어 别 bié 부 ~하지 마라 | 哭 kū 통 울다 | 眼睛 yǎnjing 명 눈 | 都 dōu 부 모두, 다 | 红 hóng 형 붉다, 빨갛다 | 考试 kǎoshì 명 시험 | 没考好 méi kǎohǎo 시험을 잘 못보다 | 没关系 méi guānxi 괜찮다 | 努力 nǔlì 통 노력하다, 열심히 하다 | 过 guo 조 ~한 적이 있다 | 就 jiù 부 바로 | 行 xíng 통 좋다 | 得 de 조 ~하는 정도가(술어 뒤에 쓰여 술어의 정도를 나타냄)

해설 녹음에서 울고 있는 상대방에게 시험을 못 봤어도 '努力过就行了(노력했으면 됐다)'라고 위로하는 말을 미루어 그가 시험을 잘 보지 못했다는 것을 알 수 있다. 따라서 녹음 내용은 제시된 문장과 일치하지 않는다.

17 ★★☆

这块手表是爸爸送给妈妈的结婚礼物，妈妈一直保护得很好，所以看上去还和新的一样。

이 손목시계는 아빠가 엄마에게 결혼 선물로 준 것이다. 엄마는 줄곧 보관을 잘하셔서 아직도 새것처럼 보인다.

★ 手表看上去很新。(✓)

★ 손목시계는 보기에 새것인 것 같다. (✓)

단어 块 kuài 양 조각(덩이로 된 물건을 세는 단위) | 手表 shǒubiǎo 명 손목시계 | 爸爸 bàba 명 아빠, 아버지 | 送给 sònggěi ~에게 선물하다 | 妈妈 māma 명 엄마, 어머니 | 结婚 jiéhūn 통 결혼하다 | 礼物 lǐwù 명 선물 | 一直 yìzhí 부 줄곧, 계속 | 保护 bǎohù 통 보호하다 | 得 de 조 ~하는 정도가(술어 뒤에 쓰여 술어의 정도를 나타냄) | 所以 suǒyǐ 접 그래서 | 看上去 kàn shàngqù ~해 보이다 | 还 hái 부 여전히, 아직도 | 和 hé 개 ~와 | 新 xīn 형 새롭다 | 一样 yíyàng 형 같다

해설 녹음에서 화자가 '手表(손목시계)'를 엄마가 보관을 잘하셔서 아직도 새것처럼 보인다는 말을 미루어 녹음 내용은 제시된 문장과 일치한다.

18 ★★☆

爷爷今年快八十了，可他特别喜欢新东西。去年他还买了台电脑，学会了上网。<u>现在我们每个周末都要在网上见一面。</u>

★ 我们每个周末都要到爷爷家。（ × ）

할아버지는 올해 80세가 되시는데, 새로운 물건을 매우 좋아하신다. 작년에 할아버지께서는 컴퓨터를 한 대 사셨는데 인터넷하는 것도 배우셨다. 지금 우리는 주말마다 인터넷에서 만난다.

★ 우리는 주말마다 할아버지 댁에 간다. （ × ）

단어 爷爷 yéye 뗑 할아버지 | 今年 jīnnián 뗑 올해 | 可 kě 젭 그러나 | 特别 tèbié 閉 특히 | 喜欢 xǐhuan 뙤 좋아하다 | 新 xīn 혱 새롭다 | 东西 dōngxi 뗑 물건 | 去年 qùnián 뗑 작년 | 还 hái 閉 여전히, 아직도 | 买 mǎi 뙤 사다 | 台 tái 향 대 | 电脑 diànnǎo 뗑 컴퓨터 | 学会 xuéhuì 뙤 배워서 할 줄 안다 | 上网 shàngwǎng 뙤 인터넷을 하다 | 现在 xiànzài 뗑 현재, 지금 | 每个周末 měi ge zhōumò 주말마다 | 都 dōu 閉 모두, 다, 전부 | 在 zài 깨 ～에서 | 到家 dàojiā 집에 도착하다

해설 녹음에서 할아버지가 인터넷 하시는 것을 매우 좋아해서 '每个周末都要在网上见一面(주말마다 인터넷에서 만난다)'라고 하였으므로 할아버지 댁에 가는 것은 아니다. 따라서 녹음 내용은 제시된 문장과 일치하지 않는다.

19 ★★☆

这本书很重要，想了解中国文化的同学都应该看看。我这儿只有一本，大家如果要看，可以去图书馆借或者上网买。

★ 他可以把书借给大家。（ × ）

이 책은 정말 중요합니다. 중국 문화를 이해하고 싶은 학우들은 모두 반드시 보세요. 저한테는 한 권밖에 없으니, 만약 여러분들이 보고 싶다면, 도서관에 가서 빌리거나 인터넷으로 구매할 수 있습니다.

★ 그는 책을 사람들에게 빌려줄 수 있다. （ × ）

단어 本 běn 향 권(책을 세는 단위) | 书 shū 뗑 책 | 重要 zhòngyào 혱 중요하다 | 想 xiǎng 조뙤 ～하고 싶다 | 了解 liǎojiě 뙤 이해하다 | 中国 Zhōngguó 고유 중국 | 文化 wénhuà 뗑 문화 | 同学 tóngxué 뗑 학우, 동창 | 应该 yīnggāi 조뙤 ～해야 한다 | 看 kàn 뙤 보다 | 大家 dàjiā 떼 모두 | 如果 rúguǒ 젭 만약 | 可以 kěyǐ 조뙤 ～할 수 있다 | 去 qù 뙤 가다 | 图书馆 túshūguǎn 뗑 도서관 | 借 jiè 뙤 빌리다, 빌려주다 | 或者 huòzhě 젭 아니면, 또는 | 上网 shàngwǎng 뙤 인터넷을 하다 | 买 mǎi 뙤 사다 | 把 bǎ 깨 ～을, ～를 | 借给 jiègěi ～에게 빌려주다

해설 녹음에서 '我这儿只有一本(나는 한 권밖에 없다)'라고 하였으므로 책을 빌려줄 수 있는 상황이 아닌 것을 유추할 수 있다. 따라서 녹음 내용은 제시된 문장과 일치하지 않는다.

20 ★★☆

妈妈每天除了到公司上班，还要照顾我和爸爸，是家里最累的人。<u>所以在她生日那天，我送了她一束鲜花</u>，希望她一直年轻漂亮。

★ 他每天都要送妈妈一束鲜花。（ × ）

엄마는 매일 회사에 출근하는 것을 제외하고도 아빠와 나를 돌봐야 해서 집에서 가장 힘든 사람이다. 그래서 엄마 생신 날 나는 엄마에게 꽃다발을 선물했다. 나는 엄마가 계속 젊고 아름답기를 바란다.

★ 그는 매일 엄마에게 꽃다발을 드린다. （ × ）

단어 妈妈 māma 뗑 엄마, 어머니 | 每天 měitiān 뗑 매일 | 除了 chúle 깨 ～을 제외하고 | 到 dào 뙤 도착하다 | 公司 gōngsī 뗑 회사 | 上班 shàngbān 뙤 출근하다 | 还 hái 閉 여전히, 아직도 | 要 yào 조뙤 ～해야 한다 | 照顾 zhàogù 뙤 보살피다 | 和 hé 젭 ～와 | 爸爸 bàba 뗑 아빠, 아버지 | 家里 jiāli 집안, 집 | 最 zuì 閉 가장, 최고 | 累 lèi 혱 지치다, 피곤하다 | 人

rén 몡 사람 | 所以 suǒyǐ 졉 그래서 | 生日 shēngrì 몡 생일 | 那天 nàtiān 그날 | 送 sòng 됭 선물하다, 주다 | 束 shù 喈 묶음, 다발 | 鲜花 xiānhuā 몡 생화, 꽃 | 希望 xīwàng 됭 희망하다 | 一直 yìzhí 뷔 줄곧, 계속 | 年轻 niánqīng 혱 젊다 | 漂亮 piàoliang 혱 예쁘다, 아름답다

해설 녹음에서 '她生日那天(엄마 생신 날)'에 화자가 꽃다발을 선물했다고 했지 매일 드리는 것은 아니므로 녹음 내용은 제시된 문장과 일치하지 않는다.

 제3부분

21 ★☆☆

男: 我刚来这儿工作，以后请大家多照顾。
女: 欢迎你到我们公司来。

남: 저는 이곳에서 일하러 온 지 얼마 안 되었습니다. 앞으로 잘 부탁드립니다.
여: 저희 회사에 오신 것을 환영합니다.

问: 他们最可能是什么关系?
　A 同事
　B 老师和学生
　C 服务员和顾客

질문: 그들은 어떤 관계일 가능성이 가장 큰가?
　A 동료
　B 선생님과 학생
　C 종업원과 고객

단어 刚 gāng 뷔 방금, 막 | 来 lái 됭 오다 | 工作 gōngzuò 됭 일하다 | 以后 yǐhòu 몡 이후 | 大家 dàjiā 떼 모두 | 照顾 zhàogù 됭 보살피다 | 欢迎 huānyíng 됭 환영하다 | 到 dào 됭 도착하다 | 公司 gōngsī 몡 회사 | 最 zuì 뷔 가장, 최고 | 可能 kěnéng 조됭 아마도 ~일 것이다 | 关系 guānxi 몡 관계 | 同事 tóngshì 몡 동료 | 老师 lǎoshī 몡 선생님 | 学生 xuésheng 몡 학생 | 服务员 fúwùyuán 몡 종업원 | 顾客 gùkè 몡 고객

해설 이곳에 일하러 온 지 얼마 안 되었다는 남자의 말에 여자가 '欢迎你到我们公司来(우리 회사에 온 것을 환영한다)'라고 하였으므로 두 사람이 동료인 것을 유추할 수 있다. 따라서 정답은 A이다.

22 ★★☆

女: 房间的灯坏了怎么办? 晚上还要准备明天的考试呢。
男: 去图书馆看吧。

여: 방의 등이 고장 났는데 어쩌죠? 저녁에 내일 시험을 준비해야 해요.
남: 도서관에서 가서 봐요.

问: 男的为什么让女的去图书馆?
　A 家里的灯坏了
　B 还书
　C 借书

질문: 남자는 왜 여자에게 도서관에 가라고 하는가?
　A 집안의 등이 고장 나서
　B 책을 반납해야 해서
　C 책을 빌려야 해서

단어 房间 fángjiān 몡 방 | 灯 dēng 몡 등 | 坏 huài 됭 망가지다 | 晚上 wǎnshang 몡 저녁 | 还要 hái yào 또 ~해야 한다 | 准备 zhǔnbèi 됭 준비하다 | 明天 míngtiān 몡 내일 | 考试 kǎoshì 몡 시험 | 呢 ne 조 진행의 어감을 강조 | 去 qù 됭 가다 | 图书馆 túshūguǎn 몡 도서관 | 看 kàn 됭 보다 | 吧 ba 조 ~합시다(제안) | 为什么 wèishénme 떼 왜 | 家里 jiāli 집 | 还 huán 됭 반납하다, 돌려주다 | 书 shū 몡 책 | 借 jiè 됭 빌리다

해설 여자가 '房间的灯坏了(방의 등이 고장 났다)'라며 시험 준비를 걱정하자 남자가 '图书馆(도서관)'에 가라고 제안하였으므로 정답은 A이다.

23 ★★☆

男: 你是下午一点钟到吗? 我到火车站去接你。
女: 火车要晚半小时到。

问: 女的几点到?
　　A 12:30　　　B 13:00　　　C 13:30

남: 당신은 오후 1시에 도착하나요? 제가 기차역으로 마중 갈게요
여: 기차가 30분 늦게 도착할 거예요.

질문: 여자는 몇 시에 도착하는가?
　　A 12:30　　　B 13:00　　　C 13:30

단어 下午 xiàwǔ 명 오후 | 到 dào 동 도착하다 | 火车站 huǒchēzhàn 명 기차역 | 去 qù 동 가다 | 接 jiē 동 마중하다 | 要 yào 조동 ~할 것이다 | 晚 wǎn 형 늦다 | 半小时 bàn xiǎoshí 30분 | 几 jǐ 수 몇

해설 남자가 '一点钟(1시)'에 도착하는지 묻자 여자가 '火车要晚半小时到(기차가 30분 늦게 도착한다)'라고 대답하였으므로 여자의 도착 시간이 1시 30분임을 알 수 있다. 따라서 정답은 C이다.

24 ★★☆

女: 听说小李生病了, 我们去医院看看他吧?
男: 我刚和他在操场上踢完球。

问: 男的什么意思?
　　A 小李生病了
　　B 小李没生病
　　C 小李爱踢球

여: 듣자 하니 샤오리가 아프대요. 우리 병원에 그를 보러 가요.
남: 저 방금 그와 운동장에서 축구를 했어요.

질문: 남자의 말은 무슨 뜻인가?
　　A 샤오리는 아프다
　　B 샤오리는 아프지 않다
　　C 샤오리는 축구를 하는 것을 좋아한다

단어 听说 tīngshuō 동 듣자니 ~라 한다 | 生病 shēngbìng 동 병이 나다 | 去 qù 동 가다 | 医院 yīyuàn 명 병원 | 看 kàn 동 보다 | 刚 gāng 부 방금, 막 | 在 zài 개 ~에, ~에서 | 操场 cāochǎng 명 운동장 | 踢球 tīqiú 축구를 하다 | 完 wán 동 마치다, 끝나다 | 意思 yìsi 명 의미, 의의

해설 여자가 샤오리가 아프니 병원에 가자고 하자 남자가 '我刚和他在操场上踢完球(나는 방금 그와 운동장에서 축구를 했다)'라고 했으므로 샤오리는 아프지 않다는 것을 유추할 수 있다. 따라서 정답은 B이다.

25 ★★☆

男: 你去超市前先检查一下冰箱, 看看还有些什么, 别又买多了。
女: 已经看过了, 牛奶没有了。

问: 女的打算做什么?
　　A 检查冰箱
　　B 去超市
　　C 喝牛奶

남: 당신 슈퍼마켓에 가기 전에 먼저 냉장고를 한번 검사해봐요. 어떤 물건이 있는지 좀 봐서, 또 많이 사지 말아요.
여: 벌써 봤어요, 우유가 없더라고요.

질문: 여자는 무엇을 하려고 하는가?
　　A 냉장고를 검사한다
　　B 슈퍼마켓에 간다
　　C 우유를 마신다

단어 去 qù 동 가다 | 超市 chāoshì 명 슈퍼마켓 | 前 qián 명 이전 | 先 xiān 부 먼저 | 检查 jiǎnchá 동 검사하다 | 一下 yíxià 수량 좀 ~하다 | 冰箱 bīngxiāng 명 냉장고 | 看 kàn 동 보다 | 些 xiē 양 조금, 약간 | 别 bié 부 ~하지 마라 | 又 yòu 부 또, 다시 | 买 mǎi 동 사다 | 已经 yǐjing 부 이미, 벌써 | 牛奶 niúnǎi 명 우유 | 打算 dǎsuan 동 ~할 계획이다, 생각이다 |

喝 hē 통 마시다

해설 남자가 '超市(슈퍼마켓)'에 가기 전에 여자에게 냉장고를 검사해 보라고 하자 여자가 이미 했다고 대답하였으므로 여자가 슈퍼마켓에 가려는 것을 알 수 있다. 따라서 정답은 B이다.

---

26 ★★☆

男: 下午来一下我的办公室，在四楼。如果我不在，就到楼上的会议室找我。
女: 好的，我知道了。

问: 会议室在几楼?
　　A 三楼　　　　B 四楼　　　　C 五楼

남: 오후에 제 사무실로 오세요. 4층에 있어요. 만약 제가 없다면, 바로 위층 회의실로 와서 저를 찾으세요.
여: 네, 알겠습니다.

질문: 회의실은 몇 층인가?
　　A 3층　　　　B 4층　　　　C 5층

단어 下午 xiàwǔ 명 오후 | 来 lái 동 오다 | 一下 yíxià 수량 좀 ~하다 | 办公室 bàngōngshì 명 사무실 | 在 zài 동 ~에 있다 | 楼 lóu 양 층 | 如果 rúguǒ 접 만약 | 就 jiù 부 바로 | 楼上 lóushàng 명 위층 | 会议室 huìyìshì 명 회의실 | 找 zhǎo 동 찾다 | 知道 zhīdào 동 알다 | 几 jǐ 수 몇

해설 남자가 여자에게 '四楼(4층)'으로 자신을 찾으러 오라고 하면서 만약 4층에 없다면 '楼上的会议室(위층 회의실)'로 오라고 하였으므로 회의실은 5층에 있다는 것을 알 수 있다. 따라서 정답은 C이다.

---

27 ★☆☆

男: 好久没见了，找个地方坐坐吧。
女: 想不想喝杯咖啡?

问: 他们可能要去哪儿?
　　A 咖啡馆　　　B 饭馆　　　　C 公园

남: 오랜만이에요. 어디 가서 좀 앉아요.
여: 커피 한 잔 하실래요?

질문: 그들은 어디에 갈 가능성이 큰가?
　　A 커피숍　　　B 식당　　　　C 공원

단어 好久没见 hǎojiǔ méijiàn 오랜만이다 | 找 zhǎo 동 찾다 | 地方 dìfang 명 장소, 곳 | 坐 zuò 동 앉다 | 想 xiǎng 조동 ~하고 싶다 | 喝 hē 동 마시다 | 杯 bēi 양 컵, 잔 | 咖啡 kāfēi 명 커피 | 可能 kěnéng 조동 아마도 ~일 것이다 | 要 yào 조동 ~하려고 하다 | 去 qù 동 가다 | 哪儿 nǎr 대 어디 | 咖啡馆 kāfēiguǎn 명 카페, 커피숍 | 饭馆 fànguǎn 명 식당 | 公园 gōngyuán 명 공원

해설 어디 가서 좀 앉자는 남자의 말에 여자가 '咖啡(커피)'를 한 잔 마실 것인지 묻고 있으므로 따라서 정답은 A이다.

---

28 ★☆☆

女: 下午给你打电话，怎么不接呢?
男: 开了一整天的会，所以就把手机关了。

问: 男的为什么没接电话?
　　A 没带手机
　　B 手机换了
　　C 开会

여: 오후에 당신에게 전화했는데, 왜 안 받았어요?
남: 하루 종일 회의를 해서 휴대 전화를 꺼 두었어요.

질문: 남자는 왜 전화를 받지 않는가?
　　A 휴대 전화를 안 가져와서
　　B 휴대 전화를 바꿔서
　　C 회의를 해서

단어 下午 xiàwǔ 명 오후 | 怎么 zěnme 대 왜, 어째서 | 接 jiē 동 받다 | 呢 ne 조 진행의 어감을 강조 | 开会 kāihuì 동 회의를

179

열다 | **所以** suǒyǐ 웹 그래서 | **就** jiù 뵈 단지, 오로지 | **手机** shǒujī 圀 휴대 전화 | **关** guān 圄 끄다 | **为什么** wèishénme 웹 왜 | **带** dài 圄 (몸에) 지니다, 가지다 | **换** huàn 圄 바꾸다

해설 여자가 전화를 왜 받지 않는지 묻자 남자가 '开了一整天的会，所以就把手机关了(하루 종일 회의를 해서 전화를 꺼 두었다)' 라고 하였으므로 정답은 C이다.

---

29 ★☆☆

男: 怎么吃那么少？东西不好吃吗？
女: 晚上吃多了会长胖，不敢吃。

问: 女的为什么吃得少？
　　A 不好吃
　　B 怕长胖
　　C 吃饱了

남: 왜 그렇게 적게 먹어요? 음식이 맛이 없나요?
여: 저녁에 많이 먹으면 살이 찔 수 있어서 못 먹겠어요.

질문: 여자는 왜 적게 먹는가?
　　A 맛이 없어서
　　B 살이 찔까 무서워서
　　C 배가 불러서

단어 **怎么** zěnme 웹 왜, 어째서 | **吃** chī 圄 먹다 | **那么** nàme 웹 그렇게 | **少** shǎo 圈 적다 | **不好吃** bù hǎochī 맛이 없다 | **晚上** wǎnshang 圀 저녁 | **会** huì 區圄 ~할 것이다 | **长胖** zhǎngpàng 圄 살찌다, 뚱뚱해지다 | **敢** gǎn 區圄 감히 ~하다 | **为什么** wèishénme 웹 왜 | **得** de 国 ~하는 정도가(술어 뒤에 쓰여 술어의 정도를 나타냄) | **怕** pà 圄 무섭다, 두렵다

해설 남자가 음식을 적게 먹는 이유에 대해 묻자 여자가 '晚上吃多了会长胖，不敢吃(저녁에 많이 먹으면 살이 찔 수 있어서 못 먹겠다)'라고 하였으므로 정답은 B이다.

---

30 ★★☆

男: 我昨天买的葡萄呢？
女: 天太热，我怕坏了，就都吃了。

问: 葡萄怎么了？
　　A 坏了
　　B 吃完了
　　C 送人了

여: 제가 어제 산 포도는요?
남: 날씨가 너무 더워서 상할까봐, 제가 전부 다 먹었어요.

질문: 포도는 어떻게 됐는가?
　　A 상했다
　　B 다 먹었다
　　C 다른 사람에게 선물로 줬다

단어 **昨天** zuótiān 圀 어제 | **买** mǎi 圄 사다 | **葡萄** pútáo 圀 포도 | **呢** ne 国 진행의 어감을 강조 | **天** tiān 圀 날 | **太** tài 뵈 지나치게, 너무 | **热** rè 圈 덥다 | **怕** pà 圄 무섭다, 두렵다 | **坏** huài 圈 상하다 | **就** jiù 뵈 단지, 오로지 | **都** dōu 뵈 모두, 다 | **吃** chī 圄 먹다 | **送人** sòngrén (남에게) 주다

해설 여자가 어제 산 '葡萄(포도)'에 대해 묻자 남자가 '我怕坏了，就都吃了(상할까봐 내가 다 먹었다)'라고 하였으므로 정답은 B이다.

31 ★☆☆

女：你为什么每天买这么多报纸？
男：因为我爷爷最爱看报纸。
女：用手机和电脑更方便，而且里面的东西更多、更新。
男：是的，但爷爷年纪大了，不会用。

问：男的为什么每天买报纸？
　A 男的不会用手机
　B 爷爷爱看
　C 年级大了

여：당신은 왜 매일 이렇게 많은 신문을 사는 거예요?
남：할아버지가 신문 보는 것을 좋아하셔서요.
여：휴대 전화와 컴퓨터를 사용하면 훨씬 편해요. 게다가 그 안에 정보가 훨씬 더 많고 새로워요.
남：맞아요. 하지만 할아버지가 연세가 많으셔서 사용할 줄 모르세요.

질문：남자는 왜 매일 신문을 사는가?
　A 남자는 휴대 전화를 사용할 줄 몰라서
　B 할아버지가 보는 것을 좋아하셔서
　C 나이가 들어서

단어 每天 měitiān 몡 매일 | 买 mǎi 통 사다 | 这么 zhème 때 이렇게, 이러한 | 多 duō 혱 많다 | 报纸 bàozhǐ 몡 신문 | 因为 yīnwèi 젭 왜냐하면 | 爷爷 yéye 몡 할아버지 | 最 zuì 틘 가장 | 爱 ài 통 ~하길 좋아하다 | 看 kàn 통 보다 | 用 yòng 통 사용하다, 쓰다 | 手机 shǒujī 몡 휴대 전화 | 电脑 diànnǎo 몡 컴퓨터 | 更 gèng 틘 더욱, 더 | 方便 fāngbiàn 혱 편리하다 | 而且 érqiě 젭 게다가, 또한 | 里面 lǐmiàn 몡 안, 속 | 新 xīn 혱 새롭다 | 但 dàn 젭 그러나 | 年纪 niánjì 몡 연령, 나이 | 大 dà 혱 (나이가) 많다 | 不会 bú huì ~할 줄 모르다

해설 여자가 '报纸(신문)'를 왜 매일 많이 사는지 묻자 남자가 '因为我爷爷最爱看报纸(할아버지가 신문 보는 것을 좋아하신다)'라고 대답하였으므로 정답은 B이다.

32 ★★☆

女：开会的人都到齐了吗？
男：除了老王，大家都已经到了。
女：给他打个电话，问问为什么还没来。
男：他昨天已经和经理说过了，孩子生病没人照顾。

问：老王为什么没来开会？
　A 孩子生病
　B 迟到了
　C 生病了

여：회의하는 사람들은 모두 다 왔나요?
남：라오왕을 제외하고, 모두들 이미 다 왔어요.
여：그에게 전화해서, 왜 아직도 안 오냐고 물어보세요.
남：그가 어제 이미 사장님에게 말했어요. 아이가 아픈데 돌봐줄 사람이 없대요.

질문：라오왕은 왜 회의에 오지 않았는가?
　A 아이가 아파서
　B 지각해서
　C 병이 나서

단어 开会 kāihuì 통 회의를 열다 | 到齐 dàoqí 모두 오다, 다 도착하다 | 除了 chúle 개 ~을 제외하고 | 大家 dàjiā 때 모두 | 已经 yǐjīng 틘 이미, 벌써 | 给 gěi 개 ~에게 | 打电话 dǎ diànhuà 전화를 걸다 | 问 wèn 통 묻다 | 为什么 wèishénme 때 왜 | 还 hái 틘 여전히, 아직도 | 昨天 zuótiān 몡 어제 | 经理 jīnglǐ 몡 사장님 | 说 shuō 통 말하다 | 过 guo 조 ~한 적이 있다 | 孩子 háizi 몡 아이, 자녀 | 生病 shēngbìng 통 병이 나다 | 照顾 zhàogù 통 보살피다, 돌보다 | 迟到 chídào 통 지각하다

해설 여자가 라오왕이 왜 안 왔는지 전화해 보라고 하자 남자가 '孩子生病(아이가 아프다)'이라고 하며 돌봐줄 사람이 없어서 안 왔다고 하였으므로 정답은 A이다.

33

女: 你最近怎么了? 看上去很累。
男: 最近很忙, 好多天没好好睡了。
女: 工作虽然很重要, 但健康更重要。
男: 谢谢, 我会注意休息的。

问: 女的什么意思?
  A 工作最重要
  B 钱最重要
  C 健康最重要

여: 당신 요즘 왜 그래요? 매우 피곤해 보여요.
남: 최근에 바빠서, 며칠 동안 잠을 제대로 못 잤어요.
여: 일이 비록 중요하지만 건강이 더 중요해요.
남: 고마워요, 제가 휴식에 좀 더 주의할게요.

질문: 여자의 말은 무슨 뜻인가?
  A 일이 제일 중요하다
  B 돈이 제일 중요하다
  C 건강이 제일 중요하다

단어 最近 zuìjìn 圀 최근, 요즘 | 看上去 kàn shàngqù ~해 보이다 | 累 lèi 혱 피곤하다 | 忙 máng 혱 바쁘다 | 睡 shuì 图 자다 | 工作 gōngzuò 圀 일 | 虽然……但…… suīrán…… dàn…… 비록 ~하지만, 설령 ~일지라도 그러나 | 重要 zhòngyào 혱 중요하다 | 健康 jiànkāng 혱 건강하다 | 更 gèng 閠 더욱, 더 | 谢谢 xièxie 图 감사합니다 | 会 huì 图图 ~할 것이다 | 注意 zhùyì 图 주의하다, 조심하다 | 休息 xiūxi 图 휴식하다 | 意思 yìsi 圀 의미, 의의 | 最 zuì 閠 제일, 가장 | 钱 qián 圀 돈

해설 최근 바빠서 며칠 동안 잠을 제대로 못 잔 남자에게 여자가 '工作虽然很重要, 但健康更重要(일도 중요하지만 건강이 더 중요하다)'라고 하였으므로 정답은 C이다. 참고로 '虽然……但……(비록 ~하지만, ~하다)'의 구문이 나왔을 경우 전환을 나타내는 '但(그러나)' 뒤의 문장을 주의깊게 듣도록 하자.

34

女: 哥哥, 明天能把照相机借我用用吗?
男: 你不是有手机吗? 一样都能照。
女: 手机不如照相机好, 我就借一天。
男: 上次你也说一天, 结果用了一个月才还我。

问: 男的什么意思?
  A 不同意借
  B 同意借一天
  C 同意借一个月

여: 오빠, 내일 나에게 사진기를 빌려 줄 수 있어?
남: 너 휴대 전화 있지 않아? 똑같이 사진 찍을 수 있어.
여: 휴대 전화가 사진기만큼 좋지 않아서, 나 딱 하루만 빌릴게.
남: 저번에도 하루만 빌린다고 하고, 결국 한 달 동안 쓰고 돌려줬잖아.

질문: 남자의 말은 무슨 뜻인가?
  A 빌려주지 않는다
  B 하루만 빌려준다
  C 한 달 빌려준다

단어 哥哥 gēge 圀 오빠, 형 | 明天 míngtiān 圀 내일 | 能 néng 图图 ~할 수 있다 | 把 bǎ 쟨 ~을, ~를 | 照相机 zhàoxiàngjī 圀 사진기 | 借 jiè 图 빌리다 | 用 yòng 图 사용하다, 쓰다 | 手机 shǒujī 圀 휴대 전화 | 一样 yíyàng 혱 같다, 동일하다 | 都 dōu 閠 모두, 다, 전부 | 照 zhào 图 찍다 | 不如 bùrú 图 ~만 못하다 | 就 jiù 閠 단지, 오로지 | 一天 yìtiān 圀 하루 | 上次 shàng cì 지난번 | 也 yě 閠 ~도 | 说 shuō 图 말하다 | 结果 jiéguǒ 그 결과 | 一个月 yí ge yuè 한 달 | 才 cái 閠 비로소 | 还 huán 图 돌려주다 | 意思 yìsi 圀 의미, 의의 | 同意 tóngyì 图 동의하다

해설 여자가 '照相机(사진기)'를 빌려달라고 하자 남자는 하루만 빌린다고 한 후에 한 달 동안 쓰고 돌려준 여자를 나무라고 있으므로 빌려주는 것을 허락하지 않겠다는 것을 유추할 수 있다. 따라서 정답은 A이다. 참고로 녹음 지문에 나온 '不如(~만 못하다)'는 비록 新HSK 3급에는 자주 나오지 않지만 상위 급수에 갈수록 자주 등장하니 기억해두자.

35 ★★☆

男: 医生今天怎么说? 好点了吗?

女: 差不多了, 但这个月要每周检查一次。

男: 这个月少看书, 电视和电脑就不要看了。

女: 知道了, 我会让眼睛多休息的。

问: 女的多长时间检查一次?

   A 每个月   B 每周   C 每天

남: 오늘 의사 선생님이 뭐라고 하셨어요? 좀 좋아졌어요?

여: 비슷하대요. 하지만 이번 달에는 매주 한 번씩 검사를 해야 한대요.

남: 이번 달에는 책도 조금 보고, TV와 컴퓨터도 보지 말아요.

여: 알겠어요. 눈을 좀 많이 쉬어 줘야 겠어요.

질문: 여자는 얼마에 한 번 검사를 해야 하는가?

   A 매달   B 매주   C 매일

단어 医生 yīshēng 명 의사 | 今天 jīntiān 명 오늘 | 差不多 chàbuduō 형 비슷하다 | 但 dàn 접 그러나 | 这个月 zhè ge yuè 이번 달 | 要 yào 조동 ~해야 한다 | 每周 měi zhōu 매주 | 检查 jiǎnchá 동 검사하다 | 一次 yí cì 한 번 | 少 shǎo 형 적다 | 看书 kànshū 책을 보다 | 电视 diànshì 명 TV, 텔레비전 | 电脑 diànnǎo 명 컴퓨터 | 就 jiù 부 단지, 오로지 | 不要 búyào 부 ~하지 마라 | 知道 zhīdào 동 알다 | 会 huì 조동 ~할 수 있다 | 让 ràng 동 ~하게 하다 | 眼睛 yǎnjing 명 눈 | 休息 xiūxi 동 휴식하다 | 每个月 měi ge yuè 매달 | 每天 měitiān 명 매일

해설 남자가 좋아졌는지 묻자 여자가 이번 달에는 '每周(매주)' 한 번씩 검사를 해야 한다고 하였으므로 정답은 B이다.

---

36 ★★☆

男: 你怎么这么晚才回来? 家里都担心坏了。

女: 下雨天打不到车, 等了一个多小时。

男: 那你也应该先打个电话说一声。

女: 等车的时候和朋友说着话, 就忘了打电话了。下次一定注意。

问: 女的为什么回来晚了?

   A 打电话

   B 和朋友说话

   C 打不到车

남: 당신 왜 이렇게 늦게 집에 왔어요? 가족들 모두 걱정했잖아요.

여: 비가 오는 날에는 택시가 잘 안 잡혀서 1시간이나 기다렸어요.

남: 그럼 먼저 전화를 해서 알려줬어야죠.

여: 차를 기다릴 때 친구랑 이야기하고 있어서, 전화하는 것을 깜빡했어요. 다음 번에 꼭 주의할게요.

질문: 여자는 왜 늦게 돌아왔는가?

   A 전화를 하느라

   B 친구랑 이야기하느라

   C 택시를 잡지 못해서

단어 怎么 zěnme 대 어째서, 왜 | 这么 zhème 대 이렇게 | 晚 wǎn 형 늦다 | 才 cái 부 비로소 | 回来 huílái 동 되돌아오다 | 家里 jiāli 집, 집안 | 担心 dānxīn 동 걱정하다 | 坏了 huài le (술어 뒤에 쓰여) 매우 ~하다 | 打车 dǎchē 택시를 타다 | 等 děng 동 기다리다 | 一个小时 yí ge xiǎoshí 1시간 | 应该 yīnggāi 조동 마땅히 ~해야 한다 | 先 xiān 부 먼저 | 打电话 dǎ diànhuà 전화를 걸다 | 说一声 shuō yì shēng 말하다 | 的时候 de shíhou ~할 때 | 朋友 péngyou 명 친구 | 着 zhe 조 ~한 채로(동작이나 상태의 진행, 지속을 나타냄) | 话 huà 명 말 | 就 jiù 부 단지, 오로지 | 忘 wàng 동 잊다 | 下次 xià cì 다음 번 | 一定 yídìng 부 반드시, 꼭 | 注意 zhùyì 동 주의하다, 조심하다 | 为什么 wèishénme 대 왜

해설 남자가 늦게 온 이유에 대해서 묻자 여자가 비가 와서 '打不到车(택시를 잡지 못했다)'라고 하였으므로 정답은 C이다.

37

男: 小张去哪儿了? 一上午都没看见他。
女: 去机场了, 但马上又要回来了。
男: 为什么? 天气不好, 飞机飞不了吗?
女: 不是, 我看见他的护照在桌子上。

问: 小张为什么要回来?
　　A 天气不好
　　B 飞机坏了
　　C 忘了带护照

남: 샤오장은 어디 갔나요? 오전 내내 그가 보이지 않네요.
여: 공항에 갔는데, 곧 돌아올 거예요.
남: 왜요? 날씨가 안 좋아서 비행기가 뜨지 못하는 건가요?
여: 아니요, 그의 여권이 책상에 있는 걸 보았어요.

질문: 샤오장은 왜 돌아오는가?
　　A 날씨가 좋지 않아서
　　B 비행기가 고장 나서
　　C 여권 챙기는 걸 깜빡해서

단어 去 qù 통 가다 | 哪儿 nǎr 때 어디 | 都 dōu 뮈 모두, 다 | 没看见 méi kànjiàn 보이지 않다 | 机场 jīchǎng 몡 공항 | 但 dàn 젭 그러나 | 马上 mǎshàng 뮈 곧, 머지않아 | 又 yòu 뮈 또, 다시 | 要 yào 조통 ~할 것이다 | 回来 huílái 통 되돌아오다 | 为什么 wèishénme 때 왜 | 天气 tiānqì 몡 날씨 | 飞机 fēijī 몡 비행기 | 飞 fēi 통 날다 | 护照 hùzhào 몡 여권 | 桌子 zhuōzi 몡 테이블, 탁자 | 坏 huài 통 고장 나다 | 忘 wàng 통 잊다 | 带 dài 통 (몸에) 지니다, 휴대하다

해설 여자가 '小张(샤오장)'이 공항에 갔으나 곧 돌아올거라 하면서 그의 '护照(여권)'이 책상에 있는 것을 보았다고 하였으므로 샤오장이 여권을 책상에 두고 공항으로 간 것을 알 수 있다. 따라서 정답은 C이다.

38

女: 三岁的孩子喝这种牛奶最好。
男: 但我们家孩子不爱喝。
女: 喝牛奶对身体好。这个水果味儿的, 孩子都爱喝。
男: 那先买几盒试试, 要是喜欢, 下次再来。

问: 他们可能在什么地方?
　　A 商店　　　B 医院　　　C 家里

여: 세 살된 아이가 이 종류의 우유를 먹으면 가장 좋아요.
남: 하지만 우리집 아이는 좋아하지 않아요.
여: 우유를 먹으면 몸에 좋아요, 이 과일 맛은 아이들이 모두 좋아해요.
남: 그럼 먼저 몇 팩만 사서 먹여 보고 좋아하면 다음에 다시 올게요.

질문: 그들은 어디에 있을 가능성이 큰가?
　　A 상점　　　B 병원　　　C 집

단어 岁 suì 양 세(나이를 세는 단위) | 孩子 háizi 몡 아이, 자녀 | 喝 hē 통 마시다 | 种 zhǒng 양 종류 | 牛奶 niúnǎi 몡 우유 | 但 dàn 젭 그러나 | 家 jiā 몡 집 | 爱 ài 통 ~하길 좋아하다 | 身体 shēntǐ 몡 몸 | 水果 shuǐguǒ 몡 과일 | 味儿 wèir 몡 맛, 냄새 | 先 xiān 뮈 먼저 | 买 mǎi 통 사다 | 几 jǐ 몡 몇 | 盒 hé 양 갑, 팩 | 要是 yàoshi 젭 만약 | 喜欢 xǐhuan 통 좋아하다 | 下次 xià cì 다음 번 | 再来 zài lái 다시 오다 | 可能 kěnéng 조통 아마도 ~일 것이다 | 在 zài 통 ~에 있다 | 地方 dìfang 몡 장소, 곳 | 商店 shāngdiàn 몡 상점 | 医院 yīyuàn 몡 병원 | 家里 jiālǐ 집, 집안

해설 여자가 남자에게 '牛奶(우유)'를 권하자 남자는 몇 팩만 사서 아이게에 먹여보고 다음 번에 다시 온다고 하였으므로 우유를 살 수 있는 상점인 A가 정답이다.

39 ★★☆

女：师傅，去医院，请您开快一点儿。
男：路上车太多了，快不了。
女：孩子发烧了，急着看医生。
男：那我换一条路，远一点，但是车少，能早点到。

问：男的可能是做什么的？
　　A 司机　　　　B 医生　　　　C 病人

여: 기사님, 병원이요, 빨리 가주실 수 있나요?
남: 길에 차가 많아서, 빨리 갈 수가 없어요.
여: 아이가 열이 나요, 빨리 진료를 받아야 해요.
남: 그럼 제가 길을 바꿔서 갈게요, 멀긴 하지만 차가 적어서 빨리 도착할 수 있어요.

질문: 남자는 무엇을 하는 사람인가?
　　A 운전기사　　　B 병원　　　C 환자

단어 师傅 shīfu 몡 기사 | 去 qù 동 가다 | 医院 yīyuàn 몡 병원 | 开 kāi 동 운전하다 | 快 kuài 혱 빠르다 | 一点儿 yìdiǎnr 수량 조금 | 路上 lùshang 몡 길 위 | 车 chē 몡 차 | 太 tài 뷔 지나치게, 너무 | 多 duō 혱 많다 | 孩子 háizi 몡 아이, 자녀 | 发烧 fāshāo 동 열이 나다 | 急 jí 혱 급하다 | 着 zhe 조 ~한 채로(동작이나 상태의 진행, 지속을 나타냄) | 看医生 kàn yīshēng 진료를 받다 | 换 huàn 동 바꾸다 | 条 tiáo 양 가늘고 긴 것을 세는 단위 | 远 yuǎn 혱 멀다 | 但 dàn 접 그러나 | 少 shǎo 혱 적다 | 能 néng 조동 ~할 수 있다 | 早点 zǎodiǎn 좀 일찍 | 到 dào 동 도착하다 | 可能 kěnéng 조동 아마도 ~일 것이다 | 司机 sījī 몡 운전기사 | 病人 bìngrén 몡 환자

해설 여자의 첫 마디에서 정답을 찾을 수 있는데, 여자가 남자에게 '师傅(기사님)'라고 호칭하였고 남자 역시 운전에 관해서 이야기하고 있으므로 정답은 A이다.

40 ★☆☆

女：经理，早上您不在，有个人找了您好多次。
男：有什么事儿吗？
女：他说请您给他回个电话，这是他的号码。
男：哦，是我以前的老同学。

问：谁找男的？
　　A 经理
　　B 经理的老同学
　　C 女的

여: 사장님, 아침에 안 계실 때 어떤 사람이 사장님을 몇 번 찾았습니다.
남: 무슨 일로요?
여: 그가 사장님께 전화를 걸어 달라고 부탁했어요, 여기 그의 전화번호예요.
남: 아, 저의 옛 동창이군요.

질문: 누가 남자를 찾는가?
　　A 사장님
　　B 사장님의 옛 동창
　　C 여자

단어 经理 jīnglǐ 몡 사장님 | 早上 zǎoshang 몡 아침 | 有个人 yǒu ge rén 어떤 사람 | 找 zhǎo 동 찾다 | 事儿 shìr 몡 일 | 说 shuō 동 말하다 | 给 gěi 개 ~에게 | 回 huí 동 되돌아가다(오다) | 电话号码 diànhuà hàomǎ 몡 전화번호 | 以前 yǐqián 몡 이전, 예전 | 老 lǎo 혱 오래되다 | 同学 tóngxué 몡 학우, 동창 | 谁 shéi 대 누구

해설 남자의 마지막 말에서 정답을 찾을 수 있다. 여자가 남자에게 어떤 사람이 남자를 찾았다고 하면서 남자에게 전화번호를 주자 남자가 자신의 '老同学(옛 동창)'라는 말을 미루어 남자를 찾는 사람이 사장님의 동창생임을 알 수 있다. 따라서 정답은 B이다.

41 – 45

A	家里只有一个人，太安静了。
B	我刚刚在看电视，没听见手机的声音。你找我有什么事吗？
C	你小心点儿，别吃得衣服上都是葡萄汁，会洗不干净的。
D	今天终于能休息了，睡了一下午，太舒服了！
E	当然。我们先坐公共汽车，然后换地铁。
F	今天和朋友忙了一天，终于把房间打扫干净了。

A	집에 혼자만 있어서 너무 조용하다.
B	제가 방금 TV를 보느라 휴대 전화의 벨소리를 못 들었어요. 무슨 일로 찾으시는 거죠?
C	조심해요. 옷에 포도즙이 안 묻게 해요. 세탁을 깨끗하게 할 수 없다고요.
D	오늘 드디어 쉴 수 있어서 오후 내내 잤더니 너무 편하다.
E	당연하죠. 우리 먼저 버스를 타고 그다음에 지하철로 갈아타면 돼요.
F	오늘 친구와 온종일 서둘렀더니 마침내 방을 깨끗하게 청소했어요.

[단어] 家里 jiāli 집, 집안 | 只 zhǐ 閉 단지, 오직 | 太 tài 閉 지나치게, 너무 | 安静 ānjìng 혱 조용하다 | 刚刚 gānggāng 閉 방금, 막 | 在 zài 閉 ~하고 있는 중이다 | 看电视 kàn diànshì TV를 보다 | 没听见 méi tīngjiàn 듣지 못하다 | 手机 shǒujī 몡 휴대 전화 | 声音 shēngyīn 몡 소리 | 找 zhǎo 됭 찾다 | 有 yǒu 됭 있다 | 什么 shénme 때 무엇 | 事 shì 몡 일 | 小心 xiǎoxīn 됭 조심하다 | 点儿 diǎnr 양 조금 | 别 bié 閉 ~하지 마라 | 吃 chī 됭 먹다 | 得 de 조 ~하는 정도가(술어 뒤에 쓰여 술어의 정도를 나타냄) | 衣服 yīfu 몡 옷 | 葡萄汁 pútáozhī 몡 포도즙 | 洗 xǐ 됭 씻다 | 干净 gānjìng 혱 깨끗하다 | 今天 jīntiān 몡 오늘 | 终于 zhōngyú 閉 마침내, 결국 | 能 néng 조됭 ~할 수 있다 | 休息 xiūxi 됭 휴식하다, 쉬다 | 睡 shuì 됭 자다 | 舒服 shūfu 혱 편안하다 | 当然 dāngrán 혱 당연하다 | 先 xiān 閉 먼저 | 坐 zuò 됭 타다 | 公共汽车 gōnggòng qìchē 몡 버스 | 然后 ránhòu 젭 이후에 | 换 huàn 됭 바꾸다 | 地铁 dìtiě 몡 지하철 | 朋友 péngyou 몡 친구 | 忙 máng 혱 바쁘다 | 一天 yitiān 몡 하루 | 把 bǎ 개 ~을, ~를 | 房间 fángjiān 몡 방 | 打扫 dǎsǎo 됭 청소하다

41 ★★☆

看你脏的，快去洗个澡吧。(F)

당신 더러운 것 좀 봐요, 어서 가서 <u>목욕하세요</u>. (F)

[단어] 看 kàn 됭 보다 | 脏 zāng 혱 더럽다 | 洗澡 xǐzǎo 됭 목욕하다 | 吧 ba 조 ~합시다(제안)

[해설] 문제가 상대방에게 더러우니 빨리 가서 목욕하라고 하였으므로 보기에서 그 이유를 찾아야 한다. 보기 F를 보면 친구와 온종일 청소했다고 하며, 더러워진 이유를 설명하고 있으므로 정답은 F이다.

42 ★★☆

她每天进门第一件事就是打开电视。(A)

그녀는 집에 들어오자마자 <u>첫 번째 하는 일</u>이 바로 TV를 <u>켜는</u> 것이다. (A)

[단어] 每天 měitiān 몡 매일 | 进门 jìnmén 됭 들어오다 | 第一 dì-yī 주 맨 처음 | 件 jiàn 양 일·사건·개체 등을 세는 단위 | 事 shì 몡 일 | 就是 jiùshì 閉 바로 ~이다 | 打开 dǎkāi 됭 틀다, 켜다 | 电视 diànshì 몡 TV, 텔레비전

[해설] 문제에서 그녀가 집에 오자마자 TV를 켜는 이유가 보기 A의 집에 혼자 있어 너무 조용하다는 내용과 상응한다. 따라서 정답은 A이다.

43 ★★☆

衣服是黑色的，<u>弄脏了也没关系</u>。(C)

옷이 검은색이어서 더러워져도 괜찮아요. (C)

단어 衣服 yīfu 명 옷 | 黑色 hēisè 명 검은색 | 弄脏 nòngzāng 더럽히다 | 也 yě 부 ~도 | 没关系 méi guānxi 괜찮다

해설 문제에서 옷이 '弄脏了也没关系(더러워져도 괜찮다)'라고 대답하였으므로 옷이 더러워지는 원인이 있는 문장을 보기에서 골라주면 된다. 보기 C에 '衣服(옷)'라는 공통적인 단어 외에도 옷이 왜 더러워지는지에 대한 원인이 언급되어 있으므로 정답은 C이다.

44 ★☆☆

没什么事。好久没见面了，就是想问问你最近怎么样。(B)

별일 아니에요. 오랫동안 못 만나서 요즘 어떻게 지내는지 물어보려고 한 거예요. (B)

단어 好久 hǎojiǔ 형 (시간이) 오래다 | 没见面 méi jiànmiàn 만나지 못하다 | 就是 jiùshì 부 ~뿐이다 | 想 xiǎng 조동 ~하고 싶다 | 问 wèn 동 묻다 | 最近 zuìjìn 명 최근, 요즘 | 怎么样 zěnmeyàng 대 어떻다, 어떠하다

해설 문제의 '没什么事(별일 아니에요)'를 미루어 어떠한 질문에 대답하는 문장이며, 상대방의 근황을 묻고 싶다고 하였으므로 누군가에게 전화, 혹은 연락을 했음을 유추할 수 있다. 따라서 상대방에게 왜 연락했는지 묻고 있는 B가 정답이다.

45 ★★☆

最近一直在忙着准备考试，每天看书到很晚，<u>累坏了</u>。(D)

요즘 계속 바쁘게 시험 준비를 하고 있어서, 매일 늦게까지 공부하고 정말 피곤해 죽겠다. (D)

단어 最近 zuìjìn 명 최근, 요즘 | 一直 yìzhí 부 줄곧, 계속 | 在 zài 부 ~하고 있는 중이다 | 忙 máng 형 바쁘다 | 着 zhe 조 ~한 채로(동작이나 상태의 진행, 지속을 나타냄) | 准备 zhǔnbèi 명 준비 | 考试 kǎoshì 명 시험 | 每天 měitiān 명 매일 | 看书 kànshū 책을 보다, 공부하다 | 到 dào 개 ~까지 | 晚 wǎn 형 늦다 | 累 lèi 형 피곤하다 | 坏了 huài le (술어 뒤에 쓰여) 매우 ~하다

해설 문제의 매일 시험 준비로 피곤하다는 상황 설명 뒤에 보기 D가 이어서 오늘은 드디어 쉴 수 있다는 내용으로 연결되므로 정답은 D이다.

46 – 50

A 下午有空吗？我买了很多东西，能开车来接我吗？

B 今天是阴天，你怎么还戴着太阳镜？

C 买了，每人只要五百二十元，比坐火车还便宜。

D 每次回家妈妈都会给他做很多菜。

E 不要担心，只要努力工作，什么都会有的。

A 오후에 시간이 있나요? 제가 물건을 많이 샀는데, 차로 저를 데리러 올 수 있나요?

B 오늘 날씨가 흐린데, 당신은 왜 선글라스를 꼈나요?

C 샀어요, 한 사람당 520위안인데, 기차를 타는 것보다 저렴해요.

D 집에 갈 때마다 어머니는 그에게 많은 요리를 해 준다.

E 걱정 마요, 열심히 일을 하기만 하면 모든 것을 다 얻게 될 거예요.

단어 下午 xiàwǔ 명 오후 | 有空 yǒu kòng 틈이 나다 | 买 mǎi 동 사다 | 东西 dōngxi 명 물건 | 能 néng 조동 ~할 수 있다 | 开车 kāichē 동 운전하다 | 来 lái 동 오다 | 接 jiē 동 마중하다 | 今天 jīntiān 명 오늘 | 阴天 yīntiān 명 흐린 날씨 | 怎么 zěnme 대 어째서, 왜 | 还 hái 부 여전히, 아직도 | 戴 dài 동 착용하다, 쓰다 | 着 zhe 조 ~한 채로(동작이나 상태의 진행, 지속을 나타냄) | 太阳镜 tàiyángjìng 명 선글라스 | 只要 zhǐyào 접 ~하기만 하면 | 比 bǐ 개 ~보다 | 坐 zuò 동 타다 | 火车

huǒchē 명 기차 | 便宜 piányi 형 싸다 | 每次 měi cì 매번 | 回家 huíjiā 집으로 돌아가다 | 妈妈 māma 명 엄마, 어머니 | 都 dōu 부 모두, 다 | 会 huì 조동 ~일 것이다 | 做菜 zuòcài 요리를 하다 | 不要 búyào 부 ~하지 마라 | 担心 dānxīn 동 걱정하다 | 努力 nǔlì 동 노력하다, 열심히 하다 | 工作 gōngzuò 동 일하다

---

46 ★☆☆

他上学的地方离这儿很远，周末才回家。(D)

그가 다니는 학교가 여기에서 멀어서 주말이 되어야만 집에 간다. (D)

단어 上学 shàngxué 동 등교하다 | 地方 dìfang 명 장소 | 离 lí 개 ~에서, ~로부터 | 远 yuǎn 형 멀다 | 周末 zhōumò 명 주말 | 才 cái 부 비로소 | 回家 huíjiā 집으로 돌아가다

해설 문제가 '周末才回家(주말이 되어야만 집에 간다)'라고 하였으므로 집에 돌아 갔을 때 상황을 설명하는 D가 정답이다.

---

47 ★☆☆

今天特别忙，你自己坐出租车回去吧。(A)

제가 오늘은 매우 바빠서요, 당신은 택시 타고 돌아가세요. (A)

단어 今天 jīntiān 명 오늘 | 特别 tèbié 부 특히 | 忙 máng 형 바쁘다 | 自己 zìjǐ 대 자기, 자신 | 坐 zuò 동 타다 | 出租车 chūzūchē 명 택시 | 回去 huíqù 동 되돌아가다 | 吧 ba 조 ~합시다(제안·청유)

해설 문제가 '今天特别忙(오늘 매우 바쁘다)'이라고 대답하고 있으므로 앞에 놓일 수 있는 질문 형식을 보기에서 찾아야 한다. 보기 A에 오후에 시간이 있는지 묻고 있으므로 문맥상 어울린다. 따라서 정답은 A이다.

---

48 ★★☆

我一没房，二没车，到现在还找不到女朋友。(E)

저는 집도 없고 차도 없어서 지금까지 여자 친구를 찾지 못했어요. (E)

단어 没 méi 동 없다 | 房 fáng 명 집 | 车 chē 명 자동차 | 到 dào 개 ~까지 | 现在 xiànzài 명 현재, 지금 | 还 hái 부 여전히, 아직도 | 找不到 zhǎobudào 찾을 수 없다 | 女朋友 nǚpéngyou 명 여자 친구

해설 문제가 상대방에게 자신은 아무것도 없음을 한탄하고 있으므로 '不必担心(걱정 말아요)'이라며 위로하고 있는 보기 E가 정답이다.

---

49 ★☆☆

后天去北京的机票买好了吗? (C)

모레 베이징으로 가는 비행기 표를 샀나요? (C)

단어 后天 hòutiān 명 모레 | 去 qù 동 가다 | 北京 Běijīng 고유 베이징 | 机票 jīpiào 명 비행기 표 | 买 mǎi 동 사다

해설 문제가 상대방에게 '机票买好了吗(비행기 표)'를 샀는지 묻고 있으므로 샀는지 안 샀는지에 대한 대답을 하는 문장을 보기에서 고르면 된다. 따라서 정답은 C이다.

---

50 ★★☆

眼睛不舒服，红红的。(B)

눈이 불편하고 빨개서요. (B)

해설 문제가 '眼睛(눈)'이 아픈 이유에 대해서 설명하고 있으므로 눈과 같은 주제로 연결되는 문장을 보기에서 찾아야 한다. 보기 B를 보면 '太阳镜(선글라스)'이 언급되었으므로 정답은 B이다.

독해 제2부분

51 – 55

| A 辆 | B 介绍 | C 故事 | A 대 | B 소개하다 | C 이야기 |
| D 其他 | E 声音 | F 要求 | D 기타 | E 목소리 | F 요구하다 |

단어 辆 liàng 양 대, 량(차량을 세는 단위) | 介绍 jièshào 동 소개하다 | 故事 gùshi 명 이야기 | 其他 qítā 대 기타, 다른 사람(사물) | 声音 shēngyīn 명 목소리 | 要求 yāoqiú 동 요구하다

51 ★★☆

图书馆有很多（ B 介绍 ）中国文化的书。

도서관에는 중국 문화를 (B 소개하는) 책이 많이 있다.

단어 图书馆 túshūguǎn 명 도서관 | 有 yǒu 동 있다 | 中国文化 Zhōngguó wénhuà 중국 문화 | 书 shū 명 책

해설 빈칸에 '书(책)'를 수식해 주는 단어가 들어가야 하는데, 빈칸 뒤에 명사구 '中国文化(중국 문화)'가 있으므로 술어 역할을 할 수 있는 동사가 필요하다. 따라서 문맥상 알맞은 동사를 고르면 정답은 B이다.

52 ★★☆

妈妈（ F 要求 ）我每天晚上都要复习老师上过的课。

엄마는 나에게 매일 저녁 선생님이 수업한 과목을 모두 복습하기를 (F 요구한다).

단어 妈妈 māma 명 어머니, 엄마 | 每天 měitiān 명 매일 | 晚上 wǎnshang 명 저녁 | 都要 dōu yào 모두 ~해야 한다 | 复习 fùxí 동 복습하다 | 老师 lǎoshī 명 선생님 | 上课 shàngkè 동 수업하다 | 过 guo 조 동사 뒤에 쓰여 동작의 완료를 나타냄

해설 빈칸이 주어 '妈妈(엄마)' 뒤, 동사구 목적어 앞이므로 술어 역할을 할 수 있는 동사가 들어가야 한다. 따라서 문맥상 알맞은 동사를 찾으면 정답은 F이다.

53 ★☆☆

楼下那（ A 辆 ）红色的汽车是谁的? 以前没见过。

건물 밑에 그 빨간 자동차 한 (A 대)는 누구 것인가요? 예전에는 본적이 없네요.

단어 楼下 lóuxià 명 아래층 | 红色 hóngsè 명 빨간색 | 汽车 qìchē 명 자동차 | 谁 shéi 대 누구 | 以前 yǐqián 명 이전, 예전 | 没见 méi jiàn 보지 못하다 | 过 guo 조 ~한 적이 있다

해설 빈칸이 지시대명사 '那(그, 저)' 뒤, 명사 '汽车(자동차)' 앞이므로 명사를 수식할 수 있는 양사가 들어가야 한다. 보기에 자동차와 자전거를 세는 양사는 '辆(대, 량)'이므로 정답은 A이다.

女儿最爱看（ C 故事 ）书，家里已经买了一大箱子了。

딸은 (C 이야기) 책 보는 것을 제일 좋아해서, 집에 이미 한 상자로 가득 사 두었다.

단어 女儿 nǚ'ér 명 딸 | 最爱 zuì'ài 제일 좋아하다 | 看书 kànshū 책을 보다 | 家里 jiāli 집, 집안 | 已经 yǐjing 분 이미, 벌써 | 买 mǎi 동 사다 | 箱子 xiāngzi 명 상자

해설 빈칸에 '书(책)'를 수식할 수 있는 관형어가 들어가야 하는데, 보기의 명사 '故事(이야기)'와 빈칸 뒤의 '书(책)'를 연결하면 문맥이 자연스럽다. 따라서 정답은 C이다.

你病刚好，照顾好自己就行了，（ D 其他 ）事情就不要多想了。

당신 이제 막 나았으니 자신만 잘 돌보기만 하면 돼요. (D 다른) 일은 많이 생각하지 마세요.

단어 病 bìng 명 병 | 刚 gāng 분 막, 방금 | 照顾 zhàogù 동 돌보다 | 自己 zìjǐ 대 자기, 자신 | 就行 jiù xíng 그러면 된다 | 事情 shìqing 명 일 | 不要 búyào 분 ~하지 마라

해설 빈칸 뒤에 명사 '事情(일)'이 있으므로 빈칸에는 명사를 수식할 수 있는 관형어가 와야 한다. 보기에 있는 대명사 '其他(기타)'는 조사 '的(~의)' 없이 명사를 수식할 수 있으며, 빈칸에 넣었을 때 문맥상 알맞으므로 정답은 D이다.

| A 其实 | B 年轻 | C 表演 | A 사실 | B 젊다 | C 공연 |
| D 爱好 | E 还是 | F 关心 | D 취미 | E 아니면 | F 관심을 갖다 |

단어 其实 qíshí 분 (그러나) 사실 | 年轻 niánqīng 형 젊다 | 表演 biǎoyǎn 명 공연, 연기 | 爱好 àihào 명 취미 | 还是 háishi 접 아니면 | 关心 guānxīn 동 관심을 갖다

A: 这葡萄真新鲜，就买这种吧？
B: 你别看这葡萄长得大，颜色也好看，（ A 其实 ）一点儿也不甜。

A: 이 포도 정말 신선하네요, 이 종류로 사는 게 어때요?
B: 당신 이 포도가 크고, 색깔이 예쁜 것만 보지 마세요. (A 사실은) 조금도 달지 않아요.

단어 葡萄 pútáo 명 포도 | 真 zhēn 분 참으로, 정말로 | 新鲜 xīnxiān 형 신선하다 | 就 jiù 분 곧, 바로 | 买 mǎi 동 사다 | 种 zhǒng 명 종류 | 吧 ba 조 ~합시다(제안·청유) | 别 bié ~하지 마라 | 看 kàn 동 보다 | 长 zhǎng 동 생기다 | 得 de 조 ~하는 정도가(술어 뒤에 쓰여 술어의 정도를 나타냄) | 大 dà 형 크다 | 颜色 yánsè 명 색깔 | 好看 hǎokàn 형 아름답다, 예쁘다 | 一点儿也不 yìdiǎnr yě bù 조금도 ~하지 않다 | 甜 tián 형 달다

해설 빈칸이 쉼표 뒤에 있으므로 빈칸에는 부사 또는 접속사가 와야 한다. 보기에 접속사 '还是(아니면)'와 부사 '其实(사실)'가 있는데, 빈칸 뒤의 내용을 보면 '一点儿也不甜(조금도 달지 않다)'이라며 포도가 크고 색깔이 예쁜 것에 대한 앞 내용과 상반된다. 따라서 빈칸에 들어갈 답으로 A가 가장 적절하다.

---

57 ★☆☆

A: 你想来杯咖啡（ E 还是 ）牛奶?

B: 牛奶吧，晚上喝咖啡会睡不着的。

A: 커피 마실래요. (E 아니면) 우유 마실래요?

B: 우유요. 저녁에 커피 마시면 잠을 못 자요.

단어 来 lái 동 어떤 동작을 하다(의미가 구체적인 동사를 대체함) | 杯 bēi 양 잔, 컵 | 咖啡 kāfēi 명 커피 | 牛奶 niúnǎi 명 우유 | 晚上 wǎnshang 명 저녁 | 喝 hē 동 마시다 | 睡不着 shuìbuzháo 잠이 오지 않다

해설 빈칸이 명사와 명사 사이에 위치하고 상대방에게 '咖啡(커피)'와 '牛奶(우유)' 중 하나를 선택하게 하고 있으므로 선택의문문에 사용되는 접속사 '还是(아니면)'가 와야 한다. 따라서 정답은 E이다.

---

58 ★★☆

A: 爸爸一天到晚说我这儿不好，那儿不好，我做什么他都不满意！

B: 他这是（ F 关心 ）你，想让你做得更好。

A: 아빠가 아침부터 저녁까지 저에게 이건 안 좋고, 저건 안 좋다고 하시고, 제가 무엇을 해도 다 불만이신 것 같아요!

B: 아빠가 너에게 (F 관심이 있어서) 네가 더 잘하길 바라시거든.

단어 爸爸 bàba 명 아빠, 아버지 | 一天 yìtiān 명 하루 | 说 shuō 동 말하다 | 做 zuò 동 하다 | 什么 shénme 때 무엇 | 都 dōu 부 모두, 다 | 满意 mǎnyì 형 만족하다 | 让 ràng 동 ~하게 하다 | 得 de 조 ~하는 정도가(술어 뒤에 쓰여 술어의 정도를 나타냄) | 更 gèng 부 더욱, 더

해설 빈칸 뒤에 목적어 '你(너, 당신)'가 있으므로 빈칸에는 동사가 들어가야 한다. 보기에 동사는 '关心(관심을 갖다)'뿐이며 아빠가 아이가 잘하길 바란다고 하였으므로 문맥상 알맞은 동사를 고르면 정답은 F이다.

---

59 ★★☆

A: 今天晚上的（ C 表演 ）怎么样?

B: 你没去太可惜了，我最喜欢里面的小狗做数学题。

A: 오늘 저녁의 (C 공연) 어땠어요?

B: 당신이 가지 않아서 정말 아쉬웠어요. 저는 강아지가 수학 문제 푸는 것이 가장 좋았어요.

단어 今天 jīntiān 명 오늘 | 晚上 wǎnshang 명 저녁 | 怎么样 zěnmeyàng 때 어떻다, 어떠하다 | 太 tài 부 지나치게, 너무 | 可惜 kěxī 형 아쉽다, 유감스럽다 | 最 zuì 부 제일, 가장 | 喜欢 xǐhuan 동 좋아하다 | 里面 lǐmiàn 명 안쪽 | 小狗 xiǎogǒu 명 강아지 | 做 zuò 동 (문제를) 풀다 | 数学题 shùxué tí 수학 문제

해설 빈칸 앞에 '的(~의)'가 있으므로 빈칸에는 명사가 와야 한다. 보기에 명사인 '表演(공연)'을 빈칸에 넣어 보면 '오늘 저녁의 공연'이 되므로 문맥상 가장 적절하다. 따라서 정답은 C이다.

---

60 ★☆☆

A: 给我介绍个男朋友吧，我妈妈都急坏了。

B: 你才二十六岁，还很（ B 年轻 ），慢慢找，总会遇到自己喜欢的。

A: 저에게 남자 친구를 소개시켜 주세요. 엄마가 너무 조급해해요.

B: 당신 이제 겨우 26살이에요. 아직 (B 젊어요), 천천히 찾으세요. 분명 자신이 좋아하는 사람을 만날 거예요.

단어 介绍 jièshào 동 소개하다 | 男朋友 nánpéngyou 명 남자 친구 | 妈妈 māma 명 어머니, 엄마 | 急 jí 동 조급해하다 | 才 cái 부 비로소, 겨우 | 岁 suì 양 세(나이를 세는 단위) | 还 hái 부 아직 | 慢慢 mànmàn 부 천천히 | 找 zhǎo 동 찾다 | 总

zǒng 튀 결국 | 遇到 yùdào 만나다 | 自己 zìjǐ 떼 자기, 자신 | 喜欢 xǐhuan 통 좋아하다

해설 빈칸이 정도부사 '很(매우)' 뒤에 있고 목적어가 없으므로 빈칸에 들어갈 단어의 품사는 형용사이다. 보기에 형용사는 '年轻(젊다)' 뿐이므로 정답은 B이다.

독해 제3부분

61 ★★☆

这几天脚疼得不能走路，要好好休息一下，<u>周末不能和你们一起去爬山了</u>。你们好好玩儿，多拍些照片回来给我看。	요 며칠 발이 너무 아파 걸을 수가 없어서 잘 쉬어야 겠어요. 주말에 당신들과 같이 등산을 못 갈 것 같아요. 잘 놀고 사진 많이 찍어서 나에게 보여 주세요.
★ 大家周末打算： A 休息一下　　 B 爬山　　 C 睡觉	★ 모두의 주말 계획은： A 휴식한다　　 B 등산한다　　 C 잠을 잔다

단어 这几天 zhè jǐ tiān 요즘, 요 며칠 | 脚 jiǎo 명 발 | 疼 téng 형 아프다 | 得 de 조 ～하는 정도(술어 뒤에 쓰여 술어의 정도를 나타냄) | 走路 zǒulù 통 걷다 | 要 yào 조동 ～해야 한다 | 休息 xiūxi 통 쉬다 | 一下 yíxià 수량 좀 ～하다 | 周末 zhōumò 명 주말 | 一起 yìqǐ 튀 같이, 함께 | 去 qù 통 가다 | 爬山 páshān 등산하다 | 玩儿 wánr 통 놀다 | 拍 pāi 통 (사진을) 찍다, 촬영하다 | 些 xiē 양 조금, 약간 | 照片 zhàopiàn 명 사진 | 回来 huílái 통 되돌아오다 | 看 kàn 통 보다 | 大家 dàjiā 떼 모두 | 打算 dǎsuan 통 ～할 계획이다, 생각이다 | 睡觉 shuìjiào 통 (잠을) 자다

해설 지문에서 화자가 발이 아파서 주말에 사람들과 '爬山(등산)'을 못 갈 것 같다고 하였으므로 원래 주말 계획은 다 같이 등산을 하려고 했다는 것을 알 수 있다. 따라서 정답은 B이다.

62 ★★☆

不要开门，我男朋友在外面，<u>他已经一个星期没给我打电话了，我不想和他说话了</u>。	문을 열지 마세요, 내 남자 친구가 밖에 있어요. <u>그는 일주일 동안 나에게 전화를 하지 않았어요. 나는 그와 이야기하고 싶지 않아요</u>.
★ 根据这段话，可以知道说话人： A 在生男朋友的气 B 在等男朋友的电话 C 打算给男朋友开门	★ 이 글에 근거하여, 화자에 관해 알 수 있는 것은： A 남자 친구 때문에 화가 났다 B 남자 친구의 전화를 기다리고 있다 C 남자 친구에게 문을 열어 주려고 한다

단어 不要 búyào 튀 ～하지 마라 | 开门 kāimén 통 문을 열다 | 男朋友 nánpéngyou 명 남자 친구 | 外面 wàimian 명 바깥, 밖 | 已经 yǐjing 튀 이미, 벌써 | 说话 shuōhuà 통 말하다 | 根据 gēnjù 개 ～에 근거하여 | 段 duàn 양 단락 | 可以 kěyǐ 조동 ～할 수 있다 | 知道 zhīdào 통 알다 | 生气 shēngqì 통 화내다 | 等 děng 통 기다리다 | 打算 dǎsuan 통 ～할 계획이다, 생각이다

해설 지문에서 화자가 남자 친구가 '已经一个星期没给我打电话了(일주일 동안 나에게 전화하지 않았다)'라며 그와 이야기하고 싶지 않다고 하였으므로 정답은 A이다.

63 ★☆☆

教室左边是一张中国地图，右边是一张世界地图，后面的墙上什么也没有，我们打算在那儿放些同学的照片。

교실의 왼편에는 중국 지도가 있고, 오른편에는 세계 지도가 있다. 뒤쪽 벽에는 아무것도 없어서 우리는 거기에 친구의 사진들을 좀 놓고 싶다.

★ 教室后面有：
A 地图　　　B 照片　　　C 没有东西

★ 교실 뒤쪽에는：
A 지도　　　B 사진　　　C 아무것도 없다

단어 教室 jiàoshì 몡 교실 | 左边 zuǒbian 몡 좌측, 왼쪽 | 张 zhāng 양 장 | 地图 dìtú 몡 지도 | 右边 yòubian 몡 오른쪽 | 世界 shìjiè 몡 세계 | 后面 hòumian 몡 뒤쪽 | 墙 qiáng 몡 벽 | 放 fàng 동 놓다 | 些 xiē 양 조금, 약간 | 同学 tóngxué 몡 학우, 동창 | 照片 zhàopiàn 몡 사진 | 东西 dōngxi 몡 (구체적인 혹은 추상적인) 것, 물건

해설 지문에서 교실 왼편과 오른편에는 지도가 있지만 '后面的墙上什么也没有(뒤쪽 벽에는 아무것도 없다)'라고 하였으므로 정답은 C이다.

64 ★★☆

为了锻炼身体，我每天先坐电梯到六楼，然后再走五层楼梯到办公室。

운동하기 위해 나는 매일 엘리베이터를 타고 6층으로 간 다음 나머지 5층은 계단을 이용해 사무실로 간다.

★ 办公室在几楼？
A 六楼　　　B 五楼　　　C 十一楼

★ 사무실은 몇 층에 있는가？
A 6층　　　B 5층　　　C 11층

단어 为了 wèile 개 ～을 하기 위하여 | 锻炼 duànliàn 동 단련하다, 운동하다 | 身体 shēntǐ 몡 몸 | 每天 měitiān 몡 매일 | 先 xiān 부 먼저 | 坐 zuò 동 타다 | 电梯 diàntī 몡 엘리베이터 | 到 dào 동 도달하다, 도착하다 | 楼 lóu 양 층 | 然后 ránhòu 접 그 다음에 | 再 zài 부 다시 | 走 zǒu 동 걷다 | 层 céng 양 층 | 楼梯 lóutī 몡 계단 | 办公室 bàngōngshì 몡 사무실

해설 지문에서 화자가 엘리베이터를 타고 '六楼(6층)'을 간 다음에 다시 '五层(5층)'을 걸어올라 가서 '办公室(사무실)'에 간다고 하였으므로 사무실이 11층에 있음을 알 수 있다. 따라서 정답은 C이다.

65 ★★☆

他喜欢一边听音乐，一边写作业，所以总是很慢，每天要到十一点才能做完。这个习惯真不好。

그는 음악을 들으면서 숙제하는 것을 좋아해서 항상 느리다. 매일 밤 11시까지 해야 비로소 끝낼 수 있다. 이 습관은 정말 좋지 않다.

★ 他为什么很晚睡觉？
A 作业多
B 写作业时听音乐
C 睡不着

★ 그는 왜 늦게 자는가？
A 숙제가 많아서
B 숙제할 때 음악을 들어서
C 잠을 못 자서

단어 喜欢 xǐhuan 동 좋아하다 | 一边……一边…… yìbiān…… yìbiān…… ～하면서 ～하다 | 听音乐 tīng yīnyuè 음악을 듣다 | 写作业 xiě zuòyè 숙제하다 | 所以 suǒyǐ 접 그래서 | 总是 zǒngshì 부 늘, 언제나 | 慢 màn 형 느리다 | 每天 měitiān 몡 매일 | 要 yào 조동 ～해야 한다 | 到 dào 개 ～까지 | 才 cái 부 비로소 | 能 néng 조동 ～할 수 있다 | 做完 zuòwán 다 하다, 끝내다 | 习惯 xíguàn 몡 습관 | 真 zhēn 부 정말로, 참으로 | 为什么 wèishénme 대 왜 | 晚 wǎn 형 늦다 | 睡觉 shuìjiào 동 (잠을) 자다 | 睡不着 shuìbuzháo 잠을 못 자다

지문에 그는 음악을 들으면서 숙제하는 것을 좋아하는데, 그래서 '很慢(매우 느리다)'이라고 언급하며 11시가 되어야 비로소 숙제 를 끝낸다고 했다. 따라서 정답은 B이다.

---

66 ★★★

我忘了把手机放哪儿了。上课的时候，我用它看过时间。中午吃完饭回家，我一直边走边打电话。到家开门的时候，我把它放进了包里，然后就再也没出过门。	나는 휴대 전화를 어디에다 뒀는지 깜빡했다. 수업 시간에 휴대 전화로 시간을 봤었고, 점심을 먹고 집에 가는 길에 계속 전화를 했다. 집에 도착해 문을 열었을 때 나는 그것을 가방에 넣어두었고 그 후에 다시 집 밖으로 나간 적이 없다.
★ 手机可能在： 　A 教室　　　B 饭馆　　　C 家里	★ 휴대 전화는 어디에 있을 가능성이 큰가： 　A 교실　　　B 식당　　　C 집

忘 wàng 통 잊다 | **手机** shǒujī 명 휴대 전화 | **放** fàng 통 놓다 | **哪儿** nǎr 대 어느, 어디 | **上课** shàngkè 통 수업하다 | **用** yòng 통 쓰다, 사용하다 | **看** kàn 통 보다 | **过** guo 조 ~한 적이 있다 | **时间** shíjiān 명 시간 | **中午** zhōngwǔ 명 정오 | **一直** yìzhí 부 줄곧, 계속 | **边……边……** biān…… biān…… ~하면서 ~하다 | **走** zǒu 통 가다 | **打电话** dǎ diànhuà 전화를 걸다 | **开门** kāimén 통 문을 열다 | **包** bāo 명 가방 | **然后** ránhòu 접 그런 후에 | **再也** zài yě 이제 더는, 더 이상은(뒤에 부정의 뜻이 옴) | **出门** chūmén 통 외출하다 | **可能** kěnéng 조동 아마도 ~일 것이다 | **教室** jiàoshì 교실 | **饭馆** fànguǎn 명 식당 | **家里** jiāli 집, 집안

지문에서 화자가 집에 도착했을 때 '手机(휴대 전화)'를 가방에 넣어두고 다시는 집 밖으로 나가지 않았다고 하였으므로 정답은 C 이다.

---

67 ★★☆

小李爱漂亮，每次吃饭前都要先喝一杯水，让自己觉得饱了，这样就可以少吃一点儿饭了。	샤오리는 예쁜 것을 좋아하여 밥 먹기 전에 먼저 물을 한 컵 마시고 스스로 배가 부르다는 생각이 들게 만드는데, 이렇게 하면 밥을 적게 먹을 수 있다.
★ 小李想： 　A 变瘦 　B 变胖 　C 变年轻	★ 샤오리는： 　A 날씬해지고 싶다 　B 뚱뚱해지고 싶다 　C 젊어지고 싶다

爱 ài 통 ~하길 좋아하다 | **漂亮** piàoliang 형 예쁘다 | **每次** měi cì 매번 | **吃饭** chīfàn 밥을 먹다 | **先** xiān 부 먼저 | **喝** hē 통 마시다 | **杯** bēi 양 잔, 컵 | **水** shuǐ 명 물 | **让** ràng 통 ~하게 하다 | **自己** zìjǐ 대 자기, 자신 | **觉得** juéde 통 ~라고 생각하다 | **饱** bǎo 형 배부르다 | **就** jiù 부 바로 | **可以** kěyǐ 조동 ~할 수 있다 | **少** shǎo 형 적다 | **一点儿** yìdiǎnr 수량 조금 | **变** biàn 통 변화하다 | **瘦** shòu 형 마르다 | **胖** pàng 형 뚱뚱하다 | **年轻** niánqīng 형 젊다

지문에서 샤오리가 예쁜 것을 좋아해 밥 먹기 전에 물을 한 잔 마시는데, 이렇게 하면 '可以少吃一点儿饭了(밥을 적게 먹을 수 있다)'라고 하였으므로 샤오리가 날씬해지고 싶다는 것을 유추할 수 있다. 따라서 정답은 A이다.

68 ★★☆

我要出国了，这些书也带不走。如果你想看，就到我房间去拿，只要别忘了还就行。

내가 곧 출국인데, 이 책들은 가지고 갈 수가 없어요. 만약 당신이 보고 싶다면 내 방에 가서 가져가세요, 돌려준다는 것만 잊지 않으면 돼요.

★ 这些书：
A 要带出国
B 可以借
C 不要了

★ 이 책들은:
A 가지고 출국하려고 한다
B 빌릴 수 있다
C 필요 없다

단어 要 yào 조동 ~하려고 하다 | 出国 chūguó 동 출국하다 | 这些 zhèxiē 대 이것들 | 书 shū 명 책 | 也 yě 부 ~도 | 带不走 dàibuzǒu 가져갈 수 없다 | 如果 rúguǒ 접 만약 | 想 xiǎng 조동 ~하고 싶다 | 看 kàn 동 보다 | 房间 fángjiān 명 방 | 去 qù 동 가다 | 拿 ná 동 (손으로) 쥐다, 잡다, 가지다 | 只要 zhǐyào 접 ~하기만 하면 | 别 bié 부 ~하지 마라 | 忘 wàng 동 잊다 | 还 huán 동 돌려주다 | 行 xíng 동 좋다 | 可以 kěyǐ 조동 ~할 수 있다 | 借 jiè 동 빌리다, 빌려주다

해설 지문에서 화자가 '如果你想看，就到我房间去拿(만약 당신이 보고 싶다면 내 방에서 가져가도 된다)'라고 하였으므로 정답은 B이다.

69 ★★☆

南方的春天像孩子的脸，一会儿哭，一会儿笑，刚刚还下着雨，现在太阳又出来了。

남방의 봄은 마치 어린 아이의 얼굴과 같아서 울었다, 웃었다 한다. 방금은 비가 오고 있었는데, 지금은 또 해가 떴다.

★ 南方的春天：
A 经常下雨
B 经常晴天
C 天气变化很快

★ 남방의 봄은:
A 자주 비가 내린다
B 자주 맑은 날씨이다
C 날씨의 변화가 매우 빠르다

단어 南方 nánfāng 명 남방 | 春天 chūntiān 명 봄 | 像 xiàng 동 ~와(과) 같다 | 孩子 háizi 명 애, 어린이 | 脸 liǎn 명 얼굴 | 一会儿……一会儿…… yíhuìr…… yíhuìr…… ~하다가 ~하다 | 哭 kū 동 울다 | 笑 xiào 동 웃다 | 刚刚 gānggāng 부 방금, 막 | 还 hái 부 여전히, 아직도 | 下雨 xiàyǔ 비가 내리다 | 着 zhe 조 ~한 채로(동작이나 상태의 진행, 지속을 나타냄) | 现在 xiànzài 명 현재, 지금 | 太阳 tàiyáng 명 태양, 해 | 又 yòu 부 또, 다시 | 出来 chūlái 동 (안에서 밖으로) 나오다, 출현하다 | 经常 jīngcháng 부 자주 | 晴天 qíngtiān 명 맑은 날씨 | 天气 tiānqì 명 날씨 | 变化 biànhuà 동 변화하다 | 快 kuài 형 빠르다

해설 지문에서 '南方的春(남방의 봄)'은 어린 아이의 얼굴처럼 비가 왔다, 해가 떴다 한다고 하였으므로 날씨의 변화가 빠름을 유추할 수 있다. 따라서 정답은 C이다.

195

70 ★☆☆	
我记得以前这儿有个电影院，旁边是个大商店，<u>现在都变成公园了</u>。十多年没回家，都不认识这儿了。	내가 기억하기로 예전에 이곳에 영화관이 있었고 옆에는 큰 상점이 있었는데, 지금은 모두 공원으로 바뀌었다. 10년 넘게 집에 오지 않았더니 이곳을 전부 못 알아보겠다.
★ 现在这儿是: A 电影院 B 商店 C 公园	★ 지금 이곳은: A 영화관이다 B 상점이다 C 공원이다

단어 记得 jìde 통 기억하다 | 以前 yǐqián 명 예전 | 电影院 diànyǐngyuàn 명 영화관 | 旁边 pángbiān 명 옆 | 大 dà 형 크다 | 商店 shāngdiàn 명 상점 | 现在 xiànzài 명 현재, 지금 | 都 dōu 부 모두, 다 | 变成 biànchéng 통 ~로 변하다, ~로 되다 | 公园 gōngyuán 명 공원 | 回家 huíjiā 집으로 돌아가다 | 认识 rènshi 통 알다

해설 지문에서 화자가 예전과 다르게 '现在都变成公园了(지금은 모두 공원으로 바뀌었다)'라고 하였으므로 정답은 C다.

쓰기 제1부분

71 ★☆☆	
同学的 护照 我 这是	
정답 这是我同学的护照。	이것은 내 친구의 여권이다.

단어 同学 tóngxué 명 학우, 동창 | 护照 hùzhào 명 여권

해설 1. 지시대명사와 동사가 붙어 있는 구조인 '这是(이것은 ~이다)'는 '주어+술어'로 문장 맨 앞에 배치한다.

2. 목적어로 명사 '护照(여권)'를 배치한다.

3. 남은 단어들은 '护照(여권)'를 수식하는 관형어이므로 어떠한 여권인지를 문맥에 맞게 배열한다.

4. 대명사 '我(나)'와 '同学的(친구의)'를 연결하여 관형어를 만든 후 목적어 앞에 배치한다.

这是	我 同学的	护照。
주어 + 술어	관형어	목적어

72 ★★☆	
很认真 听得 上课 他	
정답 他上课听得很认真。	그는 수업을 매우 열심히 듣는다.

단어 上课 shàngkè 통 수업을 듣다 | 听 tīng 통 듣다 | 得 de 조 ~하는 정도가(술어 뒤에 쓰여 술어의 정도를 나타냄) | 很 hěn 부 매우 | 认真 rènzhēn 형 진지하다, 착실하다

해설 1. 제시된 단어 중 '동사 + 得'인 '听得(듣다)'를 술어로 놓는다.

2. 동사 뒤에 '得'가 있으므로 술어의 정도를 나타내 주는 '很认真(매우 열심히 하다)'을 보어로 배치한다.

3. 남은 단어 중 '他(그)'와 '上课(수업을 듣다)'를 연결하여 주술구 주어를 만든다.

4. '他上课(그는 수업을 듣는다)' → 주어와 술어가 합쳐진 주술구 주어가 된다.

5. 참고로 '구(句)'는 두 개 이상의 단어가 일정한 규칙에 맞게 결합한 단위로 문장의 구성 성분(주어, 술어, 목적어, 보어)으로 쓰인다.

他 上课	听得	很认真。
주어	술어	보어

---

73 ★☆☆

裙子	极了	妈妈的	漂亮

정답 妈妈的裙子漂亮极了。　　　　　　　　엄마의 치마는 매우 예쁘다.

단어 妈妈 māma 몡 어머니, 엄마 | 裙子 qúnzi 몡 스커트, 치마 | 漂亮 piàoliang 혱 예쁘다 | 极了 jí le (형용사 뒤에 위치해 뜻을 매우 강조할 때) 진짜, 매우

해설 1. 제시된 단어 중 형용사인 '漂亮(예쁘다)'을 술어로 놓은 후 형용사 술어 뒤에서 정도를 강조하는 '极了(매우 ~하다)'를 보어로 배치한다.

2. 명사 '裙子(치마)'를 주어로 배치한다.

3. 남은 단어 중 '명사 + 的'인 '妈妈的(엄마의)'를 주어 앞에 관형어로 배치한다.

妈妈的	裙子	漂亮	极了。
관형어	주어	술어	보어

---

74 ★★★

他	衣服	洗得	把	很干净

정답 他把衣服洗得很干净。　　　　　　　　그는 옷을 매우 깨끗이 세탁했다.

단어 衣服 yīfu 몡 옷 | 洗 xǐ 동 씻다, 세탁하다 | 得 de 조 ~하는 정도가(술어 뒤에 쓰여 술어의 정도를 나타냄) | 很 hěn 뷔 매우 | 干净 gānjìng 혱 깨끗하다

해설 1. 把자문의 기본 형식은 '주어 + 부사어(把 + 행위의 대상) + 술어 + 기타성분'이다.

2. 제시된 단어 중 '동사 + 得'인 '洗得(씻다)'를 술어로 놓는다.

3. 동사 뒤에 '得'가 있으므로 술어의 정도를 나타내 주며 기타성분이 되는 '很干净(매우 깨끗하다)'을 보어로 배치한다.

4. '把(~을, ~를)'를 명사 '衣服(옷)'와 연결하여 술어 앞에 부사어로 놓는다.

5. 남은 단어 중 대명사 '他(그)'를 주어에 배치한다.

他	把 衣服	洗得	很干净。
주어	부사어	술어	보어

| | 骑 | 图书馆 | 他 | 自行车 | 去 |

정답 他骑自行车去图书馆。　　　그는 자전거를 타고 도서관에 간다.

단어 去 qù 통 가다 | 图书馆 túshūguǎn 명 도서관

해설 1. 제시된 단어 중 동사로 '去(가다)'와 '骑(타다)' 2개가 있으므로 연동문이다.

2. 문맥상 술어1에 '骑(타다)'가 술어2에 '去(가다)'가 와야 한다.

3. 대명사 '他(그)'를 주어에 배치한다.

4. '自行车(자전거)'를 술어1 뒤에 목적어1로 배치한다.

5. '图书馆(도서관)'은 술어2 뒤에 목적어2로 배치한다.

他　骑　自行车　去　图书馆。
주어　술어1　목적어1　술어2　목적어2

쓰기 제2부분

　　　　　　　　bīng
天气太热了，能给我一杯（　冰　）水吗？　　　날씨가 정말 덥네요, 저에게 얼음물 한 잔 주실 수 있나요?

단어 天气 tiānqì 명 날씨 | 太 tài 부 지나치게, 너무 | 热 rè 형 덥다 | 能 néng 조동 ~할 수 있다 | 给 gěi 개 ~에게 | 杯 bēi 양 잔, 컵 | 冰水 bīngshuǐ 명 얼음물

해설 'bīng'으로 발음되며 빈칸 뒤의 '水'와 함께 올 수 있는 한자는 '冰'이다. '冰'의 부수는 '冫(얼음 빙)'으로 '얼음', '춥다' 등과 같은 의미를 나타내는 한자로 예를 들어 '冰箱 bīngxiāng(냉장고)', '冰冷(매우 차다)' 등이 있다. '氵(삼수 변)'과 혼동하지 않도록 주의하자.

　　　　　　　　　mù
今天晚上你打算表演什么节（　目　）？　　　오늘 저녁에 당신은 어떤 프로그램을 공연할 계획인가요?

단어 今天 jīntiān 명 오늘 | 晚上 wǎnshang 명 저녁 | 打算 dǎsuan 통 ~할 계획이다, 생각이다 | 表演 biǎoyǎn 통 공연하다, 연기하다 | 什么 shénme 대 무엇 | 节目 jiémù 명 프로그램

해설 동사가 '表演(공연하다, 연기하다)'이므로 빈칸은 '节'와 함께 쓰여 목적어를 나타내야 한다. 공연할 수 있는 대상을 생각해서 쓰면 면 정답은 '目'이다.

78 ★☆☆	
mèi 他们家姐（　妹　）两个都很漂亮。	그들 집 자매 둘은 모두 예쁘다.

단어 家 jiā 몡 집 | 姐妹 jiěmèi 몡 자매 | 都 dōu 뷔 모두, 다 | 很 hěn 뷔 매우 | 漂亮 piàoliang 혱 예쁘다

해설 빈칸 앞의 '姐'가 있는데, 'mèi'로 발음되는 한자와 연결되어 자매의 뜻을 나타내는 한자는 바로 '妹'이다.

79 ★★☆	
niǎo 公园里有很多小（　鸟　）在叫。	공원에 많은 작은 새들이 지저귀고 있다.

단어 公园里 gōngyuán li 공원 안에 | 小鸟 xiǎoniǎo 몡 작은 새 | 在 zài 뷔 ~하고 있는 중이다 | 叫 jiào 동 소리치다, 부르짖다

해설 빈칸 뒤가 '부사어+술어'이므로 '小'와 빈칸은 연결되어 문장에서 주어를 나타내야 한다. 'niǎo'로 발음되며 새의 의미를 나타내는 한자는 바로 '鸟'이다.

80 ★★☆	
qún 生日的时候，姐姐送给我一条红色的（　裙　）子。	생일 때 언니가 나에게 빨간색 치마 한 벌을 선물해 주었다.

단어 生日 shēngrì 몡 생일 | 的时候 de shíhou ~할 때 | 姐姐 jiějie 몡 언니, 누나 | 送给 sònggěi ~에게 선물하다, 주다 | 条 tiáo 양 벌(가늘고 긴 것을 세는 단위) | 红色 hóngsè 몡 빨간색 | 裙子 qúnzi 몡 스커트, 치마

해설 빈칸이 '的(~의)' 뒤에 있으므로 빈칸에는 뒤의 '子'와 함께 쓰여 명사가 되는 단어가 와야 한다. 'qún'으로 발음되며 '子'와 합쳐서 명사가 되는 것은 '裙'이다. 참고로 'ネ'은 옷을 나타내는 한자에 사용되는 부수라는 것을 기억하자.

실전 모의고사 3

》 모의고사 38p

듣기 听力

제1부분					
1 C	2 F	3 E	4 B	5 A
6 C	7 D	8 B	9 A	10 E

제2부분					
11 ✓	12 ✗	13 ✗	14 ✗	15 ✓
16 ✓	17 ✗	18 ✓	19 ✓	20 ✗

제3부분					
21 C	22 A	23 B	24 B	25 A
26 B	27 C	28 A	29 A	30 C

제4부분					
31 C	32 B	33 C	34 A	35 A
36 B	37 A	38 C	39 A	40 B

독해 阅读

제1부분					
41 C	42 F	43 B	44 A	45 D
46 D	47 B	48 E	49 C	50 A

제2부분					
51 D	52 A	53 B	54 F	55 C
56 B	57 C	58 A	59 F	60 E

제3부분					
61 B	62 A	63 A	64 B	65 C
66 B	67 A	68 C	69 C	70 B

쓰기 书写

제1부분

71 他很喜欢唱歌。
72 这辆车是上星期新买的。
73 厨房里有很多新鲜的水果。
74 她经常骑车去学校。
75 那条鱼被猫吃了。

제2부분

76 得　　77 已　　78 真　　79 午　　80 必

1 – 5

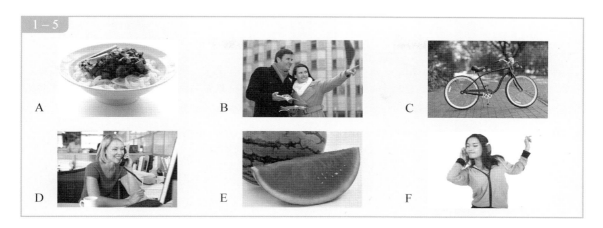

A   B   C

D   E   F

---

1 ★☆☆

男: 走路过去有点儿远，我们骑自行车过去吧，这样可以快一点儿。

女: 但是我不会骑车。（ C ）

남: 걸어서 가면 좀 머니까, 우리 자전거를 타고 가요. 이렇게 하면 조금 빠를 거예요.

여: 하지만 저는 자전거를 탈 줄 몰라요. （ C ）

단어 走路 zǒulù 통 걷다 | 过去 guòqù 통 가다 | 有点儿 yǒudiǎnr 부 조금 | 远 yuǎn 형 멀다 | 骑自行车 qí zìxíngchē 자전거를 타다 | 可以 kěyǐ 조통 ~할 수 있다 | 快 kuài 형 빠르다 | 一点儿 yìdiǎnr 수량 조금 | 但是 dànshì 접 그러나 | 会 huì 조통 ~할 줄 안다, ~할 수 있다

해설 남녀의 대화 주제가 '自行车(자전거)'이므로 자전거가 나와 있는 사진인 C가 정답이다.

---

2 ★★☆

男: 我发现你很爱听中文歌。

女: 听说学唱歌可以提高汉语水平，所以有空的时候就听一听。（ F ）

남: 제가 보기에 당신은 중국 노래 듣는 것을 매우 좋아하는 것 같아요.

여: 듣자 하니, 노래를 배우면 중국어 실력이 향상될 수 있대요. 그래서 시간이 있을 때마다 듣고 있어요. （ F ）

단어 发现 fāxiàn 통 발견하다, 알아차리다 | 很 hěn 부 매우 | 爱 ài 통 ~하길 좋아하다 | 听 tīng 통 듣다 | 中文歌 Zhōngwén gē 중국 노래 | 学 xué 통 배우다 | 唱歌 chànggē 노래 부르다 | 可以 kěyǐ 조통 ~할 수 있다 | 提高 tígāo 통 향상시키다 | 汉语 Hànyǔ 고유 중국어 | 水平 shuǐpíng 명 수준 | 所以 suǒyǐ 접 그래서 | 有空 yǒu kòng 틈이 나다 | 就 jiù 부 바로, 곧

해설 남자가 여자에게 '中文歌(중국 노래)'를 듣는 것을 좋아하는 것 같다고 하자 여자가 시간 있을 때마다 듣는다고 하였으므로 노래를 듣고 있는 여자 사진인 F가 정답이다.

실전 모의고사 | 3회

3 ★☆☆

女: 现在的西瓜可真贵，这么一小块要五块钱。
男: 西瓜是夏天的水果，冬天只有南方才有，当然就贵了。（ E ）

여: 요즘 수박이 정말 비싸요. 이렇게 작은 한 조각이 5위안이에요.
남: 수박은 여름철 과일이라서 겨울에는 남방에만 있어요. 당연히 비싸죠. （ E ）

단어 现在 xiànzài 명 현재, 지금 | 西瓜 xīguā 명 수박 | 可 kě 튀 정말, 진짜로 | 真 zhēn 튀 정말로, 참말로 | 贵 guì 형 비싸다 | 小 xiǎo 형 작다 | 块 kuài 양 조각 | 要 yào 동 필요하다 | 钱 qián 명 돈 | 夏天 xiàtiān 명 여름 | 水果 shuǐguǒ 명 과일 | 冬天 dōngtiān 명 겨울 | 只有……才…… zhǐyǒu……cái…… ~해야만 ~이다 | 南方 nánfāng 명 남방

해설 남녀 모두 '西瓜(수박)'가 비싼 원인에 대해서 이야기하고 있으므로 수박 사진인 E가 정답이다.

---

4 ★★☆

男: 请问火车站怎么走？
女: 一直向前就到了，但有点远，要走半个多小时。（ B ）

남: 실례지만, 기차역은 어떻게 가나요?
여: 앞으로 줄곧 직진하시면 바로 도착하실 거예요. 하지만 조금 멀어서 30분 정도 걸으셔야 해요. （ B ）

단어 请问 qǐngwèn 동 말씀 좀 여쭙겠습니다 | 火车站 huǒchēzhàn 명 기차역 | 怎么 zěnme 대 어떻게 | 走 zǒu 동 가다, 걷다 | 一直 yìzhí 튀 줄곧, 계속 | 向 xiàng 개 ~을 향해 | 前 qián 명 앞 | 就 jiù 튀 바로 | 到 dào 동 도착하다 | 但 dàn 접 그러나 | 有点 yǒudiǎn 튀 조금 | 远 yuǎn 형 멀다 | 要 yào 조동 ~해야 한다 | 半个小时 bàn ge xiǎoshí 30분

해설 남자가 여자에게 '火车站(기차역)'을 가는 방법에 대해서 묻고 있으므로 여자가 길을 알려주는 모습의 사진인 B가 정답이다.

---

5 ★★☆

男: 这菜是怎么做的？真好吃，比饭馆的还好！
女: 哪里，你太会说话了。喜欢就好。（ A ）

남: 이 요리는 어떻게 만드신 거예요? 정말 맛있어요. 식당보다 더 맛있어요!
여: 아니에요. 과찬이세요. 마음에 드신다니 다행이에요. （ A ）

단어 菜 cài 명 요리, 음식 | 怎么 zěnme 대 어떻게 | 做 zuò 동 하다 | 真 zhēn 튀 정말로, 참말로 | 好吃 hǎochī 형 맛있다 | 比 bǐ 개 ~보다 | 饭馆 fànguǎn 명 식당 | 哪里 nǎli 대 천만에요 | 太 tài 튀 지나치게, 매우 | 会说话 huì shuōhuà 말을 잘하다 | 喜欢 xǐhuan 동 좋아하다

해설 남자가 여자에게 '菜(요리)'를 잘 만들었다고 칭찬하고 있으므로 요리 사진인 A가 정답이다.

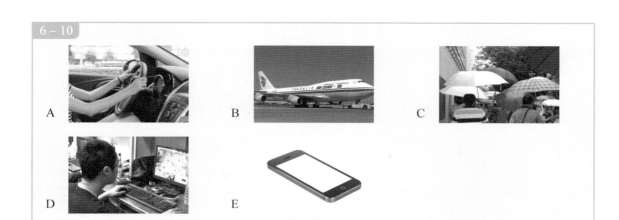

---

6 ★☆☆

男: 外面下雨吗? 我没戴眼镜, 看不清楚。
女: 大家都打着伞, 应该是下雨了。(C)

남: 밖에 비가 오나요? 제가 안경을 안 써서 잘 안 보여요.
여: 모두 우산을 쓰고 있네요. 분명 비가 오는 것 같아요.
　　(C)

단어 外面 wàimian 명 바깥, 밖 | 下雨 xiàyǔ 비가 오다 | 戴 dài 동 착용하다, 쓰다 | 眼镜 yǎnjìng 명 안경 | 看 kàn 동 보다 | 清楚 qīngchu 형 분명하다 | 大家 dàjiā 대 모두 | 都 dōu 부 모두, 다 | 打伞 dǎsǎn 우산을 쓰다 | 着 zhe 조 ~한 채로(동작이나 상태의 진행, 지속을 나타냄) | 应该 yīnggāi 조동 반드시 ~할 것이다

해설 남자가 비가 오는지 묻자 여자가 '大家都打着伞(모두 우산을 쓰고 있다)'라고 대답하였으므로 우산을 쓰고 있는 사람들이 나온 사진인 C가 정답이다.

---

7 ★★☆

女: 喂, 你有空吗? 能帮我上网买个东西吗?
男: 你说吧, 要买什么? 我现在在电脑前。(D)

남: 여보세요, 당신 오늘 시간 있나요? 저를 도와서 인터넷으로 물건을 좀 사줄 수 있나요?
여: 말해 보세요. 무엇을 사고 싶으신데요? 저 지금 컴퓨터 앞에 있어요. (D)

단어 能 néng 조동 ~할 수 있다 | 帮 bāng 동 돕다 | 上网 shàngwǎng 동 인터넷을 하다 | 买 mǎi 동 사다 | 东西 dōngxi 명 물건, 물품 | 说 shuō 동 말하다 | 吧 ba 조 ~합시다(제안·청유) | 什么 shénme 대 무엇 | 现在 xiànzài 명 현재, 지금 | 在 zài 동 ~에 있다 | 电脑 diànnǎo 명 컴퓨터 | 前 qián 명 앞

해설 여자가 인터넷으로 물건 사는 것을 도와달라고 하자 남자가 자신이 '电脑前(컴퓨터 앞)'에 있으니 이야기하라고 하였으므로 컴퓨터 앞에 앉아 있는 남자 사진인 D가 정답이다.

---

8 ★★☆

男: 你知道经理去哪儿了吗? 找了一天也没找着。
女: 他今天去上海了, 现在应该在飞机上。(B)

남: 당신은 사장님이 어디 가셨는지 아시나요? 온종일 찾았는데도 못 찾았어요.
여: 사장님 오늘 상하이에 가셨어요. 지금 비행기를 타고 계실 거예요. (B)

단어 知道 zhīdào 동 알다 | 经理 jīnglǐ 명 사장님 | 去 qù 동 가다 | 哪儿 nǎr 대 어디 | 找 zhǎo 동 찾다 | 一天 yìtiān 명 하루, 온종일 | 也 yě 부 ~도 | 今天 jīntiān 명 오늘 | 上海 Shànghǎi 고유 상하이 | 现在 xiànzài 명 현재, 지금 | 应该

yīnggāi 조통 반드시 ~할 것이다 | 在 zài 통 ~에 있다 | 飞机 fēijī 명 비행기

해설 남자가 사장님을 찾는다고 하자 여자가 사장님이 상하이를 가셔서 현재 '飞机(비행기)'를 타고 있을 거라고 하였으므로 비행기 사진인 B가 정답이다.

---

9 ★★☆

男: 喝点什么? 这么热的天，啤酒怎么样?
女: 我今天开车，不能喝酒。（ A ）

남: 뭐 마실래요? 이렇게 더운데, 맥주 어때요?
여: 제가 오늘 운전해야 돼서 술을 못 마셔요. （ A ）

단어 喝 hē 통 마시다 | 点 diǎn 양 조금 | 什么 shénme 대 무엇 | 热天 rètiān 명 무더운 날 | 啤酒 píjiǔ 명 맥주 | 怎么样 zěnmeyàng 대 어떻다, 어떠하다 | 今天 jīntiān 명 오늘 | 开车 kāichē 통 운전하다 | 酒 jiǔ 명 술

해설 맥주를 마시자고 제안하는 남자의 말에 여자가 '开车(운전을 해야 한다)'라고 하였으므로 운전을 하고 있는 상황의 사진인 A가 정답이다.

---

10 ★☆☆

女: 你刚工作，买个便宜的手机就行了。
男: 我也是这么想的，六百多那个就差不多了。
（ E ）

여: 당신 이제 막 일을 시작하였으니 저렴한 휴대 전화를 사면 될 거예요.
남: 저도 그렇게 생각했어요, 600 얼마 정도면 괜찮을 거 같아요. （ E ）

단어 刚 gāng 부 방금 | 工作 gōngzuò 통 일하다 | 买 mǎi 통 사다 | 便宜 piányi 형 싸다 | 手机 shǒujī 명 휴대 전화 | 就 jiù 부 바로 | 行 xíng 형 좋다, 괜찮다 | 也 yě 부 ~도 | 想 xiǎng 조통 ~하고 싶다 | 差不多 chàbuduō 형 차이 없다, 비슷하다

해설 남녀 모두 '手机(휴대 전화)'에 관해 대화를 나누고 있으므로 휴대 전화 사진인 E가 정답이다.

듣기 제2부분

---

11 ★★☆

在我们国家，没有冬天，一年四季都很热，所以来北京以后，我天天都希望能快点下雪。

우리나라는 겨울이 없고 사계절 모두 덥다. 그래서 베이징에 온 이후에 나는 매일 어서 눈이 오기를 바라고 있다.

★ 他没看见过下雪。（ ✓ ）

★ 그는 눈이 오는 것을 본 적이 없다. （ ✓ ）

단어 在 zài 개 ~에, ~에서 | 国家 guójiā 명 나라 | 冬天 dōngtiān 명 겨울 | 一年 yì nián 한해 | 四季 sìjì 명 사계절 | 都 dōu 부 모두, 다 | 热 rè 형 덥다 | 所以 suǒyǐ 접 그래서 | 来 lái 통 오다 | 北京 Běijīng 고유 베이징 | 以后 yǐhòu 명 이후 | 天天 tiāntiān 명 매일 | 希望 xīwàng 통 희망하다 | 能 néng 조통 ~할 수 있다 | 快 kuài 형 빠르다 | 下雪 xiàxuě 눈이 내리다 | 看见 kànjiàn 통 보다

해설 녹음에서 화자가 사는 나라에는 '没有冬天(겨울이 없다)'이라고 하였으므로 화자는 눈이 오는 것을 본 적이 없다는 것을 유추할 수 있다. 따라서 녹음 내용은 제시된 문장과 일치한다.

12 ★☆☆

我是你们的汉语老师，大家以后可以叫我王老师。刚来这个班，对大家还不是很了解。下面请大家做一下自我介绍。

저는 여러분의 중국어 선생님입니다. 여러분들은 앞으로 저를 왕 선생님이라고 부르면 됩니다. 이 반에 온 지 얼마 안 돼서 여러분들에 대해 아직 잘 모릅니다. 이어서 여러분들의 자기소개를 한번 해 주시길 바랍니다.

★ 他是数学老师。（ × ）

★ 그는 수학 선생님이다. (×)

단어 汉语 Hànyǔ 고유 중국어 | 老师 lǎoshī 명 선생님 | 大家 dàjiā 명 모두, 다 | 以后 yǐhòu 명 이후 | 叫 jiào 동 ~라고 부르다 | 刚 gāng 부 방금, 겨우 | 班 bān 명 반, 그룹 | 了解 liǎojiě 동 알다, 이해하다 | 自我介绍 zìwǒ jièshào 자기소개

해설 녹음의 첫 문장에 바로 답이 나오는데, 화자가 자신은 '汉语老师(중국어 선생님)'라고 했으므로 녹음 내용은 제시된 문장과 일치하지 않는다.

13 ★★☆

我得先去图书馆，然后再和你们一起去唱歌。上次借的书一直忘了还，今天是最后一天，必须要还了。

저 먼저 도서관에 갔다가 그런 후에 여러분과 함께 노래 부르러 갈게요. 지난번에 빌린 책 반납하는 것을 계속 잊어버렸는데, 오늘이 마지막 날이어서 반드시 반납해야 해요.

★ 他要先去图书馆借书。（ × ）

★ 그는 먼저 도서관에 가서 책을 빌려야 한다. (×)

단어 得 děi 조동 ~해야 한다 | 先 xiān 부 먼저 | 去 qù 동 가다 | 图书馆 túshūguǎn 명 도서관 | 然后 ránhòu 접 그런 후에 | 再 zài 부 다시 | 一起 yìqǐ 부 같이, 함께 | 唱歌 chànggē 노래 부르다 | 上次 shàng cì 지난번 | 借 jiè 동 빌리다 | 书 shū 명 책 | 一直 yìzhí 부 줄곧, 계속 | 忘 wàng 동 잊다 | 还 huán 동 돌려주다 | 今天 jīntiān 명 오늘 | 必须 bìxū 부 반드시 ~해야 한다 | 要 yào 조동 ~해야 한다

해설 녹음에서 화자가 오늘이 책 반납일 마지막 날이어서 도서관에 가야 한다고 했지 책을 빌려야 한다고는 하지 않았으므로 녹음 내용은 제시된 문장과 일치하지 않는다.

14 ★★☆

上次出门，一共才三天，她就带了四个旅行箱。不知道她是在旅行，还是在搬家。

지난번 외출이 모두 합해서 겨우 3일이었는데 그녀는 4개의 여행용 가방을 가져왔다. 그녀가 여행을 하는 것인지 아니면 이사를 하는 것인지 모르겠다.

★ 她搬家时拿了四个旅行箱。（ × ）

★ 그녀는 이사를 할 때 여행용 가방 4개를 들고 왔다. (×)

단어 上次 shàng cì 지난번 | 出门 chūmén 동 외출하다 | 一共 yígòng 부 모두, 합계 | 才 cái 부 겨우, 고작 | 天 tiān 명 날, 일 | 带 dài 동 (몸에) 휴대하다, 가지다 | 旅行箱 lǚxíngxiāng 명 여행용 가방 | 不知道 bù zhīdào 모르다 | 在 zài 부 ~하고 있는 중이다 | 还是 háishi 접 또는, 아니면 | 搬家 bānjiā 동 이사하다 | 拿 ná 동 (손으로) 잡다, 들다

해설 녹음에서 화자가 '上次出门(지난번 외출)'이라고 상황을 확정하여 말했으므로 그녀가 이사를 한 건 아니다. 따라서 녹음 내용은 제시된 문장과 일치하지 않는다.

15 ★★☆

李老师一边唱着歌，一边走进教室，<u>看上去高兴极了</u>。大家的考试成绩一定都很不错。

이 선생님은 노래를 부르면서 교실로 들어갔는데, <u>기분이 매우 좋아 보이신다</u>. 모두의 시험 성적이 분명 좋은 것 같다.

★ 大家考得很好。(√)

★ 모두 시험을 잘 보았다. (√)

> **단어** 老师 lǎoshī 몡 선생님 | 唱歌 chànggē 노래 부르다 | 着 zhe 조 ~한 채로(동작이나 상태의 진행, 지속을 나타냄) | 走进 zǒujìn 통 걸어 들어가다 | 教室 jiàoshì 몡 교실 | 看上去 kàn shàngqù ~해 보이다 | 高兴 gāoxìng 혱 기쁘다 | 极了 jí le (형용사 뒤에 위치해) 매우 ~하다 | 大家 dàjiā 때 모두 | 考试 kǎoshì 몡 시험 | 成绩 chéngjì 몡 성적 | 一定 yídìng 뷰 반드시, 꼭 | 都 dōu 뷰 모두, 다 | 不错 búcuò 혱 괜찮다, 좋다

> **해설** 녹음에서 이 선생님이 노래를 부르며 교실에 들어갔으며, '大家的考试成绩一定都很不错(모두의 시험 성적이 분명 좋은 것 같다)'라고 했으므로 녹음 내용은 제시된 문장과 일치한다.

---

16 ★☆☆

晚上要来很多客人，可能会坐不下。把桌子搬到客厅中间吧，这样可以多坐一些人。

저녁에 많은 손님이 와서 아마 모두 앉을 수 없을 것 같아요. 탁자를 거실 중간으로 옮기도록 하죠, 이렇게 해야 더 많은 사람이 앉을 수 있어요.

★ 晚上有很多人来做客。(√)

★ 저녁에 많은 손님이 올 것이다. (√)

> **단어** 晚上 wǎnshang 몡 저녁 | 来 lái 통 오다 | 客人 kèrén 몡 손님 | 会 huì 조통 ~할 것이다 | 坐不下 zuòbuxià (장소가 좁아서) 앉을 수 없다 | 桌子 zhuōzi 몡 탁자, 테이블 | 搬到 bāndào ~로 옮기다 | 客厅 kètīng 몡 객실, 응접실 | 中间 zhōngjiān 몡 중간 | 可以 kěyǐ 조통 ~할 수 있다 | 一些 yìxiē 수량 조금, 약간 | 做客 zuòkè 통 손님이 되다, 친지를 방문하다

> **해설** 녹음에서 '晚上要来很多客人(저녁에 많은 손님이 와서)'며 자리가 부족할 것을 이야기하고 있으므로 녹음 내용은 제시된 문장과 일치한다.

---

17 ★★☆

他一直很努力，除了周日晚上和同学出去看看电影，每天都要在图书馆学习到很晚。

그는 줄곧 열심히 하는데, <u>일요일 저녁에 친구들과 나가서 영화 보는 것을 제외하고는 매일 모두 도서관에서 늦게까지 공부한다.</u>

★ 他每天都去图书馆。(✕)

★ 그는 매일 도서관에 간다. (✕)

> **단어** 一直 yìzhí 뷰 줄곧, 계속 | 努力 nǔlì 혱 노력하다, 열심히 하다 | 除了 chúle 깨 ~을 제외하고 | 周日 zhōurì 몡 일요일 | 晚上 wǎnshang 몡 저녁 | 和 hé 깨 ~와 | 同学 tóngxué 몡 학우, 동창 | 出去 chūqù 통 나가다 | 看电影 kàn diànyǐng 영화를 보다 | 每天 měitiān 몡 매일 | 都 dōu 뷰 모두, 다 | 在 zài 깨 ~에, ~에서 | 图书馆 túshūguǎn 몡 도서관 | 学习 xuéxí 통 학습하다, 공부하다 | 晚 wǎn 혱 늦다

> **해설** 녹음에서 그가 매일 도서관에서 공부하지만 '周日晚上(일요일 저녁)'은 제외하였으므로 매일 도서관에 가는 것은 아니다. 따라서 녹음 내용은 제시된 문장과 일치하지 않는다.

18 ★★☆

这儿虽然离地铁站近，出门很方便，可是周围有很多商场，<u>环境比较吵，而且厨房也不够大。我们再去看看别的房子吧</u>。

여기는 비록 지하철역에 가깝고 외출하기 편리하지만, 주변에 상가가 많아서 <u>환경이 비교적 시끄러워요. 게다가 주방도 충분히 크지 않네요. 우리 다시 다른 집을 보러 가요.</u>

★ 他对这儿的房子不太满意。(√)

★ 그는 여기의 집에 별로 만족하지 않는다. (√)

단어 离 lí 〖개〗 ~에서 | 地铁站 dìtiězhàn 〖명〗 지하철역 | 近 jìn 〖형〗 가깝다 | 出门 chūmén 〖동〗 외출하다 | 方便 fāngbiàn 〖형〗 편리하다 | 可是 kěshì 〖접〗 그러나 | 周围 zhōuwéi 〖명〗 주변, 주위 | 商场 shāngchǎng 〖명〗 백화점, 상점 | 环境 huánjìng 〖명〗 환경 | 比较 bǐjiào 〖부〗 비교적 | 吵 chǎo 〖형〗 시끄럽다 | 而且 érqiě 〖접〗 게다가, 또한 | 厨房 chúfáng 〖명〗 주방 | 也 yě 〖부〗 ~도 | 不够 búgòu 〖부〗 부족하다 | 大 dà 〖형〗 크다 | 再 zài 〖부〗 또, 다시 | 去 qù 〖동〗 가다 | 看 kàn 〖동〗 보다 | 别的 biéde 〖대〗 다른 것 | 房子 fángzi 〖명〗 집 | 满意 mǎnyì 〖형〗 만족하다

해설 녹음에 '虽然……可是……(비록 ~할지라도 그러나 ~하다)'의 구문이 나오면 전환을 나타내는 '可是(그러나)' 뒤의 내용을 주의 깊게 들어야 한다. 앞에서 화자가 '这儿(이곳)'의 장점을 말했지만 '可是(그러나)' 뒤에서부터 주변 환경이 시끄러우며 다른 집을 보러 가자고 하므로 여기의 집에 별로 만족하지 않는 것을 알 수 있다. 따라서 녹음 내용은 제시된 문장과 일치한다.

19 ★★☆

<u>昨天买的这双鞋子太小了。才走了一小会儿，脚就疼了。</u>下午陪我去商场换一双大一点儿的吧。

<u>어제 산 이 신발이 너무 작아요. 아주 잠깐 걸었는데도, 발이 바로 아프네요.</u> 오후에 나와 함께 상점에 가서 조금 큰 것으로 바꿔요.

★ 新买的鞋子不合适。(√)

★ 새로 산 신발이 맞지 않는다. (√)

단어 昨天 zuótiān 〖명〗 어제 | 买 mǎi 〖동〗 사다 | 双 shuāng 〖양〗 짝, 켤레 | 鞋子 xiézi 〖명〗 신발 | 太 tài 〖부〗 지나치게, 너무 | 小 xiǎo 〖형〗 작다 | 才 cái 〖부〗 겨우, 고작 | 走 zǒu 〖동〗 걷다 | 一会儿 yíhuìr 〖수량〗 잠깐, 잠깐 동안 | 脚 jiǎo 〖명〗 발 | 就 jiù 〖부〗 바로, 곧 | 疼 téng 〖형〗 아프다 | 下午 xiàwǔ 〖명〗 오후 | 陪 péi 〖동〗 동반하다 | 去 qù 〖동〗 가다 | 商场 shāngchǎng 〖명〗 상점 | 换 huàn 〖동〗 교환하다, 바꾸다 | 大 dà 〖형〗 크다 | 一点儿 yìdiǎnr 〖수량〗 조금 | 新 xīn 〖형〗 새롭다 | 合适 héshì 〖형〗 적합하다

해설 녹음에서 '昨天买的这双鞋太小了(어제 산 이 신발이 너무 작다)'라고 하며 '脚就疼了(발이 아프다)'라고 하였으므로 녹음 내용은 제시된 문장과 일치한다.

20 ★★☆

这是第四杯咖啡了，可还是想睡觉。<u>昨天不应该和同学看电视到半夜的。</u>

이것이 4잔째 커피인데, 여전히 자고 싶다. <u>어제 친구와 늦게까지 TV를 보지 말았어야 했다.</u>

★ 大家打算今天晚上一起看电视。(×)

★ 모두 오늘 저녁에 같이 TV를 볼 계획이다. (×)

단어 杯 bēi 〖양〗 컵, 잔 | 咖啡 kāfēi 〖명〗 커피 | 可 kě 〖접〗 그러나 | 还是 háishi 〖부〗 여전히 | 想 xiǎng 〖조동〗 ~하고 싶다 | 睡觉 shuìjiào 〖동〗 (잠을) 자다 | 昨天 zuótiān 〖명〗 어제 | 同学 tóngxué 〖명〗 학우, 동창 | 看电视 kàn diànshì TV를 보다 | 到 dào 〖개〗 ~까지 | 半夜 bànyè 〖명〗 한밤 | 大家 dàjiā 〖대〗 모두 | 打算 dǎsuan 〖동〗 ~할 계획이다, 생각이다 | 今天 jīntiān 〖명〗 오늘 | 晚上 wǎnshang 〖명〗 저녁 | 一起 yìqǐ 〖부〗 같이, 함께

해설 녹음에서 '昨天不应该和同学看电视到半夜的(어제 친구와 늦게까지 TV를 보지 말았어야 했다)'라며 후회하고 있지 오늘 TV를 본다고 하는 것이 아니므로 녹음 내용은 제시된 문장과 일치하지 않는다.

---

21 ★★☆

男: 昨天回家的时候，<u>你把新买的钱包放哪儿了?</u>
女: 你就不能自己找找吗? 不要什么都问我。

问: 男的在找什么?
　A 桌子　　　B 箱子　　　C 钱包

남: 어제 집에 갈 때 당신은 새로 산 지갑을 어디에 두었나요?
여: 당신 스스로 찾으면 안 되나요? 모든걸 다 저에게 물어보지 마요.

질문: 남자는 무엇을 찾고 있는가?
　A 탁자　　　B 상자　　　C 지갑

단어 昨天 zuótiān 몡 어제 | 回家 huíjiā 집으로 돌아가다 | 的时候 de shíhou ~할 때 | 把 bǎ 개 ~을, ~를 | 新 xīn 혱 새롭다 | 买 mǎi 동 사다 | 钱包 qiánbāo 몡 지갑 | 放 fàng 동 놓다 | 哪儿 nǎr 때 어디 | 就 jiù 뷔 바로, 곧 | 自己 zìjǐ 때 자기, 자신 | 找 zhǎo 동 찾다 | 不要 búyào 부 ~하지 마라 | 什么 shénme 때 무엇 | 都 dōu 뷔 모두, 다 | 问 wèn 동 묻다 | 在 zài 부 ~하고 있는 중이다 | 桌子 zhuōzi 몡 테이블, 탁자 | 箱子 xiāngzi 몡 상자

해설 남자가 여자에게 '新买的钱包(새로 산 지갑)'을 어디에 두었는지 묻고 있으므로 남자가 지갑을 찾고 있다는 것을 알 수 있다. 따라서 정답은 C이다.

---

22 ★☆☆

男: 别睡了，先起来把饭吃了，<u>等会儿还要吃药呢。</u>
女: 我不饿。让我再睡会儿吧，头疼。

问: 女的怎么了?
　A 生病了　　　B 很累　　　C 吃饱了

남: 그만 자고 먼저 일어나서 밥 먹어요. 잠시 후에 약을 먹어야 하잖아요.
여: 배가 고프지 않아요. 저 좀 더 자게 해줘요. 머리가 아파요.

질문: 여자는 왜 그러는가?
　A 아프다　　　B 피곤하다　　　C 배가 부르다

단어 别 bié 부 ~하지 마라 | 睡 shuì 동 (잠을) 자다 | 先 xiān 부 먼저 | 起来 qǐlái 동 (잠자리에서) 일어나다 | 吃药 chīyào 약을 먹다 | 呢 ne 조 진행의 어감을 강조 | 饿 è 혱 배고프다 | 让 ràng 동 ~하게 하다 | 再 zài 부 또, 다시 | 会儿 huìr 양 잠시, 잠깐 | 吧 ba 조 ~합시다(제안) | 头疼 tóuténg 혱 머리가 아프다 | 生病 shēngbìng 동 병이 나다 | 累 lèi 혱 피곤하다 | 吃饱 chībǎo 배불리 먹다

해설 남자가 일어나서 밥을 먹으라고 하며 '等会儿还要吃药呢(잠시 후에 약을 먹어야 한다)'라고 하였으므로 여자가 현재 아픈 것을 알 수 있다. 따라서 정답은 A이다.

23 ★☆☆

女: 照片上这个人是你的妹妹吗? 真漂亮!
男: 那是我姐姐, 比我大两岁, 但她看起来比我年轻。

问: 照片上的女的是谁?
　　A　男人的妹妹
　　B　男人的姐姐
　　C　男人的女朋友

여: 사진에 있는 이 사람은 당신의 여동생인가요? 정말 예쁘네요!
남: 저의 누나예요. 저보다 두 살 많은데, 저보다 젊어 보여요.

질문: 사진 속의 여자는 누구인가?
　　A　남자의 여동생
　　B　남자의 누나
　　C　남자의 여자 친구

단어 照片 zhàopiàn 몡 사진 | 妹妹 mèimei 몡 여동생 | 真 zhēn 묀 정말로, 진실로 | 漂亮 piàoliang 혱 예쁘다 | 姐姐 jiějie 몡 누나, 언니 | 比 bǐ 깨 ~보다 | 大 dà 혱 (수량이) 많다 | 岁 suì 양 세(나이를 세는 단위) | 但 dàn 젭 그러나 | 看起来 kàn qǐlái 보기에 ~하다 | 年轻 niánqīng 혱 젊다 | 谁 shéi 때 누구 | 女朋友 nǚpéngyou 몡 여자 친구

해설 여자가 사진 속의 사람이 여동생인지 묻자 남자가 '我姐姐(자신의 누나)'라고 하였으므로 정답은 B이다.

24 ★★☆

女: 我每天晚上都要运动半小时, 你觉得我瘦了吗?
男: 运动的时间还不够长, 吃的也可以再少一点。

问: 男的什么意思?
　　A　女的瘦了
　　B　女的还是很胖
　　C　女的要多运动

여: 저는 저녁마다 30분씩 운동을 하는데, 당신이 보기에 제가 살이 좀 빠졌나요?
남: 운동하는 시간이 아직 충분히 길지 않네요, 먹는 것도 더 적게 먹으세요.

질문: 남자의 말은 무슨 뜻인가?
　　A　여자는 살이 빠졌다
　　B　여자는 아직 뚱뚱하다
　　C　여자는 운동을 열심히 해야 한다

단어 每天 měitiān 몡 매일 | 晚上 wǎnshang 몡 저녁 | 都 dōu 묀 모두, 다 | 要 yào 조동 ~해야 한다 | 运动 yùndòng 동 운동하다 | 半小时 bàn xiǎoshí 30분 | 觉得 juéde 동 ~라고 생각하다 | 瘦 shòu 혱 마르다 | 时间 shíjiān 몡 시간 | 还 hái 묀 여전히, 아직도 | 不够 búgòu 묀 부족하다 | 长 cháng 혱 (시간이) 길다 | 吃 chī 동 먹다 | 也 yě 묀 ~도 | 可以 kěyǐ 조동 ~할 수 있다, 가능하다 | 再 zài 묀 또 | 少 shǎo 혱 적다 | 一点 yìdiǎn 수량 조금 | 什么 shénme 때 무엇 | 意思 yìsi 몡 의미, 의의 | 胖 pàng 혱 뚱뚱하다

해설 여자가 살이 빠졌는지 묻자 남자가 살이 빠지지 않았다고 직접 언급하지는 않으나 '运动的时间还不够长, 吃的也可以再少一点(운동하는 시간이 아직 충분히 길지 않고 먹는 것도 더 적게 먹어야 한다)'라고 했으므로 여자가 여전히 뚱뚱하다는 것을 유추할 수 있다. 참고로 남자가 운동하는 시간이 길지 않다고 했지 운동을 열심히 해야 한다는 뜻은 아니므로 보기 C는 답이 될 수 없다. 따라서 정답은 B이다.

25 ★★☆

女: 公司又让我明天去北京，要一个星期才回来，你一个人在家要按时吃饭。
男: 放心吧，这也不是我第一次一个人在家。

问: 关于女的，可以知道什么？
　A　经常去北京
　B　第一次去北京
　C　没去过北京

여: 회사에서 또 저보고 내일 베이징에 가라고 하네요. 일주일 후에나 돌아오니 당신은 집에 혼자 있더라도 제때 밥을 먹도록 해요.
남: 걱정하지 말아요. 처음 혼자서 집에 있는 것도 아닌데요.

질문: 여자에 관해 알 수 있는 것은?
　A　자주 베이징에 간다
　B　처음 베이징에 간다
　C　베이징에 가보지 않았다

단어 公司 gōngsī 몡 회사 | 又 yòu 뭐 또, 다시 | 让 ràng 동 ~하게 하다 | 明天 míngtiān 몡 내일 | 去 qù 동 가다 | 北京 Běijīng 고유 베이징 | 要 yào 조동 ~할 것이다. ~해야 한다 | 才 cái 뭐 비로소 | 在 zài 동 ~에 있다 | 家 jiā 몡 집 | 按时 ànshí 뭐 제때에 | 吃饭 chīfàn 밥을 먹다 | 放心 fàngxīn 동 마음을 놓다 | 也 yě 뭐 ~도 | 第一次 dì-yī cì 몡 맨 처음 | 关于 guānyú 개 ~에 관해서 | 可以 kěyǐ 조동 ~할 수 있다 | 知道 zhīdào 동 알다 | 经常 jīngcháng 뭐 언제나, 자주 | 过 guo 조 ~한 적이 있다

해설 여자가 '公司又让我明天去北京(회사에서 또 나보고 내일 베이징에 가라고 한다)'이라고 말하자 남자 역시 집에 혼자 있는 것이 처음이 아니라고 하였으므로 여자가 자주 베이징에 가는 것을 유추할 수 있다. 따라서 정답은 A이다.

26 ★★☆

男: 这是你第一次来中国吗？
女: 三年前为了参加一个会议来过这里，但因为时间短，没有好好看看。

问: 女的是第几次来中国？
　A　第一次　　　B　第二次　　　C　第三次

남: 당신 이번이 처음 중국에 온 것인가요？
여: 3년 전에 회의에 참가하러 왔어요. 하지만 시간이 너무 짧아서 잘 구경하지 못했어요.

질문: 여자는 몇 번째 중국에 온 것인가？
　A　첫 번째　　　B　두 번째　　　C　세 번째

단어 来 lái 동 오다 | 中国 Zhōngguó 고유 중국 | 年 nián 양 년, 해 | 为了 wèile 개 ~을 하기 위하여 | 参加 cānjiā 동 참가하다 | 会议 huìyì 몡 회의 | 过 guo 조 ~한 적이 있다 | 但 dàn 접 그러나 | 因为 yīnwèi 접 왜냐하면 | 时间 shíjiān 몡 시간 | 短 duǎn 형 짧다 | 看 kàn 동 보다 | 几 jǐ 쉬 몇

해설 처음 중국에 온 것인지 묻는 남자의 질문에 여자가 '三年前为了参加一个会议来过这里(3년 전에도 회의에 참가하러 온 적이 있다)'라고 하였으므로 두 번째 중국에 온 것임을 알 수 있다. 따라서 정답은 B이다.

27 ★★☆

男: 请大家拿出笔，和我一起学写这个字。
女: 这个字太难了，一直学不会。

问: 他们最可能在什么地方？
　A　商店　　　B　图书馆　　　C　教室

남: 모두 펜을 꺼내 저와 함께 이 글자를 쓰는 것을 배워봅시다.
여: 이 글자는 너무 어려워서 계속 잘 못 쓰겠어요.

질문: 그들은 어디에 있을 가능성이 가장 큰가？
　A　상점　　　B　도서관　　　C　교실

단어 大家 dàjiā 데 모두 | 拿出 náchū 꺼내다 | 笔 bǐ 명 펜 | 学 xué 동 배우다 | 写字 xiězì 글씨를 쓰다 | 太 tài 부 지나치게, 너무 | 难 nán 형 어렵다 | 一直 yìzhí 부 줄곧, 계속 | 不会 bú huì ~할 수 없다 | 最 zuì 부 제일, 가장 | 可能 kěnéng 부 아마도, 아마 | 在 zài 동 ~에 있다 | 地方 dìfang 명 장소, 곳 | 商店 shāngdiàn 명 상점 | 图书馆 túshūguǎn 명 도서관 | 教室 jiàoshì 명 교실

해설 남자가 '请大家拿出笔, 和我一起学写这个字(모두 펜을 꺼내 저와 함께 이 글자를 쓰는 것을 배워 봅시다)'라고 하자 여자가 글자가 너무 어려워서 '一直学不会(줄곧 잘 못 쓰겠다)'라고 했으므로 그들이 현재 교실에 있음을 유추할 수 있다. 따라서 정답은 C 이다.

---

28 ★★☆

男: 听说你明天要离开公司了。
女: 是的，老家的环境比这儿好，天是蓝的，水很干净，街上也没有这么多车。

问: 女的是什么意思?
　A 喜欢老家的环境
　B 喜欢这个公司
　C 公司环境好

남: 듣자 하니 당신 내일 회사를 떠난다면서요.
여: 맞아요, 고향의 환경이 여기보다 좋아요. 하늘도 푸르고 물도 깨끗하고, 거리에도 이렇게 차가 많지 않아요.

질문: 여자의 말은 무슨 뜻인가?
　A 고향의 환경을 좋아한다
　B 이 회사를 좋아한다
　C 회사의 환경이 좋다

단어 明天 míngtiān 명 내일 | 要 yào 조동 ~할 것이다 | 离开 líkāi 동 떠나다 | 公司 gōngsī 명 회사 | 老家 lǎojiā 명 고향 | 环境 huánjìng 명 환경 | 比 bǐ 개 ~보다 | 天 tiān 명 하늘 | 蓝 lán 형 남색의 | 水 shuǐ 명 물 | 干净 gānjìng 형 깨끗하다 | 街上 jiēshang 명 거리 | 多 duō 형 많다 | 车 chē 명 차 | 意思 yìsi 명 의미, 의의 | 喜欢 xǐhuan 동 좋아하다

해설 남자가 여자에게 회사를 떠난다는 소식을 들었다고 하자 여자가 '老家的环境比这儿好(고향의 환경이 여기보다 좋다)'라고 하였으므로 정답은 A이다.

---

29 ★☆☆

男: 下周六我打算去看看以前大学的老师，你去吗?
女: 我下周末有事，这周日行吗?

问: 女的想什么时候去看大学老师?
　A 这周日
　B 下周末
　C 下周六

남: 다음 주 토요일에 저는 예전 대학교 때 교수님을 만나러 갈 계획인데, 당신도 갈래요?
여: 저는 다음 주말에 일이 있어요, 이번 주 일요일 괜찮나요?

질문: 여자는 언제 대학교 선생님을 보러 가고 싶은가?
　A 이번 주 일요일
　B 다음 주말
　C 다음 주 토요일

단어 以前 yǐqián 명 이전, 예전 | 大学 dàxué 명 대학 | 老师 lǎoshī 명 선생님 | 下周末 xià zhōumò 다음 주말 | 有事 yǒushì 일이 있다 | 周日 zhōurì 일요일 | 行 xíng 동 좋다, 된다 | 想 xiǎng 조동 ~하고 싶다 | 什么时候 shénme shíhou 언제

해설 다음 주 토요일에 대학교 때 교수님을 만나러 가자는 남자의 말에 여자가 일이 있어서 '这周日(이번 주 일요일)'가 괜찮은지 묻고 있으므로 정답은 A이다.

30

女: 来中国以前，我以为大家都说普通话。
男: 中国很大。北方人经常听不懂南方人说的话。

问: 他们在讨论什么？
　　A 中国的南方
　　B 中国的北方
　　C 普通话

여: 중국에 오기 전에, 저는 모두가 표준어를 한다고 생각했어요.
남: 중국은 매우 넓어요. 북방 사람은 종종 남방 사람이 하는 말을 못 알아들어요.

질문: 그들은 무엇에 관해 이야기하고 있는가?
　　A 중국의 남방
　　B 중국의 북방
　　C 표준어

단어 来 lái 图 오다 | 中国 Zhōngguó 고유 중국 | 以前 yǐqián 图 예전 | 以为 yǐwéi 图 ~라고 여기다, ~인 줄 알다 | 大家 dàjiā 대 모두 | 都 dōu 图 모두, 다 | 说 shuō 图 말하다 | 普通话 pǔtōnghuà 图 (현대 중국어의) 표준어 | 大 dà 图 크다, 넓다 | 经常 jīngcháng 图 자주, 항상 | 听不懂 tīngbudǒng 알아들을 수 없다 | 说话 shuōhuà 图 말하다 | 讨论 tǎolùn 图 토론하다

해설 여자가 '我以为大家都说普通话(중국에 오기 전에 모두가 표준어를 하는 줄 알았다)'라고 하자 남자가 그렇지 않다고 얘기하고 있으므로 그들이 토론하는 것은 '普通话(표준어)'임을 알 수 있다. 따라서 정답은 C이다.

 듣기 제4부분

31

男: 明天的运动会，你打算参加什么比赛？
女: 班里没有人参加一万米长跑，老师让我去。
男: 你这么瘦，能行吗？
女: 没问题！我每天早上都要跑一个小时，周末还和朋友一起游泳。

问: 女的打算参加什么比赛？
　　A 游泳　　　B 打篮球　　　C 长跑

남: 내일 운동회인데, 당신은 무슨 경기에 참가할 계획인가요？
여: 반에 10,000m 장거리 달리기에 참가하는 사람이 없어서, 선생님이 저보고 가라고 하셨어요.
남: 당신 이렇게 말랐는데, 괜찮겠어요？
여: 문제없어요! 저는 매일 아침 달리기를 1시간 정도 하고 주말에는 친구와 함께 수영도 해요.

질문: 여자는 어떤 경기에 참가하려고 하는가？
　　A 수영　　　B 농구　　　C 장거리 달리기

단어 明天 míngtiān 图 내일 | 运动会 yùndònghuì 图 운동회 | 打算 dǎsuan 图 ~할 계획이다, 생각이다 | 参加 cānjiā 图 참가하다 | 比赛 bǐsài 图 시합 | 班 bān 图 반 | 万 wàn 图 만, 10,000 | 米 mǐ 图 미터(m) | 长跑 chángpǎo 图 장거리 달리기 | 老师 lǎoshī 图 선생님 | 让 ràng 图 ~하게 하다 | 去 qù 图 가다 | 这么 zhème 대 이러한, 이렇게 | 瘦 shòu 图 마르다 | 能 néng 조동 ~할 수 있다 | 行 xíng 图 좋다, 괜찮다 | 没问题 méi wèntí 문제없다 | 每天 měitiān 图 매일 | 早上 zǎoshang 图 아침 | 要 yào 조동 ~하려고 하다 | 周末 zhōumò 图 주말 | 还 hái 图 또한, 게다가 | 游泳 yóuyǒng 图 수영하다 | 打篮球 dǎ lánqiú 농구하다

해설 어떤 경기에 참가할 것인지 묻는 남자의 질문에 여자는 선생님이 '一万米长跑(10,000m 장거리 달리기)'에 참가하는 사람이 없어서 자신보고 가라고 하였다고 하였으므로 정답은 C이다.

---

32 ★★☆

女：这衬衫太贵了，能便宜点儿吗？
男：如果和裤子一起买，两样一共三百元。
女：不，我只要这件衬衫就够了。
男：那就一百五十元吧，便宜你十元。

问：衬衫现在要多少钱？
　A　300元　　　B　150元　　　C　160元

여: 이 셔츠 너무 비싸네요. 좀 싸게 해주실 수 있나요?
남: 만약 치마랑 같이 구입하시면, 두 벌 다해서 300위안에 드릴게요.
여: 아니요, 저는 오직 이 셔츠 한 벌이면 충분해요.
남: 그럼 150위안에 드릴게요, 10위안 싸게 드리는 거예요.

질문: 셔츠는 지금 얼마인가?
　A　300위안　　　B　150위안　　　C　160위안

단어 衬衫 chènshān 몡 셔츠, 블라우스 | 太 tài 뷔 지나치게, 너무 | 贵 guì 혱 비싸다 | 能 néng 조동 ~할 수 있다 | 便宜 piányi 혱 싸다 | 点儿 diǎnr 양 조금 | 如果 rúguǒ 젭 만약 | 裤子 kùzi 몡 바지 | 买 mǎi 동 사다 | 两样 liǎng yàng 두 종류, 두 가지 | 一共 yígòng 뷔 전부, 합계 | 元 yuán 몡 위안(중국의 화폐 단위) | 只要……就…… zhǐyào…… jiù…… 젭 ~하기만 하면 ~하다 | 件 jiàn 양 벌(옷을 세는 단위) | 够 gòu 동 충분하다 | 现在 xiànzài 몡 현재, 지금

해설 남자가 셔츠 한 벌을 원하는 여자에게 '一百五十元(150위안)'에 해 준다고 하였으므로 정답은 B이다.

---

33 ★★☆

女：最近总去那家水果店，有什么特别新鲜的水果吗？
男：对不起，我没注意。
女：那你到那儿都买些什么呀？
男：我去那儿不是为了买水果，是为了能和那个卖水果的女孩子说说话。

问：男的为什么总去水果店？
　A　买水果
　B　卖水果
　C　和女孩说话

여: 당신 요즘 항상 그 과일 가게에 가던데, 무슨 특별히 신선한 과일이라도 있나요?
남: 미안해요, 주의하지 않았어요.
여: 그럼 당신 그곳에 가서 무엇을 사는데요?
남: 저는 그곳에 가는 것이 과일을 사기 위한 것이 아니고 거기서 과일 파는 여자아이와 이야기하려고 가는 것이에요.

질문: 남자는 왜 자주 과일 가게에 가는가?
　A　과일을 사러
　B　과일을 팔러
　C　여자아이와 이야기하러

단어 最近 zuìjìn 몡 최근, 요즘 | 家 jiā 양 상점 등을 세는 단위 | 水果店 shuǐguǒdiàn 몡 과일 가게 | 特别 tèbié 뷔 매우 | 新鲜 xīnxiān 혱 신선하다, 싱싱하다 | 对不起 duìbuqǐ 동 미안합니다 | 注意 zhùyì 동 주의하다, 조심하다 | 那儿 nàr 때 그곳 | 买 mǎi 동 사다 | 些 xiē 양 조금, 약간 | 为了 wèile 깨 ~을 하기 위하여 | 卖 mài 동 팔다 | 女孩子 nǚháizi 몡 여자아이 | 说话 shuōhuà 동 이야기하다, 말하다 | 为什么 wèishénme 때 왜

해설 남자의 마지막 말에서 답을 찾을 수 있는데, 여자가 요즘 자주 그 과일 가게에 가는 이유에 대해 묻자 남자가 '不是为了买水果, 是为了能和那个卖水果的女孩子说说话(과일을 사기 위한 것이 아니고 그곳에서 과일 파는 여자아이와 이야기하려고 간다)'라고 대답하였으므로 정답은 C이다.

34

女: 我记得这儿以前有个电影院。

男: 五年前就搬了，你很久没回来吧？

女: 是的，大概有七八年了。这次回来都不认识了。

男: 你再往前走两百米，<u>商店五楼有新的电影院</u>。

여: 제 기억으로 예전에 이곳에 영화관이 있었어요.

남: 5년 전에 벌써 옮겼어요, 당신 오랫동안 이곳에 안 왔죠?

여: 네, 대략 7~8년 정도 되었어요. 이번에 돌아오니 전부 못 알아보겠네요.

남: 앞으로 200m 더 걸어가면, <u>상점 5층에 새로 생긴 영화관이 있어요</u>.

问: 女的打算去哪儿？

　　A 电影院　　　B 商店　　　C 银行

질문: 여자는 어디에 갈 계획인가?

　　A 영화관　　　B 상점　　　C 은행

단어 记得 jìde 圄 기억하다 | 以前 yǐqián 圀 예전 | 电影院 diànyǐngyuàn 圀 영화관 | 前 qián 圀 앞 | 就 jiù 囝 바로 | 搬 bān 圄 옮기다, 이사하다 | 很久 hěn jiǔ 오랫동안 | 回来 huílái 圄 돌아오다 | 大概 dàgài 囝 대략 | 这次 zhè cì 이번 | 都 dōu 囝 모두, 다 | 不认识 bú rènshi 모르다 | 再 zài 囝 또, 다시 | 往 wǎng 꽤 ~을 향해서 | 走 zǒu 圄 걷다 | 米 mǐ 맹 미터(m) | 商店 shāngdiàn 圀 상점 | 楼 lóu 맹 층 | 新 xīn 圐 새롭다

해설 예전에 이곳에 '电影院(영화관)'이 있었다는 여자의 말에 남자가 새로 생긴 영화관의 위치를 여자에게 설명해 주고 있으므로 정답은 A이다.

35

男: 明天有空吗？能陪我去趟医院吗？

女: 怎么啦？哪儿不舒服？

男: 眼睛有点儿疼，有两三天了。

女: 一天到晚看着电脑，能不疼吗？

남: 내일 당신 시간 있나요? 저와 함께 병원에 갈 수 있나요?

여: 무슨 일이에요? 어디 아파요?

남: 눈이 조금 아파요, 2~3일 정도 되었어요.

여: 아침부터 저녁까지 컴퓨터만 보고 있으니, 안 아프겠어요?

问: 他们最可能是什么关系？

　　A 丈夫和妻子

　　B 服务员和经理

　　C 医生和病人

질문: 그들은 무슨 관계일 가능성이 가장 큰가?

　　A 남편과 아내

　　B 종업원과 사장

　　C 의사와 환자

단어 明天 míngtiān 圀 내일 | 能 néng 쪼띵 ~할 수 있다 | 陪 péi 圄 동반하다 | 去 qù 圄 가다 | 趟 tàng 맹 차례, 번 | 医院 yīyuàn 圀 병원 | 怎么 zěnme 때 어째서, 왜 | 哪儿 nǎr 때 어디 | 不舒服 bù shūfu 불편하다 | 眼睛 yǎnjing 圀 눈 | 有点儿 yǒudiǎnr 囝 조금 | 疼 téng 圐 아프다 | 一天到晚 yìtiān dàowǎn 아침부터 저녁까지 | 看电脑 kàn diànnǎo 컴퓨터를 보다 | 丈夫 zhàngfu 圀 남편 | 妻子 qīzi 圀 아내 | 医生 yīshēng 圀 의사 | 病人 bìngrén 圀 환자

해설 보기를 제외시키며 정답을 찾을 수 있는데, 남자가 여자에게 '医院(병원)'에 함께 가줄 수 있는지 묻고 있으므로 보기 C와 B는 답이 될 수 없다. 따라서 정답은 A이다.

36 ★★☆	
男：周末大家一起去爬山，你为什么不去呀？	남: 주말에 모두 함께 등산을 가는데, 당신은 왜 안 가나요?
女：我丈夫那两天要出国，我要在家照顾孩子。	여: 제 남편이 그때 출국을 해서 제가 집에서 아이를 돌봐야 해요.
男：把孩子一起带上就行了。别总是学习，也要休息休息。	남: 아이를 데리고 가면 돼요. 항상 공부만 하지 말고 좀 쉬어야죠.
女：这个办法好。	여: 좋은 방법이네요.
问：他们周末打算做什么？	질문: 그들은 주말에 무엇을 할 계획인가?
A 出国	A 출국한다
B 爬山	B 등산한다
C 在家休息	C 집에서 쉰다

단어 周末 zhōumò 명 주말 | 大家 dàjiā 대 모두 | 一起 yìqǐ 부 같이, 함께 | 去 qù 동 가다 | 爬山 páshān 등산하다 | 为什么 wèishénme 대 왜 | 丈夫 zhàngfu 명 남편 | 要 yào 조동 ~해야 한다 | 出国 chūguó 동 출국하다 | 照顾 zhàogù 동 보살피다, 돌보다 | 孩子 háizi 명 아이 | 带 dài 동 이끌다, 데리다 | 就 jiù 부 바로, 즉시 | 行 xíng 동 되다, 좋다 | 别 bié 부 ~하지 마라 | 总是 zǒngshì 부 줄곧 | 学习 xuéxí 동 공부하다 | 休息 xiūxi 동 휴식하다 | 办法 bànfǎ 명 방법

해설 '爬山(등산)'을 가자는 남자의 제안에 여자가 처음에는 아이를 봐야 해서 안 된다고 거절하지만, 결국 마지막에 동의를 한다. 따라서 정답은 B이다.

37 ★★☆	
男：下班啦，一起去吃饭吧。	남: 퇴근이네요. 같이 밥 먹으로 가요.
女：你先去吧，我还有很多工作没做完。	여: 당신 먼저 가요. 저는 아직 많은 업무를 끝마치지 못했어요.
男：我回来的时候帮你带点儿吃的。	남: 제가 돌아올 때 당신을 도와서 먹을 것 좀 가져올게요.
女：不用了，我刚打电话叫了面条。	여: 괜찮아요. 저 방금 전화로 국수를 주문했어요.
问：女的打算在哪儿吃饭？	질문: 여자는 어디서 밥을 먹을 계획인가?
A 办公室　　B 饭馆　　C 家里	A 사무실　　B 식당　　C 집

단어 下班 xiàbān 동 퇴근하다 | 一起 yìqǐ 부 같이, 함께 | 去 qù 동 가다 | 吃饭 chīfàn 밥을 먹다 | 吧 ba 조 ~합시다(제안·청유) | 先 xiān 부 먼저 | 还 hái 부 아직 | 工作 gōngzuò 명 일 | 做完 zuòwán 다 하다, (일을) 끝내다 | 回来 huílái 동 되돌아오다 | 帮 bāng 동 돕다 | 带 dài 동 지니다, 휴대하다 | 点儿 diǎnr 양 조금 | 不用 búyòng 부 ~할 필요가 없다 | 刚 gāng 부 방금, 막 | 打电话 dǎ diànhuà 전화하다 | 叫 jiào 동 부르다, 호출하다 | 面条 miàntiáo 명 국수 | 哪儿 nǎr 대 어디 | 办公室 bàngōngshì 명 사무실 | 饭馆 fànguǎn 식당 | 家里 jiāli 집

해설 남자가 같이 밥을 먹으러 가자고 제안하자 여자가 일이 많아서 '我刚打电话叫了面条(나는 방금 전화로 국수를 주문했다)'라고 하였으므로 여자가 회사 사무실에서 밥을 먹으려고 함을 알 수 있다. 따라서 정답은 A이다.

38 ★☆☆

男: 又感冒了吗?

女: 是的，这儿的冬天比我们那儿冷多了。我还不太习惯。

男: 平时多穿点儿。去医院看看吧。

女: 不用了，已经吃了药，再睡一觉就好了。

问: 女的打算做什么?

A 去医院

B 吃药

C 睡觉

남: 또 감기에 걸렸어요?

여: 네. 이곳의 겨울은 우리가 있는 곳보다 훨씬 더 춥네요. 아직 적응이 잘 안 되네요.

남: 평소에 두껍게 좀 입어요. 병원 가서 진찰 받아 봐요.

여: 괜찮아요. 이미 약 먹었어요. 좀 자고 나면 괜찮아 질 거예요.

질문: 여자는 무엇을 하려고 하는가?

A 병원에 간다

B 약을 먹는다

C 잠을 잔다

단어 又 yòu 🔳 또, 다시 | 感冒 gǎnmào 🔳 감기에 걸리다 | 冬天 dōngtiān 🔳 겨울 | 比 bǐ 🔳 ~보다 | 冷 lěng 🔳 춥다 | 还 hái 🔳 여전히, 아직도 | 习惯 xíguàn 🔳 습관이 되다 | 平时 píngshí 🔳 평상시, 평소 | 穿 chuān 🔳 입다, 신다 | 点儿 diǎnr 🔳 조금 | 去 qù 🔳 가다 | 医院 yīyuàn 🔳 병원 | 看 kàn 🔳 보다 | 吧 ba 🔳 ~합시다(제안) | 不用 búyòng 🔳 ~할 필요 없다 | 已经 yǐjing 🔳 이미, 벌써 | 吃药 chīyào 약을 먹다 | 再 zài 🔳 또, 다시 | 睡觉 shuìjiào 🔳 (잠을) 자다 | 就 jiù 🔳 바로

해설 남자가 감기에 걸린 여자에게 병원 가서 진찰을 받으라고 하자 여자가 약을 먹었다고 하면서 '再睡一觉就好了(좀 자고 나면 괜찮을 것이다)'라고 하였으므로 여자가 자려고 함을 알 수 있다. 따라서 정답은 C이다.

---

39 ★★☆

男: 这么晚了，我们两个先吃吧，别等孩子了。

女: 还是再等等吧。

男: 他下午和女朋友出去玩儿了，一定在外面吃了。

女: 不回来也不打个电话。那就不等他了。

问: 晚上一共几个人一起吃晚饭?

A 两个人　　　B 三个人　　　C 四个人

남: 이렇게 늦었는데, 우리 둘이 먼저 먹어요. 아이를 기다리지 말아요.

여: 그래도 조금만 더 기다려요.

남: 그는 오후에 여자 친구와 놀러 나갔어요. 분명 밖에서 밥을 먹을 거예요.

여: 돌아오지도 않고 전화도 안 하네요. 그럼 기다리지 않을래요.

질문: 저녁에 몇 명의 사람이 같이 밥을 먹는가?

A 2명　　　B 3명　　　C 4명

단어 这么 zhème 🔳 이러한, 이렇게 | 晚 wǎn 🔳 늦다 | 先 xiān 🔳 먼저 | 吃 chī 🔳 먹다 | 吧 ba 🔳 ~합시다(제안·청유) | 别 bié 🔳 ~하지 마라 | 等 děng 🔳 기다리다 | 孩子 háizi 🔳 아이 | 还是 háishi 🔳 ~하는 편이 (더) 좋다 | 再 zài 🔳 또 | 下午 xiàwǔ 🔳 오후 | 女朋友 nǚpéngyou 🔳 여자 친구 | 出去 chūqù 🔳 나가다 | 玩儿 wánr 🔳 놀다 | 一定 yídìng 🔳 분명, 반드시 | 外面 wàimian 🔳 바깥, 밖 | 回来 huílái 🔳 되돌아오다 | 也 yě 🔳 ~도 | 打电话 dǎ diànhuà 전화하다 | 晚上 wǎnshang 🔳 저녁 | 一共 yígòng 🔳 전부, 모두 | 几 jǐ 🔳 몇 | 一起 yìqǐ 🔳 같이, 함께 | 晚饭 wǎnfàn 🔳 저녁밥

해설 아이가 오는 것을 기다렸다 밥을 먹자는 여자의 말에 남자가 둘이서 먼저 먹자고 제안한다. 여자도 남자의 말을 듣고 '那就不等他了(그럼 기다리지 않겠다)'라고 대답하였으므로 정답은 A이다.

40 ★★☆

女: 中午这么热就不要出去了。
男: 不行，公司里有急事，必须马上去。
女: 给公司其他同事打个电话，请他们帮帮忙吧。
男: 这件事只有我最清楚，别人做不了。

问: 男的为什么去公司？
　A 到公司打电话
　B 公司有急事
　C 公司没有人

여: 점심에 이렇게 더운데 나가지 말아요.
남: 안 돼요, 회사에 급한 일이 있어서 반드시 바로 가야 해요.
여: 회사 다른 동료에게 전화해서 도와달라고 해요.
남: 이 일은 오직 저만 잘 알고 있어서 다른 사람들은 못 해요.

질문: 남자는 왜 회사에 가려고 하는가?
　A 회사에 가서 전화를 하려고
　B 회사에 급한 일이 있어서
　C 회사에 사람이 없어서

단어 中午 zhōngwǔ 명 정오, 점심 | 这么 zhème 대 이러한, 이렇게 | 热 rè 형 덥다 | 出去 chūqù 동 나가다 | 公司 gōngsī 명 회사 | 急事 jíshì 급한 일 | 必须 bìxū 부 반드시 ~해야 한다 | 马上 mǎshàng 부 곧, 바로 | 其他 qítā 대 기타, 다른 사람(사물) | 同事 tóngshì 명 동료 | 请 qǐng 동 부탁하다 | 帮忙 bāngmáng 동 돕다 | 只 zhǐ 부 단지, 오직 | 最 zuì 부 제일, 가장 | 清楚 qīngchu 형 분명하다 | 为什么 wèishénme 대 왜

해설 나가지 말라는 여자의 말에 남자가 '公司里有急事(회사에 급한 일이 있다)'라고 하였으므로 정답은 B이다.

독해 阅读 제1부분

41 – 45

A 她上课去了。你找她有什么事吗？
B 等天再热一点的时候，现在还太冷了。
C 学校太大了，从住的地方走到教室需要半个小时。
D 火车马上就要进站了，大家把东西都检查一下，别丢了。
E 当然。我们先坐公共汽车，然后换地铁。
F 我那两天有空，到时候过来给你帮忙。

A 그녀는 수업하러 갔어요. 당신은 무슨 일로 찾으시나요?
B 날씨가 조금 더 더워질 때까지 기다려요. 지금은 너무 추워요.
C 학교가 너무 넓어서 사는 곳에서 교실까지 걸어가면 30분이나 걸려요.
D 기차가 곧 역으로 들어올 거예요. 모두들 물건을 확인하고 잃어버리지 마세요.
E 당연하죠. 우리는 먼저 버스를 타고 그다음에 지하철로 갈아타면 돼요.
F 제가 그 이틀 동안 시간이 있으니 그때가 되면 와서 당신을 도와줄게요.

단어 上课 shàngkè 동 수업하다, 강의하다 | 去 qù 동 가다 | 找 zhǎo 동 찾다 | 事 shì 명 일 | 等 děng 동 기다리다 | 天 tiān 명 날씨 | 再 zài 부 또 | 热 rè 형 덥다 | 一点 yìdiǎn 수량 조금 | 现在 xiànzài 명 현재, 지금 | 还 hái 부 아직 | 太 tài 부 지나치게, 너무 | 冷 lěng 형 춥다 | 学校 xuéxiào 명 학교 | 大 dà 형 크다, 넓다 | 住 zhù 동 살다, 거주하다 | 地方 dìfang 명 장소, 곳 | 走 zǒu 동 걷다 | 教室 jiàoshì 명 교실 | 需要 xūyào 동 필요하다 | 火车 huǒchē 명 기차 | 进 jìn 동 들어오다 | 站 zhàn 명 정류장, 역 | 大家 dàjiā 대 모두 | 东西 dōngxi 명 물건, 물품 | 检查 jiǎnchá 동 검사하다, 점검하다 | 一下

yíxià 수량 좀 ~하다 | 别 bié 부 ~하지 마라 | 丢 diū 동 잃어버리다 | 当然 dāngrán 형 당연하다 | 先 xiān 부 먼저 | 然后 ránhòu 접 그 다음에 | 换 huàn 동 바꾸다 | 地铁 dìtiě 명 지하철 | 过来 guòlái 동 오다 | 帮忙 bāngmáng 동 돕다

---

41 ★☆☆

买辆自行车吧，这样会方便一点儿。(C) | 자전거 한 대를 사세요. 그러면 편할 거예요. (C)

단어 买 mǎi 동 사다 | 辆 liàng 양 대, 량(차량을 세는 단위) | 自行车 zìxíngchē 명 자전거 | 吧 ba 조 ~합시다(제안·추측) | 会 huì 조동 ~일 것이다 | 方便 fāngbiàn 형 편리하다

해설 문제에서 '自行车(자전거)'를 사라고 상대방에게 권하고 있으므로 자전거를 사야할 원인에 대해서 설명하는 문장을 답으로 골라주면 된다. 보기 C에 사는 곳이 교실과 너무 멀다고 하였으므로 자전거를 사야할 원인이 된다. 따라서 정답은 C이다.

---

42 ★★☆

这周末我打算搬家了。(F) | 이번 주말에 저는 이사를 할 계획이에요. (F)

단어 周末 zhōumò 명 주말 | 打算 dǎsuan 동 ~할 계획이다, 생각이다 | 搬家 bānjiā 동 이사하다

해설 문제가 '这周末(이번 주말)'의 계획에 대해서 이야기하고 있으므로 상응하는 문장도 주말과 관련된 내용이 와야 한다. 보기 F의 '那两天(그 이틀 동안)'이 바로 주말을 이야기하는 것이므로 정답은 F이다.

---

43 ★★☆

我想学游泳，你能教教我吗？(B) | 저는 수영을 배우고 싶어요. 저에게 가르쳐줄 수 있나요? (B)

단어 想 xiǎng 조동 ~하고 싶다 | 学 xué 동 배우다 | 游泳 yóuyǒng 명 수영 | 能 néng 조동 ~할 수 있다 | 教 jiāo 동 가르치다

해설 문제가 수영을 가르쳐 줄 수 있는지를 묻고 있으므로 이에 대한 대답이 답으로 와야 한다. 보기 B에 '等天再热一点的时候(날씨가 조금 더 더워질 때까지 기다려요)'라며 간접적인 표현의 대답을 하고 있으므로 정답은 B이다.

---

44 ★☆☆

请问王老师在吗？我是她以前的学生。(A) | 실례지만, 왕 선생님 계십니까? 저는 선생님의 예전 학생입니다. (A)

단어 请问 qǐngwèn 동 말씀 좀 여쭙겠습니다 | 在 zài 동 ~에 있다 | 以前 yǐqián 명 예전 | 学生 xuésheng 명 학생

해설 문제가 왕 선생님을 찾고 있으므로 왕 선생님이 현재 있는지 없는지 대답이 답으로 와야 한다. 보기 A를 보면, '她上课去了(그녀는 수업을 하러 갔다)'라고 하였으므로 문제의 질문에 대한 대답으로 가장 적절하다. 따라서 정답은 A이다.

---

45 ★★☆

我只有一个包和一个行李箱，都准备好了。(D) | 저는 가방 하나와 여행용 가방 하나만 있어요. 모두 다 준비가 되었어요. (D)

단어 只 zhǐ 뷔 단지, 오직 | 包 bāo 명 가방 | 和 hé 깨 ~와 | 行李箱 xínglǐxiāng 명 트렁크, 여행용 가방 | 准备好 zhǔnbèi hǎo 준비가 다 되다

해설 문제의 '行李箱(여행용 가방, 트렁크)'라는 말을 미루어 짐과 관련된 문장을 보기에서 답으로 골라주면 된다. 보기 D에 물건을 잘 검사해보라고 하였으므로 물건과 문제의 '行李箱(여행 가방)'과 서로 연결된다. 따라서 정답은 D이다.

---

46 – 50

A 我们认识的时间很短，才两三天。	A 우리가 알게 된 기간은 매우 짧아요. 겨우 2, 3일이에요.
B 昨天工作忙，把女儿的生日都忘了。	B 어제 일이 너무 바빠서 딸의 생일도 잊어버렸어요.
C 这照片上的人是谁？	C 이 사진 속의 사람은 누구인가요?
D 我在火车站花了三个小时还没买到票。	D 저는 기차역에서 3시간을 기다렸는데도 아직 표를 사지 못했어요.
E 你有没有发现小李最近变化很大？	E 당신 샤오리가 요즘 많이 변했다는 것을 발견했나요?

단어 认识 rènshi 동 알다 | 时间 shíjiān 명 시간 | 短 duǎn 형 짧다 | 才 cái 뷔 겨우, 고작 | 昨天 zuótiān 명 어제 | 工作 gōngzuò 명 업무, 일 | 忙 máng 형 바쁘다 | 女儿 nǚ'ér 명 딸 | 生日 shēngri 명 생일 | 忘 wàng 동 잊다 | 照片 zhàopiàn 명 사진 | 人 rén 명 사람 | 谁 shéi 대 누구 | 火车站 huǒchēzhàn 명 기차역 | 花 huā 동 쓰다, 사용하다 | 小时 xiǎoshí 명 시간 | 还 hái 뷔 여전히, 아직도 | 票 piào 명 표, 티켓 | 发现 fāxiàn 동 발견하다, 알아차리다 | 最近 zuìjìn 명 요즘, 최근 | 变化 biànhuà 명 변화 | 大 dà 형 크다

---

46 ★★☆

你不知道吗？现在可以上网买了，又快又方便。（ D ）	당신 몰라요? 지금 인터넷으로 살 수 있어요. 빠르고 편리해요.（ D ）

단어 现在 xiànzài 명 현재, 지금 | 可以 kěyǐ 동 ~할 수 있다, 가능하다 | 上网 shàngwǎng 동 인터넷을 하다 | 买 mǎi 동 사다 | 又……又…… yòu…… yòu…… ~하면서 ~하다 | 快 kuài 형 빠르다 | 方便 fāngbiàn 형 편리하다

해설 문제에 나온 인터넷에서 살 수 있는 대상이 무엇인지를 나타내는 보기를 답으로 골라주면 된다. 보기 D의 '票(표)'가 바로 문제에 나온 살 수 있는 대상이므로 정답은 D이다.

---

47 ★☆☆

她一定不高兴了吧？（ B ）	그녀가 분명 기분이 안 좋았겠어요.（ B ）

단어 一定 yídìng 뷔 반드시, 분명 | 不高兴 bù gāoxìng 기분이 좋지 않다

해설 문제에서 그녀의 기분이 분명 좋지 않았을 것으로 추측하는데, 보기 B를 보면, '把女儿的生日都忘了(딸의 생일도 잊었다)'라고 그녀의 기분이 좋지 않을만한 이유가 나와 있으므로 정답은 B이다.

48 ★☆☆

他最近有了一个很不错的女朋友，所以工作越来越努力了。（E）

그는 최근에 괜찮은 여자 친구가 생겨서 일을 갈수록 열심히 해요. （E）

단어 最近 zuìjìn 몡 요즘, 최근 | 不错 búcuò 혱 괜찮다, 좋다 | 女朋友 nǚpéngyou 몡 여자 친구 | 所以 suǒyǐ 젭 그래서 | 工作 gōngzuò 몡 직업, 일 | 越来越 yuèláiyuè 갈수록, 더욱더 | 努力 nǔlì 동 노력하다, 열심히 하다

해설 문제가 그에게 최근에 생긴 '变化(변화)'에 대해서 이야기하고 있으며, 보기와 문제에서 공통적으로 언급된 핵심어는 '变化(변화)'이다. 따라서 정답은 E이다.

49 ★★☆

你看这两只大耳朵，一定是老王年轻的时候。（C）

당신 이 큰 두 귀를 보세요. 분명 라오왕 젊었을 때에요. （C）

단어 看 kàn 동 보다 | 只 zhī 양 쪽, 짝(쌍으로 이루어진 것 중 하나를 세는 단위) | 大 dà 혱 크다 | 耳朵 ěrduo 몡 귀 | 年轻 niánqīng 혱 젊다 | 的时候 de shíhou ~할 때

해설 문제가 '老王(라오왕)'이라는 인물에 관해 이야기하고 있으므로 인물에 대해서 물어보는 보기 C가 정답이다.

50 ★★☆

除了名字，其他的我就什么都不知道了。（A）

이름을 제외하고 나머지는 아무것도 몰라요. （A）

단어 除了 chúle 개 ~을 제외하고 | 名字 míngzi 몡 이름 | 其他 qítā 대 기타 | 不知道 bù zhīdào 모른다

해설 문제의 이름을 제외하고 아무것도 모르는 원인이 바로 알게 된 시간이 짧아서라는 보기 A와 원인, 결과로 상응하므로 정답은 A이다.

독해 제2부분

51 - 55

A 一会儿	B 注意	C 热情	A 잠시, 잠깐	B 주의하다	C 친절하다
D 为了	E 声音	F 音乐	D ~을 위하여	E 목소리	F 음악

단어 一会儿 yíhuìr 수량 잠시, 잠깐 동안 | 注意 zhùyì 동 주의하다 | 热情 rèqíng 혱 친절하다 | 为了 wèile 개 ~을 위하여 | 声音 shēngyīn 몡 목소리 | 音乐 yīnyuè 몡 음악

51 ★☆☆

（ D 为了 ）让孩子有一个更好的学习环境，他每天工作到很晚。

아이로 하여금 더 좋은 학습 환경을 가질 수 있게 하기 （D 위하여 ） 그는 매일 늦게까지 일한다.

단어 让 ràng 동 ~하게 하다 | 孩子 háizi 몡 아이 | 更 gèng 부 더욱 | 学习 xuéxí 동 학습하다 | 环境 huánjìng 몡 환경 | 每天 měitiān 몡 매일 | 工作 gōngzuò 동 일하다 | 晚 wǎn 혱 늦다

해설 빈칸이 있는 문장은 쉼표 뒤에 있는 '他每天工作到晚(그는 매일 늦게까지 일한다)'의 목적을 나타낸다. 그가 늦게까지 일하는 목적을 표현하기 위해서는 빈칸에 개사 '为了(~을 위해서)'가 들어가야 하므로 정답은 D이다.

---

52 ★★☆

他什么也没说，只是上来<u>坐了</u>（ A 一会儿 ）。

그는 아무 말도 하지 않고 그저 올라와서 （ A 잠시 ） 앉았다.

단어 什么 shénme 때 무엇 | 也 yě 및 ~도 | 说 shuō 통 말하다 | 只是 zhǐshì 및 단지, 다만 | 上来 shànglái 통 올라오다 | 坐 zuò 통 앉다

해설 빈칸이 동사 '坐了(앉았다)' 뒤에 있으므로 얼마나 앉아 있었는지를 나타내는 양사(수량사)가 들어가야 한다. 보기에 양사는 '一会儿(잠시, 잠깐)'뿐이므로 정답은 A이다. 참고로 수량사는 동사 뒤에 쓰여 동작의 양이나 지속 상태를 나타낸다는 것을 알아두자.

---

53 ★★☆

你一个人在外面要多（ B 注意 ）<u>自己身体</u>，不要让大家担心。

당신 혼자서 밖에 있을 때 자신의 건강에 많이 （ B 주의하세요 ）. 모두를 걱정시키게 하지 말아요.

단어 在 zài 통 ~에 있다 | 外面 wàimian 명 바깥, 밖 | 要 yào 조동 ~해야 한다 | 自己 zìjǐ 때 자기, 자신 | 身体 shēntǐ 명 몸 | 大家 dàjiā 때 모두 | 担心 dānxīn 통 걱정하다

해설 빈칸이 부사어 '要多(많이 ~해야 한다)' 뒤, 목적어 '自己身体(자신의 건강)' 앞에 있으므로 빈칸에 들어갈 단어의 품사는 동사이다. 보기에 동사는 '注意(주의하다)'뿐이므로 정답은 B이다.

---

54 ★★☆

他觉得（ F 音乐 ）<u>就是他的太阳</u>，唱歌比做什么都快乐。

그는 （ F 음악 ）이 그의 태양이며, 노래를 부르는 것이 무엇을 하는 것보다 더 즐겁다고 생각한다.

단어 觉得 juéde 통 ~라고 생각하다 | 就是 jiùshì 및 바로 ~이다 | 太阳 tàiyáng 명 태양 | 唱歌 chànggē 노래 부르다 | 比 bǐ 개 ~보다 | 做 zuò 통 하다 | 快乐 kuàilè 형 즐겁다

해설 빈칸이 주술목적어를 가질 수 있는 동사 '觉得' 뒤이며, 빈칸 뒤는 술어구밖에 없으므로 술어구의 주어로 올 수 있는 단어를 찾아야 한다. 쉼표 뒤의 문장에 '唱歌(노래 부르다)'가 나오는데, 이와 문맥상 어울리는 단어는 '音乐(음악)'이므로 정답은 F이다. 또한, 빈칸에 넣어 봤을 때 '음악이 그의 태양이다'로 완성되어 자연스러운 문장이 된다.

---

55 ★☆☆

小王这个人很（ C 热情 ），爱帮助人，工作也很认真。大家都很喜欢他。

샤오왕은 매우 （ C 친절하다 ）, 사람 돕는 것을 좋아하고 일도 매우 성실히 한다. 모두들 그를 매우 좋아한다.

단어 爱 ài 통 ~하길 좋아하다 | 帮助 bāngzhù 통 돕다 | 工作 gōngzuò 명 일 | 也 yě 및 ~도 | 认真 rènzhēn 형 진실하다, 성실하다 | 大家 dàjiā 때 모두 | 喜欢 xǐhuan 통 좋아하다

해설 빈칸이 정도부사 '很(매우)' 뒤에 있고 목적어가 없으므로 빈칸에 들어갈 단어의 품사는 형용사이다. 보기에서 형용사는 '热情(친절하다)'뿐이므로 정답은 C이다.

A 完成	B 跟	C 清楚	A 끝내다	B ~와	C 분명하다
D 爱好	E 愿意	F 街道	D 취미	E 원하다	F 거리

단어 完成 wánchéng 图 끝내다 | 跟 gēn 冽 ~와 | 清楚 qīngchu 图 분명하다 | 爱好 àihào 圈 취미 | 愿意 yuànyì 图 원하다 | 街道 jiēdào 圈 거리

---

56 ★★☆

A: 真是气死我了，这孩子太不听话了！
B: 你好好（ B　跟 ）他说，打孩子不能解决问题。

A: 정말 화가 나네요. 아이가 너무 말을 안 들어요!
B: 당신은 그(B 와) 잘 이야기해 봐요. 아이를 때리는 것으로 문제를 해결할 수 없어요.

단어 真 zhēn 틘 참으로, 확실히 | 气死了 qìsǐ le 화가 나 죽겠다 | 孩子 háizi 圈 아이 | 太 tài 틘 지나치게, 너무 | 不听话 bù tīnghuà 말을 듣지 않는다 | 说 shuō 图 말하다 | 打 dǎ 图 때리다 | 解决 jiějué 图 해결하다 | 问题 wèntí 圈 문제

해설 주어가 '你(당신)'이고 술어 '说(말하다)' 앞에 '빈칸 + 대명사 他(그)' 형태이므로 빈칸에 들어갈 단어의 품사는 개사이다. 보기에 개사는 '跟(~와)'뿐이므로 정답은 B이다.

---

57 ★☆☆

A: 关于明天旅游的事情，大家都听（ C　清楚 ）了吗?
B: 都明白了，有问题再打你电话。

A: 내일 여행 가는 것에 대하여 모두 (C 분명히) 들었나요?
B: 모두 다 이해했어요. 문제가 있으면 당신에게 다시 전화할게요.

단어 关于 guānyú 冽 ~에 관하여 | 明天 míngtiān 圈 내일 | 旅游 lǚyóu 图 여행하다 | 事情 shìqing 圈 일, 사건 | 大家 dàjiā 뎨 모두 | 听 tīng 图 듣다 | 明白 míngbai 图 알다, 이해하다 | 问题 wèntí 圈 문제 | 再 zài 틘 또, 다시 | 打电话 dǎ diànhuà 전화하다

해설 빈칸이 술어 '听(듣다)' 뒤, 보어 자리에 있으므로 술어 뒤에 보어로 쓰일 수 있는 단어를 찾으면 된다. 보기 C의 '清楚'는 '보다', '듣다' 동사 뒤에 보어로 쓰여 '분명히, 정확하게'라는 의미를 가진다. 따라서 정답은 C이다.

---

58 ★★☆

A: 妈妈，我想看篮球比赛，今天是最后一场了。
B: 作业都（ A　完成 ）了吗?

A: 엄마, 저 농구 시합이 보고 싶어요. 오늘이 마지막 경기예요.
B: 숙제는 다 (A 끝냈니)?

단어 想 xiǎng 图图 ~하고 싶다 | 看 kàn 图 보다 | 篮球 lánqiú 圈 농구 | 比赛 bǐsài 圈 시합, 경기 | 今天 jīntiān 圈 오늘 | 最后 zuìhòu 圈 맨 마지막 | 场 chǎng 昹 경기를 세는 단위 | 作业 zuòyè 圈 숙제

해설 빈칸이 주어 '作业(숙제)' 뒤 조사 '了(동작의 완료를 나타냄)' 앞에 있으므로 빈칸에 들어갈 단어의 품사는 동사이다. 보기에 동사는 '完成(끝내다)'과 '愿意(원하다)'가 있으나 빈칸에 넣었을 때 문맥상 가장 자연스러운 단어는 A이다.

59 ★☆☆

A: 看好孩子，别让他乱跑，（ F 街道 ）上的车太多了。

B: 放心吧，都这么大了，不会有事的。

A: 아이를 잘 보세요, 여기저기 돌아다니게 하지 말고요. （ F 거리 ）에 차가 너무 많아요.

B: 걱정하지 마세요, 벌써 이렇게 컸는데 문제가 있지 않을 거예요.

단어 看好 kànhǎo 잘 보다 | 孩子 háizi 圆 아이 | 别 bié 囝 ~하지 마라 | 让 ràng 圄 ~하게 하다 | 乱跑 luànpǎo 돌아다니다 | 车 chē 圆 차 | 太 tài 囝 지나치게, 너무 | 多 duō 阌 많다 | 放心 fàngxīn 圄 마음을 놓다, 안심하다 | 吧 ba 조 ~합시다(제안·추측) | 这么 zhème 땐 이러한, 이렇게 | 大 dà 阌 크다

해설 빈칸 뒤에 방위사 '上(~에)'이 있으므로 차가 있을 수 있는 장소를 답으로 골라주면 된다. 따라서 정답은 F이다.

60 ★★☆

A: 吃完饭，你（ E 愿意 ），和我一起出去走走吗?

B: 今天有点累了，不想动。

A: 밥을 다 먹고 저와 나가서 걷기를（ E 원하나요)?

B: 오늘 좀 피곤해서 움직이고 싶지 않네요.

단어 吃饭 chīfàn 밥을 먹다 | 完 wán 圄 끝나다 | 走 zǒu 圄 걷다 | 今天 jīntiān 圆 오늘 | 有点 yǒudiǎn 囝 조금 | 累 lèi 阌 피곤하다 | 动 dòng 圄 움직이다

해설 빈칸 뒤에 동사구 목적어가 나와 있으므로 술어로 쓸 수 있는 동사를 보기에서 찾아야 한다. 문맥상 알맞은 동사를 고르면 정답은 E이다.

독해 閲読 제3부분

61 ★☆☆

明天别忘了多带件衣服，虽然天气好，山脚下热，但上山以后，越高越冷，特别容易感冒。

내일 옷을 더 챙기는 것을 잊지 말아요. 비록 날씨가 좋고 산 밑은 덥지만 산에 오르면 올라갈수록 추워요. 매우 쉽게 감기에 걸려요.

★ 为什么要多带一件衣服?
  A 天气不好
  B 山上冷
  C 下山的时候冷

★ 왜 옷을 더 챙겨야 하는가?
  A 날씨가 안 좋아서
  B 산 위가 추워서
  C 산에서 내려갈 때 추워서

단어 明天 míngtiān 圆 내일 | 别 bié 囝 ~하지 마라 | 忘 wàng 圄 잊다 | 带 dài 圄 (몸에) 지니다, 휴대하다 | 件 jiàn 양 벌(옷을 세는 단위) | 衣服 yīfu 圆 옷 | 虽然 suīrán 쩝 비록 ~하지만 | 天气 tiānqì 圆 날씨 | 山脚下 shānjiǎoxià 산 밑 | 热 rè 阌 덥다 | 但 dàn 쩝 그러나 | 上山 shàng shān 산에 오르다 | 以后 yǐhòu 圆 이후, 다음 | 越……越…… yuè…… yuè…… ~할수록 ~하다 | 高 gāo 阌 높다 | 冷 lěng 阌 춥다 | 特别 tèbié 囝 특히 | 容易 róngyì 阌 쉽다 | 感冒 gǎnmào 圄 감기에 걸리다

해설 지문에서 '但(그러나)' 뒤의 내용을 집중해서 봐야 한다. 앞에 내용을 보면 날씨가 좋아서 산 밑은 덥다고 나온다. 그러나 전환을 나타내는 '但(그러나)' 뒤의 내용을 보면 '但上山以后，越高越冷(그러나 산에 오르면 올라갈수록 춥다)'이라고 말하며 옷을 더 챙기라고 말한다. 따라서 정답은 B이다.

杭州是个非常漂亮的城市，特别是春天，花也开了，树也绿了，天气也很舒服，不冷不热的。所以这时候来旅游的人特别多。

항저우는 매우 아름다운 도시이다. 특히 봄에 꽃도 피며 나무도 초록색으로 변한다. 날씨도 매우 좋으며 춥지도 덥지도 않다. 그래서 이때에 여행을 오는 사람들이 매우 많다.

★ 杭州的春天：
　A 旅游的人很多
　B 常下雨
　C 空气好

★ 항저우의 봄은：
　A 여행하는 사람이 매우 많다
　B 비가 자주 내린다
　C 공기가 좋다

단어 杭州 Hángzhō 고유 항저우 | 非常 fēicháng 부 대단히, 아주 | 漂亮 piàoliang 형 아름답다, 예쁘다 | 城市 chéngshì 명 도시 | 特别 tèbié 부 특히, 매우 | 春天 chūntiān 명 봄 | 花 huā 명 꽃 | 开 kāi 동 (꽃이) 피다 | 树 shù 명 나무 | 绿 lǜ 형 푸르다 | 天气 tiānqì 명 날씨 | 舒服 shūfu 형 편안하다 | 冷 lěng 형 춥다 | 热 rè 형 덥다 | 所以 suǒyǐ 접 그래서 | 来 lái 동 오다 | 旅游 lǚyóu 동 여행하다 | 常 cháng 부 자주, 늘 | 下雨 xiàyǔ 비가 내리다 | 空气 kōngqì 명 공기

해설 지문의 마지막 문장에서 답을 찾을 수 있는데, 항저우의 봄이 매우 아름다운 도시라고 설명하면서 '这时候来旅游的人特别多(이때 여행을 오는 사람들이 많다)'라고 했다. 따라서 정답은 A이다.

有了手机以后很方便，可以打电话。听音乐，还可以拍照片，但老王还是不喜欢。他觉得带着手机，时间就不是自己的了。

휴대 전화가 생긴 후에 매우 편리해졌다. 전화도 할 수 있고, 음악도 들을 수 있으며 사진도 찍을 수 있다. 그러나 라오왕은 여전히 좋아하지 않는다. 그는 휴대 전화를 가지고 다니면 시간이 자신의 것이 아니라고 생각하기 때문이다.

★ 根据这段话，可以知道老王：
　A 不爱用手机
　B 觉得手机很方便
　C 喜欢用手机拍照

★ 이 글에 근거하여, 라오왕에 관해 알 수 있는 것은：
　A 휴대 전화 사용을 싫어한다
　B 휴대 전화가 편리하다고 생각한다
　C 휴대 전화로 사진 찍는 것을 좋아한다

단어 手机 shǒujī 명 휴대 전화 | 以后 yǐhòu 명 이후, 다음 | 方便 fāngbiàn 형 편리하다 | 听音乐 tīng yīnyuè 음악을 듣다 | 还 hái 부 또, 게다가 | 拍照片 pāi zhàopiàn 사진을 찍다 | 但 dàn 접 그러나 | 还是 háishi 부 여전히 | 喜欢 xǐhuan 동 좋아하다 | 带 dài 동 (몸에) 지니다, 휴대하다 | 时间 shíjiān 명 시간 | 就 jiù 부 바로, 곧 | 自己 zìjǐ 대 자기, 자신 | 爱 ài 동 ~하길 좋아하다 | 用 yòng 동 사용하다

해설 지문에서 전환을 나타내는 '但(그러나)' 뒤의 내용을 집중해서 봐야 한다. 휴대 전화가 생긴 후에 편리하지만 '但老王还是不喜欢(그러나 라오왕은 여전히 좋아하지 않는다)'라고 하였으므로 정답은 A이다.

64 ★★☆

昨天晚上，我和公司的同事一起去看了小王的儿子。孩子才一个月大，很可爱。大家都觉得他长得像爸爸，特别是鼻子和嘴巴，和爸爸几乎一样。

★ 根据这段话，可以知道孩子：
A 像妈妈
B 像小王
C 谁都不像

어제 저녁, 나와 회사 동료는 같이 샤오왕의 아들을 보러 갔다. 아이는 겨우 한 달밖에 안 돼서 매우 귀엽다. 모두 아이가 아빠랑 닮았다고 생각하는데, 특히 코와 입이 아빠랑 거의 똑같이 생겼다.

★ 이 글에 근거하여, 아이에 관해 알 수 있는 것은:
A 엄마와 닮았다
B 샤오왕과 닮았다
C 아무도 닮지 않았다

단어 昨天 zuótiān 몡 어제 | 晚上 wǎnshang 몡 저녁 | 公司 gōngsī 몡 회사 | 同事 tóngshì 몡 동료 | 儿子 érzi 몡 아들 | 孩子 háizi 몡 자녀, 아이 | 才 cái 몦 겨우, 고작 | 大 dà 혱 크다 | 可爱 kě'ài 혱 귀엽다 | 大家 dàjiā 뎨 모두 | 长 zhǎng 동 생기다 | 像 xiàng 동 비슷하다, 닮다 | 爸爸 bàba 몡 아빠, 아버지 | 特别 tèbié 몦 특히 | 鼻子 bízi 몡 코 | 嘴巴 zuǐba 몡 입 | 几乎 jīhū 몦 거의 | 一样 yíyàng 혱 같다 | 谁 shéi 뎨 누구

해설 지문에서 화자가 동료와 함께 '小王的儿子(샤오왕의 아들)'을 보러 갔는데 아이가 '长得像爸爸(아빠와 매우 닮다)'라고 하였으므로 아이가 샤오왕을 닮았음을 알 수 있다. 따라서 정답은 B이다.

65 ★★☆

儿子刚住校的时候，我很担心，因为他在家什么都不会。现在，他能自己洗衣服、鞋子，能自己按时起床学习，周末还会做饭给大家吃。我和他爸爸都很高兴。

★ 我们很高兴，是因为儿子：
A 住校了
B 会洗衣服了
C 会照顾自己了

아들이 막 학교에서 살게 되었을 때 나는 매우 걱정했다. 왜냐하면 아들이 집에서 아무것도 할 줄 모르기 때문이다. 지금은 그가 스스로 옷, 신발도 세탁하고 제때에 일어나서 공부하고 주말에는 우리에게 밥도 해줄 줄 안다. 나와 그의 아빠는 매우 기쁘다.

★ 우리가 기쁜 이유는 아들이:
A 기숙사에 살아서
B 빨래를 할 줄 알아서
C 스스로를 챙길 줄 알아서

단어 儿子 érzi 몡 아들 | 刚 gāng 몦 막, 방금 | 住 zhù 동 살다, 거주하다 | 校 xiào 몡 학교 | 担心 dānxīn 동 걱정하다 | 因为 yīnwèi 쩝 왜냐하면 | 现在 xiànzài 몡 현재, 지금 | 能 néng 조동 ~할 수 있다 | 自己 zìjǐ 뎨 자기, 자신 | 洗 xǐ 동 빨다, 씻다 | 衣服 yīfu 몡 옷 | 鞋子 xiézi 몡 신발 | 按时 ànshí 몦 제때에, 제시간에 | 起床 qǐchuáng 동 일어나다 | 学习 xuéxí 동 공부하다, 학습하다 | 周末 zhōumò 몡 주말 | 做饭 zuòfàn 밥을 하다 | 高兴 gāoxìng 혱 기쁘다 | 照顾 zhàogù 동 보살피다, 돌보다

해설 지문에서 화자는 아들이 아무것도 할 줄 몰라서 걱정했지만 현재는 모든 걸 알아서 할 수 있게 되어 매우 기쁘다고 하였으므로 정답은 C이다. 참고로 보기 B의 '会洗衣服了(빨래를 할 줄 알다)'는 스스로를 챙길 줄 알게 된 것의 일부이므로 답이 될 수 없다.

66 ★★☆

女儿五岁了，第一次骑自行车的时候很害怕，一直哭。现在她每天都要到楼下的公园里骑一会儿，不到吃饭的时间还不愿意回家。

딸이 5살이 되었는데, 처음에 자전거를 탈 때 매우 무서워서 계속 울었다. 지금 그녀는 매일 집 밑에 있는 공원에 가서 자전거를 잠깐 타는데, 밥 먹는 시간이 되지 않으면 집에 돌아가길 원하지 않는다.

★ 根据这段话，可以知道女儿：
A 害怕骑车
B 喜欢骑车
C 不喜欢回家

★ 이 글에 근거하여, 딸에 관해 알 수 있는 것은:
A 자전거 타는 것을 무서워한다
B 자전거 타는 것을 좋아한다
C 집에 돌아오는 것을 싫어한다

단어 女儿 nǚ'ér 몡 딸 | 第一次 dì-yī cì 몡 맨 처음 | 骑自行车 qí zìxíngchē 자전거를 타다 | 害怕 hàipà 동 겁내다 | 一直 yìzhí 뷔 줄곧, 계속 | 哭 kū 동 울다 | 现在 xiànzài 몡 현재, 지금 | 每天 měitiān 몡 매일 | 楼下 lóuxià 몡 아래 | 公园 gōngyuán 몡 공원 | 一会儿 yíhuìr 수량 잠시, 잠깐 동안 | 喜欢 xǐhuan 동 좋아하다

해설 지문에서 딸이 처음에는 '骑自行车(자전거를 타다)'를 무서워했지만 지금은 자전거를 타면 밥 먹는 시간이 되기 전까지 집에 오지 않는다고 하였으므로 정답은 B이다.

---

67 ★★☆

公司里有两个同事都叫王阳，年轻的那个个子很高，大家觉得叫他小王不合适，就叫他大王。另一个年纪大一点儿的，大家叫他老王。

회사에서 두 명의 동료가 모두 이름이 왕양이다. 젊은 분은 키가 커서 다들 그를 '小王(샤오왕)'이라고 부르기 적합하지 않다고 생각해 그를 '大王(따왕)'이라고 부른다. 다른 왕양은 나이가 조금 많아서 모두들 그를 '老王(라오왕)'이라고 부른다.

★ 为什么叫"大王"？
A 个子高
B 年轻
C 年纪大

★ 왜 '따왕'이라고 부르는가?
A 키가 커서
B 젊어서
C 나이가 많아서

단어 同事 tóngshì 몡 동료 | 都 dōu 뷔 모두, 다 | 叫 jiào 동 부르다 | 年轻 niánqīng 혱 젊다, 어리다 | 个子 gèzi 몡 키 | 高 gāo 혱 높다 | 大家 dàjiā 떼 모두 | 觉得 juéde 동 ~라고 생각하다 | 合适 héshì 혱 적합하다 | 另 lìng 떼 다른 | 年纪 niánjì 몡 나이 | 大 dà 혱 (나이가) 많다 | 一点儿 yìdiǎnr 수량 조금

해설 지문에서 이름이 같은 두 명의 동료 중 한 명이 '个子很高(키가 매우 크다)'라서 '大王(따왕)'이라고 부른다고 했으므로 정답은 A이다.

---

68 ★☆☆

爸爸最近经常在公司工作到很晚才回来，每天只睡几个小时，周末也不能休息，人都瘦了。我和妈妈都很担心他的身体。

아빠는 요즘 항상 회사에서 늦게까지 일하고 집에 들어온다. 매일 몇 시간밖에 못 주무시고 주말에도 쉬지 못해서 살이 빠졌다. 나와 엄마는 아빠의 건강을 매우 걱정한다.

★ 根据这段话，可以知道爸爸：
A 喜欢在周末工作
B 每天都睡不着
C 工作很忙

★ 이 글에 근거하여, 아빠에 관해 알 수 있는 것은:
A 주말에 일하는 것을 좋아한다
B 매일 잠을 이루지 못한다
C 일이 매우 바쁘다

爸爸 bàba 몡 아빠, 아버지 | 最近 zuìjìn 몡 최근, 요즘 | 经常 jīngcháng 틧 항상, 언제나 | 在 zài 개 ～에, ～에서 | 公司 gōngsī 몡 회사 | 工作 gōngzuò 동 일하다 | 才 cái 틧 비로소 | 只 zhǐ 틧 겨우, 단지 | 睡 shuì 동 자다 | 几 jǐ 쉬 몇 | 小时 xiǎoshí 시간 | 周末 zhōumò 몡 주말 | 休息 xiūxi 동 휴식하다 | 瘦 shòu 혱 마르다, 야위다 | 和 hé 접 ～와 | 妈妈 māma 몡 어머니, 엄마 | 担心 dānxīn 동 걱정하다 | 身体 shēntǐ 몡 몸 | 睡不着 shuìbuzháo 잠들지 못하다 | 忙 máng 혱 바쁘다

해설 지문에서 아빠가 최근 회사에서 '工作到很晚(늦게까지 일하다)'이라고 말하며, 주말에도 쉬지 못한다고 하였으므로 정답은 C이다.

---

69 ★☆☆

大家好，飞机马上就要起飞了，为了您的安全，请关掉您的手机。

여러분 안녕하십니까, 비행기가 곧 이륙합니다. 여러분의 안전을 위하여 모두 휴대 전화를 꺼 주십시오.

★ 大家可能在：
A 机场　　　B 车站　　　C 飞机上

★ 모두 어디에 있을 가능성이 큰가?
A 공항　　　B 정류장　　　C 비행기 안

단어 飞机 fēijī 몡 비행기 | 马上 mǎshàng 틧 곧, 즉시 | 就要 jiùyào 곧 ～이다 | 起飞 qǐfēi 동 이륙하다 | 安全 ānquán 몡 안전 | 关掉 guāndiào 꺼버리다 | 手机 shǒujī 몡 휴대 전화 | 可能 kěnéng 틧 아마도, 아마 | 在 zài 동 ～에 있다 | 机场 jīchǎng 몡 공항 | 车站 chēzhàn 몡 정류장

해설 지문에서 '飞机马上就要起飞了(비행기가 곧 이륙한다)'라며 휴대 전화를 꺼 달라는 안내 방송을 하고 있으므로 정답은 C이다.

---

70 ★★☆

我最近身体不太好，医生说不想生病就要多运动。没办法，只好每天下班后和朋友一起打半个小时的篮球。

내가 요즘 몸이 그다지 좋지 않은데, 의사 선생님이 말씀하시길 아프지 않으려면 운동을 많이 해야 한다고 했다. 어쩔 수 없이 매일 퇴근 후 친구와 함께 30분씩 농구를 한다.

★ 根据这段话，可以知道我：
A 爱打篮球
B 不爱运动
C 爱运动

★ 이 글에 근거하여, 나에 관해 알 수 있는 것은：
A 농구하는 것을 좋아한다
B 운동을 싫어한다
C 운동을 좋아한다

단어 最近 zuìjìn 몡 최근, 요즘 | 身体 shēntǐ 몡 몸 | 医生 yīshēng 몡 의사 | 说 shuō 동 말하다 | 生病 shēngbìng 동 병이 나다 | 运动 yùndòng 동 운동하다 | 办法 bànfǎ 몡 방법 | 只好 zhǐhǎo 틧 부득이, 어쩔 수 없이 | 下班 xiàbān 동 퇴근하다 | 打篮球 dǎ lánqiú 농구하다

해설 이 지문의 핵심어는 '只好(부득이, 어쩔 수 없이)'로 화자가 몸이 좋지 않아 운동을 해야 하는데, 어쩔 수 없이 30분씩 농구를 하고 있다고 했으므로 정답은 B이다.

---

71 ★☆☆

| 很 | 他 | 唱歌 | 喜欢 |

정답 他很喜欢唱歌。　　　그는 노래하는 것을 매우 좋아한다.

단어 很 hěn 凰 매우 | 喜欢 xǐhuan 동 좋아하다 | 唱歌 chànggē 노래를 부르다

해설
1. 제시된 단어 중 심리동사 '喜欢(좋아하다)'을 술어로 놓는다.

2. 심리동사는 정도부사 '很(매우)'의 수식을 받으므로 '很(매우)'을 술어 앞에 부사어로 배치한다.

3. 동사 '唱歌(노래를 부르다)'를 목적어로 배치한다.

4. 남은 단어 중 대명사 '他(그)'를 주어로 배치한다.

他	很	喜欢	唱歌。
주어	부사어	술어	목적어

---

72 ★★☆

| 上星期 | 新买的 | 是 | 这辆车 |

정답 这辆车是上星期新买的。　　　이 차는 지난주에 새로 산 것이다.

단어 这 zhè 데 이, 이것 | 辆 liàng 양 대(차량을 세는 단위) | 车 chē 명 차 | 上星期 shàng xīngqī 지난주 | 新 xīn 형 새롭다 | 买 mǎi 동 사다

해설
1. 먼저 제시된 단어에 '是'와 '的'가 동시에 있는 경우 '是……的구문'이라 가정한다.

2. 是……的구문의 기본 형식은 '주어 + 是 + 부사어(시간/장소/방법) + 술어 + 的'이다.

3. 제시된 단어 중 '형용사 + 동사 + 的'인 '新买的(새로 샀다)'를 술어로 배치한다.

4. 언제 샀는지를 강조하는 '上星期(지난주)'를 술어 앞에 부사어로 배치한다.

5. '관형어 + 주어'인 '这辆车(이 차)'가 되며 '是'는 주어 뒤에 놓는다.

这辆车	是	上星期	新买的。
관형어＋주어		부사어 (강조 내용)	술어

是……的구문

---

73 ★☆☆

| 厨房里 | 水果 | 很多 | 有 | 新鲜的 |

정답 厨房里有很多新鲜的水果。　　　주방 안에는 많은 신선한 과일이 있다.

단어 厨房 chúfáng 명 주방 | 有 yǒu 동 있다 | 很多 hěn duō 매우 많다 | 新鲜 xīnxiān 형 신선하다 | 水果 shuǐguǒ 명 과일

해설 1. 존현문의 기본 형식은 '주어(장소) + 술어 + 목적어(사람/사물)'이다.

2. 제시된 단어 중 동사 '有(있다)'를 술어로 놓는다.

3. '장소 명사 + 방위사' 구조인 '厨房里(주방 안에)'를 주어로 배치한다.

4. 명사 '水果(과일)'를 목적어에 배치한다.

5. 남은 단어 중 '很多(매우 많다)'와 '新鲜的(신선한)'를 연결하여 관형어를 만든 후 목적어 앞에 배치한다.

厨房里　　有　　很多 新鲜的　水果。
주어　　　술어　　　관형어　　　목적어

---

74 ★☆☆

她	去	经常	骑车	学校

정답 她经常骑车去学校。　　　　그녀는 자주 자전거를 타고 학교에 간다.

단어 经常 jīngcháng 튄 항상, 자주 | 骑车 qíchē 자전거를 타다 | 去 qù 뙹 가다 | 学校 xuéxiào 명 학교

해설 1. 제시된 단어 중 동사로 '骑(타다)'와 '去(학교에 가다)' 2개가 있으므로 연동문이다.

2. 문맥상 술어1 + 목적어2에 '骑车(자전거를 타다)'와 술어2 + 목적어2에 '去学校(학교에 가다)'가 와야 한다.

3. 대명사 '她(그녀)'를 주어에 배치한다.

4. 남은 단어 중 부사 '经常(자주)'을 술어1 앞에 부사어로 배치한다.

她　　经常　　骑车　　　去　　学校。
주어　부사어　술어1 + 목적어1　술어2　목적어2

---

75 ★★☆

猫	吃了	那条	鱼	被

정답 那条鱼被猫吃了。　　　　그 물고기는 고양이에 의해 먹혔다.

단어 条 tiáo 양 마리 | 鱼 yú 명 물고기 | 被 bèi 괘 ~에 의하여 (~을 당하다) | 猫 māo 명 고양이 | 吃 chī 됭 먹다

해설 1. 被자문의 기본 형식은 '주어 + 부사어(被+행위의 주체) + 술어 + 기타성분'이다.

2. 제시된 단어 중 '동사 + 了'인 '吃了(먹었다)'를 '술어 + 기타성분'으로 배치한다.

3. 被 뒤에 오는 행위의 주체로 명사 '猫(고양이)'를 '被(~에 의하여 ~을 당하다)'와 연결시킨 후 부사어로 술어 앞에 배치한다.

4. 남은 단어 중 명사 '鱼(물고기)'를 주어로 배치하고 '那条(그 한 마리)'를 관형어로 주어 앞에 배치한다.

那条　　鱼　　被 猫　　吃了。
관형어　　주어　　부사어　　술어

---

76 ★★☆

他高兴（　得　）跳了起来。　　　　　　　　그는 기뻐서 껑충 뛰었다.

(de 위 得 위치)

단어 高兴 gāoxìng 혱 기쁘다 | 得 de 조 ~하는 정도가(술어 뒤에 쓰여 술어의 정도를 나타냄) | 跳 tiào 통 뛰다

해설 빈칸 앞에 형용사 '高兴(기쁘다)'이 있고 뒤에 '高兴(기쁘다)'의 정도를 나타내주고 있으므로 술어의 정도를 나타내주는 정도보어 '得'가 정답이다.

---

77 ★★☆

我不在的时候，你自（　己　）要多注意身体。　내가 없는 동안 너는 스스로 건강에 더 많이 주의해야 한다.

(jǐ 위 己 위치)

단어 在 zài 통 ~에 있다 | 的时候 de shíhou ~할 때 | 自己 zìjǐ 때 자기, 자신 | 要 yào 조통 ~ 해야 한다 | 注意 zhùyì 통 주의하다 | 身体 shēntǐ 명 몸

해설 건강에 주의해야 하는 주체를 생각해야 한다. 빈칸 앞의 '自'와 합쳐서 'jǐ'로 발음되는 한자를 생각하면 정답은 '己(몸 기)'이다. 참고로 '已经'의 '已(이미 이)'와 혼동하지 않도록 주의하자.

---

78 ★★☆

放心吧，这张五十元是（　真　）的。　　　　걱정 마세요, 이 50위안은 진짜예요.

(zhēn 위 真 위치)

단어 放心 fàngxīn 통 안심하다 | 吧 ba 조 ~합시다(제안·청유) | 张 zhāng 양 장(종이나 가죽 등을 세는 단위) | 真 zhēn 혱 진짜이다

해설 빈칸은 문장에서 술어 역할을 하면서 목적어가 없으므로 빈칸에 들어갈 단어의 품사는 형용사임을 알 수 있다. 'zhēn'으로 발음되는 형용사를 생각하면 정답은 '真'이다.

---

79 ★☆☆

你中（　午　）有事儿吗？能帮我个忙吗？　　　당신 점심에 일이 있나요? 저 좀 도와줄 수 있나요?

(wǔ 위 午 위치)

단어 中午 zhōngwǔ 명 정오 | 有 yǒu 통 있다 | 事儿 shìr 명 일 | 能 néng 조통 ~할 수 있다 | 帮忙 bāngmáng 통 돕다

해설 빈칸은 앞의 '中'과 함께 'wǔ'로 발음되며, 시간을 나타내는 한자는 '午'이다. 참고로 '牛(소 우)'와 혼동하지 않도록 주의하자.

---

80 ★★☆

今天（　必　）须把所有的房间打扫完。　　　오늘은 반드시 모든 방의 청소를 끝내야 한다.

(bì 위 必 위치)

단어 今天 jīntiān 명 오늘 | 必须 bìxū 뷔 반드시 ~해야 한다 | 所有 suǒyǒu 혱 모든 | 房间 fángjiān 명 방 | 打扫 dǎsǎo 통 청소하다 | 完 wán 통 끝내다, 마치다

해설 빈칸 뒤의 '须'와 합쳐서 'bì'로 발음되며, '반드시'라는 의미를 나타내는 부사는 바로 '必'이다.

Memo

외국어 출판 40년의 신뢰
외국어 전문 출판 그룹
동양북스가 만드는 책은 다릅니다.

40년의 쉼 없는 노력과 도전으로 책 만들기에 최선을 다해온 동양북스는
오늘도 미래의 가치에 투자하고 있습니다.
대한민국의 내일을 생각하는 도전 정신과 믿음으로 최선을 다하겠습니다.

동양북스

📖 동양북스 추천 교재

회화 코스북

일본어뱅크 다이스키
STEP 1·2·3·4·5·6·7·8

일본어뱅크
좋아요 일본어 1·2·3

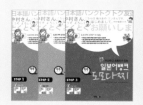

일본어뱅크 도모다찌
STEP 1·2·3

분야서

일본어뱅크
NEW 스타일 일본어 문법

일본어뱅크
일본어 작문 초급

일본어뱅크
사진과 함께하는
일본 문화

일본어뱅크
항공 서비스 일본어

가장 쉬운 독학
일본어 현지회화

수험서

일취월장 JPT
독해 · 청해

일취월장 JPT
실전 모의고사 500 · 700

일단 합격하고 오겠습니다
JLPT 일본어능력시험
N1 · N2 · N3 · N4 · N5

일단 합격하고 오겠습니다
JLPT 일본어능력시험
실전모의고사 N1 · N2 · N3 · N4/5

단어 · 한자

특허받은
일본어 한자 암기박사

일본어 상용한자 2136
이거 하나면 끝!

일본어뱅크
New 스타일 일본어 한자 1 · 2

가장 쉬운 독학
일본어 단어장

일단 합격하고 오겠습니다
JLPT 일본어능력시험
단어장 N1 · N2 · N3

중국어 교재의 최강자, 동양북스 추천 교재

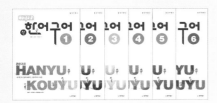

중국어뱅크 북경대학 신한어구어
1 · 2 · 3 · 4 · 5 · 6

중국어뱅크 스마트중국어
STEP 1 · 2 · 3 · 4

중국어뱅크 집중중국어
STEP 1 · 2 · 3 · 4

중국어뱅크
문화중국어 1 · 2

중국어뱅크
관광 중국어 1 · 2

중국어뱅크
여행실무 중국어

중국어뱅크
호텔 중국어

중국어뱅크
판매 중국어

중국어뱅크
항공 서비스 중국어

중국어뱅크
시청각 중국어

정반합 新HSK
1급 · 2급 · 3급 · 4급 · 5급 · 6급

버전업! 新HSK 한 권이면 끝
3급 · 4급 · 5급 · 6급

버전업! 新HSK
VOCA 5급 · 6급

가장 쉬운 독학 중국어 단어장

중국어뱅크
중국어 간체자 1000

특허받은
중국어 한자 암기박사

📖 동양북스 추천 교재

중고급 학습

첫걸음 끝내고 보는
프랑스어
중고급의 모든 것

첫걸음 끝내고 보는
스페인어
중고급의 모든 것

첫걸음 끝내고 보는
독일어
중고급의 모든 것

첫걸음 끝내고 보는
태국어
중고급의 모든 것

단어장

버전업! 가장 쉬운
프랑스어 단어장

버전업! 가장 쉬운
스페인어 단어장

버전업! 가장 쉬운
독일어 단어장

여행 회화

NEW 후다닥
여행 중국어

NEW 후다닥
여행 일본어

NEW 후다닥
여행 영어

NEW 후다닥
여행 독일어

NEW 후다닥
여행 프랑스어

NEW 후다닥
여행 스페인어

NEW 후다닥
여행 베트남어

NEW 후다닥
여행 태국어

수험서 · 교재

한 권으로 끝내는 DELE
어휘·쓰기·관용구편 (B2~C1)

수능 기초 베트남어
한 권이면 끝!

버전업!
스마트 프랑스어

일단 합격하고 오겠습니다
독일어능력시험
A1 · A2 · B1 · B2(근간 예정)